美洲
深处

◆

一本书,就是一片全新的历史丛林,
这里将有一次次思想探险的邀约。

玻利瓦尔传

[英]约翰·林奇 著
安梁 译
夏天 肖翀 李佳星 校译

生活·讀書·新知 三联书店

© 2006 by Yale University
Originally published by Yale University Press

Simplified Chinese Copyright © 2024 by SDX Joint Publishing Company.
All Rights Reserved.

本作品简体中文版权由生活·读书·新知三联书店所有。
未经许可，不得翻印。

图书在版编目（CIP）数据

玻利瓦尔传 /（英）约翰·林奇著；安梁译. —北京：生活·读书·新知三联书店，2024.9
（美洲深处）
ISBN 978-7-108-07791-2

Ⅰ.①玻… Ⅱ.①约…②安… Ⅲ.①玻利瓦尔(Bolivar Simon 1783-1830)—传记 Ⅳ.① K837.747=41

中国国家版本馆 CIP 数据核字 (2024) 第 047172 号

责任编辑	卫	纯
装帧设计	康	健
责任印制	李思佳	

出版发行 生活·讀書·新知 三联书店
（北京市东城区美术馆东街 22 号 100010）

网	址	www.sdxjpc.com
图	字	01-2018-4018
经	销	新华书店
印	刷	河北松源印刷有限公司
版	次	2024 年 9 月北京第 1 版
		2024 年 9 月北京第 1 次印刷
开	本	635 毫米 × 965 毫米 1/16 印张 30
字	数	428 千字
印	数	0,001－5,000 册
定	价	70.00 元

（印装查询：01064002715；邮购查询：01084010542）

出版说明

译丛名为"美洲深处"(América profunda),源自阿根廷思想家库什(Rodolfo Kusch)的同名代表作。在半个多世纪前,库什在阿根廷军事独裁时期选择"内部流亡",回到阿根廷北部山区,进而重新"发现"了不同于港口大城市的"深度的美洲":安第斯原住民的精神世界。他的实践得到了拉丁美洲知识分子的广泛呼应,在墨西哥、秘鲁、巴西,说出"美洲深处",就意味一种不甘于重复欧美主流叙事的立场,一种阅读与身体探索相结合的求知方式。

在这里,我们借用"美洲深处",并非偏锋猎奇,译介"弱势文学",而是深知众多读者仍旧期待超越手机微信的"浅阅读",渴望思想的深度。更深的意味是,我们深知当代中国正在重新定位自己的世界历史意识。近代以来,"美洲"往往被不假思索地等同于"西方"的一部分,这片大陆复杂多样的文化地形被一笔带过。"中-西对举"的"西方中心主义"思维模式限定了我们的思想和行动的可能。带领读者走向"美洲深处",是一次思想探险的邀约,邀请读者潜入一片绝不同于"西方中心主义"的知识体系与感觉结构的历史"丛林"。游历的结果是,让深度的美洲改造我们的知识谱系,进而理解"现代",理解第三世界,理解未来。

丛书主编:戴锦华、魏然
生活·讀書·新知三联书店
二〇二二年五月

西蒙·玻利瓦尔画像(何塞·吉尔·德·卡斯特罗绘)

玻利瓦尔在1821年卡拉沃沃战役获胜后接受了作为战利品的西班牙国旗

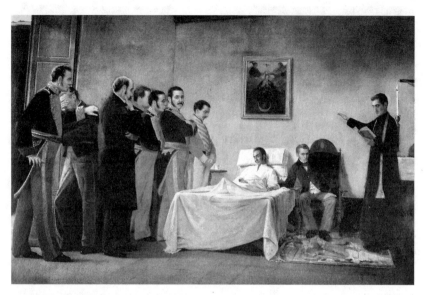

病榻前的玻利瓦尔

厄瓜多尔总统府中展览的《牙买加信札》,是拉丁美洲独立运动史上的重要文献

目　录

前　言　*1*

第一章　走出西班牙殖民地　*1*
第二章　理性时代的课堂　*27*
第三章　克里奥尔革命　*49*
第四章　灭绝之战　*77*
第五章　革命试金石　*109*
第六章　新战略，新前线　*144*
第七章　玻利瓦尔构想的社会　*174*
第八章　安第斯山间的战争与爱情　*202*
第九章　苦难缠身之人　*241*
第十章　威望之魅力　*274*
第十一章　幻灭之旅　*303*
第十二章　身后遗产　*337*

注　释　*367*
参考文献　*423*
西班牙语词汇表　*437*
索　引　*441*

前 言

西蒙·玻利瓦尔的一生很短暂,却非常充实。他是一位解放了六个国家的革命者,一位主张民族解放原则的知识分子,一位经历过残酷殖民地战争的将军。他激发了人们的狂热崇拜与极端憎恨。许多西属美洲人希望玻利瓦尔成为他们的独裁者和国王,但一些人谴责他是叛徒,另一些人企图暗杀他。他的记忆成为对后辈的鼓舞,也变作一片战场。对自由主义历史学家而言,他是一位反抗暴政的斗士。保守主义者则将他重塑为众人崇拜的偶像。马克思主义者将他归入资产阶级革命领袖之列。他仍然能够激起公众的热情和争论。他被党派据为己有,被政府笼络团结:如今在委内瑞拉,玻利瓦尔是威权民粹主义事业的典范。这是对他领袖地位的又一层诠释,也是对历史学家澄清事实真相的挑战。

玻利瓦尔是异常复杂之人。他是一个鄙夷自由主义的解放者,是一个蔑视军事主义的军人,是一个崇尚君主制的共和派。研究玻利瓦尔,就是研究一个罕见而独特的人物,他的思想与意志对历史变迁的作用不亚于当时的那些社会力量。他知晓自己的价值,守护自身的名誉,以滔滔不绝的言辞表达思想,以雄辩口才和坚定信念压倒读者。然而,他对自己的档案并不在意,那份独具价值的瑰宝,是凭借追随者的忠诚而非他本人的关心才得以保存下来的。本书是一部关于他的生活及其时代的历史,基于玻利瓦尔文献和现代研究。评注不见得比原始资料更少,尽管原始资料给人启迪,评注晦涩难懂。

为何重新撰写玻利瓦尔的人生呢?有些人质疑传记的重要性,拒绝对英雄的膜拜。对他们来说，解放的意义在于对经济结构、社会阶层和国际事态的研究，而不是军事行动或"解放者"的人生。卡莱尔（Thomas Carlyre）*声称世界历史是伟大人物的传记，这一观点误入歧途，他主张社会建立在英雄崇拜基础之上，这也是古怪的夸大之词。但若无"解放者"存在，西属美洲的独立就解释不通了，没有个人权威介入，其后的历史也将空空如也。在玻利瓦尔的活动里，我们注意到了领袖的驱动力、指挥的权力与统治西属美洲多样化社会的模式，这虽非整个时代的历史，却是它的重要部分。

关于玻利瓦尔，有许多论调，虽说其中并无定论。在英文世界，萨尔瓦多·德·马达里亚加（Salvador de Madariaga）的诠释研究广泛，但基本出自对玻利瓦尔的同情之心。不久之后，格哈德·马舒尔（Gerhard Masur）更为持中的作品就取而代之了。此书在英文世界占据水平领先的学术研究成果地位长达半个世纪之后，才开始显露出时代局限。近年来，美国学者对这一课题开展了进一步研究，做出了新贡献，即在准确性和评价模式方面的贡献。在委内瑞拉，玻利瓦尔的著作是国家文化的一部分，多亏玻利瓦尔所建国家的几代历史学家的努力，如今我们得见一批无与伦比的出版文献、大量二手著作与专题研究。为了更好地理解玻利瓦尔，世界各地的历史学家，尤其是当今的作者，长期以来受惠于赫尔曼·卡雷拉·达马斯（Germán Carrera Damas），他的作品四十年来一直令人得到启发。西属美洲独立二百周年来临之际，人们的兴趣可能会被重新点燃，会议、讲座和研讨会将再现活力，玻利瓦尔相关出版物进一步掀起高潮。然而玻利瓦尔的生平与事业仍充满问题与争议，他的内在动力和终极计划仍在挑战着历史学家。挑战在于解释而非史实，尽管若无史实也无从解释，但史实本身往往存在争议。

因而，玻利瓦尔研究，依然为历史学家留下了空间。但这一课题尚有更深层次的意义。近几十年，对1808年至1826年的西属美洲革命研

---

* 托马斯·卡莱尔（1795—1881），英国作家、历史学家，著有阐述"英雄史观"的《论英雄与英雄崇拜》。

究突飞猛进。历史学家拓宽了独立年代，将1750年至1850年视为从殖民结构向民族国家缓慢过渡的时期。社会变革经历了更严密的调研，种族、阶级和性别如今不可避免地成为任何独立问题研究者所需的分支。精英阶层寻求忠诚大众阶层寻求承诺。游击队被提升至显著位置，他们从匪徒到游击队战士再到爱国者的转变也被视作正常演变顺序，这为军事史增添了新视角。独立并非事情的全部：西班牙反革命力量也得到了更详尽的研讨，独立被看作一场西班牙失败、美洲人获胜的战争。通过对革命著作细致的文本分析，独立的政治思想得到研究，政治社会形式显露身影。美洲认同理念已经突破了概念禁区，当前研究延展至想象的共同体的发展，甚至是现代早期西属美洲民族主义的初现。是时候将新研究与玻利瓦尔更紧密地联系起来了，把"解放者"融入他所亲历社会的社会、经济、知识和政治之中，分析他对克里奥尔精英、混血种族、黑人、印第安人与奴隶所施行的政策。他的历史并未因他离世而终结，而他身后遗产的戏剧性并不比他自身经历逊色，这也是历史学家的一项课题，它将作为本书的收尾。

由衷感谢耶鲁大学出版社邀我撰写此书，感谢社内编辑团队为出版本书提供的帮助，感谢詹姆斯·邓克利（James Dunkerley）对项目的支持。感谢赫尔曼·卡雷拉·达马斯，关于"解放者"的思想与行动，我长期以来受惠于他的慷慨指导，感谢他在收集资料方面的实际帮助，在学术交流之外我们也结下了深厚的友谊。衷心感谢卡罗尔·莱亚尔·库列尔（Carole Leal Curiel），她将丈夫路易斯·卡斯特罗（Luis Castro）的一本重要著作好心地赠予我，路易斯是一位被同僚满怀遗憾深切缅怀的历史学家。我乐于向彼得·布兰查德（Peter Blanchard）提供的帮助表示感谢，尤其在奴隶与奴隶制问题上。伦敦大学学院边沁项目的凯瑟琳·富勒（Catherine Fuller）曾就玻利瓦尔与边沁交流问题给予指导，并向我指明资料来源。我要向加拉加斯的约翰·博尔顿基金会致谢，特别是基金会主任卡门·米切莱娜（Carmen Michelena），感谢她慷慨提供了"解放者"西蒙·玻利瓦尔的档案。我也很感激坎宁宅邸的阿伦·比金斯（Alan Biggins）、约翰·卡特·布朗图书馆的诺曼·菲林

（Norman Fiering）和加拉加斯的加布列拉·卡雷拉（Gabriela Carrera），感谢他们在插图方面的帮助。我还要向加拉加斯总档案馆和伦敦国家档案馆（公共档案部）多年以来的服务致以谢意。我尤其感谢大不列颠图书馆以及伦敦大学学院的历史研究所和图书馆，这些机构的藏书让伦敦成为玻利瓦尔研究的沃土。

尽管言语不足以表达我的感激，我还是要特别感谢我的妻子，她对玻利瓦尔与我的支持，鼓励与维系了本书的写作，并帮助我完成本书的撰写。

第一章　走出西班牙殖民地

委内瑞拉故土

1812年3月26日，一场大地震袭击了委内瑞拉。从安第斯山脉到沿海地区，从梅里达（Mérida）到拉瓜伊拉（La Guaira），大地起伏又开裂，建筑倾塌，成千上万民众死亡。保皇党编年史家何塞·多明戈·迪亚斯（José Domingo Díaz）在场，他的记者本能被唤醒：

> 四时许，加拉加斯的天空晴朗而明亮，无边无际的宁静似乎加剧了令人难以忍受的热浪所带来的压力；虽然天上掉下来几滴雨，却看不到云朵。我离家前往大教堂，距离圣哈辛托广场和圣多明我修道院大约百步之遥的时候，大地开始震颤，伴随着巨大轰鸣。当我跑进广场，邮局的露台碎片坠落在脚边，我远远避开垮塌的建筑物。我目睹了圣哈辛托教堂在其地基上崩塌，在尘土与死亡之间，我见证了一座城市的毁灭，这座城市曾是本地人与外国人共同景仰之地。首先是一阵奇怪的轰隆声，继而是墓地一般的寂静。我站在广场上，独自立于废墟之中，听到教堂里垂死之人的号哭。我爬过废墟，进入其中，立刻看到有四十余人在瓦砾之下，或死于非命，或奄奄一息。我又爬了出来，永远不会忘记那一刻。在废墟顶部，我发现了唐·西蒙·玻利瓦尔*，他身穿有袖衬衫，手脚并用地在残骸

---

* "唐"对应的西班牙语单词是 Don，为冠于男性人名前的尊称，意为"先生"，有时也用来表达戏谑之意，譬如 Don ladrón，意为"梁上君子"。（本书脚注除特别注明外均为译者注）

上攀爬，看到了我方才目睹的景象。他的脸上写着极度的恐惧与绝望。他看到我，说着不敬而夸张的豪言壮语："如果大自然与我们为敌，我们就同它斗争，直至将它驯服。"此时广场上已经挤满了尖叫的人群。[1]

那个圣周四*，数千人在教堂丧生，高度超过150英尺**的拉·特立尼达与阿尔塔·格拉西亚教堂坍塌成不足六英尺高的废墟。巨大的圣卡洛斯（San Carlos）兵营及驻扎的军队难逃此劫。加拉加斯的十分之九被完全摧毁。[2]没有什么能够抵挡像沸腾液体一样上下起伏的大地，以及由北向南、从东至西四处交错的震颤，仅这一座城市，死亡人数就达9000—10000。废墟里传来求救的哭喊，人们看到，怀抱幼童的母亲绝望地想让孩子苏醒，孤苦无依的家庭在尘烟里茫然寻找着下落不明的父亲、丈夫与朋友。一群方济各修士把尸体扛在肩上，将他们下葬。[3]骨骸在焚尸堆里被火化，伤者与病人被安置在拉瓜伊拉河河畔，没有床铺、被单和药品，它们都被埋在瓦砾之下。惊恐的社会忽然之间记起了责任：未婚伴侣匆忙成婚，弃婴找到了父母，债务被结清，欺诈得到补偿，家庭重归于好，敌人握手言和。教士们从未如此忙碌过。但玻利瓦尔不得不与教会和自然抗争，因为这场灾难被保皇党教士利用，被宣扬成上帝对革命的惩罚。在尘埃与瓦砾之间，玻利瓦尔遇到了其中一位教士，并将后者赶下临时讲坛。玻利瓦尔对破坏与失序深恶痛绝。地震对他的出生之地与革命是双重打击。

"高贵，富有，才华横溢"，一位副官如此描绘西蒙·玻利瓦尔，这些从一开始就是他的宝贵财富。[4] 1783年7月24日，玻利瓦尔生于加拉加斯，父母是胡安·比森特·玻利瓦尔-庞特（Juan Vicente Bolívar-Ponte）与玛丽亚·德·拉·康塞普西翁·帕拉西奥斯-布兰

---

* 即复活节之前的周四，基督教为纪念耶稣基督最后的晚餐，设立行濯足礼、恭奉朝拜圣体等活动。在波旁王朝时代的西班牙，这一天是濯足节，举行濯足礼。

** 1英尺合0.3048米。

科（María de la Concepción Palacios-Blanco），他是家里两个兄弟与两个姐妹中最年幼的一个，施洗名为西蒙·何塞·安东尼奥·德·拉·桑蒂斯玛·特立尼达（Simón José Antonio de la Santísima Trinidad）。他是第七代美洲人，是1589年从西班牙前往委内瑞拉谋求新生活的西蒙·德·玻利瓦尔的后代。在由白人、印第安人和黑人组成的社会里，邻居们对最轻微的混血都很敏感，他的家族世系经受了种族融合痕迹的冲刷，尽管出现过可追溯至1673年的存疑证据，但玻利瓦尔家族一直以来还是维持了白人身份。他们的经济根基也很稳固。他们拥有巴斯克血统，在两个世纪里积攒了土地（包括几座种植园）、矿山、牛、奴隶、城镇房舍，并跻身白人精英阶层，取得领导地位。圣马特奥庄园是玻利瓦尔家族的至爱，其历史可以追溯到16世纪，当时这一产业有委托监护制（encomienda）保障，或者说是靠分给他们支使的山谷中的印第安劳动力来维持运转的。在加拉加斯，他们住在市中心的一所大房子里。玻利瓦尔家族在委内瑞拉根基深厚，家族成员担任市政官员、民兵军官，支持王室政策，并拥有贵族头衔，声誉卓著。西蒙的叔父何塞·玻利瓦尔·阿吉雷还曾积极投身对1749年民众暴乱的镇压。[5] 在母亲那边，帕拉西奥斯家族也是标榜贵族、有担任公职记录的上流家族，他们参与委内瑞拉公共事务的历史可以和玻利瓦尔家族的相提并论。毫无疑问，玻利瓦尔属于精英阶层，那么他的祖国处于什么地位呢？

　　委内瑞拉地处加勒比海东南边缘，曾是西班牙美洲大陆殖民地中最靠近欧洲的一个。玻利瓦尔一直不厌其烦地告诫他的同胞，要遵从自然而非学说的指引，珍惜祖国拥有的天然禀赋。他在1830年制宪会议上告诉与会者："在我们祖国原本的自然里，你们可以寻觅到有价值的指引，它从安第斯高山延伸至炎热的奥里诺科（Orinoco）河河岸。勘察这一整片土地，你们就会从自然——人类永恒的导师那里学到，国会必须颁行哪些法律。"[6] 自欧洲乘船前往委内瑞拉，首先经过马库罗（Macuro）。1498年，哥伦布在此与美洲大陆相遇，他称之为"格拉西亚岛"（the Isla de Gracia），那里有白色的海滩、葱郁的植被，后面是陡峭的丛林坡地。绕着采珠业曾经盛极一时的玛格丽塔岛（Margarita）航行，哥伦布一行看到了更为令人沉醉的海岸线，那边有一簇簇的椰子树、高大的棕榈树，岸边散布着鹈鹕与火烈鸟，在库马纳（Cumaná）周围尘土飞扬的大地——"仙人掌之地"（tunales），密集生长着巨大的仙人掌，再往内陆深处去，则会看到美丽的罗望子树。在遥远的南方内陆，流淌着奥里诺科河与安戈斯图拉河，它们是西属圭亚那的骄傲。沿着加勒比海海岸向西，直至拉瓜伊拉港，丛林一直延伸到海滩，海滨生长着红树林。在拉瓜伊拉，中暑、黄热病与鲨鱼都可能威胁到旅行者的生命，直到抵达内陆高原和相对安全的加拉加斯才能摆脱危险。

沿着西海岸向西，越过内陆城市马拉凯（Maracay）与巴伦西亚（Valencia），拥有古老教堂和广阔沙丘的科罗（Coro）就映入眼帘。从海岸山脉向南，直到谷地、湖泊与河流，皆是美丽之地，是甘蔗、咖啡、棉花以及最重要的可可种植园的故土。到了东部与中部，热带天堂则被稀树大平原（savannahs）——或曰拉诺斯平原（llanos）取代，这片平原草场广阔，交错分布着众多河流，持续遭受干旱和水灾的侵袭。向更远的西部进发，就将抵达塞戈维亚高地，高地上分布有高原、山谷与半沙漠地带。越过这些地区，就到了马拉开波湖（Lake Maracaibo），湖上印第安人居住的高脚屋，给西班牙探险者一种见到威尼斯的错觉，委内瑞拉因之得名。*委内瑞拉的安第斯山脉，从特鲁希略（Trujillo）向西南延展，在委内瑞拉屋脊梅里达抵达最高点，那里刚刚被一场普通民众反抗波旁王朝征收苛捐杂税的起义撼动。

1799 年至 1800 年造访委内瑞拉的德国旅行家亚历山大·冯·洪堡（Alexander von Humboldt），敬畏拉诺斯平原的广袤："拉诺斯平原无边无涯而一成不变；居民极其稀少；在如此高温、被尘埃笼罩的空气里旅行，困难重重；地平线的远景，在旅客眼前不断退去；几棵稀疏的棕榈树这般相似，让人无望走到它们跟前，还将它们与更远的树木混淆，所

---

* 委内瑞拉的国名 Venezuela 在意大利语中意为"小威尼斯"。

有因素夹杂在一起，会令陌生人在看到拉诺斯平原之时，认为它们比实际大得多。"[7] 18世纪晚期，由白人与帕尔多人构成的当地人口又增加了反叛的印第安人、逃亡的奴隶、不法之徒、盗马贼和白人社会的渣滓，在洪堡看来，这把拉诺斯平原变成了"罪犯的避难所"。而平原人（llaneros）距离青年玻利瓦尔所处的文化非常遥远，但在未来的战争中，这些人将接近他生活的中心，他们是军队的枪骑兵，"顽固而无知"，少有自尊，却总能得到他们的将军的体谅。然而，玻利瓦尔闯出第一片天地的地方却是加拉加斯。委内瑞拉的80万居民里——人口数字显然在不断变化——一半以上（45.5万）居住在加拉加斯省，那里是可可以及靛蓝与咖啡两种新兴出口商品的主要产地。[8]

加拉加斯省省会坐落在一个肥沃的山谷里，夹在两座相距约40英里*的山脉之间，从海岸和拉瓜伊拉港到内陆的殖民时代小路，有些地方仅能容下一匹骡子通过，两山之间需要一天行程。这座城市海拔3000英尺，与热带海岸地区相比，气候更为温和宜人。加拉加斯市的中心，围绕着一座主广场与两座小广场精心修建，街道道路笔直、纵横交错，许多条路都铺砌了路面，修建的低矮建筑，有些是砖砌的，大多数是土坯房，更适应地震多发之地。玻利瓦尔家族在此地拥有诸多产业：除了位于圣哈辛托广场的家族宅邸之外，西蒙还从富有的叔父胡安·菲利克斯·阿里斯特吉耶塔-玻利瓦尔（Juan Félix Aristeguieta-Bolívar）那里继承了一所房子，它地处主广场，在大教堂与主教广场之间。这里的房子修得很气派，搭建有宽敞的露台，并配有花园，从卡图切河（River Catuche）引渠为花园供水，花园里种植了种类繁多的热带水果与花卉。富贵之家的优裕生活少不了也许平平无奇但独具特点的社交与文化活动，许多家庭都拥有他们引以为傲的图书馆。加拉加斯大学于1725年开始开展学术研究，尽管创新与守旧明争暗斗，学生们仍能够研习当年的大多数科目，并接触到像斯宾诺莎、洛克和牛顿这样的17、

---

* 1英里约合1.6千米。

18世纪欧洲思想家。[9]

洪堡对许多克里奥尔人（美洲土生白人）的文化水准印象深刻，尤其是他们对欧洲文化的了解和对影响殖民地与宗主国的政治事件的认知，他将之归因于"商业的欧洲与西印度群岛之间的频繁交流"[10]。洪堡在加拉加斯的克里奥尔精英中发现了两种倾向，将之认定为两代人的特征：年长一代固守旧日传统，维护特权，坚决排斥启蒙运动；年青一代不重当下更重未来，被新方法与新思想吸引，坚定追随理性与启蒙思想，时而卷入对西班牙文化的反抗和与外国人的危险联系。玻利瓦尔与年长一代前后脚出生，思想上却跻身于年青一代。

委内瑞拉不再是哈布斯堡时代被遗忘的殖民地，不再仅仅被视为墨西哥与秘鲁总督区往来路途上的一个重要中转站。委内瑞拉的真正历史不是肇始于第一次征服，而是开始自第二次征服，那是18世纪，西班牙重构了国家的政治经济生活，并赋予它新的制度。经济再征服的工具是加拉加斯公司（Caracas Company），一家总部设在巴斯克的企业，这家企业被赋予与委内瑞拉开展贸易的垄断地位，不久，它就为生产与出口提供了新动力，为西班牙提供了新市场。波旁王朝的现代化*让委内瑞拉脱离了新格拉纳达总督辖区，王朝政府于1776年任命了一名来自委内瑞拉本土的财政和经济长官，又于1777年任命了一位总司令，以掌控政治和军事，官员们直接对马德里的中央政府负责，而非邻近的总督区。检审法庭（audiencia），或称高等法院，1786年设立于加拉加斯；贸易法庭（consulado），或称商业行会，设立于1793年。委内瑞拉的法律与商业事务此时有了独立地位，不再受其他西班牙殖民地管辖。这些机构没有将权力赋予委内瑞拉，它们代表帝国而非地方的利益，委内瑞拉人仍然臣服于一个遥远的宗主国。尽管如此，这些机构所处的这片乡土如今有了自己的身份，开始意识到自身的利益。委内瑞拉或许不是西

---

* 即波旁改革，是18世纪西班牙波旁王朝进行的一系列政治经济变革，旨在加强王室权威。对于其美洲殖民地，改革原本希望提高殖民地的行政效率，实际上却抑制了当地克里奥尔精英的政治参与，引发广泛不满。

班牙帝国的心脏，也不是即将到来的革命的核心，但随着殖民世界式微、委内瑞拉历史进入新纪元，这片土地上诞生了三位西属美洲独立史上的巨人："先驱者"弗朗西斯科·德·米兰达（Francisco de Miranda）、"解放者"西蒙·玻利瓦尔，以及人文主义者安德烈斯·贝略（Andrés Bello）。

西班牙逐渐变得趋向帝国主义，但情况并不是一直这样。同所有伟大帝国一样，西班牙曾有能力吸纳殖民地的民众。哈布斯堡王朝建立的帝国靠妥协与共识统治臣民，首先体现在克里奥尔人越发频繁地参与到殖民地官僚体系与法庭事务之中，其次体现在王权对殖民地社会身份与利益的承认，尊重甚至代表它们的身份和利益，这是明智之举。但1750年之后的时代，经历了殖民地政府的去美洲化、波旁王朝的崛起，以及妥协政治和克里奥尔人政治参与的终结。而波旁王朝的政策，以从西班牙派遣主官、建立职业官僚体系、掌控资源开发与税赋征收为特征。克里奥尔人不再被接纳，而是被胁迫，他们敏锐感知到了这一变化。胡安·巴勃罗·比斯卡多（Juan Pablo Viscardo），作为耶稣会的流亡者和拥护独立人士，曾是这一政策趋势在秘鲁的直接观察者，他也见证了波旁王朝从寻求共识走向冲突对立，疏远了克里奥尔精英，最终将他们推向独立的过程。"自17世纪起，克里奥尔人就被委以要职，包括教堂教职、政府官职与军职，在西班牙与美洲皆是如此。"但如今西班牙恢复了偏向半岛人的政策，"将仅仅熟知自己国家的人们排除在外，他们的个人利益与国家休戚相关，拥有崇高而独特的权利来捍卫国家福祉"[11]。这种"西班牙式复古"触动了整个美洲，委内瑞拉尤甚。玻利瓦尔本人也抱怨美洲人被排除在民政事务、教会事务和财政部门之外，"或许比以往任何时候都严重"[12]。1786年至1810年，没有委内瑞拉人被委任以检审法庭职务，而在此期间有10个西班牙人与4名定居殖民地的宗主国人士执掌法度。[13]

克里奥尔人对上述状况心知肚明，并被不断提醒：他们的国家为西班牙而存在，他们的前途被他人掌控。玻利瓦尔自己永远不会原谅或忘记祖国被束缚在极端不发达之中，被禁止与西班牙展开农业、工业与商业竞争,事实就是,那里的人民被迫"种植靛蓝、谷物、咖啡、甘蔗、可可与棉花;在空荡荡的平原养牛;在旷野捕猎猛兽;在土地里开采黄金,以满足西班牙无穷无尽的贪欲"[14]。不过,像玻利瓦尔这样的克里奥尔人属于殖民地精英,地位远高于在社会底层艰辛劳作的梅斯蒂索人(mestizos)、穆拉托人(mulattos)与奴隶,只要他们的期望不是太高,坐拥乡间庄园与加拉加斯房产,他们就可以享受在西班牙统治之下安逸而安全的生活。他们之中很少有人准备颠覆世界。

在委内瑞拉,可可出产与出口搞活了经济,催生了地区精英,在17、18世纪,这些精英被西班牙君主所忽视,他们发觉自身的经济生命线在美洲而非西班牙。然而,大约自1730年起,国王开始密切关注作为西班牙税赋收入与欧洲可可来源地的委内瑞拉。变革的推动者是加拉加斯公司。咄咄逼人而又花样百出的贸易政策,让苦苦挣扎的移民甚至传统种植园主的收益更少,触犯了当地利益,并在1749年激起了一场民众叛乱。叛乱很快被平息,此后加拉加斯被迫忍受一个又一个军人长官的统治,不得不缴纳更高的赋税,接纳比以往人数更多的帝国驻军。社会地位最高的人得到了改革后的加拉加斯公司所提供的股本,这是一种确保这些人合作并使之脱离民众事业的权宜措施。于是,波旁王朝从寻求共识走向冲突对立的新帝国主义方针,在委内瑞拉小试牛刀。加拉加斯所经历的地区发展、精英自治与西班牙王室政策倒退,是殖民地历史上克里奥尔政权与西班牙政权、妥协与权威之间巨大分歧的早期证据。正如波旁王朝的一位重臣所评论的,如果不曾拥有自由,殖民地人民将学会过上没有自由果实的生活,不过一旦他们合法获得一些权利果实,并品尝了其中滋味,就不会再让他人将之夺走。[15]玻利瓦尔所降生的这片殖民地,不是通过共识与分权来管辖,而是由中央集权与专制主义来统治的。他父母那一代人乖乖接受了波旁政府的改革和传统克里奥尔影响力的丧失,而下一代人就没有那么温顺了。[16]

家庭、朋友与邻居

玻利瓦尔的早年生活优于常人，但也有很多缺失。他年幼时就父母双亡。对于在自己 2 岁半之时死于肺结核的父亲，他没什么印象；在他 9 岁的时候，母亲同样因肺结核离世，从那时起，他就得依靠诸位舅舅生活。他的父亲，胡安·比森特·玻利瓦尔，曾在加拉加斯社会很有名气。胡安·比森特继承了家族传统，当上民兵上校，但不太显露政治观点。这反映出当年殖民地与统治者的离心离德，不一定只是忠于国王还是支持独立的问题，还可能涉及站在西班牙人一边还是美洲人一边的问题。1782 年，他和两位加拉加斯贵族一起致信弗朗西斯科·德·米兰达，那位动摇了忠诚之心的委内瑞拉军官与异议分子，他们向后者大倒苦水，控诉殖民地长官及其拥护者，以及每一个西班牙人和"该死的加尔维斯（Gálvez）部长"支持的"独裁措施"和无礼辱骂。长官对待"每一个美洲人，无论其阶级、军衔与环境，都如同对待卑贱的奴隶"。他们期待米兰达伸出援手，抵抗罪恶的压迫，因为"你是祖国期许的重要使命之长子"。由于不愿再遭受与圣菲波哥大（Santa Fe de Bogotá）和库斯科（Cuzco）的造反者同样的命运*[17]，他们宁愿等待米兰达的建议。如果此事为真，这就是玻利瓦尔家族进行政治试探甚至试图反叛的一个例子，即使没有付诸行动，也深入了思想。

胡安·比森特打造了一座 18 世纪的文化图书馆，但在其他方面，他可不是孩子们的榜样。他是一个臭名昭著的好色之徒，"令女人们，无论是白人还是印第安人，无论是少女还是少妇，都提心吊胆"。在他的家里，没有哪个女人是安全的，一对姐妹就是例证：其中一人，玛格

---

* 指的是 18 世纪 80 年代的两次起义，1780 年，何塞·加夫列尔·孔多尔坎基（José Gabriel Condorcanqui）自称图帕克·阿马鲁二世（Túpac Amaru II），起兵反抗西班牙殖民者，兵败后在库斯科惨遭五马分尸，而何塞·安东尼奥·加兰（José Antonio Galán）不久之后在圣菲波哥大起兵造反，兵败后也被处死。

丽塔,不得不反抗,才避免被拖进卧室失身受辱;另一人,玛丽亚·哈辛塔(María Jacinta),向加拉加斯主教哭诉:"那个色狼,唐胡安·比森特·玻利瓦尔,连日纠缠着我,要与我犯下淫邪之罪……他把我的丈夫派去大平原牧牛,以便能更自由地实施他的邪恶计划。看在上帝的份儿上,请一定要帮我,因为我已经在堕落的边缘了。"但主教平息了事态,他更关心如何避免丑闻,而不是与元凶对质,他还提议后者否认一切。[18] 策略似乎行之有效,这个连续作案的诱奸犯在多年之后的1773年12月,于年届46岁之时缔结了令人瞩目的婚姻,新娘康塞普西翁·帕拉西奥斯-布兰科是个有魅力的年轻姑娘,比他年轻了差不多30岁,同样出身于一个显赫家庭。

玻利瓦尔不仅父母出身名门,还有一位富有的堂亲——为他施洗的神父胡安·菲利克斯·阿里斯特吉耶塔-玻利瓦尔,此人为玻利瓦尔留下一笔财富和多项产业,只要玻利瓦尔保持对上帝和国王的忠诚。这份遗赠是父亲遗产之外的所得,孤儿玻利瓦尔因此能够比大多数委内瑞拉人更自信地面对未来,少有劳作之虞,因为有人为他管理投资,打理他在委内瑞拉各个经济领域的投资收益,从而使他的收入源源不断。

委内瑞拉国土一部分是种植园,一部分是牧场,还有一部分被辟为商业集市。人口与物产集中于沿海的山谷与南部的稀树大平原。在内陆大平原与马拉开波湖西岸,成千上万的牛、马、骡、羊,构成了这个国家的一种固定资产,并以毛皮和其他动物萃取物*的形式提供了直接出口品。商业种植园出产多种多样的出口作物:巴里纳斯(Barinas)的烟草、阿拉瓜(Aragua)谷地的棉花、图伊山谷的靛蓝及安第斯诸省的咖啡。18世纪90年代,在一个世纪的经济扩张之后,这些物产占到了委内瑞拉出口总量的30%以上。但委内瑞拉的经济支柱是可可,可可产自中部沿海地区山谷与山麓地带,其产量不断增加,占据了出口总量的60%以上,但与瓜亚基尔相比,仍不可同日而语。[19] 当时是大型庄

---

* 主要是油脂,用于制造蜡烛等日用品。

园的天下,其劳动力来源于规模不断扩大的奴隶贸易,以及身份常常为获释奴隶的抵债雇工。委内瑞拉的经济是典型的殖民地经济,生产和消费能力都很低。

洪堡注意到委内瑞拉贵族厌恶独立,因为"他们在革命中只看到奴隶的损失",他还认为"贵族宁愿被外国束缚手脚,也不愿下等阶层行使权力"。[20]种族偏见在殖民地社会上层当中根深蒂固。米兰达家族就是攻击的对象。"先驱者"米兰达的父亲塞巴斯蒂安·德·米兰达·拉韦罗(Sebastián de Miranda Ravelo)是来自加那利岛的商人。1764年,他被任命为加拉加斯白人岛民营第六燧发枪枪手连连长。这激起了当地政治寡头的强烈不满,他们蔑称米兰达是穆拉托人,是贸易贩子——"一种与白人身份不相称的卑微职业",说他可以"与身份高贵、血统纯洁之人穿着同样的制服招摇过市了"。[21]加拉加斯市政会,是克里奥尔寡头政治的大本营,维护政治寡头的价值观,它禁止米兰达"在新的军营穿上制服或使用指挥杖,并发出警告,如若再犯,就将他投入公共监狱,关押两个月"。在这一事件中,米兰达得到了地方长官的维护,受到了殖民地当局的支持,他们通常比当地统治阶层更为宽容。但每当帕尔多人为争取更多合法权利——包括与白人通婚和接受圣职之权等——反抗之时,委内瑞拉精英们就会仍旧将加那利岛人视作帕尔多人,把加那利岛民(isleños)视为劣等种族。1810年,委内瑞拉的独立领袖们对加那利商人之子弗朗西斯科·德·米兰达持保留态度,不能不说受到了歧视其平民出身的社会偏见的影响。

玻利瓦尔在加拉加斯长大,成长于一个不同种族与文化交融的世界,他也结识了一些在未来几年主导他的公共生活并左右他的政治决策的人物。因为社会不断发展,加拉加斯的街道变得越发拥挤:1785年至1810年,加拉加斯省的人口增长超过三分之一,人口增长对许多族群都产生了影响,却没有打破平衡。委内瑞拉的印第安人,是疾病与混乱的早期受害者,他们大多淡出人们的视野,被社会边缘化,出没于偏远的平原、山地与森林地带,或是生活在由传教士治理的地区,他们没有更广泛的认同感。玻利瓦尔最熟悉的人群是处于社会等级最高层的克里奥尔白人。他们的种族意识强烈，邻里之间相互清楚对方种族背景是应有之义。白人掌控官僚机构、法律、教会、土地和大宗贸易，但他们内部不是铁板一块。他们由西班牙半岛人、委内瑞拉克里奥尔人与加那利移民构成。其中委内瑞拉克里奥尔人由少量出身于几个世家望族的人士与数量更多的属于混血族裔，又和白人"沾亲带故"的人士组成。底层聚集着奥里亚白人（blancos de orilla，即贫穷白人）、工匠、商人与工薪阶层，他们融入了帕尔多人*群体，人们也将他们等同于帕尔多人。加那利克里奥尔人定居委内瑞拉已有许多世代，他们当中也有一些混血家族，但仍被视为加那利人。

殖民地时代末期委内瑞拉人口的种族构成

	数量（人）	占比（%）
西班牙半岛人	1500	0.18
克里奥尔精英	2500	0.31
土生加那利人（移民）	10000	1.25
克里奥尔加那利人（奥里亚白人）	190000	23.75
帕尔多人	400000	50.00
黑人（奴隶、逃亡者、自由黑人）	70000	8.75
印第安人	120000	15.00
大约总计	800000	

资料来源：Lombardi, *People and Places in Colonial Venezuela*, p.132; Izard, *Series estadísticas para la historia de Venezuela*, p.9; Báez Gutiérrez, *Historia popular de Venezuela: Período independentista*, p.3。

有色人种包括黑人、奴隶和自由民，以及帕尔多人和穆拉托人，他们是人数最多的群体。因而，在独立之初，委内瑞拉社会在数量上占据优势的是40万帕尔多人和20万加那利人，但他们大多被划为贫穷白人。加那利人与帕尔多人——其中大多是加那利人的后裔——合计占总人口的75%，尽管如此，他们在行动上很少步调一致。

---

* "帕尔多人"是一个模糊的种族概念，一般是指欧洲人、印第安人与非洲人的混血后裔，但又不属于血统明确的梅斯蒂索人、穆拉托人或桑博人，可以理解为多重混血种族之泛称。

贫穷白人与玻利瓦尔所属的阶层——曼图亚诺人（mantuanos）*，几乎没有什么共同之处，后者是土地所有者与奴隶主，是殖民地财富的创造者、殖民地民兵部队的指挥官。土地是他们的根基，也寄予了他们的宏图壮志。尽管他们不排斥商业，但众所周知，成功的商人会投资土地，并与克里奥尔种植园主家族联姻。最富有的庄园主出身于省内最古老的家族，是玻利瓦尔的朋友与旧相识。他们的领袖是德尔·托罗侯爵（marqués del Toro），1781年，他的年收入估值达25000～30000比索，个人财富为504632比索，另外他还拥有众多房产。德尔·托罗侯爵之后，是一个各成员财富相当、约由13人组成的小集团，包括第一代德·托瓦尔伯爵，地位紧随其后的德·拉·格兰哈伯爵、德·圣·哈维尔伯爵、何塞·伊格纳西奥·莫雷诺博士、卡萨·莱昂侯爵、马科斯·里瓦斯以及胡安·比森特·玻利瓦尔。西蒙的父亲拥有两座可可种植园，在加拉加斯有四处房产，在拉瓜伊拉也有一些房产。他在圣马特奥拥有甘蔗种植园，在大平原上有三个养牛场，还有一个靛蓝种植园和一座铜矿，他为包括年幼的玻利瓦尔在内的家人留下了35万比索。在殖民地时代末期，地主贵族——其中绝大多数是克里奥尔人——由658个家庭组成，共有4048人，约占人口总数的0.5%。正是这一小群人，垄断土地，驱役劳动力，但随着老一代离世与继承人瓜分遗产，他们的财富变得支离破碎。玻利瓦尔遗产里最大的一份——12万比索，就分给了长子小胡安·比森特。少数顶层家庭极其富有，大多数精英家庭收入属于中等水平。这些人痴迷于身份象征与贵族头衔，而这些贵族身份和头衔大多数是买来，并非继承而来的。他们通常居住在城镇宅邸，活跃于西班牙人惯常开放给他们的机构组织里，包括市政会、贸易法庭和民兵组织之类。几乎所有洪堡在加拉加斯结交过的家族——乌斯塔里斯家族、托瓦尔家族、托罗家族——都扎根于美丽的阿拉瓜谷地，他们在那里拥有最富庶的种植园，玻利瓦尔家族那块青史留名的地产也

10

---

* 委内瑞拉方言，有贵族血统的人。

坐落在那里。[22]

帕尔多人，或有色人种自由民，因其出身而被贴上标签；他们是黑人奴隶的后裔，主要由穆拉托人、桑博人（Zambos）和梅斯蒂索人构成，另外还包括血统可疑的贫穷白人。在城镇，他们是工匠，是初级工薪阶层。在乡村，他们要么是在种植园担任监工，要么就是种田养牛，自给自足，或者靠做乡间雇工谋生。黑人自由民几乎占到总人口的半数，他们人数众多，在城镇十分惹眼，那里种下的不满种子往往发展成公开的冲突。[23]帕尔多人并非一个阶级，而是一个形象模糊、不稳定的中间人群，在上层与下层之间摇摆不定。但不管他们是怎样的一个群体，帕尔多人的数量和诉求都令白人忧惧。自1760年起，他们被允许加入民兵组织，可以担任军官，享受军事特权。1795年2月10日通过的一项法律让他们获得了购买白人证书（皇家恩典证书，*cédula de gracias al sacar*）的合法权利，这种证书可以使他们免遭歧视，取得接受教育、与白人通婚、担任公职和成为神父的官方授权。而出于并不完全明朗的动机，帝国政府鼓励这种阶级流动。这可能是一种尝试，通过允许帕尔多人与白人竞争来缓解社会紧张局势，同时将竞争引向公共生活领域，对传统荣誉与地位观念产生冲击。

很少有帕尔多人援引法律或是敢于进入法庭宣示权利。[24]他们也许在经济领域筚路蓝缕，但仍得不到社会认可。在委内瑞拉这个等级森严的社会里，法律定义了各阶层人士的地位，而白人占据着优势。克里奥尔白人发动攻势，压制有色人种的进步，抗议兜售白人证书，反对国民教育，还酝酿了一场失败的抵制帕尔多人加入民兵的请愿。他们宣称，对帕尔多人的让步，是"一场灾难，根源于从欧洲派来的官僚们的无知，他们来时抱着对美洲土生白人的偏见，错误理解了国家的真实情况"。抗议者认为，"该省白人允许奴隶之中的穆拉托后裔进入他们的阶层"是不可接受的。他们辩称，此举会颠覆现有政权。"组建由帕尔多军官领导的民兵部队，赋予他们一种毁灭美洲的力量……给予他们一个组织、领导人与武器，他们就更容易筹划一场革命。"[25]白人与黑人民兵之间保持着严格界限；在萨瓦纳-德奥库马雷（Sabana-de Ocumare），新组建了若干民兵连,"四个白人连,六个帕尔多人连,两个黑人连,四个印第安人连"[26]。在当局眼中,在征兵事务中奉行白人至上原则是理所应当的;即便如此,关于帝国对于帕尔多人的政策,克里奥尔白人仍抱有怨言:觉得政策过于宽松;认为这种政策是"对古老、高贵、荣耀家族的一种侮辱";认为"将权利赋予帕尔多人,并不计较其卑贱地位,让他们得以接受迄今缺乏、本该在未来继续缺乏的教育"是一种危险举措。种族问题是委内瑞拉的一大隐患,平常不显山露水,但存在诉诸暴力的可能。克里奥尔人对此担惊受怕,他们担心会爆发一场被法国大革命学说感染、被圣多明各(日后的海地)暴乱波及的种族战争。

奴隶爆发骚乱、揭竿而起的可怕前景又加剧了克里奥尔人的不祥预感。克里奥尔贵族又一次对宗主国丧失了信心。奴隶遍布殖民地社会的各个角落,他们在街上为主人搬运物什,在家中充当奴仆,在作坊从事劳作。但他们当中的大多数人还是在种植园工作,没有他们,委内瑞拉的生产活动就要停滞,像玻利瓦尔家族这样的家族,其生意利润就会大幅下降。由于某些原因,18世纪80年代,委内瑞拉的奴隶输入开始缩减,当时由于经济扩张,废止了限制进口的贸易法,所以种植园主准备好为奴隶花费更多金钱。[27]当时,幼年玻利瓦尔孀居的母亲就抱怨奴隶价格太高,买了奴隶后他们又没能生儿育女。1789年5月31日,西班牙政府颁布了一部新的奴隶法,将立法措施编纂成文,明确了奴隶的权利和主人的义务,并寻求在整体上改善奴隶棚屋的居住条件。克里奥尔人反对国家对主奴关系的干预,他们抗议法令的理由是奴隶容易学坏或闹独立,而奴隶们对国家经济是不可或缺的。在委内瑞拉——事实上是整个西属加勒比地区,种植园主都抵制这部法律,结果他们终于如愿以偿,该法在1794年被废止。[28]

接下来的一年,黑人与帕尔多人的暴动令科罗陷入动荡,后者是蔗糖工业中心,有15000名奴隶与帕尔多人居住在当地,也是白人贵族阶层的大本营,暴动事件令改革者与反对者都找到了由头,声称各自的观点得到了印证。白人贵族由此产生强烈阶级意识:"一旦家族中有人

12 和科约特人（coyote）或桑博人通婚，贵族之家与纯洁血统将变得声名狼藉，他们将生活在恐惧之中。"[29]暴动首领是何塞·莱昂纳多·奇里诺和何塞·加里达·冈萨雷斯，二人是受到法国大革命与圣多明各种族战争思想影响的黑人自由民。他们在奴隶和黑人劳工中宣传鼓动，有300人参加了1795年5月的暴动，暴动宣称要"施行法兰西的法律、创立共和、解放奴隶、抑制贸易税（alcabala）和其他赋税"[30]。他们占领庄园，洗劫财产，杀死了被他们捕获的所有地主，并攻入了科罗城。由于这场暴动没有外援，暴动者武器装备也很差，因此很快被镇压，许多参加暴动者未经审判就被枪杀。这不过是殖民地时代最后几年里黑人与白人之间殊死争斗的冰山一角。在这一时期，逃亡奴隶们频繁建立起他们自己的自治公社，远离白人统治者。

克里奥尔精英受困于社会的失序。曼努埃尔·瓜尔（Manuel Gual）与何塞·马里亚·埃斯帕尼亚（José María España）暗中谋划举事，明确提出要建立一个独立的委内瑞拉共和国，他们对"差劲的殖民地政府"大张挞伐，并援引了英国北美殖民地的例子。这两个委内瑞拉领导人是克里奥尔白人，是下层公职人员，他们受到西班牙流亡者胡安·包蒂斯塔·比科内利（Juan Bautista Picornell）的激励，后者喜欢阅读卢梭与百科全书派的著作，是坚定的共和派。在招募了帕尔多人、贫穷白人、劳工、小业主以及一些专业人员之后，二人谋划的行动于1797年在拉瓜伊拉浮出水面，他们呼吁实现"自由与平等"，强调人的权利，并制定了夺取政权和创建共和政府的行动方案。方案还包括实行自由贸易，抑制贸易税和其他赋税，废除奴隶制和印第安贡赋，为印第安人分配土地，吁请白人、印第安人与有色人种和谐共处，"基督教的弟兄们在上帝面前平等"。[31]对克里奥尔财产所有者而言，这太激进了，他们之中许多人与当局联手镇压这场"臭名昭著并令人嫌恶"的运动，还请愿效忠总司令，称"我们不仅投入人力和庄园，还愿意自己出钱建立武装"。[32]埃斯帕尼亚被当局捕获，在加拉加斯主广场遭到处决，行刑之时钟声敲响，旁边是自告奋勇为他祷告的神父们和军事派遣队的士兵。他的四肢被用长矛挂在大路边示众，他的妻子则因保护他而被投入监狱。这次事件影响微弱，转瞬即逝，但它发出了自由与平等之声，留下了民众表达不满的痕迹。

两年之后，洪堡观察到了一些前述反叛事件的回响。在从拉瓜伊拉到加拉加斯途中，他遇到了一群委内瑞拉旅行者，讨论当时的各种问题，包括穆拉托人对自由黑人与白人的仇恨、"修道士的财富"以及统驭奴隶使其俯首帖耳的不易，他们对上述所有问题都争论得很激烈。由于暴风雨，众人不得不寻找一个躲雨的地方。"当我们走进一家客栈，一位语气镇定的老人提醒其他人，在一个告密风行的时代，在山间和在城市讨论政治话题一样，都极为鲁莽。在如此荒凉的地方说出这番话，在我脑海里留下了深刻印象。"[33] 洪堡还对反教权主义有些印象，尽管这不是委内瑞拉的显明趋势。

在西班牙语世界里，宗教被普遍认为是严肃的，但委内瑞拉人对其并不热衷，虽然玻利瓦尔从一位担任神职的堂亲那里继承了一大笔遗产，但他几乎没有受教会其他方面的影响。在这个捐资贫乏的国家，神职人员没有太多晋升的机会。据大主教马里亚诺·马蒂的说法，少有人德可配位。在田野巡视过程中，他对神职人员的幻想彻底破灭，他们之中许多人是当地克里奥尔人，其道德举止很难超拔于当地教区居民。粗心、愚蠢与无能在教区神父中司空见惯，他们似乎被反宗教改革和启蒙运动遗忘了。[34] 马蒂是波旁王朝时代主教的典范，既是教会又是国家的代言人，他的工作职责很多，并受到坚定信仰的激励，认定教士应该提防颠覆与罪愆，而他的巡视（visita）要勾勒一幅委内瑞拉世俗与宗教的全景图。他生于西班牙，是个改革者，决心提升美洲基督信仰和道德水准。他先是在波多黎各教区担任主教，在1770年又成为委内瑞拉大主教，时年41岁。

马蒂将自己的主教角色定位为不间断的教区巡视，巡视从1771年持续到1784年，他的足迹遍布委内瑞拉海岸、安第斯山脉和稀树大平原：印第安人、非洲人、奴隶、西班牙人和混血民族，无论是在乡村还是城市社会，无论是教士还是民众，没人能够躲过他的问询。他在教区的山间、谷地和平原游走，邀请各个城镇的民众前来披露自身和邻里的

"罪恶"行径,他继而记录在案并加以裁决,为后世留下了一幅委内瑞拉人如何生活的生动画卷。生活显然并不全是劳作。他的记录(现代版本有 7 卷)列举了 1500 多桩提起控诉的个案,主要是性犯罪案件。通奸、出轨、姘居、乱伦、强奸、重婚、卖淫、淫乱、同性恋、兽交、堕胎与杀婴,这些行径遍布各地;而酗酒、赌博、巫术、谋杀、偷窃与邪神崇拜,也竞相取悦民众,吸引主教的关注。他以更广阔的眼界审视罪恶,眼里的堕落者包括残酷对待奴隶的庄园主、严苛对待教区印第安人的乡村教士,以及对顾客发放高利贷的商人或店主。委内瑞拉将近 10% 的神职人员挨了批评,甚至马拉开波(Maracaibo)*的地方长官都受到了严厉斥责。不出意外,主教的深入调查得罪了很多地方精英,同时也引起了一些地方神职人员的憎恨。

上层社会人士不愿让自己的子女与出身于卑微种族的人通婚,马蒂对此不以为意,只是坚称联姻应受基督教道德伦理的约束,不可随性而为。但在实践中,他无法消弭社会偏见,无法阻止为规避不同种族间的通婚而非法同居的行为。无论如何,马蒂并没有挑战当时的规矩,他通常对女奴施以惩罚,而不是惩戒引诱她们的奴隶主。宗教文化里存在一种根深蒂固的偏见,认为女性是罪恶之源,将所有性诱惑归咎于她们的女性吸引力、行为举止与衣着,而不追究男性的责任和环境因素的影响,这是弥漫于整个美洲教会的一种思想观念。

描述委内瑞拉人的生活方式,比让他们做出改变更容易。马蒂主教试图推行一种道德准则,在社会关系和两性关系方面倡导向基督徒看齐。他发布公告禁止跳舞,并谴责妇女不合礼仪的穿着。在巡视期间,他规劝教士们宣讲与遵守戒律。但是,无论是让殖民地社会各阶层奉行教会准则,还是缩小道德准则与实际行为之间的差距,都以失败告终。在一个村子里,酗酒是"重要罪过",而另一个村子的"重要罪过"就是抢劫。对大多数委内瑞拉人,尤其是平民阶层而言,婚姻是一种随性的

---

* 马拉开波,委内瑞拉西北部城市,是该国仅次于加拉加斯的第二大城市。

机制，贞操是理想而非现实，私生子可以被接受，随意联姻也并不罕见。对几乎一无所有的人来说，婚姻与合法性并不能带来特别的好处；而对上流社会来说——正如玻利瓦尔的婚姻证书所证明的——它们确实是一笔财富，但也是因为靠它们可以取得继承权和担任公职，而不是因为可以提升道德声誉。在西班牙语社会，私通不会被视为对婚姻的严重威胁。

马蒂的巡视点明了委内瑞拉殖民地与整个西属美洲的永恒真理。信仰不容置疑。教会传道宣教，举行礼拜仪式，在这个乐意接纳它们的社会里如鱼得水。在巡视期间，主教目睹了许多印证信徒们的宗教狂热的事例。他写道，蒂纳基约（Tinaquillo）的白人、梅斯蒂索人、穆拉托人和黑人是"虔诚之人，他们之中许多人每日做弥撒，经常参加圣礼仪式，在凌晨3点来教堂以念珠诵经"。关于奥库马雷，他提交了如下报告："教区神父告诉我，这些人的天性是，如果受邀跳舞，他们都会欣然前往。同样，如果受邀到教堂做礼拜，他们也会欣然前往。他们没有什么特殊的恶习。"在帕拉帕拉（Parapara）小镇，人们"温顺，性情良好，经常参加圣礼仪式"。[35]显然，在委内瑞拉，民众十分虔诚，而基督教道德就是另一回事了，多数人在理论上接受它，而在实践中忽略了它。

独立的青年

玻利瓦尔的成长岁月，缺少中小学与大学的完整教育，甚至缺乏家庭生活的庇护。他的母亲，性情慈爱但身体虚弱，在33岁辞世，让9岁的玻利瓦尔成了孤儿。而随着时间的推移和空间的变化，他记忆中的一切变得美好起来，加拉加斯的童年也成为一段欢乐时光。1825年，曾深受玻利瓦尔信赖的舅父埃斯特万·帕拉西奥斯（Esteban Palacios）从西班牙回到委内瑞拉，身在秘鲁的玻利瓦尔闻讯激动万分："我昨日方知您尚在人世，就住在我们亲爱的祖国。多少回忆在那一刻涌上心头。我的母亲，我挚爱的母亲，与您如此相似，在那一刻也起死回生，在我面前现身。当我意识到您是第二任父亲，我最早的童年、我的坚信礼与我的教父在那一刻融为一体……我所有的记忆奔涌而出，唤醒我最初的情感。"[36]现实并没有那么美好。母亲过世后，玻利瓦尔与外祖父同住，外祖父安排舅父们做他的监护人。埃斯特万长期滞留西班牙，徒劳无功地尝试保住家族宣扬的贵族地位。这样一来，玻利瓦尔的真正监护人是身边的卡洛斯。卡洛斯有些愤世嫉俗，觊觎外甥所继承的财产，还是一个将穆拉托人称为"暴民"的种族主义者。在孩子心目中地位更高的是伊波莉塔，圣马特奥庄园的奴隶，对玻利瓦尔而言她既是父亲又是母亲。多年之后玻利瓦尔请姐妹照料她："她的乳汁养育了我的生命，她是我唯一认识的父亲。"[37]她似乎是个宽容的父亲，在她的照料之下，玻利瓦尔显露出了不服管教的一面。

他牵挂伊波莉塔，同时也担忧自己青年时代的名声。他的敌人与法国旅行家贾斯珀·莫林散布他未曾接受过教育的恶毒谣言，或许刺痛了他，他致信同僚桑坦德，"我的教育被严重忽视，是不实之论。因为我的母亲与家庭教师尽其所能，确保我全心投入学业。他们保证让我受业于全国顶尖的教师，你知道的，罗宾逊［西蒙·罗德里格斯（Simón Rodríguez）］教授我阅读、写作与语法；著名的贝略为我讲授地理和文学；深受洪堡尊敬的安杜哈尔神父，特地为我设立了一个数学研究会……青年时代，我还上过击剑、舞蹈与马术课程"[38]。对于"研究会"，我们也许可以解读为"课程"，是在玻利瓦尔家里为几个学生开设的课程。但除此之外，玻利瓦尔所说的他受到了与任何西班牙统治下美洲名门望族子弟不相上下的良好教育的说法，或多或少是正确的。日后的历史学家夸大了委内瑞拉启蒙思想之星西蒙·罗德里格斯对玻利瓦尔的影响。

1793年，10岁的西蒙与其他113名学生一道升入了加拉加斯公学，学习阅读、写作、算术与宗教教义。在破败不堪的学校里，虽然常有怨言，但年轻的罗德里格斯算得上是一位认真负责的教师。学校教育很初级，学生来去自由，有的付了学费，有的则没有。[39]少年玻利瓦尔越来越讨厌学校和被指定为监护人的舅舅卡洛斯·帕拉西奥斯。1795年，在他12岁的那一年，他逃学又离家，跑到了他的姐姐玛丽亚·安东尼娅（María Antonia）和她丈夫的家中。安东尼娅张开双臂接纳了他，并让他相信，他不仅需要免受舅舅伤害的保护，还要控制自己的喜好，不能再"或走路或骑马，独自一人在加拉加斯街头闲逛，与不属于他那个阶层的孩子们胡混"。他很早就显示出了掌控自己生活的决心，不仅体现在与其他阶层的人厮混，还表现于在检审法庭上挺直腰板，告诉那些审判者可以任意处置自己的财产，却不能随意摆布他本人，他还说，如果奴隶有选择主人的自由，自己就有选择住处的自由。[40]但卡洛斯·帕拉西奥斯并不打算让这家人的财产轻易从掌心溜走。经过一番唇枪舌剑的诉讼，尽管少年玻利瓦尔激烈反抗，但他还是被迫返回学校和罗德里格斯老师家里；这样的家庭组合，他显然无法忍受，不久之后就又回到了监护人家里。玻利瓦尔的学业终于有了长进，嘉布遣会*传教士安杜哈尔神父在玻利瓦尔家中给他授课，年轻的安德烈斯·贝略也是他的授课老师，后者在进入殖民地官僚系统之前私下教过几个学生，他后来将玻利瓦尔描述为有才华但不安分的年轻人，在学业上不够投入。[41]

通常认为，玻利瓦尔的老师之中，最有影响力的是西蒙·罗德里格斯，但无论两人其后的关系如何，他们在加拉加斯只有短暂接触。在1795年，这个男孩对权威的反抗似乎是针对罗德里格斯老师以及他的舅父的。这位老师当时已是一名异见分子，于1797年离开加拉加斯，化名萨缪尔·罗宾逊（Samuel Robinson），在美国与欧洲待了几年，又与玻利瓦尔重逢。他对那个时代知识生活的贡献是作为一位教育者的贡献，而不是哲学方面的贡献。他主要关切的是保障新共和国公民的教育，相信没有大众教育就不会有真正的社会，没有社会就不会有共和国。他后来转而信奉卢梭的《爱弥儿》提出的家庭教育理念，但这对他在加拉加斯的工作不会有太大影响，因为他在那里不是一对一教学，而

---

* 嘉布遣会（Capuchin），又译作"卡普秦修会"，正式名称为"嘉布遣小兄弟会"（Order of Friars Minor Capuchin），天主教方济各会的一支，1525年创立于意大利。

是面向学校里一百多名学生授课。

根据家族传统，玻利瓦尔 14 岁那年以候补军官身份进入由祖父创立、父亲曾任指挥的精英民兵武装——阿拉瓜谷地白人志愿军。在这里，他展现了天生的领导力，一年后被晋升为少尉；他完成了军事训练，可能训练内容不够多，但成绩优异。这是克里奥尔精英的典型成长步骤。因此，他的监护人也把他送往西班牙，踏上美洲人的大陆壮游（grand tour）*之旅，他在那里以符合上流社会克里奥尔人身份的方式继续学业。卡洛斯·帕拉西奥斯把他送到舅父埃斯特万身边，附上一封刻薄的推荐信，警告说，这个男孩在旅途中已经挥霍无度，因而"有必要控制住他，正如我先前所言：第一，如果不这样做，他将习惯于毫无约束和毫无节制地奢侈浪费；第二，他并不如自己想象得那般富有……你同他谈话必须强硬，如果他未能表现出应有的判断力与专注度，就把他送进一所学院"[42]。信里没有挑明的结论很可能是："否则，他会挥霍家财，我们都将遭殃。"

老朽的西班牙，年轻的爱人

玻利瓦尔在 15 岁之时离开加拉加斯前往西班牙，告别了他虽然富足优裕但动荡不定的童年，也结束了他起起落落的家庭生活。他与他的老师们也都接触不多，而他们之中，也仅有罗德里格斯与贝略在后来的岁月中重新进入他的生活。这个年轻人丧失了家庭的支持，却没有丢掉财富与信心。他并没有自怜自艾的心理，而把一个人的日后举止归因于动荡童年的现代思维倾向，在他的思想中也难觅踪影。他并不叛逆，知道什么时候需要让步，但他也显示出他的坚强意志与决断力，他接受军事训练的经历和他对军事的偏爱也使他的这些品质得到强化。他行动自由，没有来自家庭的严密束缚，这让他能够与下层社会的人们打成一

---

* 原指英国贵族子弟毕业前往欧洲大陆的游学。

片,较早展现出后来构成他人格魅力的一大标志性特征的"贵族阶级的担当"(*Noblesse oblige*)。

玻利瓦尔于1799年1月19日从拉瓜伊拉踏上航程,他搭乘的是西班牙军舰"圣伊尔德方索"(*San Ildefonso*)号。这艘军舰不得不小心翼翼地出航,因为当时西班牙与英国处于交战状态,哈瓦那——护航队返航西班牙的集结港口——被敌人封锁。正如这个男孩在写给舅父佩德罗·帕拉西奥斯·布兰科(Pedro Palacios Blanco)的一封信中所言,他早早学到了关于海权的一课。[43] 在军舰停靠维拉克鲁斯(Veracruz)港装运墨西哥白银期间,玻利瓦尔得以在横跨大西洋之前匆忙游览墨西哥城。一路平安无事,1799年3月13日,军舰在比斯开(Vizcaya)的桑托尼亚(Santoña)靠岸,他从那里出发前往马德里。

波旁王朝时代的马德里,是一座宫殿、豪宅、历史广场与街衢之城,文化与社会生活很活跃,与玻利瓦尔熟知的加拉加斯城形成鲜明对比。然而,虽然表面光鲜,但西班牙当时正深陷衰退泥潭,除了对权力的迷恋,没什么可以传授给美洲人的。1789年以来法国革命思想的传入与法军的入侵,对所有政权都是严峻的考验。但当时西班牙的政权很特殊,统治者是卡洛斯四世*。画家戈雅描绘过的这位国王那种空泛的仁慈之心,是他政治政策上的一大特色。戈多伊(Godoy)**曾回忆,国王每晚都要问他:"朕的臣民今日正做何事?"[44] 当时,帕尔马的玛丽亚·路易莎王后是西班牙丑闻与海外传闻的源头。西班牙人相信她在遇到曼努埃尔·戈多伊之前就有不少情人,之后也没有嫌弃他们。但她刻意选择了戈多伊,把他培养成首席大臣和效忠君主的鹰犬,为主子们提供支持与建议。人们曾期望戈多伊在对付法国人问题上采取果断措施,而他却使西班牙陷入了一场与邻国为敌的毁灭性战争,在付出昂

---

* 卡洛斯四世(1748—1819),英语中称查理四世(Charles Ⅳ),西班牙国王,1788—1808年在位。

** 戈多伊(Manuel Godoy),卡洛斯四世时代的西班牙权臣,曾联合法国对抗英国,致使国库亏空。1808年,拿破仑派军进攻西班牙,他跟随卡洛斯四世和王后出逃,于1851年病逝于巴黎。

贵代价后才于 1796 年求得和平。因而，1799 年玻利瓦尔到来时的西班牙，并不是一个让人信心大增的大都会：他所看到的不过是一个法国的附庸国，一个与英国敌对的国家，当时的旧政权陷入了困境，代价高昂，经历了十年的崩溃局面后才摆脱危机。

玻利瓦尔起初借宿在两位舅父埃斯特万·帕拉西奥斯与佩德罗·帕拉西奥斯家里，那个宅邸属于曼努埃尔·马约（Manuel Mallo），他是一位地位并不显赫、出身南美的宫廷侍臣，却像戈多伊那样讲排场，过着与其身份不太相符的生活。由于是一家人，三人不久就搬去了自己的房子，他们一直囊中羞涩，看到外甥生活开支巨大，两位舅父希望玻利瓦尔能付一些账单。埃斯特万在政府里有一份工资微薄、勉强糊口的闲差，但他为家族保住贵族头衔的游说并不成功。由于与上层社会缺少接触，总是在宫廷外围打转，经济上一直捉襟见肘，埃斯特万并不能提升玻利瓦尔家族的名声。所幸，西蒙找到了一位更重要的保护人，另一个委内瑞拉人乌斯塔里斯侯爵，他在加拉加斯接受了良好教育，在西班牙官场谋得一个职位，1800 年，玻利瓦尔搬去乌斯塔里斯位于阿托查大街（calle de Atocha）6 号的宅邸借宿时，后者正任职于军事委员会，担任部长。

乌斯塔里斯是第一个在玻利瓦尔生命里施加稳定影响力的人物，实际上充当了后者在马德里的监护人与导师，扮演了一个总是被充满敬意地怀念的父亲形象。[45] 在他的指导之下，在他藏书丰富的图书馆里，这个年轻人研习哲学、历史、数学与语言；在他的交际圈里，玻利瓦尔通过倾听与学习得以培养社交技能。玻利瓦尔还在那儿邂逅了时年 19 岁的玛丽亚·特蕾莎·罗德里格斯·德尔·托罗－阿莱萨，她的父亲是委内瑞拉人，母亲是西班牙人。她乌黑的眼睛、白皙的肤色，尤其是羞涩而温和的性格，令玻利瓦尔神魂颠倒。虽然他只有 17 岁，但他仍然迅速向姑娘表白了爱意。浪漫总是伴随着算计。阿里斯特吉耶塔遗产的继承，取决于他能否拥有美满婚姻，于是玻利瓦尔毫不耽搁地展开行动，他说道，"这是为了避免我没有子嗣可能造成的损失"[46]。1800 年 8 月，他订婚了，成了玛丽亚·特蕾莎的未婚夫。当玛丽亚鳏居的父亲带着玻利瓦尔口中"我灵魂里的可爱女巫"离开，前往位于毕尔巴鄂的家中之际，玻利瓦尔焦躁起来，与此同时他似乎觉察到自己的爱意比对方更为炽热。随着乌斯塔里斯离开马德里，转去特鲁埃尔（Teruel）任职，对于玻利瓦尔，首都突然变得空荡荡了，他也感受到了来自当局的一些隐晦的敌意。故而，他在 1801 年 3 月移居毕尔巴鄂，又在 1802 年 1 月至 3 月短暂造访巴黎，在那里他得出结论："与法国相比，西班牙是一个野蛮人的国度。"[47] 1802 年 4 月，他获准返回西班牙，直奔马德里，继续追求玛丽亚·特蕾莎，并在 5 月 5 日正式提出求婚，未受"任何贞洁誓言或其他宗教障碍"的阻碍。此时她的父亲终于许婚了，毫无疑问是被婚约与他瞥见的这个年轻人多达 20 万杜罗（duro）的资产劝服了。玻利瓦尔将玛丽亚·特蕾莎描绘为"没有瑕疵、价值不可估量的宝石"，但律师帮他计算出了她的价值，"考虑到她的高贵出身、她的童贞、她的未婚之身、她的个人品格，以及她愿意随丈夫离开西班牙"，他为新娘大方地付出了一笔钱（10 万雷亚尔，他流动资产的十分之一）。[48] 事实上，玻利瓦尔优先考虑的下一件事，是立即返回委内瑞拉。1802 年 5 月 26 日，他们在圣塞巴斯蒂安教堂举行了婚礼。他 18 岁，她 21 岁。* 他们旋即赶赴拉科鲁尼亚，于 6 月 15 日乘船前往加拉加斯。由于当年 3 月签订了《亚眠和约》，因此大西洋上偃旗息鼓、风平浪静，他们旅途顺利，在 7 月 12 日抵达拉瓜伊拉。不过，他们在委内瑞拉的家园，并非避风港。

玻利瓦尔拥有多处产业，包括加拉加斯主广场东南拉斯格拉迪亚斯（Las Gradillas）街角的城中宅邸、加拉加斯城南部边缘塞乌瑟（Seuse）山谷的房产、亚雷（Yare）的庄园——他在那里建起了庞大的靛蓝种植园——以及阿拉瓜谷地的圣马特奥庄园，那是他们家族的祖居所在。玻利瓦尔携年轻的妻子来到此地，她着手安顿家务，他则监督庄园事务，并远足或骑马锻炼身体。[49] 好景不长，玛丽亚·特蕾莎染上了恶

---

* 玛丽亚·特蕾莎生于 1781 年 10 月，结婚时尚不满 21 岁。

性高烧，身体迅速虚弱下去，于 1803 年 1 月 22 日辞世，距离她结婚仅有 8 个月时间。玻利瓦尔方寸大乱，失去年轻爱人令他悲恸欲绝、深受打击。

接下来的几个月，哀痛连绵不绝，难以排遣。加拉加斯目之所及，到处都是苦恼，他在家乡的空虚之感被一连串令人生厌的挫折填满。舅父卡洛斯·帕拉西奥斯在遗产核算上动手脚，他不得不和舅父翻脸；塞乌瑟山谷的邻居侵占他所拥有房产的土地，他被迫向当局投诉；他还得投资咖啡与靛蓝种植园，安排物产的出口；向欧洲转拨资金的谈判也是困难重重。所有这些麻烦让他坚定信念，是时候离开了。多年之后，他袒露了心声：

> 我深爱妻子，她的离世让我发誓不再续弦。我也恪守了誓言。看看世事结果如何吧：如果我不曾丧妻，生活会有所不同。我不会是玻利瓦尔将军，也不会是"解放者"，尽管我也认同自己不会注定成为圣马特奥的主人……但是，当 1801 年（实为 1802 年）我和新婚妻子从欧洲来到加拉加斯，让我立刻告诉你们，当时占据我头脑的全部是感性的激情，而没有任何政治上的想法，彼时它们还没能掌控我的想象力。妻子辞世，我因过早地、意料之外地丧妻陷入孤寂，我返回了西班牙，从马德里去了法国，继而去了意大利。那时我才开始对公共事务感兴趣，开始关心政治，留意当时出现的不同变革……若非妻子谢世，我不会踏上第二次欧洲之旅，我在游历过程中汲取的思想很可能就不会在加拉加斯或圣马特奥扎根，在美洲我也不会获得对自己的政治生涯弥足珍贵的关于世界、人与物的经验和知识。妻子的离世驱使我很早就走上了政治道路。[50]

个人悲剧不仅令他回到欧洲继续研究与学习，还让他获得了能够胜任政治角色的知识与经验。待他归来之时，已无人能与之比肩。

第二章 理性时代的课堂

巴黎岁月

安顿好自己在加拉加斯的事务,处理好财务问题后,玻利瓦尔于1803年10月起航前往西班牙,在年底抵达加的斯(Cadiz)。但当他开始重新规划生活时,西班牙已无法满足他的志趣。他在马德里停留了一段日子,去拜谒了岳父,减轻了后者的丧女之痛。1804年8月中旬,他到了巴黎。

在21岁的年纪,玻利瓦尔看上去有着年轻人的些许傲慢和自满,又面带稚气,尽管略显拘谨。如果存世的微缩肖像画无误,他的端正外貌和直率眼神就值得怀疑了。那个年代的视觉资料难以搜寻,但我们知道,他中等身高,大约有5英尺6英寸(167.6厘米),体格单薄,胸脯狭窄。15年后,他的样貌有所改变,成了经典肖像画里的西蒙·玻利瓦尔。他的忠实副官丹尼尔·弗洛伦西奥·奥利里(Daniel Florencio O'Leary)经常见到他,在私人笔记里写下了一段容易辨识的描述:

> 玻利瓦尔将军前额很高,但不那么宽。上面皱纹密布。他的眉毛粗密,却形状匀称;眼睛乌黑而敏锐;鼻子很长也很挺拔……我和他初次见面时(1818年5月),他颧骨突出,面颊凹陷。他的嘴很丑,嘴唇厚重,上唇很长。牙齿整齐、洁白又美观。他很在意牙齿。他的下颌很长,耳朵很大。他留了长发(1822年开始变得灰白),非常乌黑而卷曲……他的皮肤黝黑而粗糙,手脚小巧而漂亮。[1]

22 在1804年,青春岁月是他的骄傲,皱纹和灰白头发还无法想象。

在巴黎,他在维维恩大街(Rue Vivienne)租下一间房子,结交其他南美流亡者。如果流言可信,那么他就是不太体面地从一个悲伤的鳏夫迅速转换角色,变成了一个浪荡的花花公子,深陷于充斥赌博和性爱的疯狂生活,为他那些他从不否认的逸事传说又增添了内容。他拥有数不尽的女人吗?当中必定有一位最爱。他出席的宴会中间,有范妮·德维尤·杜·维拉尔(Fanny Dervieu du Villars)所主办的在当年较为自由的沙龙,清议人士与欢场女子经常出入其中。

1804年,范妮·杜·维拉尔还是个不到30岁的年轻女人,嫁给了年龄几乎是她两倍的德维尤·杜·维拉尔伯爵。她面庞白皙,有一双蓝色的大眼睛,声音圆润,举止慵懒,玻利瓦尔对她一见倾心,成了她府上的常客。她是那个令他抚平伤痛、打开心扉、舒缓情绪、满足欲望的情人吗?[2]在多年后的信件里,她坚称他曾"真心实意"爱自己,提醒对方,自己手上还戴着他所赠的戒指;他曾向她吐露与分享"伟大计划",而她哭泣着阻止他离开。她的容颜或许已经随着岁月改变,但她仍是那个女人。他可以提供资助,让她买下他们在巴黎相识之地的那间房子吗?她唤他为"表弟",让他照顾好他们的教子西蒙·布里法德(Simón Briffard),还俏皮地希望他是"你在欧洲唯一的教子"[3]。这些是异想天开的追忆还是精心策划的恳求?这些信件写于1820年至1826年期间,她似乎希望在困境中修复关系,当时她有三个儿子和一个76岁的丈夫需要照料,而玻利瓦尔继续书写着辉煌。1806年,玻利瓦尔离开巴黎,他们再也不曾相见。他没有理会她的恳求,保持着谨慎的缄默。

1804年9月,很可能正是在范妮·杜·维拉尔的沙龙上,玻利瓦尔遇见了亚历山大·冯·洪堡,后者与艾梅·邦普兰刚从美洲旅行归来。他们的交游成为往事,写就了玻利瓦尔的另一段逸事。玻利瓦尔提及南美从压迫束缚中解放出来的光辉前景,洪堡答道,国家已经准备好了迎接解放,但没人有能力领导它。这番对话看似合情合理,只是没有证据表明曾经有过这番对话。[4]那一刻,还不是一个名未著世的解放者与一位杰出的自由主义者进行思想交流的恰当时机。在公众面前,洪堡对西班牙语世界保持政治上的谨慎。也许是被富裕克里奥尔人的观点打动了，他认为西班牙殖民地安于现状，不愿牺牲和平与安全，投身会造成社会动荡的革命事业。至于玻利瓦尔，他的政治思想尚未形成，在1804年也不敢贸然自命解放运动的领袖。结果，与邦普兰不同，洪堡对玻利瓦尔没有什么深刻印象。半个世纪后，洪堡向奥利里坦承了自己早年的疑虑。1804年，洪堡写道，自己在巴黎遇到那个年轻人，注意到了他对自由的热爱和风趣的言谈，但只是把他视作空想家："我从未相信，他命中注定成为美洲革新者的领袖。"在美洲旅行期间，他补充道，不曾遇见对西班牙的敌意，尽管在斗争爆发后，他见证了确实存在的刻骨仇恨。"但最令我惊异的，是1805年我们分道扬镳，我前往意大利之后不久，玻利瓦尔就如此迅速地迎来了辉煌人生。"[5]其后，这位杰出的科学家与年轻的克里奥尔人的关系逐渐疏远，断断续续。玻利瓦尔对洪堡毕恭毕敬，在一封写于1821年的信里，他称对方是为美洲做出卓越贡献，并为美洲人民树立崇高道德标杆的"伟人"。[6]1806年至1821年期间，洪堡与玻利瓦尔没有联络，但此后洪堡代表欧洲访客写了三封推荐信，表达了他对"美丽祖国之自由与独立的缔造者"的崇敬之情。他仍有一丝疑虑。作为目睹了美洲社会四分五裂的人，他相信，只有正确的社会制度和明智的立法令共和国免予内部倾轧，和平才会降临。

政治觉醒

1804年至1806年，玻利瓦尔的欧洲岁月并未因社交生活而虚度：他开始阅读、观察与体验政治之时，就是他智识觉醒之日。他与生俱来的好奇心，被眼前的国际形势变幻激发。此时西班牙的虚弱已无从掩盖，它受到了法兰西帝国的威胁，也面临着不列颠——特拉法加海战的胜利者——海上力量的挑战。在不断变化的世界，西属美洲的命运如何？西属美洲又给予玻利瓦尔什么希望？国家的奴役，以及将之解放的荣光，是个人挑战。对权力的愿景吸引着他，但机遇又在哪里？在巴黎，拿破仑神话第一次闯进了他的脑海。1804年5月18日，帝国成立，之前担任第一执政的拿破仑在圣克卢宫（St Cloud）加冕之际，玻利瓦尔是否在场，尚不能确定。但12月2日那个苦寒之日，在巴黎圣母院，拿破仑在教皇庇护七世（Pope Pius Ⅶ）面前自封为皇帝，这一温暖法国人心灵的时刻，玻利瓦尔就在巴黎。他受到吸引又感到厌恶。史料来源各有分歧，他自己的回应亦是如此。

据奥利里所言，玻利瓦尔受邀作为西班牙大使的随员参加典礼，他不但拒绝了，还终日把自己关在屋子里。原因何在？对玻利瓦尔来说，拿破仑不再是共和国英雄，不再是两年前签订《亚眠和约》之时那个"自由和荣耀的象征以及他所崇拜的政治对象"，而是暴君与伪君子，是自由的敌人。[7] 关于玻利瓦尔的想法，还有另一个版本，来自佩鲁·德·拉克鲁瓦（Luis Peru de Lacroix）的日记，在投身玻利瓦尔领导的革命运动之前，拉克鲁瓦曾在拿破仑皇帝的军队中效命。在日记的叙述中，拉克鲁瓦表露了他的个人感受，他认为自己不是被加冕盛况打动，而是被百万人民对法国英雄自发流露出的热爱感召，这是他所经历的人类最伟大的雄心。

> 拿破仑戴在头顶的王冠，在我看来糟糕透顶、怪诞至极：对我而言，伟大的是他个人所激发的举世夸赞与普遍利益。我承认，这令我想起祖国的奴役，以及为解放者积蓄的光荣。但我无论如何也想象不到，会有怎样的命运等待着我！后来，的确，我开始为终有一日会参与到她的解放事业中而自鸣得意，却想象不到我在其中扮演主角。[8]

巴黎圣母院并非玻利瓦尔最后一次见到拿破仑的地方。在社交干扰与潜心阅读之间，玻利瓦尔在法国首都的生活到了要做决定的时刻。也许受到了在巴黎重逢的西蒙·罗德里格斯的影响，他的政治本能被周围事件激发，1805年初，玻利瓦尔踏上了意大利之旅。罗德里格斯对玻利瓦尔才智形成的影响，难以定义，尽管它时断时续，却得到了玻利瓦尔的印证:"您塑造了我的心灵,为了自由,为了正义,为了伟大,为了美丽……您无法想象您的教诲如何深深地刻在我的心里。"[9]罗德里格斯或许是一位启发心智的教师,但他并未对启蒙思想或18世纪的哲学做出贡献。但对玻利瓦尔来说,他似乎是一个通向独立思考的渠道。

1805年4月,玻利瓦尔向范妮·杜·维拉尔辞行,以一枚戒指作为离别礼物。他与委内瑞拉朋友、德尔·托罗侯爵之子费尔南多·德尔·托罗(Fernando del Toro)同行,在罗德里格斯的陪伴下,徒步向南进发。三人究竟走了多远,只能依靠猜测,这场旅行的本意是在数月的辛劳之后做一次健康疗养。为了致敬卢梭,他们经由里昂和尚贝里(Chambéry),穿过阿尔卑斯山到达米兰,在那里举行的拿破仑盛大入城仪式与蜂拥而至迎接拿破仑入城的人群让他们过目难忘。在卡斯蒂廖内(Castiglione)附近,他们目睹了拿破仑坐在一个略微倾斜的王座上检阅部队,玻利瓦尔震惊于皇帝的朴素衣着与身边军官形成鲜明对比。

玻利瓦尔继续旅程,途经维罗纳、维琴察和帕多瓦,抵达威尼斯。威尼斯的美丽不可忽视,但它的荣耀——他的国家的名字来源于这座城市——在他看来被夸大了,令他失望。在佛罗伦萨,他驻足欣赏历史遗迹与艺术,当然,显然不包括马基雅维利的著作,后者的思想激起了他对非道德政治的天生厌恶。许久之后,在离世前几个月,玻利瓦尔到卡塔赫纳(Cartagena)造访奥利里,看到桌上有一部最新版本的马基雅维利著作,评价道,他应该珍惜时间做更值得做的事情。在一番关于马基雅维利功过是非的交谈中,玻利瓦尔显得对这一版本的内容非常熟悉,奥利里问他近来是否读过此书。玻利瓦尔回答道,自从25年前离开欧洲,就不曾再读马基雅维利的一字一句。[10]

在前往罗马的路上,玻利瓦尔回忆起古罗马历史,凝视着昔日辉煌的遗迹,兴奋之情与日俱增;他那填满了古典往事与现代哲学的头脑,此刻被国家和自己的未来希望所点燃。卡皮托利尼山神庙(Capitol)*的废墟

---

* 卡皮托利尼山是罗马七丘之中最高的一座,是罗马建城之初的重要宗教和政治中心,山上曾建有朱庇特神庙,后被焚毁。

激发了他的想象，在8月的酷暑里他匆忙赶赴阿文丁山（Aventine）*——西基尼乌斯（Sicinius）**率领罗马人民反抗贵族统治的"圣山"（Monte Sacro）。他的头脑与心灵都响应着眼前的景象。"在圣山之上，"奥利里写道，"祖国蒙受的苦难令他内心大受震撼，他跪了下来，立下誓言，矢志实现南美解放是他在众人见证下做出的光荣承诺。"[11]

立下誓言的时间是在1805年8月15日，玻利瓦尔的导师罗德里格斯与朋友托罗都见证了这一时刻。罗德里格斯执笔写下的长篇铺垫文字，洋洋洒洒，回顾了古罗马的历史与文明，以及它的英雄与叛徒："这一国家为一切树立了典范，除了那些关乎人类的事业……精神的解放，忧虑的消除，人类的提升，以及理性的最终完善，这些问题几乎都没有涉及……人类自由这一伟大问题的解答似乎不可想象，那是个只有新世界才能弄清楚的谜题。"在回顾欧洲文明之际，很奇怪的是，对伟大的罗马基督教时代未置一词，这也许可以解释为，其中暗含了一个注解，那个时代没有解决"人类自由的难题"，需要留待新世界去解决，而玻利瓦尔无论如何也不愿说出这一事实。[12]最后陈词，即誓言本身，没有闪烁其词："我在你面前起誓，我在列祖之神灵面前起誓，我在父辈面前起誓，我以荣誉起誓，我向祖国起誓，我的身心不敢停歇，直至砸断西班牙强权压迫我们的锁链。"[13]玻利瓦尔从未忘记《罗马誓言》。对他而言，这成了伟大的真理。多年之后，他问罗德里格斯："还记得吗，我们如何一起登上罗马圣山，为祖国那片神圣土地的自由起誓？你该不会忘记对我们而言意味着毕生荣耀的那一天，那一天，我们为超乎预期的希望，立下了预言一般的誓言。"[14]

奥利里叙述的细节，源自玻利瓦尔本人以及许多当时身在罗马的人士，当时人们也对此议论纷纷。同样，他也听闻了几天后在梵蒂冈发生的插曲，制造了比圣山之事更大的轰动。玻利瓦尔陪同西班牙大使面见教皇庇护七世时，拒绝跪下亲吻教皇鞋上的十字架，尽管大使坚持要

---

* 阿文丁山亦为罗马七丘之一，罗马王政与共和国时代的城市边缘，见证了许多政治事件。
** 西基尼乌斯是罗马最早的保民官之一，他曾领导平民运动，迫使贵族做出妥协。

求,他仍然摇头。面对这一尴尬场面,教皇体谅地说道:"让来自印度群岛*的年轻人随心所欲吧",他把手伸向玻利瓦尔,让他亲吻戒指,玻利瓦尔恭敬地照做了。教皇知道他是南美人,就问了一些问题,并对答复感到满意。在回去的路上,大使斥责了年轻的玻利瓦尔,玻利瓦尔答道:"如果教皇把十字架穿在凉鞋上,而基督教世界最骄傲的国王把它戴在王冠上,那他一定不尊重基督教的标志。"[15]

在罗马逗留一阵后,他造访了那不勒斯。与传闻相反,他没有同洪堡或其他任何人一起攀登维苏威火山。1806年4月,他返回巴黎,没有回到范妮身边,后者正在意大利旅行。他决心回归委内瑞拉,重返严肃生活。1805年至1806年,玻利瓦尔的政治态度混杂着自信与胆怯,这个年轻人渴望为国效劳,又不清楚自己的角色。在日后反思时,他驳斥了天选论:"客观环境以及我自身的性格、品行与激情让我走上了这条道路,我的雄心、恒心、意志与眼界让我留在了这条路上。"根据他自己的判断,他并不是西属美洲的唯一领袖,如果没有他,斗争中会出现另一位领导人。[16]但在当时,没有什么人的资历能与玻利瓦尔匹敌,1804年至1806年,玻利瓦尔旅居巴黎、游历意大利以及在阿文丁山立誓,都是他迈向政治成熟的阶梯。在此期间,玻利瓦尔对欧洲国际政治的了解与日俱增。他意识到了拿破仑的威胁,后者可能会吞并西属美洲与西班牙。而即使摆脱了被法国征服的厄运,委内瑞拉还有可能被英国控制,这个国家在特拉法加海战前后拥有的海上力量可以令其在南美事务中发挥决定性作用。而在1804年至1806年,有多少委内瑞拉人会知晓上述这些事呢?甚至在那些开明人士之中,又有多少人知道,对委内瑞拉来说,自由本身并不足够,如果没有赢得独立,自由永远不会成为问题的正确答案?

27

---

* 欧洲人常以西印度群岛代指新大陆的各个殖民地。

革命时代的西属美洲

在这些年里,玻利瓦尔开始认真阅读古典与现代作家的著作。在加拉加斯,他接受了初级和中级基础教育,但是不太成系统。家族传统与社会成规让他参军入伍,而非进入大学。他告诉我们,他在马德里曾学过数学与外语。在巴黎,他开启了一生的阅读,涉猎了洛克(Locke)、孔狄亚克(Candillac)、布丰、达朗贝尔、爱尔维修、孟德斯鸠、马布利(Mably)、菲兰杰里(Filangieri)、拉朗德(Lalande)、卢梭、伏尔泰、罗兰(Rollin)、韦尔托(Vertot)的著作,以及古希腊和古罗马、西班牙、法国、意大利的经典文学作品,他还补充说,"还有许多英国作家"的作品。[17]这一时期的阅读是纯粹的世俗阅读,并没有宗教方面的内容,但正如他后来对其侄子所讲的,宗教在他的教育思想里占据一席之地,尽管它只是一种有用的道德准则,"以有益于保持健康和生机的宗教箴言与实践的形式"存在。玻利瓦尔返回委内瑞拉之后,在投身独立斗争的同时,仍继续阅读与学习,在接下来的20年里,他可以说是自学成才。在玻利瓦尔的戎马生涯和从政岁月里,书籍是他行李里的必备要素,重要性几乎不亚于他的行头、武器与马匹。他的藏书无法与米兰达的相提并论,但考虑到他收藏这些书的具体情况,仍令人印象深刻。第一批藏书,他一直带在身边,1816年落入西班牙人之手,成为战利品,在接下来的几年里,他通过南美各地的朋友与熟人的帮助才把这些书又收集齐全。在转战南北、行踪不定的岁月里,玻利瓦尔总是随身带着几大箱书籍,以备不时之需,还将大量书籍留给各大城镇代为保管。[18]据奥利里说,他几乎手不释卷,在闲暇时也是倚靠在吊床上,阅读那些年他最喜爱的孟德斯鸠与卢梭的作品。其他观察者则将伏尔泰列为他特别偏好的图书作者。他偏爱的学科是历史,包括古代史、美洲史与世界史。玻利瓦尔还建议侄子研习历史时倒转正常的时间顺序,"从当代分阶段回溯至古代"[19]。

玻利瓦尔忠实地反映了他生活的时代,因而我们在他身上可以看到启蒙与民主、专制主义甚至反革命的证据。除孟德斯鸠和卢梭之外，奥利里还列出了其他一些令玻利瓦尔印象尤为深刻的图书作者——霍布斯（Hobbes）、斯宾诺莎、爱尔维修、霍尔巴赫（Holbach）、休谟，但并不能说明这些思想家对他施加了明确和独有的影响。玻利瓦尔广泛阅读，只是为了自我教育而进行思维锻炼，获取各类常识，而非某种特定知识。他研究古代史，是为了研习高水平的叙事、满足自己对战争和政治的兴趣、领略领袖人物的人格魅力，而不是为了比照现实吸取教训或寻找可资效仿的制度；在安戈斯图拉（Angostura）*的时候，他给出了解释：古代史中源自雅典、斯巴达与罗马的各类思想理念纷繁混杂，其结果是制造了偶像，而没有诞生法律，因此不适宜仿效，以建构现代国家。在对17、18世纪哲学家著作的阅读中，他发现了能够引发思考和完善自身思想的源头活水，但他的阅读更有可能证实了他的怀疑，而非催生新的怀疑；更可能充实了他的自由主义思想，而不是向他灌输了自由主义。众所周知，精确追寻思想影响和智识根源是难以做到的，尤其是玻利瓦尔这样的领袖，他的思想是行动的方法，他的行动基于许多必要条件——政治、军事、财政以及才智方面的。过分强调玻利瓦尔革命的才智渊源，过分强调过去的影响，会遮蔽他真正的独创性。玻利瓦尔并没有照搬法国或北美的革命模式。他自身的革命是独特的，在发展思想与政策之际，他遵循的不是西方世界的模板，而是他所属的美洲的需求。

玻利瓦尔读书不为模仿，而是为了武装头脑，培养独立分析能力，为制定新的革命策略做准备。除了哲学，他还对实用的启蒙思想和实践的自由主义感兴趣。他是未来革命的榜样。当被问及美洲反抗的缘由时，他的回答是为了**美洲利益**，至于**思想**，只是用来测验与解释的。西班牙对克里奥尔政权的解构、以新的帝国主义政权取代克里奥尔政权、对美洲精英的疏远，在他看来，都是独立革命爆发的根源。克里奥尔人的怨

---

* 委内瑞拉东南部城市，位于奥里诺科河河畔，始建于1764年，原属西班牙殖民地圭亚那省管辖，1846年改名为玻利瓦尔城（Ciudad Bolívar）。

恨伴有民众骚乱——委内瑞拉在邻近的殖民地目睹了，又在自己的土地上经历了这一情形——这一事实是社会革命发生的潜在条件，而不会引发政治变革。在一系列事件中，意识形态因素并不占据主要地位，也并没有被视为独立的"诱因"。然而，这是一个民主革命的时代，当时各种思想似乎穿越了北美与欧洲的边界，没有哪个社会不受其影响。在西属美洲，帝国统治的最后几十年里，玻利瓦尔听到了自由的语言。继而，1810年以后，当西属美洲人开始赢得权利、自由与独立，玻利瓦尔通过广泛阅读搜罗论点与例证，援引观点来捍卫、合法化和阐释革命。

1819年，在政治思想成熟时期，玻利瓦尔在安戈斯图拉国民议会发表演讲，他描述了自己所见证的西属美洲革命："一个共和政府，是委内瑞拉曾经拥有、正在拥有与将会拥有的。其原则应该是人民掌握主权、权力分立、公民自由、废除奴隶制，以及取缔君主制与特权。可以说，我们需要平等，来把各阶层人民、政治观念与公共习俗重塑为一个整体。"[20]这些言辞不仅展现了他对新委内瑞拉的希望，还完美描绘了自1776年发展起来的西方世界革命模式。从走在时代前列的法国的视角观察世界，玻利瓦尔看到了欧洲和美洲发生革命性变化的时代，一个贵族社会观念与民主社会观念、君主政治体制与共和政治体制彼此斗争的时代。各地改革者信奉自然权利哲学，宣扬人民主权观念，并要求制定以"分权"原则为基础的成文宪法。玻利瓦尔在多大程度上受到了时代思想与民主革命倡导者的影响？

当时政治运动和知识界运动以多样性为特征，而不是追求统一。由民主激发、由启蒙培育的单一的大西洋革命观念，不足以厘清那个时代的千头万绪，也不能有效区分小股革命潮流与被强大而激进的运动释放出来的变革波澜。革命时代主要是指工业革命与法国大革命，在"双重革命"中，英国提供了改变世界的经济模式，法国则提供了思想观念。[21]然而，这一概念框架不足以容纳当年所有的运动，也不能为玻利瓦尔领导的运动提供一个显而易见的庇护所。[22]

随着玻利瓦尔革命思想的发展，玻利瓦尔不再对欧洲的政治潮流亦步亦趋。就算最激进的西属美洲自由主义者，也对法国大革命及其潜在的政治暴力保持警惕。正如弗朗西斯科·德·米兰达在1799年所评论的，玻利瓦尔无疑受到他在法国遭遇的磨难的影响，"我们眼前有两个伟大的榜样，美国革命与法国大革命，让我们谨慎地模仿前者，小心地避开后者"[23]。玻利瓦尔太年轻，没机会感受1789年革命的第一次冲击，但演进至帝国主义阶段的法国大革命还是向他施了魔法，如果不是拿破仑的头衔，那就是其成就给玻利瓦尔留下了深刻印象。此外，玻利瓦尔见证了军事和战略层面的间接后果，法国的事件警醒了西属美洲，先是1796年，这些事件为法国的盟友西班牙招来了英国的敌意，使得穿越大西洋的航程危机四伏，令西班牙这个宗主国与其殖民地隔离开来，继而在1808年，法国入侵伊比利亚半岛，推翻了波旁王朝，让西属美洲卷入了合法性危机与权力争夺的旋涡。

玻利瓦尔意识到英国的影响力，与其说来自阅读，不如说来自阅历。工业革命为英国纺织物和其他产品在西属美洲找到了宝贵倾销地，当地的不发达使之形成垄断市场。此外，它还拥有重要的贸易媒介白银，因而英国珍视与西属美洲的贸易，并寻求通过西班牙和加勒比地区或更直接的贸易路径来扩大规模。与西班牙作战期间，英国海军封锁了加的斯，英国出口填补了因封锁出现的西班牙殖民地物资缺口。正是在那些年里，玻利瓦尔开始注意到更广阔的大西洋世界。他见证了一个新的经济中心在美洲取代了西班牙。作为年轻的委内瑞拉种植园主与出口商，玻利瓦尔经历了在西班牙垄断统治与英国封锁束缚之下更自由贸易的挫折。如果说英国贸易削弱了西班牙帝国，或者说将反垄断者变成了革命者，也许有些夸张，但英国和西班牙之间实力增长与力量衰落的鲜明对比，给西属美洲人留下了深刻印象。上述观点会让人进一步想到：如果大英帝国可以被驱逐出美洲，西班牙又凭什么可以留下呢？

玻利瓦尔与启蒙运动

1800年前后，玻利瓦尔考察欧洲和大西洋世界并试图理解革命时代的政治和政策之时，他能利用哪些知识资源呢？何种思想适应这一时代？他的应对之策根植于什么思想观念？与北美殖民地居民不同，西属美洲人没有可追溯到17世纪的言论自由方面的自由主义传统，也没有发表自由言论的地方议会，但他们没有与思想世界或是启蒙运动政治思想相隔绝。玻利瓦尔不是第一个，也不是唯一在理性时代闪耀的西属美洲人。他的祖国委内瑞拉就是政治探索的先驱。受瓜尔和埃斯帕尼亚策划起事的鼓舞而出版的一批出版物中，包含了法国内容更为激进的1793年版《人权宣言》的西语译本；米兰达在南美洲北部大陆宣传推介比斯卡多的革命信札《致西属美洲人的信》；早在1810年之前，卢梭《社会契约论》一个译本——很可能出自何塞·马里亚·巴尔加斯（José María Vargas）之手——在委内瑞拉就已为人所知，同样已传入委内瑞拉的还有威廉·罗伯逊（William Robertson）的《美洲史》。[24]自由主义和共和主义的思想可以通过阅读来了解，而读者也越发大胆。但阅读和行动并不是一回事，刚刚在北美与法国发生的真刀真枪的革命，尽管被视为西属美洲的潜在榜样，却没有在委内瑞拉掀起风浪。

玻利瓦尔和其他克里奥尔领袖对天赋人权论、社会契约理论了然于胸，对如何将之付诸政府治理实践也一清二楚。基于此，他们赞同那些支持自由与平等的观点，而一些人在启蒙道路上走得更远，坚信这些权利可通过理智加以分辨，而理智，与启示和传统相反，是人类知识和行动的源泉。当时，等级、习俗与服从观念逐渐式微，让位于对个人自由和私人美德的服膺。有些人大胆深入18世纪的思想领域，宣称知识进步不应受到宗教教条的桎梏，并将天主教会视为进步的一大障碍。玻利瓦尔赞同理性时代的反教权主义，将教会视为旧秩序的另一个代言人。1812年，他斥责宗教狂热分子及其盟友，认为他们不久就会得到西班牙的增援，成为年轻共和国的另一群敌人："宗教影响力、帝国民事与军事力量，所有能够诱惑人类精神的声威，都会成为他们用来征服这些地区的诸多工具。"[25]随着世俗主义向宗教发起挑战，许多人了解到政府的目标是为最大多数人谋求幸福，在很大程度上幸福是以人类活动取得的物质进步来衡量的。

霍布斯与洛克、孟德斯鸠与卢梭、潘恩与雷纳尔*，都在独立论述里留下了自己的印记。但这些思想家发挥了独一无二的影响吗？一种解释坚称，弗朗西斯科·苏亚雷斯（Francisco Suárez）**的民粹主义学说（*doctrinas populistas*）和西班牙新经院哲学为西属美洲革命提供了意识形态基础，其结论是，西班牙不仅征服了美洲，还为美洲的解放提供了论据。1811年，玻利瓦尔的一批同龄人，加拉加斯大学的毕业生，为争取独立，援引"人民主权"的论点，坚持认为当君主施行暴政或抛弃人民之时，权力就重归于人民。[26]这一观点，尽管与苏亚雷斯学说近似，却不是任何一个政治思想派别所特有的，也没有将卢梭式的契约论排除在外。基于这一观点的一个变体理论认为，新经院哲学是西班牙政治文化的重要组成部分，是世袭国家的基础，也是独立意识形态的伴生物。在玻利瓦尔的思想里，看不到这些影响的痕迹，其思想特征衍生自古典共和主义与启蒙运动，并无阅读天主教著作的迹象。19世纪早期，天主教强调传统与权威，很难与玻利瓦尔醉心的那种自由相安无事。

对于古典共和主义，玻利瓦尔可以脱口而出，这得益于他对古典作品——尤其是恺撒与塔西佗的著作——法语译本的飞速阅读，而不是说他对古代世界及其制度有什么深刻分析，对他来说，这些古典著作只是实用语录，从中并不会找到基本原理。正是理性时代的法国作家开启了美洲人的思维，也为玻利瓦尔灌输了思想。这不意味着玻利瓦尔全盘接受启蒙时代思想家们的思想。这些思想家的智识影响的年代与深度难以判断。[27]玻利瓦尔获取识见的方式方法是经验主义的，而不是形而上学的，他对创造一种新哲学不感兴趣。他引用伏尔泰、卢梭和启蒙哲学家们的名言，但不会跟从他们做纯粹的智识研究，他对理论不以为意。地点、条件与环境，这些都是理论发展的制约因素，也是玻利瓦尔启蒙

---

* 托马斯·潘恩（1737—1809），美国政论家，参加了美国独立战争，后又去法国，参加了法国大革命；雷纳尔神父（1713—1796），全名为纪尧姆·托马斯·弗朗索瓦·雷纳尔（Guillaume Thomas François Raynal），法国作家和宣传家。
** 弗朗西斯科·苏亚雷斯（1548—1617），西班牙神学家与哲学家，被认为是托马斯·阿奎那之后最伟大的经院哲学家，他的思想标志着经院哲学从文艺复兴转向巴洛克时代。

思想的制约因素。他自身的实用主义观念也阻碍了他在理论上的全情投入。对玻利瓦尔本人论著的分析表明，他对古今军事战争论著的熟稔程度不亚于他对那些当代写作名家的熟悉程度。[28] 玻利瓦尔的基本目标一直是自由与独立，但自由并不仅意味着像18世纪启蒙运动主张的那样摆脱专制国家的统治，还意味着摆脱殖民力量，在自由主义宪法之下实现真正独立。

1804年至1806年期间，论述自由思想的著作是玻利瓦尔阅读计划的核心，而约翰·洛克则是引领玻利瓦尔接受自然权利与社会契约学说的主要思想家。洛克援引阿科斯塔*的说法，认为美洲原始居民是自由与平等的，置身于他们所认同的政府之下。洛克还提出，"一旦人们屈服于他人的权力"，他们就丧失了通过契约获得的自由与独立。[29] 这是一个支持自由的观点，但并不明确支持摆脱殖民势力的自由。孟德斯鸠是西属美洲知识分子最喜欢的一位思想家，他们大多熟悉孟德斯鸠的说法："西印度与西班牙是共奉一主的两个大国，但西印度是其首要，西班牙次之。政策徒劳地企图变主为次，但西印度继续吸引着西班牙。"[30] 孟德斯鸠似乎并不反对一国在海外建立殖民地的理念，只要该国是自由国家，并输出自身的商业与政府体系。但这并不妨碍玻利瓦尔在其整个政治生涯中借鉴孟德斯鸠，对他而言，《论法的精神》是一部永恒的参考书。在玻利瓦尔对政府形式和共和特征的分析之中，以及他对权力分立的坚持和对英国政府的赞赏之中，都可以看出孟德斯鸠对他的影响。在《牙买加来信》里，玻利瓦尔引用了孟德斯鸠的东方专制主义概念来定义西班牙帝国，他的整个政治生涯贯穿着下述信念：理论应该遵循现实，制度为生存而非抽象原则的表达代言，立法应该反映思潮、性格与风俗，不同民族需要不同法律。[31] 但是，即使是孟德斯鸠，也不能完全满足玻利瓦尔的需求。

卢梭为启蒙运动提供了一些重要文字，在受过教育的克里奥尔人中

---

* 即何塞·德·阿科斯塔（José de Acosta，1539—1600），16世纪西班牙耶稣会会士，神学家和博物学家。

有许多读者，因为他们为自由的理念而奋斗。难道理性不仅可以为自由辩护，还能迫使人们获得自由吗？一个由公民意志创立的国家能够强迫他们服从吗？[32]玻利瓦尔熟悉卢梭的主要思想——社会契约、公共意志与人民主权，尽管很难相信他会接受甚至遵从法国哲学家所做结论的理论依据。虽然玻利瓦尔没有指名道姓地说出卢梭属于他所轻视的那类不切实际的哲学家，但这个法国人是"榜上有名"的，而且玻利瓦尔也明确表示，理想化的斯巴达或罗马不能为西属美洲社会提供范本。即使玻利瓦尔承认人生而自由，面对绝对自由或权威与自然对立的观念，他也是畏葸不前。至于平等，虽说他知晓社会与法律平等的不同，他也不相信绝对社会平等能够平衡自然的不平等。我们只能推测，他理解卢梭的追索"一种结合的形式，使它能以全部共同的力量来护卫和保障每个结合者的人身和财富，并且由于这一结合而使每一个与全体相联合的个人只不过是在服从自己本人，并且仍然像以往那样地自由"，这种追索如此不真实，以至于它建立了有机整体，但各部分互不隶属。[33]在某些方面，玻利瓦尔认同卢梭世俗生活的观念，跟许多人一样，他只是沉迷于这位哲学家的个性与散漫。[34]具体的细节就没那么富有吸引力了，他能否接受一种观点，人类最初生活在充满幸福与美德的纯粹自然的天堂里，没有奴役劳作，没有原罪痕迹，没有作恶的倾向，这是值得怀疑的。他也无暇顾及卢梭的观念，即国家创造的宗教是公共秩序的支柱。

对玻利瓦尔而言，哲学家的自由是远远不够的。自由本身是目的，但不足以实现解放。这是加的斯议会中西班牙自由派的信念，他们赞同启蒙运动倡导的自由权利，将之赠予西属美洲人，但却以同样的坚定态度拒绝了后者的独立诉求。换言之，对启蒙运动的借重，要限定在西班牙统治的框架内，在这个框架内可以给予更大的自由，以证明帝国主义改良的合理性。那么，启蒙运动是独立与自由的源泉吗？18世纪欧洲知识分子，对于民族作为历史力量的存在视而不见。启蒙哲学家们的世界主义对于民族意愿怀有敌意；大多数思想家厌恶民族差异，忽视民族情绪。他们似乎完全没有意识到新生的与萌芽阶段的民族发展壮大的可能性，没有意识到将自由和平等的观念运用于处理民族关系的必要,也没有意识到任何一个殖民地都有独立的权利。一个事实是,卢梭对民族理论也有所研究,他认为,如果一个国家没有国民性,就必须由适当的制度与教育来赋予。此外,卢梭是18世纪反对君主专制、捍卫政治自由的知识分子领袖,但即便是他,也没有运用其思想理论来解决殖民地各民族的问题。事实上,玻利瓦尔推崇的18世纪进步人士中,少有革命者。孟德斯鸠、伏尔泰、狄德罗都没有合乎逻辑的拥护革命的论断;甚至卢梭也不赞同激烈的政治变革。

当然,他们之中没有人实地造访过殖民地,也没有人目睹过西属美洲普遍存在的社会不公与种族歧视。与其他主要自由主义者相比,洪堡胜在曾广泛游历这些社会并与当地人民交谈。然而,就连洪堡也没有动过独立的念头。他在私底下确实是对殖民主义极端看不惯。例如,1803年在瓜亚基尔,他记录道:"殖民地是一块人民能够自由生活的土地,因为人们可以虐待奴隶而无须担心受惩罚,只要白人陷入贫穷,人们就可以加以侮辱。"他评价说:"殖民地观念本身就是邪恶的,在这种观念里,一片土地不得不向另一片土地缴纳税负,这片土地只能实现一定程度的繁荣,工业与启蒙运动观念只能在一定程度上传播。"但在美洲期间,洪堡没有将他的批评公之于众,只在日记里吐露心声或是对亲近的朋友透露这些想法,想必是要避免危及自己与西班牙的良好关系,他的研究有赖于这种良好关系。[35]

洪堡另外提出了一个不一样的问题。少数的欧洲西班牙人如何在这么多个世纪里掌控着如此广袤的帝国呢?他认为,西班牙人先发制人,争取到了占人口大多数的克里奥尔人的支持:"所有殖民地的欧洲人势力都必定因吸纳了西班牙裔美洲人而壮大。"这些人抗拒独立事业,因为相较于暴力,他们尤爱安全与和平。一些人在革命中只看到了奴隶的丧失、对教士的劫掠与宗教宽容的引介。另一些人抱定财富与特权,不愿与人分享或将权利授予他人;他们宁愿西班牙统治也不愿把政权移交给社会下层的美洲人:"他们痛恨每一部基于平等权利的宪法。"还有一些人,生活在乡间庄园,不受政府影响,相较于殖民地位,他们毫无疑问更热衷于国民政府与充分商业自由,但这种渴望还没有强烈到压过他们对和平与简单生活之爱，也不足以让他们经受漫长与痛苦的牺牲。[36]

这些问题同样困扰着玻利瓦尔，他在《牙买加来信》里试图解决这些问题，他的答案聚焦于西班牙压迫和美洲认同，而不是先发制人和逆来顺受，他的言辞比洪堡更强硬。洪堡写道："我在美洲期间，没有遭遇过不满。我注意到，尽管那里没有对西班牙的热爱，但至少与现存政权保持了一致。直到日后斗争爆发，我才意识到他们对我隐瞒了真相，那里根深蒂固的仇恨与热爱相去甚远。"[37]

因而，启蒙运动没有能够将自由平等观念运用于解决各民族之间的关系，也没有产生殖民地解放或独立战争的概念。这需要北美和西属美洲独立的缔造者们来完成。在大西洋世界的多数地区，后启蒙时代的自由主义者并非解放的得力代言人。杰里米·边沁（Jeremy Bentham）*，是仅有的几位能够将个人思想运用于殖民地的改革思想家之一，他提倡将独立作为普遍原则，并揭露了对内奉行自由主义、对外实行帝国主义的政权的内在矛盾。[38]但边沁只是一个例外，多数自由主义者，考虑的是新资产阶级的利益与他们对垄断市场的渴望，他们与保守主义者一样，仍是帝国主义者。有鉴于此，无论是从欧洲人的著作，还是从西属美洲人的著作里，玻利瓦尔几乎都不能汲取到解放思想的灵感。与北美革命的书写者一样，他不得不自行设计民族自决理论，他在独立斗争进程中完成了这一工作，这是对革命时代的贡献，而不是其衍生物。启蒙运动教人们培养自我意识，卢梭鼓励人们解放自我，玻利瓦尔就是践行上述主张的典型代表。

对于寻求革命性变革的克里奥尔青年，启蒙思想家只能给予有限的指引。托马斯·潘恩（Thomas Paine）与雷纳尔神父（Abbé Raynal）是两个例外。潘恩的《常识》（*Common Sense*，1776）全面论证了殖民地起义的合理性，把美国独立作为"真正利益"加以捍卫，因为人民经历了磨难，没能得到补偿，他们有反抗压迫的权利："设想一个大陆被一

---

* 杰里米·边沁（1748—1832），英国资产阶级伦理学家、哲学家，主张自由竞争，反对政府干预经济。

座岛屿永久统治，是荒谬的事情。"这令西属美洲人印象深刻，恰如他们所面临情形的精准描述，正像潘恩后面的结论所言："此前所谓的革命不过是人员更替和当地情况变更……但透过美国与法国革命，我们看到在当下世界是自然秩序的革新。"[39] 潘恩之言被比斯卡多引用与转述，更多人读到了它。1811 年，一位委内瑞拉爱国者在美国出版了一本被翻译成西班牙语的潘恩作品选集，它在委内瑞拉人当中流传，对共和国宪法思想产生了影响。[40]

雷纳尔神父也引用潘恩的言论，他是二流的启蒙哲学家，其著作《东西印度史》(Histoire des deux Indes)* 是一部杂乱无章的殖民地历史书，其中的偏见和谬误激怒了许多西属美洲人，但也有一些西属美洲人认可这部著作，因为它支持美国反抗英国王权的革命，并得出结论："新半球终有一日将脱离旧半球。"有人还对雷纳尔模仿潘恩的文字印象深刻："根据集团与距离的法则，美洲只能属于它自己。"[41] 雷纳尔对法国大主教、拿破仑支持者多米尼克·德·普拉特（Dominique de Pradt）**影响更大，后者虽然严词批评了雷纳尔的著作，但认可其主题与结构的独创之处。德·普拉特的观点在玻利瓦尔的《牙买加来信》里得到了介绍，他是第一个将西班牙殖民地的完全独立作为原则和政策来倡导的启蒙思想家。他提出，在美国的示范之下，作为殖民国家的西班牙的衰落与欧洲的革命性变革是不可避免的——西班牙无力阻遏，它加速了殖民地走向成熟并分离的固有趋势。[42]

教会与国家都被启蒙运动详细审视。自然神论和自由思想著作，最初自英国引入，继而在 18 世纪的法国焕发新生。当自然神论公开出现在伏尔泰的著作与百科全书之中的时候，它还不是严格意义上的神学，而是一种模糊的宗教形式，为政治制度与道德规范背书，充当抵御无神

---

* 哥伦布发现美洲时误以为到达了印度，所以欧洲人又把美洲称为"西印度"。实际上《东西印度史》是一部关于欧洲在印度和美洲的殖民史的著作。
** 多米尼克·德·普拉特（1759—1837），法国教士和外交家，曾任普瓦捷主教，1812 年出任法国驻华沙大使。

论指控的挡箭牌。宗教内部怀疑主义的增长，特别是启蒙哲学家的反基督教攻势，不仅代表知识分子立场，而且对加强国家对教会的控制，甚至创立国教——无论它如何虚伪，都被视为确立公共秩序与道德规范的必要之物——的提议提供了支持。玻利瓦尔身上似乎打上了上述一些影响的烙印，尽管我们无法断言，它们是否摧毁了他的信仰。对于宗教问题，玻利瓦尔通常谨慎处理，但在他尊奉的外表之下，隐藏着一丝怀疑，他在私底下嘲讽教会的某些方面。他是否像反抗旧制度那样抗拒宗教呢？据爱尔兰天主教徒奥利里所言，玻利瓦尔是"不折不扣的无神论者"，只相信对政府必要的宗教，他参加弥撒纯粹流于形式。"怀疑论者"这一定义比"无神论者"更接近玻利瓦尔的精神世界，但仍有一个问题：他的怀疑始于何时？是1804年至1806年他在法国独自研读形成现代思想的时候，还是在那时产生怀疑的萌芽，在后来的岁月里逐渐成形？又一次，我们一无所知。奥利里暗示，玻利瓦尔的导师西蒙·罗德里格斯，有意向这位年轻人灌输博爱与自由，而不是基督教的人生观，并向他介绍18世纪怀疑论者与实利主义者的著作。"不过，尽管他心存怀疑，并随之产生反宗教情绪，但他始终相信，有必要遵从他的公民同胞们所信仰的宗教。"[43]而且，玻利瓦尔还继续参加弥撒。

由于缺少强烈的宗教动机，玻利瓦尔貌似接受了一种基于功利主义的人生哲学，这种哲学不一定是令人信服的道德上的绝对真理，但在同时代自由主义者中间风头正劲。这一点的证据不仅可以从他与詹姆斯·密尔（James Mill）和杰里米·边沁的关联——他自称是边沁的"信徒"及其学说的追随者——中找到，还来自他个人的文字，其中提到的最大幸福原则成为其政治上的驱动力。他认为，西属美洲人抱有从受奴役直接走向自由，以及摆脱殖民地地位、赢得独立的不切实际期望。玻利瓦尔将这种心理归因于人们对幸福的热切追寻："尽管历史教训在前，但南美人一直追求自由甚至完美制度，对于渴求最大可能幸福的人类普遍本能毫不生疑，这种本能必然与基于正义、自由、平等原则的公民社会相伴。"几年后，在安戈斯图拉演讲中，他说道："最完美的政府体系能够产生最大可能的幸福、最大限度的社会安全与政治稳定。"

1822年，当人们担心国会将修改《1821年宪法》之时，玻利瓦尔在写给哥伦比亚副总统弗朗西斯科·德·保拉·桑坦德（Francisco de Paula Santander）的信中评价道："人民主权不是无限的，因为它建立在正义基础上，并受制于完美效用的概念。"[44] 几年以后，政治环境迫使他改变了对边沁主义原则的公开援引，但不等于说他放弃了功利哲学。

玻利瓦尔对理性时代的回应，受到了他在同时代欧洲的见闻与其自身阅读的启发；他见证了启蒙运动的局限性与成就，他自问：对美洲人来说，哪些有用，哪些无关紧要？但他的知识之旅并不单纯是实用主义的：在指挥革命时代的军事行动之际，他也会接触到涉及基本概念的难题，譬如自由的边界与平等的本质。自由需要遵从一个民族的历史与传统，纯粹抽象的自由概念遭到了他的蔑视。以同样方式，他将在美洲语境下定义平等的内涵。他始终心知肚明的是，不完美的人性排斥了完美的政治方案，这即便不是对原罪的复述，也是对理论依据的批判。虽然1804年至1806年的经历不足以让我们全面理解玻利瓦尔，但这些经历已经表明，他的世界建立在理性与世俗的价值观之上，并拥有知识与政治的框架。

重返委内瑞拉

自意大利之旅后，玻利瓦尔于1806年春天返回巴黎，却找不回往日生活的欢愉。祖国发生的事情令他坐卧不安。1806年，在英国援助无望的情况下，米兰达对委内瑞拉发动了一场规模不大、装备不足的远征，委内瑞拉的克里奥尔地主们对米兰达冷眼相待，斥其为"异教徒"和"叛徒"。玻利瓦尔似乎认为米兰达的行动不够成熟，对委内瑞拉人民的伤害可能甚于对其统治者的伤害。同时，由于英国封锁，他自己的资财也与殖民地紧紧绑定。1806年秋天，玻利瓦尔决定返回委内瑞拉，重启美洲生活，他与范妮·杜·维拉尔道别，对他而言，这并没什么大不了的。11月底，他用借来的钱登上航船，不是从与英国交战的法国或西班牙出发，而是从中立的汉堡启程，而且，他没有直接前往委内瑞拉，而是去了美国。他在查尔斯顿（Charleston）登岸，由于海上颠簸与发烧，身体状况很糟。他在美国逗留了较长时间，到访华盛顿、纽约与波士顿，然后从费城乘船前往拉瓜伊拉，于1807年6月抵达。人们对这些行程知之甚少，但玻利瓦尔日后回忆道："通过短暂的美国之行，我有生以来第一次亲眼见到理性自由的真实样貌。"[45]这样的图景，他将来会发现，在美洲其他地区很难见到。

1804年至1807年期间玻利瓦尔的个人生活，无论是他自己还是他的朋友，都没有详细记述，早期的传记作家们就随意用不实之言填补这段空白。那个时代的大众历史，倒是人所共知的。1806年玻利瓦尔离开欧洲之际，一系列条件已水到渠成，为南美革命与他取得领导地位奠定了基础。西班牙此时已不再是帝国，成了法国的附庸，它的殖民资源成了盟友的后盾。西班牙对美洲失去了掌控。自帝国建立之初，西班牙人就重征服，不重治理，对领土的主权欲求超出了其治理能力。[46]当时，由于失去了在大西洋的海上霸权，并随之阻断了通往其所控制殖民地的航路，西班牙无法保证殖民地的贸易与殖民地居民的忠诚。美洲殖民地成了免费奉送的奖品。送给谁？法国还是英国？西属美洲人愿意用一个都会换取另一个吗？这就是玻利瓦尔所理解的当时的形势。他预见到，对美洲而言，欧洲是一个威胁，也是一种激励。即便没有完成，他也开启了自己的政治教育，并从观察与研习中了解到欧洲与大西洋世界的现实。玻利瓦尔的见解并非独一无二，但又有多少委内瑞拉人能像玻利瓦尔那样理解正在发生的事呢？甚至在知识阶层，又有多少人推断出自由本身没有意义、自由不能与独立混为一谈呢？并不是所有美洲人都有如此超前的见识。只要西班牙保持政治完整，就如洪堡所言，维护克里奥尔人的利益与批评西班牙政府就只能被限定在既有政权的范围之内。纵使从1800年起，西班牙的经济和政治实力急转直下，克里奥尔领袖有了更多理由批评西班牙的商业与税收政策，反叛对西班牙的威胁仍是微乎其微的。玻利瓦尔的思想走在了时代前面。

关于自由的文章，年轻的玻利瓦尔并非不加批判地阅读，他的怀疑在革命的各个阶段与日俱增。虽然启蒙运动思想是他为自身行动找到合法理由和加以辩护的主要理论依据，但在革命发生之前、革命进行当中与革命之后，都存在思想理论准备不足的问题。玻利瓦尔从欧洲返回委内瑞拉后，不仅要平衡各个利益集团的利益，还要调和思想观点。美洲人的利益与美洲人的观点，将决定他的思想与行动。一些与他同时代的人也亲身经历了当时的那些事，却没有他的决心和天赋。不是每个人都追求权力与荣耀，但它们却是玻利瓦尔个人世界的中心。祖国遭受奴役，他意识到"荣耀将属于解放国家之人"[47]。玻利瓦尔注定不会默默无闻地度过一生，一辈子做"圣马特奥的主人"。他返回委内瑞拉时，已经成长为一个有独立主见的人，拥有领袖潜质，前程远大。

第三章 克里奥尔革命

殖民地的怨言

1807年，玻利瓦尔返回委内瑞拉，坚信独立对于祖国不可或缺而且无从避免。他的信念不仅源于在加拉加斯的生活和在庄园的工作，也来自他在欧洲的见闻，那里的国际局势让他警觉到近在眼前的变革，时代思潮在他的脑海里留下印记。他发觉，在委内瑞拉少有志同道合之士，殖民地的政治意识还不足以动摇对国王的忠诚和对已有秩序的支持。他给出的理由劝服了兄长胡安·比森特，其他家人和朋友却无动于衷，几乎没人意识到西属美洲的危机和权力平衡的改变。玻利瓦尔的信念，以及他与克里奥尔人观点的分歧，解释了他随后四年的政治立场。在人生的这一阶段，诸多刺耳的声音向他袭来，他却无力发出自己的声音。

玻利瓦尔内心是革命的，但在表面上循规蹈矩。玻利瓦尔与其他克里奥尔贵族从事着相同的职业——管理资产，耕耘土地。在加拉加斯以西通往马拉凯路上的圣马特奥，在奥库马雷附近的康塞普西翁和图伊山谷的亚雷，他的种植园出产热带作物，满足加勒比和欧洲市场的需求，他拥有黑人劳工，其中许多是奴隶，而他自己也躬身亲耕。他在亚雷的庄园，与安东尼奥·尼古拉斯·布里塞尼奥（Antonio Nicolás Briceño）的领地毗邻，两家的边界纠纷旷日持久。1807年9月，双方爆发了一场暴力对峙，布里塞尼奥带领一群手持手枪、砍刀和匕首的奴隶，阻拦玻利瓦尔和他的劳工在被视为布里塞尼奥家田产的土地上耕作。玻利瓦尔的律师们出面为他据理力争，布里塞尼奥最后被逮捕，但案子由于当年的政治混乱而不了了之。与此同时，玻利瓦尔在自家庄园操持作物种植和售卖的过程中，认清了在殖民地环境中谋生的现实，宗主国都在谋求自身利益，对美洲人不管不顾。他得出的结论不同于他的大多数邻居。作为殖民地子民，他将成为殖民地当局最凶悍的敌人。

委内瑞拉白人对混血人和黑人数量占优心知肚明，也能感受到周围敌视的目光。直到殖民时代的最后岁月，克里奥尔人依然相信现存政治结构无可替代，他们将西班牙统治视为对法律、秩序和等级制度最有效的保障。但在1789年至1810年，周边力量逐渐消融了他们的忠诚。在革故鼎新的年代，西班牙无力在国内外掌控全局，克里奥尔人意识到，他们的世界地位取决于能否实现一个紧迫的政治目标——独揽大权，不再将权力分享给疲敝的宗主国官员。

他们的经济境遇，也在发生着变化。18世纪末，随着种植者摆脱了对可可的依赖，在种植品种里加入咖啡、靛蓝、烟草与棉花，委内瑞拉经济走向多样化。玻利瓦尔对靛蓝种植园很感兴趣，关注了它们在出口市场的前景。1784年，加拉加斯公司的垄断地位终结。1789年，帝国主义自由贸易伸出触手，委内瑞拉经济对更广阔机遇报以积极回应。1783年至1790年，经济进出口总值翻了一番。相较于1782年至1790年，委内瑞拉在1790年至1796年的农业出口又翻了一番，在美洲殖民地贸易份额也显著提高。[1]但财富所有者仍对西班牙垄断进出口贸易心怀不满，1797年发起一场反抗运动，抗议"令委内瑞拉呻吟的垄断幽灵"。[2]加拉加斯公司的退场，把机会留给了新型西班牙商人，他们活跃于公开市场，但仍处于西班牙殖民垄断的保护之下，与本地庄园主彼此竞争。此外，委内瑞拉还成了欧洲战事的受害者。西班牙战败，让殖民地垄断主义的弱点显露无遗——进口产品数量短缺、价格高昂，殖民地产品打入外国市场困难重重。

自1796年起，作为附庸国的西班牙被法国拖入了对英战争，被迫牺牲自身利益，为毗邻的帝国输血。殖民地贸易第一个受损，帝国利润也立即蒙受了损失。英国海军封锁加的斯，切断了大西洋航线。为补给殖民地市场，也为自己能保留些许回报，西班牙在1797年11月18日颁布法令，允许中立地区与美国开展贸易。18个月后，法令被废除，但殖民地置若罔闻，西班牙船只不得通行，中立船只却可以继续开展贸易。在委内瑞拉占主导地位的利益集团对危机反应不一，殖民地官员担忧税收的减少，商人在意垄断地位的瓦解，庄园主对出口的受损忧心忡忡。[3] 他们发出的不和谐声音，加剧了西班牙的政治危机。在《亚眠和约》带来短暂和平（1802—1803）之后，与英国重燃战火加速了帝国贸易的衰落。海军屡战屡败，在特拉法加海战中遭遇最惨重的失利，西班牙失去了大西洋舰队，被进一步与美洲隔离开来。西班牙的政策陷入重重压力，中央政府依赖殖民地税收，半岛的出口商要求垄断市场，殖民地则急于维持贸易和补给。为尽可能满足各方利益，西班牙政府重新开放了中立国贸易。从 1805 年起，中立国的航运统治了曾经由西班牙控制的大西洋地区。西班牙帝国势力的未来扑朔迷离。经济垄断地位一去不复返，剩下的只有政治管控，而这种管控也面临着越来越大的压力。

　　法国大革命越发广为人知，它吸引了一些人，震慑了另一些人，威胁了传统秩序的捍卫者。1795 年，科罗奴隶暴动，宣称实行"法国人的法律"*。1796 年，英国海军切断了委内瑞拉与西班牙的贸易路线，1797 年 2 月，英国人又占据了特立尼达。同一年，瓜尔和埃斯帕尼亚发动了一场社会抗议运动，要求获得平等与自由。社会上的危机感与日俱增，因为随着防御开支和税收的增加，人们口袋越来越瘪。1805 年与英国重开战端，让 18 世纪 90 年代的经济萧条在西班牙重演。1806 年 4 月和 8 月，在驻守加勒比的英国海军默许下，米兰达试图在殖民地发动革命，这两次攻击行动震撼了委内瑞拉。殖民地的防御工事还算稳固，但处于经济萧条之中又遭遇了破坏性旱灾的西班牙对其又有了新的财政需求。对于英国的封锁，西班牙的应对之策是重开中立国贸易，将许可证卖给外国人，让他们和殖民地开展贸易，但这一举措无法令出口复苏，也不能确保重要物资的进口。殖民地商人由于被当局征收

---

* 指法国于 1794 年颁布的废除奴隶制的法律。

赋税，受制于令人眼花缭乱的政策变动。尽管战争带来困境，帝国政策在开放与限制贸易之间反复摇摆，当地种植园主与商人依然不愿响应米兰达的攻击行动，他们乐于见到米兰达的失败，捐钱出力来抵御"可怕的怪物"。陷入殖民地当局统治危机的委内瑞拉人，没有向当局发起挑战。自1808年起，欧洲诸国联盟关系反转，西班牙与英国的海战结束，出口体量回暖，委内瑞拉经济前景似乎一片大好。但是，只要殖民地仍然遵从帝国贸易秩序，限制外国贸易商人，向西班牙大量输血，这些改变真的重要吗？委内瑞拉上层社会依旧活在梦境里，但梦就要醒了。

　　由于实用主义盛行，上层社会意识到，相较于市民，自己才是现有社会结构更好的捍卫者。相较可可价格与消费人数的不足，殖民地精英更担忧敌视他们的帕尔多人、黑人和奴隶，玻利瓦尔日后将其描述为"我们脚下的火山"。[4] 没有奴隶劳动，就没有可可，没有奴隶劳动，就没有闲暇时光。科罗的暴动，拉瓜伊拉的举事图谋，平原的盗贼，都带有民族主义色彩，威胁着精英的生命和财产安全，复活了黑人权力的幽魂。下层民众的社会抗争令委内瑞拉精英躲进了殖民地的避难所，但殖民地自身已岌岌可危，还有安全之所吗？

1808年：关键一年

　　俯首帖耳与叛逆反抗的平衡被打破，并非源于经济萧条或是对殖民统治的不满，而是出于对市民暴乱的惊惧。眼看西班牙帝国四分五裂，帝国中心利益集团纷争夺权，委内瑞拉殖民地各族群也开始行动，像西班牙人和克里奥尔人那样解读时势、决定自己的行动方向。

　　1807年至1808年，拿破仑决定摧毁西班牙最后的独立力量，入侵伊比利亚半岛。发生内讧的波旁王室政府已经四分五裂，国家无力抵御攻击。1808年3月，阿兰胡埃斯（Aranjuez）爆发了一场宫廷革命，发动革命者背后是反对波旁王室的贵族势力，他们迫使卡洛斯四世罢免了戈多伊，卡洛斯四世本人也被迫退位，王位让给了儿子费尔南多。但法国成了最后赢家。它们占领了马德里，拿破仑诱使卡洛斯与费尔南多前往巴约讷（Bayonne）商议国事。1808年5月10日，拿破仑在巴约讷强迫他们退位，接下来一个月，拿破仑将其兄弟约瑟夫扶上王位，成为西班牙与西印度之王。玻利瓦尔的预言，正在变为现实。

在西班牙，人们开始为独立而战，自由派计划着制定宪法。地方洪达（*junta*）*组织对法国的抵抗。他们向英国派遣代表，以保障和平与结盟。1808年9月，以国王之名，中央洪达宣告成立。1809年1月，中央洪达在塞维利亚（Seville）颁布法令，宣布西班牙统治下的美洲不再是殖民地，而是王国不可分割的组成部分，享有代表权。但随着法军进占安达卢西亚，中央洪达被逼入死角，于1810年1月解散。取而代之的是五人摄政政府，他们奉命召集一个既能代表西班牙又能代表美洲的议会。西班牙自由派与保守派没什么两样，也站在拥护帝国统治一边。加的斯议会制定了《1812年宪法》，宣布西班牙与美洲是一个国家。然而，美洲人被授予代表权，却未能享有平等的代表权。宪法许诺施行改革，却拒绝开放自由贸易。

这些事件对西属美洲意味着什么？1808年之后的两年，具有决定意义。法国占领西班牙、西班牙波旁王朝的崩溃、西班牙自由派不知变通的帝国主义，给西班牙与美洲关系带来了意义深远、不可挽回的冲击。令人难以置信的一幕在上演：国王遭到废黜，地方自治在兴起，外国势力入侵了这片土地。美洲人面临着一场政治合法性危机。他们能实现不可预想之事吗？他们不再拥有波旁王朝的庇护，他们不想要拿破仑，他们不信任自由派。他们应该听命于谁？帝国官员与地方精英如何分配权力？一旦对这些问题做出自主决定，独立就不可避免了。

委内瑞拉彼时是一个没有报纸的国度，当局在1808年7月初才得知法国占领了西班牙，伦敦5月31日和6月1日发行的两期《泰晤士报》，当时由特立尼达总督带到了加拉加斯。安德烈斯·贝略翻译了

---

* 洪达，字面意思为"委员会"，为西班牙抵抗力量在法国入侵西班牙期间在中央和地方成立的带有自治政府性质的组织。

第三章　克里奥尔革命

《泰晤士报》聚焦波旁王室退位和拿破仑接管政权的报道,一位效命于总司令胡安·德·卡萨斯(Juan de Casas)的殖民地官员立刻将其斥为"不诚实的英国人编造的谎言"。[5]他很快就被打脸了。7月15日,有两艘船几乎同时抵达拉瓜伊拉。一艘是法国双桅帆船,载着拿破仑的代表,要求殖民地人们像他们的国王那样向法国臣服。另一艘是英国战舰"阿卡斯塔"(*Acasta*)号,指挥官菲利普·比弗(Philip Beaver)上校宣布,西班牙人民已经奋起反抗法国,与英国结盟了。比弗上校对当局的官方接待不以为意,他更愿意走上加拉加斯街头,解答民众的问询,并探察民意。他对人民的判断力感触尤深,在其报告中称:"我敢说,这些人极其忠诚,愿为西班牙波旁王室积极献身。只要费尔南多七世(Ferdinand Ⅶ)有机会重返马德里,他们将继续忠于政府。但如果这不能尽快变为现实,我相信自己同样可以肯定地说,他们将宣布独立,之后冀望英国成为保障他们的自由和扩展贸易的唯一靠山。"[6]

比弗一语中的。卡萨斯惊慌失措,犹豫不决。西班牙籍官员担心自身难保。市政会、当权者和多数民众希望承认费尔南多七世是合法君主,另立一个洪达,与西班牙国内反应相差无几。玻利瓦尔呢?事实证明,他的立场是坚决争取完全独立。加拉加斯人的第一反应是建立一个由地方统治阶级、官员和市民领袖组成的联盟,支持费尔南多七世和西班牙抵抗运动,爱国之心不亚于西班牙人自己的组建洪达运动。在西班牙籍官员举棋不定,对组建洪达退缩不前之际,克里奥尔人领袖开始聚会商讨对策。当局收到情报预警,报告有人密谋发动政变成立共和政府,于是当局的密谋还在酝酿阶段时就逮捕了一批涉事人员,包括玻利瓦尔的朋友曼努埃尔·马托斯(Manuel Matos)上尉,他涉嫌在瓜尔河附近玻利瓦尔的乡间别墅参与密谋。[7]总司令派儿子造访玻利瓦尔,对于他与颠覆者联盟,提出了非正式的警告。玻利瓦尔还没准备好改变其低调形象,于是辩解说他也"急于摆脱那些不请自来的游民",说他次日就离开回庄园去了,未参与任何罪行。[8]

尽管发生了上述事件,克里奥尔人的领袖们仍然继续在玻利瓦尔的宅邸聚会,有些人参与社交、讨论政治,有些人带头倡议、呼吁组建独立洪达，有些人附耳倾听、向当局告密。[9] 玻利瓦尔和他的兄弟积极加入讨论，尽管观点比其他同伴更激进，但他有所保留。他的政治信仰是在欧洲确立的，他不愿在加拉加斯的思想混战中妥协，也不愿向支持君主制的绥靖主义靠拢。克里奥尔当权者，或者他们所谓的"城里的大部分绅士"，实际上是以托瓦尔伯爵、何塞·菲利克斯·里瓦斯（José Félix Ribas）和马里亚诺·蒙蒂利亚（Mariano Montilla）为首的45名签名者。在马拉凯大地主、未来的侯爵、西班牙人安东尼奥·费尔南德斯·德·莱昂（Antonio Fernández de León）的动员下，这45人于1808年11月24日向总司令提交了一份请愿书，拒绝接受塞维利亚洪达对委内瑞拉的管辖，请求建立独立洪达，代表费尔南多七世行使权力。[10] 这并非革命之举，而是以"乡贤耆老"保卫正统君主的老旧套路。领头者有种植园主、商人、军人、牧师和其他殖民地精英，包括西班牙人与克里奥尔人。然而，其中没有西蒙·玻利瓦尔。1810年，与其他志在革命的人一道，玻利瓦尔拒绝签署递交给总司令的请愿书，因为请愿书并未提出他所期望的诉求，之后他离开了加拉加斯，前往圣马特奥。[11] 玻利瓦尔借此撇清了与组建洪达运动的关系，他的目标在于独立，余者皆为穷途。

加拉加斯政府的做法证明玻利瓦尔是正确的。他们逮捕了德尔·托罗侯爵、圣·哈维尔伯爵、未来的卡萨·莱昂侯爵费尔南德斯·德·莱昂、托瓦尔兄弟、马里亚诺·蒙蒂利亚、佩德罗·帕拉西奥斯、何塞·菲利克斯·里瓦斯等人。当局以雷霆之势在夜间实施抓捕，严酷镇压了请愿运动，吓坏了年迈的托瓦尔伯爵，他是坚定的君主主义者，也是在请愿书上签字的第一人。结果，入狱和流放的判决似乎着实宽大，但当局的其他策略颇为阴险，利用了紧张的时局。政府宣传试图让欧洲的西班牙人相信，他们身处险境。当局也警告已对洪达政权上台的潜在影响产生警觉的帕尔多人与下层民众，克里奥尔人将奴役他们。白人精英独享革命，下层民众一无所获，西班牙政府极力宣扬这一观点，将黑人反抗与奴隶暴乱的矛头引向克里奥尔人的产业。[12]

1809年12月14日和1810年4月2日，殖民地当局两次挫败罢黜委内瑞拉新任总司令、加拉加斯总督比森特·恩帕兰（Vicente Emparán）的图谋。恩帕兰是一个充满矛盾的人。他是经历启蒙熏陶的西班牙人，颇具才干的库马纳总督，法国与拿破仑的信徒，但又与许多克里奥尔洪达成员关系友好。由于对殖民地贸易法律从宽解释，当地利益集团也对他颇有好感。1809年5月，他与玻利瓦尔的好友费尔南多·托罗一同从西班牙抵达委内瑞拉，很快与以米格尔·约瑟夫·桑茨（Miguel Joseph Sanz）及其女婿弗朗西斯科·安东尼奥·罗德里格斯（Francisco Antonio Rodríguez）上尉为首反对洪达的势力产生矛盾，罗德里格斯向西班牙政府告发他有不忠之举。托罗察觉到针对兄弟弗朗西斯科及其朋友的敌意，于是找来玻利瓦尔帮忙。两人挎上佩刀，穿过加拉加斯城区，来到桑茨家里，与罗德里格斯当面对质，并痛骂了后者。[13]恩帕兰出面干预，逮捕罗德里格斯，驱逐桑茨，事态平息下来。但是这一事件中没有人尽善尽美。恩帕兰显得不够强硬，又刻意偏袒；托罗反应过激；玻利瓦尔过分看重团结，判断力尚不成熟。玻利瓦尔不认可托罗家族的政见，出于友谊，却又觉得有义务力挺费尔南多，因而在事件前前后后略显高调。这一离奇事件，凸显了加拉加斯时局混乱时期政治与社会的复杂交织。

西班牙的事态激化了危机。1809年4月到5月期间，刚发行不久的《加拉加斯公报》（Gaceta de Caracas）——它既是委内瑞拉的第一份报纸，又是政府喉舌——报道了中央洪达迁往塞维利亚、洪达有意将自治权给予美洲代表、与英国缔结条约等新闻。[14]克里奥尔人不久就发现，没有哪个西班牙政府愿意将平等代表权赋予美洲人。西班牙的噩梦尚未结束。1810年2月，在摄政者的支持下，中央洪达在加的斯自行解散。美洲人为何要受这些政治手腕的摆布，为何要服从所谓的摄政者？所有西班牙殖民地都提出了这一问题，答案指向了新大陆的革命运动。委内瑞拉最早听闻消息，在1810年4月19日采取行动。总司令依然拒绝组建一个自治洪达，激进分子决心自己动手解决问题，他们背后的谋划者是特立独行的教士何塞·华金·科尔特斯·马达里亚加（José Joaquín Cortés Madariaga）——玻利瓦尔故事里出场的众多小角色之一。

青年活动家们在加拉加斯主广场动员民众之际,独立于西班牙当局的市政会成员举行会议,代表各方利益的克里奥尔革命者也参与其中。在市政会大楼的阳台上,恩帕兰被民众的呼喊声震慑,决定认输交权。市政会成员成了委内瑞拉新政府——捍卫费尔南多七世的保守派洪达的核心,拒绝承认西班牙的摄政政府。[15]新政府罢黜并驱逐了总司令、地方长官、半数检审法庭法官、高级军官,这些人空出来的职位被当地统治精英占据,而不是由据称忠于王室的官员顶替。加拉加斯的革命步伐加快,其他各省也加入运动,独立洪达在西属美洲遍地开花。然而,玻利瓦尔闲居于亚雷庄园,没有参与4月19日的夺权事件,此次事件的前期酝酿和最后解决都和他无关。他不肯依附不在场的国王和那些远在西班牙的虚假机构,也不肯依附于对这场运动信以为真的委内瑞拉人。完全独立是唯一严肃的选择。

洪达代表克里奥尔统治阶层,但他们口径不一。这些人分成几派:保守派以保护被俘国王和维护传统秩序的堡垒捍卫者自居;自治分子主张在西班牙君主制之下实行内部自治;支持独立者则要求与西班牙彻底决裂。[16]起初保守派占据上风,正是他们将老牌革命者米兰达挡在门外,视其为侵略者、自然神论者和反教权分子。玻利瓦尔站在哪一边呢?爱国政府已经就位并发号施令,尽管并非如他所愿,但玻利瓦尔不能再无限期地置身事外,不能再既不发一言,也不施加影响。因而,他向新政府毛遂自荐,担任外交使节,如此一来他就既能表现他的爱国热忱,又无须与委内瑞拉新政权走得太近。洪达将他从步兵上尉擢升为中校,并于1810年6月任命他担任出访伦敦的使节,以期联络英国政府寻求支持,一如当年米兰达所为。一些人不同意任命,他们不满于玻利瓦尔对革命运动的冷淡态度,也质疑他的判断力,但鉴于玻利瓦尔为出使自掏腰包,又恰逢国库空虚,他们也不好拒绝他的请缨。于是洪达委任有行政经验的大学毕业生路易斯·洛佩斯·门德斯(Luis López Méndez)担任副使,以便有所牵制,又任命安德烈斯·贝略担任使团秘书。这是一个反映了革命中人员构成的使团,由中产阶级专业人士辅佐一位贵族。英国迎风舰队司令,海军上将亚历山大·柯克兰爵士

(Admiral Sir Alexander Cochrane)，派出"威灵顿"（*Wellington*）号迎接三人。他们6月9日自拉瓜伊拉出发，7月10日抵达朴次茅斯。在伦敦等待他们的是弗朗西斯科·德·米兰达，此人阅历丰富，集军人、政治家、知识分子、革命家、亲英派身份于一身，也是一个急于重返危机四伏的祖国的流亡者。

出使伦敦

独立、自由、统一，是米兰达从事公共事业的三大追求。1810年，他在一封致西属美洲人的通函里写道："我在城市里的住所是哥伦比亚大陆独立和自由的据点，永远如此。"[17] 从1802年起，那个住所就位于格拉夫顿街27号（如今的格拉夫顿路58号），它不仅是米兰达、伴侣莎拉·安德鲁斯（Sarah Andrews）、他的两个儿子利安得（Leander）、弗朗西斯科和秘书托马斯·莫里尼（Tomás Molini）及其妻子的宅邸，还是拉丁美洲事务的资料中心。它同样是图书馆、会议室和《哥伦比亚人》（*El Colombiano*）编辑部。而在1810年夏天，它成了委内瑞拉使节的实际总部。委内瑞拉洪达警告使团，要提防米兰达，一些克里奥尔人怀疑他是法国大革命的极端分子。但若没有米兰达，使团将会一事无成。据洛佩斯·门德斯回忆，使团初至伦敦，迷失方向，不知所措，正是米兰达拯救了他们：

> 我们唯一可以满怀信心请教之人、为我们提供所需基本信息之人，正是我们的同胞。他胜过任何一人，他阅历丰富，走南闯北，与政府有长期来往，为美洲事务鞠躬尽瘁，广为人知，足以给予我们广博而可靠的建议。甚至连敌人也不敢否认他非凡的学识、经验与天赋。他对我们帮助甚多，还将其所学所知、私人藏书、个人影响力与社会关系全部贡献出来，供我们所用。[18]

安德烈斯·贝略同样对此印象深刻："那位伟大的流亡者已是西属美洲革命的化身。他已经六十岁了。尽管年事已高，他却似乎处于青春与理想的巅峰。坚守着所有推动西属美洲独立的计划，永远不会对夙愿实现失去希望。"[19] 据奥利里记述，玻利瓦尔毫无疑问愿为自己与米兰达的英雄情谊增光添彩，"（他）早就意识到米兰达不仅是伟大的军事天才，还是第一位尝试将委内瑞拉从压迫中拯救出来的老兵。他相信……自己发现米兰达就是实现解放南美光辉事业的天选之人"。玻利瓦尔力劝米兰达回到委内瑞拉，为"令他遭受许多磨难"的事业奋斗。[20]

米兰达立即花了几个小时为使团安排会面与访谈，授之以要义，又向他们介绍自己的朋友和联络人，其中包括尼古拉斯·范西塔特（Nicholas Vansittart）*、坎伯兰公爵（duke of Cumberland）、格洛斯特公爵（duke of Gloucester）**和刚刚抵英的布兰科·怀特***，带他们拜访萨缪尔·恩德比（Samuel Enderby）****、约翰·特恩布尔（John Turnbull）*****、威廉·威尔伯福斯（William Wilberforce）******的宅邸。到其中一家拜访时，主人一家正在祷告，他们只好花时间等候。[21] 米兰达帮助玻利瓦尔联系了一些重要机构，包括巴勒路上的约瑟夫·兰开斯特（Joseph Lancaster）*******开办的学校，还带领使团参观了格林尼治、里士满、邱

---

* 尼古拉斯·范西塔特（1766—1851），英国政治家，英国历史上任职时间最长的财政大臣之一。
** 坎伯兰公爵爵位和格洛斯特公爵爵位都是英国世袭贵族爵位。当时的坎伯兰公爵是恩斯特·奥古斯特（1771—1851），英王乔治三世第五子；当时的格洛斯特公爵是威廉·弗雷德里克亲王（Prince William Frederick，1776—1834），英王乔治二世的曾孙。
*** 即约瑟夫·布兰科·怀特（Joseph Blanco White，1775—1841），西班牙政治思想家、神学家、诗人。
**** 指小萨缪尔·恩德比（Samuel Enderby Junior，1755—1829），英国捕鲸商人，其父萨缪尔·恩德比（1717—1797）创立了萨缪尔·恩德比父子公司，经营航运、捕鲸、猎捕海豹等。
***** 此处似指英国航海家约翰·特恩布尔（生卒年不详），1801—1805年曾代表东印度公司到南太平洋海域航行探险。
****** 威廉·威尔伯福斯（1759—1833），英国国会下院议员、慈善家、废奴主义者。
******* 约瑟夫·兰开斯特（1778—1838），英国教育家，开创导生制教学法（monitorial system），1801年在伦敦巴勒路开办学校，推广导生制。

园、汉普顿宫等伦敦旅游景点。在其他时间里，从下榻之所到杜克街，玻利瓦尔四处游逛。他寻求一种妓院不提供的服务，被那里的姑娘视作同性恋，结果遭到驱赶。他掏出钞票安抚姑娘，后者却将钞票丢入火堆，在屋里闹翻了天。"试想那个情形，我不讲英语，那个妓女不讲西班牙语，她似乎把我想成了希腊的恋童狂，由此制造的丑闻让我匆匆离开，甚至比进门时还要快。"[22]

玻利瓦尔发觉，委内瑞拉需要完全独立的观点，在米兰达的思想里得到印证。独立，而非奉命效忠费尔南多，正是米兰达力劝他们在会谈中主要关注的议题。但英国的支持已无希望，委内瑞拉不太可能给外务大臣韦尔斯利侯爵（Marquis of Wellesley）*留下深刻印象。从回忆录来看，米兰达对此情况心知肚明。

宣扬委内瑞拉独立，并非使团的任务，他们的使命，是为不再承认西班牙当局统治地位的必要性做出解释，因为在西班牙，王室治下的各省有权成立洪达，当局已失去了宪法的正统地位。只有当西班牙人的事业在半岛崩溃之时，委内瑞拉才会寻求英国庇护，以保障其独立。这个国家准备捍卫费尔南多七世的权力，但不打算接受摄政者的指示调遣。最终，使团成员收到指令寻找渠道购买武器，寻求商业保护，并争取英属加勒比当局的承认。

英国也面临着困境：半岛战争处于关键阶段，韦尔斯利侯爵不愿冒着惹怒西班牙的风险来承认委内瑞拉新政权。但他也不想因拒绝接待使团而得罪委内瑞拉人，他们可能不久之后就会从西班牙独立出来，英属加勒比当局已经在与独立于西班牙当局的洪达政权接触。无论如何，商业利益都至关重要：英国外交部认为，"利用共同效忠于费尔南多的纽带，英国可以帮助西班牙保有其殖民地，但需敦促西班牙变革其商业体系"[23]。基于上述考虑，侯爵决定在自己家里接待使团，会面地点在阿普斯利大厦（Apsley House）。他们用法语交流，玻利瓦尔能讲一口流

---

* 即理查德·科利·韦尔斯利（Richard Kolley Wellesley，1760—1842），英国政治家。曾任英国外务大臣、印度总督及爱尔兰总督。

利的法语。[24]

7月16日的第一次会面，韦尔斯利侯爵表情严肃，显得郑重其事。他指出，加拉加斯政府的做法不合时宜，因为这一做法建立在西班牙战败的错误前提之上，而实际上当时的形势比以往任何时候都对西班牙有利。故而他们提出质询：加拉加斯政府的做法是不是殖民政府滥用职权所致，若是这样，这一做法可以纠正；如若不是，委内瑞拉是否已经决定脱离西班牙，另建独立国家。担任委内瑞拉使团首席代表并肩负重任的玻利瓦尔，发表了坚定有力、充满激情的讲话，与英国的大臣形成了鲜明对比。他回顾了委内瑞拉1808年7月以来的诸多事件，描述了当局的亲法立场以及他们拒绝市民精英组建洪达之事，特别提到法国对安达卢西亚的占领，此事促使殖民地当局下决心脱离西班牙的行政管辖，把权力交到委内瑞拉公民手中。玻利瓦尔阐明了委内瑞拉的立场：尽管效忠费尔南多七世，但委内瑞拉民众认为摄政政府是非法和不可接受的。但韦尔斯利侯爵坚持认为：抛弃摄政政府，就是宣布独立；如果每个行省都如此行事，西班牙帝国将宣告解体，法国将赢得半岛战争。在英国人看来，这违背英西联盟的宗旨。

玻利瓦尔还没讲完。他并不认为不接受摄政政府的管辖攸关帝国的存亡，因为委内瑞拉愿意继续竭尽所能为西班牙爱国者提供帮助，这一点显而易见。接下来，韦尔斯利侯爵暴露了他对西班牙殖民地事务的无知，他提出，尽管使节们奉命遵照帝国的若干基本法律行事，但委内瑞拉革命驱逐殖民地官员的行为已经违反了上述基本法律，因为这些法律规定，殖民地的一切权力由西班牙裔半岛人（*peninsulares*）行使。洛佩斯·门德斯纠正了他的说法：没有哪部法律有此规定。韦尔斯利侯爵又返回到纯粹的法理论争：一切政权的基础，是各部分共同服从的中央机关，谁试图破坏中央权力，谁就是在威胁宪法。这种做法只有出于维护人权原则的考量才具有正当性，但为争取人权而引发的法国大革命，已彻底名誉扫地。他认为，只要是拒绝承认西班牙的统治，对西班牙的信赖就徒有其表，加拉加斯应该承认一个经历改革的殖民政府。

使团成员们又尝试另起炉灶论证。他们声言，委内瑞拉赢得的独立，是特殊情况下的成果，其用意在于保护该行省免受法国及其在加拉加斯的盟友的威胁。只要西班牙抵抗法国，加拉加斯就愿意维持统一，但他们接到的指令不允许他们考虑与摄政政府达成任何协议。委内瑞拉人宁可赴死，也不愿屈从于一个非法政权。他们所能做的，不过是感谢大臣，并将他的建议转告政府。他们也提醒韦尔斯利侯爵，支持加拉加斯会让英国受益——英国人会获得新的市场，在西属美洲受到更广泛的欢迎。侯爵对此表示认可，但认为此事重要性不能和西班牙的独立相比，西班牙的独立对欧洲的自由和英国的长久利益至关重要。玻利瓦尔回应称：期望各个殖民地不要过多考虑自身利益，尚需新的协议；没人比韦尔斯利侯爵更清楚西班牙政府的邪恶。韦尔斯利侯爵承认中央洪达腐败无能、效率低下，但他对摄政委员会寄予厚望。玻利瓦尔最后评述称，委内瑞拉只是西班牙帝国一个很小的殖民地，它的行动不足以给西班牙本土的战争带来重大影响。

韦尔斯利侯爵笑着称赞玻利瓦尔捍卫祖国事业的热忱。玻利瓦尔答道，侯爵以更大的热忱捍卫着西班牙的利益。侯爵回应说，自己在公开和私人场合一直为殖民地谋求福祉，甚至得罪了西班牙前政府。双方谈话继续热烈进行，但没有出现什么新观点。会议结束之时，韦尔斯利侯爵对加拉加斯决定与英国政府接洽表示欣慰，让使团代他向委内瑞拉政府致意。他与使团成员亲切道别，并在两天之后的周四，即 7 月 19 日，邀请他们参加了另一次会议。

尽管有了进一步会面和相互致意，但始终没有打破僵局，委内瑞拉人只获得了英国人的非正式友好表示和给予庇护抵御法国的保证，而对前者提出的承认独立的诉求，没有任何迹象表明英国人会给予满足，前者甚至没有获得购买武器的明确许可。委内瑞拉代表们试图让英国外交部相信，委内瑞拉国内的革命运动并不极端："代表们说，革命中几乎没有民众闹事，完全懵懂无知的各阶层民众轻易就接受了引导。"[25]这番论调在韦尔斯利侯爵身上毫无用处。会谈给人的显著印象是，侯爵在敷衍应付委内瑞拉人，而相较于影响委内瑞拉，英国人更忧心于安抚西班牙。玻利瓦尔或许会觉得有几分满意，虽然英国政府没有认可委内瑞拉的革命,但它也没表示不赞同或采取行动反对加拉加斯政府。此外,对于委内瑞拉提出的希望英国指示其舰队指挥官和西印度诸殖民地增进与委内瑞拉的友谊、加强英帝国民众和委内瑞拉人之间的商贸往来、让英国海军严守中立等请求,英国人都欣然接受。[26]安德烈斯·贝略认为,在当时的情况下,结果令人满意。英国允许两位委内瑞拉代表洛佩斯·门德斯和安德烈斯·贝略留在伦敦,继续为委内瑞拉工作——洛佩斯·门德斯为玻利瓦尔的军队招兵买马,安德烈斯·贝略为西属美洲发声和写作。

阿普斯利大厦会谈,对委内瑞拉而言毫无成果,对玻利瓦尔而言却是深受教育。在此前的生命阶段里,他寻觅、发现并明确自己的政治目标。但确立争取独立的目标还不够。为实现目标,他必须学习公关技巧,提升个人声望。这是他的第一次政治出访:在度过了一段带领种植园奴隶辛苦劳作、和同辈辩论屡次受挫的日子后,玻利瓦尔此时与英国外务大臣又展开了唇枪舌剑的辩论。他从西班牙帝国的一个小角落,走上了大英帝国中心舞台。他在政治上赢得了声望,这是他在伦敦的第一个收获。第二个收获是他找到了展示自己雄辩之才的舞台。玻利瓦尔的风格在意见交锋之中展露无遗,对他而言,那不是平静、冰冷的辩论,而是充满活力、激情澎湃的演说,就像猎人追逐猎物一般,他锲而不舍地追寻自己的目标,总能设法阐明自己的立场。韦尔斯利侯爵对此印象深刻,并对他的满腔热情表示赞赏。但玻利瓦尔的激情投入并没有逾越外交界限:这几位委内瑞拉代表对北美殖民地脱离英国独立的旧事只字未提。玻利瓦尔在委内瑞拉使团中毫不犹豫地承担起团队发言人的重任,扮演了领袖角色。伦敦之行让他获得了信心与动力,是他政治生涯的里程碑。他回到委内瑞拉后,一位未来的领袖人物已经呼之欲出了。

1810年9月22日,玻利瓦尔乘坐英国皇家海军的"蓝宝石"(Sapphire)号军舰离开英国,于12月5日抵达拉瓜伊拉。米兰达也想搭乘这艘军舰,甚至将行李和63卷文件搬了上来。他已经请求韦尔斯利侯爵颁发离境许可,但英国政府担心,向殖民地输送一位革命者,会惹怒西班牙人,因而舰船起航时并未带上他。最终,10月3日,米兰达告知韦尔斯利侯爵,无论如何他都要离开。10月10日,在莫里尼的陪伴下,米兰达没有通知家人,登上了一艘定期班轮,在 12 月 11 日抵达拉瓜伊拉。玻利瓦尔已经为这位革命先驱的到来铺平了道路,他对克里奥尔精英对米兰达在社会、政治和个人方面的偏见都置之不理,营造了接纳他的社会舆论,不仅把他当作独立事业的新成员,还将其视为领袖。玻利瓦尔前往拉瓜伊拉,与其他克里奥尔人一道面见米兰达,还精心安排将其迎回加拉加斯。人们反应各异。这位先驱期待被人们奉为领袖。但许多委内瑞拉人将他视同外国人,大多数革命者则视其为垂暮老人。事实上,米兰达已年届花甲。保皇党编年史家何塞·多明戈·迪亚斯几乎无法抑制愤怒:"我见到米兰达志得意满地入城,被当作天赐的礼物来欢迎,最邪恶的煽动家都把希望寄托在他身上。他大概 65 岁了,面相严肃,不知倦怠地聒噪,对准备支持他的那些自负的渣滓举止友善。对幼稚而粗野的人来说,他是政坛圣哲,能纾解国家的危难。"[27]

宣告独立与功亏一篑

洪达的早期立法是自由主义者谋求自身利益的典型:它取消了出口关税和基本消费品的贸易税,宣布实行自由贸易,废止了印第安人的贡赋,并禁止奴隶贸易(尽管没有消除奴隶制)。殖民地检审法庭被一个由卡萨·莱昂侯爵(marquéa de Casa Lee)领导的高等上诉法院取代。随后,洪达在统治地区的所有城镇举行选举,选举权限于至少拥有 2000 比索动产的成年人(年满 25 岁)。国民大会于 1811 年 3 月 2 日召开。来自 7 个省份的 31 位代表,都出身于拥有大地产的家族,大多数支持"自治主义"立场和费尔南多七世的权力。国民大会用三人轮值的行政机构、咨政会和高等法院替代了洪达。随着殖民体系崩溃,殖民时代的等级结构遭到了质疑。等级制度在各族群之间制造了紧张氛围,让传统秩序处于被一种社会-种族暴力制造的大屠杀摧毁的危险之下。帕尔多人看到了自己的新机遇:他们参加了与革命早期阶段相关的"民众集会",被克里奥尔人所憎恶。帕尔多人利用革命实现自我提升,渗透进了各种特权的堡垒,尤其是渗透进了军队。精英阶层开始注意到出了问题,并警觉起来。

在伦敦,玻利瓦尔仰仗米兰达。在加拉加斯,米兰达得到了玻利瓦尔的支持,他很快就通过安排,成了一个小选区埃尔帕奥(El Pao)的代表,参加国会选举,拥有了一批支持者。这两个人,是坚持争取绝对独立的一小股激进分子的领导者。他们着手从内部改造爱国协会(Sociedad Patriótica),这个协会创立于1810年8月,以推动"农业和畜牧业发展"为宗旨,但没过多久,在玻利瓦尔的推动之下,爱国协会被改造成了一个政治俱乐部,一个支持独立的压力集团,倡导制定更强硬的政治、军事政策,并掌控了《加拉加斯公报》,把其当作舆论喉舌。与他们这样的激进分子相比,那些温和派人士简直就是业余选手。然而,自由派律师胡安·赫尔曼·罗西奥(Juan Germán Roscio)认为,爱国协会的激进分子不过是想法鲁莽、没什么分量的批评家,米兰达追求的是一些极端目标,而治理国家的重任还是要交给更稳重的人士来承担。[28]虽然克里奥尔人摆出民主的姿态,允许帕尔多人参加会议,但爱国协会在接纳会员方面几乎与国会一样排外。事实上,激进派与保守派一样,主要致力于维护克里奥尔人的利益,他们相信如此最有利于实现国家独立。

玻利瓦尔以其坚韧品格、充沛精力和桀骜举止吸引了各方目光。在1811年7月4日国会上,他率先发言阐明前述观点,以富有穿透力的嗓音发表他的激情讲话,他宣称:"爱国协会对国会尊重有加,国会理应倾听爱国协会的声音,它是启蒙思想的摇篮,革命利益共同体的核心。让我们抛却恐惧,奠定美洲自由的基石。犹豫意味着灭亡。"[29]这是一个富有鼓动性的呼吁。于是,尽管遭遇反对与压制,委内瑞拉还是在7月5日宣布了独立,第一共和国诞生了。[30]米兰达公布了黄蓝红三色国旗。何塞·多明戈·迪亚斯对此记下了他的反感。至于玻利瓦尔,兄长的不幸离世冲淡了他的兴奋之情,胡安·比森特没能亲眼见到新共和国的诞生。他被派往美国,执行与玻利瓦尔在英国相似的出使任务，在1811年8月的归程中死于百慕大暴风雨中的沉船事故。共和国除了献身革命的烈士，还有不少敌人。1811年，爆发了一系列保皇党运动，7月11日，60个加那利人在洛斯特克斯（Los Teques）发动叛乱。由于武器装备差、缺乏组织，叛乱被轻易镇压下去。共和国处决了大约16个叛乱者，在加拉加斯将他们的头颅示众。品德高尚的罗西奥对在加拉加斯和巴伦西亚执行的处决表示赞同："如果没有流血，我们的统治将是脆弱的，我们的独立会是不稳固的。"[31]

克里奥尔人对新社会的观念，在1811年12月的宪法里显露出来，那部宪法受到美国宪法的深刻影响，偶有对法国《人权宣言》的致敬。宪法的起草者胡安·赫尔曼·罗西奥和弗朗西斯科·伊兹纳尔迪（Francisco Iznardi）不得不向地方势力让步：正如加拉加斯宣布从西班牙独立出来，各省也可从加拉加斯申明权力，法律准许不同程度的自治，这令玻利瓦尔感到忧惧。这部宪法在行政权力方面的立法规定比较薄弱，在涉及社会权利的内容上又明确了等级。[32]国会在1811年7月1日颁布的《人民权利法》（Derechos del Pueblo）中第一次对外宣布："公民分为两类，有选举权者和无选举权者。后者不具备宪法规定的财产资格，他们可以从法律中受益，但不能参与法律的制定。"[33]精英们已经为自由和平等设定了限制。

最高洪达曾于1811年6月25日颁布法令，由黑人和白人组成的民兵部队仍实行种族隔离，黑人民兵部队的高级军官必须有两名是白人；与殖民时代一样，黑人民兵军官的薪水仍然低于白人军官。此时共和国政府成立了，又号召公民按照1811年7月13日颁布的新法令的要求参军入伍，这个法令仍然维持种族隔离政策：应征者须集合于"特立尼达广场，白人在教堂前面集合，黑人在教堂东侧，穆拉托人在南面"，而奴隶则被要求不得离开主人房舍，除非有政府命令。[34]确凿无疑的是，宪法确立了"自由、平等、财产与安全"，而且，就其废除了所有特权（*fueros*）以及所有涉及社会 – 种族歧视的法律表述而言，宪法是平等的："曾经将委内瑞拉自由民的一部分、迄今所称的帕尔多人置于低人一等地位的旧法律，被抛弃了，所有条文都被废除。"[35]然而，法律上的不平等又被基于选举权的事实上的不平等替代,这一选举权将投票权及完整的公民权限定于资产所有者。这样一来,对帕尔多人而言,就只有平等的幻象。而奴隶依然还是奴隶。宪法明确了打击奴隶贸易的原则,却仍然保留了奴隶制。新的执政者甚至下令组建一支"追捕逃亡奴隶的国民警卫队,他们须在田野、庄园、高地和山谷巡逻、搜索;他们须在受指派从事农业劳动的人中间执法和维持秩序,防止人们因为任性、懒惰、恶习或其他不利于国家安定繁荣的缘由来逃避劳动"[36]。克里奥尔人的意图明白无误,黑人与帕尔多人很快就心领神会。丧失选举资格与遭遇社会壁垒让他们对共和国的政策产生警觉,开始寻找其他出路。

独立令人产生希望又陷入失望,所以黑人开展了自己的革命,西班牙官方称之为 insurrección de otra especie,即"另一种暴动"。保皇党很快利用了这一形势。加拉加斯大主教指示在种植园所在区域活动的教士们向奴隶宣讲西班牙政府相较地主统治的优势所在。[37] 保皇派特务在沿海地区活动,挑拨并支持黑人暴乱。像玻利瓦尔这样的克里奥尔领导人震惊于"蒙特维尔德的特务所挑起并支持的黑人自由民和黑人奴隶的革命"。"这些野蛮和残暴的人,以爱国者的鲜血和财产为食,在那些山谷,尤其是瓜蒂雷(Guatire)村,犯下了骇人听闻的暗杀、劫掠、暴力和破坏之罪。"[38] 奴隶其实是供养或购买他们的社会之产物,他们似乎不太愿意为自由而战,而更愿意反过来奴役他们的主人。他们或是屠杀白人,或是毁坏白人的财产。种族暴乱让大多数克里奥尔人不再热衷于废奴事业,也令许多克里奥尔人疏远了独立事业。保皇党的队伍壮大起来。攻打巴伦西亚迫使守军投降的米兰达的部队,组成人员几乎都是白人,因此对保皇派来说,武装帕尔多人是最合适的选择,而这也开创了重要的先例。帕尔多人也在保皇党阵营"草根阶层的"考迪罗(caudillo)*们手下找到了一席之地。1812 年 6 月,帕尔多人和奴隶在加

---

* 西班牙语,指拉丁美洲独立运动中的军政领袖或军事强人。

拉加斯以东的图伊山谷发动的暴动令共和国失去了许多支持者，他们宁愿投降蒙特维尔德，也不愿守在米兰达身边。

向西班牙和自然宣战

第一共和国由加拉加斯的克里奥尔精英建立与掌控。它并未被所有地方势力或草根阶层接受，两者都认为自己被排除在决策层之外。地方寡头势力强大的圭亚那、马拉开波和科罗，都对共和国态度冷淡。帕尔多人、黑人和加那利人也是如此。但要让这些背景迥异的势力拧成一股绳，就得有一个强有力的领导人。而西班牙人却可以从波多黎各和圣多明各的基地发起海陆联合行动，来增援其支持者。其中一次行动由多明戈·德·蒙特维尔德-里瓦斯（Domingo de Monteverde-Ribas）指挥，他是出身富裕贵族之家的土生土长的加那利人，与加那利克里奥尔人和贫穷白人有着千丝万缕的联系，并跟他们一样憎恨委内瑞拉精英。作为一名海军上校和天生的考迪罗，蒙特维尔德把科罗变成了反革命大本营，在那里为其反革命事业招揽军旅人员和教士。

论及第一共和国的失败，玻利瓦尔一直把宣布科罗为叛乱地区，以及从海陆两路向该地区发起攻击视作一个根本性的战略失策。另一个战略失策是对破坏共和事业的西班牙敌人的隐忍退让，从而造成了致命的后果。科罗是共和政权走向覆亡的肇始之地。此地本身无足轻重，但它成了从西面攻击共和国的反革命势力的大本营，他们最终畅通无阻地进入了加拉加斯。[39] 加那利人对共和政权政治寡头支配一切和排外作风尤其不满，他们作为殖民统治者的后代，成为保皇党反动势力的中坚力量，并立即获得了蒙特维尔德的嘉奖，而蒙特维尔德的海军同僚也获得了保皇党政府和军队中的高位。事实上，蒙特维尔德表现得更像一个典型的考迪罗，而不是一个西班牙国王的代理人。他回报了他的加那利代理人，这些加那利人成了他的势力的主要基础。他们最终也成了玻利瓦尔针对的一大目标。

共和党人发觉，他们面对的敌人异常顽固，甚至比他们共和党人自己都要同仇敌忾。巴伦西亚的抵抗造成了严峻挑战。共和国的军事将领托罗侯爵无法突破巴伦西亚的防御。于是大家敦请米兰达拿出一个在军事上更靠谱的解决方案。米兰达似乎要刻意贬低玻利瓦尔，不想让他与阿拉瓜民兵一起行动，并把玻利瓦尔描述成"一个危险的年轻人"[40]。回到加拉加斯后，两人的关系就出现了裂痕，一部分原因在于玻利瓦尔与米兰达家族最知名的死敌托罗家族结下了友谊，另一部分原因是他们政见不合——与玻利瓦尔相比，米兰达对西班牙人的态度更为温和。或许他也想打压这位年轻革命者，抑制其野心，并提醒委内瑞拉人，自己是一个曾在欧洲和美国作战的经验丰富的职业军人；另一种可能是，国会里玻利瓦尔的对头对米兰达施加了压力。但无论缘由如何，米兰达做出的姿态毫无意义。玻利瓦尔成功加入托罗麾下的先锋部队，向西进军，面对敌人的顽强抵抗，他英勇作战，同其他军官一道因表现突出而赢得了米兰达的褒奖。[41]在巴伦西亚，两股随后被玻利瓦尔视为共和国祸患的势力初露锋芒。为不能获得完整公民权而灰心丧气的帕尔多人，此时揭竿而起反抗白人，与共和国部队拼死作战；大批加那利人，也因愤慨于自身的二等公民身份而站到了保皇党一边。米兰达亲自指挥了作战，他以优势兵力和火炮封锁了城市，迫使该城守敌在1811年8月13日投降。米兰达采取的战术和因之造成的惨重伤亡遭到指责，他被召至加拉加斯，在国会面前对自己的所作所为做出解释，他的解释很有说服力。但最高决策层出现了失误。相较于保皇党人在两党争斗中的毫不留情、无所顾忌，国会领袖们的社会偏见让他们自食其果。他们对待有色人种不知变通，对保皇党分子却过于仁慈，让很多人逃脱之后重整队伍东山再起。而米兰达也很快证明，他更愿意防御，而不是进攻。

蔑视共和国的何塞·多明戈·迪亚斯，认定1811年末或1812年初将是老迈委内瑞拉的最后时日，"现在这个没有政府的国家，却靠着西班牙法律下的规章制度、人们循规蹈矩的惯性和相当一部分公众的安于现状，度过了一段无人治理的平静日子，而对敌人的威胁无动于衷"。但是，西班牙与共和国之间维持的这种和平状态即将被打破。

1812年3月26日,这一天酷热难耐,晴朗无风,万里无云,而灾难却降临到了为参加"濯足星期四"(Maundy Thursday)*活动而涌入教堂的加拉加斯人头上。[42]一场大地震从安第斯山脉爆发,横扫委内瑞拉,一直波及委内瑞拉沿海地带。地震波于下午四点零七分抵达加拉加斯。第一次震动威力巨大,导致各教堂钟声大作,接着地下传来惊人的轰鸣,响声强度甚至超过隆隆雷声,地面不断起伏,其上的一切轰然倒塌。在这个圣周四,数千人死于教堂;正在作战的士兵消失无踪;城镇在爱国者们身边崩塌;在加拉加斯,造成的破坏与人员伤亡惨痛无比。洪堡写道:"游行队伍尚未出发,教堂人满为患,三四千人被垮塌的拱形屋顶压住。……据估计,加拉加斯城内死亡人数达到9000—10000,其中还不包括因食物匮乏和缺少救治而在几个月后离世的身受重伤的不幸之人。"[43]玻利瓦尔从未比那个炎热午后更接近革命。他只穿着衬衣,在受难都市的尘埃与瓦砾中彷徨,在愤怒和无助中发狂,对自然投以蔑视,发誓要予以反击。这一幕的真实性源于一份证据,它恰好来自何塞·多明戈·迪亚斯,这个保皇党编年史家和共和事业之敌。玻利瓦尔既要与教会斗争,又要对抗自然,因为保皇党教士指责革命造成上帝震怒,降祸于委内瑞拉。玻利瓦尔曾亲自和一个在广场上布道劝悔的教士争辩,但他无法阻遏保皇党的反动行为,出于恐惧人们纷纷回到他们原来的阵营。4月4日,第二次地震袭来,造成遇难总人数超过了两万。

地震也让共和国阵营的作战成果大打折扣,共和事业迅速瓦解。蒙特维尔德率领从波多黎各增援的保皇党军队,自科罗进击,一路畅通无阻。他得到胡安·德·洛斯·雷耶斯·巴尔加斯(Juan de los Reyes Vargas)的支持,后者是一个颇有影响力的改换门庭的印第安人。甚至一场像样的战役都没打,蒙特维尔德就很快收复了整个委内瑞拉西部地区。共和国面对这些挫败做出的反应,是在1812年4月23日任命米兰

---

* 即濯足节,下文的"圣周四"(Holy Thursday)指的也是濯足节。基督教教会规定每年在复活节前的星期四(具体日期在3月19日至4月22日之间)举行濯足礼,纪念耶稣最后的晚餐。

达担任拥有独断权力的总司令（generalísimo）。但这位年事已高的革命者已经无法恢复年轻时的勇武，也无力阻遏席卷共和国的保皇复辟浪潮。米兰达撤出了巴伦西亚，5月3日，蒙特维尔德在当地居民默许之下进入巴伦西亚城，着手补充军力。在平原地区，游击队领袖博维斯（Boves）加入了保皇党阵营。

全国各地遭遇的失败令玻利瓦尔陷入个人危机。在前往加拉加斯集合部队和调集物资的路上，米兰达在圣马特奥停留，任命玻利瓦尔为卡贝略港（Puerto Cabello）的政府首脑和军事长官。玻利瓦尔心知这个任命是又要排挤他，因为他希望在前线与蒙特维尔德作战，但他还是接受了，"并非毫无保留"[44]。卡贝略港战略意义重大，扼守通往内地的交通要道，防御海上攻击。圣费利佩（San Felipe）要塞守卫着卡贝略城，还是一座关押保皇党要犯的监狱，并存有武器与给养。这样的防御部署显得危险又业余，守军的纪律也很涣散。玻利瓦尔在5月4日走马上任。[45] 他有时间来解决难题和加强防卫吗？或者这项任务是否超出了他的训练和经验？无论答案是什么，重要的是他要能守住这个关键海港，而蒙特维尔德控制了恰在南面的巴伦西亚、内部有叛徒，以及当地政府的不合作，都让完成这个任务难上加难。

所以说，玻利瓦尔接了个烫手山芋，而且他被孤立了。他没能获得要塞指挥官拉蒙·艾梅里奇（Ramón Aymerich）上校的帮助，后者决定离开要塞进城，把要塞指挥权交给了一个叫维诺尼（Vinoni）的奸诈下属。这个叛徒随即释放并武装了囚犯，为保皇党夺取了要塞，引导炮兵炮击城市，同时控制了港口。公允地说，自从接管卡贝略港，玻利瓦尔就指出，将拥有财富与影响力的高级政治犯关押在军火库附近很危险。如今，他不得不面对这些后果。玻利瓦尔提议，倘若"囚犯、军官、下士和控制圣费利佩的士兵们"在一个小时内投降，他们将得到赦免。提议被拒绝了。玻利瓦尔抵挡住了城外的叛徒与敌人在炮火支援下的六天攻击，而己方由于兵力孱弱，火力逊色，造成惨重伤亡，临阵脱逃者众多，挫败不断。由于担忧蒙特维尔德的袭击，玻利瓦尔向米兰达紧急求援，请求他攻击敌人后方，否则自己将遭遇失败。米兰达给他的答复是:"世道就是这样。"玻利瓦尔只得放弃司令部,沿卡贝略海岸撤退。7月7日,他带领几名军官抵达拉瓜伊拉,并为这几名军官的名誉辩护。对他而言,那是一个极其屈辱的痛苦时刻。他对委内瑞拉的理想、雄心与希望,以及迄今为止的全部生活,被军事失败突如其来地摧毁了。经过多年的思想淬炼后,他在人生跑道上的第一道"栏架"前跌倒了。他的自尊心受损,他致信米兰达,报告了卡贝略港失守的详情,记述了他蒙受耻辱和丧失斗志的情形,声称自己羞于面见米兰达:

> 我的将军,我的情绪如此低沉,我甚至连指挥一个士兵的劲头都没有了;而我曾经自负地相信,我誓达目标的愿望和对祖国炽热的心也许会弥补自己所缺乏的指挥才能。因此请求您把我调去听从最低级军官的指挥,或者给我几天假,让我冷静下来,恢复在卡贝略港陷落之时失去的镇静。再说,我身体状况也不好。我度过了十三个不眠之夜,指挥调度经历极限考验,精神极度紧张,现在处于一种几乎崩溃的状态。我即将开始写一份有关指挥的部队作战情况以及卡贝略港的城市不幸遭到破坏的详细报告,以便在公共舆论中挽回您在确定人选方面的声誉和我自己的荣誉。……我履行了我的义务,我的将军,我手下哪怕还有一个战士,我也会和他一起同敌人战斗,但他们都弃我而去,这不是我的过错。[46]

"委内瑞拉的心脏受了伤",米兰达评论道,而他自己的实力也在下降。米兰达进攻巴伦西亚的兵力,有令人印象深刻的5000之众,却有量无质,他很快发现自己失去了对巴伦西亚人的吸引力,部队因士兵开小差而减员。他似乎没有进军计划。他撤回马拉凯,起草了冗长的公告,呼吁国际社会给予援助,但此举给了蒙特维尔德进军的可乘之机。米兰达退至拉维多利亚(La Victoria),在该地命令部队解除武装、清洗武器。蒙特维尔德又一次发动进攻,这一次拥护共和国的部队表现出色,如果军令允许,他们两次有望转守为攻,但米兰达不顾部下军官的恳求,将部队撤回到了防御线。[47]失去军事主动权之际,米兰达也开始失去军中和政界的威信，对他的不满和对其掌权方式、严苛性格与防御策略的批评浮现出来。共和国浪费了它在巴伦西亚和西部的资源，撤至从拉维多利亚到加拉加斯和拉瓜伊拉的狭窄地带，6月，东部城镇也转投保皇党阵营。共和国的核心实质上陷入封锁之中，米兰达认定大势已去，与蒙特维尔德商谈投降条件。[48]

协议在1812年7月25日签署于圣马特奥。其中条款保护了爱国者的生命和财产，给予他们政治赦免，并为希望离境者提供护照。米兰达离开军队，返回加拉加斯。鉴于在蒙特维尔德治下的委内瑞拉难有立锥之地，他决定在首都沦陷前离开国家。因而他审慎地前往拉瓜伊拉，计划立即登船航行至库拉索（Curaçao）。许多委内瑞拉人，尤其是军人，谴责《圣马特奥协议》。当读到解散一支数量和素质都优于敌人的军队的命令时，玻利瓦尔公开表达了震惊。他尝试组织同僚开展一场抵抗运动，却徒劳无功。他相信，不等蒙特维尔德进驻加拉加斯，米兰达就决定离开这个国家了。米兰达也心知肚明，投降条件不会被遵守，将致使同胞们陷入某种惩罚。他自己已然计划撤离，安排在未来几个月内将资金转移到海外目的地。他的两大箱行李，包括1500银比索现金和1600盎司（45.36千克）白银，被运抵拉瓜伊拉，搬上"蓝宝石"号皇家军舰，将驶向库拉索。正是这艘船，将米兰达从英国载运到委内瑞拉，此时它又等待着将他与书籍、文件和国库里的资财一道带走。[49]

玻利瓦尔决心阻止米兰达逃离，并为避开蒙特维尔德，自己与何塞·米雷斯（José Mires）上校、米格尔·卡拉瓦尼奥（Miguel Carabaño）上校及托马斯·蒙蒂利亚（Tomás Montilla）中校一同前往拉瓜伊拉。他与州长米格尔·培尼亚博士（Dr Miguel Peña）和港口军事长官曼努埃尔·马里亚·德·拉斯·卡萨斯（Manuel María de las Casas）上校接洽，联手制订扣押米兰达的计划。根据奥利里的记述，玻利瓦尔的意图是"仅限于逮捕米兰达，迫使他留在国内，以便要求蒙特维尔德完全遵守投降条款"。这一计划有局限性，几乎不太现实，它牵涉到一场骗局，令米兰达产生了一种虚假的安全感，诱使他决定在岸边多停留一夜，而没有立刻登上"蓝宝石"号。人们半夜唤醒了米兰达,后者劈头盖脸地喊着"bochinche, bochinche"("造谣,造谣")*,厉声斥责。玻利瓦尔和蒙蒂利亚逮捕了他,在7月31日清晨,米雷斯将米兰达带到山上的圣卡洛斯城堡,给他戴上镣铐。玻利瓦尔会有进一步的行动吗?贝尔福德·欣顿·威尔逊(Belford Hinton Wilson)上校——玻利瓦尔晚年信任的副官,告诉奥利里,"解放者"坚称"他希望把米兰达当作叛徒枪毙,却被其他人阻止了"。与蒙特维尔德勾结的卡萨斯上校,急于与胜利者讲和,"甚至不惜牺牲自己的荣誉",把米兰达和所有未能登船的难民都交给了敌人。[50] 这次出人意料的行动,结局却是预料之中的。第一共和国在愤怒指责中消亡之际,蒙特维尔德以胜利者姿态进入加拉加斯,确立了他所谓的"征服法则"。征服"大军"不足300人。

玻利瓦尔从拉瓜伊拉赶往加拉加斯,无处不在的西班牙人卡萨·莱昂侯爵在自家宅邸为他提供庇护,而另一位西班牙保皇党,玻利瓦尔家族的朋友弗朗西斯科·德·伊图尔维德(Francisco de Iturbide),为他向蒙特维尔德申请一张通行证。少有通行证会被批准,但据奥利里记述,蒙特维尔德对玻利瓦尔说,"念你逮捕米兰达有功,这是国王赐予你的恩宠"。"那并非我逮捕米兰达将军的本意,"玻利瓦尔反驳道,"阁下所说的恩宠本人完全领受不起。我的做法完全出于另外的动机。我认定他是国家的叛徒。"于是蒙特维尔德意欲变卦,直到伊图尔维德出面调解,才勉强发放了通行证,玻利瓦尔称之为"愚蠢"行径。[51] 另外,这或许意味着,年轻的上校还没被视作渐趋成熟的领袖。无论愚蠢与否,这对西班牙人而言都是致命的决定。

第一共和国的失败

第一共和国被称为"愚蠢的祖国"(*patria boba*),它被殖民地社会

---

* 南美方言。

结构束缚了手脚。西班牙保皇党，在一些克里奥尔人与多数加那利人支持下，为旧秩序而战。独立支持者为克里奥尔人的主权而战。帕尔多人、黑人与奴隶为自身解放而战。这样一来，涌现出许多运动，每一个都在对抗和利用着另一个，而许多人只是闭门不出，因为他们目睹委内瑞拉的古老和平被外来因素破坏了。这些分化正是保皇势力复辟王权的理想条件。米兰达后来也列举了四个因素——加拉加斯的物资短缺、加拉加斯东部的黑人暴动、地震的影响和西班牙人与美洲人的冲突，来为自己的投降开脱。即便判断失误，他的决策仍值得尊敬。他坐拥本可有所施展的优势兵力，但对蒙特维尔德的实力估计不足。他决定落荒而逃吗？据目击者称，并非如此。他似乎是在搬迁而非逃走，就像玻利瓦尔自己那样设想着在卡塔赫纳卷土重来。[52]然而，接下来的4年，他成了西班牙人关押的囚犯，死在了加的斯监狱，成为遭到抛弃的悲剧人物。

对那些追求完美英雄的人来说，1810年到1812年的玻利瓦尔生活史并不好读。这是经受战争磨砺的岁月，残酷的事件考验了他的意志与判断力，给他的领导力带来了教训。他成为更深沉、更睿智的人物，但浏览他的履历，就会发现些许难以消除的阴影。卡贝略港失守，不管他犯错与否，都是一场战略上的灾难，打击了他的斗志；逮捕米兰达是不光彩行径，在安德烈斯·贝略看来是"背信弃义"，对为美洲事业奋斗许久之人而言，这种惩罚是不应蒙受的；借由保皇党施加影响而获得的安全通行证，是米兰达不曾享有的。[53]这些插曲暴露了玻利瓦尔性格和行为上的缺陷，他自己和支持者寻找的借口只会将其放大。玻利瓦尔的性格使他容易情绪化，当理性退却、激情掌控一切之时，这种倾向会加倍；他无休止地谴责米兰达是"懦夫"（cobarde），有点得理不饶人，即便他日后认可了米兰达的"尊贵"（ilustre），也是于事无补。[54]然而，在第一共和国的废墟上，一位未来领袖的各项素质——指挥官的冷酷无情，内心的刚毅坚忍，面临逆境时的决心，以及失败后重整旗鼓、重返战斗的能力，毫无疑问呼之欲出。他表面上灰心沮丧，内心却仍保有必胜的信念。在接下来长达20年的岁月里，西属美洲革命多次上演一个同样的剧情——革命集体遭遇挫败，而他本人却能全身而退。

玻利瓦尔乘坐西班牙"耶稣、玛利亚与若瑟"号航船从拉瓜伊拉出发，5天后抵达库拉索。在那里，他的行李被一名不友好的英国官员没收，他不再是新生共和国的贵族、政治家与军官，而是一个需要谈判条件与重设定位的难民。他依赖着朋友——尤其是伊图尔维德——在委内瑞拉管理他的财产、保护他的收入、照看他的利益，彼处他所拥有的个人财富是他未来东山再起的唯一凭恃。与此同时，"对厄运毫不介怀"的玻利瓦尔所需要的是，去读一些书，一个患难之时不离不弃的朋友，以及一段时间来平心静气、恢复精神。[55] 10月底，玻利瓦尔设法获得了一笔1000比索的贷款，乘船前往卡塔赫纳，此时，加拉加斯的反革命势力也发起了报复。

第四章　灭绝之战[*]

《卡塔赫纳宣言》

对于玻利瓦尔，卡塔赫纳是一个十分合适的选择。作为加勒比海港口和南美洲设有防御工事的前哨城市，卡塔赫纳曾是大西洋奴隶贸易中转站，此时是黑人、穆拉托人和印第安人杂居之所，它为独立开辟出了另一条道路。卡塔赫纳的腹地拥有大河、平原、丛林与山脉，也有热带植被与荒凉高原，与委内瑞拉类似，资源丰富多样，此外还有利润今不如昔的金矿。与委内瑞拉一样，尽管在18世纪被提升为总督辖区，新格拉纳达也是西班牙的二级殖民地。与之相似，1825年，那里的110万居民里也囊括了白人、黑人、印第安人与混血人种，高度梅斯蒂索化是其特征。[1]卡塔赫纳通常是一个温驯的社会，虽则也会激烈地保护切身权益。克里奥尔人在传统框架下表达不满，直到1808年西班牙摇摇欲坠、地方权力分崩离析，他们才开始威胁殖民政府。新格拉纳达重现了殖民地反抗的主流模式：从忠君的洪达到独立政府。其他新格拉纳达城镇效法基多，建立了由克里奥尔精英组成的独立洪达，与西班牙人展开竞争，公开支持费尔南多七世和反抗拿破仑运动，但在1812年斩断了与西班牙的联系。

然而，独立导致分裂，分裂导致毁灭。玻利瓦尔对这样的连锁反应再熟悉不过。共和国迅速分裂为中央集权派与联邦派。最重要的省份

---

[*] 灭绝之战（war of death），指交战双方不把对方彻底消灭就绝不罢休。

昆迪纳马卡（Cundinamarca），是中央集权派的基地，该省领导人安东尼奥·纳里尼奥（Antonio Nariño），自18世纪90年代起就是异见人士。但其他省份不愿屈从于圣菲波哥大的统治，自行组建了新格拉纳达联合省，首都定为通哈（Tunja）。最坏的情况下，各省开始相互争斗。革命自掘坟墓，国家在完全独立之前已陷入内战。西班牙人只需作壁上观，让新格拉纳达人自相残杀。

卡塔赫纳，一个长期渴望自由贸易的港口，寻求从西班牙和周遭的混乱之中解脱出来。那里的革命有着更广泛的社会基础，商业精英鼓动帕尔多人支持洪达，继而推动完全独立。[2] 与之相伴的，是共和国宪法的通过，以及1811年11月独立的卡塔赫纳政府投入运转——与西班牙为敌，与周边地区隔绝，像委内瑞拉那样易受反革命势力的侵袭。这就是1812年10月玻利瓦尔觅得的避难所。

玻利瓦尔来到卡塔赫纳，带着为人生下一阶段做准备的计划。他第一步先写下了他构想的计划框架，然后就开始下场实践了。玻利瓦尔打算在新格拉纳达恢复军事声望，但在此之前，他展露了自己的政治才能。首先，他给新格拉纳达国会写信，简要解释了委内瑞拉共和国瓦解的原因。在他的叙述里，3月26日的地震与2万人遇难都只是次要原因，主要原因在于政府犯下的政治错误，最大的错误是，没有在科罗的反抗风潮波及全国各地之前将其平息。此外还有其他失败之处：兵员招募不足，预算控制不力；纵容背信弃义的西班牙人；意图依靠"教士伪善引导"形成的宗教狂热来控制迷信的民众；联邦政府孱弱无能。尽管如此，共和国军队还是有能力取胜的，而其统帅却"以无可比拟的懦弱"放弃追击敌人，最后选择了投降。此时，少数几个"逃离了凶猛野兽的魔爪"的人士，恳请得到新格拉纳达的庇护，为此他们愿意为新政权与圣玛尔塔（Santa Marta）省之间的争斗效力。投身南美自由事业的志向，激励着他们寄望于新格拉纳达人的自由精神。"作为哥伦比亚解放的摇篮，加拉加斯无疑理应获得解放，如同另一个耶路撒冷。在这里效法我们的共和派同人，可以成为被俘弟兄们的解放者，从而恢复南美洲的自由与自然权利。"[3]

在玻利瓦尔第一份申明其政治理念的重要文件——所谓《卡塔赫纳宣言》中，他更关注南美的自然权利。在这份宣言中，玻利瓦尔展现出他的非凡才智，详细阐述了他的理念。玻利瓦尔进一步分析了委内瑞拉第一共和国的败因，并深入探究了后者的政治设想，将这些"可怕的教训"视为一种镜鉴和警告。[4]他辩称，失败之因在于：通过的宪法与人民大众的品性不相匹配；对敌人过度纵容，仁而近愚；不愿招募职业军人，反而依赖纪律涣散的民兵；财政政策失误导致纸币泛滥；地震造成了肉体和道德的毁灭，加之软弱的中央政府无力修复伤痕，导致灾难又释放出了宗教狂热；最终党派之争从内部颠覆了共和国，"致命的毒药"将国家埋入坟墓。他还坚称，普选使那些无知又野心勃勃的人获得了发言权，又使政府权力落入那些引入派系斗争的平庸无耻之辈手中。因而，"是我们的不团结，而非西班牙人的武器，让我们重新沦为奴隶"。人民太年轻，不谙代议制政府与教育，无法迅速向民主转变；政府制度设计太超前，罔顾社会现实。他坚持统一与集权，需要"恐怖的力量"来战胜保皇党，在恢复和平、人民过上幸福生活之前，即使触犯了宪法条款也无关紧要。玻利瓦尔对联邦制的长期反对肇始于此，他认为：联邦制与新兴国家的利益不符，它脆弱而复杂，而美洲需要力量与统一。

玻利瓦尔呼吁美洲大陆联合，更紧要的是新格拉纳达人支持委内瑞拉解放。他敦促委内瑞拉的重建，认为这对新格拉纳达的安全和南美的自由独立必不可少。回过头来，他又做了一个他很喜欢做的类比。如果说科罗的保皇党导致了加拉加斯的陷落，那么委内瑞拉的反革命势力不也会危及整个美洲的革命事业吗？"科罗之于加拉加斯，正如加拉加斯之于美洲"，玻利瓦尔呼吁谋求自身利益，也是在呼吁抓住机遇。西班牙紧追不舍，但它被克里奥尔军队抛弃，援兵又迟迟不至。当此之时，通往加拉加斯的道路畅通无阻，爱国者虚位以待。新格拉纳达能否获得良好的声望，取决于它能否接过向委内瑞拉进军的重任，以"解放哥伦比亚独立的摇篮"，将自由带给所有人。

《卡塔赫纳宣言》是将委内瑞拉作为政治上的一个教训来讨论的。

但是，宣言中贯穿的潜台词，使其意义超越了当时的政治经济语境，上升为政治思想的概念问题。玻利瓦尔从理性时代退后了一步，让自己与许多自由主义假想保持了距离。我们第一次可以判断出他背离了启蒙运动思想，发现他实践了自己的批判思维。[5] 他见证了一个社会在军事和政治上的生存能力，决定于其制度运行的效率。所以，他警告新格拉纳达，不要重蹈覆辙，再犯下委内瑞拉《1811年宪法》缺乏现实考量的错误。宪法的缺陷来源于其个人主义和联邦主义色彩，根植于启蒙运动思想。各项制度的确立依据的是抽象及理性的原则，与具体现实和时空需求相去甚远。玻利瓦尔创造了"空中共和国"（*repúblicas aéreas*，意指缥缈而抽象的共和国）一词来表现加拉加斯宪法里启蒙思想与现实的差距。

> 我们的行政官员所议定的法典，不能赋予政府具有实用价值的知识，而只是造就了一些杰出的空想家，他们假定人类是完美无缺的，构想出海市蜃楼般的共和国，力图达到政治上的尽善尽美。结果，我们就把哲学家奉为领袖，把博爱视为法规，把雄辩术视作治国之策，把诡辩家当作战士。由于把理论原则和具体事务颠倒到了如此地步，社会秩序陷于极端混乱状态，国家必然会大踏步走向彻底解体，而解体的那一天很快就要到了。

论述的下一部分内容则是要阐明，以哲学理念（可能对其他国家和时代来说是适用的）为基础而设计的各项制度存在致命缺陷，注定要在军事和政治上失败。西班牙帝国瓦解留下的真空，需要由合适的制度来填补，它基于美洲的现实状况，而非舶来的理念。这意味着，要避免通过选举程序使政府具备合法性，而不把缓冲元素纳入国家体系的绝对民主。为了防范煽动者和政治阴谋家谋取他们独享的私利，这些制度必不可少。"对委内瑞拉政府治理国家削弱最大的，是为迎合被夸大的人权原则而采用的联邦形式。这一原则以授权自治的方式从根本上破坏了社会契约，令国家陷入无序状态。"因此每个省份、每个城市都宣告了独立,"依照这一理论,所有人、所有民族都有权建立自己所选择的政府形式"。当然,对于玻利瓦尔论述的问题,也有其他解释。联邦主义会煽动或安抚地方主义吗?委内瑞拉人会不会尚未产生民族意识,像殖民时代那样把政治利益局限于一镇一城?[6]这是个好问题,尽管玻利瓦尔可以指责人民无知而缺乏经验,但他们并不缺少认同感。

西部阵线

先言后行。玻利瓦尔决心证明,委内瑞拉可以获得邻国支持。实际上,他是卡塔赫纳的珍宝,是革命的推动者,是进一步抵抗的核心人物。前来港口寻求庇护并被军队接纳的一群委内瑞拉军官包括玻利瓦尔的朋友和亲戚何塞·菲利克斯·里瓦斯,玻利瓦尔的邻居、庄园主安东尼奥·尼古拉斯·布里塞尼奥,弗朗西斯科·卡拉瓦尼奥(Francisco Carabaño)与米格尔·卡拉瓦尼奥,马里亚诺·蒙蒂利亚与托马斯·蒙蒂利亚等,玻利瓦尔是这些军官中最出色的一个。卡塔赫纳政府让玻利瓦尔在皮埃尔·拉巴杜(Pierre Labatut)上校麾下的一个师里指挥一支部队。拉巴杜是法国雇佣兵,才能平庸,行事乖张,他安排玻利瓦尔驻守在邻近马格达莱纳河口的巴兰卡(Barranca)镇,下令没有他的指令不得妄动,也不得心有旁骛。50年前一位走过相同路线的传教士,曾将马格达莱纳称为乐土与天堂,所有航经此处者都会有快乐愉悦之感。玻利瓦尔视其为一道通往伟大事业的大门。河的对岸是保皇党的领地圣玛尔塔,那里是殖民者的前哨地域,也是与未被征服的印第安人对峙的边界地带。玻利瓦尔决定从设防的小镇特内里费(Tenerife)攻击西班牙人,打开河流的门户。玻利瓦尔在短暂停留招募志愿人员——据说他与一个年轻的法国女人安妮塔·莱诺伊特(Anita Lenoit)短暂私会——后,率军向上游进发,他采用隐秘而出其不意的战术抢占了先机,而不是凭借武力优势。他麾下只有200名士兵,装备也很差,但惊恐的西班牙人舍弃了辎重和船只,连特内里费也放弃了。

玻利瓦尔从不放过任何一个机会宣扬他关于自由的理念,他站在自己这支小型部队的最前列,将居民集合在河岸边发表讲话。他谴责了居民先前对待暴君的保皇、忠君思想,"他们奴役你们的男人,劫掠你们的家园,奸淫你们的女人,西班牙帝国统治哪里,哪里就会满目荒凉、尸横遍野"。接下来,玻利瓦尔向居民们描述即将诞生的新政权,仿佛在上一堂宪法课,最后总结称:"现在,我宣布你们是基于绝对平等权利和法治的社会之一员,我们已经为你们开启了充满荣光、孕育财富的伟大未来。这样的社会绝不会看重出身和财富,放在第一位的,永远是美德和才干。一句话总结,你们现在已经是自由民了。"[7] 于是,在马格达莱纳河河畔,热带雨林与化外之地中间的旷野,玻利瓦尔概述了他的共和愿景,以及军事胜利能够带给民众的自由解放。他向众人发问,是否愿意发誓效忠和听命于卡塔赫纳的主权政府,他们异口同声答道:"是的,我们愿意发誓。"

玻利瓦尔继续向上游挺进,于12月27日抵达蒙波斯(Mompós),被那里心怀感激的爱国者拥立为军事指挥官。玻利瓦尔沿途招募士兵,于1813年1月1日占领了埃尔班科(El Banco),接下来他又挥师前进,在奇里瓜纳(Chiriguaná)击败了西班牙人。此后,他又出其不意,率军夺取了塔马拉梅克(Tamalameque),接着又在未遇任何抵抗的情况下占领了雷亚尔港(Puerto Real)和奥卡尼亚(Ocaña)。如此一来,解放马格达莱纳河上游的战役宣告结束,先前被西班牙舰船切断的通往新格拉纳达腹地的道路得以肃清。[8] 1月8日,他向通哈的国会报告,自己仅用15天时间就打通了马格达莱纳航道。卡塔赫纳政府为之折服,对拉巴杜抱怨这位胜利者不服从命令之事置之不理。

在下一场战役里,玻利瓦尔得到卡塔赫纳总统的授权,向拉蒙·科里亚(Ramón Correa)率领的西班牙军队占据的库库塔山谷(the valleys of Cúcuta)进军,由此弥合了新格拉纳达东部防线的缺口。这个山谷也在通往委内瑞拉的路线上。其间,玻利瓦尔率领适应了热带天气的部队穿越险峻的山区,山间的地形和气候使士兵们甚至在战斗打响前就面临对自身耐受力的严酷考验。在圣何塞-德库库塔(San José-de

Cúcuta),西班牙军队被玻利瓦尔的灵活战术及其好友里瓦斯指挥的麾下部队的英勇冲锋合力击溃。保皇党抛下了宝贵的武器装备和物资,落荒而逃。圣何塞-德库库塔战役的胜利是一场重要胜利,是玻利瓦尔第一次,也是他早期军旅生涯中克服自然环境挑战的战例。而最重要的一点在于,此役证明了玻利瓦尔的领导能力。

玻利瓦尔于3月初渡过了塔奇拉(Táchira)河,在委内瑞拉的小镇圣安东尼奥(San Antonio)第一次向部队发表了他日后曾多次重复的讲话:"你们已经张开双臂迎接委内瑞拉的解放,为它的第一个城镇带来生命与守护。在不到两个月时间里,你们打完了两场战役,并即将在生养我的国度打响第三场战役。"[9]玻利瓦尔抢占了解放委内瑞拉的先机,把解放委内瑞拉比作"解放耶路撒冷"的十字军东征。随后他的军衔被晋升为准将,指挥联邦部队。他在库库塔(Cúcuta)建立了指挥部,并在取得军事胜利后致力于筹划政治事务。他自知需要向卡塔赫纳总统和国会兜售他的计划,说服他们支持进攻委内瑞拉。此时玻利瓦尔展露了他的才干,他不仅是一个可以在战场上取得胜利的军人,还是一位能赢下艰难辩论的政治家。但一切被玻利瓦尔的军中对手搅得一团糟。玻利瓦尔的副手曼努埃尔·卡斯蒂略(Manuel Castillo)上校,是卡塔赫纳本地人,早期的独立战士,他对玻利瓦尔这个委内瑞拉人闯入革命心怀恨意,因此向国会报告称,玻利瓦尔滥用了从库库塔缴获的战利品,并未经授权就匆忙进攻委内瑞拉。玻利瓦尔的辩解颇具说服力,他凭借自己的雄辩口才,以及爱国先驱、联合省首脑卡米洛·托雷斯(Camilo Torres)的支持,促使国会批准他进攻委内瑞拉,但仅限于梅里达和特鲁希略两地;1813年5月,玻利瓦尔被要求宣誓忠于职守,在整个行动期间都要尽职地向国会汇报进展。

在接下来的两年间,卡斯蒂略一直是玻利瓦尔的眼中钉,他反对玻利瓦尔的大多数举措,并导致部队中委内瑞拉人和新格拉纳达人的对立。进军委内瑞拉的筹备工作被这些个人恩怨阻碍。卡斯蒂略从部队辞职后,继任者是他的支持者之一,弗朗西斯科·德·保拉·桑坦德少校,新格拉纳达部队中一位冉冉上升的军官,他似乎不愿命令部下前进。玻利瓦尔下令桑坦德进军，但后者流露出不愿服从之意。"你别无选择，"将军斥道，"前进！或是你给我一枪，或是我毙了你！"后来全师开拔，桑坦德被留在拉格里塔（La Grita）守卫边境。[10]于是玻利瓦尔又给自己招来了一桩宿怨。玻利瓦尔还撤换了两个不听调遣的属下，但他们都是有影响力的军官，他们的离开折损了其他军官的信心，打击了部队将士的热情。来自马拉开波的年轻军官、日后将成为玻利瓦尔最忠诚追随者之一的拉斐尔·乌达内塔（Rafael Urdaneta），此时对玻利瓦尔的支持如同雪中送炭："将军，如果两个人足以解放国家，我已准备好与你同行。"

玻利瓦尔在新格拉纳达的军事生涯，即便没能为他赢得对手的尊重，至少也赢得了国会的信任，这令他得以在边境建立营地，为进攻作战招募士兵。这支部队规模不大——人数在300—700之间，其前途取决于能否在蒙特维尔德将分散兵力集中起来之前，打击保皇党政权的心脏地带。部队的实力取决于统帅的信心，里瓦斯、乌达内塔和希拉尔多等军官的才干，以及部队将士的献身精神。这一次玻利瓦尔得以配备充足的武器和物资。任何在这一节点观察玻利瓦尔所主导战争的人，都会得出这样的结论：自从转战卡塔赫纳，他就成了自己剧本的执笔人。首先，他发起了一场头脑战役，准确定位了革命的缺陷，并预估了克服这些缺陷的办法；其后，他把军事战略付诸实践，凭借他的个人谋划和天时地利，发起一场河流争夺战，肃清了占据马格达莱纳河的西班牙人；接下来的一场决战，结束了新格拉纳达境内的战事，让玻利瓦尔得以重返委内瑞拉。此刻他只需要一场短暂而激烈的战斗，就能回到加拉加斯。

在加拉加斯，蒙特维尔德获得了"绥靖军总指挥"的头衔，随后根据西班牙《1812年宪法》，他又被任命为总司令与"政治首脑"（*jefe politico*）。蒙特维尔德自行建立了政权，其统治当然是专制的，但起初并不暴虐。蒙特维尔德认为自己不受投降协议的约束，于是迅速开始囚禁爱国者，并没收他们的财产。不久之后，卡贝略港和拉瓜伊拉的要塞就关满了独立运动人士，其中许多人仅仅是嫌疑犯。蒙特维尔德这位考迪罗的统治基础是上层克里奥尔人、保皇党教士和他的同胞——加那利岛民（canarios），在他统治下，大批人遭到清算，大量财产易主。但这样的军事独裁对西班牙来说也不是绝对有利。独裁政权排斥西班牙法定官僚机构的管辖，独裁者的贪婪与残忍又激怒了相对温和的保皇党。蒙特维尔德于1812年从西班牙高层手中攫取了领导权后，需要建立既反对西班牙官方政党，又与克里奥尔人的共和国势不两立的权力根基。他从社会底层群体寻找目标，选中的既不是帕尔多人，也不是黑人，而是穷苦白人，其中大部分是加那利人，因为正如检审法庭法官何塞·弗朗西斯科·埃雷迪亚（José Francisco Heredia）所言，"在委内瑞拉他们是愚昧、野蛮与粗鄙的同义词"。[11] 而保皇党在吸引帕尔多人和黑人方面却没那么成功。相较于贵族阶级建立的共和国，西班牙的主子们又能强到哪里去呢？奴隶们又一次冲出种植园，发动了暴动。在库列佩（Curiepe），他们用砍刀和匕首武装自己，向拉瓜伊拉进发。而沿海地带的帕尔多人也不想逆来顺受，1812年11月，他们密谋推翻独裁统治。由揭竿而起的抵债雇工和平原人组成的小股游击武装，也不断地对白人财产所有者发起袭扰。这些人半是土匪，半是起义者，他们抢掠经济果实，在乡间横行不法，因此任何阵营都不待见他们。但他们的存在也能给独立事业带来好处，因为重燃战火之时，他们可以为共和国军队的招募提供兵源。同时，他们亦向克里奥尔人证明，复辟王权并不能保证恢复社会秩序。

灭绝之战

1813年5月，玻利瓦尔离开库库塔，并很快离开新格拉纳达境内。5月23日，玻利瓦尔兵不血刃就拿下了梅里达，部队充实了兵员，而统帅玻利瓦尔本人也获得了"解放者"称号。特鲁希略很快也步梅里达后尘被攻陷，不久之后，玻利瓦尔开始向巴基西梅托（Barquisimeto）、巴伦西亚和加拉加斯进军。[12] 委内瑞拉此刻陷入了一场更加血腥的新的冲突，一场残酷而充满破坏性的全面战争。交战双方都有某种不安全感，哪一方力量也不占优，谁也不能坐视对方势力增长。蒙特维尔德试图以恐吓民众以及纵容部下滥杀平民和对手的方式，来打破平衡、抢占优势。而玻利瓦尔本人也曾汇报过在加拉加斯杀掉了100人。没有哪里的西班牙人会比马图林（Maturín）与阿拉瓜的更残忍，也没有哪一个军官会比安东尼奥·苏亚索拉（Antonio Zuazola）更凶残，后者不加区分地将人烧死、肢解、杀掉，鼓励手下士兵射杀受伤的起义战士；他还告诫部下，"不能放过任何一个7岁以上的人"。这个被玻利瓦尔斥为"令人痛恨之人"的家伙，甚至残杀了尚在一个母亲子宫里的胎儿。[13]

在委内瑞拉的不同地区，双方都犯下了暴行。安东尼奥·尼古拉斯·布里塞尼奥，是与玻利瓦尔比邻而居的庄园主、强硬派革命者、玻利瓦尔流亡路上的伙伴，他通过在新格拉纳达当局控制区域之外推行其恐怖措施，成了同僚们口中的"魔鬼"（El Diablo）式人物。他向玻利瓦尔提交了一份行动计划（1813年1月16日），其中提议杀死所有来自欧洲的西班牙人，而玻利瓦尔只同意杀掉持有武器者。布里塞尼奥又提出让部下军官和士兵用西班牙人的首级来换取晋升，这个点子也未被接受。[14]但布里塞尼奥还是杀害了两名上了年纪的西班牙平民，并把他们的头颅割下来，分别寄给玻利瓦尔和卡斯蒂略，玻利瓦尔谴责了他的暴行，并拒绝对其承担责任。后来布里塞尼奥独自率部队远征巴里纳斯，继续实施他的血腥杀戮，但他被西班牙人捕获，西班牙军方将他和他的25名部下及其他12名俘虏一并处死——这或许对布里塞尼奥来说是恶有恶报，但对玻利瓦尔而言却是奇耻大辱。据奥利里称，"这一事件是灭绝之战拉开帷幕的直接原因之一"[15]。

在玻利瓦尔看来，敌人发动了一场不宣而战的灭绝战争，他们杀害的那些囚犯唯一的罪名就是"争取自由"。玻利瓦尔认为他的部下遭遇了不公，他们容许西班牙人免受惩罚，而西班牙人却拒绝赦免爱国者。他无法为了维护其领袖形象而对这种不公坐视不理。玻利瓦尔决定执行一项新政策——发动灭绝战争，只宽恕美洲人，以此为爱国者们讨回公道。"我们的耐心已被耗尽，既然那些压迫者逼迫我们打一场你死我活的战争，那么他们就将从美洲消失，我们将会清除掉那些寄生在美洲土地之上的怪物。我们的仇恨无法消弭，我们将战斗到底。"[16]在梅里达附近的山地村落穆库奇斯（Mucuchíes），军队处决了美洲复仇行动的第一批牺牲品。也是在穆库奇斯，根据记载，玻利瓦尔获赠一条出自当地著名品种的军犬，它和它的印第安伙伴一同追随玻利瓦尔，直到在博亚卡（Boyacá）战役中双双殒命。

6月15日，在特鲁希略颁布的那则著名法令中，玻利瓦尔用精心雕琢的语言更清晰地表达了立场：

> 任何西班牙人，如果不能积极有效地配合支持正义事业、反对暴政，都将被视为敌人，被当作卖国贼加以惩罚，其后果是无可逃避的处决……西班牙人，除非积极支持美洲解放，否则即便保持中立，你们也难逃一死。美洲人，即使你们有罪，也将被宽恕。[17]

这一例外规定意义深远。这是一场内战，美洲人主导了对阵双方。玻利瓦尔无法鼓足勇气对委内瑞拉人发起一场灭绝之战，纵使他们可能是保皇党："消灭那些不渴望自由的人，是错误的。"[18]这样做也行不通。他知道，若没有包括土地所有者和其他克里奥尔人在内的美洲人的支持，就不能赢得战争，他许诺克里奥尔人可以指望着拥有绝对豁免权。特鲁希略法令无情区分了西班牙人与美洲人，它试图打破像保皇主义与共和主义这样的范畴划分，使这场战争成为国家之间——西班牙和美洲之间——的战争。更简单地说，法令的目的在于恐吓西班牙人令他们屈服和鼓励克里奥尔人支持独立。实际情况是两个目的都没有达到，该法令并未得到严格执行，而暴力现象却因此加剧。

有了特鲁希略法令的加持，玻利瓦尔的部队招募到更多志愿入伍者，敌军阵营投奔过来的人也增加了不少，部队继续向东推进。为了完成使命，也为了维持部队的生存，玻利瓦尔必须前进，这意味着他要对国会的指示充耳不闻。他的战略，"一个毫无经验的勇士的初步努力"，是迅速沿着通往加拉加斯的路线进攻，为的是不给敌人喘息之机，以免部下忍饥挨饿。速度是关键武器："如果我们进军迅速，就能从乡间获取补给，直至抵达加拉加斯。"[19] 在左翼，他要提防马拉开波及其后科罗的保皇党武装，以避免重蹈覆辙。在右翼的巴里纳斯，蒙特维尔德已部署一支兵力可观的部队，由安东尼奥·蒂兹卡（Antonio Tizcar）指挥，如果这支部队成功攻入特鲁希略与梅里达，就可能攻占新格拉纳达，切断玻利瓦尔部队的退路。而在玻利瓦尔前方，则是蒙特维尔德亲自率领的东线部队。玻利瓦尔发起了标志性的先发制人式攻击。他穿过山区，进入巴里纳斯平原，向蒂兹卡快速推进，迫使蒙特维尔德匆忙撤离巴里纳斯，为爱国者们留下了宝贵的武器和弹药。与此同时，通过发动正面攻击，里瓦斯在尼基陶（Niquitao）高地取得决定性胜利，他将 400 名美洲俘虏充实到爱国者队伍当中，并杀掉了所有西班牙人。里瓦斯接下来在经历了一场残酷血腥的厮杀后占领了巴基西梅托，最后与已经攻占了圣卡洛斯的玻利瓦尔会师。玻利瓦尔当即挥师进攻保皇党，并在塔瓜内斯（Taguanes）平原将对手击溃（7 月 31 日）。在此役中，玻利瓦尔运用了两人共乘一马的战术，使步兵更具机动性，给敌人造成了重大伤亡。在东线落败的蒙特维尔德，不得不从巴伦西亚迅速撤至卡贝略港，其部队沿途犯下了累累暴行，因此也招来了以牙还牙的报复。

除了追求作战速度，玻利瓦尔对言辞的作用也很重视，在战争期间，他发表了很多慷慨激昂的讲话。每解放一地，玻利瓦尔都会对部众夸赞一番，然后又继续向他们灌输：你们表现不错，但我们还需要更多——金钱和志愿军兵源。地方长官们也被玻利瓦尔警告，除非他们管辖的民众献上给养、马匹、骡子和金钱，否则他们的辖地将被视为敌国。[20] 玻利瓦尔还对这项事业的新战士——广大妇女发出呼吁，他赞扬她们对革命事业的支持，并对西班牙人的残忍加以谴责。在卡拉切（Carache），"他们将手中的致命武器挥向我们的女人那美丽柔软的乳房，让她们流血，杀戮了不少人……我们的女人正与压迫者战斗，同我们竞相克敌"。[21] 在率领部队一往无前之际，玻利瓦尔让人们看到了这场殊死战争的种种残酷。

8月2日，玻利瓦尔占领了巴伦西亚，并指派在新格拉纳达作战中少年老成的将领阿塔纳西奥·希拉尔多（Atanasio Girardot），对付卡贝略港的敌人。玻利瓦尔继续挥师向加拉加斯进军，那里实际上处于无政府状态，政治领导和军事防御均很薄弱，当局除了投降别无选择。受到惊吓的西班牙半岛人与加那利人，也就是主要的政府和军事官员，纷纷开始逃离委内瑞拉。由于保皇党武装撤离，共和党人又袖手旁观，帕尔多人开始洗劫居民住宅与公共建筑，威胁白人性命。就在投降谈判进行之时，加拉加斯的总司令，同当地的军方机构和文官政府官员，以及许多西班牙人，从城中逃离，他们在拉瓜伊拉登船，让留在城中的同胞面对愤怒的民众。市政当局派出另一个代表团，恳求玻利瓦尔速来保护居民的生命与财产。玻利瓦尔同意了，但坚持让蒙特维尔德也签署这份协议。"加拉加斯几乎万人空巷，因为，欢天喜地的居民们都走出家门迎接胜利者，后者在1813年8月13日这一天，在人民满怀感激的欢呼声里重返故乡的城市。"[22]

加拉加斯在地震和敌军占领的摧残下伤痕累累，但这个城市并非死气沉沉，还有人欢庆胜利。有大批民众高呼"委内瑞拉'解放者'万岁"，上街迎接玻利瓦尔入城。一队身穿白衣的年轻姑娘从人群中冲出，牵住马缰，将下马的玻利瓦尔围在中间，为他戴上桂冠，将鲜花塞进他的怀里。玻利瓦尔威风凛凛地穿过首都街道，回应人群的拥抱和支持者的问候，此时教堂钟声大作，乐队也奏响了乐曲。[23]那一夜，玻利瓦尔在为他举办的舞会上起舞，并开始与何塞菲娜·马查多（Josefina Machado）交往，后者昵称"佩皮塔"（Pepita），是那队白衣姑娘中的一员，一个年方二十的迷人女孩。她算不上大美人，但对玻利瓦尔非常体贴周到，并有自己的独立见解，她还经常把她的母亲和妹妹带在身边。在未来四五年时间里，她都是玻利瓦尔认可的情人，如果坊间流言可信的话，她还是那些谋官钻营者巴结疏通的恩主。[24]征战的荣耀，政府的权力，床笫之间的女人——玻利瓦尔都得到了，他获得了他应得的一切。

解放者

发表鼓舞人心的胜利宣言,这个任务也落到了玻利瓦尔身上。两天后,他向加拉加斯人民宣告了恢复委内瑞拉的法律、自由与独立的伟大战役之成果:

> 你们的解放者已经抵达,从河水上涨的马格达莱纳河河畔,到遍布鲜花的阿拉瓜谷地,再到伟大首都的周边,他们胜利渡过了苏利亚(Zulia)、塔奇拉、博科诺(Boconó)、马斯帕罗(Masparro)、波图格萨(Portuguesa)、莫拉多(Morador)与阿卡里瓜(Acarigua)等河流;他们穿越了穆库奇斯、博科诺、尼基陶等荒凉冰冷的高原;他们在奥卡尼亚、梅里达和特鲁希略的沙漠与山脉中艰难前行;他们在库库塔、拉格里塔、贝蒂霍克(Betijoque)、卡拉切、尼基陶、巴基西梅托和蒂纳基约拿下七次战役的胜利,击败五支敌军。敌军有一万之众,蹂躏着圣玛尔塔、潘普洛纳(Pamplona)、梅里达、特鲁希略、巴里纳斯和加拉加斯等美丽省份。[25]

行军给玻利瓦尔本人上了一堂关于祖国的生动地理课,五场激战打开了他对战争艺术的新认知。

委内瑞拉东部同样大事不断。蒙特维尔德在该区域照样推行其征服统治,镇压爱国运动。但桑蒂亚哥·马里尼奥(Santiago Mariño)、何塞·弗朗西斯科·贝穆德斯(José Francisco Bermúdez)、曼努埃尔·巴尔德斯(Manuel Valdés)、曼努埃尔·皮亚尔(Manuel Piar)、安东尼奥·何塞·德·苏克雷(Antonio José de Sucre)等爱国者领袖,决心发起反攻,解放委内瑞拉。1813年1月11日,与玻利瓦尔一样,出身殖民地精英家庭的马里尼奥,率领著名的"四十五人"远征小分队,从特立尼达前往圭里亚(Güiria),他带着队伍从自家庄园出发,在他拥有产业、人脉与自家人马的地域展开行动。[26]行动很成功,保皇党开始退却和溃散,东部诸考迪罗武装也纷纷土崩瓦解。马里尼奥拿下了马图林,又在同一年晚些时候占领了库马纳与巴塞罗那(Barcelona)*。马里尼奥凭借其个人魅力、军事胜绩与血腥暴力确立了领袖地位。他奉行以暴制暴的方针。在库马纳,为了报复敌人,他下令枪决了47个西班牙人与克里奥尔人;在巴塞罗那,他处决了69名谋逆者,因为"这些人的生命与国家的存在水火不容"。[27]

然而,马里尼奥对玻利瓦尔来说既是盟友又是主要对手。马里尼奥自封为"独立军总司令",不仅在东部建立了独立的军事指挥部,还创设了独立于加拉加斯与玻利瓦尔政府的政治实体。而"解放者"玻利瓦尔这边,则坚持建立一个统辖委内瑞拉全境的中央政权。尽管两大军事集团分立有其合理性,但建立一个统一东西部——委内瑞拉与新格拉纳达——的中央政府也是必要的。"只有与新格拉纳达联合起来的委内瑞拉,才能构建一个会被他国给予应有尊重的国家。我们怎么可以想把它一分为二?"[28]于是,玻利瓦尔关于建立一个通过联合来增强国家实力与经济活力的大哥伦比亚的第一个设想,作为取代地方考迪罗武装无序统治的一种选择被提了出来。

除了马拉开波与圭亚那,委内瑞拉各地此时已尽在共和派之手,他们拥有一支由训练有素的老兵组成的部队,这支部队参加了玻利瓦尔的"惊人之役"(Admirable Campaign)**,在战斗中经受了考验。保皇党军官们也告诉埃雷迪亚:"在阿劳雷(Araure)战役中,叛乱者以惊人的勇气作战,部队在战场上快速机动,冲击力十足,堪比最久经沙场的欧洲军队。"[29]玻利瓦尔的胜利如此彻底——至少看起来是如此——以至于他能够建立起一个实际上为独裁性质的政权,并凭借军功坐上了独断乾纲的大位,掌握人事大权。玻利瓦尔下定了决心,不能重蹈第一

---

* 委内瑞拉北部城市,始建于1671年,是19世纪初最早宣布独立的地区之一,在独立运动之中屡次被保皇党军队攻击,如今是委内瑞拉安索阿特吉州首府。

** 1813年6月24日,玻利瓦尔率部队向委内瑞拉发动进攻,东部的马里尼奥配合他的进军行动,占领了梅里达、巴里纳斯、特鲁希略和加拉加斯诸省。

共和国的覆辙。他声称要"重建共和国政府的自由形态",但他的真正意图是取得新的行政大权。1814年1月2日,代表大会赋予他最高权力,玻利瓦尔如愿以偿。委内瑞拉贵族阶层则有所保留,视玻利瓦尔为暴君,试图通过加强市政会和立法机构的权力来对其加以限制,尽管如此,玻利瓦尔还是建立了权力强大的革命政府。他的政策是对西班牙人毫不留情,对美洲的归降者实行特赦,对扰乱公共秩序与和平之人要判处死刑。统治政策方面强硬,私人生活上自我宽纵,是在玻利瓦尔政敌之间流传的对他的刻板印象。这也得到了迪库德雷-荷尔斯坦因(Ducoudray-Holstein)——一名自认没有得到应有晋升而怀恨在心的外国冒险家——的佐证:"像他的大多数同胞那样,玻利瓦尔钟爱舒适与欢愉胜过努力。他最爱的营生是躺在吊床上,众多情妇陪伴左右,阿谀奉承者围在四周。"[30]

此时,占据玻利瓦尔头脑的,不仅是战事,还有政治。正如他自己所言,他被迫又当士兵又当政治家,"在战场的同时也在政府中枢……既是国家元首也是军中主将"[31]。当他写下这些文字的时候,他是一位独裁者,有众所周知的拥护者效忠,得到军队支持。但玻利瓦尔的独裁不是拥兵自重的考迪罗主义。它少有个人化的东西,更多制度化的内容;它既制定方针政策,又掌控人事任免。玻利瓦尔的意图在于集中权力以捍卫与扩大革命。然而,人们仍有一些怨言,1814年1月2日,他召开大会,解释了他的独裁:"我渴望将你们从无序中拯救出来,摧毁那些竭力支持压迫者的敌人,这迫使我接受并保有至高权力……我为你们带来了法律。军事专制不能确保人民的幸福。一个得胜的军人无权统治国家……我只是一介普通公民,人民的公意将永远是我的最高法律。"[32]他是说服自己将上述言论奉为真理,还是背诵了一篇耳熟能详的自由主义文章呢?后来在秘鲁与哥伦比亚,玻利瓦尔的独裁措施贯彻了相同的原则。这些措施是对紧急状态的回应,代表政策而非利益,既恢复了法律,又重建了秩序。而在1813年的时候,玻利瓦尔只是半个委内瑞拉——委内瑞拉西部——的独裁者。委内瑞拉东部当时被马里尼奥拿下了控制权,他也自命为"解放者"。[33]

玻利瓦尔期望教会能够认同并支持共和事业。他的宗教政策带有尊崇启蒙运动与憎恶西班牙的色彩。所以他谴责了地震后人们的迷信心理，抨击了教会上层集团及其西班牙保护人的联盟。他对主教和教士们明确表态，不管他们内心对是非如何判断，独立都是他们唯一的选择，他们还要停止对西班牙敌人的支持。抵达加拉加斯不久，玻利瓦尔就致信加拉加斯大主教：

> 阻挠政府法令的时代已经过去了，法律的千钧之重将落在违抗者身上，由于阁下的圣职受到相同精神之鞭策，阁下应该命令所有的教区神父、传教士与告解神父，即所有受阁下保有的惩处大权约束的人，每周都向民众讲解美洲解放的正义原则，说服人们担起接受与捍卫这些原则的义务，必要之时牺牲个人的利益与生命……至于忏悔，任何企图破坏支持现今政府的政治舆论之人，一旦滥用这一神职，可单单因此罪愆即受罚停职……[34]

他挑战的是教权，并非对宗教有质疑。而且他总是把保皇党教士和爱国教士区分开来，他意识到一些教士也受到过敌人的迫害。但波旁时代王权至上论的幽灵显然阴魂不散。

当玻利瓦尔发布的法令在加拉加斯几乎可以畅通无阻之时，在其他地区，战争仍在肆虐。在卡贝略港，蒙特维尔德拒绝投降，也拒绝接见西班牙的和谈特使。这也决定了4000多欧洲西班牙人的命运，他们成了蒙特维尔德的不妥协立场和共和派复仇行动的牺牲品。西班牙的增援令蒙特维尔德有了喘息之机，但他把己方军力浪费在了一次时机不成熟的撤出卡贝略港的突围行动上。西班牙人在巴伦西亚和卡贝略港之间的巴乌拉（Bárbula）被击退，蒙受巨大损失，而蒙特维尔德本人又在拉斯特林切拉斯（Las Trincheras）的一场战斗中身负重伤。共和派也付出了高昂代价——他们失去了希拉尔多，他的死让玻利瓦尔与部队上下深受打击。此时战争还远远未到结束的时候，保皇党还在征兵充实部队；玻利瓦尔不得不派遣乌达内塔将军率领一个师在西部前线防御，那里的敌军仍在以科罗和马拉开波为基地发动攻击。

玻利瓦尔返回加拉加斯后,加拉加斯市政会于1813年10月14日召开了杰出市民会议,以表彰这位统帅的功绩。会议授予玻利瓦尔"三军总司令"的荣衔,以及"委内瑞拉解放者"的称号。"委内瑞拉解放者"这个称号独一无二,是对玻利瓦尔的最高赞誉,一直以来玻利瓦尔在人们心目中也是以"委内瑞拉解放者"这个最基本形象出现的。玻利瓦尔接受了这个称号,并做出了优雅的回答:"对我来说,它比世间所有帝国的王冠更荣耀,更令人心满意足",他还谦虚地声称他麾下的指挥官里瓦斯·希拉尔多、乌达内塔、德伊卢阿(D'Eluyar)、埃利亚斯(Elías)以及其他军官和部队战士才是真正的"解放者"。[35]

这位解放运动的英雄是不是也是恐怖专政的始作俑者呢?玻利瓦尔和他的同僚都坚持认定是蒙特维尔德首先实施了"征服之法",对下属的恐怖暴行不加约束。曾任加拉加斯检审法庭代理长官的埃雷迪亚,也承认是蒙特维尔德违反了投降协议中的赦免条款。[36]他们特别列举了西班牙的军官们在委内瑞拉东部犯下的诸多罪行:首先举了塞维利兹(Cervériz)的例子,根据埃雷迪亚的说法,他"年轻、鲁莽而残忍",其粗野而残酷的作风成了肆意恐怖的代名词,他曾许诺用一个比索换取起义者的一只耳朵;然后是安东尼奥·苏亚索拉,他肢解与杀戮囚犯的行径被大受震撼的西班牙官员记录在案。[37]库拉索的英国总督试图为这些西班牙囚犯求情,玻利瓦尔为了证明自己决定的正当性,坚称自己有权"摧毁独裁者们凭借其有组织的毁灭罪行而积攒的巨大优势",他还拿苏亚索拉在阿拉瓜一村庄的行径举例:"男人女人,无论老幼,被割了耳朵,活剥了皮,然后扔进污浊的湖水里,或是被以缓慢而让人饱受痛苦的方法处死……尚未出生的婴儿,在怀孕母亲的子宫里被刺刀捅杀或因母亲被殴打而死去。"[38]英国志愿兵理查德·沃威尔(Richard Vowell)曾于1818年与玻利瓦尔在大平原并肩作战,近距离见证了灭绝之战。在卡拉沃索(Calabozo),他目睹了玻利瓦尔对保皇党暴行的回击,他得出结论:"如果他不同意在其威权范围内最大限度实施报复,他自己的部下就会把他撕成碎片。"[39]复仇让玻利瓦尔赢得了属下的信任。由于上述原因,玻利瓦尔有意实行恐怖统治,以树立一个威慑敌我双方的形象,令追随者相信他同敌人一样冷酷无情,也让自己的阵营,包括东部的考迪罗们,相信他是一位不容小觑的领袖。他从加拉加斯向新格拉纳达国会报告称,"自蒂纳基约战役后,我马不停蹄地进军,穿过托库伊托(Tocuyito)、巴伦西亚、瓜约斯(Guayos)、瓜卡拉(Guacara)、圣华金(San Joaquín)、马拉凯、图尔梅洛(Turmero)、圣马特奥和拉维多利亚的城市和村庄,所有罪恶滔天的欧洲人和加那利人都被枪决"[40]。他坚信,"革命国家的政府必须走与普通政府截然不同的道路"。

大约5年之后,玻利瓦尔解释了他的政策,为自己的极端主义辩护:

> 极端举措尽管可怕,对于长久维持我们资源匮乏的事业必不可少。简单回想一下,我曾采取的暴戾的权宜之计,赢得了让我们存活至今的为数不多的几次胜利。为了保住为我们的解放做出贡献的四支游击部队,我们被迫宣告打响灭绝战争;为了赢得一些忠诚追随者,我们不得不解放奴隶;近两年为了招募组建两支部队的新兵,我们不得不借助高压军事管制……只消警一眼这一切,就明白这些成果毫无意义。但为了这种微不足道的成果,我们不得不投入所有资源;因为一般规律是,在一台做工粗糙的机器里,发动机必须极其强大,才能有最微小的产出。经验告诉我,人们哪怕只想取得一丁点的成就,也要付出千百倍的努力。[41]

1813年9月,玻利瓦尔在卡贝略港附近捉住了臭名昭著的苏亚索拉,"一个亲手割断无数男人、女人与孩童喉咙的刽子手",一同捉住的还有四个西班牙人与一些美洲人。苏亚索拉立即被绞死,四个西班牙人被处决,美洲人则被赦免。[42] 玻利瓦尔敦促据守卡贝略港的蒙特维尔德投降,交出武器、资财与船只:"这是留给他拯救攥在我手心的无数西班牙人与岛民囚徒的唯一办法,我让他明白,只要稍有迟疑,他们就会被斩尽杀绝。"然而,面临人数如此巨大的处决决定,玻利瓦尔犹豫了。他打算做出妥协,与蒙特维尔德达成协议,以交换囚犯的形式拯救手上4000名西班牙俘虏的性命。但蒙特维尔德拒绝了这一提议,并将使者投入监狱。他又拒绝了拿这些俘虏交换军衔相仿、数量对等的美洲人的另一项提议,并又一次囚禁了使者。[43]当所有尝试都宣告失败,鉴于博维斯和其他西班牙人暴行累累,以及不断收到这些人密谋逃跑的报告,玻利瓦尔签署命令,处决拉瓜伊拉的西班牙和加那利囚犯。加拉加斯的军事长官胡安·包蒂斯塔·阿里斯门迪(Juan Bautista Arismendi)欣然执行命令,尽管柯尔-普拉特(Coll-Prat)大主教请求宽恕,1814年2月14日至16日,还是有800人被处决。面对大主教,玻利瓦尔寸步不让地为其举动辩护:"为了国家的利益需要这样做……纵容只会让更多人受戮,昨日在蒂纳基约,他们杀害了25名守军……我军被俘之人,博维斯一个都不曾留情放过……敌人看到我们的冷酷无情,至少将知道他们会为暴行付出惨痛代价,也不会再为可以逃脱惩罚而得意忘形。"[44]

反革命

截至1814年初,玻利瓦尔有理由相信他的方针策略行之有效,第二共和国是安全的。蒙特维尔德已经被迫放弃卡贝略港,东部与西部战线的胜仗巩固了革命的胜果。但血流成河的硬仗还在后面,整个一年的战事就是以一场惨败收场的。原因很快就清晰了。第二共和国的社会基础不如第一共和国广泛。解放事业尚未赢得所有委内瑞拉人的衷心支持。"西班牙军队大部分由委内瑞拉人组成……美洲人的双手继续令美洲人流出鲜血。美洲之子正是最顽固的敌人之一。"对于玻利瓦尔,这是甚为痛苦之事。[45]

内部出现分裂的克里奥尔上层也遭遇了民众之中的两大群体——奴隶与平原人的挑战。第一共和国的奴隶叛乱对委内瑞拉贵族来说记忆犹新,这让他们对解放奴隶和做出任何其他让步都相当抵触。玻利瓦尔的部队于1813年8月攻克加拉加斯后,这些贵族认定奴隶是抵抗的核心，对其发动了报复行动。庄园主们敦促玻利瓦尔恢复国民警卫队和巡逻队，"以追查盗匪，逮捕逃亡奴隶，保卫庄园与财产不受任何侵犯"[46]。"我们会落入黑人之手。"这种恐惧在1814年前后在克里奥尔白人头脑中挥之不去。奴隶们会聚到康布据点（cumbes）*，组建小股武装，继续他们独立于西班牙人和克里奥尔人的自发斗争。种族意识觉醒的黑人部队为任何一方作战，都是出于机会主义的动机，而不是从自身信仰出发选边站队。他们还总是专门针对敌方部队的白人大开杀戒。1813年9月6日，在与保皇党部队交战之后，一位爱国者军官说道："阵亡者（26人）包括白人、印第安人和桑博人，只有一个黑人。我们近距离观察到，黑人伤亡一直是最小的。为了让我们心里好过，政府应该好好想想这事儿。"奴隶可以夺人性命，却不能夺取权力。像黑人和穆拉托人那样，他们组织不明，没有领导。但平原人和他们不一样。

在内地，一个新的保皇党领袖——何塞·托马斯·博维斯（José Tomás Boves）——起兵对抗革命，他是阿斯图里亚斯**人，作为西班牙商船队的领航员来到委内瑞拉，并把走私当成了自己的副业。在轻微触犯法律之后，他转移至大平原，成了一个卡拉沃索的牛贩子。革命爆发的时候，这个强壮、狡猾、暴虐成性的西班牙人已经适应了内陆广阔平原的新环境。无边无际的平原，旱季被太阳晒焦，雨季被暴雨变成一大片沼泽与湖泊，那里是野蛮人与好战者的温床，印第安人、白人与黑人的混血种族，在残酷环境与马背磨砺中变得冷酷无情。大平原成了流浪汉、逃亡奴隶、盗匪与赤贫之人的避难所，对大多数法外之徒（bandidos）而言，生存比思想更为重要：

> 在这片广袤土地上，成群盗匪出没并不罕见。他们没有政治企图，只有劫掠之欲，聚集并追随第一个将从有产者那里劫取的财物分发给他们的考迪罗。这就是博维斯和其他盗首的招募之道，他们

---

* 指当时委内瑞拉逃亡奴隶在河岸上方或偏远山区建立的定居点。
** 阿斯图里亚斯（Asturias），西班牙西北部一地区。

能够网罗成群以流浪、抢劫、暗杀为生的人。[47]

奥利里写道:"在美洲和其他各地革命制造的怪物之中,何塞·托马斯·博维斯最为嗜血与凶残。"[48] 1812 年,博维斯遭到爱国者侮辱,又因桀骜不驯被关进卡拉沃索的监狱。1812 年 5 月,博维斯被保皇党释放,不久就成为平原人中的考迪罗,也成了玻利瓦尔的心头之患。博维斯身材魁梧,大头金发,一双蓝色眼睛炯炯有神,面庞白皙,外貌与他所培植的追随者形成鲜明对比,但就体格与耐力而言,他们不相上下。1813 年 10 月,博维斯在比森特·坎波·埃利亚斯(Vicente Campo Elías)率领的共和军身上吃到首场败仗,退到南部,重整旗鼓,将平原人部众打造成了一支强大的长矛骑兵部队。11 月 1 日,他在瓜亚瓦尔(Guayabal)发布了那则臭名昭著的公告,号召平原人加入他的队伍,并许诺以富有敌人为代价来犒赏他们。共和派坎波·埃利亚斯对乡村民众的残暴也助推了博维斯的大业。

博维斯的魔力何在?人们为何涌入他的队伍?他是一个真正的民众主义者,一个土地革命的领袖吗?在瓜亚瓦尔公告里,博维斯颁行法令,向克里奥尔敌人发动灭绝之战,并没收他们的财产。[49] 杀戮俘虏,对两军而言都是司空见惯之事。因而,关键在于劫掠。这则公告意味着,同玻利瓦尔和其他保皇党或共和派军事首领一样,博维斯取走敌人的财产,是为战争筹措经费,并犒赏他的追随者。的确,博维斯的追随者是黑人与穆拉托人,而他许诺给这些人的是白人的财产。这样一来,种族政策与物质奖赏的有力结合,刺激了平原人的热情,并传递给博维斯和其他保皇党考迪罗的军队。博维斯也吸引到了加那利人,他们被他招致麾下,一部分原因是他反对克里奥尔人与精英阶层,另一部分原因是他以土地和战利品回报追随者。值得怀疑的是,他是否果真为了平原人推动土地改革或交给奴隶绝对自由的民众主义者。但实际上他之所以能在黑人与帕尔多人之中招募到追随者,是因为他向他们承诺瓜分白人财产,也因为第一共和国的寡头要为在大平原上损害民众利益的土地高度集中化和养牛业私有化负责。这就是平原人加入博维斯反抗共和派的缘由所在——为自由和牛群而战。

博维斯优先招募黑人与帕尔多人。在他的军队里，他们被提拔成军官，得到以牺牲白人为代价的财富许诺，他经常提起大平原专属于帕尔多人，是他们的财产与堡垒。根据博维斯部队的随军神父何塞·安布罗西奥·利亚莫萨斯（José Ambrosio Llamozas）的说法，考迪罗的主要政策就是杀戮白人，奖赏帕尔多人。利亚莫萨斯列举了白人被杀的具体情形，遇害者总计有4000人："他不断公开提醒军队，他在瓜亚瓦尔发表了针对白人进行灭绝之战的宣言，他总是告诉他们，白人的财产属于帕尔多人。"[50]博维斯的军队，1814年已有7000之众，其中仅有60—80名白人士兵，以及40—50名白人军官。这一制度的结果是，在他统治下的省份，白人数量急剧下滑，黑人与混血族裔期望上升。"黑人被实现自由的渴望点燃，穆拉托人和其他种族之人也被成为公民代表和博取一官半职的前景激发了热情。"[51]

玻利瓦尔敏锐地察觉到了委内瑞拉根深蒂固的种族分裂以及冲突双方对种族偏见的鲁莽搬弄。某种程度上，这限制了他自己的选择。博维斯向平原人追随者灌输的阶级仇恨，令克里奥尔贵族胆寒，也坚定了他们凭借自身手段夺取政治权力的决心。加拉加斯检审法庭的克里奥尔代理长官埃雷迪亚，曾谈及第一共和国时期委内瑞拉白人与帕尔多人的"不共戴天之仇"，并评论说："日后投靠国王阵营的游击队加深了对立，而欧洲的极端分子普遍认为，帕尔多人是保皇党，克里奥尔白人是革命者，有必要加以消灭。"他补充道，这就是何塞·托马斯·博维斯与其他盗匪头目的政策，他们名义上是保皇党，实为向所有克里奥尔白人宣战的"另一类叛乱分子"，"博维斯因此成为帕尔多人的偶像，他们怀着见证统治阶级土崩瓦解的希望追随他左右"。[52]1814年6月，博维斯占领并劫掠巴伦西亚的时候，西班牙当局对他束手无策。攻克加拉加斯之时，他拒绝承认那位总司令，也不让他的平原人部队编入保皇党军队。[53]他所建立的权威是一种个人权威，传达出对暴力的膜拜，而不是对法治的尊崇，而且，他只效忠于一个非常遥远的国王。玻利瓦尔冷静观察着事态发展。他发现保皇党考迪罗怂恿奴隶与帕尔多人劫掠财物，目的是提升这些人的忠诚度，鼓舞士气，笼络人心。他也肯定注意到了，自己手下的一些起义者"不愿朝有色人种开火"[54]。

玻利瓦尔还在奋战。10月3日，在拉斯特林切拉斯战役中负伤的蒙特维尔德，被从卡贝略港指挥位置上换下，顶替他出任总司令的是更加因循守旧的西班牙人曼努埃尔·卡希加尔（Manuel Cagigal）。保皇党时有反扑。1813年11月，在巴基西梅托，爱国者武装的步兵部队因慌张怯战和作战失误落荒而逃，处于劣势、显然已被击溃的保皇党部队因之起死回生，玻利瓦尔怒不可遏，他把这支溃散部队命名为"无名之营"。此战折损了1000人。玻利瓦尔不得不放下架子，从巴伦西亚向马里尼奥发出一封紧急求援信。他又设法招募人员重新组建了一支部队，向圣卡洛斯进发，与坎波·埃利亚斯及其部队会合。在位于圣卡洛斯和瓜纳雷（Guanare）之间平原地带的阿劳雷，玻利瓦尔于12月5日迫使保皇党部队进入预设战场，与他率领的部队交战，他用振奋人心的话语激励麾下3000名战士（敌人的兵力是3700人）。他的步兵，由乌达内塔指挥的"无名之营"，在重炮轰击之下仍然能够保持队形，严守纪律，面对保皇党的步兵部队和赶来支援的骑兵部队一往无前。但保皇党也发起了猛烈反击，危急时刻，玻利瓦尔身先士卒，率领他的精锐龙骑兵上阵拼杀，向敌军骑兵发起突然袭击，成功扭转濒临失败的战局，取得了胜利。玻利瓦尔在此战之后将"无名之营"改名为"阿劳雷胜利者"，因为这个营在战役最后阶段发起刺刀冲锋，击溃了西班牙人坚固的防线。通过这场重要胜利，玻利瓦尔重新夺取了西部地区，但这是他为第二共和国赢下的最后一场大捷。

玻利瓦尔知道自己只是在勉力苦撑。为了赢得这场胜利，他不得不调动所有可用之兵，让其他解放地区失去保护，令从科罗到加拉加斯的许多战线暴露在危险之中。从保皇党军队擒获的俘虏大多是委内瑞拉人，胜利之后不久，玻利瓦尔在圣卡洛斯的指挥部发布了一则公告，宣称可以赦免一切人员，前提是他们在一个月之内投奔至爱国者武装的营地。然而保皇党并不领情，他们仍在委内瑞拉招募军队，"美洲人的鲜血仍在美洲人手中流淌"。鲜血也在西班牙人手中流淌。他们同样发起灭绝之战，不留俘虏：里瓦斯攻入奥库马雷后，在教堂里发现 300 具尸体——都是没有投入战争的男人、女人与小孩的尸体。

玻利瓦尔不得不和博维斯一决高下，后者已经让从奥里诺科河河岸到阿拉瓜谷地的大平原饱受蹂躏，其人马所到之处的村庄全被摧毁，居民亦饱受凌虐，此时又威胁着巴伦西亚与加拉加斯的安全。玻利瓦尔的地位早已因东部敌对独裁政权崛起而岌岌可危，此时又因这个摇身一变成了将军的游击武装头目的参战而再受重创，此人与一心维护殖民秩序的死硬分子联手，意图扼杀共和国。1814 年 2 月至 3 月，马里尼奥终于率军前来，与玻利瓦尔合兵一处，并肩作战。联军在巴伦西亚重新集结，玻利瓦尔把指挥权交给了马里尼奥，"作为对他的个人品质与能力高度认可的明确标志，也以这种方式确保了东部军官对委内瑞拉共同事业的向心力"[55]。但东部考迪罗将领和他们的武装在这些战事中并没有什么突出表现。

在博维斯于拉普埃尔塔（La Puerta）击败坎波·埃利亚斯之后，玻利瓦尔集结所有可用之兵，坐镇自家的圣马特奥庄园。但他很快被包围，无望得到增援，此役也没能成为在其自家领地上完成逆袭的战例。坎波·埃利亚斯战死，年轻的上尉安东尼奥·里考尔特（Antonio Ricaurte）在庄园宅邸中炸掉了守军的军备物资，同时也炸死了自己和打进庄园的敌军。[56] 玻利瓦尔被迫撤往巴伦西亚，留下里瓦斯牵制博维斯，而里瓦斯于 1814 年 2 月 12 日在拉维多利亚将博维斯暂时击退。与此同时，玻利瓦尔签署了命令，将加拉加斯与拉瓜伊拉的西班牙囚犯处决。但这对保皇党的实力和士气影响甚微，他们再次纠集起一支部队，威胁要摧毁共和国。玻利瓦尔不得不再度反击，这一次库马纳与加拉加斯的部队组成联军，马里尼奥与玻利瓦尔联手迎敌。1814 年 5 月 28 日，两军在卡拉沃沃（Carabobo）平原的大雨中开战，东部与西部爱国者并肩作战，赢下了一场"重要胜利"，但对整个战局影响甚微。博维斯倚仗平原人源源不断的物资供应，总是能够如九头蛇一般一次次逃过灭顶之灾。

博维斯再度从卡拉沃索进军，对拉普埃尔塔发起攻击。那里驻扎着马里尼奥实力受损的部队，他们在峡谷中占据了有利防御位置，并将火炮部队部署在高地上。玻利瓦尔带着他的秘书、一位教士及几位副官,从加拉加斯赶到前线后,决定转守为攻,但这不是一个明智的决定。在平原地带,博维斯的骑兵在数小时内击溃了爱国者阵营的部队,并开始杀戮战俘。爱国者阵营损失了 1000 人。刚刚通过交换战俘死里逃生的迭戈·哈隆(Diego Jalón)*,受到博维斯邀请共进午餐,结果旋即遭到斩首。1814 年 6 月 15 日的这场败仗,是第二共和国覆灭的开端。玻利瓦尔、马里尼奥、里瓦斯与其他几名军官逃往加拉加斯,博维斯则攻占了富饶的阿拉瓜谷地,切断了首都与巴伦西亚的通信联络。阿拉瓜谷地的守军顽强据守,最后不得不通过谈判缴械投降。根据投降协议,公民与守军的人身和财产安全将得到保障。在举行弥撒仪式领受圣餐之前,博维斯还对此起誓。然而次日傍晚,当妻子们翩翩起舞之时,博维斯杀死了她们的丈夫,屠戮一直持续到所有爱国者都被杀光。[57]

　　在加拉加斯,玻利瓦尔急需找到办法绝处逢生。当时没有充足的物资补给来支持围城,也没有足够的钱财为军队发饷。玻利瓦尔从教堂拿走银器与珠宝,装进 24 个盒子里送往东部。对于从西部杀来的博维斯,玻利瓦尔的象征性抵抗效果微乎其微,加拉加斯的民众陷入恐慌。玻利瓦尔开始撤出首都,他设法保全了几支部队,把他们带出了首都,跟他一起转移的还包括通过海路从被围困的卡贝略港逃出的人员。佩皮塔·马查多被送往圣托马斯(St Thomas)。大批民众出于对博维斯及其部属的恐惧纷纷出逃,涌向东部;绝望的难民们踏上逃亡之旅,饱受饥饿、疾病和颠沛流离之苦。20 天后,幸存者抵达巴塞罗那,另一些人逃到了库马纳。玻利瓦尔在阿拉瓜 – 德巴塞罗那(Aragua de Barcelona)的爱国者总部短暂休整,组织了一些抵抗,但他无力避免再一次遭遇惨败,这一次他是败于另一位保皇党首领弗朗西斯科·莫拉莱斯(Francisco Morales)之手,换一种说法,他无力阻止纪律涣散的

---

* 为共和派效力的西班牙裔将领,曾在 1812 年加拉加斯大地震中身负重伤。博维斯杀死哈隆之后,将其头颅割下,传示巴伦西亚。

部众一看到敌人就落荒而逃。实际上,玻利瓦尔甚至根本没有指挥这场战役,因为战役发生在马里尼奥的领地,战场指挥是马里尼奥的副手弗朗西斯科·贝穆德斯。莫拉莱斯屠杀了阿拉瓜的所有平民。在阿拉瓜-德巴塞罗那之战中,总计有3700名爱国者将士丧生,保皇党则损失了1011人。[58]死伤者大多数是委内瑞拉人,这为灭绝之战下了又一个注脚。莫拉莱斯在进军途中猎杀难民,于8月20日进占巴塞罗那。

博维斯在10月兵临库马纳城下,并迅速将该城攻占,再次实施恐怖统治,也拉开了第二共和国最终覆灭的序幕。仅在库马纳城中就有1000人惨遭杀戮,包括许多从加拉加斯逃难而来的不幸家庭。而此时的东部考迪罗将领与西部军官开始出现分歧,甚至在考迪罗们内部也纷争不断。马里尼奥曾想过撤离库马纳,集中力量在玛格丽塔岛或圭里亚组织抵抗。里瓦斯则坚持认为,爱国者武装应该不惜一切代价守住库马纳。里瓦斯赢得了争论,但库马纳实际上已经不太值得坚守,因为保皇党已经将其视为囊中之物,而且爱国者阵营领袖和大多数居民也已逃往更东的地区。马图林是下一个目标。贝穆德斯希望让爱国者军队在那里保持防御姿态,而里瓦斯坚持主动出击进攻博维斯。里瓦斯的意见占据了上风,大约3000人的爱国者部队在乌里卡(Urica)与博维斯的部队遭遇,彼方兵力是爱国者的两倍。爱国者惨遭屠戮,只有极少数人幸存,逃到了马图林。但博维斯也在这场惨烈战役中丧命,他被一名爱国者枪骑兵杀死,第二共和国就此终结。此时对莫拉莱斯而言,他唯一要做的就是血洗马图林,就这一点而言他毫不逊色于他死去的老上级。他手下的那些亡命徒则吹嘘他们奸污了马图林的每一个女人。正是在此地,里瓦斯在逃亡途中被抓住,在被枪杀后遭到肢解,头颅被油烹后送往加拉加斯,戴上红帽子示众。[59]到了1815年1月底,整个委内瑞拉都被保皇党控制,独立似乎再度遥遥无期。

上述的一幕幕惨剧,玻利瓦尔实际上都置身事外。1814年8月25日夜里抵达库马纳后,他就发现一切混乱无比,平民都成了难民,部队一盘散沙,没有补给,也没有重建秩序和组织反攻的可能性。又一次,玻利瓦尔亲手缔造的一切瓦解于一片可怕的混乱混沌之中,他不得不让

86

共和国听天由命。但即使一走了之也不是那么容易的。[60]第二天，玻利瓦尔与马里尼奥乘船前往玛格丽塔岛，他携带着教堂的银器与珠宝，并不得不与海盗吉奥瓦尼·比安奇（Giovanni Bianchi）分享这些财宝，后者是载运爱国者撤离的船队的首领。在玛格丽塔岛他们遇到了另一个掌权的考迪罗——曼努埃尔·皮亚尔，他是一个野心勃勃的穆拉托人，在委内瑞拉东部割据一方。皮亚尔宣布两位解放者是罪犯（而不予接纳）。玻利瓦尔怒火中烧，终生不忘这一奇耻大辱。他们返回大陆，于9月3日在卡鲁帕诺（Carúpano）登陆，结果发现里瓦斯也翻脸不认人了，后者宣布他们是共和国的逃兵，并自封为西部最高首领，而皮亚尔成为东部最高首领。里瓦斯逮捕了马里尼奥，逼迫玻利瓦尔交出了剩余的数箱教堂财宝和船上的物资。后来里瓦斯允许二人登船离开，驶往卡塔赫纳，这是他在覆亡之前最后做的几件事之一。而对"解放者"玻利瓦尔而言，失败与再次逃亡是痛苦的。

在登船起航之前，玻利瓦尔发表了《卡鲁帕诺宣言》为自己辩护，并解释了第二共和国的失败缘由，这是一份感人的文字，表达了他的无助与决心，以及他的失败与反抗。[61]他谴责了美洲社会的分裂，因为分裂导致很多人对"解放者"的排斥："看来带给我们耻辱与荣耀的上天决定了，征服我们的是自家兄弟，只有自家兄弟才能战胜我们。"解放美洲的军队可以消灭敌人，但正如玻利瓦尔所坚信的，不能强迫人民获得自由。他发出诘问：政治哲学如何才能胜过邪恶与贪婪？"是选择自由，还是野心与贪婪，以及与选择结果联系在一起的我们的命运，掌握在那些蒙受欺骗、公然反对我们的同胞手中。"要找出造成所有不幸的根源——人类的弱点。"指望政治和战争与我们的计划步调一致，就像是谋求以人力实现神的力量才能触及的结果。"他承认，自己并非无可指摘，他是国家灾祸的命途多舛的工具，然而尽管他的良知可能提出过错误或无效的建议，却不曾与故意犯错或丑恶行径为伍，让至高无上的新格拉纳达国会来裁决吧。"我向你们发誓，作为解放者，无论生死，我都配得上你们所给予的荣誉。世上也没有哪一种人类的力量能够阻止我踏上自己设定的道路——西行的道路上已经洒满了鲜血，装点了许多桂冠,我将再度回来,令你们自由。"

但是,如今,西行的道路已被封锁。

退场与流亡

在穿越加勒比海的旅途中,玻利瓦尔的斗志并未消减。虽然在东部遭遇失败和放逐,但他在新格拉纳达仍然受人尊敬。1814年9月19日,他抵达卡塔赫纳,立即住进了业已离开的当地主教的豪华宅邸。他自己依然是将军与"解放者",同样拥有高级军衔。在一个内部分裂成彼此敌对的不同派系的国家里,在一个松散的联邦中,他被期待着扮演领袖角色,但这一角色尚未确定。在一个月之内,他就沿着马格达莱纳河向国会所在地通哈进发,途中遇到了一路从委内瑞拉西部拼杀出来的乌达内塔将军的部队,他们也在赶往通哈,但显然是执行玻利瓦尔的对手指派的任务。乌达内塔将军手下的将士们不顾队形,纷纷跑到玻利瓦尔跟前向他致意,并高呼:"'解放者'万岁!"乌达内塔对此无可奈何,玻利瓦尔也只好高声呼喊,向众将士致意,并借机对他们提出了批评,言辞动人,令人难忘:

> 士兵们!你们让我满心欢喜。但代价是什么?代价是纪律与服从,那是每一位士兵的首要美德。你们的长官是杰出的乌达内塔将军。他和我一样,为你们的爱戴超过本分感到痛惜。士兵们!不要重复抗命之举。如果你们爱戴我,就用你们对长官的忠诚、纪律与服从来证明。我只是一个前来为姊妹之国效力的士兵。对我们所有人来说,我们的故土是美洲,我们的敌人是西班牙人,我们的旗帜是独立与解放。[62]

11月22日,他们将玻利瓦尔护送至通哈,在通哈,玻利瓦尔向国会讲述了委内瑞拉第二共和国的兴衰,并得到了总统卡米洛·托雷斯的热情支持。"新格拉纳达国会将为您提供保护,因为国会认可您的过往经历。您或许是一个不走运的军人,但您是一个伟大的人。"玻利瓦尔被任命为哥伦比亚联邦总司令,指挥所有军队,肩负将昆迪纳马卡并入联盟和迫使卡塔赫纳俯首称臣的使命。但玻利瓦尔需要借助新格拉纳达来完成另一使命——光复委内瑞拉。他能做到不顾此失彼吗?

在反对联邦体制、主张建立强大中央集权政府的纳里尼奥遭到逮捕与放逐之后,昆迪纳马卡由政治上无能、宗教上狂热的曼努埃尔·贝纳尔多·阿尔瓦雷斯(Manuel Bernardo Alvarez)当政,此人拒绝加入联盟。玻利瓦尔率军向圣菲波哥大进发,并提出和解,但阿尔瓦雷斯拒绝了这一提议,并向玻利瓦尔及委内瑞拉军队发出犯罪指控,宣布将他们逐出教会。阿尔瓦雷斯及其宗教盟友的政治偏见与闭塞无知让他们看起来很愚蠢,他们在前一周以洗劫教堂、奸污处女的罪名将玻利瓦尔逐出教会,下一周又对他予以免罪,宣布他是善良而忠诚的天主教教徒。玻利瓦尔心想,真是一出闹剧。在对针对他的指控予以驳斥之时,他矢口否认在进军圣菲波哥大之际曾计划发动灭绝之战,"我永远不会在一个和平国家如此行事,西班牙人在这里的做法与在委内瑞拉大不相同"[64]。但他的部队为进入圣菲波哥大被迫进行逐街巷战,直到1814年12月12日,他们才占领这座城市。玻利瓦尔终于可以堂堂正正地宣布,他是以解放者和统一者的身份前来此地的。

1815年1月,国会从通哈迁往圣菲波哥大,成为联邦国会。接下来国会任命玻利瓦尔为联邦军队总司令,批准了他镇守边疆并进攻委内瑞拉的计划。他给国会捎去消息,呼吁团结一致,抵御外部威胁与内部敌人:如果说迄今为止我们经历了恐惧和灾难,"那是由于我们自身的过错,而非敌人的力量"。"让我们劝服民众,地球的这一半属于那些上帝指定降生于此的人,而不属于那些跨越大洋的叛逃者,他们妄图在此建立他们逃离的故土所施行的暴政。"[65]对玻利瓦尔而言,最紧要的任务是保障大西洋前线——西班牙人在那里拥有一个至关重要的桥头堡——的安全以及维持卡塔赫纳——卡斯蒂略正在那里挑起事端——的稳定。玻利瓦尔解放了奥卡尼亚与蒙波斯,但在他即将拿下西班牙最后一个据点圣玛尔塔之前,命运发生了转折。

卡塔赫纳顽固地拒绝接受玻利瓦尔或任何中央机构的权威,当地指挥官曼努埃尔·卡斯蒂略上校的个人恩怨,使"解放者"陷入了一场内战。在6周时间里,玻利瓦尔试图在蒙波斯进行谈判与调解,但显然卡斯蒂略永远不会与一个自己厌恶的人合作,他视玻利瓦尔为他的个人领地的入侵者,并嘲讽玻利瓦尔是一个拙劣的战略家,把新格拉纳达的军事资源都浪费在委内瑞拉的狂热冒险事业上。虽然明知不妥,玻利瓦尔还是接受了军事同僚们围困卡塔赫纳的意见,并于3月27日在拉波帕(La Popa)修道院建立了指挥部,这个修道院坐落于俯瞰卡塔赫纳城的高地上。玻利瓦尔采取措施保障己方补给路线的安全,而卡斯蒂略的应对措施则是向拉波帕的蓄水池投毒;卡斯蒂略的军事突围没有成功,玻利瓦尔的部队也因开小差而减员。这是一场双方都无法获胜的战斗,唯一的胜利者将是保皇党人。当玻利瓦尔竭力将卡塔赫纳拖入革命洪流之际,保皇党得以在马格达莱纳河谷收复失地,并开辟了一条入侵共和国的道路。玻利瓦尔苦闷异常。他与卡斯蒂略签订了和平协议,辞去了职务——这是他自3月以来一直想要做的事——而且,出于对解决新格拉纳达问题的绝望,他一走了之,去了牙买加。1815年7月,一支由巴勃罗·莫里略(Pablo Morillo)将军率领的西班牙远征军在圣玛尔塔登陆。面对长达百日的围城,卡塔赫纳守军誓死抵抗,全城最终在12月6日被攻占。城里一片死寂,街道上和房子里到处都是尸首,只有少数爱国者还活着,他们遭到了保皇党的屠杀。卡斯蒂略被捕,遭到处决。

玻利瓦尔乘坐英国商人麦克斯韦尔·希斯洛普(Maxwell Hyslop)名下的一艘商船离开,于1815年5月14日抵达牙买加。登船之前,他对士兵们发表了情绪沮丧的告别辞,哀叹他们被迫发动了一场并非针对暴君,而是针对自己同胞的战斗;在他自己不得离开,无法参与重要行动的情况下,他们还要为自由斗争,共和国还要倚仗他们。[66]玻利瓦尔得到的教训清楚无疑:他们并非败于西班牙人之手,而是败于美洲人之手。"在新格拉纳达,"他写道,"地方政府权力过大,联邦政府缺乏

第四章 灭绝之战

中央集权，让我们好好的国家变成现在这副样子。正因如此，我们的敌人才得以在虚弱不堪的情形下出乎所有人的预料顽抗到现在。"[67]美洲需要强大的政府，而非自由的政府。

1813年至1815年，见证了委内瑞拉的"惊人之役"、新格拉纳达的一系列胜利，以及反革命势力的成功反扑，也翻开了玻利瓦尔人生中个人成长与事业挫折的又一个篇章。他自己做的分析指向了一个不可回避的结论：当他亲自实施政策与计划之际，这些政策和计划是行之有效的；当有其他利益集团介入，以及克里奥尔人的敌意和考迪罗们的争夺纷至沓来对他加以掣肘之时，成功之路就戛然中止。考迪罗们提出了下一个挑战。当此之时，荣耀归他所有，权力却依然遥不可及。

第五章　革命试金石

牙买加来信

1814年，费尔南多七世重返西班牙，复辟了专制政府，着手惩罚自由主义者。在美洲，他的政策同样没什么新意，对安抚手段根本不予考虑。这里的复辟意味着重新征服和恢复殖民地国家。1815年2月16日，一支由巴勃罗·莫里略将军指挥的远征军从加的斯起航。莫里略是一名粗暴的职业军人，半岛战争的老兵，以秩序和纪律统辖部下。远征军最初的目的地是拉普拉塔河（Río de la Plata），后来改为革命与反革命的聚焦之地委内瑞拉，在这里可以重新征服新格拉纳达、增援秘鲁，并打通前往拉普拉塔河和智利的道路。这是三个世纪以来西班牙派往美洲的规模最大的一支远征军——由42艘运输船、5艘护航战舰、1万多名士兵组成，后续还有每年一次的人员物资补充。[1] 但军队士气远远配不上规模，抵达美洲之后，远征军就因士兵死亡和开小差而减员。西班牙军队的士兵是应征入伍的，不是志愿兵。殖民地战争在西班牙并不受人待见，军队士兵与军官都不愿在美洲拿生命冒险，尤其不愿去委内瑞拉，因为当地的环境和战斗都出了名地残酷。[2]

远征军很快采取了行动，一开始就在人数和作战素质上占据了上风。4月，莫里略首先攻占了玛格丽塔岛，接下来向大陆进军。5月，他进占加拉加斯，"宽恕、奖赏与惩戒"并举。7月，他继续进军新格拉纳达，发起毫不退让的凌厉攻势，在1816年10月完成了重新征服。圣菲波哥大遭遇了前所未闻的恐怖统治，爱国者精英们在如狂欢般肆意施行的绞刑、斩首和枪杀中被屠戮殆尽，还有人恶毒地将这种行为形容为"绥靖";农民们则被大批编进劳动营,目的是把殖民地变成莫里略军队的补给基地。1816年是美洲革命最黑暗的一年,对新格拉纳达而言是绞刑架上的一年,对整个次大陆*而言这一年充斥着反动与报复。

西班牙国王虔诚诉说着仁慈与和解,但杀戮已是太重。克里奥尔人丧失了生命与财产,帕尔多人付诸行动。时钟无法拨回到从前,反革命势力也自视他们的行为是诉诸暴力的再征服。莫里略需要金钱与物资。1815年,他迅速出手,在没有正当法律程序的情况下没收并出售反叛者的财产,反叛者定义宽泛,包括了领导者、支持者、被动追随者以及移居国外者。1815年至1816年,委内瑞拉的军政府(junta de secuestros)出售的产业价值将近100万比索,为皇家国库贡献了大笔收入。有200多个庄园被没收,其中大多数坐落在北部的海岸地区与山谷地带,属于由145人组成的小精英集团,包括托瓦尔、布兰科、托罗、马查多、帕拉西奥斯等家族的成员。玻利瓦尔本人失去了5处房产和其他一些产业,总价值为8万比索,这是保皇党没收的最大一笔财产,由此可以估算出玻利瓦尔大约拥有价值20万比索的总资产,是委内瑞拉最富有的人之一。[3] 但这不是与委内瑞拉精英和解的方式。与其他地方一样,反革命起了适得其反的作用。

当关于这些事件的令人恐惧又似曾相识的消息传播开来,玻利瓦尔改变了从牙买加前往英国"寻求帮助"的最初计划。[4] 西班牙人在大陆的所作所为需要他这样做。他的反应始终如一:先做理性分析,然后筹划反击。他那篇著名的《一个南美人对本岛绅士的答复》,在西班牙语里通常被称作《牙买加来信》(Carta de Jamaica),1815年9月6日写于金斯敦**,寄给了他住在牙买加北部海岸城市法尔茅斯(Falmouth)的朋友、他的崇拜者亨利·卡伦(Henry Cullen)先生,并暗中散布至受众更广泛的英语世界。那是一份对往日失败的追思和对未来前景的

---

* 指南美洲。西方学界视南北美洲为一个大陆,南美洲为美洲大陆的一部分,所以称次大陆。
** 牙买加首都,为英国人所建,主要用作运输甘蔗的港口。

颂扬，玻利瓦尔文采斐然地将西班牙革命的地位提升到了影响世界历史的高度，也抬升了他自己作为知识界和政界领袖的个人地位。

玻利瓦尔并不是第一位提出殖民地解放理论的政治家。在北美，理查德·布兰德（Richard Bland）*、约翰·亚当斯、托马斯·杰斐逊、大陆会议的诸多宣言以及《独立宣言》本身，都对关于殖民地的论争做出了重要贡献。玻利瓦尔相信，北美人民的经历与自己祖国人民的经历大不相同，永远不能成为国人的榜样。他只能自己设计民族解放理论，这是对启蒙思想的贡献，而非模仿。在这里，"解放者"力图擘画一幅不仅涵盖委内瑞拉与新格拉纳达，还关系整个美洲未来的宏大蓝图。

然而，《牙买加来信》是自由主义理论与实际相结合的一次实践，而不是理论上的探讨，尽管它包含了一些政治与道德假设：人民享有自然权利；人民有反抗压迫的权利；民族主义有自己的使命；针对剥夺官职与经济机会的反抗具有合法性。玻利瓦尔开篇即声称，西班牙的不公正政策与压迫行为切断了西班牙与美洲的联系，同时也使1600万美洲人捍卫自身权利的举动理所应当，尤其是在反革命加重压迫之际。这些权利是上帝与自然给予的自然权利。的确，"忠诚原则"将美洲同西班牙联结在一起，体现于他们持久的服从习惯、利益共同体意识、谅解精神、宗教信仰和与人为善，以及就美洲人而言，对祖先降生之地的尊重。但是所有联结都被打破了，亲近关系变成疏离之感，共同的要素走向了反面，并成了——尽管玻利瓦尔并未使用这一字眼——早期民族主义产生的标志。此外还有身份认同的难题。生于美洲，他们既不是印第安人，也不是欧洲人，而是处于被劫掠者与劫掠者之间。在西班牙统治之下，他们扮演着完全被动的角色："美洲人不仅被剥夺了自由，甚至被拒绝给予主动的、占支配地位的专政。"玻利瓦尔认为，大多数专政统治者，至少拥有一个组织成形的压迫制度，下层人员可以参与各层级管理，但在西班牙的专制主义之下，美洲人不被允许参与任何政府职能部

---

* 理查德·布兰德（1710—1776），美国开国元勋之一，弗吉尼亚政治家。

门的工作,甚至国内行政事务也不行。因而,他推论道,美洲人不仅被剥夺了权利,还被迫一直停留在政治发展阶段的幼儿期。

玻利瓦尔列出了不平等与歧视的重要例证,认为西班牙人剥夺了美洲人的经济机会,不让后者担任公职,只把他们当作劳动力看待,把美洲人群体视作一个消费市场。美洲人被禁止与西班牙竞争,也不能在农产品或制成品方面自给自足。他们至多被允许生产原材料与贵金属,甚至这些也被西班牙的贸易垄断所控制。更有甚者,玻利瓦尔补充道,直至今天仍是如此,"也许控制范围比以往更宽泛了",这一评价得到现代研究的证实。现代研究表明,贸易自由(comercio libre)旨在扩大西班牙殖民地贸易,并通过半岛垄断使之更为高效地运转。波旁王朝的新帝国主义也在寻求重拾西班牙对官职任免的控制。玻利瓦尔指出,美洲人被禁止获得高级官职,无法取得政府和行政经验。"除去特殊情形,我们从来不是总督或都督,很少成为大主教和主教,不曾出任外交官,只是下层士兵与没有实质特权的贵族。简而言之,我们既不是地方官员,也不是金融家,更难得当上商人。"现代研究的结论是,美洲人在殖民时期的早期(1650—1750)有充足机会接触公职,但随后遭到了"西班牙倒退"的限制,玻利瓦尔亲身经历了这一时代。[6] 玻利瓦尔更进一步。他坚称,美洲人对于公共职务拥有"宪法权利",这源自查理五世*与征服者和定居者签署的一份协议,根据协议,作为对进取心与冒险的回报,他们取得了对土地与行政的统治之权。从历史来看,这一想法是值得怀疑的,但在玻利瓦尔尝试着移植到美洲土壤的论点里,嵌入了一个契约概念。

在《牙买加来信》里,玻利瓦尔自觉站在了反对传统的变革派一边,支持革命,反对保守主义。他声称,形成两个派别,"保守派与改革派",是内战的特征。前者人数占优,政治倾向上的惯性造成了他们对

---

* 查理五世(Charles V, 1500—1558),神圣罗马帝国皇帝(1519—1556年在位)和西班牙国王,在西班牙称卡洛斯一世(Carlos I, 1516—1556年在位),在位期间扩大西班牙对美洲的殖民征服,将中南美洲除巴西以外的广大地区纳入西班牙版图。

既有政权的服从；后者人数较少，但他们的主张更有说服力，也更有学识，因此在道义上的感召力抵消了他们在人数上的劣势。两派政见的两极分化导致长期冲突，但玻利瓦尔赞成充满希望地坚持斗争，因为在独立战争中，大众是追随改革派的。在国际形势中，玻利瓦尔也看到，保守主义与自由主义的分歧，实际上是神圣同盟*与大英帝国的分歧。当谈及（1815）西属美洲的孤立境地，以及需要找到同情美洲的盟友时，玻利瓦尔写道："只要我们借助一个给予我们庇护的自由国家的资助强大起来，我们就可以团结一致，培养德行与才干，走向荣光。"

玻利瓦尔对于旧制度与革命性变革的观点，与欧洲和北美人士不同，他受外部榜样影响的程度有限。他生活在一个民族历史、国家实力与社会组织都与欧洲和北美不同的世界，和他共事的人对未来也有不同的愿景。在他寻找合适的政府形式之时，我们看到，他又一次对启蒙运动的政治思想敬而远之。他领悟到，政治解决方案与政府模式，必须与美洲环境相适应，满足美洲需求。美洲最大的需求之一，就是强有力的中央权威。美洲人在革命中迅速崛起，而他们此前并没有处理公共事务的经验。这使他们难以组织管理独立政权，也很难从自由制度中受惠。作为成长于理性时代的一代人，他们一有机会就建立起民众洪达，由洪达来召集国会。这些人建立了联邦制民主政府，宣告了人权，规定了权力制衡，通过了有利于国民自由、新闻自由与其他自由的普通法。玻利瓦尔结尾的一段话毫不妥协："大陆（Tierra Firme）**上发生的一切已经证明，完全代议制度与我们的性格、习俗及现有认知并不匹配。在加拉加斯，党派情绪在社会、集会和民众选举中萌生；党派把我们带回到奴隶时代。"

94

《牙买加来信》更重要的是反映玻利瓦尔的所思所想，揭示其行动

---

* 拿破仑帝国瓦解后，俄国、奥地利与普鲁士在巴黎结成的松散政治同盟，镇压市民起义和民族主义运动。该同盟曾于1823年武装干涉西班牙革命，并企图干涉南美独立运动。

** 专有名词，指南美大陆的西班牙殖民地。

的思想根源，而非向美洲人民发出呼声，因为在 1815 年，美洲人民并没有听到声响。1818 年，《牙买加来信》的英文版首次出版，而直至 1833 年，已知的第一个西班牙语版本才得以出版。但在其后数年里，"解放者"在其他更公开的演讲里援引了来信，有时逐字逐句引用，它因而成为西属美洲政治流行语汇的一部分。当得知玻利瓦尔流亡牙买加的时候，卡米洛·托雷斯很可能声称，他对革命的命运并不绝望，因为"哪里有玻利瓦尔，哪里就有共和国"[7]。这是玻利瓦尔的自我评价：他让自己成为革命的标杆。

在牙买加期间，玻利瓦尔试图影响岛上英国人对于独立事业的看法，并通过致信新闻界和自己的知交密友，间接寻求英国政府的支持。这些信件没有《牙买加来信》中的智识内容，充其量就是一些用于宣传鼓动的习作，也并不都令人信服。在一封写给《皇家公报》（*Royal Gazette*）的信里，玻利瓦尔声言，新格拉纳达政府能够集结兵力，有能力击败西班牙军队并包围卡塔赫纳，而委内瑞拉人民已经占领了内陆所有省份，此时正严阵以待，准备将敌人赶入大海。[8] 在另一封信里，他以骇人听闻的细节描述了西班牙人在委内瑞拉对老弱妇孺犯下的暴行，说他们企图"毁掉新世界，消灭那里的人民"[9]。在写给同一家报纸的一篇文章里，或许是为了消除英国利益集团在加勒比的疑虑，玻利瓦尔为西属美洲白人、印第安人、黑人与混血人群的种族关系描绘了一幅田园诗般的图景，和他自己的过往经历完全对不上，也与他后来的观点南辕北辙。[10] 白人虽占少数，却可以凭借他们的知识优势宣称拥有平等权利。印第安人热爱和平，是"所有人的朋友"，满足于他们的安稳现状、土地和家庭，受政府所认可的平等权的保护。庄园里的奴隶，"得到教会的教化，被灌输侍奉是他们的天职，他们生来依赖家庭，天生是他们所爱戴和尊重的主人家庭的成员"。西班牙的考迪罗们，对革命的真正原因一无所知，谋求提高包括奴隶在内的有色人种的地位，以抗衡克里奥尔白人，鼓动劫掠与杀戮，但最终这些人抛弃了西班牙人的事业，转而支持独立，因此我们可以确信，"所有西属美洲的子孙，无论肤色还是境遇，都有着不可改变的手足之情"。玻利瓦尔重新与理查德·韦尔斯利爵士（Sir Richard Wellesley）*取得联系，重申了他在伦敦陈述过的论调，希望他能向英国政府献上一言，使之记起南美的需求。

对玻利瓦尔而言，牙买加是一个凄凉的流放之地，是个由天堂变成炼狱的所在，他被西班牙人击败，又遭自己人民背弃，在个人生活和公众声望上都陷入困顿境地。他找到英国朋友麦克斯韦尔·希斯洛普，希望获得贷款和襄助，后者跟其兄弟韦尔伍德在牙买加和牙买加之外的卡塔赫纳及美洲大陆之间从事贸易，并热心关注独立运动。[11]麦克斯韦尔是一位真正的患难之交，他向"解放者"提供贷款和援助，是玻利瓦尔的大救星，赢得了玻利瓦尔永远的感激，玻利瓦尔多年以后写道，"您对哥伦比亚和我自己伸出的援手，我永世难忘"。在朋友面前，玻利瓦尔对革命的前景实事求是。他承认，如果莫里略行事果断而迅速，"西班牙政府在南美的复辟似乎不可避免"。他对民众主张也不抱什么希望，"尽管一切有思想之人无一例外地追求独立，大多数人却依然忽视自身权利，对自己的利益漫不经心"。南美洲将不得不屈服于强权，除非一个强大国家伸出援手。对已经无法与委内瑞拉继续贸易往来，很可能也将终止和新格拉纳达之间贸易往来的英国而言，这是一个收复失地的机会，只需付出提供武器装备和商业保护的微小代价。[12]

随后的几个月里，玻利瓦尔依赖希斯洛普接济现金，他承认，自己囊中羞涩："我连一个杜罗都没有，已经变卖了带来的那点银子。"他一次又一次向希斯洛普借钱，每次的金额都是100比索。[13]玻利瓦尔的钱不仅自用，还花在同病相怜的流亡者身上，而他自己的需求也越来越迫切。12月4日，他又提出借他一笔钱，用来偿付催债的女房东。"这个卑鄙的女人如今索取100多比索的额外费用，这很不合理；但她长着恶毒的长舌，我不想因为这么点儿钱就被拖到法官那里，因为她的无礼和羞辱而引发暴力冲突。我现在一个铜子儿（maravedi）**也没有，请你给我100比索来打发那个女人，这样你借给我的就有300比索了。"[14]

---

* 此处的韦尔斯利爵士和本书第三章提到的韦尔斯利侯爵似为同一人。
** 西班牙殖民美洲时期流通的铜币。

牙买加还有比女房东更可怕的。玻利瓦尔换了寄宿之所,与派斯中校同住,搬进了他家房舍的一个房间里。12月10日夜里10时左右,行刺者潜入玻利瓦尔的房间,在黑暗中摸索到睡在吊床里的一个人,把匕首插进了他的脖子。受害者与闯入者厮打,直至肋部中了第二刀,这一刀让遇刺者停止了呼喊,丢掉了性命。行刺者被擒获,发现是玻利瓦尔的黑奴,名叫皮奥(Pio)。然而,受害者并不是玻利瓦尔,而是他的同胞、曾为玻利瓦尔仪仗队成员的菲利克斯·阿梅斯托伊(Félix Amestoy),他前来拜访"解放者",发现吊床里没人,就躺在里面睡着了。玻利瓦尔的不在场催生出五花八门的演绎故事。在西蒙·玻利瓦尔的传奇历史里,戏剧性事件往往衍生出香艳情节,在牙买加版本里,他在别处追求一个女人。但谁能知道呢?金斯敦媒体报道了谋杀案及其后的审判,披露了更多细节。皮奥未供出姓名的两个西班牙人向皮奥开价2000比索,让他杀死玻利瓦尔,而且他那天夜里被灌了很多酒。皮奥招认了罪行,他被判有罪,并被处以极刑,首级被挂在金斯敦的一根柱子上示众。根据媒体报道,这是那些"最下作的西班牙人"对"解放者"实施的第三次谋杀。[15]这些意图加害者是谁呢?莫里略、莫索*和拉托雷(La Torre)**三位将军都在被怀疑之列,但奥利里并不相信莫里略堕落到了这一地步,而玻利瓦尔也不肯吐露他的怀疑对象。

对玻利瓦尔而言,牙买加可以当作一个临时避难所,却无法成为反攻委内瑞拉的基地。卡塔赫纳则提供了一种可能性,玻利瓦尔在该地仍有支持者,当时当地的掌权者是玻利瓦尔的盟友,生性多疑、心狠手辣,名叫H.L.V.迪库德雷-荷尔斯坦因,是个出生在丹麦的法国雇佣兵。第二号人物路易斯·布里翁(Luis Brión)来自库拉索,是个富有、和善的航运商人,他改换国籍成了委内瑞拉人,注定会是玻利瓦尔最可

---

* 即萨尔瓦多·德·莫索-夸德拉多(Salvador de Moxó-Quadrado,1780—1817),西班牙将领,1815年接替莫里略,指挥委内瑞拉的西班牙军队,1817年因健康原因离任。
** 即米格尔·德·拉托雷(Miguel de la Torre,1786—1843),西班牙将领、西属美洲殖民地官员,曾任委内瑞拉都督和波多黎各总督。

靠的追随者之一。然而，12月6日，卡塔赫纳被莫里略攻陷，尸横遍野，混乱失序，一派末世战争的恐怖景象。12月18日，玻利瓦尔离开牙买加，因得知卡塔赫纳陷落，他乘船前往海地，身后跟随着一群来自受难港口的逃亡者。他从奥凯（Aux Cayes）*登岸后，即刻赶往太子港。在人情物事搅扰不断的情况下，玻利瓦尔总是能够找出时间追求美女，并赢得芳心。在委内瑞拉的逃亡者之中，有卡洛斯·苏布莱特（Carlos Soublette）**的漂亮妹妹伊莎贝尔，在卡塔赫纳时，玻利瓦尔就对她爱慕有加，此时更钟情于她，并把她加入了自己的情人名册。玻利瓦尔对她的兄长也很赏识，后者是一位能力出众的年轻军官，也是最忠诚的玻利瓦尔支持者之一。

亚历山大·佩蒂翁（Alexandre Pétion），海地的穆拉托人总统，在海地这个昔日法国殖民地那场因奴隶暴力革命而触发的独立运动之中成为著名斗士。佩蒂翁在1816年1月2日欢迎了玻利瓦尔的到来，后者立刻精神大振。佩蒂翁对来访的玻利瓦尔的远征准备给予了道义上的热情支持，还提供了真金白银的物质援助，给了玻利瓦尔6000支步枪以及大量弹药和军需物资，还派出海船运送物资，并赠予玻利瓦尔一大笔钱款。所有这一切的回报，只有"解放者"的承诺：他将在获得解放的委内瑞拉宣布废除国土上的奴隶制。[16]在外国商人财团的支持下，尤其是在获得英国商人罗伯特·萨瑟兰（Robert Sutherland）的借款之后，玻利瓦尔把从卡塔赫纳投奔来的另一批逃亡者也集合到一起，准备重新投入战斗。

考迪罗们

在玻利瓦尔离开南美大陆期间，革命活动并未销声匿迹。多股武装

---

* 海地西南港口。
** 卡洛斯·苏布莱特（1789—1870），委内瑞拉军人、政治家，曾任委内瑞拉总统。

的反抗活动仍然活跃，这些武装部队的首领，后来成为爱国战争不可或缺的中坚力量，这些首领包括：大平原北部地区的佩德罗·萨拉萨（Pedro Zaraza）、西部大平原的何塞·安东尼奥·派斯（José Antonio Páez）、凯卡拉（Caicara）的曼努埃尔·塞德尼奥（Manuel Cedeño）、库马纳的何塞·塔德奥·莫纳加斯（José Tadeo Monagas）以及马图林的赫苏斯·贝雷托（Jesús Berreto）与安德烈斯·罗哈斯（Andrés Rojas）。这些人是革命战争中的考迪罗，是通过占有土地、扩充部队和夺取资源来壮大自身实力的军阀，他们的武装部队，通过一种恩主—扈从关系维持队伍的团结，不断获取战利品的许诺又驱使他们走上战场。[17]这些力量从第二共和国的废墟上崛起。幸免于难的爱国者逃往东部的平原、丛林与森林，以躲避保皇党的报复。他们在自行选择的领导人麾下重整旗鼓，一部分原因是希图自保，另一部分原因是为革命事业。[18]对游击队员来说，投降或被俘就等于是走向刑场。有鉴于此，抵抗就是余下的唯一选择。各路小股势力不断合并整编，直到他们找到一个超级考迪罗统辖众人。游击队战士们以长矛（púa）为武器，驱赶巴塞罗那与库马纳的大平原上的马群和牛群，和正规军部队较量不落下风，他们捣毁通信设施，伏击分遣队，骚扰城镇，然后消失无踪。他们在全国多地有效牵制了保皇党军队，迫使西班牙人不得不保留卫戍部队。[19]

这些游击武装不仅与保皇党作战，彼此之间也互相争斗。委内瑞拉的革命领导人之间的争斗，阻碍了战争进程，而考迪罗们你争我夺，为的是获取只有军事胜利和兵多将广才能带来的至高权力。没有哪个考迪罗愿意服从于另一个考迪罗，他们各自为保持独立而战，处于原始状态之下，没有谁能号令群雄。最强大的领袖们在内战之中应运而生，这些人包括莫纳加斯、萨拉萨、塞德尼奥和皮亚尔。这是东部的情形。而在西部大平原，要取得领袖群伦的地位，则需要具备无与伦比的体魄，这一挑战令派斯脱颖而出。

> 要指挥这些人并掌控局面，需要一种独有的优势与天赋，需要用双手挥舞长矛，骑上野马作战并在实战中驾驭它们，能够泗水并

在涨水的河里战斗，能用套索捕获并杀死野兽，只为获取食物，简而言之，就是有本事来直面并克服在这些环境中可能遭遇的无数危险。[20]

玻利瓦尔也拥有非凡的天赋、韧性与忍耐力，学会了以考迪罗的方式与他们竞争。他领兵作战的履历丝毫不逊色于考迪罗们。玻利瓦尔征服了自然，也征服了众人，在与战斗一样值得纪念的行军中战胜了美洲的辽阔疆域。他以严厉著称，却没人质疑他无情。但玻利瓦尔从来不是只依赖个人威权行事的考迪罗。他一直谋求将革命制度化，并最终为革命找到政治上的归宿。玻利瓦尔所赞同的解决办法是缔造拥有强有力中央政府的大型民族国家，政府形式完全不同于考迪罗们所青睐的分权而治的联邦政府。但玻利瓦尔从未拥有真正的地区权力基础。东部地区则有他们本地区的寡头政治，也有他们本地的考迪罗，这些考迪罗认为自身是中央政府的盟友，而不是下属。阿普雷地区（the Apure）*早先由一些大庄园主统治，后来派斯成了那里的主人。玻利瓦尔在加拉加斯和中北部地区感觉最舒服惬意。在这些地区，有他的朋友、追随者，以及参加过新格拉纳达作战、"惊人之役"和其他委内瑞拉中部战役的军中旧部。玻利瓦尔可以向乌达内塔、里瓦斯和坎波下达指令，就像盼咐他的心腹将校那样，将他们调往一个或另一个师，派往这个或那个前线。职业军官们对玻利瓦尔并无不满：他们对他的修养、品格与勇气钦佩之至。挑战玻利瓦尔的领导地位，唯恐失去自己地盘的，是考迪罗们。此外，自 1814 年起，委内瑞拉中部就被保皇党占据，未能控制首都的玻利瓦尔，只能通过军事和政治两手来集中权力。

玻利瓦尔所树立的典范，几乎没有哪个考迪罗能够效仿。1813 年至 1817 年，是革命经受考验的时期，抗御外敌的战争因考迪罗们的内战而受挫。但是，与实力欠缺的玻利瓦尔相比，考迪罗们更善于相机而

---

* 委内瑞拉西南部一地区，后成为委内瑞拉的一个州。

动、顺势而为。在缺少国民武装部队的情况下，个人领导必然具有决定性作用，而由于缺少全国性目标，武装暴动的组织机构不可避免地处于松散无序状态。尽管考迪罗们各自为政、四分五裂，但在玻利瓦尔离开期间，他们毕竟维持了革命武装的存续。正如何塞·德·奥斯特里亚（José de Austria）所评论的，"尽管他们原地踏步，但也不会被完全消灭"[21]。在装备充足、战争性质与敌人力量明确的情况下，游击战法适宜可行。正是莫里略将军对暴动分子的扫荡，让考迪罗们无所遁形，直接威胁到了考迪罗自己以及其他委内瑞拉革命领导人的生命、财产与核心利益，因此拼死一战成了他们逃生自保的唯一希望，"他们陷入了要么坐以待毙，要么拼死一搏的绝境之中"[22]。于是，乡村中的散兵游勇再度被动员起来，他们不是作为一股社会力量或政治势力，而是充当对他们许以战利品的军事强人的马前卒冲锋陷阵。

与此同时，在海地，玻利瓦尔正筹划着对委内瑞拉发起新一轮攻势，他需要解决领导权的问题。几个实力较强的考迪罗，被说动接受玻利瓦尔在远征行动中坐镇指挥，直至国会召开。在远征的最初阶段，于玛格丽塔岛召开会议上的投票强化了这一共识，玛格丽塔岛的考迪罗阿里斯门迪，是玻利瓦尔建立中央权威政府主张的拥护者，而且，他还有布里翁提供资金支持和航运保障。在马里尼奥、皮亚尔和其他考迪罗均有出席的第二次大会上，玻利瓦尔的领导地位得到确认，并且，大家一致反对将委内瑞拉分裂为东西两部分："委内瑞拉共和国只有一个，不可分割，兹推选并确认总统兼三军总司令西蒙·玻利瓦尔阁下出任国家最高元首，桑蒂亚哥·马里尼奥阁下担任副手。"[23] 同时，玻利瓦尔同意给予游击武装领导人以合法地位，授予他们军衔与身份。一些老资格考迪罗被授予将军或上校军衔，其他人也被授予了适当军衔。

这些仪式的意义有限。玻利瓦尔无法掌控考迪罗的原因之一在于，他在战场上没有取得绝对胜绩。要进攻大陆，他认为需要 2000 人的部队与 14 艘舰船，但这个估计确实太乐观了。自海地发起的第一次远征（1816 年 3 月 31 日至 7 月 17 日），声势不小，但兵员不足，远征部队中充斥大批军官和他们的女眷，普通士兵却人数不足，而且其中还有一些士兵是佩蒂翁派遣的。对小型航船而言,加勒比海是一大片海域,只能小心翼翼地躲避西班牙巡逻者,然而船队耗时一个月方才到达玛格丽塔岛的主因是,玻利瓦尔得知何塞菲娜与母亲、妹妹抵达奥凯的消息后坚持返航。与情人重逢之后,玻利瓦尔没有理睬船员与士兵们的围观与闲言。在布里翁的建议下,玻利瓦尔从东部取道小安的列斯群岛前往玛格丽塔岛,在小安的列斯群岛,他的部队或许能寻到一个必要的庇护所或基地,以便与东部的抵抗运动保持联络。他们与西班牙军舰短暂交火并取得了胜利,玻利瓦尔明智地选择不亲自上阵,而是让手下将领指挥战斗。

玻利瓦尔倾向于在卡鲁帕诺发动进攻,但最终选择了卡贝略港以东的奥库马雷,7月5日,玻利瓦尔率军在该地登陆,没有遇到西班牙人的阻击。玻利瓦尔立即发布了一则公告,做出了两项理想色彩大于实际作用的声明,一是敦促西班牙人接受革命事实,二是履行他对佩蒂翁的承诺(宣布废除奴隶制)。从玻利瓦尔的角度来说,灭绝之战已经结束,归降的西班牙人将得到宽恕。他还进一步宣称,奴隶已经是自由人,这是为了贯彻人类与生俱来的平等原则,他们获得的自由,是玻利瓦尔通报给佩蒂翁的那种赋予了南美独立运动真正意义的自由。[24]

但是,军事行动方面却一塌糊涂。情报有误、下属无能以及部队未能迅速集结,使深入内陆的苏布莱特的部队与滞留在港口的部队之间拉开了距离,从而使苏布莱特陷入了孤立;而玻利瓦尔亦遭到叛徒副官的欺骗,陷于被敌人俘获的危险之中。高级军官们一致建议,派出一支部队向阿拉瓜谷地进发,玻利瓦尔不随部队出发,而是登船撤离。在重新登船时,场面一片混乱,为这次进攻打上了荒诞的印记。人们怀疑玻利瓦尔是因为带在身边的情人而分神。他不得不又一次不光彩地从海上逃亡。经历艰苦航程后,玻利瓦尔于8月16日抵达圭里亚,途中还将佩皮塔和她的家人送往圣托马斯。尽管玻利瓦尔手下的将领们,那些忠诚的玻利瓦尔主义者——布里塞尼奥·门德斯(Briceño Méndez)、苏布莱特和萨洛姆,都竭尽全力捍卫玻利瓦尔的行动,爱国者们仍在巴塞罗那的外围地带英勇作战，但这场由西班牙人一手导演的劫难重创了玻利瓦尔的威望。多年之后，玻利瓦尔仍对奥库马雷之败耿耿于怀，但他并未将之归咎于自己的指挥无方，而认为是属下犯错和临阵脱逃造成了失败。实际上，当时他比考迪罗们还要虚弱，至少一些考迪罗还能在东部保有立足之地。[25]

因为拥有自己的人马，马里尼奥和贝穆德斯决心对抗玻利瓦尔，他们指斥玻利瓦尔为逃兵和叛徒，认为他对领兵作战一窍不通。1816年8月23日，他们在圭里亚发布了一则公告，宣布罢免玻利瓦尔，而由马里尼奥出任最高领袖，贝穆德斯任副手，但在奥利里眼中，马里尼奥是醉心于"随心所欲和无法无天"之人，贝穆德斯则是"未开化、鲁莽与善变的"人物。[26]军队陷入分裂，内斗威胁到了举事武装中的各级官兵。考迪罗们意图将玻利瓦尔捉住并监禁，他侥幸逃出生天，从圭里亚逃至海地。玻利瓦尔在1816年蒙羞受辱，一定程度上在于他自己的军事失误，但他仍能得到麾下军官的支持，包括铁血勇将阿里斯门迪，以及在爱国者阵营受到高度评价的苏格兰冒险家格雷戈尔·麦格雷戈（Gregor MacGregor）。在海地，佩蒂翁保证会给予玻利瓦尔道义和物质上的支持，萨瑟兰也在不断为玻利瓦尔提供资金。玻利瓦尔的加勒比历险仍在继续。

1816年至1817年的战事使"解放者"经历了战略上的严峻考验，他没能立即通过。以古典战法对抗分散之敌而赢得的"惊人之役"，让玻利瓦尔低估了他所面临的军事困境。革命事业推进到此时，在委内瑞拉北部沿海获胜绝无可能。因为这一带是保皇党所控制的全国最富庶和工事最坚固的区域，防备固若金汤。但玻利瓦尔仍未吸取教训，也不认为有另辟战线的必要。因此，奥利里有了这样的记述："玻利瓦尔对加拉加斯的钟爱，或者说他对彼处居民的爱国之情及对该地为占领者提供资源能力的夸大想象，导致他在军事生涯中犯下了很多错误。"[27]

玻利瓦尔从海地发起第二次反攻战役，于1816年12月31日登陆巴塞罗那，开启了他所称的"共和国第三阶段"。之所以开启第三阶段，或多或少是因为前两个阶段已经终结,而且,玻利瓦尔最初的计划并不是攻击敌人已暴露在己方部队面前的圭亚那,而是直指挡在通往加拉加斯之路上的保皇党人马。如此一来,玻利瓦尔就不得不仰赖在东部多个地区各自为战的考迪罗的助力。他致信一个又一个考迪罗,号召大家为了一项伟大的联盟计划(proyecto de reunión)聚拢在自己身边。他致信已向圭亚那进军的皮亚尔,指示后者率兵向他靠拢:"兵微将寡无法实现伟大目标。兵力分散,不但无助于我们取胜,还可能摧毁共和国。"[28]他写信给马里尼奥、萨拉萨、塞德尼奥和莫纳加斯,命令、要求和呼吁团结与服从。但考迪罗们并没有马上改弦易辙,他们采取事不关己的态度,仍然是我行我素。这样一来,拥有一支庞大的军队只是一场幻梦,玻利瓦尔放弃了占领加拉加斯的想法,他甚至无法守住巴塞罗那。由于仍然没有自己直接指挥的军队,没有考迪罗势力的支持,玻利瓦尔不得不前往圭亚那,他不但为自己的战略执念付出了代价,也成了群龙无首的诸侯割据局面的受害者。

与皮亚尔对峙

向圭亚那进军,被证明不是后退,而是一次具有决定性意义的转移——让革命扎根于内陆深处:深入奥里诺科流域的广阔平原,遍及不可穿行的广袤之地,涉入宽阔河流与瘴气肆虐的沼泽之中。这些地带是抵御失败的巨大屏障,是发动袭击的跳板,是牲畜兴旺的财富之源。在这个时候,玻利瓦尔已经成长为一位战略大师。此次行动并非追踪皮亚尔的心血来潮之举。1816年以来,这一念头就在玻利瓦尔的脑海中挥之不去。离开海地之后,玻利瓦尔在美洲大陆寻找立足之处,计划远征圭亚那,但当时由于资源匮乏、缺少盟友,想法被搁置了。[29]奥里诺科河三角洲宽达400英里,河道交错,船只只有由经验丰富的领航员领航才能通过。沿着河岸,穿过交织在一起、各类藤本植物(bejuco)与各色绚烂繁花点缀其间的丰茂植被和高大树木,被博维斯摧毁的村落废墟仍然清晰可见，这片土地如今向共和国的炮艇和士兵敞开了怀抱。掌控圭亚那，对革命具有经济意义，可以使玻利瓦尔从商人朋友萨瑟兰那里获得丰厚贷款，因为萨瑟兰盯准了有供应保障的牲畜出口以及由爱国者队伍和武装民船所控制的奥里诺科河带来的收益。这种优势正是玻利瓦尔游说派斯让其服膺自己权威的一大理由，后者曾经向玻利瓦尔提出疑问，阿普雷的平原人为何要放弃对自己熟知的考迪罗的效忠，转投一个未曾听闻的祖国（patria），这么做有什么好处，而玻利瓦尔对此早已准备好了说辞：

> 占据圭亚那促进了我们的事业发展。拥有这一重要省份，给了我们良好声誉，并使我们在对外关系方面上升至非凡地位，尤其是与英国人，以及那些和本大陆邻近的岛屿领主的关系，他们一听说我们的武装取得胜利，就乘坐满载各类商品和货物的船只出现了。几位英国商人已经前来洽谈，与政府敲定供货合同，用枪支、火药、炮弹、军服和各类战争物资来换取我们国家的物产，一些合同双方已经签了字。[30]

在上面这封信以及随后的信件里，玻利瓦尔向他的新盟友不断灌输革命取得的丰功伟绩，其中掺杂了不少出于拉拢派斯的目的而说的恭维话，还有关于非玻利瓦尔一派的考迪罗命运的见闻，以及连篇累牍的配合某些武器使用的步兵战术方面的内容。他要求派斯送给他2500匹骡子来答谢他，要"立刻、马上、越快越好"地送到。一个月后，他再次催促，"把它们尽快送来"[31]。玻利瓦尔相信，言语可以逼人就范。

1817年4月30日夜间，"解放者"在安戈斯图拉附近驾轻舟渡过宽阔的奥里诺科河，于5月2日抵达皮亚尔的军营，恰好赶在了他麾下的高级指挥官阿里斯门迪、贝穆德斯、巴尔德斯、萨拉萨和苏布莱特的前头。皮亚尔被晋升为将军，但他非但未受到安抚，反而受到了质疑。于是，他迅速明确宣示了他的独立地位：他随心所欲地解读玻利瓦尔的军令，并执意决定处死西班牙俘虏。夺取圭亚那的战争无比残酷。皮亚尔的第一个重要进攻目标是安戈斯图拉，它位于安戈斯图拉河上游，距入海口250英里，是一座漂亮的殖民城市，这座城市建在一片三面环水的高地之上，城中的房屋建筑都粉刷成了白色，并在奥里诺科河左岸修建了宜人步道。但安戈斯图拉的城防也是相当严密的。

于是，皮亚尔转而挥师攻击卡洛尼河（Caroní River）一带的传教团，自1724年以来，西班牙嘉布遣会就在这片区域积极传播福音，此时，这里是圭亚那最开化的地区，是"良好秩序与家长制管理的典范"，是保皇党的重要根据地，同时也是爱国者部队的补给基地。[32] 1817年2月初，这片由加泰罗尼亚传教士管理、由29个村庄组成的宁静繁荣的绿洲，也卷入战火之中。皮亚尔的军队入侵并占领了这里，而保皇党军队几乎未做抵抗。教士们被指控参与了圭亚那保皇党抵抗爱国者进攻的防御作战。这些教士向保皇党军队送去了装备了武器的印第安人，还提供了马匹与物资，就他们的这些做法来说，他们确实是保皇党的帮凶。作为西班牙国民，作为他们的恩主——西班牙国王的臣民，他们四周都是保皇党的人马，他们也是别无选择。但他们并非战斗人员，他们也没有亲身参与作战。在卡洛尼传教团的41名教士中，有7人逃走，有14人在被关押期间死去，余下的20名被关押教士，在1817年5月7日被用砍刀和长矛杀死，尸体被烧成了灰烬。[33] 两名直接对杀戮负有责任的共和派军官，辩称他们错误领会了曾指责这些教士投靠保皇党的玻利瓦尔的命令。两人逃过了惩罚，但他们的暴行让"解放者"的领袖权威蒙上了一层阴影。皮亚尔本人并不赞同这种残暴做法。从2月至5月，他一直关押着这些教士，如果他有杀心，早就可以把他们杀掉。5月2日，玻利瓦尔抵达安戈斯图拉，名义上主管军务，但还不能完全掌握军权。玻利瓦尔认为，上述暴行是"军中疯子……野蛮人"才能干出来的事。他手下负责调查教团事件的何塞·菲利克斯·布兰科神父（Father José Félix Blanco）声称，"玻利瓦尔将军与此事无关"。[34] 指挥部曾有人授权哈辛托·拉腊（Jacinto Lara）上校做出处置，而正是他向胡安·德·迪奥斯·蒙松（Juan de Dios Monzón）上尉下达了屠杀命令。

奥利里认为这一暴行是理应受到强烈谴责的错误行径，但拉腊是玻利瓦尔的部属，他本人不但保住了职位，还因为效力于"解放者"而被袒护和提拔。[35]

此时，还没有在圭亚那重新树立起权威，玻利瓦尔就要面对考迪罗们反叛作乱的考验。起初是贝穆德斯和巴尔德斯造反，对抗马里尼奥，接着是马里尼奥反叛玻利瓦尔，而皮亚尔则是不听所有人的调遣。自西班牙出狱归来后，在那个荒唐神父科尔特斯·马达里亚加的怂恿之下，马里尼奥在卡里亚科（Cariaco）召集了一个小型国会，打算建立临时政府，以便为自己谋得合法地位，他曾经给西班牙人制造了不少麻烦，如今他给玻利瓦尔带来的麻烦也不遑多让。1817年5月9日，马里尼奥发布了一则面向委内瑞拉各民族的宣言，这标志着他渴望成为国家领袖，而不甘心只做一个地方考迪罗。然而，一个考迪罗无法摇身一变成为宪政主义者，这就是马里尼奥失去众人信任的原因。贝穆德斯与巴尔德斯已经弃他而去，投向了玻利瓦尔。此时，曾经听命于马里尼奥的乌达内塔将军、苏克雷上校以及不少其他军官，也都前往圭亚那投效玻利瓦尔。形势开始逆转。这样一来，玻利瓦尔有了听命于自己的武装部队，具备了影响战局的实力，也有了挑战皮亚尔、争夺在圭亚那的领袖地位的本钱，而后者4月刚刚在圣菲利克斯（San Félix）完胜兵力占优的保皇党军队。玻利瓦尔采取的策略是，设法让安戈斯图拉的西班牙势力保持中立，与此同时，控制奥里诺科河流域的水路交通，并在军事上掌控该区域。有一次，玻利瓦尔险些丢掉性命，或者说差点身陷囹圄，当时他下马准备视察炮艇，意外遇到一支西班牙分遣队。玻利瓦尔跳入水中，游至安全区域，才逃过一劫。在圭亚那的军事胜利、对奥里诺科河流域水路交通的控制和自身具备的政治嗅觉，使玻利瓦尔建立起了对安戈斯图拉和圭亚那的绝对掌控，也提高了他对抗考迪罗们的胜率。正是在这一时期，玻利瓦尔的实力日益壮大，而皮亚尔却对他拒不听命。

在高层取得强大领导力，摆脱敌人的束缚——这些都是玻利瓦尔迫切要做的事，但他的当务之急还不只这些事。他知道，革命需要更广泛的社会基础。为使选民范围扩展至克里奥尔白人之外，普罗大众必须被纳入选民范畴，这是一项艰难决定，玻利瓦尔意识到了其复杂性。他说道，"爱国者、保皇党、利己主义者、白人、帕尔多人、委内瑞拉人、昆迪纳马卡人（Cundinamarquis）、联邦主义者、中央集权派、共和派、贵族、好人与坏人，以及所有这些人群下面的细分群体，都陷入了惊人的混乱"[36]。委内瑞拉社会中规模最大的单一族群是帕尔多人群体，他们是法律与传统所造成的歧视的受害者，从殖民地社会涌现出来，准备投身革命。战争赋予了他们某种平等身份，使他们获得了新的机遇，有了新的领袖；但战争也剥夺了他们最丰厚的奖赏，让他们明白忍让是有限度的。玻利瓦尔对种族歧视嗤之以鼻；他为自由和平等而战。这也是独立的精髓所在："在人身不平等盛行的地方，在法律上规定人人平等至关重要。"这场革命将扭转先天条件与殖民主义造成的不平衡：从前，"白人凭借着才干能力、先天优势与巨大财富，垄断了一切。帕尔多人，被打压到了最令人蒙羞受辱的境地，一无所有……但革命赋予了他们一切特权、权利与优势"[37]。作为一种社会现象，独立战争可以被看作克里奥尔共和派与保皇党为赢得帕尔多人的效忠和招募奴隶效命而展开的一场竞争。在玻利瓦尔模式之下，革命成了一场结成联盟对抗西班牙的运动，而这个联盟是由克里奥尔人、帕尔多人和奴隶结成的联盟。但是，并不是所有克里奥尔精英都赞同这一模式。科罗和马拉开波，此前是黑人反抗的中心，两地对玻利瓦尔倡导的联盟持抗拒态度，自始至终抵制革命。玻利瓦尔清楚，他必须小心谨慎地维护这一联盟，因此只让帕尔多人在联盟中居于从属地位，将其置于克里奥尔人的掌控之下。帕尔多人是不被允许拥有具有自治地位的领袖的。这就是玻利瓦尔不得不与曼努埃尔·皮亚尔针锋相对并必须挫败其挑战的原因。

在克里奥尔人看来，皮亚尔是标准的种族主义煽动者。他不是典型的考迪罗，因为他没有独立的权力根基，既没有自己的地盘，也不掌控经济。他只能依靠自身的军事才能，"凭借手中之剑与好运气"一步步获得晋升，最后被玻利瓦尔本人授予总司令头衔。[38]皮亚尔是来自库拉索的帕尔多人，他使帕尔多人成了他的拥趸。一位保皇党编年史家记述道：“皮亚尔是我们最可怕的敌人之一，他热衷冒险，才华横溢，对所属阶层富有影响力。因此，他是为数不多的能够鼓舞大部分委内瑞拉民众的人之一。”[39] 玻利瓦尔也想征募有色人种、解放奴隶和吸纳帕尔多人，为的是使军事力量的天平向共和派倾斜，但他并不打算通过在政治上进行宣传鼓动来达到他的目的。

　　玻利瓦尔还因为皮亚尔的傲慢、野心与不驯服而吃了不少苦头。1817年1月，一群军官离开皮亚尔，投奔玻利瓦尔，皮亚尔要求他的长官*给予这些人最严厉的惩罚，认为这是唯一能让"此类邪恶、野蛮又堕落的人"拜服的教训，"在咱们这地界，宽宏大量被看作软弱可欺；脾气太好会让人误以为没有个性、精力不济；所有美德都被认为一文不值。长官大人，你对此想必心知肚明"[40]。玻利瓦尔默默领受了这套根据考迪罗的行事法则罗织的说教之词，选择通过讲道理来回应皮亚尔的羞辱，他暗示，如果在政治上毫无原则，考迪罗们就会沦为纯粹的盗匪："如果我们以彼此攻伐和混乱无序自毁长城，就会败光共和派的家底，他们就可以名正言顺地把我们称为流浪汉了。"[41] 但没人能让皮亚尔俯首称臣。他把奥里诺科的战事视作他自己领地上的冲突，宣称圭亚那和传教团都是归属他个人的。对最高权力的争夺变成了一场彻底的反叛。根据莫里略将军的说法，有证据显示皮亚尔曾谋划过比反叛更厉害的计划："皮亚尔是穆拉托人，也是各阶层精英中最重要的人物，他与自封为海地总统的穆拉托反叛者亚历山大·佩蒂翁关系密切，二人共同筹划在圭亚那建立一个基地，进而实现称霸美洲的目标。"[42]

　　皮亚尔似乎没有意识到，权力的天平倒向了考迪罗们的对立面，而这一局面或许又是驱策他采取行动的一大因素。在安戈斯图拉战胜保皇党——在长达一年的围攻战与运动战中，黑人和印第安人为交战双方都效力过——让玻利瓦尔巩固了自身权力，并掌握了主动权。1817年6月，到了做出决断的时刻，此前一段时间，玻利瓦尔耐着性子与考迪罗们周旋，对这些下属的异见、敌意、阴谋与傲慢忍气吞声。卡里亚科政客的

---

* 即玻利瓦尔。

装腔作势、皮亚尔在圭亚那的所作所为，促使玻利瓦尔派出亲信军官佩德罗·布里塞尼奥·门德斯去和皮亚尔晤谈，以澄清误会。布里塞尼奥回来汇报称：皮亚尔表达了友善之意，并且不希望把局势搞乱；对于委托玻利瓦尔建立民主化机构，创设与最高军事决策机关并立的政治决策机关一事，皮亚尔只是三言两语提及而已。根据门德斯的汇报，玻利瓦尔认为皮亚尔态度暧昧、闪烁其词，为此大发雷霆。他声称：自己不会再像在卡塔赫纳、圭里亚和卡鲁帕诺时那样示弱；他比以往任何时候都要强大；有3000人对他唯命是听，他们不会容忍派系之争。"我若一贯保持温和，那是出于谨慎而非软弱……只要我一息尚存，手中还握有长剑，就不会出现暴政和无政府状态。"[43] 6月30日，他交给皮亚尔一本护照，让他离开，想去哪里都可以。但皮亚尔已经走上了反叛之路。

玻利瓦尔断定，挑战东部派系主义与异见分子的时机已经成熟。有一次，玻利瓦尔罕见地发了脾气，并极其出色地操练了一番他持续输出恶言詈辞的本事：他一改往日的耐心，对反叛者皮亚尔大加指责，认为后者自诩高贵，而不顾所有证据都表明其出身于帕尔多人的事实。玻利瓦尔称，皮亚尔是一个罪犯，一个残暴之人，一个窃贼，一个专横君主，一个德不配位的平庸之才，一个声言要提高有色人种地位却又蔑视他们、妄图挑起种族战争的怪兽。"皮亚尔将军破坏了法律，图谋推翻现有体制，不服从政府，违抗命令，背弃军队，像懦夫一样逃跑。他让自己置身于法度之外：让他覆灭是一项责任，消灭他不啻于积德行善。"[44]

在上述心态之下，玻利瓦尔下令将皮亚尔"连同其他考迪罗及他门下的追随者"抓捕归案。[45] 皮亚尔被捕和受审，被判处死刑，罪名是临阵脱逃、犯上作乱和背叛国家。法庭由布里翁主持，以苏布莱特为首提起公诉。玻利瓦尔批准了判决，行刑队在安戈斯图拉主广场公开对皮亚尔执行了枪决，"因其宣扬种族战争的邪恶原则……煽动内战，鼓噪无政府主义"[46]。这一判决，从司法角度衡量或许是有缺陷的，但对于处决皮亚尔，玻利瓦尔是经过深思熟虑的。皮亚尔是地方主义、个人主义与黑人革命的代表。玻利瓦尔则支持中央集权、立宪制度与种族和谐。他后来声称："皮亚尔将军之死，是拯救国家的政治需要，否则他会挑起一场帕尔多人与白人的战争，令后者被消灭殆尽，从而使西班牙人获得胜利。马里尼奥将军也理应受死，因为他离经叛道，但他没那么危险，因而原则也可以变通，让步于人道考量，甚至旧日友谊……从来没有哪个人的死比皮亚尔的死更有益处、更恰逢其时，同时也从没有哪个人比他更死得其所。"[47]

危险潜藏于帕尔多主义（*pardocracia*）之中。玻利瓦尔谴责皮亚尔在有色人种已经享有平等之时煽动战争："皮亚尔将军本人就无可辩驳地证明了（有色人种享有的）这种平等。"在克里奥尔人的掌控之下审慎实施、循序渐进的改革方案，遭遇彻底颠覆现有秩序的威胁，后者只会让社会陷入混乱无序。虽然有必要扩大革命基础，但不能剥夺克里奥尔人的领导权："谁是这场革命的发起者？不是白人、富翁、贵族，甚至军事领袖们吗？革命之中的这些考迪罗宣扬了哪些原则？共和国法令是正义与解放的永恒丰碑……'自由'甚至被赋予曾经是这些人昔日私人财产的奴隶，而独立则涵盖了这个词最为广泛的意义，以取代束缚我们的依附关系。"皮亚尔试图发动一场针对克里奥尔人的战争，"仅仅因为他们生来就或多或少带有白人血统。在皮亚尔看来，一个人的肤色就是一种罪恶，它背负着生与死的判决"[48]。皮亚尔被枪决的第二天，玻利瓦尔向解放者部队的士兵问道："难道我们的手臂没有挣断奴隶的锁链吗？难道阶级与肤色之间的丑恶差异没有被彻底摧毁吗？难道我没有下令将国家财产分配给你们吗？难道你们不平等、不自由、不独立、不幸福或不受尊重吗？皮亚尔能够给予你们更多吗？不会，不会，不会！"[49]

种族策略

种族与阶级的难题不那么容易解决。尽管掌握先机，但玻利瓦尔清楚自己正在冒险，他有过一些疑虑不安，至少是在日后曾表露过他的担忧。1828年在布卡拉曼加（Bucaramanga）时，他曾说过下面这段话：

> 在独立的最初几年里，我们需要能够杀死西班牙人并让人心生畏惧的勇士。不管是黑人、桑博人、穆拉托人还是白人，只要英勇作战，就会受到欢迎。没人能获得金钱奖赏，因为本就无钱可赏；保持战斗热情、奖励出色行动与激发勇气的唯一办法是晋升，因而，如今每一个阶层与每一个肤色群体都有在我们的军队中成为将军、领袖与军官的人，尽管他们之中大多数人除了匹夫之勇，别无长处。这种匹夫之勇对共和国曾有所帮助，在如今的和平岁月，却成了秩序与安宁的障碍。但这种不受待见的匹夫之勇确曾十分必要。[50]

因此，从1815年到1816年，有越来越多的帕尔多人被编入解放者部队，因为需要他们填补死伤和逃亡的克里奥尔人在爱国者部队中留下的空缺，战争年代社会阶层变动剧烈，也让他们对自身前途有了更大的憧憬。从此以后，共和国军队的传统格局得到改善，克里奥尔人保留了军事和政治上的掌控权，帕尔多人也获得了晋升军阶和职位的更多机会。但他们是否信服独立事业的政治理念？

玻利瓦尔曾经努力让帕尔多人信服，但没有完全成功。在革命的最初几年，黑人支持的天平倾向于保皇党。根据何塞·多明戈·迪亚斯的记述，1818年12月，委内瑞拉保皇党军队共有13000人，其中3000人是欧洲人，10000人是美洲人："在这支英勇的部队之中，几乎所有美洲人都是印第安人、穆拉托人、桑博人与黑人自由民，他们并非奴隶。"[51]迪亚斯固然是保皇党人，但没理由怀疑他的说法基本上是准确的，尽管过去在吸收奴隶群体加入方面，保皇党比迪亚斯所暗示的更为精明，或者说更善于投机。奥利里承认共和军招募新兵有困难。他从社会分化的角度解释了这个问题。社会上层培养了共和派军官，他们被灌输了服役和献身意识：

> 另一方面，下层社会则是双方频繁侵犯的受害者。胜利或失

败，对他们而言没有区别；无论获胜者的领袖是谁，都会从他们中间招募人马。早晚会赢得独立的精神安慰，维系着社会上层阶级的心理防线，但对于没什么抱负的大众，这只是微不足道的慰藉。因而日常更是很难招募到必要数量的新兵来接替各支部队伤亡人员的岗位。[52]

战争本身就是一支社会溶剂，让帕尔多人自我分化，令一部分人并入军官集团与社会上层，将帕尔多大众留在社会底层。一些保皇党认为，国王应该利用社会分化，积极从帕尔多人之中招募新兵。但西班牙的政策仍基本上依赖莫里略远征军与克里奥尔保皇党的支持，以恢复殖民地时代的社会结构。就此而言，玻利瓦尔是对的：帕尔多人从共和派事业中获益更多。那么奴隶又能得到什么呢？

玻利瓦尔是一位需要招募新兵的军事领袖，战争期间他将解放奴隶与征募兵员结合起来，以给予他们自由身份来换取他们的参军服役。他首先在玛格丽塔岛宣布他的解放宣言，兑现了对佩蒂翁的承诺："委内瑞拉不会再有奴隶，除非那些人仍自愿为奴。那些渴望自由而非安于现状之人，将拿起武器捍卫神圣权利，他们将成为公民。"在大陆地区，1816年6月2日与7月6日的法令，宣告奴隶获得"绝对的"自由，条件是他们加入共和军。"天道、正义和向善原则要求解放奴隶：从现在开始，委内瑞拉只有一个阶级，所有人都将是公民。"[53]但人们的反应却很消极。尽管玻利瓦尔解放了自家奴隶，但少有大庄园主（*hacendado*）效仿他的做法。奴隶拥有者很少会主动放弃财产或抛弃自家投资，委内瑞拉贵族也不例外。这不是他们所设想的共和革命。因而1816年的法令成了一纸空文。奴隶们自身也没有多少热情。"解放者"相信，"奴隶们甚至已经丧失了获得自由的欲望"。事实在于，奴隶们没有兴趣卷入克里奥尔人的战争——据一位共和派官员称，"很少有奴隶愿意以扛起战争重担为代价来换取自由"。[54]然而，玻利瓦尔的努力并非徒劳无功。法令起到了平息奴隶反叛的作用；他们也不再像1812年至1814年间那样卖力地同共和军交战，而是逐步自动退出战争。很明显的是，莫里略不能为奴隶提供什么，无论共和派立场如何，西班牙都明确坚持保持现状。迫于军队伤亡的压力，莫里略不反对招收奴隶入伍，但他们的地位几乎没有变化。随着莫里略的军队越来越暴露出殖民主义的面目，它就失去了博维斯所博得的民众拥护，而此时玻利瓦尔则试图让民心转向共和派。玻利瓦尔不仅希望得到帕尔多人与奴隶群体的支持，他还希望有第三大边缘群体——平原人的支持。那不仅意味着又要面对这些人的隶属关系的难题，还意味着要招纳统率平原人武装的考迪罗。

解放者之军

此时的这位最高领袖（*Jefe Supremo*），在他获取至尊地位的道路上又向前推进了一步。他或是继续容忍乌合之众，或是创建一支名副其实的解放者队伍。对于无法无天的考迪罗主义，最行之有效的矫治良药就是建立高效的军队体系与通畅的指挥链条。借助在圭亚那赢得的权威与资源，玻利瓦尔实施了一系列军队改革，旨在效仿欧洲军事体系，创建一支职业军队。玻利瓦尔从殖民地继承了一套民兵体系，它有助于维系国内安全，却无益于行军作战。在接下来的几年里，玻利瓦尔组建了战斗部队，1815年又成立了由450人组成的荣誉卫队（*Guardia de Honor*），这些人日后并入了主力部队。到了1818年作战时期，战斗部队由两个师、四个旅和若干营组成。1817年9月24日的法令，标志着玻利瓦尔开始以职业军队取代私家之兵。他创建了总参谋部，"用以组织与指挥军队"，它设立于整个军队，每个师都设有参谋部。参谋部是向人才敞开大门的军人成长体系的一部分，也是向指挥官、军官与士兵下达决策、指示和命令的源头。[55] 玻利瓦尔还在部队各级单位建立了军事法庭。同时，玻利瓦尔试图改变那种强取豪夺的做法，他成立了一个托管法庭（*tribunal de secuestros*）来管理没收自保皇党的地产、物资与财货，以保证这些资财不会落入某个考迪罗的名下，而是被纳入

"国库"。[56]

考迪罗们成为将军和各地的军事首脑,他们的部属成为服役的军人,并受到中央政府所制定的军事纪律的约束。改革扩展到部队的招募。各地军事首脑都有招募指标,并被鼓励在各自的本乡旧籍之外寻找兵源。玻利瓦尔反对地方主义与故步自封,并谋划建立一支具有国家认同感的委内瑞拉部队:

> 士兵们频繁从一个师级部队开小差,投奔到另一个师级单位,借口大多是他们所投奔的部队驻扎在其本人家乡所在的省份。这是军队混乱涣散与不服管教的原因之一,还助长了我们竭力要摧毁的地方主义。所有委内瑞拉人都应该像守护自己的兄弟那样守护生养自己的共和国领土,因为委内瑞拉就像是一个家庭,这个家庭由以不可分割的纽带与相同利益联结起来的许多个体组成。[57]

玻利瓦尔鼓励考迪罗们彼此援助,命令他们"根据战事发展"向必要地区调遣人员与物资。这些新构想,在纸面上令人印象深刻,却没有产生立竿见影的效果。玻利瓦尔没能将委内瑞拉的乱军整合为一支真正的部队,它仍然是各个地方武装凑成的乌合之众,而且因为士兵生病和开小差,人员流动率很高。但统一是玻利瓦尔的理想。他的目标是消除异见,利用地方资源,激励全国民众齐心协力争取统一。1817年至1819年期间,玻利瓦尔创建了三个军事集团:东路军、西路军以及自己麾下的中路军。在这片土地上招募与组建军队,是他这些年来坚持不懈的使命,而建立后勤体系则令他不断陷入噩梦,但这也使玻利瓦尔拥有了军事声望。他无法指望能够组建一支达到职业军人水准的民兵队伍,只得对可以吸收到的人员来者不拒,这些人包括土匪强盗、游击武装,以及差不多从哥伦比亚全国各地强征的壮丁,以这些人为班底组建了一支支玻利瓦尔式独立部队,玻利瓦尔既是这些部队的创建者,又是其最高指挥官。[58]

玻利瓦尔面临的难题在于,他需要一支能够应付各种情况的军队,需要在平原作战的骑兵，在高地作战的步兵，以及能凑齐的所有炮兵。这些兵种往往在一场战役中都要派上用场，因为军队会辗转于平原、丘陵与山地，每个兵种的强弱并非完全基于战术考量，也取决于可用之兵。当然，玻利瓦尔对战术已了然于胸。玻利瓦尔收藏有一批讲授步兵行军训练、骑兵支援部署和有效火力运用的军事权威著作，而且，他还有不少像苏克雷这样经验丰富的同僚，他对他们的意见非常重视。但南美不是欧洲，地形与广袤面积使它呈现的境况超出了欧洲经验。根据战场形势指挥作战是玻利瓦尔军事思想的核心，并不遵循拿破仑模式。他必须做足准备，适应在平原与荒原、山峰与峡谷作战，还要准备好带领出身于热带地区的部下，不经适应天气就进入寒冷的高海拔地区作战。每当玻利瓦尔下令部队以营、连或中队为基本作战单位向前推进，战斗就会变成一场混战，战果取决于战略指挥和士气的综合作用。

1817年10月至11月，"解放者"进行了军事改革，同时进行了政治改革，以辅助政府工作。即便皮亚尔没有鼓噪"民主化"，玻利瓦尔也意识到了要将最高长官的权威制度化。作为过渡性措施，玻利瓦尔设立了临时国务委员会，暂时行使正式立法机构的立法职能，直至解放后制定宪法。委员会由部队军事主官与政府文官首脑组成，处理国务、防务与司法事务。它只具备顾问性质，召开与否取决于最高长官。[59]玻利瓦尔还设立了政府委员会，成员包括胡安·赫尔曼·罗西奥、费尔南多·佩尼亚尔维尔（Fernando Peñalver）和拉斐尔·乌达内塔，委员会隶属行政系统，一旦玻利瓦尔遭遇不测，就将行使政府职能。

曾经通敌的考迪罗也会被革命政权接纳，被分派特定任务。皮亚尔被处决后，马里尼奥遭到孤立，他的政府也垮台了。玻利瓦尔有足够的耐心等待马里尼奥自愿来投奔。玻利瓦尔派出训练有素、堪称职业军人楷模的苏克雷执行招降任务，去说服马里尼奥的盟友和其部下承认最高长官的权威。玻利瓦尔对马里尼奥的指控可谓用词精准：如果说皮亚尔是"叛徒"，马里尼奥就是"离经叛道者"，是对权威和统一的威胁。玻利瓦尔对马里尼奥明确表示，他决心"铲除你们的考迪罗派系"。他冷酷而刻薄地对马里尼奥说道："如果你坚持反抗，就不再是委内瑞拉公民，而是一个公敌。如果你决意不再效忠于共和国，只需说出来，政府将毫无疑问为你放行。"[60]贝穆德斯则被任命为库马纳省的省长和军事长官，该省因连年战争陷入贫困，无法独力支撑考迪罗割据一方，必须依赖外界输送物资。而此时玻利瓦尔对贝穆德斯赞誉有加："他在家乡名声很好，深受爱戴，为人顺从，是政府的积极捍卫者。"[61]但并非每个人都认同玻利瓦尔的看法。

对考迪罗的施压尚未结束。玻利瓦尔利用考迪罗来牵制考迪罗的策略取得的成效十分有限。尽管玻利瓦尔将贝穆德斯视为联合各方的代理人，其他人却都知道后者是一个为人残忍、有仇必报的对手，是纷争的传播者，而非和平的中间人，是个恰好站在玻利瓦尔阵营的大军阀。因此，马里尼奥拒绝了贝穆德斯的劝降，并立下誓言，称"世界上没有哪股势力，能将他逐出自己的省份"[62]。过了一段时间，玻利瓦尔才终于招降了马里尼奥，并说服他答应在向敌人发起攻击时给予策应。1818年底，玻利瓦尔任命马里尼奥为东路军总司令，统辖巴塞罗那的平原人，而东部其他战区则被分配给了贝穆德斯和塞德尼奥。但对领导权的争夺还未结束。与东部各路豪强达成和解之后，玻利瓦尔还得拉拢西部军阀何塞·安东尼奥·派斯。

派斯与平原人：一项新挑战

1817年1月，莫里略将军从新格拉纳达出发前往委内瑞拉，把部队部署在安第斯山脉两侧诸省，8月，又将指挥部设在了通往平原的大门——卡拉沃索。这是莫里略青睐的战场，从这里可以穿过大平原直达圭亚那、马图林和库马纳，驻军此地也可以保卫加拉加斯、马拉凯和巴伦西亚，同时还可以防备阿普雷的派斯对他发动攻击。至于玻利瓦尔，他此时被乐观情绪冲昏了头脑，急于发动攻势。7月，他向尚未被解放的加拉加斯省宣称，共和国取得了重大胜利："从辽阔的卡萨纳雷（Casanare）平原到宽广的奥里诺科河河口，胜利引领着我们的脚步。二十场辉煌的战斗已经决定了委内瑞拉的命运。"[63]此时玻利瓦尔自己掌控着圭亚那。马里尼奥解放了库马纳的大部分领土。罗哈斯将军在马图林保留了共和国事业的火种。莫纳加斯将军在巴塞罗那与保皇党交锋。而在西南部阿普雷的山谷中，派斯作为站在共和派一方的考迪罗率领平原人作战。当时的战事不如玻利瓦尔描述的那般生死攸关或前途光明，但如果派斯能够听从他的指挥，玻利瓦尔就能控制从奥里诺科河流域到安第斯山脉地区的广袤地带。

派斯声称，他在阿普雷的指挥"有绝对的独立，不听命于任何强势人物"。1816年9月，在特立尼达-德阿里丘纳（Trinidad de Arichuna）*，派斯取代桑坦德上校，出任西路军总司令，这是由于当地部族首领和军官发起了一次运动，拥戴他出任总司令，许多当地人也都赞成这一任命，他们认为派斯是"唯一能将他们从各路人马的威胁之中拯救出来的人"，能够鼓舞共和派的斗志，抵御保皇党敌人。[64]正是从他就任总司令的那一天起，派斯作为考迪罗的地位得到认可，成了西部平原的最高领袖，同时也为他与桑坦德10年之后的更大冲突埋下了伏笔。派斯作为独立指挥官作战一年有余，而当玻利瓦尔从圭亚那派出代表，要求派斯承认自己是"共和国最高元首"之时，这位考迪罗毫不犹豫就表示了同意，甚至没有征询手下军官的意见，并且坚持让心有不甘的部众做出了相同表态。[65]"考虑到玻利瓦尔的军事天赋，他的名气威望，他在国外的声誉，以及意识到确立最高权威和中央集权可以指导各地考迪罗在不同区域作战……"[66]派斯将自己的统治权拱手让给了"解放者"。1817年12月31日，玻利瓦尔离开安戈斯图拉，踏上了声势浩大的水陆行军之旅。历经300公里的艰苦跋涉，玻利瓦尔率领3000人马抵达阿普雷的平原地带。派斯在圣胡安-德帕亚拉（San Juan de Payara）设有指挥部，而保皇党则驻扎在向北50多公里的阿普雷河畔圣费尔南多（San

---

* 原文为Trinidad de Arichuna，似应为La Trinidad de Arichuna，为阿普雷地区一城镇，现名为拉特立尼达-德奥里丘纳（La Trinidad de Orichuna）。

Fernando de Apure）。1818年1月30日，玻利瓦尔与派斯第一次会面，两人下马热情拥抱，彼此互相打量。[67]

派斯是他所出身之地的典型考迪罗和地方领袖，是生于平凡之家的克里奥尔人，但他并不属于社会边缘人群。他是白人，或可以被视同白人，作为一个小官僚之子，是殖民地官僚政治的继承人，在巴里纳斯因参与私人斗殴而逃入大平原，在第一共和国部队里被晋升为骑兵上尉。派斯早年连基本的读写都不会，因此有很长一段时间都很自卑。英国军团（British Legion）*的军官们记录了他作为平原勇士的特质，但其中一人也曾写道："我为他效力之时，派斯既不会阅读也不会写字，英国人来到大平原之前，他从来没用过刀叉，过往的生活粗陋不堪，缺乏教养；但开始接触英国军团的军官之后，派斯模仿他们的生活方式和衣着打扮，在没有受过教育的情况下，依然竭力效仿英国人。"[68]

旁观者注意到，派斯在他认为比他更有教养的人面前，会陷入自卑与沉默。在战争年代，不识字算不上什么严重缺陷，尽管他还有其他弱点——在兴奋或恼怒之际易犯癫痫，对玻利瓦尔及上级作战方针的领会也有偏差。他上身穿一件不合身的绿色夹克，下身是白色马裤，戴着一顶大三角帽，比他的追随者衣着稍显体面，那些人被说成是"所有人都衣衫褴褛，有些人甚至几近赤身裸体"。他的权力，正如他的衣冠那样，难登大雅之堂，但他在成为领袖之前经过了足以服众的准备，他在一个养牛场学习了平原人的艰辛生活方式，在战斗、劫掠和杀戮上更胜一筹。他体壮如牛，狡猾多疑，身边总有一个健硕的黑人卫兵，他的领袖才能吸引了第一批追随者，战利品又将他们留了下来。

派斯的部队，或者说队伍中一部分人，曾为敌人而战，他们当中"大部分是性情残暴但作战勇猛的桑博人、穆拉托人和黑人，这些人曾经都是博维斯的旧部"[69]。但派斯自有与平原人的相处之道。他将许多

---

* 英国军团，又称阿尔比恩军团（Albion Legion），指西属南美洲独立革命期间由主要来自英国的退伍兵组成的志愿军人兵团，他们在玻利瓦尔的指挥下在委内瑞拉、哥伦比亚等地与西班牙和保皇党部队作战，为革命胜利做出了重要贡献。

委内瑞拉军官视为野蛮人与杀手，并声称自己与他们不同，不会亲手杀害囚犯；他的部下确实会一刀斩下囚犯的头颅，时常赢得一片掌声。这就是他为骑兵部队注入的力量。这就是玻利瓦尔希望独立军队拥有的力量。共和国给予平原人的不只是战利品。派斯承诺会从敌人手中夺取的产业里拿出一部分分给部下，玻利瓦尔在1817年颁布的法令中对此做法予以认可，命令可以将纳入国家财产的土地分配给爱国者部队。

派斯领导的游击战争代表着他的个人成就，在阿劳卡河流域与阿普雷平原，他的地位至高无上。但他的部队与独立事业的行动未能有效协调联动，西班牙人不断被袭扰，却没有被消灭。玻利瓦尔深知，他需要派斯及其部下投身革命。两位领袖一拍即合。在圣胡安-德帕亚拉，在平原人的簇拥下第一次与玻利瓦尔会面之时，派斯震撼于后者的彬彬有礼、优雅外表与周围平原人的粗野不羁、不修边幅形成的强烈反差。"发动战争有两个必备要素，缺一不可：一个是筹划与组织的才智，另一个就是可以使上述才智发挥作用的物质力量，两者相互协同，否则就会独木难支。"[70]这位考迪罗的刻板印象让他做出了错误判断，他误以为玻利瓦尔只是一个智囊型人物。在未来10年里，这个一肚子墨水的文化人会比他这个出身平原人的武夫踏上更远的征程，参与更多的战役。

1818年2月，派斯遣出1000名骑兵，加入拥有4000人马的联军。这支部队还包括来自英国的志愿军，年轻的理查德·沃威尔即为这些志愿军中的一员，他从军之前在牛津就学，在个人生活方面出了名地挥霍铺张。从阿普雷河至卡拉沃索镇的路上，沃威尔遇到了被亲随人员簇拥的玻利瓦尔。沃威尔看到一个35岁左右的男人，但看上去更像年届四十，身材略矮，但比例匀称，显得异常活跃。他面容瘦削，饱经风霜，展现了逆境之下的忍耐力，举手投足仍旧优雅，"周围都是出身和受教育程度远不如他的人"。他戴着一顶龙骑兵头盔，身穿红色袖口的蓝布平纹夹克和蓝色粗布裤子，脚蹬阿尔帕加塔（alpargata）传统布鞋。他手下的军官，除了派斯和乌达内塔两位白人将军，大多属于"有色人种"。沃威尔受召前去面见"解放者"，"我们看到他坐在几棵树下的棉网吊床之中，像见过世面的人那样彬彬有礼地待客"；他对来自欧洲的新人表示欢迎,希望他们能为他麾下的军官与士兵带来纪律、指导与榜样。[71]

1818年2月,玻利瓦尔向北进军,攻占保皇党在瓜亚瓦尔的前哨阵地,莫里略被迫撤离卡拉沃索,敌军伤亡惨重,玻利瓦尔的部队缴获了大量武器与物资,玻利瓦尔还提议暂停灭绝之战。[72]但玻利瓦尔对局势的判断过于乐观了。玻利瓦尔让莫里略撤出了卡拉沃索,但由于己方部队人困马乏,而西班牙人的步兵部队又火力齐整,玻利瓦尔未能将敌人引向平原阵地,那里的爱国者军队原本坐拥骑兵优势。无法抵挡夺取加拉加斯诱惑的玻利瓦尔,希望向北部沿海挺进,追击敌人,但他首先得返回卡拉沃索休整部队,等待派斯前来会合。在卡拉沃索,玻利瓦尔的部队开小差现象严重,大部分人逃往派斯的领地,而对此局面,玻利瓦尔承认,"我不会派遣更多部队把他们追回来,因为我不相信他们会回来。"他更需要派斯:"速速向我部靠拢,抓住战机。"[73]但是我们的这位考迪罗迟迟按兵不动,继续重兵包围圣费尔南多。除了意图获取战利品的因素,他的这一决定也有军事方面的重要考量:圣费尔南多本身战略地位重要,是进入新格拉纳达的门户,而进入北部山区追击莫里略,就会使爱国者的骑兵进入西班牙步兵占优势的地带。

下一阶段战事对玻利瓦尔不利,据他手下英国军官的说法,他实施的战术并非最佳选择。由于兵力所剩无几,玻利瓦尔决定在塞门(Semen)峡谷地带与敌决战,在1818年3月16日的拉普埃尔塔战役中,在共和军曾两度战败之地,玻利瓦尔又大败于莫里略,损失了1000多步兵和大量军事物资,他的私人文件也在此战中丢失,但他勇敢善战的战场声誉并未减损。[74]在撤退之际,玻利瓦尔在林孔·德·洛斯托罗斯(Rincón de los Toros)险些被一个潜入部队营地的西班牙行刺小队杀死。当时正在巡逻的桑坦德上校不小心将他们引向了目标地点,他们向睡梦中的将军发起突然袭击,后者在手下人的掩护之下侥幸逃脱,但从一匹骡子背上跌落,扭伤了脚踝。5月2日,派斯在科赫德斯(Cojedes)作战失利。库马纳也在此时宣告失守。

考迪罗派斯不愿向北推进,既有政治方面的因素,也涉及战略方面的考虑。当时派斯还在掂量是否有另立山头的可能,当阿普雷河畔圣费尔南多的一批军官与平原人试图把他推上总司令之位的时候,他接受了。而玻利瓦尔对此需要采取强硬措施,把他们的这一做法扼杀在摇篮之中。批评他的战略是一回事,质疑他的领导能力则是另一回事。在自传里,派斯以一个无辜旁观者的视角讲述了这段故事,但当时刚刚抵达阿普雷、见证事件经过的年轻人奥利里却有另一种印象。玻利瓦尔不仅并不难堪于自己新近遭遇的挫折,还毫不留情地对派斯大加挞伐。他明确表态,认为带头煽动反叛的英国人亨利·威尔逊(Henry Wilson)上校罪行严重,并亲自下令将其逮捕、下狱、撤职:"军事纪律、社会原则、国家和政府荣誉要求对这一恶劣行径予以惩戒。迅速予以惩戒是整治纪律涣散、遏制武装反叛,以及避免陷入无政府状态的唯一方法。"[75]这段插曲进一步强化了玻利瓦尔的领袖地位。至于个人权威,他完全可以放心大胆地接受大平原的法则,正如奥利里所解释的,"对此玻利瓦尔也不得不默许,因为阿普雷的部队更像是一个联邦国家的分遣队,而非一个普通的作战单位。他们希望重返家乡……派斯早已习惯于独断专行,他是一切服从的敌人,不会和他刚刚归顺没几天的领导人步调一致。至于玻利瓦尔,他精明而老练,不会惹火性格暴烈而又鲁莽的派斯"[76]。

玻利瓦尔是制定宏大战略的大师,但他对具体战术的运用并非无可指摘。1818年的大平原战役让他获得了一个经验,这个经验他本来是应该知晓的:加拉加斯及海岸地带,处于山区地形保护之下,无法从南部发动攻击。共和派又一次被逼退到了奥里诺科河之外。玻利瓦尔返回安戈斯图拉,那里是一个军事大本营,一个通往大海的内河港口,还是建设共和国、筹划下一次战役的基地。向委内瑞拉、美洲和全世界通报情况是他的每日要务,投身公共活动是他的第二天性。他创办了周报《奥里诺科邮报》(Correo del Orinoco),以制衡掌控在保皇党手中、由何塞·多明戈·迪亚斯编辑的《加拉加斯公报》。这份报纸总共发行了128期,第一期面世于1818年6月27日,由弗朗西斯科·安东尼奥·塞亚(Francisco Antonio Zea)承担了编辑工作,成绩卓著。后来胡安·赫尔曼·罗西奥接手编辑，再后来是何塞·路易斯·拉莫斯（José Luis Ramos）。尽管编辑们都不是徒有虚名之辈，玻利瓦尔对该报的贡献却是显而易见并具有决定意义的，他密切关注该报的动向，并把它视为筹备发动下一次攻势的理论资源库。虽说他不相信民主化的理念，但他认为召开立法会议是理所当然的事情，"我们的士兵作战之时，我们的公民应该行使主权国家的重要职能……赢得战斗、驱逐敌人、让全世界承认我们的独立尚不足够，我们最为需要的，是在自由法律统治之下获得自由，这种自由来自最神圣的源泉，即人民的意志"[77]。于是他向国务委员会提议，在1819年1月1日召开国民代表大会，为代表制选举创制法律。组织军队与筹备选举成为他最为紧要的两项任务，这使他不得不离开安戈斯图拉，踏上长途跋涉之旅，并导致他在1818年大部分信件的通信对象都是他的部队将领和官员们。

尽管政治和军事要务缠身，玻利瓦尔也没有忘了何塞菲娜·马查多。他的侄子莱安德罗·帕拉西奥斯（Leandro Palacios）与尚在圣托马斯的佩皮塔有联系，焦急的玻利瓦尔通过前者劝说佩皮塔前往安戈斯图拉，路费由他承担，并坚持让佩皮塔听从他的安排。他这么做显然是担心因为她不在而遭人嘲笑。终于，莱安德罗向玻利瓦尔报告，她已经在赶来的路上了，家人随后就到。但她赶到安戈斯图拉的时候，玻利瓦尔已经动身前往新格拉纳达指挥作战去了。[78]她试图追上玻利瓦尔，却死在了路上。

1816年至1818年，是共和国的第三个时期，也是玻利瓦尔一生中最艰苦的时期之一，当时他需要解决西属美洲独立的三大问题：在战场上击败西班牙、压服不听调遣的部下以及避免陷入种族战争。而保皇党、考迪罗和帕尔多人，对他来说都是不好对付的，这些势力当中任何一个都不能在朝夕之间被打败。在大平原发动战争是一个有待商榷的策略，在空旷的平原，玻利瓦尔可以解放大片土地，却没有解放大量民众。他是一个戴着镣铐的巨人。尽管他拥有财产，在欧洲受过教育，经历过三次战役，却几乎没能将革命向前推进哪怕一英寸。西班牙人占领了中北部，那里是委内瑞拉的政治和经济中心，人口稠密之地，是殖民体系的精华所在。这里也是玻利瓦尔渴望之地。他自西向东由侧翼包抄，征服了奥里诺科和圭亚那，正向大平原进发。但他依旧未能夺取加拉加斯。他需要一个新的解放策略，而在"解放者"创意无限的头脑中，这个策略已经成形。尽管表象如此，玻利瓦尔还是有理由保持乐观。他能注意到，大平原上的战事明显对莫里略将军有利，但实际上并未给这个西班牙人带来战术进步，反而给他个人留下了近乎致命的创伤。莫里略提防着玻利瓦尔，认为他在失败之际比成功之时更为危险。这个西班牙佬陷入了悲观。他相信，占据了圭亚那及其资源，让玻利瓦尔获得了决定性优势，只有保皇党军队夺取巨大军事胜利，西班牙对美洲主权的复辟才能得以实现。与此同时，玻利瓦尔联盟军队——"解放者"自己的军队，通过不断征募兵源得到补强，加上派斯与其他考迪罗的军队，共计大约有14000兵力，而莫里略一方大约共有11000人，双方兵力分别部署于新格拉纳达和委内瑞拉。[79]

玻利瓦尔准备好了与整个世界较量，至少是与西班牙和神圣同盟一较高下："委内瑞拉共和国，以天赋人权的名义，将摆脱西班牙人的奴役获得解放，成为一个自由、独立的主权国家。"[80]这是他对共和国第三个时期的判断，也是对未来战争的预言。

第六章 新战略,新前线

安戈斯图拉演讲

在革命的前10年里,玻利瓦尔的生活进入了一种思考与行动的节奏,他的非凡特质一以贯之,不然这些时代就会被打上政治失序、军事混乱与个人失败的烙印。从第一共和国起,就存在着一种推进—败退—重组的模式,第二共和国重蹈覆辙,上演了又一次推进—再次挫败—再次停顿的戏码,紧接着是第三次进攻—后撤—折返,始自海地,终于圭亚那。每个阶段对于挑战的回应都大同小异:先是分析,继而是付诸行动。因而,在"惊人之役"前夕,有了《卡塔赫纳宣言》,进攻大陆之前有了《牙买加来信》。此时,已经进入1819年,考虑到委内瑞拉革命事业的停滞局面,玻利瓦尔开始琢磨采取新的战略,并打算通过发表新的理论宣言为下一步行动造势。

他在解放地区鼓励选举的努力终于开花结果,代表们动身赶往安戈斯图拉。玻利瓦尔从圣胡安-德帕亚拉的军事总部返回,把军队指挥权交给了被他擢升为少将的派斯。玻利瓦尔沿奥里诺科河上游返回安戈斯图拉,蛇与短吻鳄在这片水域栖息,河的两岸蚊虫肆虐。在日间炎热之时,玻利瓦尔斜靠在吊床上休憩;在凉爽的傍晚,则躺在箭形冲锋舟(flechera)或河岸边的大树下。人们会看到玻利瓦尔摆出一个熟悉的姿势——一只手搭在短上衣的衣领上,另一只手的拇指抵住上唇,对秘书口授他的演讲的最终版本,这个演讲玻利瓦尔从11月起就开始准备,计划对国会发表;同时,他还在酝酿共和国的宪法,试图使其理念符合他在《牙买加来信》中最早表达并一直思索的想法。[1]

在约定的那一天，1819年2月15日上午10时30分，来自玛格丽塔岛、圭亚那、库马纳、巴塞罗那、加拉加斯和巴里纳斯的26名代表在安戈斯图拉面积不大的政府大厅就座后，大会开幕。玻利瓦尔和他的参谋们抵达主广场上的一座朴素的砖砌平房，三响礼炮和阅兵式过后，代表们出来迎接他，将他引向会议首席位置就座。[2] 玻利瓦尔站起身来介绍宪法，这是到那时为止他个人革命生涯的巅峰时刻，他个人的所有理想也在那一刻达成。他字正腔圆地演讲，但声音还是流露出了情感。他的听众，委内瑞拉公民与外国客人，也深受感动，一些人竟至涕下，因为他以天使一般的语言表达了罕见的理性与情感。[3] 他以革命时代的精准范式描绘了一个理想化的民主共和国："在与西班牙决裂之后，委内瑞拉恢复了独立、自由、平等与国家主权。通过建立民主共和国，她废除了君主制、阶级划分、贵族制、特权与福利。她宣布尊重人权，保护行动、思想、言论和出版的自由。"[4] 这些他口中的"非比寻常的自由之举"，是有可能的，因为只有在民主中才能确保绝对自由。但这可行吗？他承认，民主并不一定能保障一个国家的强大、繁荣与长久。联邦体制尤其会导致政府的孱弱与分裂。它可能适合一直浸淫于自由风气和开明政治环境的北美人民，但"我一刻不曾想过比较两个国家的处境与特性，它们正如盎格鲁美洲*人（Anglo-American）与西属美洲人那样彼此相异。将美国体制移植到委内瑞拉，比将英国体制应用于西班牙还要困难"。

孟德斯鸠曾说过，法律要与其约束的人民相适应。卢梭更为明确地主张，宪法必须考虑国民性格。玻利瓦尔的坚持与之相仿：宪法必须遵循人民的环境、性格、历史与资源。"我们必须参照这一准则，而不是华盛顿的准则。"玻利瓦尔仍在寻找与西属美洲现实相符的东西，而不是仿效北美。西属美洲的现实展现在两个方面。其起始点就是社会的多

---

* 盎格鲁美洲（Anglo-America），又称英语美洲，指以英语为主要语言，或者在历史、文化上与英国有密切关系的美洲地区，具体包括北美洲的美国、加拿大，中美洲及加勒比海地区的伯利兹、巴拿马、牙买加，以及南美洲的圭亚那等。

第六章 新战略，新前线

种族特性。说起委内瑞拉，他评价道，"社会起源的多样性，需要坚定的手腕与伟大的头脑来治理纷繁复杂的社会，即使最微小的争议，也会轻易损害、分离、瓦解这一复杂机制"。玻利瓦尔坚信："我们政治体制的基本原则，直接并完全取决于委内瑞拉平等的建立与实践。时代的至理名言向世人昭示，人人生而享有平等权利与社会利益，但也并非所有人都拥有同等的能力、美德与天资。"因而法律必须修正先天造成的智力与性格差异。玻利瓦尔从其理论原则的自身逻辑出发得出结论：社会不平等越严重，对法律平等的需求就越大。其次，在寻觅保障真正平等的机制之时，立法者必须考虑政治经验与能力。尽管在法律与政府领域，（古）希腊、（古）罗马、法国、英国与北美都有可资借鉴之处，但他提醒代表们，政府的卓越并不基于理论或形式，而要适应创制它的国家所具有的本质与特征。玻利瓦尔思想活跃，既不僵化教条，也不夸夸其谈。在他的演讲里，孟德斯鸠思想的印迹十分明显，卢梭的痕迹则较为模糊。根本而言，他是一个实用主义者，他在《牙买加来信》里明确指出："不要采用最完美的政治体制，而要采用最行之有效的体制。"[5]

玻利瓦尔不愿依赖法国或北美的范例，而推荐了英国的经验，虽说他也警示众人，不要盲目效仿或施行君主制。有了这些前提，英国宪法似乎最有希望为采用者带来"最大可能的益处"。它承认人民主权、分权制衡、公民自由、信仰自由与舆论自由，玻利瓦尔称其为"渴望享有人权和所有与我们脆弱本性兼容的政治幸福之人最值得效忠的典范"。他以英国议会为蓝本创设立法机构，设立两个议院，一是由民意代表选举的众议院，一是世袭的参议院。玻利瓦尔构想，后者独立于民众与政府的压力之外，保护人民免受自身之伤害。参议院成员不会是贵族或特权阶层，而是一批拥有美德与智慧的精英，他们并非选举产生，而是由专门为履行此天职设计的开明教育培养出来的。和英国的上议院一样，委内瑞拉参议院是"自由的堡垒"。然而，虽然立法机关很杰出，但它不该侵夺本应属于行政机关的权力。玻利瓦尔的行政机关，虽由选举产生，但权力巨大且集中，实质上是假总统之名的国王。他又一次借鉴英国的典范模式：一个由政府和武装部队领导的强有力行政机关，对拥有立法功能并掌控财政的议会负责。"它是王国、贵族政治与民主的完美典范。"他提出建议，如果赋予委内瑞拉一个由人民或其代表选举的手握行政权力的总统，委内瑞拉人民将会在争取国民幸福的道路上迈进一大步。在此基础之上，再设立一个独立的司法机关，如此一来人民就将实现完完全全的幸福，或者说近乎完全的幸福，对此玻利瓦尔还有进一步的提议。

在三种传统权力之外，玻利瓦尔又加入了他自己构想的第四种权力——道德权力（poder moral），它的职责在于培育人民的公共精神和政治美德。这是一个拙劣的构想，没有得到同时代人的回应，但它也是玻利瓦尔对人民进行政治教育探索的典型案例，他对其甚为重视，以至需要建立一个机构加以推动。他相信，只要天性与天赋得到尊重，人民是可以教育的。这是他创建多种族军队获得的经验，他也证明了自己的计划并非乌托邦。

安戈斯图拉的整个计划不是反民主的吗？玻利瓦尔准备好了作答："绝对自由不可避免会滑向绝对权力，在两个极端之间的中点就是至高的社会自由。抽象理论造成了无限制自由这种有害思想的出笼。"在玻利瓦尔的观念里，稳定的政府需要"对民意的节制和对公共权力的限制"。他承认二者之间的平衡"在实践中难以定义"，但是可以通过宣传教育和实际工作中的司法管理与法治来实现。在英国宪法的问题上——他真的理解了吗？——玻利瓦尔与启蒙思想家们（Philosophes）观点迥异，后者对英国的政治实践有强烈偏见，认为其存在腐败，不具代表性。他也与卢梭存在分歧，卢梭批评英国的政府体制，因为其议会独立于选民。设立世袭参议院，是玻利瓦尔最具争议的思想之一，它试图对可能堕落到与任何暴君一样专横的绝对民主加以限制，但此举将英国上议院移植到了美洲——打破了他自己的"美洲现实"原则——只会使委内瑞拉的领主式社会结构得以巩固和延续。安戈斯图拉国民议会通过了一部内容体现了玻利瓦尔诸多思想的宪法，但并未包含世袭参议院或道德权力构想。这次会议选举玻利瓦尔为共和国总统，塞亚当选副总统。但宪法是纯理论的，因为战争尚未取得胜利。在军事前线，玻利瓦尔寻觅到了新的机遇与视野，那是一个通过组织、纪律与领导来实现其政治理想的机遇。

增援之兵与重整旗鼓

1817年，委内瑞拉驻伦敦代表路易斯·洛佩斯·门德斯，受玻利瓦尔的指派，计划招募军官与士兵加入爱国者的海陆军。在位于菲茨罗伊广场（Fitzroy Square）的格拉夫顿大街（Grafton Street），门德斯开始和英国军官商讨招募并带领部队前往委内瑞拉服役事宜。7月，门德斯与H.C.威尔逊（H.C. Wilson）上校签约，10月又签下了古斯塔夫斯·希皮斯利（Gustavus Hippisley）上校。[6]自那一刻起，在接下来的5年光景里，超过6000名志愿军人离开英国与爱尔兰，乘坐53艘船，奔赴南美效力，至少5300人抵达了那里。[7]西班牙大使向外交部抗议道，似乎全体英国人都加入了美洲冒险。英国商人已经在共和派行动里扮演了角色。玻利瓦尔身在牙买加之时，他们提供援助，并资助他从海地发动远征。在圭亚那，他们以兵器、装备和弹药换取牛和其他出口产品。希斯洛普*一家自许为玻利瓦尔将军与新格拉纳达之间的商业代理人。英国政府的官方政策是禁止英国国民参加西班牙与殖民地的战争，因为这有违政府奉行的中立政策；1818年5月13日发布的一项法令，又禁止对西班牙出口武器。玻利瓦尔明白英国宽泛承诺行动自由的局限，但他从不施展太过强硬的外交手腕，而是更愿意寻求特定收益与实际利益。客观形势也决定了采取这种策略更有利。

拿破仑战争结束后，许多薪水减半的军官或失去军职的士兵准备接受独立战争的雇佣军合同，甚至有更多毫无军事经验的冒险家也在美洲寻觅可以获取荣光的事业与更好的机遇。商人十分乐于兜售过剩的存

---

* 伦敦商人，来往于英国与牙买加，从事国际贸易，曾是玻利瓦尔的重要赞助人。在一封与希斯洛普的通信里，玻利瓦尔透露过"不肯苟且偷生"的念头。

货、武器与弹药，公众舆论大多支持西属美洲的独立事业，而对西班牙持批评态度。西班牙驻伦敦大使馆监视着委内瑞拉这场招募运动的每个细节，频频向外交部发出投诉。尤其令他们恼怒的，是目睹志愿军们每日在伦敦操练。英国政府的态度模棱两可，一方面他们摆出不赞成招募士兵的官方态度，另一方面又对应募者离开英国前往西属美洲不加阻止。1818年，玻利瓦尔的英国特使们又返回英国，组织人员再赴美洲，远航队伍包括士兵，构成英国军团骨干的军官，以及船只、水手和枪炮。

1817年至1819年，由于当局采取姑息、默许或放任不理的态度，大量船只、人员与武器，以及整个兵团，得以设法离开英国港口前往南美，而志愿军官与水手也跨越大西洋，加入委内瑞拉海军。大约5万支步枪与滑膛枪、数百吨铅弹和火药，以及大量火炮、长矛、弯刀、长剑、佩刀与手枪被出售给共和派。商业利益主导了一切，在伦敦，路易斯·门德斯不断与人发生摩擦，原因都与他欠债不还以及商人未能履行合同有关。最终，由于委内瑞拉人的活动规模日益膨胀，很多操作违反法律，以及西班牙不断抗议，英国被迫采取了措施。1819年颁布了《外国征募法》，禁止英国国民为南美效力，并禁止向叛乱分子出口武器。法令一出，立即引发了大量人员逃离英国的混乱局面，在1820年一年当中，有无数船只从利物浦逃离。英国政府批准了执行《征募法》的动议，但在公众舆论支持下，征募士兵与武器供应仍在继续。[8]在伦敦遭到西班牙的声讨之后，志愿兵团在委内瑞拉也受到西班牙将领们的追踪攻击。莫里略将军则试图直接以言语打动他们："你们在为一个各方面都无足轻重的人卖命，加入了一个以最残酷的暴行而闻名的盗匪团伙。他们对你们的民族性格很是不满，你们要憎恶他们。只要还有一丝荣誉感与正义感，都不会跟衣衫褴褛的乌合之众混在一起。"[9]英国士兵回绝了他的虚情假意，并驳斥了他对玻利瓦尔的侮辱："同华盛顿一样，玻利瓦尔理应享受举国的感激与世界的钦佩。只要他尚在人世，就将像华盛顿那样受到人们的尊崇，他的记忆永垂不朽。"[10]

招募热潮过后，上演的是英雄主义与困顿挫折的故事，而疾病、酗酒、开小差减少了真正编入玻利瓦尔的部队战斗序列的人数。他们很快发现，"在南美一望无际的平原作战并非易事"，生财亦是无路。[11]但"解放者"欣赏他们，即使他手下的一些军官对他们抱怀疑态度。威尔逊和希皮斯利未能坚持太久，但他们的部队留存下来，指挥重任落在了表现出众的詹姆斯·鲁克（James Rooke）和托马斯·费里亚（Thomas Ferriar）上校的肩上，另外还有罗伯特·皮戈特（Robert Pigott）。一船又一船的兵员在安戈斯图拉登陆，他们被引领着向内陆挺进，加入阿普雷鲁克上校的部队，听命于玻利瓦尔，后者正在彼处策划向新格拉纳达进军。委内瑞拉指挥官们对进军计划存在意见分歧，但当轮到鲁克表态之时，他说道，如果必要，愿追随"解放者"直至合恩角（Cape Horn）*。鲁克的英国部队，此时被称为英国军团，他们参加了翻越安第斯山脉的行军。英国士兵很快就因擅长行军出了名。当英国军团充当前锋部队走在前面时，对很多人来说，他们的步伐太快了。而美洲的士兵被编入英国部队之后，就"认为自己高出其他士兵一等，自称英国人，以英语起誓来保住头衔"[12]。不管名声如何，在1819年的作战行动中，英国部队发挥了很大作用。玻利瓦尔坚信这一点，他曾说过，真正的"解放者"是身在英国的招募代理人路易斯·洛佩斯·门德斯。[13]

第二战场

自1818年8月起，玻利瓦尔的心思转向了解放新格拉纳达。就在那个月，他将桑坦德将军派往卡萨纳雷担任地方长官，充任大规模远征行动的先锋。卡萨纳雷位于半沙漠地带，是个人烟稀少的贫穷省份，但它也是实现新格拉纳达独立的圣地。它充当了又一支部队的坚实后盾，成了进攻新格拉纳达的基地。桑坦德研究并利用了保皇党的弱点，西班

---

* 合恩角，南美洲最南端的海角。

牙的年轻指挥官何塞·马里亚·巴雷罗（José María Barreiro）将军指挥不力，他的部队士气低落，士兵频开小差，而平原人的游击队重新发起了抵抗。巴雷罗抱怨，他的部队与军官拿不到薪饷，全军口粮只发一半，军服质量很差。克里奥尔人加入保皇党军队，并非出于对国王的爱戴，而是因为他们有所图，此刻他们成群结队地投奔敌人。到1819年5月，桑坦德向玻利瓦尔报告，在卡萨纳雷肃清了保皇党，人们都"热切盼望独立"，卡萨纳雷已为行动做好了准备，"不必再担心卡萨纳雷"。[14]

这是大胆而艰险的战略，玻利瓦尔只能权衡寻求突破与陷入僵局之间的风险。在委内瑞拉，革命陷入停滞。而在阿普雷，派斯运筹帷幄，把莫里略为了消灭他的武装所采取的行动全部挫败，这一点千真万确。增援部队即将到来，爱国者武装实力会得到增强。玻利瓦尔感到很乐观，宣称自己麾下的部队可与"欧洲最好的军队"相媲美，而且他确信，他的军事判断是正确的："杀伤性武器拥有数量的不平衡状况不复存在。"[15]但共和派发现还是不能打垮保皇党。共和派部队需要行动与胜利，而不是在大平原上打一些小规模遭遇战和攻坚战。那么在新格拉纳达，这些目标不是更容易实现吗？

新格拉纳达的保皇党更为脆弱，对手发动快速进攻时表现得尤其明显。西班牙的统治——统治力量实际上就是1万人的军队，这1万人中大多是心存不满的美洲人，可靠的西班牙人只有200多人——分布在从卡塔赫纳到基多的广大地区，而且这些统治者的精力完全被境内治安和内部种种问题——"伤病不断、薪饷过低、装备落后、山头林立"——所占据。[16]政府内部也是分歧严重，矛盾重重。总督弗朗西斯科·蒙塔尔沃（Francisco Montalvo）的安抚政策处处被莫里略针对，后者的强硬路线激起克里奥尔人的反抗，而他手下的孱弱部队却无力弹压。蒙塔尔沃的继任者，残暴的胡安·萨玛诺（Juan Sámano）倒行逆施，人们对他同样又怕又恨。保皇党的复辟统治在重压下面临崩溃，他们必将为其连年累月的高压统治、种族暴行、强征壮丁、滥征役税与经济压榨付出代价。可以说，在玻利瓦尔发动攻击之前，保皇党的统治早已千疮百孔。

即便如此，玻利瓦尔的行动还是存在风险。成功的关键在于向西班牙权力核心快速渗透，而这也意味着劳师远征。而在他身后，玻利瓦尔将留下一个虚弱的政府和一群半独立的首领。不过，将战场从一个殖民地转移到另一个殖民地，会有一种神奇效应，本身就能构成一场少见的精神胜利。玻利瓦尔可以从委内瑞拉引诱莫里略，如若行动成功，他将以更强大的实力和地位重返祖国。"我们将迫使莫里略或是撤离委内瑞拉退守新格拉纳达，或是坐视新格拉纳达完全失守。"这是他对派斯表达的观点。他对新格拉纳达人宣告："美洲的日子已经到来，没有任何人力能阻拦上帝之手指引的自然规律。"[17]

1819年3月，玻利瓦尔又一次离开安戈斯图拉，前往阿普雷地区，他沿着奥里诺科河进军，跟随他行动的是约翰·麦金托什（John Mackintosh）少校及其手下300英国人组成的一个营。在阿劳卡（Arauca），派斯指挥部队开展了卓有成效的游击战，莫里略派遣的部队不断受到诱骗袭扰，已经到了忍耐的极限。此时，"解放者"亲自披挂上阵，指挥部队与莫里略陷入苦战。派斯再度展露出其杰出的指挥才能。在拉斯克塞拉斯-德尔梅迪奥（Las Queseras del Medio），他率领骑兵运用"猛回头"（vuelvan caras）战术，先是佯装撤退，再突然回头发动闪电攻击，令莫里略部队伤亡惨重。在玻利瓦尔领导的最后一次大平原作战中，双方部队多次交手，却无法分出胜负，这段时间里，行军与作战、反复渡过阿劳卡河、逃过失利又抓住胜利的一幕幕连番上演，这是"解放者"人生中一段经受考验的时期。而对他的同僚们来说，仅仅是他的日常工作就让他们深受感染。玻利瓦尔在破晓时分起床，造访各支部队，提出建议并给予鼓励。他和幕僚军官与大部队一起行军，正午下马洗漱、用餐，然后在吊床上下达命令、口授信函，之后继续行军，直至在树林或旷野扎营。当年追随他左右的军官们回忆起"他无与伦比的活力和对形势的高度警觉，因为他的决策不仅关乎共和国的前途命运，而且最起码与士兵们的生死息息相关"[18]。玻利瓦尔那时35岁，正处于心智最成熟的时期，身体状态也处于最佳时期。他对于自己面临的危险也是有所警惕，而且这些危险不仅仅来自战场，这一点他的亲随人员最清楚：

> 一次，在平原上，他率领亲随人员行军至一处牧场（hato），盘算在那里扎营过夜。一个身姿绰约的姑娘迷住了他，对他频送秋波，愿与他同床共眠。他可能是怀疑事有蹊跷，或是觉得再走一段方便次日的行军，具体我记不清了。结果是他离开了那个姑娘的住所。那个姑娘并非爱国者，她给不远处的西班牙哨所报了信。如果他不曾开拔离开，就会落入西班牙人之手。[19]

5月15日，玻利瓦尔收到了桑坦德在卡萨纳雷击败保皇党的消息。决策的时刻到了。5月20日，他提醒部队指挥官，自己正筹划在新格拉纳达发起一次作战，他要求后者一旦接到命令，就让全军上下做好准备，与友军共同进退："我还不知道确切日期，也没决定如何进军，只是提前让你知晓这个行动，我还要强调此事须绝对保密，如果不能保密，我们什么都办不成。此事你知我知，不可外传。"[20]然而莫里略，通过探子传递的情报，已经猜到了"解放者"的意图与他进军的方向，并将此事视为他平生面对的最严峻挑战。

玻利瓦尔迅速做出判断：开辟第二战场的日子已经到来，可以把新格拉纳达当作一个战略支点，有了这个支点，革命向东可以辐射至委内瑞拉，向南可辐射至基多和秘鲁。5月23日，他在一次军事会议上向他的同僚宣布了他的进攻计划，但没有透露他进攻的真实路线。会议举行于阿普雷河右岸荒无人烟的小镇塞坦达（Setenta）上的一间废弃小屋，那里仅有的座位，是在平原上遭受雨淋日晒而褪色的牛头骨。[21]与会者包括苏布莱特、安索阿特吉（Anzoátegui）*、布里塞尼奥·门德斯、克鲁兹·卡里略（Cruz Carillo）、伊里瓦伦（Irribarren）**、兰赫尔

---

* 即何塞·安东尼奥·安索阿特吉（José Antonio Anzoátegui，1789—1819）。
** 即胡安·吉列尔莫·伊里瓦伦（Juan Guillermo Iribarren，1797—1827），派斯麾下将领，参加了卡拉沃沃战役。

（Rangel）*、鲁克、普拉萨与曼里克（Manrique）**。所有人都赞同这个计划，但一些人存有疑虑，派斯则表现出不愿合作的态度。其实考迪罗们几乎不会有什么损失，所有风险都由玻利瓦尔承担。而且他又能有什么别的选择呢？在大平原驻军过冬，不是自寻死路吗？他的部队将暴露于雨水之中，因流行黄热病与疟疾而出现减员，不断会有人开小差，部队很可能散伙。他还做好了充分准备，以策万全。接下来几日，他采取必要步骤，向安戈斯图拉政府解释了自己的计划，并向马里尼奥、贝穆德斯、乌达内塔和布里翁下达了明确命令。凡事没有偶然。玻利瓦尔是一个出色的谋划者。但计划还不足以赢得派斯支持。玻利瓦尔小心翼翼地向后者讲解这个计划，并为其解释计划的每一个步骤。他指示派斯发兵库库塔，切断敌人与委内瑞拉的联系。派斯找借口拒绝了。玻利瓦尔要求从平原人的1600匹战马里抽调300匹，派斯送来了200匹"瘦得皮包骨、满身疥癣的母马"[22]。玻利瓦尔对派斯这样做愤恨不已。

1819年5月27日，"解放者"离开阿普雷河上游，与桑坦德会师，翻越安第斯山脉。直到那时，在瓜斯杜阿利托（Guasdualito），玻利瓦尔才公布了目的地。他带领小股部队——4个步兵营、3个骑兵中队，总计2100人——投身于解放战争中最崇高的行动之一，近些年所有的挫败——分裂、抗命、贫穷、社会与种族冲突——转瞬之间被宏伟志向、勇气与纪律盖过。玻利瓦尔麾下的高级军官，苏布莱特、安索阿特吉和鲁克，都是激情似火的年轻人，准备追随他战斗到底，他麾下的下级军官也热切希望在其指挥下投入战斗。他们穿过阿劳卡和卡萨纳雷的稀树大平原时，正值暴雨季节来临，大地上溪水、河流、湖泊、沼泽交错，士兵们涉水、游泳、划船前进。担任安索阿特吉副官的奥利里记述

---

* 即何塞·安东尼奥·兰赫尔（José Antonio Rangel，1789—1821），派斯麾下将领，参加了卡拉沃沃战役。

** 即曼努埃尔·曼里克（Manuel Manrique，1793—1823），玻利瓦尔麾下将领，参加了卡拉沃沃战役。

了当时的情况:"整整七天,部队在齐腰深的水里行军,在任何能找到的干燥之处安营扎寨,只有一条毯子可供铺盖,更确切地说,这条毯子是用来盖住武器和弹药的。"[23]这只是一个开始,此后他们行军一个月才走出卡萨纳雷。

在塔梅(Tame)与桑坦德会师之后,联军继续在洪水中跋涉,向波雷(Pore)进发,拉开了攀登一座座险峻高山的序幕。生长于平原、已被在潮湿地带每日行军20英里弄得疲惫不堪的士兵们,此时又不得不忍受高耸的安第斯山,经受冰冷雨水的折磨,在翻过一座又一座高山后筋疲力尽,在穿越众多山口中最险要的山口,海拔1.3万英尺的阴冷的皮斯瓦荒原(Páramo de Pisba)山口时,又饱受高原反应之苦。那里的大雨倾盆而下。"对山脉的严酷,不曾亲临者难以想象……无论昼夜,降雨几乎不曾停歇。"玻利瓦尔记述道,"眼见困难逐日增加,我几近绝望,唯有支持自己计划的坚韧决心令我继续前行。"[24]另外一些事实证明,只有非凡的领导力才能解释,为何部队在下述情形下依然选择追随他:人员、牲畜与装备大量受损;作为军队骄傲的骑兵,坐骑逐日减少;如果躺下,就有可能在睡梦之中死去。英国军团有四分之一的人员在行军中丧生,但一名英国女眷带着翻山越岭中降生的婴儿,随军前进。

7月6日,筋疲力尽的幸存者开始到达山脉另一侧的村庄索恰(Socha),他们衣衫褴褛、靴子破烂,许多军官沦落到只能穿阿尔帕加塔布鞋。理查德·沃威尔经受这场耐力考验后幸存下来,他记述说:"那些离开大平原之际曾拥有鞋子的人,早就把它们穿烂了。有许多人,甚至一些军官没有裤子,他们乐意用撕成一条条的毯子或能弄到的任何东西遮掩身体。"[25]当地妇女被说服,脱下衣服交给了男人们。玻利瓦尔没有片刻休息,他张罗军粮与补给,收拢骡子,带回病号和落伍之人,并抚慰新格拉纳达人,进攻者是朋友,也是同病相怜的受害者,除了"建立一个自由与平等的国家"之外别无所求。[26]对"解放者"而言,这是一次个人的胜利。如果翻山越岭的恐惧考验了部队的斗志,那也证实了玻利瓦尔的性格。"这是他超越所有人之处,展现出非凡的精力与决心。三天之后，他就重新上马，为骑兵配备武器，聚集大炮，整编军队。他派出众多巡逻队袭扰敌人、鼓舞村落，并准备从四面八方发起进攻。"[27] 这是坦率的评价。桑坦德也意识到此人出类拔萃。

  索恰以南的玻利瓦尔兵营留存了战地的罕见一幕。在苏布莱特带来的援军之中，有一支英国部队，由滑铁卢战役的老兵、斗志高昂的鲁克上校率领，他毫不迟疑地现身，在部下面前向玻利瓦尔表达祝贺。玻利瓦尔邀请鲁克共进简朴的早餐，后者确信，这是他一生最美味的一餐，当被问及部队事务，鲁克回答，是的，士兵安好，在皮斯瓦荒原隘口也没有蒙受太多损失。安索阿特吉走上前来，一如往常地看起来神色阴郁、脾气暴躁。玻利瓦尔问道："安索阿特吉，有什么新鲜事？"安索阿特吉答道："好像什么事都能新鲜似的"，并询问他是否知晓了鲁克麾下龙骑兵的状况。"是的，他们的上校刚对我做了最有利的报告，并向我保证他在荒原没有损兵折将。"真相很快浮出水面，英国部队在行军中折损了四分之一，还有两位军官丧生。"我不否认，"屡教不改的鲁克辩解道，"但他们活该当此厄运，因为他们是我军中最差之人，没有他们，我们只会更强大。"对于鲁克的争辩，玻利瓦尔只能一笑了之，但牢骚满腹的安索阿特吉并不觉得好笑。[28]

博亚卡

  战事继续进行。玻利瓦尔凭借其非凡才能制定了作战策略，并以其领导天赋带领众人渡过了难关，此时又以其斗志推动人们前进，他步入了人生最辉煌的战役之一。7月25日，他的部队与休整充分、人数远远超过他们的保皇党部队交上了火，经过一天的艰苦战斗，在巴尔加斯沼泽（Pantano de Vargas）取得了胜利。此战完全是凭借将士们的非凡勇气，克服了巨大困难——保皇党握有占据高地的优势——才取得了胜利,隆东(Rondón)*的平原人骑兵、人数虽少但冷静果敢的英国军团以及玻利瓦尔无处不在的身先士卒也是功不可没。鲁克身受致命伤,奥利里头部被马刀砍伤,其他英国军官也各有伤亡。他们的英勇行动获得了玻利瓦尔的赞许,次日就荣获解放者十字勋章。[29]

玻利瓦尔仅仅停歇了几日来整编部队、招募当地爱国者,并向后者做出关键保证——解放战争既是从外部发动的战争,更是缔造一个新格拉纳达的建国伟业。玻利瓦尔于8月3日又挥师继续前进,他比巴雷罗棋高一着,抢在保皇党之前悄然攻占通哈,继而在后者撤往波哥大的途中于博亚卡发动了截击。年轻的奥利里在刚刚负伤后依然活跃,他在现场记录了战斗经过,见证了8月7日那天玻利瓦尔从两翼发起攻击、在敌军中央决定性地撕开防线后给予保皇党的致命一击。桑坦德的部队猛攻桥梁,安索阿特吉则向保皇党阵地的中心发起攻击。苏布莱特认为,此役能够取胜无畏的安索阿特吉功劳最大,后者率领步兵营与骑兵中队直插敌人心脏。[30]到了这步田地,敌人也没了斗志。保皇党因为他们的所作所为而被民众疏远、遭到了孤立,面对近期由于接连取胜而士气正盛的对手,己方将领的指挥又瞻前顾后、犹豫不决,因此士气低落的他们似乎无心恋战,只是转身逃跑。[31]巴雷罗面对猛烈进攻招架不住,只好缴械投降,他手下的残兵败将也成了阶下囚。战斗在两小时之内就全部结束。解放者部队以2000兵力迎击3000人的保皇党部队,有13人阵亡,53人负伤。有多名英国军官阵亡或身负重伤,鲁克的军团被授予了一个新名字——阿尔比恩营(Batallón Albión)**,军团所有将士都被授予星形解放者勋章。

通往首都的道路,在70英里之外,此时已经畅通无阻了。8月10日,玻利瓦尔进入波哥大,发现制造恐怖又惧怕报复的官员们早

---

* 隆东,指委内瑞拉将领胡安·何塞·隆东(Juan José Rondón, 1790—1822)。在巴尔加斯沼泽战役中,两军僵持不下之际,他请缨出击,玻利瓦尔疾呼:"隆东上校,请拯救祖国!"于是,隆东率领一队勇士手持长矛,直插敌阵,冲垮了保皇党阵形,为赢取胜利立下汗马功劳。

** 阿尔比恩,大不列颠古称,代指英国。

第六章 新战略,新前线

已成了惊弓之鸟,逃往了卡塔赫纳。被众人恨之入骨的萨玛诺总督,伪装成印第安人匆忙逃走,慌乱中在桌上落下了一袋子钱,令玻利瓦尔也忍俊不禁。"在造币厂(*Casa de Moneda*),"苏布莱特报告说,"我们发现了超过50万比索的现金,在仓库里有足够一支大军使用的武器和装备。"[32]

博亚卡的胜利确立了玻利瓦尔的权威地位,同时也意味着他所制定的作战策略非常成功。他为博亚卡战役的胜利感到欢欣与自豪,认为这是"我最彻底的胜利"。他圆满实现了自己的宏图大业。新格拉纳达的心脏得到解放,保皇党四散奔逃,不久西班牙人的顽抗也被压制在卡塔赫纳与库库塔。莫里略全都说中了。博亚卡的胜利是决定性的:如果爱国者失败,他们可以卷土重来,再战一场;而如果西班牙人失败,他们损失的部队与丢掉的省份不可复得。[33]一个月后,举办了官方庆典。玻利瓦尔由桑坦德和安索阿特吉陪同左右,庆祝胜利的游行队伍欢迎他们的到来,教堂钟声敲响,大教堂传来《赞美颂》的歌声,人们在主广场举行了庆祝典礼。20名身穿白衣的年轻女孩将一顶月桂花冠戴在"解放者"的额头,"解放者"将花冠递给两位同伴,然后又把它抛向士兵们。这样的场面让玻利瓦尔想起了他在加拉加斯庆祝凯旋时的情形。那些女孩当中有一个叫贝尔纳蒂娜·伊瓦涅斯·阿里亚斯(Bernardina Ibáñez Arias)的引起了玻利瓦尔的注意,她有一双黑色眼睛,漂亮迷人,年方16。即便还有别人追求她,他仍对她情有独钟。在众多追求者当中,胜出的是安布罗西奥·普拉萨(Ambrosio Plaza)上校,玻利瓦尔麾下的一名年轻军官。后来桑坦德又为二人向玻利瓦尔求情,因为这对情侣想要结婚,而且普拉萨想留在当地服役。玻利瓦尔于是问桑坦德:"那么,普拉萨已经和她结婚了吗?毫无疑问,你乐见其成,这会让新格拉纳达的年轻人(*Granadinos*)增加人口。我也不反对,因为我爱这对小情侣。"[34] 6个月后,故事尚有续集。

玻利瓦尔没有满足于桂冠,而是立即采取措施,避免自己的荣誉毁于莫里略可能发动的反击。美洲的部队已经整合成了共和国武装。苏布莱特率领的一支精锐部队,被派去占领库库塔山谷,负责边境防御。科尔多瓦（Córdova）上校则奉命率部队把西班牙人赶出安蒂奥基亚（Antioquia）。另外还派遣了一支部队向南部进军，占领波帕扬（Popayán）*。从波帕扬再往南，在通往基多的高原地带，保皇党仍然占据一个坚固据点。然而南方此时也已在玻利瓦尔的视线之内。在向士兵发布的公告中，他许下诺言："不久之后，委内瑞拉、新格拉纳达、阿根廷与智利的联合旗帜将飞扬在富饶的秘鲁上空，而利马也会敞开胸襟，为如同新大陆的荣耀一样数量众多的解放战士们提供庇护。"[35]而在玻利瓦尔的家乡，也没有什么事情能逃脱玻利瓦尔的关注。他慷慨解囊，为西班牙占领时期受难者的遗孀建立了养老基金。

接下来，玻利瓦尔开始致力于政治权力的角逐。他已是共和国的总统了。此时，他宣布了这个共和国的国家类型——由新格拉纳达和委内瑞拉联合组成的大哥伦比亚共和国。"新格拉纳达与委内瑞拉联合组成一个共和国，是所有优秀公民与关怀美洲事业的国际友人的热切期望。"[36]但他心知新格拉纳达可能对委内瑞拉的接管怀有怨恨，因而希望国会能一致通过一个开放性决议，同时他为新格拉纳达组建了一个临时政府。9月20日，他任命刚刚晋升为少将的桑坦德为该政府的首脑，头衔为副总统。桑坦德生于库库塔，出身于一个受人尊敬的克里奥尔家庭，受过法律教育，一直在军队服役。他履历优异，但在1816年平原人曾经拒绝让他担任领袖，他们更拥戴派斯。他是同僚，不是朋友，其理念与玻利瓦尔的理想相去甚远，他们的关系也颇紧张。27岁的桑坦德为人刻薄，缺乏幽默感而又暴躁易怒，他对金钱欲望强烈，还怀有残酷的报复之心。据奥利里所言，如果说玻利瓦尔是南美革命之中诞生的最伟大之人，苏克雷是最完美之人，那么桑坦德就是"最幸运之人"[37]。桑坦德能够获得擢升很大程度上是玻利瓦尔提携的结果，而能够得到后者的赏识，一方面是由于他在正确的时间出现在了正确的位置，另一方面则是因为他在行政管理方面很有能力。玻利瓦尔对待桑坦德态度

---

* 安蒂奥基亚，哥伦比亚西北部省份；波帕扬，哥伦比亚西南部城市。

很尊重,而桑坦德也表现得如同一个"俯首听命的臣子、不偏不倚的恭维者、忠诚而可被接纳的朋友"那样接受玻利瓦尔的统辖。[38]此时他的组织才能与忠心正是玻利瓦尔迫切需要的:他的第一项任务是在新格拉纳达进行军事动员,为大陆战争做准备;他的根本任务是创立一个新的国家。但是人无完人,玻利瓦尔也不得不容忍桑坦德的缺点。他很快就尝到了苦头。

在灭绝之战后,玻利瓦尔做出了改变,他采取宽大政策对待博亚卡战役的俘虏。愿意悔改的美洲人俘虏可以参军入伍或被遣返回家;巴雷罗和军官们被关进监狱,但环境尚可;玻利瓦尔还向西班牙当局明确表示,他愿意交换战俘。但他刚一离开首都波哥大,桑坦德就把巴雷罗和他的38个僚佐——其中一些是美洲人——枪决于主广场。他汇报给玻利瓦尔的理由看上去也无可挑剔,声称这么做既是为了消除安全隐患,也是顺应民众的呼声,更是为了惩罚这些俘虏对部队将士们犯下的罪行。他在附信里给出的解释同样大言不惭:"最终我不得不除掉巴雷罗和他的38个同党。一丝一毫的危险都令我发狂,把他们关在牢里不会有任何好处……相关记录处理得很干净,不过您的回复才是最至关重要的,这将是我日后的护身符。"[39]事实上,他似乎是吓破了胆,与生俱来的残忍又使他丧失了判断力。10月11日中午,囚犯们四人一排,拖着锁链被带到广场上。巴雷罗被命令跪在地上,被从背后开枪处决;他的同伴遭遇了相同的命运。桑坦德骑在马上,在政府大楼的入口处观看了行刑过程。接下来,桑坦德又带着他的人马,在凯旋乐曲的伴奏下,在首都的大小街道上招摇过市,然后他们又以一场在宫殿里举行的舞会为这一"庆典"收尾。

在新格拉纳达和委内瑞拉,许多共和派人士对此暴行十分不满,认为这种杀戮行为愚蠢透顶、惨无人道。在玻利瓦尔的回信中,我们可以读出一种责备,却看不出遣责的意思:"我很遗憾,这些战俘的不可信任迫使阁下在我们正在谈判交换战俘之际将他们处决……敌人不会相信,我们的痛下杀手是正义之举,而非出于报复和无故寻仇的动机。尽管如此,我还是要感谢阁下以这种骇人手段拯救共和国的一片赤诚。当然，我们的名誉也会因此受损。"塞亚对此也深信不疑："我们的好朋友桑坦德不合时宜的报复，给我们造成了不少困扰。"[40]桑坦德不仅残忍，而且虚伪狡诈，他随后就对玻利瓦尔对西班牙战俘的"过度"宽大和他对军中报复保皇党军官声音的压制唱起了赞歌："将军坚持要求优待他们，并提议在适宜的地点交换战俘。"[41]

胜利后的紧张局势

玻利瓦尔在9月20日离开波哥大，打算接管此时在库库塔集结的部队。他的行程经过通哈、莱瓦（Leiva）、贝莱斯（Vélez）、索科罗（Socorro）、圣希尔（San Gil）、布卡拉曼加和潘普洛纳等城镇，这成了又一场人们夹道相迎的胜利游行，人们投出感激的选票，献上鲜花，年轻姑娘将桂冠戴在他的头上，同时此行还让他有机会评估局势。然而，两场打击接踵而至。离开潘普洛纳不久，就传来了安索阿特吉将军不知何故突然辞世的噩耗，失去这位精力充沛、近年来他颇为信赖的坐镇北方的副手，令玻利瓦尔深受打击，也迫使他重新调整指挥体系。安索阿特吉生性忧郁，他当时急于告假返乡，因为思念他的妻子特蕾莎和两个孩子，其中一个新生儿他还未曾见过。他的战友们都为他的去世深感悲痛。至于玻利瓦尔，安戈斯图拉传来的消息令他再度对部下抗命和谋求撼动其地位的派系之争感到恐惧，他认定自己需要出现在那里。悲剧已在身后，困扰还在前方，通往安戈斯图拉之路并非坦途。

虽然玻利瓦尔在军队里拥有忠诚的军官，在政府里拥有优秀的同僚，四处皆有可以信任的朋友，但也有厌恶他的政策、批评他的方略的冤家对头，这些人实际上并不在意这些政策方略的是非对错，他们针对的是它们的制定实施者玻利瓦尔，只要玻利瓦尔放松管控，反对他的势力手就会抬头。玻利瓦尔不在安戈斯图拉，给了这些人运作活动的空间，考迪罗们又一次企图摆脱束缚，政客们则再度谋求攫取权力。玻利瓦尔的政敌们把进攻新格拉纳达视为抛弃委内瑞拉利益之举，一些人还试图胁迫国会宣布他是逃兵与罪犯。在东部，考迪罗势力再度抬头。玻利瓦尔指挥大规模战役，考迪罗们则忙于小规模作战，这些作战也不是总能取胜，各个考迪罗之间也很少能够协调一致。派斯无视玻利瓦尔的明确指示，没有进军库库塔，以切断敌人与委内瑞拉的联系。[42]马里尼奥与贝穆德斯的合作也没有成功。乌达内塔则因阿里斯门迪不服从调遣而不得不将其逮捕。这个时候，考迪罗们不敢直接对玻利瓦尔发泄不满，而是把矛头指向安戈斯图拉政府，首当其冲的就是副总统塞亚，他出身平民，是新格拉纳达人，政治上属于温和派，但这些个人背景都不受委内瑞拉考迪罗们的待见。[43]他们逼迫塞亚辞职，国会选举阿里斯门迪取而代之，后者投桃报李，任命马里尼奥为总司令，司令部设在马图林。

因而，在1819年9月整整一个月的时间里，在玻利瓦尔接受新格拉纳达民众赞扬之际，掌握军队的考迪罗们卷土重来，他们通过威胁人们要秋后算账来宣扬他们的委内瑞拉民族主义立场、煽动民族主义情绪。但他们的胜利只是暂时的，因为博亚卡战役的消息让反叛者乱了方寸。12月11日，玻利瓦尔抵达安戈斯图拉，尽管是在凌晨3时到达，他依然受到了欢迎，人们高呼"玻利瓦尔万岁"，轻拍他的后背致意；当地政府向他送上官方致敬和祝贺；江中战船也鸣炮向他致意。随后，一名国会委员会前往玻利瓦尔的住所迎接，并安排了一支军乐队，让玻利瓦尔在军乐声中走上总统席就职。[44]玻利瓦尔采取了宽大政策处置反叛者；此时的他权力无边，完全有权宽恕——虽然不一定忘记——这些人的罪责，也完全有权任命阿里斯门迪和贝穆德斯负责统领东部的武装部队。无论在政治上还是军事上，他的荣耀都已经登峰造极。

这个时候，凭借他的声望地位，他已经完全有资格详细阐述他的宪法思想了。"自从拿起武器以来，新格拉纳达与委内瑞拉的联合就是我唯一的目标，"他告诉国会，"只要发布让两个国家在政治上合并的法令，我的最大心愿就能够达成，同时这也是对尽忠职守的部队将士们的最大奖赏。"[45]合并计划在两次大会上进行了郑重讨论，根据1819年12月17日颁布的《基本法》，安戈斯图拉国会正式创立大哥伦比亚共和国，国名是为纪念克里斯托弗·哥伦布（Christopher Columbus），新生国家由委内瑞拉［此前的委内瑞拉都督辖区（the captaincy-general of Venezuela）］、新格拉纳达［此前的新格拉纳达总督辖区（the viceroyalty of New Granada）］和尚待解放的基多［此前的基多辖区（the presidency of Quito）］三部分联合组成。这是一个大胆的计划，唯有依靠玻利瓦尔的领导力和权威才能实现，但他决心促成这一计划，因为他相信革命需要一个大国，这样就能够获得一个大国身份、大国的国际地位，他自己也可以掌握巨大权力。桑坦德也乐于接受两国人民的联合，因为可以获取不可估量的优势地位；他同时承认玻利瓦尔是这个联合国家的唯一缔造者，并向后者表示祝贺。[46]不需要提醒，玻利瓦尔当然明白这个计划是"非法的"，需要在新格拉纳达——当时更名为昆迪纳马卡——得到宪法认可。他同意安戈斯图拉国会为此事召开制宪会议的决定，会议定于1821年1月1日在库库塔召开。但是，却没有人想过问一问委内瑞拉人、新格拉纳达人或基多人（quiteños），他们是否认同自己是哥伦比亚人。

玻利瓦尔毫无困难地赢得了选举，成为哥伦比亚事实上的总统，或者说——按照国会坚持采用的叫法——成为"解放者总统"（Liberator President），塞亚则成了副总统。玻利瓦尔的下一步工作是结束委内瑞拉的战事，并准备战后安置工作。安戈斯图拉曾是"解放者"的重要基地，但那里也充斥着政治麻烦制造者，因而肯定不是发动大陆战争的合适地点。玻利瓦尔远程指挥，主要依靠属下将领与当地的爱国者，组织策划了不少战略行动。在北部，行动在加勒比海沿岸与马格达莱纳河下游展开；在南部，则是向波帕扬一带进军。他又指示帕迪利亚和布里翁制定海上作战方略。他还紧盯着派斯的动向。玻利瓦尔提拔颇有才干的拉斐尔·雷文加（Rafael Revenga）担任国务部长，又展现了自己的知人善任。但战争需要玻利瓦尔的近距离参与和决策。

1820年3月初，玻利瓦尔回到了波哥大。波哥大的市民依然支持他，而桑坦德正忙于处理战争税问题，试图消除其带来的冲击。接下来，玻利瓦尔前往北方巡视，他把自己的驻地设在新格拉纳达和委内瑞拉交界地带的库库塔地区，享受战役间隙的片刻闲暇。奥利里大约在此时成为他的侍从副官，得以近距离观察他的日常生活。[47] 玻利瓦尔6时起床，先到马厩察看战马，接着返回房间读书直到9时，然后用早餐。上午余下的时间，他用来处理公务——听取国防部长、私人秘书和参谋长的报告，用直白而简洁的语言口授信函，做这些事的时候他要么是迈着大步踱来踱去，要么就是坐在他的吊床里。他的眼界和决策水平都是一流的：不管是外交事务、新兵招募、枪支问题、税赋征收，还是对他的副总统们提供建议、安排制宪会议，以及总是提前开展的对下一步军事行动的筹划布局，他都处理得驾轻就熟、游刃有余。但他的公众形象戴着一副冷峻甚至愤世嫉俗的面具，他对阻碍哥伦比亚进步的社会障碍、人民无法匹配他在伟大演讲里勾勒的理想、公民之间的奸诈与恶行、心存不满者的批评与敌对、敌人的嫉妒与憎恨等情形心知肚明。在这样的心绪之下，他致信桑坦德："西班牙人激活了我们国民精神中可怕的一面。我越思考，就越相信，无论是自由、法律，还是辉煌的启蒙运动，都不能令我们成为守法的公民，更不要说成为共和派或真正的爱国者。朋友，我们的血管里没有血液，只有混杂着恐惧与过失的罪恶。这是怎样的公民道德啊！"[48]

但是，生活并不全是他所描述的这种激情迸发的"政治哲学"。在处理公务的间隙，他也流连于女人，关于这些韵事的细节在他的书信当中多有涉及。他仍然在追求贝尔纳蒂娜·伊瓦涅斯，而且可能对她与安布罗西奥·普拉萨的关系感到恼火，他诧异于她为何将时间浪费在一个上校身上，而她本可以拥有一位将军，她的内心可能更渴望获得这位将军的垂青。他让桑坦德找她谈一谈，让她知道"我已厌倦了不断写信却没有答复。告诉她，我仍是单身，比安布罗西奥·普拉萨更爱她，因为我不曾对感情不忠"。可是桑坦德的回信让他失望："她对普拉萨还有所指望，对别人则没有指望，包括对您。这种感情上的事距离远了很难把握。"[49] 显然，玻利瓦尔还是对她念念不忘，但她不愿把自己托付给一个身在远方、曾对爱人不忠，并将执掌大权的求爱者，她宁愿相信普拉萨对她的承诺。

处理公务之时，玻利瓦尔的思维与语速很快，他要求秘书能跟得上他的思路，并且理解准确无误。他口授的对通信对象的看法，并不总是会寄送出去，有些他会留下不发。对于桑坦德，他不得不小心应对，在玻利瓦尔倾注全部心力致力于解决的解放奴隶等问题上，必须有令人信服的理由。[50]派斯仍然是个麻烦人物，必须让他明白服从上级是他的职分所在。大部分公务处理的是官员们以及其他人员要这求那的请托。他的一些答复也很有趣——"他所说的半数是谎言，但他是个好官，给他升职吧"。对于一个请托者，一个对独立事业一直抱有敌意的神父，他是这样答复的："去问国王吧。"一个医生趁着萨玛诺逃走和玻利瓦尔进占波哥大一片混乱的时机，打劫了不少仓库，之后他请求任命他为中校衔军医，玻利瓦尔在呈文的空白处批示："满足于你抢的东西吧。"下午他读书至 5 时，之后吃晚餐。他不嫌恶美食与美酒，但那时财务紧张，他用餐也有配给，只能有简单的肉和蔬菜，水是唯一的饮品。晚餐后他会和副官或秘书骑一会儿马，然后同朋友与来访者会面。另一些人注意到，私下里，他的谈话里带着轻蔑的言辞，冷嘲热讽从不离嘴边。他晚上 9 时回卧室，倚在吊床上读书至 11 时。在那个时期，孟德斯鸠和卢梭是他钟爱的作家，历史是他最喜欢的学科。他还为安戈斯图拉和波哥大的报纸撰写文章。

当时的国防部长布里塞尼奥·门德斯上校，是个"才智过人、教养良好、性格温良之人"，他在这个时期与玻利瓦尔关系密切，他待人接物冷静、谦和，与"解放者"的火暴脾气形成鲜明对比，他的绝对忠诚和毫无个人野心也是人所共知。参谋长巴托洛梅·萨洛姆（Bartolomé Salom）上校，是另一位与玻利瓦尔关系密切的可靠同僚，他不知疲倦地为"解放者"工作，对他而言没有什么事是大麻烦，他也没有什么自我要求与期望。奥利里另外还记载了玻利瓦尔的其他习惯。他惯于用双手剃须，动作太快以至于旁观者都感到害怕，而且他同时还在跟他们不停交谈。他对武器也很粗心。他是一个糟糕的射手，会漫不经心地拿手枪向任何方向射击，而不太顾及周围人的安全。[51]

在 4 月和 5 月，以圣克里斯托瓦尔（San Cristóbal）为起点，玻利瓦尔视察了边境防御，并勘察了共和国境内的物产资源。他发觉，尽管解放事业取得进展，但他仍不能调集足够的部队和武器来打一场决定性战役。派斯不会向大平原之外的地区发兵；共和国部队的军人成群结队开小差，因为粮饷不足，国家无法供养他们。而莫里略此时也是问题缠身。他明白已经失去了新格拉纳达，不仅自己麾下的王牌部队被歼灭，他所效力的殖民政府也已撤退转移。虽然仍然控制着加拉加斯和沿海高原地区，但面对经济土崩瓦解的局面，莫里略仍然感到绝望，他在报告中写道："这个国家的民众厌倦了战争与灾难，他们会竭尽全力拥戴革命政府，因为这个政府就是他们想要的政府，革命事业也是他们热爱的事业。"[52] 正在此时，仍深陷博亚卡失利打击之中的这位西班牙指挥官，遭遇了第二次打击，玻利瓦尔得到了他需要的支援。

1820年1月1日，拉斐尔·列戈（Rafael Riego）上校*发动西班牙自由派革命，他得到了一支不想前往美洲服役的加的斯部队的支持，从而迫使费尔南多七世放弃专制集权，接受了《1812年宪法》。此举令莫里略失去援军，削弱了他的绝对军事权威，颠覆了他的政治地位。他受命与爱国者谈判，提出在承认西班牙立宪政府的前提下恢复和平。被宪法的限制束缚了手脚、因为自由派和专制派的争斗而出现分裂的西班牙人很快发现：玻利瓦尔，这位得胜将军、国家元首、被解放民众的英雄，不再是狼狈逃命的造反者，而是变成一位强硬的谈判高手，决心在谈判桌上最大限度利用他最近取得的优势地位。"简直疯狂到了极致，更荒谬的是，要求哥伦比亚共和国对西班牙俯首称臣。你们相信老迈而腐朽的西班牙仍然可以统治新大陆吗？"他如此质问西班牙人。他对苏布莱特坦言："他们拥有一切，顾虑太多，什么也得不到。我们一无所有，但我们要得到他们拥有的一切：……所以我们只有以和平为交换来赢取独立这一条路。"[53] 他必须阻止西班牙人用虚假的许诺瓦解共

---

* 拉斐尔·列戈（1784—1823），西班牙自由派将领。1819年，费尔南多七世招募军队镇压美洲独立，拉斐尔·列戈在军营之中组织反抗，意图恢复《1812年宪法》，行动得到马德里军官的响应，最终国王同意恢复宪法。

和派，因而他命令属下——特别是派斯——不要和莫里略的手下接触，因为他决心将谈判攥在自己手心，完全由他一个人掌控。与此同时，他把西班牙人耍得团团转，又进一步占据了优势。考迪罗们在东部取得了一些进展。他自己则在库库塔巩固阵地，还和马格达莱纳河下游的共和派势力建立了联系。卡塔赫纳此时被从水陆两路包围，即将被攻陷。印第安考迪罗将领胡安·德·洛斯·雷耶斯·巴尔加斯带着他的游击队脱离保皇党阵营转投共和军，被授予上校军衔，为共和军武装增添了生力军。到了8月，玻利瓦尔已经能够占据强势地位与莫里略展开谈判，但他仍不着急。10月的时候，他到了特鲁希略，准备好进行谈判，但莫里略也打起了推迟谈判的算盘——他需要调集部队为他的谈判增加筹码。协议最终达成，谈判代表在11月25日签署了为期6个月的停战协定，双方同意止步于当时各自占领的地区，不再发起进攻。双方交战的人道主义原则与俘虏待遇问题也已谈妥。莫里略希望向玻利瓦尔致意，两位领导人于11月27日在距离特鲁希略东北大约9英里的小村庄圣安娜（Santa Ana）进行了会面。当奥利里把玻利瓦尔指给莫里略的时候，这个西班牙人问道："什么？就是那个穿蓝色长大衣、头戴军便帽的骑骡子小个儿男人吗？"[54]二人跳下坐骑，相互拥抱，带着随从们一起享用了西班牙人准备的饭菜，那一天的其余时间，双方人员用来庆祝协定签署，彼此交流战地故事。多年之后，玻利瓦尔回忆，"莫里略和我都没有被这些交流所蒙蔽，这些都是谈判桌上的惯用手段"。但在那一刻，一向心地宽厚的玻利瓦尔，对他的昔日敌人也产生了一种惺惺相惜的敬意，"现在我们是朋友了"[55]。他走向莫里略及其西班牙同僚，接受他们的热情致意和寒暄恭维，并频频举杯，共祝哥伦比亚赢得独立，他相信他们之中无人希望继续打仗。莫里略也深受感动，"那些此前注定要消灭彼此的人，第一次不仅将对方看成是人，而且做起了朋友"[56]。多年以后，在1835年，奥利里和苏布莱特拜访了住在拉科鲁尼亚的莫里略，"当得知我正在写一部他所钦佩的老对手的传记时，他把保皇党在委内瑞拉战场获取的许多文件都给了我"[57]。

停战协定对委内瑞拉来说意义重大，它"对我们价值千金，对西班牙人是致命打击",因为停战协定使共和派的斗争获得了合法地位,终结了灭绝之战,并迫使西班牙——虽然还不认可其合法性——承认了由玻利瓦尔担任总统的新生的哥伦比亚共和国的存在。正如玻利瓦尔所预见的,"休战对我们是利好,因为只要构建了不间断的通信网络,并让我们的部队在连成一片的防线上占据了有利位置,那么在时机成熟的时候,我们就可以掌握继续作战的先机。然而,我认为这也不是必要的,因为这个停战协定的最大好处,显然是终结战争"[58]。或许更为重要的是,它导致莫里略离任返回西班牙,留下不如前者果决的拉托雷将军接任指挥,使守军士气受挫。南美大陆其他地区也传来了令人振奋的消息。拉普拉塔联合省已脱离西班牙当局独立很长时间,此时正在就采用何种政体形式适合本地区实际进行自由讨论;圣马丁(San Martín)在智利打败了西班牙人,此时正率领一支肩负解放使命的远征军远征秘鲁;1820年末,瓜亚基尔宣布独立,成立了新政府,开放港口开展国际贸易。"解放者"和他掌控的媒体将这些新闻广为传播,向保皇党发起了宣传战。

玻利瓦尔对委内瑞拉的未来充满信心,他已经在思考征服更遥远的地域。基多此时进入了他的视野,成了他的首要目标,他想恢复基多与波哥大的历史联系,使哥伦比亚联邦的疆域更加完整,防范西班牙人从秘鲁发起进攻。玻利瓦尔自己在北方还有公务需要处理,因而他从波哥大挑选了他最信任的将军担此重任。安东尼奥·何塞·德·苏克雷,作为"迄今为止最出色的"共和国将领,是玻利瓦尔的最坚定支持者。1813年,当时还很年轻的苏克雷就加入了马里尼奥远征军,参加了许多重要战役;但与东部的同僚们不同,他的志向并不是成为一个独镇一方的军事首领。苏克雷出身于库马纳的富有家庭,在加拉加斯接受教育。他对军事作战技术很感兴趣,后来成了军事工程方面的专家。玻利瓦尔后来写道,"他将一切简化为一种方法……他是混乱的克星"[59]。苏克雷充任军官在东部军队服役4年,由于仰慕玻利瓦尔,他在1817年前来投奔,并且甘愿充任"解放者"的僚属,不想再卷入东部军阀的派系之争:"我愿意盲目服从您的决定,这是我的荣幸。"[60]他后来确实做到了始终如一地服从玻利瓦尔。当副总统塞亚未经玻利瓦尔认可擢升他为准将之时,苏克雷后来解释道"若无玻利瓦尔批准,他不敢接受"[61]。1820年,玻利瓦尔曾指派他担任停战协定谈判团成员,此时又给了他一个新任务,让他充当南下征讨的先锋。1821年1月,玻利瓦尔免去苏克雷在哥伦比亚担任的所有职务,让他率领1000人的远征军进军瓜亚基尔,巩固与拓展南方各省的革命成果,并"把它们并入哥伦比亚共和国"。[62]在苏克雷接到任命的几个月之前,奥利里在库库塔第一次见到了苏克雷,他问玻利瓦尔,那个可怜的马夫是谁。"他是我军最优秀的军官之一。"玻利瓦尔如此回答,"他具备苏布莱特的专业知识、布里塞尼奥的良善性格、桑坦德的才能与萨洛姆的充沛干劲。似乎很奇怪,没有人知道他,甚至怀疑他的能力,我决心把他带到台前,相信终有一日他将与我比肩。"[63]

卡拉沃沃

停战协定没能维持6个月。1821年1月28日,马拉开波爆发反抗西班牙的起义,并在共和国的默许之下宣布独立。玻利瓦尔试图强找说辞安抚拉托雷,辩称马拉开波解放了自己,它有权这样做,于是,哥伦比亚军队占领了一个不受西班牙管辖的自由国家。[64]但西班牙人不是傻瓜,也不是好战分子;在和平与独立被纳入谈判之前,拉托雷也没有接受玻利瓦尔关于战争的最后通牒的权力。玻利瓦尔将暂时和平视为重整武装与获取优势的一种手段。到了4月,他准备以一个真正解放者的姿态采取行动:"这场战争并非灭绝之战,甚至不是常规战争。它将是一场神圣之战,旨在解除敌人武装,而不是摧毁他们。"[65]

卡拉沃沃战役不仅是打败西班牙人的关键一战,对将各路考迪罗进一步整合成国民军队也至关重要。来自大平原、安第斯与马拉开波的共和国军队,克服了距离、地形、补给等方面的障碍,在阿拉瓜谷地集结,而贝穆德斯则从东部进军加拉加斯,以分散敌人的注意力。指挥各路部队的考迪罗们各自率领部队离开本乡,为他们过去屡屡抗命顶撞的总司令效力。1821年6月,正是共和国军队运转最顺畅的时候——这标志着组织与纪律的真正进步,是玻利瓦尔军事改革的直接成果。在部队向前推进寻找敌人的同时,玻利瓦尔在大本营圣卡洛斯将部队分成三路:第一路由派斯将军指挥,第二路由塞德尼奥将军率领,第三路预备队由普拉萨上校统辖。马里尼奥将军则在"解放者"本人的总参谋部坐镇。玻利瓦尔将这支大军描述为"哥伦比亚所有战场上最伟大最优秀的军队"[66]。但大规模调兵要付出代价。在玻利瓦尔期待的10000人大军里,只有6400人抵达了战场。其余人则住进了梅里达、特鲁希略和巴里纳斯的医院,战役还没开始就因为长途行军和疟疾而无法作战。"无底之袋"是玻利瓦尔对这支军队的另一番描述。他的将士们在令人引以为傲的同时,也让人忧心不安,尤其是平原人及其首领派斯:

> 这些人是久经战阵的老兵;他们相信自己应得许多,但感到羞辱与挫败,对于收获他们用长矛赢得的果实不抱希望。他们是坚定又无知的平原人,从来不曾觉得自己与那些见识更多、外表更光鲜的人是平等的。我自己,虽然担任他们的领袖已久,仍无法确知他们究竟有多大本领。我对他们关怀备至,尽管如此仍不能获得那种战友和同胞之间本应有的信任与坦诚对待。毫无疑问,我们已悬于深渊之上,或者说已经坐到了即将喷发的火山口上。我对和平的恐惧甚于战争。[67]

战后的社会——及其领袖人物——已经蒙上了阴影,即便是在胜利的岁月。

担任参谋的奥利里,为世人勾勒了取得胜利的那天——1821年6月24日——部队主要作战行动的大致轮廓。[68]为避免保皇党将军求之不得的正面进攻,玻利瓦尔指令派斯与一支哥伦比亚步兵部队,取道一条暴露于敌人炮火之下的狭路,向左翼发动进攻。同时,他命令夺取高地,攻击保皇党部队最薄弱的右翼。爱国者们挥舞砍刀在灌木丛中开辟出一条通道，在经历激烈战斗、付出惨重伤亡代价后夺取了高地。阿普雷营承担主攻任务，得到英国营的刺刀冲锋与两个掷弹兵连的支援。"我们的一个 30 人小队，"英国军官汇报称，"向左翼的 100 多个敌人发起了刺刀冲锋；他们发现情况不妙后仓皇撤退。"[69]在攻下高地、哥伦比亚部队通过狭路之后，部队从高地来到平原。骑兵发起冲锋，保皇党骑兵落败逃走，他们的步兵也被击退。敌人的撤退井然有序，并非溃不成军。但是，敌人整营整营的部队缴械投降，只有一个营成功抵达了卡贝略港。保皇党的指挥官拉托雷后来对玻利瓦尔给予保皇党俘虏人道待遇表达了感激，这与灭绝之战截然不同。[70]

两军都损失惨重，根据玻利瓦尔的报告，保皇党伤亡 1000 多人，共和国伤亡 200 多人。共和国折损了更多的将领和军官。塞德尼奥将军在战斗中阵亡。玻利瓦尔的情敌普拉萨上校也丢掉了性命，贝尔纳蒂娜失去了她选中的爱人。英国军团投入战斗的人员多达 350 人，损失了 11 位军官与 95 名士兵。玻利瓦尔认定他们是共和国的救星，他将英国营更名为"卡拉沃沃营"，并给每一个生还者颁发了解放者勋章。[71]派斯被擢升为战场总指挥。玻利瓦尔和派斯启程前往加拉加斯后，马里尼奥又接掌部队，成为总司令。

保皇党的小范围抵抗在马拉开波和科隆被粉碎；西属美洲长期以来最重要的堡垒卡塔赫纳在 10 月 1 日缴械投降；库马纳在 10 月 16 日放弃抵抗；11 月 10 日，卡贝略港守军投降，而圣玛尔塔在 11 月 11 日被共和军攻陷；11 月 28 日，巴拿马宣布独立，成为哥伦比亚联邦的一部分，这是玻利瓦尔颇感得意的一次战略性兼并，它阻止了西班牙人利用地峡为其在南美的太平洋沿岸殖民地输送物资。如此一来，整个加勒比海沿岸获得了自由，"解放者"的第一个目标实现了。到了这个时候，南部的帕斯托（Pasto）是新格拉纳达唯一还被保皇党控制的省份。

6 月 29 日，玻利瓦尔进入加拉加斯。街上一片死寂，直到卡拉沃沃战役的消息得到证实，人们才突然纷纷涌出，迎接从首都走出的最知名人物、"解放者"、"祖国之父"（*Padre de la Patria*）在阔别 7 年之后重返故里。人群将他的房子团团围住，直至午夜。接下来的几天里，他忙于处理行政事务，落实拉瓜伊拉的投降事宜。在返回巴伦西亚途中，他忍不住回到圣马特奥庄园探访，这个庄园是他众多产业中最钟爱的一个，他的童年岁月和刚刚步入成年的时期都是在这个庄园度过的。他在那里重温了在种植园的昔日生活。"在革命之前他拥有上千名奴隶，如今只剩下三个，他把这三人立即予以解放。"[72] 谁知道他的资产当时还有多少呢？他的私人事务搞得一团糟，他只从国家领取少量钱款，谢绝把自己的实际工资全部变现。跟他的部队官兵一样，他的酬劳实在太少，他是拥有土地的贵族，但不再是个富翁。在再一次短暂造访加拉加斯之后，他离开祖国，把革命带到了边境以外。他不仅仅是委内瑞拉人，还是哥伦比亚的总统，将会为更多人赢得自由的"解放者"。他让受人尊敬的同僚卡洛斯·苏布莱特留下来担任委内瑞拉副总统。但是实权还是由平原人领袖、卡拉沃沃战役的英雄、委内瑞拉人的偶像之一派斯掌握，而不可避免地，当地的军事指挥权也落到了他的手上。贝穆德斯和马里尼奥也都被任命担任要职，因为这两位掌握军队的考迪罗进入了他们的传统领地。

卡拉沃沃战役之后，玻利瓦尔本来是春风得意、踌躇满志，但一想到战后政治的难题难以解决，他就大为泄气。他对委内瑞拉感到绝望："这是一片混乱；在这里做不成什么好事了，因为好人已经消失，坏人越来越多。委内瑞拉呈现出这样一幅画面：人们猛然从长久的昏睡里醒来，没有人知道，这个国家目前状况如何、未来应该如何发展、现在处于什么样的地位。"[73] 但有一点他心知肚明：如果要让委内瑞拉和平发展，必然要满足与笼络考迪罗们。为此目的他做了两件事：一是任命这些考迪罗担任地方官员，二是授予他们土地。[74]

1821 年 7 月 16 日，玻利瓦尔颁布了一项法令，实际上是将考迪罗主义制度化。在西部，他建立了两个军政一体化行政区，一个交给派斯，另一个交给马里尼奥。[75] 东部诸省他指派给了贝穆德斯。表面看来，这 3 个行政区地位完全平等，而这个被分割为若干区域的国家，也并入了哥伦比亚共和国，和其他地区平起平坐。但从一开始，派斯的政府就占据了支配地位。派斯从一个地方考迪罗，一跃变成国家的英雄与委内瑞拉无可置疑的军事和政治领袖。属于派斯势力范围的加拉加斯周边地区是全国的社会经济中心,而且他所指挥的是一支经过战火考验幸存下来的训练有素的部队,士兵都来自阿普雷平原,因此派斯有足够实力对其他掌握兵权的考迪罗发号施令,为拥护他的寡头和崇拜他的民众提供保护。玻利瓦尔一生之中最讽刺的事情之一,就是加拉加斯——他的出生之地,他解放的首选之城——被他所任命之人接管,并且这个人仿效他的做法提出独立要求,结果使委内瑞拉脱离了哥伦比亚共和国,而这个共和国正是玻利瓦尔本人缔造的。同时,他们还不得不保持合作,但他们之间只是互行方便的关系,彼此并不信任。在委内瑞拉战事取得胜利之后,玻利瓦尔别无选择,只能把新生国家交给考迪罗们,而他自己则另择他途,去监督哥伦比亚宪政的实施,并将革命带往南方。

  玻利瓦尔对委内瑞拉军阀的接纳,彰显了他的现实主义处世哲学,他愿意接受无可避免之事,这是他的领导才能的一大显著特征。从安戈斯图拉到博亚卡,再到卡拉沃沃,在这些年的辉煌岁月里,他向世人展现了他作为军人、政坛人士、政治活动家的多方面的领袖才能。最重要的是,他证明了为何人们——甚至是那些桀骜不驯之人——愿意跟随他行军、作战、为宪法而辩论、采取冒险政策。在所有的革命缔造者之中,他是最富使命感之人,并能将意志加诸他人之上。他的领导力经受了考验,并得到了巩固。但他从不相信,革命是最后的目标,自由是自己的终点。他还想获得正义。在他的安戈斯图拉演讲的结束语里,他向听众描绘了新世界的图景,在这个新世界,法治将占据主导地位,平等与自由将胜利实现。他还提出了他个人会优先考虑实施的两项措施:使奴隶获得绝对自由、将国家财富分配给投身革命的军人。实现社会正义——是革命的下一个挑战。

142

第七章　玻利瓦尔构想的社会

抛弃卢梭

领导力能够赢得战役，带来解放，而在南美洲北部，玻利瓦尔就是最高领袖。但一人之力无法改变社会或重整经济秩序。玻利瓦尔可以左右一些事件，却不能主宰周边环境。在战后的动荡之中，他从未停止辨别需求、规划政策与寻求解决方案。但人们的生活受到他们所立足的社会与经济的制约，战争没有从根本上改变它们，也许还令事情变得更糟了。此外，不仅是玻利瓦尔，还有众多政治家、利益集团和对手，都在提出解决方案，玻利瓦尔对这些多半不敢苟同。当和平临近，他的预感越发强烈。

1821年初，共和国政府从安戈斯图拉迁往库库塔，筹划召开国会，成立一个新的国家哥伦比亚，并制定宪法。在副总统胡安·赫尔曼·罗西奥及其继任者路易斯·爱德华多·阿苏奥拉（Luis Eduardo Azuola）离世之后，玻利瓦尔任命了著名的中央集权主义者与统一主义者安东尼奥·纳里尼奥，后者结束了在西班牙的牢狱生活，刚刚返回美洲。纳里尼奥以临时副总统的身份主持了从5月6日持续到10月14日的国会会议。玻利瓦尔信任纳里尼奥，认为纳里尼奥是一名军人，在哥伦比亚"远非一个社会机体，而是一个兵营"之际，能够胜任掌控"军事共和国"这一工作。[1]反中央集权派也有代表，他们认为联邦制更为民主，更趋共和，更能保障自由，对行政权力的约束更加牢固。这些意见也并不是仅仅来自地方势力；一些中央的利益集团也是联邦主义者，他们不愿背负各省的重担和费用，而实行平民化统治的昆迪纳马卡更对委内瑞拉的军事化统治惧怕不已。

对于这些事务,玻利瓦尔的观点众所周知——强大的中央政府是保障独立的唯一途径,也是限制独立后社会失序的唯一办法。在卡拉沃沃战役之前不久,玻利瓦尔被士兵们团团围住,这让他感到一丝不快,他将目光转向库库塔的政客们。他语气轻蔑地谈及那些拥护联邦之人的"胡言乱语":政客与律师们相信自己的观点就是人民的意志,他们将会走向极端,被驱逐出哥伦比亚,正如柏拉图的《理想国》中那些诗人的命运一样*:

> 事实上,在哥伦比亚,人民即是军队。他们将国家从暴君手中解放出来;这些人是做出选择之人,是行动之人,是决策之人。其余民众是怠惰的,无论邪恶还是爱国,都没有权利,不过是被动接受的公民。我们必须发展这一政策,它当然并不是源自卢梭,否则这些先生又会成为我们的祸根。他们相信,哥伦比亚充斥着在波哥大、通哈和潘普洛纳的炉灶边挤成一团的傻瓜。他们没有分神去注意奥里诺科的加勒比人、阿普雷的牧民、马拉开波的水手、马格达莱纳的船夫、帕蒂亚(Patía)的绿林大盗、帕斯托的桀骜不驯之人、卡萨纳雷的山民,以及在哥伦比亚荒原里像野鹿一样游荡的来自非洲和美洲的野蛮游牧部落。亲爱的桑坦德,难道你不认为,这些与其说恶毒不如说愚昧无知、与其说野心勃勃不如说专横自大的立法者,正在引领我们走上混乱失序之路,继而走向暴政,直至走向毁灭?我对此确信无疑。如果平原人没有把我们搞垮,这些哲学家也会做到。[2]

玻利瓦尔口述的这段写给桑坦德的信,从头至尾都带有一种特别的讽刺意味。需要有权威来让哥伦比亚人驯服顺从,以抵消他们在社会同质

---

* 古希腊哲学家柏拉图在《理想国》一书中主张将诗人驱逐出他所倡导建立的政治理想国,因为他从统治者角度出发认为诗人的存在会扰乱城邦的统治秩序。

性（social homogeneity）方面的缺陷；而对他的主张持反对态度的人，对国家而言是一种危险，将被边缘化。玻利瓦尔意识到，他的这种想法和卢梭的思想大相径庭。卢梭的著作仍是他最爱的读物之一，但他对卢梭的遵从名存实亡。玻利瓦尔一直注意保护自己的文化形象，以启蒙人士著称，即便他已经摒弃了启蒙运动的一些基本思想；而如果不这么做，他就会陷入蒙昧主义，有损他的开明形象。谁会愿意让人觉得自己偏执狭隘？谁又会把影响自己一生的精神导师们抛诸脑后？因而，玻利瓦尔继续阅读与援引卢梭，一个玻利瓦尔主义的卢梭，由他本人，而非美洲的哲学家和立法者来解释，因为后两者不能理解，自由主义需要适应美洲的环境。玻利瓦尔主张的自由主义不仅立足于价值观念，同时也仰赖于审时度势。在决策之际，他并不是机械套用启蒙运动的政治模板，而是着眼于具体情势灵活处理。

库库塔看似向玻利瓦尔提供了他所寻求的立法框架，但缺乏在他心目中必不可少的强有力政府。[3] 他那发轫于安戈斯图拉宪法的理念——参议院世袭制、道德权力——未能说服库库塔的立法者，但他平心静气，谨慎表达了自己的保留意见。当庆祝宪法通过的钟声响起，玻利瓦尔评论道，"他们在为哥伦比亚敲响丧钟"。1821 年 7 月 21 日颁行的宪法，创立了一个拥有浓厚中央集权色彩的国家，一个由委内瑞拉、新格拉纳达组成，未来还可能把基多囊括在内的版图更大的哥伦比亚，这个国家由单一政府统一治理，首都设在波哥大，在行政区划上并不是划分成三个地区，而是划分为多个部分，由地方长官（intendant）统辖，实际上他们就是行政管辖机关的直接代理人。粗略而言，这就是玻利瓦尔的设想，一个少数人强加于多数人的精英方案，没有征求大众意见，国家认同的问题悬而未决。

最高权力属于立法机关，它由参议院与众议院组成，拥有公民权的公民投票选出选举人团，选举人团再选定参众两院，拥有公民权的公民限于拥有至少价值 100 比索不动产的识文断字者。总统兼任武装部队总司令，每四年选举一次，能够连任两届。但总统的权力受到限制，仅有在外敌入侵或是国内动荡之时，才能够大权独揽。玻利瓦尔向来善于辞令,他评论道,"哥伦比亚政府或是平缓的溪流,或是毁灭性的湍流"。宪法表达了古典的自由,法官完全独立于行政行使司法权,几乎不可能被罢免。宪法也是温和的改良:它取消了印第安人贡赋,做出了废除奴隶制的姿态,但这项举措在实践层面的意义还有待观察。

9月7日,国会选举卡拉沃沃战役的胜利者、两个国家的解放者玻利瓦尔担任哥伦比亚首任总统,桑坦德担任副总统。玻利瓦尔厌倦了被谴责为篡位者、暴君与独裁者,他自称并无行政天赋。他宣称自己毫无成为总统的野心,并建议提名纳里尼奥、乌达内塔或桑坦德(依据年龄排序)担任总统。"如果他们令人遗憾地坚持提名我,我将永远离开首都,或是一直抱病在野。"[4] 他不顾朋友的坚持,辩称自己没有资格在政府任职:"你们告诉我,历史将会记录我的丰功伟绩。我坚信,历史会宣称,没什么比我放弃权力并全心投身军旅更加伟大,那将拯救政府与国家。历史会这样叙述:'玻利瓦尔接管政府,以求解放他的同胞们,当他们获得了自由,他就离开了,以使他们接受依法统治,而不受制于他的意志。'这就是我的回答。"[5]

然而,当被告知国会一致再度选举自己担任总统后,玻利瓦尔动身前往库库塔就任,并接受了业已批准的宪法。但他仍旧抗议道,自己是一名军人,而不是一位行政人员,他的未来属于战场,而不是政府办公室,对他而言,办公室就是"拷问室"。他"仅仅出于服从"而予以接受,条件是授权他以军事首领身份继续领导解放运动,而把政府交给副总统桑坦德。在向国会发表的就职演讲里,他重申了自己的信念:"我是战争之子,战斗把我抬进了政府……对民选政府来说,像我这样的人是危险公民,是对国家主权的威胁。"或许是受了自己雄辩的感染,他恳求人们称自己为"好公民",不要称"解放者"。[6]

政客、律师和军事首领们都已经跃跃欲试。国会通过另一项法案,授予玻利瓦尔非常权力,以确保西班牙人占据的领土得到解放。当分裂势力抬起丑陋的头颅,玻利瓦尔乐于将哥伦比亚交给尽管冷酷无情但卓有才干的桑坦德,而他自己则在法律许可的前提下,听从自己内心志向的召唤,重新开启自己的"解放者"生涯。那是他的荣耀之所在。通向荣耀之路仍然在向玻利瓦尔招手。1821年12月中旬，他离开波哥大，开启向南的征途，路经不甚熟悉的国家与崭新的路线——途经托凯马（Tocaima）、拉普拉塔、佩德雷加尔（Pedregal），翻越中科迪勒拉山脉抵达卡利（Cali），然后南下到波帕扬和塔米南戈（Taminango），到达一个远离委内瑞拉与加勒比海的世界。

延续与改变

当玻利瓦尔向南挺进，身后的人开始收割胜利果实。他们可不是良善之辈。军官们谋求房产；士兵们索取土地；地主们留用奴隶；奴隶们渴望自由；克里奥尔人寻觅官职；帕尔多人要求平等。解放释放出了互不相容利益的洪流。

从殖民地向国家的过渡，具有超越政治的意义。生命的丧失与财产的毁弃，新领袖的出现，社会的军事化，这些事情桩桩件件都对殖民地旧秩序和社会群体之间的关系造成了冲击。社会不能免受那个时代自由主义和平等思想的影响，也不会对那种反对社会歧视以及为了国家的建构而寻求调和社会差异的思维模式无动于衷。不同种族之间的法律差别已被废除，新宪法宣告所有公民在法律面前一律平等。但法律不是变革的唯一动因。或许更为重要的是，阶层差异不同于种族差异，因为财富成为衡量社会差异的主要标准，身份地位取决于收入而非法律定义。生活水平也决定了阶层。那些能够消费外国奢侈品、享用丰盛餐饮、喝上智利甚至法国进口葡萄酒的人，不会隐瞒自己的财富。与此同时，玻利瓦尔对阵亡将士的遗孀关怀备至，并将济贫工作纳入慈善事业。

土地占有是独立战争之中的关键问题，也是此后财富与权力的主要来源。当然，政府官职，对克里奥尔人有着强烈吸引力，他们通常取代西班牙人出任高级官职，并在政府和政治事务中寻求新机遇。但城市精英在新生国家里并不是一股强大势力。西班牙人的撤离、外国企业家主导商业以及新兴权力基础——大庄园的政治重要性，压缩了城市精英的权势与财富，消减了城市的作用。此时，政治权力由那些拥有经济权力的人来行使，经济权力则以土地为根基，而土地是牢牢掌握在相对而言只是一少部分人的克里奥尔人手中的资产，他们着手动员劳动力，比殖民地时代的前辈更为高效。实际上，玻利瓦尔主导了权力的乡土化，他的直接盟友在其中扮演了主要角色。

在战争期间，克里奥尔精英的构成发生了改变，军人、商人、冒险家从敌对冲突和财产托管法庭（sequestration tribunals）的裁决中获益，设法将自己变成土地所有者。在委内瑞拉，殖民地贵族的数量减少，重要性遭到削弱，大地产落到了新兴克里奥尔与梅斯蒂索寡头——获胜的独立运动军阀——手中。像派斯这样的军事首领，在许多情况下会将获得的财产分配给他们掌控的武装部队，这就阻碍了玻利瓦尔将没收的土地与全国地产分配给普通军人的计划，他把这些军人视为武装起来的民众。但这种轻度的土地流动并未影响农业结构。事实上，这种流动延展到了新领域。大平原上，共和派统治者强化了大牧场主的私有财产权，剥夺了平原游牧居民的公共议事权，把他们降格为农村劳动力。

对劳动力的控制实质上是专断的。诚然，奴隶贸易在1810年或其后不久被废止，但奴隶解放与奴隶制废除是一个漫长而艰难的过程。1821年颁布的奴隶解放法，立场并不坚定，更聚焦于补偿奴隶主而非解放奴隶，因而没起到什么作用。事实上，在1824年至1827年的委内瑞拉和1825年至1826年的厄瓜多尔，都爆发了更多的黑人起义，两地都对解放奴隶抱有偏见。骚乱越发频繁，担任海军上将的帕尔多人帕迪利亚企图谋反，甚至让玻利瓦尔也专门谈及"有色人种天生的敌意"。解放奴隶的当政者阶层的利益需要顾及，而人们又普遍拒绝支付用以补偿奴隶主的税款，面对这一两难局面，奴隶解放进程只能在一个迟缓而不完备的体系下运行，每年获得自由的奴隶连百人都没有，只有区区几十人。

从某种意义上说，印第安人得到了解放，因为此时他们已是自由公民，无须缴纳贡赋。在哥伦比亚，印第安人族群是一个庞大的少数民族群体,在社会与文化层面游离于国民生活之外。他们对独立没什么兴趣,也几乎没有参与对立双方的争斗,除非被强迫加入一方或另一方军队。一些印第安人族群倾向支持保皇党,其中在圣玛尔塔和帕斯托地区的族群保皇倾向尤其明显,西班牙人振臂一呼,他们马上俯首听命。据传闻,在听说国王离世的时候,一些印第安人流下了眼泪,大概是觉得他们失去保护者了吧。而那些未被征服的印第安人小族群,则希望过一种无人管制的自在生活。殖民地时代对印第安人有辱人格的公开鞭打惩戒已经废除,但对个人效忠和期待印第安人服从的要求并未随独立自动消失。[7]战后自由主义立法者寻求让印第安人成为自由人,而不是受保护的王室臣民,他们主张将村社土地变成私有地产,最好归印第安人所有。当然,立法本身不能取缔印第安村社,村社有自己的生存机制。在独立后的数十年里,由于商业性农业生产的停滞,村社土地常常能够得到有效保护。不过,一旦人口和市场压力增加,西属美洲更紧密融入世界经济,人们就会发现,印第安村社已经无法保护自己,只能任由大庄园蚕食侵吞他们的土地。

  黑人和印第安人的生活前景几乎没有因独立而得到改善,混血族群的境遇也没有变得更好。在委内瑞拉,帕尔多人,或穆拉托人,是人数最多的社会群体,占到总人口的一半,战后他们比其他群体更为强大。在战争期间,委内瑞拉人口出现负增长,从独立前夕的80万下降到1825年的70余万。[8]白人的人口由于战争中的伤亡和移民而减少,战后精英群体在人口上处于更大劣势。帕尔多人要求摆脱法律和社会强加其身的传统束缚,并寻觅直至此时仍只留给克里奥尔人的社会机遇。玻利瓦尔麾下的许多军官是帕尔多人,其中地位最高的两人,皮亚尔和帕迪利亚,都曾起兵反对他。[9]帕尔多人的上层挫败感最为强烈,最能为平等而斗争。他们中的一些人获得成功,有机会接受教育,取得官职与社会地位。驻马拉开波的英国领事指出,"高级官员,以及文职部门、武装部队的各级主官,都属于这一阶层"[10]。帕尔多人获得成功的一个榜样人物是胡达斯·塔德奥·皮尼安戈(Judas Tadeo Piñango),英国驻加拉加斯领事罗伯特·克尔·波特*爵士描述他"几乎就是黑人——差不多就是桑博印第安人"**,他迎娶了一位波哥大白人女子,军衔升至将军,并成为国务委员会的成员。[11]这一阶层的人在革命中获取了既得利益,他们对任何可能使他们跌落回过去地位的宪政改革——譬如君主制改革——都疑虑重重。

当年的种族主义者对这些进步嗤之以鼻。前保皇党官员勒韦尔·德·高达(Level de Goda)谴责帕尔多人领袖与传统白人结盟,组成了统治独立的委内瑞拉的新兴精英阶层,这一寡头统治集团的领袖是派斯,"他身为帕尔多人,却是一个恶习难改的罪犯"[12]。当年就读于西点军校的派斯的儿子,在家书中说,自己和两个兄弟在美国被称为"穆拉托人",父亲被费城新闻界称为"穆拉托人"——"对我而言是沉重一击"。[13]派斯本人,至少在著作之中,对种族与肤色不以为意。他自称主张平等:"对于一个富有天资之人,无论出身于何种肤色都无关紧要,只是一个机遇问题。"[14]社会结构则是另一回事。派斯拥护并遵守主流秩序,尽管这对帕尔多民众来说没什么益处。与其他精英一样,他对委内瑞拉的法律和秩序问题十分敏感,对奴隶反抗毫不留情。

虽然委内瑞拉社会具有一定程度的流动性,但大多数帕尔多人不能从中获益。单就人数而言,他们在独立战争年代对克里奥尔人来说不可或缺,在军队中有些人获得了晋升。他们还取得了法律上的平等,因为共和国废除了一切外在的歧视符号,只承认一个公民阶层。但是新任统治者限制了投票权,这样一来完整的公民权只属于财产所有者,因此不平等的根基不再是法律而是财富。法律面前的平等,公民权利的保障,这些对帕尔多人来说还不够。正如玻利瓦尔所指出的,他们需要的是社会机遇的完全平等。这仅仅是一个开端。他警告道,接下来,他们就会要求涉足政治,更有甚者,是索求终将统治白人的政治权力。玻利

---

* 即罗伯特·克尔·波特(Robert Ker Porter,1777—1842),苏格兰外交家、旅行家及画家,曾担任英国驻委内瑞拉领事。

** "桑博"(Sambo)是对黑人的蔑称。

瓦尔认为这是无可避免的,因为如果没有帕尔多人,革命就会停滞,但胜利果实却留给了别人。气氛动荡不安。目睹了土地寡头因独立得到发展而自己被甩在身后,帕尔多人发动了反击,并为进一步革命而斗争。在19世纪20年代,帕尔多主义的威胁对玻利瓦尔而言似乎已是既成现实,他相信爆发一场种族战争的可能性已显而易见。19世纪20年代,巴伦西亚、巴塞罗那和库马纳都见证了帕尔多人的不满,这是高度族群意识与诉诸暴力意愿的明证。1827年,当玻利瓦尔身在委内瑞拉之际,在库马纳和巴塞罗那爆发了黑人暴动,当时两地的黑人人口因为海地移民的加入而不断增长。"解放者"毫不留情地镇压了他们的暴动,但很多暴动参与者侥幸逃脱,他们日后将卷土重来。1830年12月,一个黑人因试图煽动部队叛乱而被捕,他声称"委内瑞拉应成为第二个海地。所有白人应被杀死,而他拥有一支强大黑人队伍,会为完成这一光荣使命助一臂之力"[15]。

帕尔多人口的大多数在乡村地区劳作。一些人已经被招进种植园从事生产,在庄园里履行各种职责。但迄至此时,许多人逃离了债役,没有充作劳动人口的一员。一些人从事自给自足的农业,还有更多人在大平原的畜牧经济之中谋生;也有不少人在农业部门的边缘地带生存下来,以打家劫舍和做一些违法勾当维持生存。独立为土地集中提供了新动力,获胜的考迪罗家族争夺中北部庄园,强势的牧场主寻求在大平原建立更大的私有产权。地主们觉察到大量自由无业的农村居民,认定正是时候将他们驱赶进种植园与牧场,动员他们参与生产,并支付给他们最低工资。1828年8月25日,派斯颁布了一项新的《大平原地主与牧场主法》。这延续了第一共和国所宣称的保护私有产权的政策,该法禁止在未经土地所有者或经营者允许的情况下穿行土地,并将处置野牛的权利建立在土地所有权基础之上。于是,大平原被驯服,被纳入国家其他地区的农业结构之中,令"解放者"鞭长莫及。

对大多数帕尔多人而言,独立,如果有什么意义的话,那就是倒退。战争结束之时,政治动员也宣告结束。社会流动曾是西班牙人奉行的一项政策,目的是抑制克里奥尔人的抗议。此时克里奥尔人掌权,成为新兴精英。在独立之后的19世纪30年代，委内瑞拉人口不足90万，其中约半数是帕尔多人和自由黑人，白人占四分之一强，奴隶数目约有4万。白人之中，约有1万人是超级精英——地主、富商及其家族成员与亲属，这些人构成特权阶层，垄断了从总统到市政会的权力体系。在没有掌控土地的区域，他们控制了公职人员的任免，延长了对战时高级军官的任用，这些高级军官的职位此时已经成了闲职。由于没有合法晋升的途径，心怀不满的帕尔多人诉诸抗议与叛乱，成为克里奥尔政府的祸患，他们很容易被考迪罗们蛊惑利用，也是强盗匪徒们的理想招募对象。在1830年前后，玻利瓦尔的忧惧变成了现实，在委内瑞拉，黑人怨气的迸发酿成了零星暴力冲突。这就是他所提及的火山。

150

玻利瓦尔社会

在玻利瓦尔的构想中，美洲革命不只是一场争取政治独立的斗争。他也视之为一场伟大的社会运动，它将带来改善与解放，并将回应激进主义与自由主义的时代要求。他寻求建立强有力的政府，用作能够改善人民生活的变革工具。玻利瓦尔的改革主义在当时已有的框架之下运行，并不谋求超出政治可能性的改进。然而，它为后殖民社会设立了新目标。

玻利瓦尔是废奴主义者，尽管他并非委内瑞拉的废奴第一人。1797年，瓜尔和埃斯帕尼亚密谋举事建立共和国时就曾提出，"由于违反人道，奴隶制应立即废除"，他们还把废奴与奴隶在革命民兵之中服役及受雇于旧主人联系起来。而启蒙运动所给予的支持是纯粹理论上的。自孟德斯鸠起，哲学家们谴责奴隶制是无用、奢侈而邪恶的，但他们并未发起一场废奴运动。毫无疑问，玻利瓦尔也知晓当时英国与法国掀起的运动，可以说是受到了人道主义理想与宗教信念的感召。但是他发起废奴似乎主要源于他与生俱来的正义感。在他看来，"一场为自由而战的革命竟试图维护奴隶制，是发了疯"。他谋求通过立法在哥伦比亚强制推行废除奴隶制，但并未成功。玻利瓦尔解放了他自家的奴隶，第一次是在1814年，条件是参军入伍，约有15人接受条件获得自由；第二次是在1821年，玻利瓦尔无条件解放了奴隶，有100多人受惠。[17]然而，几乎没有庄园主效法玻利瓦尔。

玻利瓦尔继续据理力争，克里奥尔统治者和财产拥有者必须接受革命的启示，自由的榜样"惹人注意并令人信服"，共和派"必须经由革命之路而非他途获取胜利"。[18]但是安戈斯图拉的国会代表们不敢将准备不足的奴隶放入自由社会，他们满足于发布一份空洞虚浮的解放奴隶宣言，而将出台具体解放办法留给未来的国会。[19]以服兵役来换取自由的政策仍在继续，但1819年之后土地所有者倾向于放弃战时解放，尽管这样做的人为数不多。问题并未消失，玻利瓦尔意识到不可能回到战前状态，这已不再是抑制奴隶诉求的问题，而是如何控制并引导他们的问题。在1820年博亚卡战役之后，为补充兵力，玻利瓦尔命令桑坦德在新格拉纳达西部招募5000名奴隶，而桑坦德不愿从命。桑坦德的理由是，乔科（Chocó）与安蒂奥基亚的奴隶并不属于保皇党，而是属于那些"有势力的家族"（*familias afectas al sistema*），同时矿山也依赖奴隶提供劳役。玻利瓦尔则坚持：作为总统，他有权征募奴隶从军，奴隶应征就可以获得自由；需要奴隶来补充队伍，也需要他们适应作战环境。他援引孟德斯鸠关于政治自由与公民自由本质上相互联系的观点，认为若在一个自由社会里缺少自由，奴隶将会变得很危险，并容易反叛：

> 历史留下的政治准则是，任何犯下保存奴隶制这一荒谬错误的政府，都会遭遇叛乱的惩罚，就像海地那样：……在获取自由的过程中，有什么比为自由而战更适当和正义呢？唯有自由民才会为解放奴隶而死，这样合理吗？奴隶在战场上争得权利，以有效而合法的途径减少奴隶之中危险分子的数量，难道不是权宜之计吗？在委内瑞拉，我们见证了自由民罹难，而奴隶幸存下来。我不知道这是否明智，但我可以确信，除非我们在昆迪纳马卡征募奴隶，否则就将重蹈覆辙。[20]

桑坦德勉强遵命,但考卡(Cauca)*的矿主与农业学家都持反对态度。玻利瓦尔的直白表达日后搅扰了自由主义观点,但他谨慎选取了措辞,并将政策建立在已有法律基础之上,而且他所援引的这些法律都是对奴隶们有利的,其中的政治哲学来源于孟德斯鸠的理论。"解放者"既不是奴隶监工,也从来不是种族主义者。

1821年7月21日,库库塔国会通过了一部程序复杂的奴隶解放法,使得成年奴隶获得解放,但此项法律难以贯彻执行,执行费用还要靠从税收——包括对财产所有者征收的遗产税——中拨付的款项来接济。而事实证明,征税也并非易事。[21]这部法律还规定,奴隶们的子女也可获得解放,前提是他们为母亲的主人劳作至18岁,如此一来就拖延了真正的废奴。所有1821年以后出生的奴隶,必须等到年满18岁才能获得自由,1830年,委内瑞拉国会又将这一年龄延长至21岁。后来人们很快发现,即便奴隶选择为军队服役,也只有在他的主人从解放奴隶基金里取得赔偿之后,才能获得自由。这样一来,玻利瓦尔的愿景成了受人嘲弄的笑柄;人们对经济、社会后果的担忧和法律对地产领主的偏袒使奴隶解放事业遭遇重重阻力。奥利里指出,1821年的法律"不能使玻利瓦尔满意,他一直要求彻底且无条件地废除奴隶制"。奥利里还援引了1821年7月14日玻利瓦尔一封信函中的内容,在信中,玻利瓦尔敦促国会采取更进一步的措施:自此以后奴隶子女应是自由之身,国会"在其自身通过的法律的授权下,应颁布法令让所有哥伦比亚人获得彻底自由"[22]。但是,仅凭玻利瓦尔一人,跨越废奴的障碍并不现实。他于1827年6月28日发布法令,在贯彻执行层面对解放奴隶法实施整改,包括出台一些善待奴隶的措施,但这并不能从根本上改善状况或距离废奴更近一步。一些研究评论者认为,1827年,玻利瓦尔与委内瑞拉统治者达成了协议,不再坚持废奴。[23]不过玻利瓦尔关于奴隶制的最终见解,并不见于某项法令之中,而是写于宪法之内,他将这部

152

---

* 考卡,新格拉纳达一省,今属哥伦比亚。

宪法视为西属美洲和平与稳定的最后希望。玻利维亚宪法宣布奴隶是自由身，尽管玻利维亚的奴隶主想方设法阻挠玻利瓦尔的计划，但他恪守彻底废奴的承诺，毫不妥协。他宣称，奴隶制是对一切法律的否定，是对人类尊严与神圣平等原则的侵犯，是对理性与正义的践踏。[24] 玻利瓦尔的政策基于他的个人价值观，比派斯与土地所有者们在委内瑞拉推行的政策更加进步，在委内瑞拉，奴隶制迟至1854年才被废除。

哥伦比亚与秘鲁的印第安人，不同于黑人和帕尔多人，并非玻利瓦尔的重点关注对象，但印第安人的境况令玻利瓦尔深受震撼，他决心改善他们的境况。至少可以这样说，他对委内瑞拉印第安人的观念是实用主义的，他认为他们是军事征募的可用之材。"印第安人越是蒙昧不开化，就越不会被农业、工业生产与文明社会所重视，但蒙昧不会阻拦他们成为优秀的士兵……总而言之，土著人对生产并无贡献，他们在战争里蒙受的苦难要少于其他种族。"[25] 然而，就大多数方面而言，玻利瓦尔奉行的印第安人政策与当代自由主义原则相近，用意在于让印第安人西班牙化，使村社土地私有化。但玻利瓦尔的印第安人政策有着即兴发挥的意味，很难与特定原则相匹配。1821年10月11日，库库塔国会颁布法律，废除印第安人缴纳贡赋制度与无偿劳役，使印第安人与其他公民一样缴纳相同的赋税。这项法律的实施在厄瓜多尔被推迟了，因为占人口大多数的印第安人的贡赋对于秘鲁战事过于重要，无法被废止。无论如何，安第斯的印第安人都不会不假思索地主动放弃缴纳贡赋或欢迎废除贡赋。他们常常将缴纳贡赋视为拥有土地的证明，当作对侵占土地财产行为的一种遵循历史惯例的防范，土地上的物产也使得他们能够负担贡赋。政府部门并不总能理解这一问题，1825年，厄瓜多尔一份自鸣得意的报告认定，"印第安人的愚昧和堕落，已经到了将缴纳贡赋视作荣耀标志的地步"。[26]

1820年5月20日，玻利瓦尔发布法令，将昆迪纳马卡所有"保留土地"（*resguardo*）返还给印第安人，向每个家庭分配"尽可能多的土地"；剩余土地以竞拍形式出租，收入用来支付贡赋与教师薪酬。雇用印第安人不能不支付正式工资，教士被特别警告，不得向拥有豁免权的印第安人征收教区费用,也不得做出其他"有违宗教精神的不体面举动"。其后数月里,玻利瓦尔收到印第安人一连串的投诉,他们不仅没能因该项法令获益,还被骗走了应得财产,被驱逐到边缘地带。于是玻利瓦尔于1821年2月12日又发出一项法令,重申了此前的命令,坚持将保留土地返还给印第安人,并向他们分配"最富饶最肥沃的土地"。[27]发布上述法令之后,玻利瓦尔只能仰仗立法机关,期望达成良好效果。1821年10月11日,库库塔国会颁布法律,下令清算"保留土地"制度;宣布印第安人"恢复"权利,将截至该法颁布之日收归公有的保留土地,分配给享有完全所有权的个体家庭;规定在五年之内执行到位。[28]制定该法的初衷,是希望印第安人能够成为精明能干的业主、农业生产的行家里手以及诚信守法的纳税人。但国家并没有办法与意愿提供用于农业改革的基础设施,它所做到的,只是破坏了村社所有制依赖的印第安村社劳力与组织,不久之后,返还的"保留土地"就无可避免地被转手出让了。此次立法的输家是印第安人。赢家则是加拉加斯与阿拉瓜谷地以及新格拉纳达的大地主们,他们将大部分返还给印第安人的土地纳入了自家庄园。

自1823年起,玻利瓦尔试图利用自己在秘鲁的权力,在社会改革与土地革命方面有一番作为。玻利瓦尔在秘鲁的目标,与在哥伦比亚一致,就是废除村社占有土地的制度,把土地以个人所有的形式分配给印第安人。该立法此前有一个先例,就是受西班牙1812年议会(the Spanish Cortes of 1812)*的启发,于1814年由总督阿瓦斯卡尔(Abascal)**制订的一个计划。[29]这一计划未能付诸实施,但它显然从自由主义思潮中吸取了养料,10年后玻利瓦尔也从中受到鼓舞。1824年4月8日,玻利瓦尔在特鲁希略发布法令,其目的主要是促进农业生

---

* 即加的斯议会,西班牙在反法独立战争期间召集的议会,议会主要在加的斯活动,故名。议会于1812年通过了宪法(又称《加的斯宪法》),对西属美洲自由民主的发展有很多影响。

** 指何塞·费尔南多·阿瓦斯卡尔-索萨(José Fernando de Abascal-Sousa,1743—1821),西班牙军人,殖民官员。1806年至1816年任秘鲁总督。

产与增加税收，但这项法令也对当时的社会造成了冲击，因为该法令认定生产受益于私人财产的扩张。该项法令规定，全部国有土地须按实际价值三分之一的价格出售。但按此办法出售的土地不包括印第安人的土地，他们将成为政府公开承认的业主，有权按照自己的意愿出售或转让土地。印第安村社土地将被分配给那些无地者，尤其是无地家庭，这些家庭将拥有所分得土地的完整法定所有权。玻利瓦尔坚称，"所有印第安人都应保有自己的土地"。

将印第安农夫变为独立农民的努力，遭到地主、卡西克（cacique）*与官员的阻挠，因此在第二年——1825年——的7月4日，玻利瓦尔被迫在库斯科发布了一条附加法令，重申并阐释了前一条法令。根据该法令，恢复了自1814年反殖民起义后被没收的印第安人土地，组织了对村社土地的分配，规定了包括灌溉权在内的分配方式，并宣布直至1850年之后，印第安人才可自由行使转让土地的权利，可能是认为到那时印第安人已经取得长足进步，有能力捍卫自己的利益。[30] 玻利瓦尔还出台了其他一些措施作为上述法令的补充，这些措施以贯彻种族平等的名义，试图把印第安人从政府官员、卡西克、教区神父及土地拥有者长久以来的歧视和虐待中解放出来，尤其是要让印第安人从未签订支付劳动报酬的自由契约就强加于他们的劳役和私人家庭劳作中解脱出来。[31] 玻利瓦尔还废除了印第安人缴纳贡赋的制度，但人们对此褒贬不一，有人认为这削弱了对印第安人的传统保护，另一些人认为印第安人失去了财务平等。令人感到莫名其妙的是，1828年10月15日，玻利瓦尔竟然又下令恢复印第安人贡赋，他对此的解释是，"土著人自己更青睐贡赋，许多人请求获许缴纳个人贡赋，以此换取免于缴纳其他公民都需缴纳的各项税费"。[32]

玻利瓦尔发布的关于印第安人的法令，缺乏远见又误入歧途。由于大庄园占据了秘鲁多数良田，这些措施只会让印第安人的处境雪上加

---

* 卡西克，源于阿拉瓦克语，意为"首领"，原指加勒比地区阿拉瓦克印第安人的酋长，后用于泛指西属美洲各地的印第安人酋长。

霜，因为把土地交付给印第安人，却不给他们资金、设备与保护，就会驱使他们向实力雄厚的地主借贷，并拱手交出他们的土地抵债，最终沦为靠劳役偿债的农奴。随着村社的土崩瓦解，大庄园坐盼将印第安人的传统社群遗存全部清除：新政策为大庄园提供了更多廉价劳动力，而共和国政权延续了殖民地时代的劳工和租赁形式，明确了印第安社会的从属地位。玻利瓦尔的政策不是基于对印第安人困境的理解，而是立足于一个充满自由主义理想和热切同情心的局外人的所见所闻，"可怜的印第安人确实处于衰退之中，令人遗憾。我愿尽己所能帮助他们，首先出于人道主义考量，其次是由于这是他们的权利，最后，行善助人于我毫无损失，却是功德无量"[33]。然而行善助人并不足以解决问题，或者说这样定义并不准确，因为革命中的人道主义自觉并不能使安第斯村社获益。

公民军人

如果说独立战争是一场权力之争，那么它也是一场资源之争。克里奥尔人和考迪罗为土地与自由而战。玻利瓦尔第一个意识到问题所在，并决定通过提供经济激励与政治机会来解决这个问题。他还需要找到支付薪饷酬劳的替代办法。1817年9月3日，玻利瓦尔发布法令，命令由国家出面没收敌人——无论他们是美洲人还是西班牙人——的所有财产与土地，然后以竞拍方式卖给出价最高的人。未能拍卖出去的，就以国库的名义出租。没收的产业不仅被纳入爱国者政府的直接收入，根据军阶分配给军官和士兵的土地也来源于这些产业，而晋升被视为衡量服役成就的标尺。1817年10月10日发布的法令规定了各级别军人所分配土地的具体价值，总司令可分到价值2.5万比索的土地，普通士兵可分到价值500比索的土地。[34]正如玻利瓦尔所言，他的意图在于"让每个军人都能成为拥有财产的公民"。在安戈斯图拉演讲中，玻利瓦尔提醒立法者，自己的主要任务之一，就是犒赏"那些在恐怖战争里踏入残酷深渊、蒙受最惨痛损失和最苦涩折磨的人"，他请求国会批准他的政策。[35]

考迪罗和高级军官最先受益。经由玻利瓦尔向国家土地委员会特别申请，在最早的几轮土地分配中，有一份土地就是分配给塞德尼奥将军的，这份地使其得以在帕尔马尔（Palmar）的稀树大平原（sabanas）上建立起一个大庄园。[36]即使是那些不再炙手可热的人物，也成了第一批获益者。1819年12月，安戈斯图拉议会批准将圭里亚和亚瓜拉波（Yaguarapo）的可可庄园奖给马里尼奥和阿里斯门迪。这些是从西班牙人手中没收的财产。政府还将一些昔日属于西班牙人的资产授予乌达内塔、贝穆德斯、苏布莱特和其他一些人，他们之中大多数在投身独立战争之时身无分文。自1821年开始，考迪罗们就向行政部门直接施压，要求获取指定的庄园和土地，而行政部门通常会将这些诉求推给土地仲裁法庭处理。据时任委内瑞拉副总统苏布莱特称，"军队官兵对没收财产的要求最为强烈和迫切。他们在战场上打了胜仗，但也经历了那种缺吃少穿的可怕光景……不能再忽视他们的诉求了"[37]。

然而，玻利瓦尔为军队制订的计划，虽没有受到立法者和政府官员联手阻挠，却遭到了公然漠视。国会颁布法令，军人的薪饷不用实际土地支付，而是用一种票证（vales）支付，这种票证赋予持有人在战后的某个不确定时期获得国家土地的权利。愚昧和贫穷让士兵们很容易受骗：票证被官员和平民投机者以低廉价格买走，有时还不到法定金额的5%；许多军人取得土地的权利被以这种方式骗走。玻利瓦尔抗议，自己的初衷受到了愚弄，要求国会执行原有法律，向军队分配土地，而不是发放票证。[38]库库塔国会很不情愿，他们动作迟缓地采取了措施，终止了以发放票证来代替授予土地的做法，但令玻利瓦尔愤怒的是，他们坚持将这一计划的实施对象扩大到政府官员。平原人尤其对此不满，"他们感到受到了羞辱和挫折，因为无望获取自己靠投枪长矛赢得的果实"[39]。1821年中，他们被迫无限期休假，没有薪水。不久，阿普雷就发生了抢劫与骚乱，大获成功的土地拥有者们开始规划和扩大他们的收益。

派斯是所有考迪罗当中最成功的一个。他在战争时期很早就开始利用土地来激励部下。"派斯将军1816年占据阿普雷后，发现自己孤军深入敌境，没有援助，前途渺茫，甚至公众舆论也不站在自己一边。他因此不得不答应他的部队可以随意瓜分原本属于阿普雷政府的财产。这是维系部队支持和吸引新兵加入的最有效的一种办法，因为这样一来，大家在利益面前机会均等，人人都可以分一杯羹。"[40]但他的这项政策并没有切实推行，因为相较于部下的利益，派斯对自己的战利品表现出更多兴趣。

委内瑞拉战事尚未结束的时候，玻利瓦尔就授予了派斯"重新分配国家财产的权利"，这一权利原本是玻利瓦尔本人凭借共和国总统身份从国会获得的，但实际上派斯行使权利的范围仅限于他在阿普雷的部队和他所管辖的领地。玻利瓦尔将这些特别权限授予他人，源于此前在军队中尝试重新分配土地受挫的经历。[41]然而，在分配之前，派斯已为自己争得了最优良的产业。他的产业并不局限于大平原，还扩展到了商业价值巨大的种植园之乡、传统寡头政治的发源地——中北部地区，派斯已开始在这里并购一些重要地产。1825年，派斯公开向哥伦比亚副总统提出慷慨建议，称自己打算把在阿普雷的地产，连同畜养的牛马，转卖给政府，以使军人们能够获得承诺分给他们的代替薪饷的土地。[42]但这一姿态纯粹是为笼络人心：派斯是想以此提高自己作为统领部队保护人（patrón）的声誉，并维系麾下将士的忠诚；他还保留了回购票证的权利，发放票证是土地授予的第一阶段，通常也是唯一阶段。国会驳回了这一提议，派斯则由于对麾下军官和士兵所持土地票证进行"可耻的投机"而遭到批评。[43]这些正是许多考迪罗的手腕，他们向军队提供一笔金钱来换取票证，往往以五六十比索来换取价值1000比索的票证，这一恶行在整个委内瑞拉和新格拉纳达臭名昭著。

这一计划从未被构想成农业改革。但即便作为薪饷支付的手段，它也是失败了。玻利瓦尔的国务秘书、国防部长佩德罗·布里塞尼奥·门德斯记载道："那些收到以票证形式支付的薪饷的人，实际上都没有真正持有票证。所有那些票证，或者说其中的大多数，落入了他人之手，进了那些投机者的口袋，我之前提到过，这些人所付出的代价（实际价值的 5%）令人不齿。"[44] 一群新兴土地精英，从被没收的财产与公有土地里获得回报，加入了殖民地财产所有者的行列，并在一些情形下取代了某些人。但没能获得应有回报的军人们为土地委员会的行径叫苦不迭。自东向西，人们对土地分配过程中的徇私舞弊、敷衍怠惰、效率低下与嫌贫爱富的声讨不绝于耳。母亲、儿子和寡妇们向土地与战争委员会发起索赔与投诉："委内瑞拉有超过三分之一的房屋和地产被没收充公，但政府没有用它们来救济那些最应该分得这些房屋地产的人，以及那些最有权利获得赔偿的人。"[45] 军队官兵及其家属一无所获，考迪罗们却是捞得盆满钵满。独立非但远未达成改变土地结构的目标，反而加剧了土地集中。玻利瓦尔对公民军人寄予的希望，在哥伦比亚的山谷与平原之间灰飞烟灭。

玻利瓦尔敏锐意识到社会的两极分化，以及社会和政治歧视引起的巨大危机。正因如此，他畏惧大众的愤恨与索求，担忧帕尔多主义情绪滋长和出现新的社会动乱。他自己的政策并不具有革命性。废除奴隶制与分配土地是改革者的举措，但这些举措只能调整而不能改变现存结构。在现实中，玻利瓦尔的改革之路无法在精英阶层以外继续推行，因为引发的反响可能会危及独立事业自身。玻利瓦尔出身贵族，但不同于他出身的阶层，玻利瓦尔意识到了共和国革命的局限性。1828 年，他以独特视角描述了哥伦比亚下层人民仍处于奴役状态，他们依附于地方长官和权贵富豪，他们的人权得不到承认：

> 在哥伦比亚，享有荣衔、官职和财富的贵族，依仗其自身权势，频施手腕而又施压于人民，与那些拥有头衔、出身上层社会的最专横欧洲贵族不相上下。跻身贵族阶层的人包括教士、宗教信徒、受教育者、律师与富豪。尽管他们谈论着自由与宪法，却只希望为自己而非人民争取，他们情愿看到人民继续生活在压迫之下。这些人也希冀平等，但他们所期望实现的是上层平等，而非下层平等。尽管主张着各色自由主义，但他们将下层民众视为永远的农奴。[46]

一方是拥有地产的寡头及其占人口少数的盟友，另一方是农村大众，社会的两极分化正是哥伦比亚的未来图景，在最为悲观之际，玻利瓦尔开始质疑宪法能否发挥作用。当然，农村大众及其主人并不是整个哥伦比亚，这个国家人口超过百万，其中也有城市手工业者、矿工与中产阶级。而农村人口本身，也由农户与雇农、牧场主与牧场雇工、印第安人与梅斯蒂索人等构成。独立为当时社会的分化提供了机遇，可能也加剧了这种各阶层的分化。但这种分化并未如玻利瓦尔所描述的，提供基本的社会流动或减少社会分裂。玻利瓦尔一直坚信，如果统治阶层不能接受变革，他们就会遭遇底层大众运动的威胁。逃脱厄运的出路在于通过经济增长来减少贫困，这是他单枪匹马难以企及的目标。

玻利瓦尔经济

玻利瓦尔荣耀的星星之火无法点燃经济。独立是一份需要付出代价的战利品。1825年至1826年，军费开支仍占国家财政收入的四分之三。冲突造成破坏，许多大庄园沦为废墟，成为战时没收充公、抢夺劫掠以及战后因私人恩怨寻仇报复的靶子。[47]敌军掳走牧场雇工，又劫掠牲畜，使生产深受影响，畜群数量锐减。战后岁月里，大庄园主、殖民家庭的幸存者，以及因土地授予而得利的新移民，仍在忍受农村动荡之苦，犯罪猖獗、流民塞路、土匪横行与奴隶暴动等遗留问题也令他们深受其害。失去奴隶，意味着奴隶主很可能在努力偿付抵押利息之际损失已投资本，或是面临丧失抵押品赎回权的风险。战争造成的人口锐减，解放带来的人力损耗，给许多亲身目睹者留下灾难性的印象：民众要么是在冲突与暴乱中丧生，要么是逃难避祸、东躲西藏、背井离乡，造成人口巨大变动，政府难以追踪统计。新格拉纳达遭难较轻，根据截至1825年的统计，那里的人口持续增长到110万；相形之下，委内瑞拉据称在冲突中减少了三分之一的人口。[48]征兵制度也是将劳动力逐出田间与矿场的一大因素，每当征兵队要来的时候，牧场雇工、印第安

159 人与奴隶就会四散奔逃。玻利瓦尔将要到来的消息传来，也会出现类似的人去屋空的场景，只不过这些人消失是因为加入了欢庆的队伍。

拉瓜伊拉的英国领事总结道："1823年对欧洲的西班牙人的驱逐，以及之前掀起的离开这个国家（委内瑞拉）的移民潮，都是派系纷争导致的过激事件，由此造成的人口减少，在许多情形下，使大量颇具价值的地产被遗弃，而其他土地也只能局部耕种。"[49] 截至1821年，许多种植园不仅遭到战争中各方的侵占，还受到热带植物物种的入侵。恢复耕种，需要大量劳动力与资本的投入，但在当时那些年，在热带作物——尤其是咖啡——的国际价格急剧下跌的背景下，根本无法负担这些人力和资本投入。但是当地农业的收成还是很不错的。波哥大平原耕地肥沃，农民一年能够收获两次农作物，灌溉系统完善，产出优质小麦、大麦和苜蓿。然而，犁、耙等农具仍显粗糙，很大程度上仍旧依赖进口。[50]

秘鲁的战事让国家经济萎靡不振：农场与种植园遭受战争蹂躏与劳动力流失的打击，损失惨重。[51] 秘鲁的传统经济支柱和主要出口资源——黄金和白银，也陷入了市场低迷；金银矿的开采因为交通中断以及劳动力、水银*、骡子和资本的严重短缺，遭受重创。1819年至1825年，据估算有价值2690万美元的货币由英国船只运离利马，这些货币一部分是用于支付进口物资——日用消费品与作战物资——的货款，另一部分是转移到安全投资地的货币资本。[52] 在兴奋的英国商人蜂拥而至，带来商品与服务之际，无可避免地，秘鲁无法赚取足够收入来支付进口制成品费用。在瓦乔（Huacho）的一户秘鲁人家里用餐的时候，英国海军上校巴兹尔·霍尔（Captain Basil Hall R. N.）**注意到了当时变化的影响："标记着产地梅多克（Medoc）***的法国酒柜上，放着一卷英国宽布；桌上摆着一瓶香槟；刀叉上留着谢菲尔德（Sheffield）****

---

* 当时秘鲁采矿者使用水银来提纯金、银，所以需要大量水银。
** 英国海军中的Captain军衔通常译作"上校"，R.N.是英文Royal Navy（皇家海军）的缩写。
*** 法国吉伦特省一地区，盛产红葡萄酒。
**** 谢菲尔德是英国英格兰北部一城市，以生产刀具和餐具闻名。

的记号，分隔开房间的屏风由一块格拉斯哥（Glasgow）*印花棉布制成。"[53]对外借贷暂时填补了贸易逆差，但这本身就是一个肆意挥霍的教训。

玻利瓦尔的经济思想，是倾向于在新的自由主义框架下发展经济，但他的政策受阻于战后的经济条件与力量强大的利益集团。农业停滞与税收不足是他的主要困境。经济自由主义思想主要来源于亚当·斯密（Adam Smith）**的理论，他指出，当时施加的诸多限制造成资源的错误调配，也就是导致农业生产无法获得生产资料。因而，他主张实行自由贸易，并设计一套经济自由主义的总体方案，以解除对土地和劳动力的束缚。而促成玻利瓦尔经济思想形成的更为直接的推动力，在于他对殖民地经济的亲身观察和他对西班牙垄断的反抗："你愿知道我们的未来是何模样？我们不过是求食之人，只能种植靛蓝、谷物、咖啡、糖、可可与棉花，在空旷的平原上养牛，在荒原狩猎野兽，在土地上开采黄金，以满足西班牙的贪得无厌。"[54]

个人经历与启蒙思想一道，令玻利瓦尔对农业发展、自由贸易和海外投资收益充满信心。玻利瓦尔对西属美洲的初级产品出口感到满意，并不过分担忧手工业的生存，也不太担心无法实现经济上的自给自足。但他并非经济自由主义的奴隶，也绝不是一个空谈家。在玻利瓦尔的规划设想中，国家要发挥更大更积极的作用，超出了古典自由主义的理论预设，而这也表明玻利瓦尔对国家落后所涉及的若干问题有所认识。就哥伦比亚的情况来说，十年的破坏与行政系统的脆弱令该国经济雪上加霜，玻利瓦尔下令将贪赃枉法的官员处以死刑，但在卡塔赫纳这样的港口，逃税手段已经被经验老到的进口商和薪水不足的官员们运用得炉火纯青，死刑也难以震慑他们。[55]

可以肯定的是，玻利瓦尔希望国家采取行动改善基础设施，尤其是改善地区之间的交通设施。在这些没有道路的国家里，玻利瓦尔已在山谷、平原与高原草甸（*páramo*）之间穿行数千英里，甚至在战事

---

* 格拉斯哥是英国苏格兰西部一城市，19世纪时棉纺织业发达。
** 亚当·斯密（1723—1790），英国古典政治经济学体系建立者，著有《国富论》。

打响之前，就与部队一起艰苦行军。哥伦比亚没有可供马车通行的公路，只有驮运道路。运输颇为原始：陆路运输工具仅限于骡子，水路运输只有独木舟与驳船；全国范围都没有四轮马车，波哥大也只有两部双轮马车。[56] 由北到南的主要航道——马格达莱纳河，被臭名远扬的船夫（boga）们把控着，外国人发现他们喜欢酗酒、吵嘴，哥伦比亚人则认为他们自由散漫、目无法纪。[57] 除此之外，还有其他凶险：英国领事15岁的儿子在马格达莱纳河中游泳之时被短吻鳄拖走，悲恸欲绝的孩子母亲不幸流产。[58] 从巴兰基亚（Barranquilla）到蒙波斯的内河航程可能长达15天，从蒙波斯到能够登陆首都的港口城市翁达（Honda）的内河行程则长达30天。德裔哥伦比亚人约翰·伯纳德·艾尔伯斯（John Bernard Elbers）获得了一份在内河运营蒸汽船的垄断合同，但由于未建立支线航路与燃料补给站，加上船只自身也存在技术缺陷，导致运营收缩，1829年，合同被撤回。在瓜亚基尔，玻利瓦尔将盐业专卖权的税收投入道路修筑之中，他还颁布法令，对政府投资的从埃斯梅拉达斯（Esmeraldas）港口通往内陆的公路建设加以保护，并减免税赋。[59] 但是，独立没有为基础设施以及生活、工作条件带来多少影响，玻利瓦尔意识到，只能让哥伦比亚人在无法使用现代技术又几乎得不到政府任何扶持的情形下自行改善生活。

战争与革命为本已脆弱的经济增添了更多负担。劳动力流失、牲畜减少与资本外逃，令委内瑞拉与新格拉纳达陷入新的萧条之中，并使规划者们需要面对更多难题。库库塔国会迈出第一步，共和国立法保障了农业、工业与商业自由，使这些领域可以免受垄断与社团的束缚，而政府的职权则限定在为私人企业提供经营环境的范围内。理论上应是如此。而在实践中，不得不对自由放任政策有所限制，因而，玻利瓦尔的经济政策采取了一种温和保护主义的模式。农业需要受到保护与鼓励，首先需要确保进口替代（import substitution）*战略的实施，然后再通过

---

* 一种工业化策略，限制外国工业制成品进口，鼓励本国生产，辅以税收、投资等优惠政策，在20世纪为拉丁美洲各国广泛采用。

出口实现贸易顺差。当时，卡塔赫纳与圣玛尔塔的可可、棉花、烟草及毛皮的出口额基本上停滞不前，只能通过黄金白银的出口来填补进口的亏空。委内瑞拉的可可、咖啡、棉花、靛蓝、皮毛出口，也要靠利润更大、在英属加勒比地区有市场需求的马、骡、牛的出口来填补亏空。[60]

玻利瓦尔敦促国会禁止牲畜出口，以扩充国有畜群。他颁行法令，禁止马匹与骡子的出口。[61]在秉政库斯科期间，玻利瓦尔禁止屠杀小羊驼（vicuña），并向集中饲养小羊驼的饲养户发放国家补贴。[62]为了把农业从殖民地政权强加的沉重税赋中解放出来，玻利瓦尔还下令废除什一税与出口税。库库塔国会则取消了国内海关税费壁垒——贸易税和限嗣继承财产制度。不过为了给战争期间的作战和战后行政系统的运转提供财政支持，恢复了更多税种，财政体制趋向于回归殖民时代。1826年，贸易税又被恢复，1828年，其税率从5%降至4%，被视作为使委内瑞拉出口获得竞争力而做出的让步。[63]酒精专卖（estanco）于1826年被废除，1828年又重新实行；殖民时代开始的烟草专卖，收入占了政府收入的大头，因此这一制度也继续实行，直至1850年才废除。玻利瓦尔很清楚，农业领域赚取的利润——主要是出口部门获取的利润——并未再投资于生产领域，特别是烟草业的收入，被政府当作万能基金，用于满足无止境的支出。玻利瓦尔当时担心，烟草业的利润没有一分钱用于再投资促进生产。玻利瓦尔的财政部长拉斐尔·雷文加对此评论道："若不是'解放者'三番五次催令将收入用于促进生产，这些收入会被用在其他地方，而这样一来，政府税收就远远谈不上持续增长，反而会下降。"[64]

由于国内缺乏积累，玻利瓦尔将目光投向国外，他让外界知晓，新生共和国欢迎外国资本、企业家与移民。然而，他们对农业少有兴趣，资本趋于向容易失败的矿业项目集中。对于移民，玻利瓦尔持自由主义观点，在新格拉纳达和委内瑞拉，有许多移民定居与地产公司开发项目，但这些项目利用了欧洲移民不愿来美洲务工的心态和企业家快速赚取利润的贪婪心理。移民政策有明显自相矛盾之处，这并不全是玻利瓦尔造成的。在哥伦比亚，已有大量无地农民及平原人，但国家未能充分落实玻利瓦尔所重视的土地分配方案。与那些无地民众形成对比的是，拥有土地的阶层，或者说这些有产阶级中的一部分人，又拿到了政府的农业贷款，又占了便宜。

独立终结了西班牙殖民者的垄断，但对外贸易继续受到限制，真正自由贸易的目标无法达成。尽管仍是黄金出口国，但哥伦比亚尚未做好准备在世界经济中扮演重要角色。19世纪20年代，英国掀起了一股在哥伦比亚开展贸易和投资的热潮，英国于1820年、1822年、1824年向哥伦比亚政府放贷，提供了广受欢迎的外汇，刺激了哥伦比亚的对英贸易。但风潮在1826年骤然而止，因为哥伦比亚出尔反尔，重走殖民时代的贸易老路——通过微薄的黄金出口收入换取外国进口产品。在这样的情形之下，国家发展失去根基，哥伦比亚全境分成了若干地方经济区，每个经济区或多或少都能自给自足，为其居民提供最基本——尽管很微不足道——的生活保障。[65]相似的一幕也在秘鲁上演。1822年，在伦敦签订了金额为120万英镑的贷款合同，但秘鲁政府只能从这笔贷款里拿到不足90万英镑。[66]后来又有一笔61.6万英镑的贷款，于1825年签订合同，但同年政府就拖欠了款项，暂停偿付利息。这些贷款仅仅用于履行此前和英国商人进行贸易往来所要履行的还款义务，以及用于陆军和海军的军费支出，此外再没有盈余用来投资，发展经济。

国家税收依靠的是贸易收入。库库塔国会寻求设立收入所得税，但由于缺乏对纳税人的可靠统计以及税务官员能力不足，这一尝试一开始就挫折不断，1826年被迫放弃。[67]如此一来，对外贸易不得不承受压力。1826年，对大多数进口商品征收了7.5%至36%不等的关税。征收的主要是收入关税（revenue tariff）*，但为了维护国家经济利益，设置了保护性条款：通过禁止进口外国烟草和盐，国有垄断企业得到了保护。到1830年的时候，进口关税甚至高于殖民统治末期的水平。此外还征收着眼于增加财政收入的出口关税，但国家出口贸易还不够繁荣，

---

* 又称财政关税（financial tariff），指为增加国家岁入以及维持海关服务需要而征收的关税。

几乎无法保证出口关税可以持续征收。哥伦比亚的生产模式还是一成不变：主要物产是咖啡、可可、烟草、染料木与毛皮，蔗糖与棉花产量相对较低。与委内瑞拉沿海地区一样，新格拉纳达北部的农场主们也要求对其种植的产品加以保护。但是实力薄弱的内陆小麦生产者，面对美国面粉的竞争，却没有得到保护。所有农产品都陷入了资本投入不足、劳动力短缺、交通不畅和国际市场售价过低的困境。在内瓦省（Neiva）——1822年玻利瓦尔南下时曾经过此地——由于缺少劳动力，还有大片良田荒弃待耕。[68] 玻利瓦尔很快意识到，经济独立问题比军旅事务更为棘手。

　　制造业甚至比农业更为脆弱，面对英国的竞争没有多少抵抗力。纺织等行业也无法与涌入的廉价外国商品相抗衡。曼彻斯特与格拉斯哥向哥伦比亚提供棉纺织品，法国提供丝织品与葡萄酒，各类奢侈品也来自国外。[69] 在波帕扬，精英们可以购买外国货物，饮用在瓜亚基尔入关、由骡子驮运至内陆的智利进口葡萄酒。独立并没有毁掉民族工业，也没有彻底消除孤立状态与人们的地方情结所形成的保护，因而在南方以及基多周边地区，传统的地毯、粗棉布、开襟斗篷（ruana）与手套制造业得以存活。但除了这些传统产业，哥伦比亚工业此时已经陷入了危机：索科罗的纺织业与博亚卡的羊毛工业首当其冲。[70] 仍然征收贸易税让国家制造业的市场条件难以改善。其后果是进口进一步扩大，出口则限于新格拉纳达出产的少量金银和以可可、烟草、咖啡为主的种植产品的小宗贸易。通过不合法的贵金属出口和从外国借款填补了贸易亏空，但借款之时经济状况不佳，所借款项不能有效利用，借款提供方也不可靠。久而久之，上述状况最终导致了对进口的限制。

　　在这样的情形之下，针对贸易保护与国家干预，人们早先对自由贸易政策所抱持的乐观态度遭遇了反对，这种反对意见在胡安·加西亚·德尔·里奥（Juan García del Río）*和何塞·拉斐尔·雷文加（José

---

* 胡安·加西亚·德尔·里奥（1794—1856），哥伦比亚政治家、作家，曾任厄瓜多尔和秘鲁财政部长。

Rafael Revenga）的思想中都有所反映；但是，在消费者数量没有增加，劳动力、资本与产业技能没有发展进步的情况下，保护主义在哥伦比亚几乎是无所作为。与玻利瓦尔关系最为密切的经济学家雷文加，将委内瑞拉工业生产的衰退归咎于"太多此前由贫苦家庭生产的商品转为进口……举例来说，外国肥皂造成我们内地的许多肥皂厂破产倒闭。如今我们连蜡烛也要从国外进口，零售价是一雷亚尔八支，为数极少的国内生产的蜡烛，实际上其烛芯都是从国外进口的……人所共知，我们越是倚重外国利益集团来满足自身需求，我们就越会削弱自己民族的独立性，对外国的依赖甚至会扩展至我们的日常必需品和命脉产品的供应"。雷文加意识到，委内瑞拉无法实现工业化："我们本质上是一个农业国家，相较于制造业，我国会优先发展矿业，但国家必须尽力减少目前对外国势力的依赖。"[71] 玻利瓦尔也注意到了一些人的保护主义论调，这些论调主要来自委内瑞拉的派斯、新格拉纳达的制造商们以及厄瓜多尔的纺织行业。在一定程度上，玻利瓦尔做出了回应。他的政策趋向于提高关税，更高的关税税率有利于增加财政收入，同时也有保护主义目的。在1829年，他禁止了一些外国纺织品的进口。

但是，玻利瓦尔当时的想法并没有像他的后辈们那样，显露出反对外国渗透的民族主义倾向。他一方面反对西班牙人的经济垄断，另一方面又欢迎那些拥护开放贸易的外国人，因为他们带来了国家急需的制造业产品与企业管理方法，对于那些赞成美洲独立的外国人，玻利瓦尔也持接纳态度。玻利瓦尔希望获得英国的保护，又对其怀有戒心，他渴望找到靠山，又对形成这种依附关系心存畏惧。和英国结盟，新生的共和国就能够存活下来；若不结盟，共和国就无法生存。玻利瓦尔认为，接受英国的支配地位，其后才能壮大势力，然后就可以摆脱支配。"为了至少可以保留合法公民政府的形式与特征，我们必须将自己的灵魂与身体与英国人绑在一起，因为被神圣同盟统治就意味着受到征服者与军政府的支配。"[72] 在玻利瓦尔笔下，言辞越发恭敬，"在政治上，与大不列颠结盟将是一场比阿亚库乔（Ayachucho）战役更伟大的胜利，如果我们促成了结盟，你可以确信，未来的幸福就会得到保障。如果我们与世界的女主人结盟，为哥伦比亚带来的益处不可估量"。[73]当然，对一个年轻而虚弱的国家来说，获得一个保护者——一个能够对抗神圣同盟的自由主义保护者，是切实可行的，特别是在英国对西属美洲并无政治野心的背景下。其实，除了这种政治上的依附，这种关系也可以应用到经济领域。

玻利瓦尔准备让英国更深入地参与拉丁美洲经济，其深入程度令他的后辈们都无法接受："在这里（指秘鲁），我以250万比索的价格卖掉了矿山，我希望在别处收获更多。我已建议秘鲁政府将全部矿山、土地、财产和其他资产出售给英国，以偿付不少于2000万比索的国家债务。"[74]独立之后的经济，英国的参与被视为是不可或缺、互利双赢的。在玻利瓦尔看来，另一条道路通往孤立与停滞。这并不是说，他在自鸣得意。他必定看到了委内瑞拉经济的缺陷，并抱憾于单一作物种植趋势的萌芽。玻利瓦尔相信，有必要令物产多元化，以及扩大出口范围。他认为，委内瑞拉过于依赖咖啡，咖啡的价格在整个19世纪20年代都在无休止地下跌，而且在他看来，情况不会没有改善：咖啡应该被更畅销的靛蓝和棉花取代。玻利瓦尔的结论是："我们必须走多元化之路，否则就将灭亡。"[75]玻利瓦尔对初级产品出口也持否定态度，他只是想为这些产品找到更好的出路。在工业革命时代，西属美洲占据一席之地，却必然处于从属位置，以原材料换取制成品，扮演与其发展阶段相适应的角色。利马的英国总领事——玻利瓦尔的一个熟人——的论断令人沮丧，但也很现实：

> 在秘鲁，人们特别鼓励与外国人进行商业往来；那里没有一丁点制造业；多年以来，当地人不太可能把制造业搞起来，他们既缺少建成制造业的必要条件，也缺少促成此事的愿望。因而，引入形形色色的外国制造商尤其重要，当地居民普遍生活穷困，无力负担高价商品，公平贸易是令他们以低价获取商品的可靠手段。[76]

这就是典型的自由贸易理论，玻利瓦尔本人也可能有过类似的论述。

第八章 安第斯山间的战争与爱情

山峦叠嶂

接下来的 1822 年至 1824 年，对于玻利瓦尔希望的实现或破灭至关重要。他决心一路向南，在秘鲁发动革命。他相信，这是他的使命，是吸引他的磁石。在卡拉沃沃战役之后，桑坦德发表了一份宣言，其中称赞玻利瓦尔是"荣耀垂青之子"（*hijo predilecto de la gloria*）。[1]宣言对玻利瓦尔不吝溢美之词，赞誉有加，连玻利瓦尔本人也承认，其中的文句"十分优雅"，而他此时已开始展望自己在南方的未来："但是，我的朋友，请留意，只要给我四五千人马，秘鲁就能回馈我两个如博亚卡和卡拉沃沃一般的兄弟。如果荣耀无法如影随形，我就不会前进，我已抵达生命里的这般境地，或是迷失方向，或是追寻荣耀。我不愿以耻辱的方式舍弃十一年来的成就，也不愿令圣马丁把我看作天选之子之外的任何角色。"[2]自那以后，他的战略思想发生了诸多变化，1822 年初，他还没有决定选择何种路线。

起先，玻利瓦尔计划在委内瑞拉之后解放巴拿马，随后从海上向南进军，直抵瓜亚基尔。然而，在卡塔赫纳解放之后，巴拿马国内以不流血的方式完成了革命，于 1821 年 11 月 28 日宣布独立。但玻利瓦尔决心径直向南进军的主要原因在于，他担心圣马丁抢先进入厄瓜多尔，将后者纳入秘鲁版图。1820 年 10 月 9 日，瓜亚基尔爆发起义，推翻了西班牙当局的统治，建立了革命洪达。1819 年 12 月 17 日颁布的《哥伦比亚基本法》宣布，基多是哥伦比亚的一部分。根据新生国家继承自殖民时代边疆管辖的占领地保有原则（*uti possidetis*）[*]，这是正当的，因为自 1740 年以来，基多一直接受新格拉纳达总督管辖。但法律并非唯一武器："玻利瓦尔的主要目标是让瓜亚基尔承认哥伦比亚政府，如果他们不情愿，那就诉诸武力。"[3] 1821 年初，玻利瓦尔派遣苏克雷将军率领 1000 士兵驰援革命，与梅尔乔·艾梅里奇（Melchor Aymerich）将军指挥的保皇党部队作战，并为哥伦比亚夺取了厄瓜多尔的其他地区。[4]

在南方，苏克雷被困在了一座政治迷宫之中，让他受挫的不仅是封锁了通往基多道路的保皇党，还有瓜亚基尔城内的交战各派。这些派别诉求各异，有的想要从哥伦比亚独立出去，同时摆脱西班牙的统治；还有的要求与秘鲁结盟。但倘若苏克雷需要起义者，那么起义者也需要他和哥伦比亚，因此，在 1821 年 5 月，双方签订了结盟协议，协议中未提及瓜亚基尔的地位。苏克雷于是得以守住海岸地区，还可能挥师内陆：他巧妙地挫败了保皇党从基多发起的兵分两路的进攻，击溃了敌人的一个师，又迫使另一个师撤退。但他还不具备穿越高原直取基多的实力，他的一次莽撞进军尝试险些遭遇惨败；鉴于此，在 1821 年 11 月，他在前线欣然接受了休战协议。基多的西面有科迪勒拉山脉守护，而对北面的防御也是坚不可破，因为保皇党的飞地封锁了通向革命区域的山口。

1821 年 12 月 13 日，玻利瓦尔离开波哥大，向南进军，打算攻克基多这座堡垒。他原计划率领 2000 精锐自太平洋沿岸港口布纳埃文图拉（Buenaventura）登船，到达瓜亚基尔后就亲自指挥部队，从那里向内陆发起进攻。但两艘西班牙护卫舰在附近海域巡航的消息让他放弃了这个计划，因为共和国没有能够保障他的部队安全运抵目的地的海上力量。玻利瓦尔于是决定将指挥部从卡利迁往波帕扬，从北面进攻基多，而苏克雷在沿海掌控着战略上的第二条战线。在玻利瓦尔进军路线上，要经过高原省份帕斯托，由于与世隔绝，此地的天主教和保守主义传统

---

[*] 国际法中的一项原则，主张除非条约另行规定，否则交战国在战争结束后可以保有其在战争期间借由武力所占有的领土和财产。

完全保留了下来，人们的忠君思想如同山峦不可逾越，一个义愤的主教还煽动起了人们对共和主义思想的憎恶。[5]帕斯托的克里奥尔人通过权衡盘算，认定相较于共和国，他们更可能从西班牙君主那里获得他们追求的地方权力，而周边山区的印第安人，也是更信任他们熟悉的殖民官员，而不是那些新来的陌生人。[6]

通向革命前线的道路并非坦途，哥伦比亚的警备师（La Guardia Division）在遭遇敌人之前先得克服艰苦环境的考验。玻利瓦尔部队的远征早早就开始了，一些人员来自像巴伦西亚那样的遥远地区，他们走过平原与荒原，跨越关隘与峡谷，还要穿越天气差异显著的不同气候区，当他们一路跌跌撞撞地抵达波帕扬的时候，人员已经折损过半，士卒生病和开小差也让部队大幅减员。3月初离开波帕扬的时候，部队只剩下3000余人，他们开始了一段噩梦般的长途跋涉。部队首先通过了帕蒂亚，那片区域炎热、贫瘠、瘴疠丛生，殖民地时代逃亡奴隶的后代与穆拉托人盗匪组成的游击武装出没其间。接下来，部队抵达塔米南戈，继而又要面对胡安纳布河（Juanambú River）流域的崎岖山路和湍急河水。而在那个时候，玻利瓦尔的部队还剩下2000人。穿越帕斯托的行程会不会更糟？但能有办法不走这段路吗？在地形地貌以高大山岭与开阔荒原为主、深壑幽谷错杂其间的安第斯山地区，穿过帕斯托高原的道路是从波帕扬到达基多的必经之途。

玻利瓦尔对打一场遭遇战有所忌惮。他发觉西班牙军队、教会与当地民众同仇敌忾，于是推迟了行动。首先，他尝试招纳波帕扬主教萨尔瓦多·希门尼斯（Salvador Jiménez），后者是"一个很有政治头脑的人"（*un hombre muy político*），对民众的思想有很大影响力。玻利瓦尔认为，盛行一时的关于反教会的共和国与遵奉天主教的君主国之间水火不容的预设不再成立，西班牙国内的自由主义革命对宗教已造成了危害，而美洲的主教们早已经接受了共和事业。"一切都在变化，你得随机应变。"[7]但是波帕扬的这位主教拒绝改变立场。于是，玻利瓦尔在桑坦德的热心运作下弄到了伪造的文件，宣称西班牙已经承认哥伦比亚独立，玻利瓦尔精心设计了一场骗局，将他后来所称的"这些谎言"都告诉了驻守帕斯托的西班牙指挥官,想诱骗他放弃抵抗。[8]西班牙人没有上当。向帕斯托人(*pastusos*)的直接喊话也未见成功。玻利瓦尔告诉他们:"不要畏惧我们,不要忧心惩罚或复仇,因为我们视你们为朋友和兄弟。"[9]然而,帕斯托人对和平谈判嗤之以鼻。

动武成了唯一的选择。后退等于是承认失败。4月7日,玻利瓦尔决定向坚如磐石的卡里亚科(Cariaco)高地上的保皇党据点发动进攻。面对守军的顽强抵抗,他投入了一个营又一个营的步兵。来福营*是战役中的核心部队,全营士卒亮出刺刀向高地冲锋;由于表现英勇,他们获得了"警备师第一营"的殊荣。靠着咬牙坚持,他们终于驱走了敌人,但根据他们自己的统计,部队付出了116人阵亡与341人负伤的惨重代价。玻利瓦尔称这场战斗是一场"辉煌胜利"(*un triunfo muy glorioso*)。但邦博纳(Bombóná)的这场"胜利"实际上有些夸大其词,因为为了荣誉,士兵的生命受到了轻视。至多可以说,帕斯托一战分散了西班牙人的作战注意力,苏克雷最终得以向基多进军。[10]玻利瓦尔身体抱恙,不得不被抬上担架。他决定重新渡过胡安纳布河,等待波帕扬的援军。

到了5月底,玻利瓦尔已经战胜了与他敌对的两大势力——军队与教会,但尚未赢得民心。因此他非常倚重波帕扬主教,指望后者能够不抛弃教众移居国外,而是留在哥伦比亚,"率领信徒走上天堂之路"。[11]西班牙派来的特使与玻利瓦尔就投降协议进行谈判。根据协议,帕斯托可以免缴赋税,兵役也被免除,协议还明确写明,官员可以保留原有职位。印第安人也被纳入了协议内容,但他们回应称,他们只愿意继续缴纳贡赋。

与此同时,苏克雷得到了安德烈斯·圣克鲁斯(Andrés Santa Cruz)上校所率秘鲁师的增援,于1822年4月越过科迪勒拉山脉,在火山密布的区域高强度地艰难行军。苏克雷抵达基多附近后,在9300英尺的

---

* 即第一步枪营(The 1st Rifles),一支自1818年起就追随玻利瓦尔征战的英国部队。——原书注

高山地带停止进军，他并未如各方预料的那样从南面发起进攻，而是从敌人左侧包抄，把部队部署在城市以北，这让西班牙人非常意外，因而阵脚大乱。在皮钦查山（Mount Pichincha）的山坡地带，"死火山被终年积雪覆盖"，苏克雷的哥伦比亚部队在阿尔比恩营的殿后策应下，"凭借这支部队一直以来赫赫有名的英勇善战"，于1822年5月4日击溃了西班牙人。皮钦查战役使革命部队取得了北方革命第三个重大胜利，巧妙的战术与战士的勇猛是取胜的关键，革命部队付出了阵亡200人的代价，毙敌400人，最后俘虏敌军超过2000人。[12]

当苏克雷进入基多，接受艾梅里奇将军的投降和民众的欢呼之时，玻利瓦尔也接受了帕斯托并非出于情愿的归降。他煞费苦心地指出，"帕斯托的投降，对我们而言是意义非凡的成就，因为这些人极其顽强，又非常固执。更糟糕的是，他们占据的地方到处都是悬崖绝壁，稍有闪失就会坠入山崖"。帕斯托人倒戈投降，向主教开火，攻击西班牙指挥官，他们还跟哥伦比亚人叫板，声称后者若要前进就得先"跨过他们的尸体"。"解放者"周围的气氛颇为紧张，他预料到人们会发问：是邦博纳之战帮助了苏克雷，还是皮钦查战役帮助了玻利瓦尔？他的担忧不无道理。玻利瓦尔经历了两场战役中更为艰苦、战果却不那么辉煌的一战，但是玻利瓦尔表达观点过于直白，让人觉得他的言下之意不太厚道——苏克雷获得的荣誉已经够多了，但这并不能减损玻利瓦尔的荣光："苏克雷拥有比我更多的兵力，面对的敌人却较少；地域上他也占了便宜，因为居民和地形对他有利；而我们却没有那么幸运，我们是在地狱里与魔鬼战斗。邦博纳大捷比皮钦查战役的胜利更为炫目。两次战役我们折损相同，但两次战役敌酋性格迥异。那日的战斗，苏克雷将军并未比我赢得更大优势……我们占领了南方的堡垒，他只不过复制了我们的胜利。"[13] 6月8日，玻利瓦尔离开帕斯托，向南行军，他穿过了原住民聚居地，前往基多。虽然离开了，但玻利瓦尔留下了一群拥护君主制甚于国王的民众，他没有能够解决这些人的问题。

1822年6月15日，"解放者"进入基多，这是一座白人和梅斯蒂索人的城市，周围被印第安人聚居的乡村环绕。玻利瓦尔身着军礼服，气度非凡，他跨上他的坐骑白马帕斯托尔，准备接受民众的欢呼。在此时已是司空见惯的典礼上，12位身着白衣的年轻姑娘为玻利瓦尔和苏克雷戴上了花冠，还有一名在阳台观礼的仰慕者，也抛出了她自己戴的花冠。这是玻利瓦尔第一次见到曼努埃拉·萨恩斯（Manuela Sáenz），在那天晚上为他举办的舞会上，两人再次相逢，跳了一整夜的舞。但他也有分心之事。玻利瓦尔留下并不情愿的苏克雷领导新机构，而他自己还得将精力集中于瓜亚基尔，着手处理生涯里最为棘手的问题之一，这也是哥伦比亚与秘鲁之间关系日益紧张的诱因。他预料独立洪达会制造麻烦，事先派萨洛姆率军前往瓜亚基尔。7月初，玻利瓦尔亲自赶往瓜亚基尔，他自基多一路向南，沿途景色时而苍凉时而葱郁，印第安村镇与锥形火山一览无余，钦博拉索火山（Mount Chimborazo）的壮丽山色亦让人惊叹：外表冰天雪地，内里灼热沸腾，正如那位让玻利瓦尔丢了魂的厄瓜多尔女子。

追随拉孔达明（La Condamine）*与洪堡的脚步，玻利瓦尔登上了这座海拔6267米的山峰。在那里，他经历了一番奇异的转变，进入了一个精神世界：他高高站在地面之上，看到一个幻影，向他展示昔日的历史与命运的思想。他被哥伦比亚的神灵操纵着，一直处于神志混沌的状态，直至哥伦比亚洪亮有力的声音唤醒了他。在高度清醒的状态之下，他将经历记述于《我在钦博拉索的诳语谰言》（*Mi delirio sobre el Chimborazo*）之中，这篇文字出现很晚，并在他死后才出版。故事是真实的吗？这是对真实事件的可信记录，还是玻利瓦尔的文学想象，或是玻利瓦尔早期狂热崇拜者所创造的将美洲山峰上的救世主比附于登山变像（transfiguration）**的暗喻？在大多数玻利瓦尔研究者看来，这个作品是真实可信的。一些人认为，它为人们呈现了一个真实的玻利瓦尔。但

---

* 拉孔达明（Charles Marie de La Condamine，1701—1774），法国探险家、地理学家与数学家，长期在南美洲从事探险，绘制了第一张亚马孙流域地图。

** 又称"耶稣变容"，《圣经·马太福音》记载，耶稣带着彼得、约翰、雅各上山去祷告，在祷告之时，他的面貌改变了，衣服洁白放光，还能与摩西、以利亚对话，有声音从云里传出，说道："这是我的爱子，我所喜悦的，你们要听他。"

此文真实性依然成谜,因为缺乏确凿依据与同时代文献,造成研究者说法不一,莫衷一是。[14]

瓜亚基尔之会

此时已从敌人之手独立出来的瓜亚基尔,成为盟友们关注的焦点。它应归属哪一个较为强大的邻居?圣马丁希望它并入秘鲁,尽管他承认瓜亚基尔有权决定自己的政治前途;玻利瓦尔声称它应归属哥伦比亚,理由是基多曾受新格拉纳达总督辖区管辖,他认为此事并无商量余地。1822年1月,玻利瓦尔彻底表明了立场,那时他放弃了取道瓜亚基尔前往基多的计划,但仍坚持自己对于瓜亚基尔主权的主张。"我想你应该知道,"他提醒瓜亚基尔的领导人,"瓜亚基尔是哥伦比亚领土的一部分;一省无权脱离它所属的联盟。"[15] 哥伦比亚需要基多,基多需要瓜亚基尔,这片高地并无其他出海口。在处理政坛琐事与应对瓜亚基尔政客之时,玻利瓦尔不得不用上所有斡旋技巧。此时瓜亚基尔分为三派,有人主张独立,有人主张归附秘鲁,有人主张并入哥伦比亚,玻利瓦尔坦率地同他们对话,以满足其将瓜亚基尔从暴民政治之中解脱出来的需求:"独立建国,你们就会发觉自己处于一种虚假、含糊、荒谬的境地。你们将面临无政府暴乱的威胁。我会拯救你们。"7月13日,他正式宣布将瓜亚基尔并入哥伦比亚,随后由瓜亚基尔人(*guayaquileños*)"投票"确认。[16] 玻利瓦尔掌控了瓜亚基尔的民事和军事管辖权,坐等圣马丁的到来。

圣马丁比玻利瓦尔年长5岁,出身背景也不同于玻利瓦尔。[17] 圣马丁父母是西班牙人,1778年2月25日生于亚佩尤(Yapeyú),位于偏远的拉普拉塔河流域米西奥内斯(Misiones)省,圣马丁的父亲是当地殖民当局的军官。圣马丁本人在西班牙军队服役22年,最后3年参加了半岛战争,这使他在所有解放领袖之中拥有独具一格的多方面才能;他拥有作为战略家与战术家的军事才干;具备启蒙思想浸润的知识体系；亲身经历近代历史上一些重大事件又使他在重大决策方面颇具权威。虽然早年长期在西班牙活动，但美洲人的出身让他于1812年返回布宜诺斯艾利斯，投身于反抗西班牙统治的斗争，而且在几年之内，他就为斗争制定了新战略。这个战略基于一个理论观点，即在秘鲁的西班牙核心力量被消灭之前，南美洲的革命果实难以保证安全无虞，并且不能由阿根廷北部领土直接进攻秘鲁，而要从侧翼迂回，翻越智利的安第斯山脉，自海上发起对秘鲁的进攻。他的大陆解放计划（*Plan Continental*），是在门多萨（Mendoza）*建立基地，翻越安第斯山，击败驻守智利的西班牙人，之后再进一步，派遣远征军解放秘鲁。圣马丁凭借其天才的组织和筹划才能，将这一计划付诸实施，可能只有玻利瓦尔可与之比肩。圣马丁前往秘鲁发动的战争，并非征服之战，而是思想之战，目的是赢得秘鲁人的心，让他们真心拥护革命。事态的发展似乎证实了他无战争而革命的观点。利马与秘鲁沿海加入了他的事业，1821年7月28日，秘鲁宣布独立。第二年，圣马丁成为秘鲁的"护国公"（Protector），掌握了秘鲁的统治权。但他没能将整个秘鲁置于他的统治之下。在秘鲁山区，还有一支强大的保皇党军队，不久秘鲁人就陷入了内斗。

  政治上反对圣马丁的派别力量日益增长。圣马丁最亲密的盟友贝纳尔多·德·蒙特亚古多（Bernardo de Monteagudo）**因对西班牙人采取强硬路线而遭到很多人的记恨。他也影响了"护国公"的君主制思想，这一主张吸引了托雷·塔格莱（Torre Tagle）侯爵***等秘鲁人，但疏远了其他许多人。秘鲁政坛的自由主义派别在独立运动中并没有冲锋在前，

---

* 阿根廷西部城市，门多萨省首府，位于安第斯山东麓；1776年前属智利，后归属拉普拉塔总督辖区，为与智利接壤的库约省首府。

** 蒙特亚古多（1789—1825），阿根廷爱国者、政治活动家。曾任圣马丁的秘书，随圣马丁远征智利、秘鲁，支持圣马丁关于在秘鲁建立君主制的主张。1825年在利马遇刺身亡。

*** 即何塞·贝纳尔多·德·塔格莱—波托卡雷罗（José Bernardo de Tagle-Portocarrero, 1779—1825）秘鲁政治家，生于利马西班牙贵族家庭，1820年圣马丁在秘鲁海岸登陆后，他支持圣马丁并宣布秘鲁独立。

但此时这个派别企图将他们的主张强加于已经获得独立的秘鲁。在阻挠圣马丁的政治方案的同时，秘鲁人也拒绝向圣马丁提供终结战争所需的军事援助，他们对后者麾下不事生产的职业军队和随之而来的财政负担非常不满。与此同时，原总督辖区的武装力量仍然毫发无损。圣马丁如何才能摆脱这一困境呢？他如何解决政治难题并走出军事僵局？圣马丁让其盟友托雷·塔格莱留在秘鲁代管政务，自己前往瓜亚基尔，与北方的"解放者"商谈。然而，与玻利瓦尔的接洽，带来的问题比解决的问题更多。玻利瓦尔正接近事业的巅峰：除了祖国，他也解放了诸多土地，尽管这并非易事，但他刚刚打了几场胜仗，有一支善战的部队。另外，圣马丁已经意识到，自己在秘鲁的地位并不稳固。他占据的地盘还不够多，他的部队似乎将要输掉这场战争，而西班牙人在谈判中态度越发强硬。他无法指望智利人能够提供支持，布宜诺斯艾利斯的领导人则明显心存敌意。此外，造访玻利瓦尔使得军事联合的根基受到质疑，加剧了君主制支持者与共和派的对立，并带来了一个新问题——瓜亚基尔的地位问题。

瓜亚基尔是海军基地、造船中心与重要港口。在战略与商业上，它都对革命不可或缺。1821年底的时候，圣马丁有了和玻利瓦尔讨价还价的资本，因为在攻取基多的行动中，玻利瓦尔遭遇挫折，需要圣马丁派去的安德烈斯·圣克鲁斯上校麾下的部队出马相助。但玻利瓦尔继续将瓜亚基尔视为己方领土，在1822年5月于皮钦查取得决定性胜利、实现北方革命进程中夺取基多的目标后，他亲自率军进入瓜亚基尔。这样一来，在与圣马丁会面之时，玻利瓦尔就占据了优势地位，这一点他是不会忘记的。在卡拉沃沃战役获胜的狂喜之中，他曾提出与南方的"解放者"结盟，并一语双关地说道："我向上天祈祷，秘鲁人民不必需要哥伦比亚军队的援助。"[18]

而在此时，1822年6月，玻利瓦尔提出，要以"给予秘鲁政府更大力度的援助"，来回报圣马丁曾给予的军事援助，并表态自己愿意率军进入秘鲁。但在瓜亚基尔地位问题上，玻利瓦尔语气强硬。他告诉"护国公"，左右国家主权的，不是国家的某一部分人，而是全体人民。

"一个小小省份的利益,绝对不会阻挡整个南美洲前进的步伐。"[19]圣马丁接受了这个援助提议:"秘鲁非常乐意也非常感激,他们愿意接纳您所调派的所有部队,冀望借助贵军力量推进战局,结束秘鲁的战事。"[20]其后圣马丁便动身北上。此刻他的地位已遭到削弱。圣马丁在秘鲁江河日下,他更需要玻利瓦尔,而不是玻利瓦尔更需要他。圣马丁追求完成三件事:将瓜亚基尔并入秘鲁;请哥伦比亚武装助自己一臂之力,击败西班牙人;促成新生国家接受君主立宪制。很明显,在瓜亚基尔归属问题上,他是提议者,而玻利瓦尔具有处置权。7月26日上午,圣马丁所乘军舰靠近港口的时候,玻利瓦尔先是感到惊讶,继而登船拥抱与他志同道合的南美洲的解放者。这就是二人为期两天的公开友谊的开端。

会面于7月26日和27日秘密进行,没有第三人在场。[21]因而,玻利瓦尔阵营关于会面的说法,来自玻利瓦尔本人。[22]他们描述的这个会面版本坚称,讨论限于政治事务,圣马丁没有借机提出瓜亚基尔的地位问题,也没有请求军事援助,而玻利瓦尔也没有同意在秘鲁建立君主制。据圣马丁支持者所言,"护国公"需要并请求玻利瓦尔的军队施以援手,以彻底摧毁秘鲁的保皇党势力,为达目的,他甘愿接受玻利瓦尔的驱策。圣马丁对于玻利瓦尔抢占瓜亚基尔深感失望,但他也足够清醒地意识到,要改变哥伦比亚占领瓜亚基尔这个既成事实,已经是不可能的了。玻利瓦尔还明确表态,美洲不会采用欧洲的君主制政体。这样一来,圣马丁只有降格以求,能够确保玻利瓦尔给予军事支援,或者是派出他的主力部队,或者是由玻利瓦尔本人率军驰援。但玻利瓦尔拒绝了圣马丁的请求。玻利瓦尔做好了派遣增援部队的准备,但他不会派出全部兵力,当时他需要确保哥伦比亚国内的安全。因此他认为圣马丁的提议与请求很过分,并严重怀疑圣马丁将提议付诸实施的可能性。圣马丁果真会对更年轻者的命令言听计从吗?圣马丁的军队会接受这样的安排吗?此外,玻利瓦尔还认为圣马丁在军事决策方面不切实际、优柔寡断。所以,两人的会面徒劳无功。

会谈结束之后,瓜亚基尔为圣马丁举办了一场舞会。玻利瓦尔在舞池里大秀舞技,圣马丁则毫无兴致。凌晨2时,圣马丁起身离开,趁涨潮返舰起航,玻利瓦尔陪同圣马丁上船,还赠给他一幅自己的画像。[23]道别之后,圣马丁在幻灭的心绪下离开了瓜亚基尔,他确信,玻利瓦尔要么是怀疑他提议的诚意,要么就是对他参与革命感到不快。[24]他相信玻利瓦尔是浅薄、自负而又野心勃勃之辈,被"权欲的激情"(*la pasión de mando*)冲昏了头脑。[25]他也坦诚地承认,玻利瓦尔是赢得战争之人,此人会以自己的方式毁灭任何人,不要说西班牙人,必要时就是圣马丁本人也可能会被他毁灭。

这位南方革命的领袖决定抽身离去,为玻利瓦尔征服秘鲁获取独立让路。正如他对自己的好友托马斯·吉多(Tomás Guido)*所言,"秘鲁没有足够的空间容下玻利瓦尔与我"[26]。圣马丁返回秘鲁后的经历证明他的决定是正确的:他发现自己地位下降,在秘鲁统治阶层的影响力遭到削弱,在他自己所掌控部队中的权威也在降低。9月20日,他辞去了元首之职。当天夜里,他离开利马,次日乘船前往智利,之后从智利去欧洲,从此长期在欧洲居住,直至1850年离世。圣马丁坦然接受了失败。他承认,秘鲁只能由境外援军来解放,只有玻利瓦尔能够担当此任。1826年,秘鲁彻底获得解放后,圣马丁写道:"我在独立战争里所取得的成就,实在比不上玻利瓦尔将军对美洲整体事业的贡献。"[27]

在瓜亚基尔会晤期间,玻利瓦尔向圣马丁保证,将为南美利益做出贡献。对于会面,"解放者"的印象不如护国者那样深刻。[28]玻利瓦尔向桑坦德讲述了会面,笔调轻松,只提到了"问候、交谈与道别"之类。圣马丁"没有提及此行的任何特殊目的,他对哥伦比亚别无所求"。他并非民主人士,而是支持从欧洲引入君主制。"他给我的印象是十分适合军旅,看起来精力充沛、灵活敏捷,丝毫不见迟钝。他具备取悦他人的端正思想;但他给我的印象是睿智不足,无法登堂入室。"两人对彼此的奚落如出一辙。玻利瓦尔对成功志得意满。"亲爱的将军,

---

* 托马斯·吉多(1788—1866),阿根廷军人,外交家。南美独立战争期间曾追随圣马丁解放智利和秘鲁。

我将成功的宝藏保存在一个安全之地，躲开众人视线，藏在无人可以拿走之处，除此之外，我无事可做。"[29]

捍卫革命

作为三大战争的胜利者、三个国家的解放者、哥伦比亚的法定总统以及瓜亚基尔事实上的独裁者，玻利瓦尔掌控着全局，无论是南方还是北方，未来都属于他。第二年，玻利瓦尔留在了厄瓜多尔，一来是等待时机，二来是想休养身体。但几乎没多少时间休整。1822年，他把瓜亚基尔交到了自己的得力将领萨洛姆手中，自己前往昆卡（Cuenca）、洛哈（Loja）等省份巡视。秘鲁传来了不好的消息。新政府拒绝接受玻利瓦尔提供援助，他派遣的哥伦比亚部队在秘鲁度日如年，最后不得不撤军离开。厄瓜多尔在南面有个难以对付的强邻，因此需要获得保护；除此之外，厄瓜多尔还需培养一种对独立身份的认同感，其军队与官僚系统也要求解决薪饷问题。新生国家的预算已经令玻利瓦尔头疼不已，政治事务更让他心力交瘁："帕斯托、基多、昆卡与瓜亚基尔形成了四大势力集团，他们彼此都是敌人，都想等待时机夺取统治权，却都缺乏实力付诸实施，因为政治争斗已经让他们内部四分五裂。"[30] 除了上述这些亟待解决的问题，南方的敌人还想从他手中夺回失地，因此，玻利瓦尔不得不回绝让他返回家乡的吁请："我现在属于哥伦比亚大家庭，而不是玻利瓦尔家族；我不再只属于加拉加斯，而是属于整个国家……秘鲁就在哥伦比亚南部民众身后，那里的敌人试图引诱他们，保皇党的军队也企图征服他们。"[31] 他不能抛弃南方，让国内外的敌人有机可乘。

玻利瓦尔在洛哈的时候，帕斯托发生叛乱的消息传来。西班牙军官贝尼托·博维斯（Benito Boves），正是恶名昭著的托马斯·博维斯的侄子，他从基多脱逃，与印第安裔保皇党军官阿古斯丁·阿瓜隆戈（Agustín Agualongo）联手，将瓜伊塔拉河与胡安纳布河之间的区域变成了叛乱与失序之地。玻利瓦尔命令苏克雷率领驻扎于基多的部队赶来剿灭叛乱。和苏克雷一同前来的还有何塞·马里亚·科尔多瓦,这位年轻军官在独立战争中名声不佳,他虽然勇武非凡,但控制不住脾气,性格反复无常,甚至还有施暴倾向。但他似乎受到了"解放者"的青睐,玻利瓦尔宽恕了他过往的暴行,在帕斯托将他晋升为准将。[32]苏克雷发起的第一次攻势以失败告终,他需要增援力量,援兵到后,苏克雷攻下了叛军盘踞的坦达拉(Taindala),扭转了战局。接下来,苏克雷继续挥师前进,在亚库安盖尔(Yacuanquer)追上了博维斯,将叛军击溃。次日,苏克雷要求城中守敌投降,但帕斯托人拒绝接受失败,他们坚守城池,直至最后力竭城破。博维斯从战场逃脱,躲过了随之而来的血腥厮杀和对士兵与平民的无差别杀戮。阿瓜隆戈带领他的印第安人游击队继续抵抗,与共和国为敌,其反抗活动一直持续到他在1824年被俘并被枪决。[33]但玻利瓦尔最终还是没有解决帕斯托的问题。

在伊瓦拉(Ibarra)*短暂停留后,玻利瓦尔于1823年1月2日抵达帕斯托,打算把那里立场顽固民众的反抗活动平息下去。他以实际行动表明了态度。除了两名被迫逃亡者,当地所有居民都参与了暴动,此时他们受到查没财产的处罚,这些财产将被分配给占领军的军官与士兵。[34]玻利瓦尔命令萨洛姆将军把所有曾拿起武器反抗共和国的帕斯托公民征召入伍。接下来,他钦点胡安·何塞·弗洛雷斯(Juan José Flores)上校担任帕斯托省省长,自己随后返回基多。萨洛姆将居民召集至公共广场上,士兵逮捕了大约1000人,他们被即刻驱逐到了基多。许多人死于流放途中,一些人死于监狱,他们都对哥伦比亚怀有固执的恨意,永远不向独立事业低头。帕斯托自身也未享安宁,而是满目疮痍、人烟稀少,酝酿着更多暴乱,山区的印第安游击队仍在继续顽抗。玻利瓦尔发现,帕斯托民众对君主和教会的忠诚,不局限于当地的顽疾,它还是一处脓疮,会感染哥伦比亚,还可能招来在秘鲁西

---

* 厄瓜多尔北部城镇,地理位置处于基多和帕斯托之间。

班牙人的支持。独立的成果必须捍卫，不容分裂势力的破坏。然而，不到6个月的时间，帕斯托又成了困扰玻利瓦尔的一块心病，需要再度给予帕斯托人以惩戒，这次冲突导致500人丧生，但帕斯托人仍然没有被压服，他们还在挑衅玻利瓦尔，刺激后者来摧垮他们。

哥伦比亚本土仍令"解放者"忧虑。哥伦比亚骨子里的分离主义和联邦主义倾向，持续不断地给他的大国比小国更高效的观点泼冷水。哥伦比亚政坛错综复杂，派系众多。一些自由主义者又是中央集权主义者，坚信需要有一个强有力的政府来推行自由主义。另外一些人则是联邦主义者，相信联邦主义更为民主。一些保守派人士希望最高权力归于中央。另一些人则支持地方利益，反对桑坦德在波哥大推行的自由主义。玻利瓦尔自己就是一部法律，他既是自由主义者，又是保守派，还是中央集权主义者。"我们有250万居民，分布于面积广阔的区域。一部分是野蛮人，另一部分是奴隶，他们彼此都是敌人，皆被迷信与暴政所腐蚀。这与世界所有国度形成鲜明对比！这就是我们的现状，这就是哥伦比亚。他们还打算分裂这个国家。"[35]至于桑坦德请他回去重振士气并与国会交涉，玻利瓦尔予以回绝：我玻利瓦尔投身戎马，没有什么能阻止我追求荣光。"你可以告知我身边的每一个人，若不被允许行使国会投票赋予我的非常权力，我将不再担任总统一职。我完全相信，如果没有绝对权力，哥伦比亚就不能被有序且成功地治理……哥伦比亚需要一支占领军，以维持其自由。"[36]

自伊瓦拉赶往帕斯托的途中，玻利瓦尔得悉波哥大政府传来的不祥消息。加拉加斯市政当局已经正式对宪法提出抗议，宣称其不能代表由人民自由意志推举的选举人的意见。当中央政府下令起诉那些抗议者之时，法院已经宣布他们的罪名不成立。有迹象表明，反对党正在攻击中央行使行政权力，桑坦德对此做了及时汇报，他声称，加拉加斯派，也就是他所谓的反对党，也对国会发起了思想渗透。玻利瓦尔总是对联邦主义的一切威胁保持警惕，他做出强烈回应，表达了自己对新势力的不满，敦促行政当局阻止立法机构对哥伦比亚基本法典进行任何修改。他亲自向国会表态，不会容忍对宪法的任何修改："哥伦比亚宪法十年之内神圣不可侵犯，只要我的血管里还流淌着血液，解放者们就要服从我的命令。"他将哥伦比亚视为个人缔造之物，是自己成就的核心，是他军事力量的源泉。在那封最令人难忘的致桑坦德的信里，他旗帜鲜明地重述了自己的政治原则，回顾了自己全身心投入为哥伦比亚统一及其福祉奋斗的历程。"我的政策一贯是为了稳定、强大与真正的自由。"他曾向安戈斯图拉国会解释过他关于政府的观点，如库库塔国会那样，安戈斯图拉国会部分接受了这些观点。依据世界上第一位共和主义者（卢梭）的"社会契约"，玻利瓦尔向宪法起誓，宪法在10年之内，甚至在整整一代人的时间内，都不会更改。

> 人民主权并非毫无节制，因其建立于正义基础之上，并受到完美功利概念的约束。这一学说，源自当年的宪法信徒（边沁）。人民的代表怎能认为自己有不断改变社会组织的权限呢？公民的权利、财产、荣誉与生命的基础会是什么呢？生活在无情专制之下会更好，至少压迫他们的政权也会保护他们的安全……我宁可放弃哥伦比亚，也不愿接受在暗地里抹杀解放美洲部队非凡功绩的任何法律。请你向国会转达我的庄严承诺：在担任总统期间，我不承认任何废除、更改或修订哥伦比亚共和国基本法律的国会提案。[37]

玻利瓦尔获得了这一轮胜利，面对他的直言不讳，国会退缩了，甚至向他公开致谢。奥利里相信，玻利瓦尔在哥伦比亚的影响力在此时已经是无与伦比了："没有一件事超出他的掌控范围。"但反对派的怨恨与玻利瓦尔的决心将在未来考验他的掌控力。

曼努埃拉·萨恩斯

对"解放者"而言，1822年是值得纪念的年份，这一年充满了疲惫的行军、艰苦的战斗、伟大的胜利、壮丽的景色、新获的土地以及来自老对手的政治警告。也是在这一年,他有了两个新相识:一个是美洲英雄,一个是娇美情人。圣马丁不久就离开了他的生活;情人则更为长久。年轻的妻子离世之后,尽管身边曾有几个女人,玻利瓦尔一直未再婚。[38]而在和曼努埃拉·萨恩斯的关系上,二人之间是有爱情的,即便不是一见钟情,也是一份可以天长地久的感情。但就在这一年的年初,他的目光,或至少可以说他的感情,被吸引到了别处。那是一个身在波哥大的女人,曾因另一位军人而拒绝了玻利瓦尔,此时仍然抗拒他的追求,从他对她的描述"挑剔又迷人的贝尔纳蒂娜"也可看出她的态度,而玻利瓦尔仍恳求她与自己通信:"我只想着你,只想着能让我记起你那迷人魅力的那些物什,我也只能想象那些物什。你是我在这世上的唯一。圣洁的天使,只有你能激起我的感觉与情欲,激起我对幸福的希望,激起我所有的渴望。羞怯与谨慎使我不能畅所欲言,但勿要认为我并不爱你。写信给我,给那个不知疲倦地与你通信的人。再会,你的爱人。"[39]但不到 6 个月,他的热情就转向了别处。

曼努埃拉·萨恩斯并非只有一张在基多阳台上注视着"解放者"纵马而过的漂亮脸蛋。她的母亲是玛丽亚·华金娜·德·艾斯普鲁(María Joaquina de Aizpuru),西班牙商人西蒙·萨恩斯(Simón Sáenz)的美洲情妇。她幼年丧母,在松散的女修道院教育里成长为一个活泼独立的女孩,拥有骑马与射击的天赋,对革命思想抱有同情。不久之后,她成了谣言与传说的主角,她余生都生活在这些流言蜚语之中,也令历史学家深陷其中。[40]1817 年,20 岁的她嫁给了富裕的英国商人詹姆斯·索恩(James Thorne),后者比她年长 20 多岁,值得尊敬却又沉闷无趣,曼努埃拉跟随他前往保皇党治下的利马,在那里度过了 1819 年至 1820 年的时光。她引人注目,身材匀称,有着鹅蛋脸、珍珠色皮肤、乌黑眼睛与飘逸秀发,是标致的南美丽人。曼努埃拉既追求享乐又玩世不恭,是利马社交圈的活跃人物,也是传闻里与"护国公"过从甚密的女明星罗西塔·坎普萨诺(Rosita Campuzano)的朋友,她下定决心靠自己的努力成为名人。她也投身于美洲革命事业,1821 年秘鲁独立后,她又投身于圣马丁的事业。她为革命效力得到认可,荣获太阳女爵士勋章（Caballeresa del Sol）。相较于照顾丈夫，她更热衷于投身政治与享乐，在父亲的陪伴之下，她返回了基多。25 岁那一年，她在基多邂逅了她的英雄，后者后来又成了她的朋友、伴侣与爱人。这段关系始于胜利舞会，经受了分别、距离、争吵与各自暴躁易怒脾气的考验，被永远写进了玻利瓦尔的故事之中。

但对玻利瓦尔来说，爱情与其他事情一样，只是战事之后的消遣。一次征服并不足够。来到瓜亚基尔后，玻利瓦尔又对加拉伊科亚（Garaycoa）家的一众女性神魂颠倒，他的目光格外垂青华金娜，后者在家里称他为"天之骄子"（el glorioso），玻利瓦尔则称她为"圣母"（La Gloriosa），有时又称她为"可爱小姐"（amable loca）或"圣母小姐"（loca gloriosa）。玻利瓦尔与"圣母"有过一段罗曼蒂克韵事，那段时间，他向她大献殷勤，一个劲儿地跟她说她没有爱错人，因为他也全心全意爱着她，她住在了他的心房里。[41] 他给她寄去家书和私人信件，称自己是"你最苦恼的崇拜者"，告诉她在自己外出之际不要心生醋意，因为高原上的姑娘十分羞怯，一见到大兵就会逃开，他还描绘了在昆卡的住所："教堂征服了我。我居住在祈祷室之中。修女们为我送来饭食与点心。《赞美颂》（Te Deum）是我的圣歌，祈祷文是我每夜的至爱……当你再见到我的时候，我会像天使一般。"[42] 她将他称为"我亲爱的好朋友"，总是乐意收到他的信件。这就是鱼雁传情和缴械投降的桥段吧？或是彼此的浪漫向往？

4 年之后，他仍与这家人保持着联络，这个时候他还在和已婚的姐姐曼努埃拉通信，她在信里告诉他，"圣母"患病了，间日发热："但你是所有疾病的灵丹妙药，她接过你的来信，放在额头，想象着病痛减轻。"此时与玻利瓦尔保持亲密通信的是曼努埃拉："我亲爱的好朋友，我焦急地等待着与你相拥的幸福日子。"此外，"我的胸膛里为你燃烧着怎样的爱情之火啊，其实对于爱你，我们姐妹彼此都是敌人。""'圣母'让我转达那么多话语，以至于我都无法表述。我激动得不能自已，因为笔下藏着我对'解放者'的爱恋。"[43] 她们的英雄继续写信，以甜言蜜语取悦"圣母"。[44] 1830 年玻利瓦尔离开政治舞台后，这对姐妹怅然若失。华金娜写信给他,"你的美德令我深受鼓舞;我一直把你留在心里,在那里我能看到你,与你对话,听你倾诉,拥抱你,赞美你"[45]。

玻利瓦尔与曼努埃拉·萨恩斯之间的关系是情欲上的。两人都是情欲动物,彼此分开之时,他们的感觉是对爱人的渴望与孤独。但他们有着思想与情感的交融。与玻利瓦尔的其他恋人不同,曼努埃拉与他的事业紧密相连,对他的政策颇感兴趣,尽管并未如传说里那般陪伴他踏上战场,但她似乎比他的旧爱们得到了更多信任。毫无疑问,她爱出风头,决心剔除公众成见,挑战男性文化。她身边总有两名黑人女仆——霍纳塔斯与纳坦——陪伴,她还带有随行人员,所到之处都引起轰动。玻利瓦尔的下属们对她态度各异:苏克雷是她的朋友,奥利里接纳她兼任指挥部的秘书与档案管理员,但也有人憎恶她。她有时讨人嫌恶,为了卫护玻利瓦尔的档案,她甚至和玻利瓦尔手下的国防部长发生冲突。关于她的故事与谣言越来越多。一位年轻的法国科学家让-巴蒂斯特·布森戈(Jean-Baptiste Boussingault),也是一位古灵精怪的观察家,19世纪20年代中期,他似乎经常在秘鲁与她谋面,并为她神魂倾倒:

> 她时而像一个贵妇人,时而又像一个混血儿;她以同样优美的身姿跳着小步舞曲或卡楚恰舞(cachucha)*。她和一个年轻貌美的穆拉托奴隶形影不离,那个奴隶总是一身军人打扮,刺激了曼努埃拉的感官愉悦与放浪本性。那个奴隶是女主人的影子,或是她的情人,这种畸形关系在秘鲁司空见惯。女奴表演的舞蹈十分挑逗情欲。她别无情人,只钟情于曼努埃拉。[46]

这段女同性恋谣言即便是真的,也不会影响曼努埃拉与玻利瓦尔的关

---

* 一种西班牙安达卢西亚风格的独舞,据传起源于古巴,在19世纪上半叶之后逐渐风行于世。

系,玻利瓦尔不仅视曼努埃拉为美貌情人,还把她看作一个勇敢、忠诚——而且善妒——的女人,她日后还出手搭救了他。玻利瓦尔与她通信的风格,同他那些公文、宣言、法令大相径庭。在信里,他倾诉着心声。

离别之苦从一开始就是两人恋情的一大主题。1823年1月,玻利瓦尔起身赶赴帕斯托,令曼努埃拉觉得难以接受,当时她因玻利瓦尔对自己兴趣的关切而感动,希望他留在身边:"我为你在亚库安盖尔的胜利牺牲良多。听了我说的话,你可能会断定我不爱国。但我宁愿陪伴你夺取一场胜利,也不愿你独自在帕斯托赢得十场胜利。我时常想起,你自己在村子里,一定百无聊赖。但无论你多么绝望,都比不上你最好的朋友曼努埃拉的那种绝望。"[47]两地分居以及她的婚姻状况,令玻利瓦尔内心里对彼此关系产生怀疑。但曼努埃拉对于两地分居的感受可能更为深刻。她在社交方面很活跃,但她没有在多条战线筹划、指挥、作战之类的工作来分心费神。在为秘鲁作战筹划之际,玻利瓦尔希望昔日导师西蒙·罗德里格斯加入自己的阵营:"我更想要身边有一位哲人,而不是一个情人。此刻我更爱苏格拉底,而非阿斯帕西娅(Aspasia)*。"[48]任何一次长时间没有玻利瓦尔的来信,都会令她担惊受怕,譬如在进攻帕斯托前夕,她向玻利瓦尔身边随从打探消息:"我失宠了,一切都结束了。"她在写给桑塔纳上尉(Captain Santana)的信里说道:"将军不再想起我了,在过去的19天里,他只给我写过两封信。发生了什么事?你过去总说是我的朋友,那么如果我不能问你,我又能问谁呢?"[49]

1823年后来的日子里,忠实的丈夫詹姆斯·索恩,仍与他不忠的妻子在一起。但萨恩斯并非唯利是图的女子,她既不接受玻利瓦尔的金钱,也不接受他的爱意。在这些事情上,她决不留情。作为玻利瓦尔的情妇,她在他的爱情里安稳无忧,在自己的爱欲里热情四射,她不打算回到丈夫身边,更不想陪他回到英国、忍受英国人的生活方式。

---

* 阿斯帕西娅(约公元前470—前400),米利都美女,她曾是希腊政治家伯里克利(Periclēs,约公元前495—前429)的情妇,也为苏格拉底所赏识,因私生活问题常被希腊喜剧嘲讽。

先生,您是优秀卓越、独一无二之人,但我的回答只有"不",一千次的答案都是"不"……将军是我的情人,而不是丈夫,这将有损我的名誉吗?我不为生来使人痛苦的社会规矩而活。所以,请别打扰我了,我的英国先生。当我们不在此世、升入天堂之时,将会再次结婚……如同您的国家那样,您很无趣,床笫之间没有欢乐,谈吐并不优雅,走路慢吞吞,打招呼一脸严肃,起身和落座都小心翼翼,讲笑话还不好笑……好了,玩笑话就此打住,说真的,以一个英国女人的真诚与纯洁而言,我要说,自己不会回到您身边了。

日后,她把这封信的抄本寄给身在上秘鲁*的玻利瓦尔。玻利瓦尔发觉,萨恩斯对丈夫的描绘"既伤感又有趣……我不想偷走一颗善良之心,但这并非我的过错,我不知道如何协调爱情与责任,也不知道如何斩断与令人怜爱的曼努埃拉之间的情丝"。[50]

玻利瓦尔为两人之间的关系感到良心不安,他毫不掩饰自己的疑虑,甚至在1825年前往秘鲁期间试图疏远萨恩斯。"我无时无刻不在想着你和你的命运,为这可悲的境遇哀叹,哀叹你与不爱之人的和解,哀叹我与爱慕之人的分离……当你属于我的时候,我更爱你令人愉悦的天性,而非美丽的外表……如今,分离意味着将我们的生活撕裂。尽管你陪在丈夫身边,但在未来你会是孤独的,而我也将在这人世间孤单终老。我们唯一的慰藉是用胜利赢得的荣耀。"[51] 听起来,他说这番话不是很有底气,或者说他的话并不令人信服。在波托西(Potosí),玻利瓦尔为她——一个传统社会里离经叛道之妻——的幸福而忧虑,他建议萨恩斯去阿雷基帕(Arequipa),那里有朋友可以照顾她。分离只是让她对他的爱意更加炽烈,她在心中保留着这份爱意,让自己心平气和,并声称她的爱将持续永远。[52]

---

* 西班牙殖民时期秘鲁总督辖区的高原部分,包括拉巴斯、波托西和查尔卡斯(Charcas)等省份,即今玻利维亚。

因为两人相隔遥远，玻利瓦尔对萨恩斯的来信非常珍视，当两人位置互换——玻利瓦尔在利马而萨恩斯在玻利维亚——时，他恳请她等待自己："不惜一切代价，你可曾听到？你能否理解？"他请求她不要前往伦敦或是其他任何地方："我想要看见你，触摸你，感受你，品尝你，将你我全然融为一体……学着爱我，不要离开，甚至是上帝也不要带走你。致我唯一的女人，正如你所言，你的爱人。"[53]她也发觉，距离与沉默令人难以忍受。她宣称，自己的爱比他更深："你对我曾有一丝爱意，但长期分离把它扼杀了。但我对你怀有深情，让它来保存我的平静与幸福。"[54]初遇4年之后，他写给她的信依然热情如旧。1826年，自基多前往波哥大的路上，他写信给她，惋惜自己没有时间用她所爱的小字体写一封长信。

你是全部的爱。那燃烧的炽热吞噬了孩子般的我们，它也让我着迷。在这个年纪，我患上了一种早该被忘却的相思病。只有你能让我陷入其中。你让我诉说，自己不会爱上别人。噢，我不爱别人，永远也不爱。你所占据的圣坛，不会被异教崇拜或偶像亵渎，甚至上帝也不能将其玷污。你使我成了一个人类之美的崇拜者，崇拜着曼努埃拉。相信我：我爱你，只爱你，别无他人。不要自寻短见，为我，也为你自己而活：活下去，慰藉不幸之人，慰藉渴望与你相见的爱人。[55]

1828年4月，两人仍在通信，充满柔情蜜意。她能逗他开心，也能让他感动。在布卡拉曼加，玻利瓦尔告诉她，自己会取消到访委内瑞拉和卡塔赫纳的行程，直接返回波哥大，两人不久就将见面："他全情投入爱着你，不能让你满意吗？"[56]7月，她因一些公众角色遭受批评，他又为爱人辩解道："你的爱情令一副行将就木的躯壳焕发生机。我的曼努埃拉，离开你，我无法活下去，我不能随意舍你而去。我没有如你一样的力量，没有那种能让我不去见你的力量；我甚至愿意远远看着你。来吧，来吧，来吧。"在通往人生终点的旅程里，玻利瓦尔为他们残酷的别离而悲恸，表达着自己永无止息的爱意。[57]对他而言，真爱之路走得太过匆忙。

进军秘鲁

1823年的秘鲁，对玻利瓦尔来说，是一个挑战。那里的政府是众人鄙夷的对象。圣马丁离开之后，玻利瓦尔再也找不到有资格和他谈判的卓越解放者了。秘鲁的克里奥尔人态度暧昧，贵族又不值得信赖。何塞·德·拉·里瓦·阿圭罗（José de la Riva Agüero）就是个例子，他在2月被任命为总统，并被授予大元帅军衔，"国会将政治权力和最高军衔授予了一个煽动军队反抗国会的考迪罗，他不曾参加过一场战役，甚至一场战斗"。[58]秘鲁人既不愿意自我解放，也不甘心被其他国家解放。这一心理导致民众的怨恨情绪甚至比他们被西班牙人统治的时候还要强烈，秘鲁的民族主义首先将不满的矛头指向美洲人，而非西班牙人。然而，秘鲁人自己也问题缠身。长达两年的战争摧垮了本已脆弱不堪的经济，使人们本来仅够糊口的生活更加雪上加霜，并使他们在面对普通疾病、疟疾、痢疾、伤寒以及剧烈天气变化时抵抗力下降。[59]在1822年，秘鲁人已经无力再经受战乱的摧残了。

在进军秘鲁之前，玻利瓦尔就充分感受到了安第斯人的仇外情绪。解放基多之后，玻利瓦尔急于追击南部的敌人，他向秘鲁的领袖提供援助，但提议被拒绝，他自己也在利马新闻界遭到中伤。"那些政府的官员们，"他评论道，"对我们的记恨，甚于惧怕西班牙人。"玻利瓦尔相信，为了捍卫美洲革命，他有权在未受请托的情况下干涉秘鲁事务："如果我不抢先抵达，敌人就会开赴这里；此外，敌人的领地不应被视为域外之地，而是要视作待征服的领土。"[60]但是，考虑到自己将会造成的动荡不安和未来面临的混乱局面，他有些踌躇不决："对终结美洲战争的渴望驱使我前往秘鲁，与此同时对名誉的热爱又拦住了我的去路。"[61]

1823年3月,玻利瓦尔同意向秘鲁派遣6000人的部队。4月,他派出自己挑选的先锋官苏克雷,与秘鲁政府建立联系,并指挥哥伦比亚的前线部队。但在秘鲁,苏克雷遭到孤立,受挫于党派之争。6月,一支保皇党军队占领了利马,苏克雷几乎无法撤离城市并挽救军队。"无政府乱局难以名状。我要诅咒自己前往利马的那一刻。你交给我的任务也太艰巨了!"他抱怨道。[62]政府逃往卡亚俄(Callao),在卡亚俄,国会将里瓦·阿圭罗免职,任命苏克雷为最高指挥。但里瓦·阿圭罗拒绝接受免职。令苏克雷稍感宽慰的是,阿圭罗追随一群国会议员撤至特鲁希略,组建了一支部队,又解散了国会。保皇党撤出利马,国会在该城重组,任命托雷·塔格莱为新总统。此君几乎是用国库公帑收买了一批追随者,里瓦·阿圭罗拒绝对其总统地位予以承认。[63]

秘鲁此时整个国家已一分为二,南部被西班牙占据,北部又因内乱而分裂。这种混乱无序带来极大困扰,促使秘鲁的统治阶级向玻利瓦尔寻求援助。在革命世界里,玻利瓦尔也有自己的苦恼,譬如帕斯托传来的坏消息、波哥大的流言蜚语以及部队兵力不足:

> 这是个很有意思的局面。我不打算用"危急"来形容,因为这个词用得太滥太多了;也不想用"危险",因为还包含着有利因素。我的心绪,在希望和焦虑之间摇摆不定。登上皮钦查的山坡,我的视野从奥里诺科河的河口延展至波托西山巅;战争与政治的原野占据着我的脑海,每一种极端条件都迫切唤起我的注意,我希望像上帝一样投身其中……最糟糕的是,这一切我都没有参与,因为致力于处理帕斯托人问题,就意味着远离荣耀和远离战场。多么痛苦!只有爱国之心让我继续前进。[64]

最终,为了大陆革命,他不得不前往秘鲁。8月3日,他终于获得哥伦比亚国会的许可。8月7日,他乘坐"钦博拉索"(Chimborazo)号前往瓜亚基尔。玻利瓦尔永远不会忘记这艘船的名字。在航程中,由于厨师疏忽,船上起了火,玻利瓦尔保持了一贯的冷静,在一片粗俗吵嚷和谩骂声中，航船继续破浪前行。[65]

抵达秘鲁，并非进入了一片满目金银之地。利马不是通往太阳之门*，而是沿海沙漠上的灰色荒野，后面是阴暗的山丘。玻利瓦尔的心情也没有放松。尽管他把从加拉加斯到利马的长途征讨看作自己一系列解放征程中的一段，在这段解放之旅的终点，他又将投身另一场革命，但事实上，秘鲁使他的人生进入了一个新阶段，他发觉这里的人民陌生冷淡，这片土地充斥着危险，政治环境比他过往见识的都要艰险。秘鲁与众不同。对秘鲁而言，哥伦比亚也不尽相同：玻利瓦尔是委内瑞拉人，他的军队是侵略者。

然而，当1823年9月1日玻利瓦尔抵达利马时，他受到了人们狂热的欢迎，并被授予最高军事和政治权力。曼努埃拉·萨恩斯随后也赶来了。他的精神振奋起来。"利马是一座舒适的大城市，曾经很富足。这座城市看起来爱国氛围浓厚。人们似乎对我忠心耿耿，宣称他们随时准备做出牺牲。女士们迷人又漂亮。今天将举办一场舞会，我就能看到她们所有人了。"他努力保持一种乐观心态："男士们尊敬我，女士们爱慕我。一切都很美好。他们为付得起钱的人提供了很多乐子……食物美味可口，剧场不大，但演员的美目俊颜和迷人身姿令人流连忘返……华车、良驹、远足、斗牛、《赞美颂》……样样都备齐了，只怕钱不够。"[66]玻利瓦尔平日贪恋美色，在利马，他的目光却只落在曼努埃拉身上，他们的爱情依旧年轻。她与殷勤的丈夫待在家里，晚上才去探望情人。他们也注意到了其他礼节；鉴于社会的接受程度，她不能赶往帕蒂维尔卡（Pativilca）的病床前探视玻利瓦尔。

秘鲁的政治局势看来很凶险，那里聚集了秘鲁、阿根廷、智利和哥伦比亚四支爱国者部队，还有一支几乎要叛乱的海军部队，以及规模庞大的保皇党军队。[67]秘鲁有一个国会、两位总统与一名独裁者。合法总统托雷·塔格莱对自己空有一个头衔而没有实权愤恨不已；统治阶层

---

* 太阳之门是玻利维亚蒂亚华纳科遗址的一处巨型石门，被视为美洲印第安神秘文明的象征。

第八章 安第斯山间的战争与爱情

又对外国人起了疑心。玻利瓦尔清楚自己身在秘鲁的重担:"这里不是哥伦比亚,我也不是秘鲁人。对秘鲁民众来说,我永远是一个外国人,我永远会引起人们的记恨和不信任……我已经在为来到这里感到懊悔了。"[68] 玻利瓦尔被迫出任军事长官,却几乎是个光杆长官。阿根廷与智利都急于撤回援军。在南部地区,圣克鲁斯麾下的部队,甚至还没和敌人交战就已经四处溃散了。中部地区的游击武装,则信奉秘鲁人至上,他们在忠于里瓦·阿圭罗和投效玻利瓦尔之间左右摇摆,最后只剩下几支组织涣散的小股部队。在北部,前总统里瓦·阿圭罗在与哥伦比亚人对抗时,比当初对抗西班牙人还要劲头十足,他没有向玻利瓦尔屈服,而是与保皇党开启谈判。他的意图颇有争议。他打算建立一个独立的君主制国家吗?他计划与保皇党并肩作战,驱逐哥伦比亚人吗?玻利瓦尔认定,阿圭罗就是"僭位者、叛乱者和卖国者"。无论卖国与否,里瓦·阿圭罗错得不可救药,因为作为弱势的一方,他和西班牙人的谈判不可能成功。然而一切都于事无补,1823年11月,阿圭罗的人马倒戈反叛,向玻利瓦尔投降,阿圭罗则获允流亡欧洲。玻利瓦尔的幻灭感则一日甚于一日:"为了哥伦比亚的利益,我直面风暴……智利人和阿根廷人再也不值得依靠了。秘鲁人则是战争之中最卑鄙的一群人。"[69] "矛盾不和、痛苦不幸、愤懑不满与利己思想在秘鲁各地甚嚣尘上,"玻利瓦尔回忆道,"秘鲁已不复存在。"而桑坦德或许就是他的救命稻草:"置身于安第斯山脉之间,呼吸着引发高山病(*soroche*)的有毒空气,踩在雪地上,身边是大羊驼,我在此写信给你。若不是山鹰把它带走,放在阳光下晒暖,它准会被冻住。"[70] 秘鲁陷入了绝望,只有哥伦比亚帮助它赢得解放,秘鲁需要更多哥伦比亚援兵。

在从特鲁希略返回利马的归途中,秘鲁事务的种种压力令玻利瓦尔深感困扰,无法排遣。1824年1月1日,在利马北面的小镇帕蒂维尔卡港,他高烧病倒,被从船上送上岸。在7天时间里,他在没有专业治疗和药品稀少的条件下挣扎求生,根据他自己的描述,他患上了风湿病、胃热和肾绞痛,这些症状因不久前的高山远行而加剧,其中可能也包含食物中毒和早期肺结核的症状。玻利瓦尔不得不在帕蒂维尔卡滞留了两个月,虚弱而又憔悴,人们几乎认不出他了。玻利瓦尔坦言自己"筋疲力尽,老态龙钟",连最轻微的挪动都会让他极度痛苦。他的心绪在挫败失望和愤怒不平之间游移。他对厄瓜多尔人和秘鲁人的评价本就不高,如今更是一落千丈。"在所有哥伦比亚人之中,基多人*最为卑劣。与这些恶棍相比,委内瑞拉人简直是圣徒。基多人与秘鲁人是一丘之貉:声名狼藉,彻底堕落。那里的白人品性与印第安人无异,印第安人阴险狡猾、贼头贼脑、欺诈成性、反复无常,都是一些毫无道德原则之徒。"[71]这些看法来自一个外国人,他不了解那些陌生人,显然也不曾听闻印第安先驱与爱国事业殉道者何塞·奥拉亚(José Olaya)**。这些话也是一个抱病之人的倾诉,他想放弃自己在南方的公职与指挥大权,返回波哥大。

玻利瓦尔内心有过各种纠结矛盾的想法,他想到过急流勇退,圣马丁就是一个例子。但玻利瓦尔倾向于发出两种声音。一方面,他要求桑坦德调遣部队给他,并坚持要辞去哥伦比亚总统之职、离开该国,因为西班牙军队只消再发动一次进攻,就能将玻利瓦尔人数很少的部队驱逐出秘鲁,而他的个人声誉也会随之一落千丈;另一方面,对于苏克雷和其手下将领们,玻利瓦尔保持了惊人的冷静。他没有把自己的病情看得太重,或是显露出惊慌与沮丧,而是一言一行都给人以掌控全局、将继续与西班牙人作战的印象。他的悲观情绪与他的雄心壮志不断交战。玻利瓦尔继续领导组织革命,他在病榻上口授信件——在这痛苦难熬的几周时间里,他总共发出了42封信——和发布命令。面对当时的严峻危急局面,他的表现堪称完美,因为在1824年,保皇党重新占据了包括利马和卡亚俄在内的秘鲁大部分地区,独立事业危在旦夕。

玻利瓦尔迫切需要更多哥伦比亚与秘鲁的部队。他向托雷·塔格莱

---

* 当时厄瓜多尔是玻利瓦尔建立的大哥伦比亚共和国的一部分,所以基多人被视为哥伦比亚人。

** 何塞·奥拉亚(1789—1823),美洲独立战争时期的秘鲁英雄,为爱国者传递信件,被俘后受尽酷刑,宁死不屈。

抱怨，秘鲁军队对作战毫无兴趣："没有被关在要塞里的秘鲁军队，肯定都会逃跑……他们一旦露宿在旷野或是开始长途行军，就会落荒而逃。"[72]但托雷·塔格莱才是那个最危险的隐患，为了赢得时间，玻利瓦尔把和西班牙首脑谈判的任务交给了塔格莱，但玻利瓦尔看走了眼。这个软弱又糊涂的投机分子意图不在与西班牙人谈判，事实上他准备再度改换门庭。1824年2月5日，驻守卡亚俄的阿根廷与智利的部队，因被拖欠薪饷而哗变闹事，由于秘鲁政府的解决方案不能令他们满意，他们把要塞交给了保皇党。2月29日，在托雷·塔格莱和其他变节者的串通配合之下，由西班牙人、克里奥尔人、黑人和印第安人组成的敌军部队又一次攻占了利马，这对那些摇摆不定的白人是一次警告，也是一个教训。托雷·塔格莱、政府要员和300多位秘鲁军官，迅速向保皇党靠拢，与此前脱离保皇党阵营投奔爱国者阵营如出一辙，他们总是急于站在强者一边。[73]"秘鲁是一所恐怖之屋啊。"玻利瓦尔惊呼。在秘鲁的5个月里，他目睹了一场又一场灾难：圣克鲁斯的部队被歼；里瓦·阿圭罗变节倒戈；智利人临阵溃逃；秘鲁舰队哗变暴动；卡亚俄守军投降；利马陷落。他似乎身处穷途末路。在深刻内省的心境之下，他写下了一封最动情却也最难懂的信：

> 迄今为止，我一直在为自由而战，未来，我将为荣耀而战，无论要付出多少代价；此刻，我的荣耀与治国安邦再无关系，只可能源自我的反躬自省；我一向怀有此意，如今这种想法日甚一日。年华老去、身体欠佳、所有青春梦想的幻灭，使我别无选择。我的厌倦之感这般强烈，以致自己不愿面见任何人，也不愿与任何人共同进餐。其他人在场简直会杀了我：我生活在秘鲁沿海森林的悲惨之地，一夜之间变成了厌世者。但你必须明白，我并非抑郁，对民众与社会的嫌恶不是身体原因造成的，也和个人困境无关，而是源自我内心深处深信不疑的东西。卢梭说过，雄心可以为年届不惑之人指引方向，而我已然到了不惑之年。但是，我的壮志雄心早已消失殆尽。我全无希望，却凡事都会恐惧。看看人类历史上那些折戟沉

沙的无数先例吧。历朝历代人类杰作都短如朝露，但在我们的时代，它们好似刚刚露头的胚芽，在发育之前就已夭折。我听到四面八方灾难的声音。我的年代充斥着祸乱。万物都在我眼前复苏又死亡，仿佛被闪电击中。一切已逝，如果自命不凡，以为能在这世界诸多剧变、毁灭、道德沦丧里站稳脚跟，我就未免太愚蠢了。不，我的朋友，那不可能！既然死亡还没有将我庇护在它的双翼之下，我必须尽快把头颅藏在遗忘与寂静之中，免得遭受来自天堂的重击，化为尘土，化为灰烬，化为乌有。从我的角度来讲，这是疯狂的，眼看风暴来临，却没有藏身之所……每个人都会跌倒，遭遇耻辱和灾祸的打击。我能一直屹立不倒吗？不可能，我也必定会倒下。[74]

对于玻利瓦尔，这是漫漫黑夜，他的思想迷失于字里行间的混乱之中，但也传达出一条清晰的信息：他要生存下去，并不打算屈服。在帕蒂维尔卡，一种与生俱来的能力让他重新振作起来，让他走出绝望。几周之后，玻利瓦尔恢复了常态，不为周遭灾难所动。哥伦比亚派往秘鲁的特使华金·莫斯克拉（Joaquín Mosquera）途经玻利瓦尔的居所附近时，一个印第安人提醒他，"解放者"就在帕蒂维尔卡，他身患绝症，卧床不起。莫斯克拉在花园见到了玻利瓦尔，后者倚靠在一条旧长椅上，病情严重，无法起身。玻利瓦尔头上缠着一条围巾，看上去瘦骨嶙峋、老气横秋。莫斯克拉问他，哥伦比亚军队如何才能战场求存，并问玻利瓦尔他会做些什么。"战而胜之！"玻利瓦尔答道，"三个月之后，我就将拥有一支整装待发的部队。我会攀上科迪勒拉山，击溃西班牙人。"虽然时机尚未成熟，但他的决心毋庸置疑："告诉我的伙伴们，你们如何把我丢弃在这荒凉的海岸，我带领残兵剩勇坚持作战，来实现秘鲁的独立，来保卫哥伦比亚的安全。"[75] 此刻，一切取决于"解放者"，他麾下的哥伦比亚军队会是最后一道防线，如果他能说服愤怒的桑坦德输送更多武器和人马的话。但在秘鲁问题上，桑坦德行动迟缓。"解放者"需要使出浑身解数，极尽劝说之能事，让国会达成一致，给他派来援军。玻利瓦尔离开以后，时局已发生变化。如今波哥大有了更多律师、教授和记者，统治阶层在政治观点上倾向于自由主义，他们不熟悉，或者是不赞同与他们相距遥远的玻利瓦尔的主张，对于后者为了实施与哥伦比亚人无关的计划而不断要求派遣援军和索取金钱援助的诉求，他们也是置之不理。桑坦德则夹在不情不愿的国会和心急火燎的"解放者"中间，左右为难，后者把桑坦德视为随时可以为其革命活动提供资金支持的钱袋子。这样一来，就到了一个彼此针锋相对的关键时刻，双方只好各退一步，从头再来。

根据 1824 年 2 月 10 日颁布的法令，秘鲁国会任命玻利瓦尔为独裁官，"以挽救国家危亡"，并将宪法束之高阁。奥利里用一段令人难忘的文字记录了这一事件：

> 颁布法令之时的秘鲁，与四年前圣马丁登陆之际的情况大相径庭。当年，秘鲁上下普遍支持独立，他们以自己手中的资源拥护"解放者"。圣马丁只需要来，看见，征服。他来了，他看见了，他本来也可以征服。*但这一使命或许在他能力之外，至少他是这样认为的。他踟蹰不前，最终半途放弃。国会把拯救共和国的任务托付给玻利瓦尔的时候，他接手的已是一具躯壳。[76]

奥利里夸大了秘鲁人对圣马丁的拥护程度，但在其他方面，他的这种令人不太舒服的对比还是有其客观真实的一面。圣马丁曾经寻求赢取秘鲁的民心。而玻利瓦尔则看到，"秘鲁国内派系纷争，形成了三股势力：第一股势力是反抗哥伦比亚的爱国者；第二股势力是西班牙保皇党；第三股势力则是托雷·塔格莱和里瓦·阿圭罗的拥护者。其余那些手无寸铁的民众则不效忠于任何派别"[77]。他比圣马丁更为敏锐地意识到，秘鲁人对追求什么样的事业漠不关心，高度分层的社会里每一层级都只寻

---

* 此处化用了古罗马统帅、政治家恺撒（公元前 102 或前 100—前 44）在一次战役中击败敌人后写给元老院的著名捷报："我来，我见，我征服。"（"*Veni, vidi, vici.*"）

求维系自己的切身利益,在如此情形之下唯有权力才有说服力,只有美洲军队取得军事胜利才能解放秘鲁。"我们是仅有的感知灾难之人,因为秘鲁人对此不甚关心。他们不抱任何希望,因而做任何事都是完全以实力论英雄,就像那些对我们的牺牲不寄予任何期望的人一样。但如果我们失掉了秘鲁,那我们就等于要挥别哥伦比亚了。所以,为了哥伦比亚的利益,我将经受风暴的考验。"[78]

玻利瓦尔没有进一步追问为何会是如此。起初看起来做好反抗西班牙人准备的秘鲁精英,为什么不再致力于获取独立?一种答案是,因为野蛮驱逐西班牙人家族和没收财产,他们和西班牙人疏远了关系,而他们又和这些西班牙人存在亲戚关系、朋友情谊和商业往来。1822年以后,里瓦·阿圭罗和托雷·塔格莱领导下的许多克里奥尔人,重新意识到他们自己与西班牙的文化联结、与西班牙专制政权的社会亲缘关系,以及对未开化的哥伦比亚人的敌意。[79]更深层次的原因可能是:精英阶层认为,独立会带来一个对印第安人和黑人实行自由主义政策的松垮政权,而西班牙总督和将军们,与玻利瓦尔及其共和派党人相比,能更好地保障他们的安全。

玻利瓦尔的朋友和同僚都认为,接受秘鲁独裁官一职是愚蠢的,建议他抽身退出。但尽管这个职务让玻利瓦尔进退两难,他的地位仍然稳固,他担任这一职务也是正当合法的。1819年,安戈斯图拉国会任命玻利瓦尔为委内瑞拉总统。1821年,库库塔国会任命玻利瓦尔为哥伦比亚总统,并授予他特别权限,可以不负责军队事务。基多也向他致意,并且同意将秘鲁并入哥伦比亚共和国。此时,玻利瓦尔在秘鲁的独裁官任命也得到国会批准。虽然接受他人委任,但玻利瓦尔那时对自己的天才与远见很自信。在帕蒂维尔卡休养康复之后,玻利瓦尔开始招揽人马集聚反抗力量,并着手遏制腐败,提振士气。玻利瓦尔将民政事务交给了一位富有才干又名声卓著的秘鲁部长何塞·桑切斯·卡里翁(José Sánchez Carrión),他与玻利瓦尔密切合作,担起了在已解放地区重建公民体制、制定社会政策与实施法治的重任,这为玻利瓦尔的"独裁"又增添了一层含义。"解放者"自己的任务是组建一支部队,并从哥伦比亚调来更多兵力,从秘鲁招募更多兵员,还要筹措资金,以支付人员和物资费用。尚在帕蒂维尔卡休养之际,玻利瓦尔就向苏克雷下达了一系列指令,这是这位职业指挥官在其人生巅峰期的作为。他对战场地形、地势与气候带来的挑战、部队行军之际的可利用资源的看法见解,都是专家级别的。他制定了训练规程,要求部队须开展长途拉练,以使部队能够同敌军部队一样行动迅速,在面对进退抉择之时能够快速应对。玻利瓦尔注重骑兵和步兵部队的不同部署,强调要保证部队给养和牲畜的供应,重视部队官兵福利保障,同时对战地医院建设也相当关注。玻利瓦尔还对敌军的排兵布阵,以及准备进攻还是防御这一关键问题有所思考。[80] 无论病体如何虚弱,帕蒂维尔卡都是一个供玻利瓦尔逐步康复的地方,他在那里有两个月时间来思考和筹划他的决定性战役。

3月初,玻利瓦尔在特鲁希略设立了指挥部,在4月又把指挥部迁往瓦马丘科(Huamachuco)*。他必须把战场放在山地地区而非海岸地带,以便向敌人发起进攻:山地是保皇党的力量根基,也意味着西班牙人的最后一线希望。玻利瓦尔把秘鲁北部充作革命的补给基地。他没收了保皇党的财产,还哄骗教会拿出他们拥有的资财,并向民众征缴税款。可以说在这段时期,秘鲁人为独立事业贡献了大量人力、金钱与物资。在征募士兵和组建部队的过程中,忠贞不贰的苏克雷是玻利瓦尔最不可或缺的助手,他主持兴建了锻造武器和马掌的工场,在特鲁希略为部队定购军装,还制备作战地图,勘察行军路线,堪称"'解放者'的左膀右臂和部队的中流砥柱"。二人共同创建和训练了一支解放新军。至于哥伦比亚的武装部队,桑坦德也没有让玻利瓦尔全然失望。援军自巴拿马和瓜亚基尔赶来,其中有一支部队是由弗朗西斯·伯德特·奥康纳(Francis Burdett O'Connor)上校率领的爱尔兰特遣队,奥康纳保障后勤的才能令玻利瓦尔印象深刻,被任命为爱国者部队的参谋长,负

---

* 瓦马丘科,秘鲁西北部的高原山地城市,境内山地海拔高度在2500米至4000米之间。

责人员调配和物资供应。另一个爱尔兰人亚瑟·桑兹（Arthur Sandes），是参加过半岛战争的老兵，他在委内瑞拉时代就追随玻利瓦尔，到了在秘鲁作战的时候，已晋升至上校，后来又晋升为将军。[81] 1824年4月，爱国者部队兵力已达8000之众，主力是哈辛托·拉腊将军与科尔多瓦上校指挥的哥伦比亚人，拉马尔（La Mar）元帅麾下的秘鲁新兵是有力增援；他们的敌人西班牙军队则有16000人，驻地在秘鲁和上秘鲁，士兵是印第安人与乔洛人（cholos），西班牙人和秘鲁人担任军官。爱国者军队拥有两大独一无二的财富。一是一支无可匹敌的骑兵部队，由阿根廷的高乔人（gauchos）*、智利的瓦索人（huasos）** 以及委内瑞拉和哥伦比亚的平原人组成。这支部队还向骑兵们发放薪饷，虽然不多（每周半美元），但至少能够定期领取。这一做法是在玻利瓦尔的坚持下实施的。

解放者们还有一个优势——敌军阵营一盘散沙。因为西班牙人也遭遇了秘鲁的反叛，他们也存在士气低落和内部不和的问题。1823年底以前，这种情况还不算明显。但当美洲人掀起内斗、相互龃龉之际，保皇党趁机巩固了己方阵营。在秘鲁北部，坎特拉克***将军占据万卡约（Huancayo），拥有8000名精兵。拉塞尔纳****总督在库斯科则指挥1000兵力。在阿雷基帕，巴尔德斯将军指挥的南方军大约有3000人。在他们身后，上秘鲁的奥拉涅塔（Olañeta）将军率领着一支4000人的部队。这些强大部队随时待命，准备集中力量，向哥伦比亚人发动攻击。至关重要的是，他们需要迅速进军，抢在玻利瓦尔兵强马壮之前发动攻击，也是为了避免客居异国的占领军部队因为战事持续时间过长而失去人

---

* 高乔人，又译作"高卓人""加乌乔人"，南美洲拉普拉塔地区西班牙人同印第安人的混血后裔。高乔人原以猎捕和贩卖草原上的野生牛马为生，以骑术高超和勇猛强悍著称。
** 瓦索人，智利中南部的乡民，精于骑术。
*** 坎特拉克（José de Canterac，1786—1835），法裔西班牙将领。1822年成为陆军元帅，统领南美洲的西班牙军队。
**** 拉塞尔纳（José de la Serna，1770—1832），西班牙将领，殖民官员，西班牙派驻秘鲁的最后一任总督。

心。但正当此时,西班牙阵营因内部出现变故而遭到削弱。1823年10月1日,一支法国军队将费尔南多七世从宪政束缚中解脱出来,他废除了宪法,复辟了专制集权,这造成了秘鲁保皇党内部的分裂,因为拉塞尔纳、坎特拉克与巴尔德斯是立宪主义者,而奥拉涅塔则拥护专制集权。不过,这只是一场权力之争,而非原则之争。[82] 1823年底,奥拉涅塔反叛,退出军事联盟,在上秘鲁建立了一个不甚完备的保守派政权。在需要国王与宗教的呼声之下,他驱逐了立宪政府,将自己的亲属和拥护者塞进了政府。保皇党的腹地,一直以来都是总督最宝贵的资产,此时突然变成了累赘。虽然抽调了巴尔德斯将军的部队去对付奥拉涅塔,结果却徒劳无功。兵力分散使保皇党无法在2月或3月给哥伦比亚人以沉重打击,后者在那一时期刚刚开始重新集结,力量极弱,在兵力、武器和物资方面都处于下风。

玻利瓦尔曾经长时间思考过他的战略。他应该发动进攻,为未来放手一搏,还是应该巩固防守,消耗自己的资源?这一难题需要他投入他的全部判断力、知识与经验。由于迟迟无法收到关于敌军动向的情报,加之己方阵营陷入麻烦,玻利瓦尔无法立即回答这一问题,也无法充分利用拉塞尔纳的窘境。但他一旦意识到形势变化就会采取行动,他确信采取攻势不会令自己失去什么,而将赢得一切。"可怕的战争念头左右了我的头脑,我决心无论如何都要结束这场争斗。"[83]

胡宁与阿亚库乔

1824年5月,"解放者"率领部队向帕斯科(Pasco)*进发,这是独立战争中的一次经典行军,"在世界上山岳最多的国度,越过最崎岖的地域,每前行一步,摆在面前的困难,在欧洲人眼中都是不可逾越

---

* 帕斯科,秘鲁中部省份,首府为塞罗 – 德帕斯科(Cerro de Pasco)。

的"[84]。部队在科迪勒拉山系迷宫一般的谷地与山岳中艰难跋涉,这一带没有可供通行的道路,是一片仍然被印第安人村社占据的区域。高原反应、矿物辐射、危险地形和低于冰点的夜间气温让士兵们饱受折磨。步兵和骑兵不得不排成单列,沿着险峻的小径前行。跟在后面的是一队队印第安人,他们负责运输物资和装备,并负责驱赶队伍最后面由300匹骡子组成的运输队和为部队提供储备给养的牛群。

玻利瓦尔的指挥才能和苏克雷的筹划在这场最具决定性的战役里完美结合在一起。8月初,塞罗-德帕斯科的高原山地,解放者们集结了9000人的部队,士兵来自加拉加斯、巴拿马、基多、利马、智利和布宜诺斯艾利斯,其中还有许多人是参加过迈普(Maipú)*、博亚卡、卡拉沃沃与皮钦查等战役的老兵。怀着激动的心情,玻利瓦尔检阅了部队,并对官兵们发表了讲话:"士兵们!你们将要把整个世界从奴役之中解救出来,新世界的自由是天地之间希望所在,你们是不可战胜的!"全军官兵对他的讲话报以热烈的欢呼。[85]终于,在8月6日,部队在胡宁(Junín)高原遭遇坎特拉克的人马,玻利瓦尔在把部队部署至有利位置方面,又一次展现了其久经考验的作战本领。这是一场激烈又焦灼的战斗,未发一枪一弹;唯有刀剑与长矛的碰撞之声和马蹄踩踏之声打破了令人窒息的寂静。爱国者部队凭借更强大的骑兵与更锐利的长矛赢得了那一日的胜利,迫使保皇党落荒而逃。"我们平原人的冲锋,"奥康纳写道,"令大地震颤。"[86]当天晚上,玻利瓦尔睡在了战场上。在这片战场上,敌军259人阵亡,爱国者阵亡了45人,另有99人负伤。

尽管西班牙部队总体上并未伤筋动骨,斗志也没有削弱,但一场胜利为解放者们赢得了对物产丰富的豪哈(Jauja)山谷的战略控制权。玻利瓦尔不得不采取措施,最大限度加强自身实力,他委派苏克雷把失散、掉队和刚从伤病中恢复的人员都聚拢起来。苏克雷按照要求完成了

---

* 迈普战役,1818年智利独立战争中的一次决定性战役。在此战役中,圣马丁率领的爱国者部队在圣地亚哥附近的迈普平原击溃西班牙部队,确保了智利赢得独立。

第八章 安第斯山间的战争与爱情

任务，但事后抱怨说，这件事令他在同僚当中颜面尽失，因此请求离职引退。玻利瓦尔知道苏克雷是一个自负又敏感的人，因此他的回应老练而坚定："如果你认为我想要侮辱你，那一定是神经错乱了。我将任务托付给你，是相信你会比我做得更好，这证明了我对你的尊重，并不是对你的羞辱。对小人流言蜚语的过度敏感和关注，是毫无价值的。荣耀在于伟大而有价值。"听了玻利瓦尔的话，苏克雷改变了想法，随后玻利瓦尔特别赞扬了他在胡宁之战结束后为了救治伤员和寻找失踪者殚精竭虑，称他为"为士兵的将军"（el general del soldado）。[87]

10月初，玻利瓦尔留下苏克雷担任总司令，指挥部队与敌军小心周旋，玻利瓦尔自己动身前往万卡约，那里有曼努埃拉等候和他见面，其后，玻利瓦尔又前往沿海地区，每到一地都会整顿当地的民政事务，到了12月，玻利瓦尔解放了利马，受到了英雄般的欢迎。然而，即便胜利一个接一个，玻利瓦尔也不曾享受到纯粹的快乐。先是苏克雷让他烦恼，后来又添了桑坦德。在万卡约，波哥大的消息传来：国会于1824年7月28日通过一项法令，撤销玻利瓦尔的特别权力，移交给桑坦德，理由是玻利瓦尔接受了秘鲁的独裁官任命。此时另一个消息接踵而来，桑坦德命令玻利瓦尔将哥伦比亚军队的指挥权交给苏克雷。

"解放者"对这些加诸己身的无端羞辱愤恨不已，但他压抑了自己自尊受伤的怒火。抵达海岸地区后，玻利瓦尔口授了几封向桑坦德表达善意的信函，以自己的宽宏大度回应对方的卑劣：玻利瓦尔在信中向桑坦德通报了自己取得的一系列战果，他感谢桑坦德派兵助阵，使后者确信苏克雷已经担任部队统帅，并告知苏克雷刚刚在阿亚库乔赢得了"美洲战争最辉煌的胜利"。[88]玻利瓦尔刻意淡化了苏克雷和高级军官们出于忠心为自己鸣不平的举动，并阻止了他们向波哥大的愤怒请愿。毫无疑问，针对桑坦德怂恿国会通过的卑劣决定，玻利瓦尔本来可以带领手下掀起一场反抗运动，但他实际上却是立即授权苏克雷统率哥伦比亚军队。正如奥利里所记载的那样，"玻利瓦尔树立了遵守国家法律的榜样，原本他说一句话或写几个字就足以赢得哥伦比亚军队和民众全心全意的支持"。[89]但他没有忘记有人对他掌控领导权愤怒不满，也意识到了桑坦德从中作梗。因此,虽然玻利瓦尔与这位副总统有过多年的密切交往,他还是结束了与后者的私人通信。他仍旧是秘鲁的独裁官。

与此同时,拉塞尔纳在山区迅速发起反击。与坎特拉克、巴尔德斯的人马合兵一处后,拉塞尔纳麾下部队达到9300人,而且武器精良,补给充足。拉塞尔纳挥师向苏克雷的营地推进,企图将苏克雷的部队团团围住,而苏克雷则指挥他的6000人马远远避开了敌军的围堵。交战双方的战场调度,看上去就像是一场精心编排的表演秀。作为统兵将领,苏克雷的才干无人能及,他作战勇敢、天赋异禀而又不屈不挠,对细节与大局都能够做到洞若观火。他亲自撰写个人战报,掌控情报行动,赴战场勘察地形,随时视察前线哨位,确保部队补给输送到位。他完全够格指挥部队在最后决战中克敌制胜。1824年12月8日,在群山环抱、海拔10000英尺以上的阿亚库乔原野,两军最终正面交锋。苏克雷对将士们的战前动员简洁有力:"南美洲的命运,取决于你们的努力。"他们自己也是命悬一线:曾经袭扰过爱国者的印第安保皇党部队在他们的侧翼虎视眈眈,一旦他们落败撤退,保皇党部队就会截断他们的退路。哥伦比亚的陆军中校梅迪纳(Medina)在接到苏克雷关于此战的通报后率部赶来,但在路上被万多(Huando)*的印第安人杀死。[90]但就这场战役本身来说,遭遇失败的是保皇党部队,原因或许是他们对前途丧失信心,而苏克雷正确的战术指挥也功不可没。这是美洲战争的最后一场伟大战役,在高海拔的安第斯山地区,交战士兵们身穿色彩鲜艳的军装投入战斗,战役最后出人意料地平淡收场,人员伤亡并不严重(爱国者阵营有67人伤亡),但在战场之外,爱国者部队损失了保护辎重部队的大量步枪。拉塞尔纳总督被俘,坎特拉克将军也在12月9日宣布,只要秘鲁境内的所有保皇党残余部队放弃抵抗,他就接受无条件投降。"为秘鲁而战的战斗已完满结束:在这片战场之上,秘鲁的独立与美洲的和平已经建立起来了。"[91]可以想见,保皇党人还可以将秘鲁

---

* 万多,秘鲁中南部一地区。

和上秘鲁的残存部队纠集起来,做最后一搏。但他们还有什么前途呢?他们心知肚明,已经不能指望从西班牙等来援军,这或许就是对军心士气的最致命打击。

在秘鲁的军事胜利使玻利瓦尔澄清了自己的政治立场。他以总统身份向哥伦比亚国会递交了辞呈;国会众人万分震惊,会场一度鸦雀无声,继而为"解放者"响起了掌声,拒绝了他的辞职请求。玻利瓦尔于是下令秘鲁国会于1825年2月10日召开会议,他在会上提交了辞呈,并为秘鲁不再有独裁官表示祝贺。但秘鲁人爱重打胜仗的强者,不愿意让玻利瓦尔离开:秘鲁国会于是立即决定将最高政治与军事权力授予玻利瓦尔,直至1826年国会再度召开。玻利瓦尔此时保持了冷静与理智,他接受了授予自己的全部权力。同时,玻利瓦尔提醒桑坦德要清楚自己在革命领导人之中的地位:"我感到十分荣幸,我的两位好友和伙伴,都是治国安邦的良将奇才……我负责解决各种难题,你负责制定律法,苏克雷则负责领兵作战。"[92]意思清晰明确:我最为重要,负责解决最重要的问题;我发号施令,你予以执行。

圣诞节当日,玻利瓦尔宣告了伟大胜利:"将士们!仰仗你们手中的武器,在反抗压迫者的残酷斗争中,正义的事业、人类权利的事业大获全胜。"12月27日,玻利瓦尔宣称"这一辉煌胜利的取得,应完全归功于总司令安东尼奥·何塞·德·苏克雷以及除他以外的所有将军、指挥官、军官与士兵们的善战、勇敢和英雄主义信念",他下令向胜利者们授勋,并不顾波哥大那些心胸狭隘之辈的阻挠,将秘鲁的大元帅(Grand Marshal)军衔授予苏克雷。[93]他慷慨承认了苏克雷发挥的作用,写了一篇文章来讲述他的生活与成就,文中总结道,"阿亚库乔战役是美洲荣耀的巅峰,也是苏克雷将军的杰作……在后辈子孙心中会浮现出他一只脚踏着皮钦查、另一只脚踩在波托西的画面"[94]。其后不久,大元帅在上秘鲁和波托西燃起战火,但拿下利马的港口城市卡亚俄却用了一年的时间,经过了漫长而代价高昂的围城战,卡亚俄在1826年1月23日才最终放弃抵抗。

"这是'解放者'一生之中的光辉岁月",奥利里评论阿亚库乔战役之后的那段日子,当时哥伦比亚和秘鲁对玻利瓦尔竞相赞扬,甚至他的政敌都暂时搁置了诽谤。[95] 1825 年初的一段时间,玻利瓦尔专注于行政事务,他运用共和主义的自由与平等原则,对政治、立法和经济体制实施改革,并按照兰开斯特模式建立了学校体系。秘鲁国会奖励他 100 万比索,他提出,只有同意他将这笔奖金转用于委内瑞拉的慈善事业,他才会接受。在秘鲁,他住在利马郊外的一栋别墅,如同一位王侯。马格达莱纳(Magdalena)* 是他的宫殿,曼努埃拉是他的情人,秘鲁人是他的崇拜者,诗人对他歌颂奉承。利益集团与旅游团体都来向他提出诉求,女人们热衷于与他交往,信使为他取送信函。他喜爱这一切。他是全世界的中心,虽然成功不能让他满足,但对他的确具有诱惑力。他还想要什么? 是想在整个拉丁美洲范围内建功立业、获取荣光,而不管危险会把他引向何方? 但他眼下的革命事业仍在召唤他。

4 月,玻利瓦尔离开利马,前往阿雷基帕,随行的政务助理和军事副官组成了一个流动的办公室,他还携带了大量书籍,包括爱尔维修、孟德斯鸠、拿破仑、德·普拉特和边沁的著作。但他离开曼努埃拉时心情沉重,因为他接受了后者和他结婚的要求。在出席庆祝他到访的宴会与舞会的间隙,他仍然有时间作为一个锐意改革的施政者和正义健全政府的宣扬者留下自己的印记。玻利瓦尔还提醒教会主教,后者负有宣扬共和制而非君主制准则的职责,要让民众知晓,宗教也无法剥夺人们与生俱来的权利。[96] 但是,他在秘鲁的日常统治,又需要一大批拥护玻利瓦尔的官员来维持运转,少了他们,许多计划之内的改革无法实施。翻越科迪勒拉山脉前往库斯科之际,他不仅被海拔 3000 米以上产生的高山病拖慢了脚步,还因高原地区与沿海地带的隔绝而阻滞了行程;为了改善交通状况,他下令修建三条通往库斯科和普诺(Puno)**

---

* 指位于利马的马格达莱纳宫(*Palacio de la Magdalena*),西班牙殖民秘鲁时期曾为秘鲁总督官邸,玻利瓦尔领导秘鲁独立革命期间曾在该处坐镇指挥。
** 库斯科和普诺皆为秘鲁东南部的高海拔城市,前者曾为南美印加帝国的都城,后者位于的的喀喀湖湖畔。

第八章 安第斯山间的战争与爱情

的公路，并拟定了路线，但他离开之后，这一计划就被束之高阁了。

印加古都，对玻利瓦尔而言，既是宏伟历史的丰碑，又是历史不公的纪念碑，那里给了他英雄一般的礼遇，礼节与盛情无与伦比。作为回报，玻利瓦尔把这座城市作为实施涉及教育、社会改革和印第安人福利的文明开化政策的改造对象，特别是要终止强制劳役与其他不平等制度。[97]旁观者可以从玻利瓦尔在库斯科的规划里提炼出两个结论。当既得利益——譬如土地精英可以使用印第安劳动力——强大到足以抵制革新时，改革可能会被忽视，或者被削弱。但传统机制不再享有昔日的威望与优势，反而变成了现代化可以取代的对象。因此，共和派心目中关于自由的概念是与服从相对立的，国家举措也不同于慈善行为。玻利瓦尔颁布了照护孤儿的法令，实则瓦解了库斯科修道院，他用修道院的财产和收入建立了一所男校与一所女校。[98]在玻利瓦尔的世界观里，有成功者就有失败者。踏入山区之后，他对秘鲁的看法有所缓和。经历两年动荡之后，他致信密友费尔南多·佩尼亚尔维尔："当前这个国家比哥伦比亚更为和平，对解放者们有着值得称颂的尊重与感激之情。"[99]他还抽空点评了厄瓜多尔诗人何塞·华金·奥尔梅多（José Joaquín Olmedo）所写的一首颂歌，并建议他以亚历山大·蒲柏（Alexander Pope）为榜样，蒲柏所译的《伊利亚特》（Iliad），"解放者"似乎很熟悉。[100]

从库斯科及其历史遗迹出发，玻利瓦尔挥师向南，穿越印加帝国的更多地标，到达普诺和的的喀喀湖，8月初，他踏上了最后一次解放之旅。苏克雷元帅赶往塞皮塔（Zepita）迎接玻利瓦尔，他们一同渡过德萨瓜德罗河（Desaguadero），进入上秘鲁。

第九章　苦难缠身之人

横渡德萨瓜德罗河

　　拉美民族解放事业澎湃向前，席卷拉美大地。自委内瑞拉爆发起义获得独立以来，拉美各地民众纷纷同殖民军展开艰苦奋战，取得了一场又一场战斗的胜利，独立的国家一个接一个。在争取独立的连续征战过程中，玻利瓦尔总是运筹帷幄，临机决策周密，表现出不屈不挠的意志。在他的指挥之下，对抗西班牙殖民者的革命运动风起云涌，虽历时15年，却一直稳步推进。然而独立解放运动总会迎来胜利结束之时，那便是打败殖民军之日。直到拉美大陆看不到西班牙殖民者的踪迹，美洲国家全部取得独立，向前战斗的步伐方才停止，民族革命事业取得最终胜利。拉美各国随即开始解放后的重建工作。玻利瓦尔素质全面，也足以担当起建设国家的重任，虽然建设国家要面临新的敌人、应对不同的挑战，但也是他再创辉煌的另一个舞台。虽然时势造英雄，玻利瓦尔创建了拉美联盟，其功绩无人能与之相提并论，然而不少人却又对其横加批评，口诛笔伐，其命运可谓残酷。玻利瓦尔曾向桑坦德讲述自己是"苦难缠身之人"（*el hombre de las dificultades*），他预测，1826年，独立革命将取得最终胜利，战后重建必将困难重重，他也将面临新的困难局面。

　　最后，拉美只剩上秘鲁尚在西班牙的殖民统治之下。阿根廷布宜诺斯艾利斯的反西"五月革命"*未能席卷上秘鲁，自由主义对克里奥尔人

---

*　1810年，拿破仑攻入西班牙，拉普拉塔总督辖区丧失了宗主国支持，5月布宜诺斯艾利斯组建洪达，宣布独立，吹响了南美殖民地挣脱枷锁的号角。

毫无诱惑力，他们不愿颠覆那个印第安人数量远超自己的世界。梅斯蒂索游击队仍在抵抗，与其说是为了民族独立，不如说是为了摆脱西班牙或阿根廷的外来控制；1819年以前，他们甚至未曾听说过玻利瓦尔。[1]

与克里奥尔人和梅斯蒂索人不同，印第安人的立场，并非出自个人意愿，而是与传统效忠对象保持一致，无论这些人是保皇党还是游击队领袖，他们都不倾向诉诸战争，因为战争对其无益。当半岛人统治者在下秘鲁与玻利瓦尔交战，西班牙军队听命于亲西的强硬派克里奥尔军官。而大多数克里奥尔精英也都支持西班牙，或者说至少没有向其发起挑战。1823年，圣克鲁斯将军，一个来自拉巴斯（La Paz）的梅斯蒂索人——他昔日也是保皇党——向上秘鲁发动进攻，他发现当地民众并不支持解放，在被保皇党军队包围后，他迅速带兵撤离。

上秘鲁保守派的领袖是佩德罗·安东尼奥·奥拉涅塔（Pedro Antonio Olañeta），他比总督更趋近于保皇党，比国王更倾向于专制主义，他是所有自由主义者的敌人，无论对方是西班牙将军还是共和派领袖。他与拉塞尔纳总督断绝关系，宣称自己将为国王和宗教而死。他的背叛撕裂了西班牙前线力量，迫使上秘鲁的精英做出棘手选择。当然，决定他们选择的是投机主义，而非内心信念。他们确信西班牙在美洲的最后堡垒在劫难逃，于是寻求另一种制度，以期维持他们的利益、土地财产以及对印第安劳动力的控制。所以他们在上秘鲁谋求一种自治形式。自治指向自封为专制君主代言人的奥拉涅塔，还是指向将带来一个自由共和国的玻利瓦尔呢？答案将在战斗之后得出。

阿亚库乔战役之后，玻利瓦尔将解放上秘鲁的任务交给了苏克雷。这位大元帅很快扫荡了西班牙在山区的残余势力，于1824年12月24日进驻库斯科，其后渡过德萨瓜德罗河，稳步向上秘鲁挺进，攻城略地的同时也与奥拉涅塔展开谈判。此时奥拉涅塔的军队开始出现大量逃兵，他们响应苏克雷的号召，加入解放阵营。克里奥尔人是效忠山遥路远的国王，还是承认近在咫尺的玻利瓦尔、苏克雷政权，他们不得不做出选择。奥拉涅塔选择了效忠国王，但大多数克里奥尔人选择了承认胜利的玻利瓦尔、苏克雷政权，实际上这是延续了一场自己并未完成的革命。科恰班巴（Cochabamba）、拉巴斯和其他城镇也宣布效忠玻利瓦尔、苏克雷政权。在1825年4月1日，走投无路又孤立无援的奥拉涅塔，在图穆斯拉（Tumusla）战役中受了致命伤，他的部队也被击败。这是南美革命的最后一役，最终苏克雷占领了富庶的波托西，玻利瓦尔称这座城市是"西班牙三百年来的国库"。

那么何为上秘鲁？它是指国家、民族，还是指一个省？1825年2月9日，苏克雷在拉巴斯颁布法令，宣布上秘鲁事实上的独立。他坚称，军队是解放人民的，并非要统治人民。上秘鲁不会继续依附于布宜诺斯艾利斯[*]，因为后者并没有一个能够合法代表这些省份的政府。最终解决方案必须根据各省决议，以及秘鲁与布宜诺斯艾利斯之间的协议来确定。与此同时，在国民大会决定政府形式之前，上秘鲁继续接受解放军队的领导。苏克雷完全相信，这一法令代表了统帅的政治思想。但真正的"解放者"——玻利瓦尔，并不赞成这一方案，他提醒苏克雷，后者只是驻军领导人，没有政治决断权，并且已违背了占领地保有原则，新生国家凭此继承了殖民时代主要行政单位的属地管辖权。[2]玻利瓦尔身在利马，还向桑坦德表明了个人观点。

> 上秘鲁法律上属于拉普拉塔；实际上属于西班牙。民意上，上秘鲁意欲独立建国。对秘鲁来说，它曾经拥有这片土地，如今仍对其渴求……如果将它交给拉普拉塔，就会使其陷入无政府状态。但将它交给秘鲁，又会背离国际法。我愿意尝试按照上秘鲁公民的意愿成立共和国，但要美洲国民议会决定。[3]

事实上，三个月之后，玻利瓦尔又原谅了苏克雷的所作所为，还认可了他2月9日颁布的那项法令。玻利瓦尔理由很充分：第一，苏克雷明白，阿根廷或秘鲁都不会令对方获得这片土地；第二，苏克雷本人也不想将

---

[*] 此处代指拉普拉塔联合省（*Provincias Unidas del Rio de la Plata*），阿根廷独立初期的政权组织形式，首府在阿根廷的布宜诺斯艾利斯。

第九章　苦难缠身之人

一个价值连城的矿区授人,以扩大两方势力;第三,苏克雷是充分考虑过上秘鲁居民意见的。

玻利瓦尔革命对其新成员意味着什么?它真是玻利瓦尔的吗?1825年7月10日,48名来自上秘鲁各省的代表会聚在四度更名的丘基萨卡(Chuquisaca)*召开大会讨论独立问题。[4]他们代表国家百余万人,因此选举条件极为严格,程序极为复杂,文化程度、财产审核等事项都包括在内。其中,30余名与会代表都是丘基萨卡大学的校友。而像圣克鲁斯这样的人口大省,由于文盲比重大,并不占优势,仅能选出两名代表。代表中只有两人有作战经历,且都是游击队员。可见,克里奥尔贵族继承了西班牙人的遗产,在由西班牙士绅(caballeros)、乔洛人、印第安人(indios)组成的社会等级制度里取代了西班牙人的地位,这一制度又延续了几代人。大会是当地精英的集会,譬如奥拉涅塔将军的侄子卡斯米罗(Casimiro),他最初是保皇党,其后是奥拉涅塔主义者,最后一刻才支持独立,他并不代表国家,而是代表统治集团。对这些代表而言,独立意味着对政权和任免权的控制;只有在上秘鲁,他们才能指望着维持统治,他们认定,他们才是最终的统治者。大会于8月6日宣布上秘鲁独立,成立共和国,并采用玻利瓦尔的名字(后更名为玻利维亚),并任命"解放者"执掌最高行政权。代表们还请求玻利瓦尔起草玻利维亚宪法。玻利瓦尔得知这一切时,正从库斯科前往普诺,于是,他快马加鞭,迎接一个新生的国家。

当玻利瓦尔抵达玻利维亚,苏克雷前往德萨瓜德罗河北岸迎接。他翻身下马,向"解放者"致敬,苏克雷的剑突然从鞘中滑落。当晚,苏克雷对奥利里说这是"凶兆"。次日,一个仆人不懂规矩,苏克雷拔出剑,准备用剑身击打这位仆人,不料剑又折断了。奥利里对苏克雷说,"这个兆头更凶,此刻你厄运临头了"。苏克雷说:"我也是这样想的。"[5]"解放者"却认为,即便有厄运,很快也会转危为安。安第

---

* 丘基萨卡历史上分别有查尔卡斯、拉普拉塔、丘基萨卡与苏克雷之名。

斯山南部的自然奇观振奋了玻利瓦尔的精神,当他经过山路上为其竖立的拱门之时,对随从说起,自己羡慕拿破仑皇帝胜利之际翻越了阿尔卑斯山脉。8月18日抵达拉巴斯之时,玻利瓦尔受到了对胜利者的欢迎。人们给他戴上了镶有钻石的金冠,他转手递给苏克雷,还说:"这一奖赏属于胜利者,属于阿亚库乔的英雄。"[6]随后,玻利瓦尔改革行政和神职人员,自由主义思想令拉巴斯有所裨益,但并非所有改革都受欢迎。9月20日,玻利瓦尔离开拉巴斯,穿越高原,向欧鲁罗(Oruro)进发,在翻过绵延不断、渐次升高的层峦叠嶂之后,最终抵达了波托西。在那里,当地长官、曾参加过安第斯山脉战斗的英国老兵威廉·米勒(William Miller)将军,举行盛大的印第安人阅兵式进行欢迎,还举办了一系列的庆祝活动。[7]其间还有两名阿根廷特使向玻利瓦尔请求哥伦比亚军队襄助阿根廷与巴西的战争,但这一谋划不符合哥伦比亚的利益,也非便宜之事,玻利瓦尔以外交手腕加以斡旋。代表智利与秘鲁矿业协会出行的英国人约瑟夫·安德鲁斯(Joseph Andrews)上尉此时经过波托西,他发现"解放者"玻利瓦尔神色紧张、忧心忡忡而又疲惫不堪,但眼神犀利、语速飞快,也非常随和,还以"热情、直率的英国方式与其握手"。[8]

尽管玻利瓦尔身体欠佳,但他热爱爬山,且从未因海拔过高或道路艰险而退缩。在苏克雷和下属的陪同之下,玻利瓦尔骑着骡子艰难前行,又徒步走了最后一段路,攀上了伟大的白银矿山之巅,那里是帝国财富与权力的象征,也是革命的最佳战利品。在山顶凛冽的寒风里,他们迎风展开哥伦比亚、秘鲁与阿根廷的独立旗帜,为美洲革命干杯。这是弥足珍贵的历史时刻,对"解放者"本人来说尤其如此。他向北眺望,穿过阴冷荒原,越过中科迪勒拉山脉,仿佛在脑海里见证了自己奥德赛式的奇幻之旅,从奥里诺科河河岸与加勒比沿海,穿越委内瑞拉大平原,翻过哥伦比亚与厄瓜多尔的山峰与谷地,直达令人敬畏的秘鲁山水。当此之时,15年来的卓著功勋、干戈征战、成败得失、苦辣酸甜在他脑海里历历在目。[9]

激动人心的时刻总是转瞬即逝。按照玻利瓦尔的"行动三部曲"——征服、宣誓、离开,他又不顾苏克雷的劝阻,没有留下来统治玻利维亚,而是回到利马,继续政治生涯。传言,他有过一段短暂的情史,是和阿根廷将军的夫人玛丽亚·科斯塔(María Costa),还育有神秘的一子——何塞·安东尼奥(José Antonio)。[10]归程途经丘基萨卡,他匆忙颁布了法令,禁止流通淫秽出版物,认为那些都是"伤风败俗之物"。他将最高权力授予苏克雷,还将下一次国民大会推迟至1826年5月25日。[11]随后他启程前往科恰班巴与阿里卡(Arica),于1826年2月2日登上"钦博拉索"号,2月7日夜,抵达秘鲁乔里约斯区(Chorrillos),向北不远就是利马,他就住在那里的海边马格达莱纳。2月10日,他在人群的欢呼声中,伴着飘扬的旗帜,穿过胜利拱门进入利马,这样的欢迎仪式在该地并不多见。

为了起草国家宪法,玻利瓦尔着手整理个人文件、手稿以及所思所想。他满心欢喜,开始将它们落笔成文。"玻利维亚共和国令我喜悦异常。首先,是它的国名,其次是它的所有优点,并无一丝缺陷。它似乎命中注定,由我一手打造。我越想这个国家的未来,越发觉那是一个小奇迹。"[12]他对这项使命引以为豪:"即便没能得到其他荣誉,但能把我的名字献给国家,就足以让我内心充实、心潮澎湃。"[13]如他所言,立法以管理自由民众的任务,千辛万苦,他为此付出了一切。5月12日,宪法起草完成,为了避免丢失,他放弃邮路,通过威廉·弗格森上校与贝尔福德·欣顿·威尔逊上尉,耗时21天,跋涉1800英里,将宪法带到丘基萨卡的苏克雷手中。[14]5月18日,秘鲁承认玻利维亚独立。

玻利瓦尔的启蒙

革命后期,玻利瓦尔思忖着美洲需要创建一个强有力的政府,鉴于此,他开始起草玻利维亚宪法。[15]那是他政治思想的巅峰,"他的伟大思想",草拟于思想成熟、战事终结、和平建立之时。他一生都在探求暴政与无政府主义之间的平衡,如今却精准地偏向了权力。他告诉英国驻利马领事,"他的心脏为自由跳动,但头脑却倾向于上层社会……如果不受约束的自由迅速发展成无政府状态,白人居住地必将遭到毁灭"[16]。正如奥利里所言:"玻利瓦尔寻求一种能够左右革命的体制,而不是可能煽动革命的理论。民主的不完善,已经在美洲制造了那么多恶行,若欲规避其影响,就要加以遏制。"[17]

新宪法保留了立法、行政、司法三权分立,玻利瓦尔在此之上增加了选举权,即每个省推选一名选举人,再由选举机构选出代表,并提名市长与法官。立法权由三大权力主体——护民官、参议员与监察官——行使,他们都由选举产生。护民官解决财政与重大政策问题;参议员负责维护法律和宗教任免;监察官保护宪法、文化与公民自由——这又回到他此前"道德力量"概念的窘境。总统由立法机构任命,实行终身制,并有权指定继承者;对此,玻利瓦尔称该宪法为"集智慧灵感之大成",称"共和国总统历来是如同处于宇宙中心的、给万物以生灵的太阳一样的人物"。[18]副总统由总统任命,兼任总理,是总统的第一继任人选。这样一来,"就无须举行大选,那是共和国最大苦难之源,只会催生无政府状态"。1819年,他曾在安戈斯图拉宣称:"权力如果在同一个人身上延续,就意味着民主政府的终结。一个政府体制的正常运转离不开定期选举。"也就是说,玻利瓦尔7年前的愿景变成了泡影。

玻利瓦尔眼中的宪法自由、开明,规定了公民的基本权利——自由、平等、安全与财产,以及强大而独立的司法权。宪法特别载入了公民的平等权,并废除了特权,宣布奴隶"自宪法颁行之日起"获得自由。玻利瓦尔也意识到自由概念之中潜藏的问题。在美洲,自由不再是摆脱西班牙君主统治,而是摆脱共和政体统治,它需要坚实的基础。他在演讲里宣称:"上帝已注定人们获得自由。"自由起源于神圣力量,也需要制定规则加以限制。他发现公共利益和安全也都需要制定规则。但这不仅是理论上的自由:"解放者"寻求一种切实可用的自由,一种可以影响社会生活的自由。这是宪法建立起庞大而不可妥协体系的基本理由。

还有几件事让人们记忆犹新。英国领事认为,该宪法条款明显参照了英国宪法,虽然容许"有益的自由",但也"排斥有害而无节制的民众权力"。[19]玻利瓦尔的伦敦友人罗伯特·威尔逊爵士(Sir Robert Wilson)*又指出,一个奴隶制根深蒂固的国度,毫无意外会批判北美的宪法,但开明人士一定会大加赞赏。[20]在玻利瓦尔本人看来,该宪法对总统的制约"有史以来最为严格",要受到各部部长的制约,部长要对监察官负责,还要接受立法委员会的审查。他提醒玻利维亚人要防范"随时会发起攻击的两大劲敌:暴政与无政府主义,它们就像广袤的海洋包围着渺小的自由之岛,充满了压迫"。因此,要靠庄严写入宪法的制度与自由来拯救百姓。

然而,宪法规定的总统权力以及总统可终身任职并可指定继任者却招致了人们的非议。[21]虽然苏克雷知道人们对此的看法,但是他行不苟合、力排众议,还是支持了宪法与总统终身制,他劝诫玻利瓦尔:"我想您应该亲自颁布宪法,因为人们对总统终身制颇有微词,我不确定它能否通过。""我认为您应该亲自来此呈递宪法,因为终身总统这一条文,将招致千难万险,我怀疑它是否能够通过。"[22]果然,国会发出了反对声音,而且理由充分,他们怀疑终身制的总统有世袭的态势,恐怕会成为共和制之下的君主。加上苏克雷本人也是被委任的,因此建议首任总统应由百姓投票选出,而不是由国会任命。[23]另外,宪法规定的投票人将文盲排斥在外,而文化程度不高的多为印第安人,因此如果不修正该条文,会引发有关印第安人投票权的争议。这样一来,有人要维权:如果主权属于人民,那么玻利维亚三分之二的百姓是印第安血统,他们却被法律排斥在外,这不应该;还有人建议:选举资格可以通过提升教育水平来实现;也有人提出:愚昧无知就不应该参与政治。最后,国会做出妥协,1835年之后再对识字能力做出要求。[24]对于宗教问题,则没有任何妥协。玻利瓦尔希望删除所有涉及宗教的条款,但国会坚持将天主教定立为共和国唯一宗教。

---

* 罗伯特·威尔逊爵士(1777—1849),英国陆军将领、政治家。

许多美洲人，无论是保守派还是自由派，都对总统终身制义愤填膺。玻利瓦尔之所以选择总统终身制，是因为他经历过秘鲁恐怖的无政府状态，也见证过玻利维亚的动荡不安。但实际上，他是急于将这部宪法输出至美洲其他国家。宪法很快在南美印了五个版本，玻利瓦尔将其送给哥伦比亚各地的朋友、同僚，甚至敌人，其中就有派斯。伦敦版宪法和玻利瓦尔所钟爱的权力观相符合，他想借此重振大业。玻利瓦尔视该宪法如"约柜般神圣"，体现了"欧洲与美洲的结合，军队与百姓的结合，民主制与贵族制的结合，还有帝国主义与共和主义的结合"[25]。他广泛宣传宪法，称"宪法集合了联邦制的所有优点，中央政府的一切力量以及君主政权的稳定性"[26]。他还认为，总统终身制不仅能带来无限荣耀，而且比世袭君主制更有优越性，因为在任总统要看功绩和表现才能任命下一任总统，而不是单纯的家族世袭。奥利里则认为，玻利维亚宪法绝没有危及自由，而是在有力地保障自由，让自由免受无政府和革命混乱之扰。宪法颁行之时，他还发表演说："撰写宪法之人，是一个在战场上能克敌制胜，又能在书房里衔华佩实为自由事业而奋斗之人。"[27]

玻利瓦尔希望将一切控制在自己手中，无论是军事行动还是国家建设，都要行使个人意志。但一个活跃的政府，必须强大且不受限制。就个人而言，他一直希冀自由，规避制度控制的狭隘局限，并将自己的意志施加在政治、军事领域，为此他需要绝对权力。当然，玻利维亚宪法也要考虑这些因素。玻利瓦尔从未将自由视为终极目标。对他而言，要考虑更深层次的问题：什么是自由？他并不将政府角色看作单纯被动地捍卫权利、维护特权与行使任免。政府的存在是为了人类幸福的最大化，其职能是制定国家政策并满足人民利益。他并非不知道，新生国家特别需要一个强有力的政府，来发挥改革有效工具的作用。玻利瓦尔毫不怀疑他的宪法是自由主义与改革主义的，而且"比哥伦比亚宪法更为自由也更为持久"，其中包括无条件废除奴隶制与取缔所有特权。玻利维亚可以成为玻利瓦尔主义国家的典范。在安第斯山脉的偏远角落，远离故土委内瑞拉，玻利瓦尔与苏克雷开启了一场建设国家的宏图伟业，虽然无法从零（*tabula rasa*）开始，但也心中蓝图铺就。

玻利瓦尔认为，苏克雷是唯一一个能够出任终身总统的人选。但苏克雷本人并无此意。1826年，玻利维亚国会通过宪法，10月28日，苏克雷当选总统，但他只承诺任职至1828年。因为他一心要回到基多，迎娶未婚妻——索兰达女侯爵（marquesa de Solanda）玛莲娜·卡塞兰-拉雷亚（Mariana Carcelén-Larrea）。尽管如此，他还是信守了诺言，完成了在玻利维亚的使命。他拥护玻利瓦尔的思想，进行社会改革，发展经济，使玻利维亚政权成为开明专制主义的典范。他的功绩纵使算不上成就辉煌，但也说明他恪尽职守。和玻利瓦尔在南美其他地方的改革一样，苏克雷的改革也遭遇重重阻碍。克里奥尔人因循守旧，头脑中的经济无外乎不景气的种植园、吃租金与公职；他们习惯养尊处优，因此对创业漠不关心；他们的社会态度与根深蒂固的不平等联系在一起；他们控制了国会，违背民意修改了宪法里有关教会与选举的条款。战争的打击让本已残破的经济雪上加霜，印第安劳动力的逃离与白人资本的撤出使得矿业与农业几乎停滞不前。为了促进国民经济发展，苏克雷不得不增加税收，故而他上任伊始就出台了更为公正有效的税收政策。1826年，国会废除了贸易税，并减少对主要日用消费品征税，这关乎百姓的自身利益。真正的考验是直接征税。玻利瓦尔于1825年12月22日颁布法令，废除印第安贡赋，改征进口税与财产税，这是对白人与被同化的梅斯蒂索人长期享受的财政特权的一次革命性逾越。利益集团顽固抵制新政策，不择手段地到处活动，企图恢复殖民时期的财政制度。在科恰班巴，调查官员不堪底层民众（*el pueblo bajo*）之扰，这些人锁住大门不让外人进入，而受调查住户则趁机从后门逃走。[28] 1826年7月，又恢复征收印第安贡赋，12月，废除进口税与财产税。这样一来，一年之内，国家就又恢复了先前殖民时期的税收体系，依旧带有歧视与不平等。苏克雷指出，被压迫的阶级本身也是彼此割裂，"乔洛人不希望被划成印第安人，甚至连印第安人内部也分三六九等"[29]。

如果白银可以变卖，那么它也可以算作玻利维亚的资产。这一行业需要大量资本注入，以扩大经营、采购机器设备和修建排水系统。为此，必须放眼海外，将目光投向伦敦金融市场，因为波托西的黄金国（El Dorado）*会让金融市场的投资者们浮想联翩，趋之若鹜。1825 年 8 月 2 日，玻利瓦尔下令，将所有被弃或未开采的矿山收归国有，用于出租或拍卖。英国领事估算，充公的矿山价值 500 万比索。[30] 和平时期出台的这项新法令让白银开采稳步增长，同时也提高了硬币产量。波托西省的执政官米勒将军介绍，1810 年至 1825 年，造币厂每年铸币价值不超过 50 万美元，但 1825 年解放后的前五个月，铸币价值就超过了 100 万美元。[31]

果然，国外投资成效显著。仅仅在 1824 年至 1825 年，在伦敦投机狂潮的驱动下，为开发西属美洲矿山，就成立了 26 个矿业协会。[32] 其中，波托西、拉巴斯与秘鲁矿业协会（Potosí, La Paz and Peruvian Mining Association）聚集了最多资本，吸引了最大支持。这个协会的董事会里有六位国会议员，詹姆斯·帕鲁瓦森（James Paroissien）是其代理人。该公司的代表在玻利维亚备受欢迎，并获准收购矿山及相关设备，且受法律充分保护，享有财政特权。但伦敦投资者盲目冲动的投机行为引发了经济彻底崩盘。1825 年 12 月，金融市场震荡，股价暴跌，切断了主要资金流入，公司无法在南美结算款项，造成采矿作业突然停止。阿里卡港的机械、装备与物资遭到官方禁运。一些公司由于资金不足、公司代理铺张过度、熟练工人匮乏，加上技术落后，被迫破产清算。归根结底，也是因为英国人对小成本的投资期望太高。[33] 波托西矿业协会的崩盘，终结了玻利维亚白银产量的大幅增长。政府用于投资经济和社会改革以及道路、公共工程和学校的财政收入也随之捉襟见肘。国家的破产令人绝望，一个独立于其他大国的进出口海港，已无任何发展的必要。政府试图从秘鲁手中购买阿里卡港，但未获成功。随后寻求在科维哈（Cobija）建港，欲更名为"海边的玻利瓦尔港"（Bolívar Puerto de La Mar）。尽管关税有竞争力，但此地也不太可能成

---

* 西班牙探险者相信，在美洲丛林深处，有一个黄金盈野的国度，许多探险家以追寻黄金国为名，深入大陆腹地，却几乎一无所获。

为海外贸易的出口，因为它位于阿塔卡马（Atacama）沙漠边缘，距离波托西 500 英里，而且缺少道路，劳动力缺乏，水源也不足。[34]

和秘鲁一样，玻利维亚相当一部分国家资产垄断在贵族手里，他们还牢牢控制着国家的土地与劳动力。19 世纪初，玻利维亚的印第安人占总人口的 80%。[35] 独立前夕，他们在白人土地上从事农业劳作，服劳役，受制于米塔制（mita）*、劳役摊派制（repartimiento）**、缴纳贡赋制、教区税、什一税、地役制（pongueaje）*** 等。部落印第安人的处境也许比庄园里的同胞还要糟，因为他们还要被迫为形形色色的权贵和官员提供劳役。独立后，他们的地位得到了一定提升，此外，米塔制被取缔，没有像缴纳贡赋制那样死灰复燃。1825 年 8 月，玻利瓦尔在拉巴斯宣布他将在秘鲁推行新政，废除个人劳役，所有公民一律平等。但克里奥尔人拒绝合作，印第安人则迟迟没有反应，因为他们怀疑这项举措是残忍白人布下的陷阱，诱使他们自投罗网，因而政策的推行可想而知。"自身的偏见与胆怯，以及那些为从他人免费劳动获益而继续欺骗之人的利益，将一道抵消爱国政府最仁慈的努力。"[36] 玻利维亚的印第安人继续受白人剥削，这有违新法律的精神，他们越来越依附于庄园主，只为获得小片土地，而土地的使用租金，必须在主人的庄园和宅邸通过劳役的形式来支付。

1825 年，玻利瓦尔宣布实施土地改革，分配国有土地，"原住民和为国家独立事业奉献、牺牲者"为优先对象。[37] 但由于玻利维亚的农村比当初他在哥伦比亚的时候还要贫困，因此，玻利瓦尔宣布，土地应该分配给每一个有需要的人，而不是只给退伍军人，"无论年龄和性别，

---

* 米塔制，殖民地时代针对印第安人的特殊徭役制度，规定印第安人每年为殖民当局服役，从事开矿、修路、筑桥和种植园劳作。由于劳动繁重，印第安人死亡率居高不下。
** 劳役摊派制，殖民地时代的剥削制度，16 世纪末起逐渐成为一种土地制度。委托监护主不领有土地，却对土地之上的印第安人行使监护与管理之权。印第安人名为自由民，却只能居住在委托监护区，承担劳役，缴纳赋税。
*** 地役制，玻利维亚的一种强迫劳役制度，规定农民需要定期前往大庄园或大城市服役，费用由自己负担。

每个人都应在肥沃之地获得一凡内加（*fanegada*）*的土地，灌溉设施不完善的贫瘠之地则可获得两凡内加土地"，唯一条件是分得土地的人要在一年之内开始耕作。但改革遭到玻利维亚统治阶级的暗中破坏，他们认为农民一旦拥有了土地和人身自由，就会威胁依附劳动力的供应。1827年9月20日，玻利维亚国会颁行法令，要求"有关省份的行政长官要上报印第安人数量与剩余土地面积，保证每个人根据当地情况分配到所需土地"，在此之前，暂缓执行玻利瓦尔向印第安人分配土地的法令。换言之，这是玻利维亚统治者官方否定玻利瓦尔的土地改革。

玻利瓦尔的废奴政策同样不受欢迎。1825年，玻利维亚国会嘉奖玻利瓦尔100万美元，表彰其突出贡献，而他接受奖励的条件是，"用这笔钱赎回玻利维亚国土之上1000个奴隶的自由"[38]。这一要求没有被接受。1826年，他又在宪法里积极推动，宣布"宪法颁布之日起，玻利维亚所有奴隶将获得实际自由，向原主人赔偿的具体金额将由特别法案裁定"。代表们假意顺从，但对文本做了修改。新版本宣布，昔日奴隶成为自由民，但"不得离开前主人的住所，除非有特殊法律规定"[39]。尽管玻利维亚并未推行大规模种植园农业，但奴隶主关注的是劳动力与补偿，因为他们要役使奴隶——主要在拉巴斯地区——从事庄园劳役和家政服务，这些奴隶是奴隶主不愿失去的一笔投资。苏克雷介绍："这些人寻求的唯一补偿，是强制奴隶以雇农身份，在当前庄园继续劳作。"他似乎认为这一要求"非常慷慨"（*muy generoso*），但玻利瓦尔并不赞同。[40]最终，取消奴隶制的结果，并不是让奴隶获得自由，而是让其继续从事奴役劳动，而这一对策贯穿西属美洲废除奴隶制过程的始终。

玻利瓦尔和苏克雷将玻利维亚改造为自由繁荣国度的努力以失败告终。玻利瓦尔执政的乌托邦情结也消磨殆尽。他意识到教育是国家发展的基石，也是摆在当前的难题。"解放者"下令修建小学和孤儿院，并

---

* 凡内加，西班牙土地测量单位，1凡内加约合6600平方米。

把通过教会改革获得的教区税收收入用作资金。他还邀请自己崇敬的恩师西蒙·罗德里格斯主管整个玻利维亚的公共教育,并监督慈善机构。此时苏克雷因思念身在基多的未婚妻而终日郁郁寡欢,但他很快意识到,自己不仅要履行职责,还接手了一位疯狂教师的疯狂计划。他开始称玻利瓦尔的这位导师为"萨缪尔先生"(Don Samuel),并对他的一系列荒谬行为满腹怨言:聘任了一大批教师,却不支付薪水;为乞丐修建了收容所,里面的官员倒比乞丐还多;被赋予言行自由,却肆意污蔑当地人愚蠢野蛮;仗势欺人、挑拨事端等,不一而足。虽说要谨防得罪玻利瓦尔,苏克雷最终还是为这个我行我素之人的辞职感到如释重负。苏克雷发现了美洲人接受所谓的"殖民教育"后产生的问题:缺乏组织能力,不善于管理政府,在与欧洲人交涉之际处于下风。他自己的学校扩张计划并非一无所成,但教育仍然陷入资金、教师和书籍短缺的困境。[41]

　　玻利维亚还暴露出玻利瓦尔执政理念的弊端。对教会特权的攻击和税收改革的平均主义倾向,直接威胁了传统社会的主要利益集团——教士与地主,新生国家无力与之对抗。[42]这最终阻碍了经济增长,给国家造成财政困局。这次实践表明,如果没有人力和自然资源,这一新生安第斯共和国的未来,就像暴露在风中的高原一样暗淡。但如果统治者决心保留的仅存的一点东西是民族主义的话,那么苏克雷很快就能领教其冲击力。哥伦比亚军队的长期驻扎,令当地百姓对外国人日渐反感。愤怒的阿根廷人与秘鲁人——他们被夺走了他们自认的殖民遗产——正不遗余力地煽动着这种情绪。苏克雷向玻利瓦尔汇报:"布宜诺斯艾利斯人(porteños)*和秘鲁人,正积极煽动着这个国家对哥伦比亚军队的怨恨。"玻利瓦尔最终给出了建议:"如果我是你,我不会留在南方,因为归根结底,我们在他们眼中毕竟是委内瑞拉人,正如我们曾是秘鲁人眼中的哥伦比亚人。"[43]秘鲁仍然急于重新吞并这些省份,因而抓住一切

---

* 西班牙语的字面意思是"港口之人",一般用来代指布宜诺斯艾利斯居民。

机会利用反哥伦比亚情绪做文章，1827 年至 1828 年，他们整合了内部各股势力，并从外部发动攻击。1828 年 4 月 18 日，一个阿根廷中士和两个秘鲁人在丘基萨卡叛乱，秘鲁随即发动入侵，预示着玻利瓦尔启蒙在玻利维亚的终结。镇压第一批叛军之时，苏克雷的右臂受伤严重，7 月 7 日，政府被迫签订协议，将所有外国人逐出玻利维亚军队，令哥伦比亚军队立刻撤离。苏克雷未能逃脱讽刺一幕：他曾是战争的幸存者，如今成了和平的牺牲品。[44] 由于对玻利维亚成为一个真正自立的国家感到悲观，苏克雷辞去了总统职位，8 月，他启程回乡，急着要和他的新婚妻子团聚，4 月 20 日他负伤卧床于丘基萨卡的时候，二人通过一纸委托书喜结连理。苏克雷在玻利维亚留下了一个情妇——罗萨莉亚·科尔特斯（Rosalía Cortés），还有一个 2 岁的私生子。

他的原则不再纯洁

秘鲁人还沉浸在解放的喜悦中，智利和阿根廷却打着"解放者"的幌子进驻了自己的国家，加上哥伦比亚又长期驻扎没有走的意思，因此，秘鲁人有些恼羞成怒。战争期间，哥伦比亚人就劫掠秘鲁的资源，印第安游击队领袖尼纳维尔卡（Ninavilca）称他们是"一群盗贼"，现在哥伦比亚人依然不受拥护。[45] 秘鲁人逐渐痛恨玻利瓦尔的独裁统治，对他组建安第斯联邦的设想反应冷淡。

1826 年，玻利瓦尔从南方归来，感受到秘鲁民族主义的高涨情绪。他虽然没有对民众的反抗发表任何个人观点，但是深信这是由自己激进政府的改革，损害了某些人的利益造成的。[46] 1 月 23 日，西班牙在卡亚俄港口向玻利瓦尔投降，秘鲁全境解放。玻利瓦尔完成了"解放者"的事业，他可以自豪地宣称，除了古巴与波多黎各两个岛屿，西班牙昔日宏伟的美洲殖民帝国黯然退场。他休养了一段时间，本可以安心率军返回哥伦比亚，但他留了下来。政府先后由拉马尔将军、圣克鲁斯将军执掌，但玻利瓦尔仍是幕后力量。秘鲁人开始对玻利瓦尔的存在有些反感，国家的阴谋打击、国会反对、大众批判的标靶也都纷纷指向了他。但是玻利瓦尔有能力粉碎阴谋、震慑国会、消弭批评，显示出他对哥伦比亚军队的信心。

可是他对发展经济、提高百姓生活水平似乎无能为力。黄金和白银是秘鲁的传统经济支柱，也是该国主要出口的矿产品。战后由于经济萧条，加上交通设施的破坏，劳动力、水银、骡子等资本的严重短缺，矿业生产受到重创。1826年6月26日颁布的商法典，虽然依旧是自由主义的老生常谈，却增加了种种限制。该法典取消了国内关税，降低了商业税，对所有外国进口商品征收30%的基本关税，而对酒、纺织品、糖等与国内产品竞争的商品征收80%的保护性关税，后又升至90%。[47]但秘鲁缺乏一个强有力的执行机构，无法约束漫长海岸线上猖獗的走私活动。这就造成国家既没能征收到大额的关税，也无法保护本国的资源免遭流失。这样一来，国家大量的矿产被走私贩卖，经济发展停滞不前，外国商人还要忍受当地官僚的贪污腐败和行政上的拖沓延误。

秘鲁稀有资源的分配遵循殖民社会遗留下来的理念与架构，只是社会结构有稍许变化。部分西班牙人在独立战争后留了下来，被吸纳至寡头集团，成为拥有土地和官职的上层阶级，并垄断了财富、权力与特权。沿海的梅斯蒂索人和帕尔多自由民只能在服务场所和小工坊打工，上升的空间十分有限。玻利瓦尔在秘鲁的亲身经历使他确信，这个国家"上层社会基本沿袭了原先西班牙统治者的偏见与恶习，并仿效后者压迫下层社会"[48]。虽然"解放者"无力改变身处世界的贪婪与不公，但他依旧保持清正廉洁。他每年从自己的总统年薪中拿出1.5万比索，用于发展慈善事业，帮助真正需要的人，持续至1826年。在他看来，这是一个保留哥伦比亚总统职位的理由，也能减少政府的铺张浪费。[49]

虽然奴隶逐渐减少，但奴隶制还是没能完全废除。[50]圣马丁取缔了奴隶贸易，试图废除奴隶制，并出台相关政策赔偿奴隶主，让奴隶服兵役。但奴隶主对这一折中方案予以反对。因为奴隶就是他们的个人财产，既是投资，也是劳动力。奴隶制在独立之后没受任何影响，沿海种植园与山地印第安人之间的鸿沟还是无法逾越。1826年，秘鲁通过玻利瓦尔宪法，但政府认为解放奴隶根本不现实，因此，并没有采纳相关条款，"因为奴隶是土地唯一的耕种者，如果废除奴隶制，奴隶就会离开受雇之地。而且让习惯了山区的原住民到低地劳作完全没有可能。这样一来，地主的土地就会被荒弃不顾"[51]。虽然两位"解放者"颁布的政策都是从自由主义和人道主义出发，但现实也表明，拥有土地的精英掌控的社会存在诸多束缚。虽然玻利瓦尔理论上是秘鲁的独裁者，但他也不能为所欲为，因为这并非他的国家。特别是关于财产的问题，他必须将决策权留给当地的统治阶级。直到1855年，秘鲁才最终废除奴隶制。

秘鲁是玻利瓦尔的命中之劫。玻利瓦尔崇尚荣耀，这里是他创造希望、成就辉煌的战场。秘鲁统治阶级在对玻利瓦尔独裁统治的愤恨与对他离去后陷入无政府状态、社会动荡和奴隶叛乱的恐惧之间摇摆不定。玻利瓦尔对他们的首鼠两端加以利用，决定将玻利维亚宪法强加于秘鲁，或许指望着成为终身总统。秘鲁暴露了玻利瓦尔最为拙劣的一面，对荣耀和领导权的热衷令他既谄媚又沮丧。就连他最忠诚的副官也认为"这是他的原则不再纯洁与清白的时代"，他将这一改变归因于玻利瓦尔与何塞·马里亚·潘多（José María Pando）的几番交谈。潘多是一个颇有才干的利马人，不久之前投身独立运动，被任命为财政部长。玻利瓦尔认为他比雷文加更清廉、更智慧。潘多对玻利瓦尔讲了许多顺耳之言，大事称赞玻利维亚宪法，称其为天才的完美之作，适用于所有政府。[52]

秘鲁显然不是玻利瓦尔人生大业的终极目标。他希望哥伦比亚、秘鲁和玻利维亚等安第斯山脉地区的国家结成联盟。他认为，如果每个国家都采用同一宪法，加上他本人的巨大影响力，结盟会更容易，但这正是他严重的误判。他有意在秘鲁多停留一些时日，但这对他自己和秘鲁人都没有好处。他被视为至高的导师和哲人，接受崇敬者拜访，受到曼努埃拉的挚爱，他是马格达莱纳的君王，喜好奢华，沉迷不能自拔。如果没有一两起针对他的阴谋，生活未免不够真实，但他将之抛诸脑后。

1826年8月16日，在"解放者"帮助之下，秘鲁选举团通过了玻利维亚宪法，并提名玻利瓦尔担任终身总统。一个由外国军队支持的终身总统，代表秘鲁人对解放的认知吗？不可能。想到当年哥伦比亚和秘鲁的情况，玻利瓦尔有自己的政治判断力。他拒绝接受总统一职，准备返回波哥大，离开郁郁寡欢的曼努埃拉、在利马央求他的女人们以及在"解放者"走后重拾不安的精英。他也离开了哥伦比亚军队，他们只要驻扎此地，就在制造着敌意。他抛下的国家陷入了难以承受的紧张氛围，在野心勃勃的军人和追逐私利、寄生于印第安人和种族阶级的克里奥尔人之间左右摇摆。据潘多所言，秘鲁"没有能力实现自治，但也不愿接受外人的统治"[53]。除了被西班牙统治，秘鲁还有出路吗？玻利瓦尔还有良策吗？

更大范围统一的美洲

西属美洲人渴望实现民族解放，但对如何实现又很不上心。玻利瓦尔深知实现该宏图的重大意义，并下定决心要完成民族解放。从理论上讲，民族主义将世界划分为多个民族，描述其性格与爱好，从语言、种族、文化和宗教等层面验证它们的存在。民族主义经常出现在玻利瓦尔的著述之中，是其革命的核心。民族主义作为有组织的政治运动，是要满足一个民族的利益，帮助其实现目标，以确保这一民族构成一个主权国家。从更为积极的意义上讲，民族主义经常是对于来自域外的压力、政治、经济、文化的应对，而这些域外因素被视作对民族认同和民族利益的威胁。在对抗波旁王朝帝国的压迫中，西属美洲第一次认知了自己的身份，随后在与西班牙的长期战争、与邻国的冲突和与外国的交往之中，不断构建身份的认同。民族主义的初期目标就是独立，即建立由这一民族主导的主权国家。1810年至1830年，实现了部分目标。玻利瓦尔渐渐发现，这是革命的唯一成就——"我虽感到羞愧，但独立是我们以牺牲其他人为代价而取得的唯一好处"[54]。民族主义的第二个目标是民族统一,即在新生国家边界范围之内吸纳所有被认定属于这一民族的群体。某些情形下还有第三个目标,即在独立国家创造一种国民,将迄今仅有少数人秉承的民族信念延伸至全体公民。[55]"解放者"知道必须实现民族统一、培塑国民意识,但他的政策没能将两者完全付诸实践。

在玻利瓦尔的眼中,革命是争取独立的斗争,而独立就是创建一个国家。他早期的政治思想认为,继承了殖民时代行政区划的委内瑞拉与新格拉纳达,只是国家的雏形,而政府稳定、政治独立的民族国家,需要赓续"民族精神"来形成公民对国家的忠诚。"爱国""爱家""拥政"这些词,在玻利瓦尔眼中,都被视为顺理成章、理所当然。因为,正如1818年他在委内瑞拉发表的讲话所认为的:"你们都是委内瑞拉人,是同一片土地的孩子,同一个社会的成员,同一个共和国的公民。"[56]现在,按照殖民时代的边界划分、各民族的情感认同,西属美洲已经分裂为大大小小十余个国家。玻利瓦尔承认自己在秘鲁也是一个外国人,承认哥伦比亚人不是秘鲁人,承认委内瑞拉人在玻利维亚不受欢迎。因此,他在《牙买加来信》中,赞同德·普拉特将美洲划分为15个至17个独立国家的想法。[57]

然而,自玻利瓦尔闹革命始,其民族认同感就超越了其他任何一个国家,笃信一个更大范围统一的美洲。然而,主张拉美团结和联合的美洲主义者是克里奥尔精英之中的少数派,有著名的弗朗西斯科·德·米兰达、安德烈斯·贝略等人,其中最负盛名的就是玻利瓦尔。他一直渴望建立大哥伦比亚联邦,囊括委内瑞拉、新格拉纳达和厄瓜多尔等成员。1813年,他提出:"在联邦最高政府领导下,拉美人民团结起来,就会变得强大无比,令人敬畏。"[58]但是,玻利瓦尔憧憬的联盟不应局限于哥伦比亚,还应鼓励委内瑞拉与新格拉纳达的加入,促使西属美洲更大范围的统一。当然,西属美洲的统一,要考虑各个层面的可行性,实施更要有计划性。[59]而且,玻利瓦尔从一开始就明确表示,不会让美洲大陆成为一个一体化的国家,因为这样的统一并不可能。整个美洲大陆根本不可能靠一个政府来执政管理,除非依靠上帝之力,才能调度所有人力和物力。他设想，西属美洲国家可以组成联盟或者邦联。但是，他仅倡导大陆联邦制，让西属美洲国家形成共同体，而不是一国之内的联邦制。

即将召开的巴拿马大会将正式提出这一联盟，新独立国家的全权代表将共商美洲对世界其他地区的政策，同时在美洲各国之间设立一个协商机构，作为超国家立法机构。大会鼓舞人心的主题更唤起了玻利瓦尔的凌云壮志。他1815年在《牙买加来信》中，就曾设想在巴拿马地峡召开一次国际大会，效仿古希腊在科林斯地峡召集的近邻同盟，"要是巴拿马地峡之于我们，如同科林斯地峡之于希腊，那该多么令人赞叹！"[60] 1822年，他宣称："美洲伟大之日尚未降临。我们驱逐了压迫者，打破了残暴法律的束缚，创建了立法机构。但我们仍然需要建立社会契约，这个世界上的共和国度理应由社会契约构成。"[61] 无论他所言的"共和国度"有何意义，玻利瓦尔都主张某种超国家的统一。他问道，如果这得以实现，"谁会从心底抗拒美洲统一，抗拒对统一法律的遵守，抗拒接受自由火炬的指引？"

玻利瓦尔下定决心召集的美洲会议最终在巴拿马开幕。起初，由于种种原因，为照顾英国人的敏感神经，玻利瓦尔有意也将美国排除在参会国外，巴西作为君主制国家未获邀请，海地的情况与美国类似，有着不同的语言、历史和文化，是"我们眼中的外国人，民族性格大不同"，也未获邀请。[62] 但是后来，玻利瓦尔还是邀请了美国、巴西、英国参会。之所以又邀请了英国，是因为"如果不处在英国的保护下，我们的美洲联盟不能生存下去"[63]。1824年12月7日，他向美洲各国政府发出邀请函，忆及1822年他对墨西哥、秘鲁、智利和阿根廷政府的邀请，玻利瓦尔谈道，赋予美洲政府一个根本的政治基础，以"最高权威"指导其政策，来保护它们的未来。他预见会议召开之日，将是"美洲历史上的不朽时刻"。[64] 1826年，他特别撰文，列出了他对即将召开的巴拿马大会的全部设想。[65] 新生、独立、平等的国家将在共同法律之下联结，此项法律将确定各国的对外关系，并在常设全体大会上授予各国可以各自保留的权利；新生国家的生存将获得新保障；出于对英国的尊重，西班牙会与之讲和，神圣同盟将承认所述新生国家；该联盟有权维护各缔约国之间以及每个缔约国内部秩序；缔约国在遭受他国攻击或国内陷入无政府状态之时，该联盟将给予全力支援；种族与社会歧视将不再上演，奴隶贸易必将被取缔；美洲将成为英国与欧洲、亚洲关系的中心；英国人将被赋予与南美公民同等的地位，而南美则应效仿英国，遵循其道德价值、风俗习惯……

然而，各新生共和国并没有受到玻利瓦尔高涨情绪的鼓舞，加上代表们对巴拿马地峡瘴气丛生的气候畏葸不前，因此都迟迟不肯出席。1826年6月22日，巴拿马大会召开之日，除墨西哥、中美洲联邦、大哥伦比亚和秘鲁的代表外，仅英国以观察员身份列席，其代表爱德华·道金斯（Edward Dawkins）描述，代表"比预期要少得多"。[66]美国派出的观察员未能按时抵达会场。* 会议通过了《团结、联合和永久同盟条约》等协议，要求建立一个由联邦军队支持的法庭，以仲裁边界争端。[67]但是，除哥伦比亚外，其他国家都没有正式批准这些协议。看来，建立西属美洲国家联邦还为时尚早，新生国家之间的信任、合作要靠时间检验。为了避免招来向各方代表施加压力的嫌疑，玻利瓦尔未参会，但他身在利马仍关注着事态发展。他的美洲宏图没有达到预期目标，他对前景也失去了信心。然而，他还是在美洲联合之中引介了几个现实议题——安全问题、国际援助和社会改革——未来的政治家将因之收获赞誉。于是，玻利瓦尔有意淡化大会的重要意义。"我召开巴拿马大会，是为了制造轰动，令哥伦比亚等一众南美国家在全世界家喻户晓……我从未相信，它能产生一个可与维也纳会议诞生的神圣同盟比肩的美洲联盟。"[68]他把大会说成是一席虚张声势的讲话、一场夸张放大的表演。他并未对美洲国际合作的原则丧失信心，但也意识到了其中的利益纷争。"我将巴拿马大会视为一场戏剧表演，如梭伦（Solon）那样，我认为那里颁布的措施，是给弱者设下的圈套，是为强者提供

---

* 美国派出了代表，但由于启程前国内关于奴隶制问题争议不断，耽误了行程，未能如期抵达，其中一人途中因黄热病丧生。

的支持。"[69]

巴拿马大会未能让玻利瓦尔心中的蓝图成为现实，无政府状态与财政亏空吞噬着每一个新生国家。1826年，他的几个秘鲁顾问强烈建议，建立一个更为集中，囊括秘鲁、玻利维亚和哥伦比亚的联邦。玻利瓦尔深信，疆域越大，实力越强，因此颇有兴趣，称这个架构为安第斯联邦，所有政权都采用玻利维亚宪法，并设有联邦总统（自己出任）、副总统和国会。[70]他积极倡导"以联邦形式打造最完美联盟"的理念，但事实证明这是纯粹的理论主义，只能停留在筹划者的书桌上，证明"解放者"多年以来对于美洲国家的牵肠挂肚。

玻利瓦尔注意到，动荡的美洲国家不只秘鲁一个，委内瑞拉也爆发了骚乱，哥伦比亚因"过度泛滥的自由主义"陷入无政府状态。他认识到，至少就目前而言，自己必须放弃世界主义，扮演更趋民族国家的角色。1826年9月，玻利瓦尔从秘鲁动身前往哥伦比亚，10月，他为圣克鲁斯将军——他筹划的安第斯联邦的核心人物，写下了洋洋洒洒的文字。在国家利益面前，他信心十足：

> 我为美洲国家的苦难操碎了心，唯独忽视了同样多灾多难的故乡委内瑞拉。如今美洲大地上邪恶已走远，胜利已来到，但我自身成就却没能惠及委内瑞拉，我不想由此招致数典忘祖的诽谤……我要为委内瑞拉发展倾尽全力。因此，请您也放弃美洲计划，追求纯粹的秘鲁方案，一个为秘鲁量身打造的发展计划……请将军带领手下的队伍为秘鲁励精图治。祖国的利益应高于一切，没有祖国就没有我们的今天……在爱与奉献之外，还有更神圣的宣言吗？将军阁下，当然有，就是为国效忠，要摆在首位。[71]

因而，暂且不提玻利瓦尔心中对美洲未来的异想天开，显然，他倡导的美洲联邦和议会，是预设了一个独立存在的国家，是为了寻求集体安全。他的大哥伦比亚构想，并不是否认国家认同，而是对其加以肯定。早在1813年，他就明确表示，自己不过是尝试着创建一个具有一定规模的国家:"如果我们组成一个在东部、一个在西部的两个独立政权,那就等于建立了两个不同的国家。由于它们不能保持其国家代表的资格,更不能屹立于民族之林,因而必将贻人笑柄。唯有让委内瑞拉与新格拉纳达合并,才能组成一个令别国尊敬的国家。我们怎么能考虑将其一分为二呢?"[72]因此,玻利瓦尔谋求将统一作为增强国家实力和经济活力的手段。第一,统一能够保障国家和平与人民安康,避免出现小国元首统治之下的无政府状态,"我不需要小型政府。发动一场又一场革命,是流氓所欲,而非我所欲。我决心死在哥伦比亚的废墟之中,为基本法律和绝对统一而战"[73]。第二,统一会赢得美、英等国的尊重。玻利瓦尔认为,域外国家对拉丁美洲独立的漠视与轻蔑,源自小国林立、内斗不止。"一些地区,尽管幅员广阔,却支离破碎,既无人口也无资源,其他国家根本没有兴趣,也不想与其建交。"[74]当年,哥伦比亚是玻利瓦尔心中的民族国家,是国家统一的化身。其他独立的美洲国家,都不乏"专制与放纵的政府、英雄、'三保证军'(*Trigarantes*)*、皇帝、监国、护国者、委员会、摄政者和舰队司令等"[75]。哥伦比亚是他最钟爱的孩子,他一再强调:"要统一,统一,统一。"

玻利瓦尔走投无路,只有寄希望于英国。对于美国,他尊重那里的革命与共和制,但保持冷静审慎,没有表现出敌意。不过,对于英国,他倒是给予赞许与钦佩。之所以这样,要追溯到他早年的斗争。在牙买加流亡岁月中,他曾希望英国支持西属美洲国家独立,为此提供了商业便利,甚至是领土——以他无权授予的巴拿马与尼加拉瓜,来换取援助。[76]他怀疑南美洲民众是否有能力保卫自己,施行民主社会,因此需要一位导师和一个保护人。英国的自由主义资质令他印象深刻,那可是自由与稳定的宪政典范。自拿破仑战争以来,英国不断攀升的实力吸引着玻利瓦尔。但英国政策的制定者并不掌控全部权力。1822年9月,

---

* 墨西哥革命时代,伊图尔维德(Agustín de Iturbide, 1783—1824)提出"伊瓜拉计划"(Plan of Iguala),声称保证"独立、宗教、平等"三大原则,建立"三保证军",后率军攻入墨西哥城,不久加冕为皇帝,建立独裁政府。

坎宁接替卡斯尔雷（Castlereagh）担任外务大臣，不久就发现自己的权力受到限制。10月，他向新生国家派驻了新领事，尽管他坚信予以承认无可避免，但直至1824年12月，坎宁才从英国内阁赢得了承认哥伦比亚的决议。玻利瓦尔记录了自己对坎宁去世*的失落："美洲人不会忘记，是坎宁先生让他们的权利得到尊重……人类对这位杰出人物心存谢意，他行事谨慎、思想睿智，发现法国大革命的虚幻许诺，已在美洲变为现实。"[77]

然而，比得到英国承认更为重要的是英国强大的实力。研究西属美洲英美关系的历史学家认为："对羽翼未丰的西属美洲国家而言，英国拥有世界上最强大的海军、工业与金融业，显然比美国更具影响力。"[78] 玻利瓦尔指出了英国对于拉丁美洲独立的重要贡献：英国舰队在美洲与欧洲之间的介入。"不要畏惧神圣同盟，因为海沟虽深，但英国舰队更强大。"除了与英国合作，我们别无选择，这是生存之必需。至于风险，如此也是最低的，因为西属美洲在英国保护之下将壮大实力，从而摆脱对他国的依赖。他毫不掩饰自己对于充满敌意的自由主义和民族主义观点的轻蔑，坚称：这是我的策略，我将为此负责。[79] 他的西属美洲联盟计划需要英国的支持，"英国必须全心全意施以保护，否则无从实现"。"英国的权势正在攀升，那些反对者或是未能与之结盟者，都并不如意。整个美洲加在一起，也无法与英国舰队匹敌；整个神圣同盟成员加起来，也无力与英国拥有的丰富资源和自由原则抗衡。"[80] 1826年，玻利瓦尔在《关于巴拿马大会的设想》的开篇写道："巴拿马大会将使美洲各国的代表和大不列颠国王陛下政府的一位外交使节聚集在一起，大会似应以结成迄今为止全球最广泛、最非凡、最强大的联盟为宗旨。"[81] 英国除了自身在商业上得到大量的资源，获得更多的渠道，也帮助西属美洲提升了社会福利。在英国的扶持下，西属美洲不断

---

* 出于对英国商业利益的考虑，乔治·坎宁（George Canning，1770—1827）推动了国际社会对拉丁美洲独立的承认，他于1827年出任首相，但119天之后就因病离世，成为历史上任职最短的英国首相。

发展、进步，还效仿英国的"世俗特征"进行了社会改革，成为美洲人学习的榜样。

依靠丰富想象力创造出的思想，是一厢情愿的纸上谈兵，而非脚踏实地的躬行实践，更是对虚无缥缈世界的绝望尝试。另外，英国的政策制定者，将其与玻利瓦尔解放的美洲国家关系，寄托于他们的领事、海军与商人身上，并对此心满意足。

与魔鬼的交易

随着时间推移，玻利瓦尔发现美洲社会的种族分化与人民的无政府主义越来越严重：

> 我从骨子里相信，我们是西班牙人的孽裔，美洲只能由具备才干的独裁者统治……劫掠成性的西班牙人来到美洲，榨干当地的财富，又与当地百姓繁衍生息。后来，这些人的后裔又与非洲贩奴的后裔结合。我们有着这般种族混血和来路出身，怎么能把法律置于领袖之上、将原则置于众人之上？[82]

在马格达莱纳，玻利瓦尔警告桑坦德，提防"最卑劣、最怯懦"的自由主义理论家，他们盲目效仿西班牙自由主义，会将我们分化为另一个海地，释放出无法控制的自由。"哪里由占领军维持秩序？非洲？我们会越来越像非洲，我不是随口一说。因为每一个逃过一劫的白人都是幸运儿。"哥伦比亚的呼吁愈加强烈。但桑坦德坚持己见，表面上拥护，心里还是自由主义计划。他不断地进行道德说教，让玻利瓦尔在他与反对者派斯的冲突中支持自己，并视派斯为内战的威胁。桑坦德写信暗示玻利瓦尔："作为共和国总统、'解放者'、'祖国之父'、自由战士和宪法及法律之下的第一国民，你能了解当下形势，知道采取何种路线来拯救你的亲骨肉——哥伦比亚。"[83]

1826年11月，玻利瓦尔离开秘鲁，重返四分五裂的哥伦比亚，在那里桑坦德自由主义、联邦主义和他自己的保守宪法都在争取最大的支持。他临近国境之时，无法掩饰对哥伦比亚现状的沮丧："哥伦比亚南部以盛大表演与欢庆来迎接我，但他们的致辞难掩悲痛，他们的话语满是叹息，每个人都在抱怨，听起来像是来自炼狱的哭泣。"共和制让百姓失望透顶，税赋太高，收入太低，官僚机构养着大量闲杂官员，哥伦比亚的乌托邦就此终结。人们希望玻利瓦尔做什么？但他又能做什么？

> 南方憎恨北方，沿海嫌恶高原，委内瑞拉仇视昆迪纳马卡，昆迪纳马卡则饱受委内瑞拉混乱失序之苦。军队也对强加的规章制度愤怒不满。宝贵的新闻自由毫无限制，反倒成了流言蜚语的始作俑者，成了千夫所指。混乱之中，缺乏相应的惩戒，反倒让造谣中伤愈演愈烈。这不是我的过错，也不是军队的过错。应该受到指责的是立法者与哲学家。我曾与西班牙法律斗争，但我不会为共和国法律而战，它并不比西班牙法律高明，事实上却更为荒谬。[84]

玻利瓦尔越是向北行进，就越确信创建强大中央政府的必要性，而这早已写进玻利维亚宪法。

时隔5年，玻利瓦尔的回归值得庆贺。桑坦德率领一批高层——国防部长苏布莱特、外务大臣雷文加，南下至托凯马迎接他。11月14日，临近波哥大之时，另一个代表团与之会面，话风他再熟悉不过，其中一个官员信口雌黄，肆意批评他违背法律、侵犯人权。这激怒了"解放者"，他奋力回击："这一天是庆祝解放部队荣归的，不是讨论行为是否违法。"他转身进入波哥大，看到街边肆意的涂鸦，十分反感，想到这一定是受桑坦德启发，此刻冰冷的雨水打在他身上，透心凉。在礼宾府举办的正式晚宴上，桑坦德友好致意，玻利瓦尔大方回应，气氛有所缓和。过去3年里，他们每月通信两三封，讨论政治事务、财政问题、军事行动与军衔晋升等国家大事。玻利瓦尔总是详细告知自己的每一次行动，回答国会关心的每一个问题，甚至花时间探讨学术思想。总之，玻利瓦尔一如既往地客观坦率，桑坦德则礼貌恭敬。然而在例行公事背后，隐藏着彼此心照不宣的紧张，但很快他们就绷不住了。

在波哥大，"解放者"暂时接管了部分行政事务，并迅速做出匡正。对于桑坦德放肆的自由主义、财政管理不善和造成国家分裂的影响，玻利瓦尔毫不掩饰自己的不满，并利用每个机会宣传玻利维亚宪法。不过，除了"扭转了国家的入不敷出"，其他也是无能为力。[85]当然，时机也不太成熟。当时，派斯正在委内瑞拉造反，他临危受命，不得不离开波哥大赶过去。3月，玻利瓦尔再度当选总统，桑坦德任副总统，1827年1月2日，开启了玻利瓦尔第二个四年任期。此时，玻利瓦尔行使总统特权，命令桑坦德留守波哥大。

玻利瓦尔遭遇了诸多讽刺之事，但没什么比这件更痛苦：大哥伦比亚是在他的故乡委内瑞拉和另一个国家的基础上创建的，却是第一个对其发起挑战的国家。委内瑞拉的分离主义由来已久。早在1815年，委内瑞拉与新格拉纳达就出现了内部矛盾，玻利瓦尔及其军队在新格拉纳达遭到抵制，并导致了1815年至1816年西班牙镇压革命的成功。1819年，国内冲突爆发，安戈斯图拉国会罢免了委内瑞拉副总统——新格拉纳达人塞亚，阿里斯门迪就任副总统。大哥伦比亚共和国成立之初，紧张关系就一直存在。该地区多种族杂居，有委内瑞拉的帕尔多人，新格拉纳达的梅斯蒂索人，还有厄瓜多尔的印第安人，加上委内瑞拉、昆迪纳马卡、基多三地山高路远、交通不便，种种因素都使得大哥伦比亚无法统一，也不可能形成统一的"民族性格与民族情感"。[86]此外，大哥伦比亚的经济一体化也缺乏动力：委内瑞拉与新格拉纳达的经济各自独立，而且都面临各种严重问题，统一也解决不了根本问题。委内瑞拉人还抱怨国家财政分配不公，但真正的分歧却另有缘由。

相对而言，波哥大在委内瑞拉人眼里山遥路远，一定程度上剥夺了委内瑞拉人在首都的代表权，而宪法也没有赋予他们在内部事务上的自由裁量权，迫使他们凡事都要提请波哥大做出决断，这就难免会造成行政上的拖延，滋生贪污腐败。可以说，当前第一批自由战士遭遇了新的束缚，受到新晋宗主国的辖制。由于新格拉纳达人身处权力和机遇中心，因此，委内瑞拉人逐渐将其视为外国主人。大哥伦比亚共和国在昆迪纳马卡省的中央集权造就了波哥大的繁荣，政府规模扩大，人口急剧增长，基础设施不断增加，资金投入加大，波哥大从原始的帝国前哨，发展成文明繁荣的都城。[87] 当然，波哥大还保留了南美城镇的诸多特征，比如，庄严华美的教堂矗立在一片低矮的平房中。委内瑞拉军人诟病他们眼前的新殖民主义：腐败的波哥大政客们正享受着别人用生命换来的胜利果实。波哥大的律师和官员作为上层人物，在当地虽然势力强大，但他们也在抱怨：委内瑞拉人牢牢掌控着军队，而军费成了财政负担。[88] 某种程度上，委内瑞拉与波哥大的关系深受军事指挥官与文官对立之害。而玻利瓦尔眼中的民族情感，也起到了推波助澜的作用。该国国民主要由委内瑞拉人、新格拉纳达人和基多人组成，他们在自己的国家寻觅到了民族家园，内部之间相较其他国家百姓有更多的共同语言。另外，战争孕育了民族，军队将不同国家的人民聚拢到一起，但彼此之间又保持一定距离，密切观察着彼此的分歧与敌对。民族偏见由此诞生，刻板印象就此形成。这些都表现于当时的语言里，有时也出现在玻利瓦尔的言辞之中：委内瑞拉人是帕尔多人、军人，新格拉纳达人是梅斯蒂索人、王室贵族，厄瓜多尔人是印第安人。这样一来，美洲人天生就互不喜欢。

委内瑞拉地区行政长官何塞·安东尼奥·派斯十分不满，他代表军队，一定意义上也代表反对地方长官胡安·德·埃斯卡洛纳（Juan de Escalona）及波哥大宗教领袖的广大选民，说出了一众委内瑞拉人民的心声：任命派斯的敌人埃斯卡洛纳治理委内瑞拉，并取代派斯在军队之中的领袖地位，并不现实。[89] 一个重要的军政领导人的任命不能如此草率。对此，玻利瓦尔心知肚明，但桑坦德一无所知。这位平原勇士已经得到了巨额财富与大片土地，覆盖大平原和中北部，他与立足当地的精英结成了同盟。他在那里取得新的权力基础，并成功令加拉加斯的地主、商人和公职人员相信，他代表着秩序和稳定。这些人反过来驯服了自己选择的军政领袖，让他转而专心于经济要务，认可北方庄园与出口部门的霸权。玻利瓦尔对事态发展并不诧异，他认为，对于委内瑞拉这样的国家,派斯是一笔财富:"我希望布里塞尼奥·门德斯前往加拉加斯,迎娶我的侄女,并担任派斯的顾问……我相信,有布里塞尼奥·门德斯这样的好助手与好顾问,有各个派系的尊崇与支持,有曾共赴秘鲁的4000士兵的助力,派斯将军能与布里塞尼奥·门德斯一道,珠联璧合地将委内瑞拉管理得井井有条……"[90]但问题更为复杂。作为树立权威的中间人,派斯是个有益的襄助。但作为国家领导人,他却有些危险。他带领委内瑞拉寡头发动分离运动,将国家置于精英控制之下,垄断国家资源,使其受到加拉加斯而非波哥大的统治。这是一个地主与军事领袖的联盟,代表着保守和独立的委内瑞拉。但是,反对哥伦比亚的运动,就是反对玻利瓦尔的运动,这逼迫他做出回应。桑坦德纠缠不休,要他对"一个权力来自叛乱与武力的首领"采取行动。

派斯本人少有政治思想,他最大爱好是赌博与斗鸡,但他也在努力学习文化,尝试使用刀叉,提升自我。他广开言路,但不接受布里塞尼奥·门德斯和其他玻利瓦尔支持者的建议,却听信玻利瓦尔斥为"煽动家"的团伙。这伙人包括马里尼奥——派斯的副手,好搞阴谋诡计,是玻利瓦尔的强敌;米格尔·培尼亚博士——派斯的顾问,一个虽有才华但不择手段的政客,曾与桑坦德有过交锋;还有弗朗西斯科·卡拉瓦尼奥上校——一位对玻利瓦尔愤恚不满的军方同僚。这些人都是分离主义、联邦主义的核心,因此,"与其说派斯是一个领袖,不如说是一个被利用的工具"[91]。不管真相如何,派斯的一切行动都是出于内心的自卑:他逐渐发现,自己并没得到应有的权力与认可。他对立法者和政客的恼怒,尤其集中在波哥大那些人身上,而将平民视为"可怜的军队"的压迫者。军队中都是委内瑞拉人,是令人担忧的思想之源。

1825年,派斯劝说玻利瓦尔称帝,实行君主制,做南美洲的拿破仑,来拯救祖国。[92]他借口邮政系统不安全,通过即将成为独立委内瑞拉自由主义政治领袖的特使安东尼奥·里奥卡迪奥·古兹曼(Antonio Leocadio Guzmán)转交信件,实际上是为了引起轰动,达到政治宣传的目的。但玻利瓦尔断然拒绝,他很清楚,这是加拉加斯别有用心之人的"煽动",那些人对他怀有世俗野心的揣测是对他人格的侮辱、名誉的诋毁，令他深感尴尬窘迫。于是，他给派斯上了一堂法国历史小课，指出哥伦比亚并非法国，他也不是拿破仑。"'解放者'的头衔比人类所能授予的所有荣衔都要崇高……我坦率告诉你，这个计划不论对你、对我，还是对这个国家都不合适。"玻利瓦尔向派斯推荐他主导制定的玻利维亚宪法，称这部宪法做到了树立政府权威和保障公民自由，吸收了联邦共和制和君主制的优点，应该大力宣传推广。[93]

玻利瓦尔的姐姐玛丽亚·安东尼娅对加拉加斯的动向了如指掌，提醒玻利瓦尔提防任何献上王冠之人："告诉他们，你要么做解放者，要么什么都不做，解放者才是你真正的荣衔，才配得上你来之不易的胜利。"[94]从未宣称自己是民主主义者的苏克雷也赞同玛丽亚·安东尼娅的观点，他也叮嘱玻利瓦尔当心加拉加斯那些怂恿他效仿拿破仑登基称帝的人。苏克雷的这份谨慎出于他对祖国的热爱："如果你有子嗣，我可能不会这么想，但若无继承人，这个方案会破坏国家稳定，你死之时，那些策划者一定会争先恐后地来接替你的位子。"他还认为，现行玻利维亚宪法解决了各种难题，为自由、独立的国家提供了强有力的政府。[95]桑坦德对派斯的称帝主张更是不屑一顾，认为这对玻利瓦尔来说是一种羞辱，会使社会陷入无政府状态，还会失去人心。但对宪法的部分条款，桑坦德保留个人看法，尤其是关于总统终身制的内容。因为玻利瓦尔不可能永生，去世后一定会留下继承人选的难题。但是在桑坦德发出的信件中，又虚伪地称赞宪法是如何地"赋予公民自由、广受百姓欢迎、强大并富有活力"[96]。当然，真实的想法出现在他日后的回忆录中，他把总统终身制描述为"比英国、法国的君主政体还要强势"，整部宪法复杂荒谬，破坏稳定，这说明玻利瓦尔与安戈斯图拉的立法者的疏远。出于对玻利瓦尔的尊重，考虑到宪法也许只在玻利维亚推行，他才保持沉默。[97]桑坦德之所以反对任何哥伦比亚实行总统终身任职制度的言论，还因为他有自己的野心，玻利瓦尔总统任期——按照哥伦比亚现行宪法——于1831年结束，到那时他就可以接替玻利瓦尔的总统职位。

1826年4月，派斯被免去地方执政者的职务，国会将其传唤至波哥大接受弹劾，罪名是在加拉加斯非法且独断地招募平民加入民兵组织。桑坦德解释，此举在于"让共和国的第一代首领明白，他们的效忠和英雄主义并非凌虐公民的许可证"[98]。但派斯拒不接受这一罪名。在平原人支持之下，在委内瑞拉军队和极端联邦主义者的怂恿之下，他于4月30日先在巴伦西亚举旗反叛，随后又前往委内瑞拉省。要求委内瑞拉独立的呼声逐渐高涨起来。尽管派斯有一众拥护者，但并没有赢得普遍支持，毕竟民族认同感尚未形成，吸引力还不够。但他这种制造国家分裂的行径，令各路考迪罗褒贬不一：马里尼奥与派斯结盟；贝穆德斯予以回绝，并提出镇压叛乱。苏利亚的乌达内塔将军依然效忠玻利瓦尔，等候波哥大的命令。然而，乌达内塔和很多军人都希望派斯反抗国会，因为这等于是向玻利瓦尔施压，以建立一个更强大的政府。如今"解放者"的个人主义正是乌达内塔憎恶的焦点。英国驻马拉开波领事与乌达内塔会见后，在其报告中写道："军队目前还是只拥护、服从它们的首领，而非宪法与国会，它们希望总统回归。"报告中还说，"军队不再幻想由'桑坦德将军和一小撮波哥大店主垄断的'政府……我的看法是，国家多数军人明天会高呼'玻利瓦尔国王万岁'"[99]。

玻利瓦尔派爱尔兰人奥利里与派斯达成和解。奥利里在委内瑞拉阿普雷首府阿查瓜斯（Achaguas）找到了派斯，他正坐在朋友家拉小提琴，拉给一个"双目失明的黑人"。奥利里不由得想到了尼禄*。这也是他此行唯一的印象。与派斯共度十日，一无所获。但临别派斯的话语萦绕耳畔："我不希望被迫成为总统的敌人，用内战摧毁哥伦比亚。"[100]奥利里相信，叛乱绝不是"发自人民的内心"（en el alma popular），他认定派斯是派系的工具，受他人的影响，还担心派斯做出出格的事情。[101]

派斯的叛乱令玻利瓦尔进退维谷。玻利瓦尔不赞成以军事叛乱来对抗文官政权。但他又对派斯抱以同情，甚至超过了桑坦德和其他立法者，他相信派斯与军队是平民政客自由主义毫无节制发展的受害者。这些人试图"摧毁'解放者'"，但他们犯下大错，将派斯召至国会面前。玻利瓦

---

* 罗马暴君尼禄热衷音乐，强迫众人倾听。

尔也清楚，他们要剥夺一个军政领袖的军事指挥权，并不现实。玻利瓦尔自己也不想卷入其中，因为事情一旦失败，他的权威也就不保了。波哥大的消息传至利马，玻利瓦尔恼羞成怒。他的本能反应是把军队的不满、社会种族骚乱以及军政领袖与两者的密切关系区分开来，将其视为军阀叛乱背后的因素，他不会插手整个疯狂行径。"这两个人（派斯与帕迪利亚）骨子里都是爱权的，我反对也是徒然，因为我流下的血对民众毫无意义。"[102]

正是在这样的情绪之中，玻利瓦尔详细分析了美洲的种族起源与道德发展，表达了自己对于"贤能专制"的向往。面对美洲人的社会与种族，他质问："我们能将法律置于英雄之上吗？能将原则置于民众之上吗？"[103]玻利瓦尔在此认识到了个人主义的力量与铁腕人物的权势，并给出了一个结构性阐释。就是在这一情形之下，他致信派斯，承认士气低落和区域失序的危险性："每个省都有自己的势力和权威，每个省也都希望成为国家的中心。我们不谈民主主义者和狂热信徒，也不提有色人种，因为踏入这些问题的无底深渊就是埋葬理性，如同在死亡的宅邸……一座巨大火山就在我们脚下，它的暗流涌动、蓄势待发真实存在，绝不是我们眼里的诗情画意。"他问道，"谁来调和思想？谁来约束被压迫的阶级？奴隶将挣断枷锁，每一类肤色的人种都想成为主宰，另一方会继续战斗，直至胜利或死亡。那时，主权的渴望又会让对立阶级潜藏的仇恨再度爆发"。有何解决办法？"巴拿马大会就值得称道，虽然提出的问题并未受到重视，但构想伟大，如同屹立在海边岩石上导航的古希腊人，与我们形影不离，指引方向。"现实答案就是玻利维亚宪法，这部宪法适用于联邦范围内所有国家。同时，政府还要"借助媒体、牧师和军队"来维护法律与秩序。[104]玻利瓦尔对波哥大寸步不让。当桑坦德口出践踏宪法的言论并指责派斯背信弃义之时，玻利瓦尔对其冷嘲热讽，并奚落波哥大的顽固分子。"我们的神圣契约纯洁而完整，保持着无瑕的童贞。如今它被侵犯、被破坏、被玷污，对任何人都失去了用处。国会谋划了离婚，派斯做了了断。我们需要一份新契约，另唱一首圣歌来赞颂一段新姻缘，忘记那些不忠。"[105]实际上，他这是在宣传玻利维亚宪法。

玻利瓦尔认为,中央集权制与联邦制之间的冲突有种族问题的因素。他明白,如果选择波哥大做首都,会遭到强烈反对,特别是该城偏远的地理位置,但这也别无选择。"虽然加拉加斯人口更多、影响力更大,是首都的极佳选择,但这一省份有色人种占比较大,他们记恨、反对白人。因此为了整体安宁,就要削弱加拉加斯的影响力。"[106]但委内瑞拉的统治阶级却截然相反:他们希望接近权力,甚至是对委内瑞拉的地方自治,"正是因为这里人种多样,才会呈现一个活力四射、浓缩多元的景象"[107]。种族矛盾与帕尔多人的野心需要密切监控,结果不言而喻,精英只能拥护派斯,因为他是能够掌控民众阶级的唯一领袖。

1826年末,玻利瓦尔前往委内瑞拉,处理派斯的叛乱。谈到自己此前个人主义的遭遇,他如同教师训诫学生,警告这位军政领袖:"卡斯蒂略将军反对我,他失败了;皮亚尔将军反对我,他失败了;马里尼奥将军反对我,他失败了;托雷·塔格莱将军反对我,也是他失败了。上帝应该是在惩罚我的敌人,无论是美洲人还是西班牙人,都令其万劫不复。再看看拥护我的苏克雷、桑坦德和圣克鲁斯这些将军,他们前进了多远!"[108]为镇压叛乱,一切军事准备已经就绪,布里塞尼奥·门德斯占领了卡贝略港,"解放者"的口气更为强硬。他也向派斯挑明,自己是委内瑞拉的总统而非平民,是委内瑞拉唯一合法的行政元首,而派斯的指挥权只是"来自市政当局,诞生于暴力之中","尊敬的将军阁下,这两个来路哪个都不光荣"。玻利瓦尔虽然动员了军队,但并不希望看到暴力。他在科罗发出警告,"我从秘鲁赶来,是为了把你从内战的罪恶里拯救出来"[109]。两国主流观点也赞成和解,几乎是唯一选择。玻利瓦尔清楚对派斯使用武力的后果,"因为哥伦比亚几乎所有的重要军事指挥官,都是土生土长的加拉加斯人"[110]。故而为了避免内战,他别无选择,做出了妥协。1827年1月1日,他收到了派斯的降书——但作为条件,要赦免所有叛军,保证他们的官职和财产,并许诺进行宪法改革。1826年底,经历了数月的政治混乱和国内动荡,玻利瓦尔获得喘息之机,但也有迹象表明,哥伦比亚的难题远未解决。

第十章 威望之魅力

再会，委内瑞拉

尽管玻利瓦尔长时间远离故土，但在外漂泊的他时刻牵挂着自己的家乡，"地震的发生令人痛不欲生，那里的民众更是情凄意切"[1]。1827年1月4日，在派斯陪同之下，玻利瓦尔回到加拉加斯，受到英雄般的礼遇，各种庆典，伴着凯旋门、花环和颂歌，都令他回忆起快乐时光。十五位白衣少女上前为他献上两顶桂冠，"分别是因为他挫败暴君、停止内战"，他随即将其中一顶献给哥伦比亚，同时将另一顶转赠给派斯。"解放者"还特别策划了一个环节：他亲手将剑交给派斯，派斯接过手中的剑，面对落座的玻利瓦尔，回应道："同胞们，玻利瓦尔之剑在我手中。为了你们，为了他，我将仗剑前行，勇往直前。"[2]但这把剑注定是一把双刃剑。

玻利瓦尔私下批评派斯，但在公开场合却盛赞他，还和他同住一幢房屋，似乎是为委内瑞拉接受玻利维亚宪法，加入安第斯联邦做准备。1827年1月至6月，玻利瓦尔执政委内瑞拉。他依旧认定委内瑞拉人——西属美洲人——并不适合民主。他们被西班牙殖民者剥削，可谓卑微、迷信又无知，不懂得如何施行善政。"我们看到的不是自由，而是抗命与放荡、打着爱国主义旗号的阴谋与背叛、取代了公共道德的唯利是图，以及披上了正义外衣的个人复仇。"[3]因而，如果派斯足以胜任，他就不会发现一个强大的执政者有何令人警惕之处。玻利瓦尔下令，亲自授予派斯委内瑞拉最高长官的头衔，这一头衔在宪法里并不存在，只不过是为了让派斯的地位合法，让此事看上去更名正言顺，才出此下策。因此，派斯永远不会服从波哥大，他只会服从玻利瓦尔。可派斯的政治地位不单是由玻利瓦尔决定的。同样，加拉加斯的地主、商人和因和平安全与彼此需要而团结在派斯身边的其他联盟成员也认定派斯是一位重要领袖。派斯还得到马里尼奥、培尼亚等亲密伙伴的欣赏，这些人很快就被玻利瓦尔任命到他们各自渴求的职位上。[4] 由这般，讨好了加拉加斯派系，也因对派斯的宽大和对宪法的背离，招致桑坦德及其支持者最严厉的批评。讽刺的是，玻利瓦尔本人对派斯疑心甚重，视其为虚伪又独裁之人。派斯虽然能把自己的事情处置得井井有条，但在大事上却没有主见，甚至不能亲笔写信：

> 派斯将军最具野心，也极为自负：他不愿服从，只想发号施令；看不得我在哥伦比亚的政治地位高于他；他甚至不会承认自己的无能，骄傲和愚昧蒙蔽了他的双眼，因此成为顾问的工具。我认为他对哥伦比亚最危险，因为他拥有行动手段、决心和平原人心中的威望，只要他愿意，任何时候都能得到黑人、桑博人等民众的拥护。[5]

英国驻加拉加斯的领事分析得十分透彻：委内瑞拉广大民众希望改变政府构成。传统贵族、军队和教士都希冀着一位世袭王子，共和党人和改革派都倾向于推行玻利维亚宪法，知识分子与律师则想要成立一个独立的联邦国家。当然，一些人更愿意通过一场彻底的革命让有色人种获得权力与地位，并乐于推动"白人灭绝"政策，但政府无论采用何种形式，民众都需要宁静的生活。人们普遍赞同在委内瑞拉建立一个最高政府，与哥伦比亚、基多、秘鲁和玻利维亚结成联盟，该联盟由最高总统"解放者"直接主导、保护。玻利瓦尔对派斯及其同党的赦免和安抚令委内瑞拉"普遍满意"。克尔·波特也坚信哥伦比亚需要一个没有副总统及其追随者参与的独裁统治，而且只有玻利瓦尔可以拯救国家，他会赋予人民"在他的判断里最适合当前道德境界的政府形式"。这一观点可能有些片面，但一定程度上也反映出"解放者"的观点。[6]

玻利瓦尔戎马一生，但收到的好消息却不多，尤其是在 1826 年至 1827 年。玻利维亚宪法在玻利维亚之外支持者寥寥无几。波哥大的政治舆论讥讽筹划中的安第斯联邦，认为它是空中楼阁，对各个组成部分而言也不可接受。桑坦德本人轻描淡写地讥刺道："我看这相当不切实际。"[7] 他与桑坦德的关系进一步恶化，因为这位副总统批评了玻利瓦尔在委内瑞拉的招抚与所谓的独裁野心，在自由主义媒体上，桑坦德的支持者（santanderistas）对"解放者"口诛笔伐。玻利瓦尔谴责桑坦德的财务管理，以及他对英国贷款的处理方式："公信力、法纪以及百姓对国家官员的尊重已然消失殆尽，怨声载道。"[8] 他培养拥护自己的玻利瓦尔主义者，反对所谓的宪政主义者。他与桑坦德的关系自 1824 年起开始出现裂痕，目前已经无法挽回，他宣布与之断绝友谊，停止通信："我无法忍受桑坦德的背信弃义。我已正式通知他，停止来信，我俩从此恩断义绝。"[9] 桑坦德在公开场合保持了尊重，在私下却是憎恨。他回应道，将决裂公之于众比矫饰遮掩更好，并建议玻利瓦尔返回波哥大并服从宪法，而且无论如何都要除掉派斯。[10] 不久他撕掉全部伪装，要求玻利瓦尔卸任总统之职，公众此刻才知道总统与副总统已反目成仇。

秘鲁的情况也很不妙。新格拉纳达何塞·布斯塔曼特（José Bustamante）上校带领哥伦比亚的一个师发动了哗变，主要针对委内瑞拉军官，声称要采取行动保卫宪法，并逮捕委内瑞拉军官。叛乱者乘船航向哥伦比亚。随着这支军队撤离，支持玻利瓦尔的秘鲁土崩瓦解。玻利瓦尔的宪法被抛弃；圣克鲁斯当选新任总统，变节者之中还有"清廉的"潘多。在圣克鲁斯的鼓动和布斯塔曼特的纵容之下，瓜亚基尔似乎将步秘鲁后尘。桑坦德与兵变纠缠不清，也不掩饰自己对布斯塔曼特的支持。在波哥大，他敲响钟声以示庆祝，然后走上街头接受众人欢呼。玻利瓦尔怒火中烧，坚信秘鲁崩坏出自桑坦德的教唆。但是，他在利马还有一位可靠的盟友曼努埃拉，她穿上制服骑马进入军营，号召官兵要对"解放者"绝对忠诚，但她如此这般节外生枝，马上就被关进了监狱，并被责令离开秘鲁。她艰难前往瓜亚基尔，途中想尽一切办法保护手中玻利瓦尔的档案,直至抵达基多。

玻利瓦尔仍在加拉加斯,力图遏制贫困和绝望浪潮的席卷。国家垮了,军队没有了薪饷,士兵们横冲直撞,官员们忍饥挨饿。在巴塞罗那,黑人与奴隶躁动不安,社会骚乱威胁着人们的日常生活。他试图改善关税、教育、医疗和奴隶境遇,但这是一场失败的战斗:"我们美洲人,在奴隶制度之下生长,不懂得依照基本法律或自由原则生活。我决心倾尽全力去挽救,为了拯救国家,我曾宣布打响灭绝之战……这一次,为了拯救国家,我要向叛乱者宣战,即便我会倒在他们的刀下。"[11]纵使在政治动荡之时,玻利瓦尔也从未放弃对教育和文明观念的关心。他虽然没有上过大学,但对加拉加斯大学高度关注。他与援引法律反对任命医学博士的人士针锋相对,支持爱丁堡大学校友、德高望重的何塞·马里亚·巴尔加斯出任校长,在离开加拉加斯的前几天,玻利瓦尔还签署了大学新章程。[12]

在加拉加斯受到感激,在波哥大却遭遇质疑,玻利瓦尔有些不知所措,更为自己双手创建的事业被别人踩在脚下而绝望。他迟疑着,直至听闻布斯塔曼特侵入瓜亚基尔地区,加大了哥伦比亚和秘鲁陷入战争的风险。其后,他清楚自己不得不南行,至少要抵达波哥大,这是他此生最后一次向加拉加斯道别。1827年7月4日,他从拉瓜伊拉起航,一周之后抵达卡塔赫纳,受到何塞·普鲁登西奥·帕迪利亚(José Prudencio Padilla)将军的热情款待,随后从巴兰卡乘坐汽船沿着马格达莱纳河溯流而上。当他靠近哥伦比亚首都之际,双方展开了一场唇枪舌剑,桑坦德要求他停止再进一步,玻利瓦尔则把军队留在身边,决定接管行政权力。玻利瓦尔和他的指挥官乌达内塔接近波哥大,被桑坦德说成是一支军队向不听摆布的城市挺进,准备将政府和宪政主义者作为反叛者加以惩戒,这些人会成为玻利瓦尔复仇与野心的牺牲品。[13]

9月10日,玻利瓦尔面对国会宣誓就职,呼吁召集国民大会。仪式在圣多明各教堂举行,国会议员围坐两圈。玛丽·英格利什(Mary English),一位英国商人的妻子,就座于前排,综观全程。她看见"解放者"从大街上走来,伴着音乐与钟声,缓步迈向教堂中央,但他的走路姿势有一些不自然,像是受了长期骑马的影响。但其实玛丽不知道,玻利瓦尔这是饱受痔疮的折磨,早已痛苦不堪,完全不在状态,但还是庄严宣誓,并发表演说。玻利瓦尔在政府大楼与桑坦德进行了正式会谈,两个人都板着脸,连手都没有握。但当玻利瓦尔在会谈之后瞥见优雅的英格利什夫人时,后者曾被英国总领事帕特里克·坎贝尔(Patrick Campbell)上校追求未果,他立刻满血复活,坐到她身边,旁若无人地巴结她。夫人在舞会、赛马场和家里见过玻利瓦尔几次,对他的优雅举止、和蔼性格、睿智面孔以及他那对"对称、美丽的"脚踝印象深刻。玻利瓦尔送给她一尊自己的雕刻。[14]当然,在政治和社会生活之中,玻利瓦尔的思绪还是与曼努埃拉在一起,而且他如今比以往任何时候都想要曼努埃拉陪在身旁。

11月18日,波哥大发生强烈地震,造成教堂、修道院等多处房屋倒塌,坎贝尔上校的住所也遭到损坏。但政治生活还要继续,总统和副总统之间的对峙依旧。对玻利瓦尔而言,政治前景一片暗淡。他在秘鲁的制度遭到否定,安第斯联邦的构想走向尽头。弗洛雷斯将军把布斯塔曼特驱逐出瓜亚基尔,建立了一个支持玻利瓦尔的政府,但此时弗洛雷斯是基多的一股势力,令哥伦比亚统一又生出事端。玻利维亚宪法逐渐成为累赘。玻利瓦尔说道,"如果你们不想要它,就将其丢入火堆吧,在人文关怀上,我并没有作家一般的虚荣心"[15]。他似乎没有意识到政客们为何永远不会赞同总统终身制。因为该制度剥夺了他们在可预见未来的政治荣誉,以及他们从中攫取果实的雄心壮志。当此之时,他通过现行宪法赋予的特别权力维持统治,因而被自由主义者贴上独裁的标签。然而,辞职并非他的本意。他并不愿意舍弃自己历经16年奋斗得到的果实,不会抛下数次解放的成就来迎合他所鄙夷的政客。

追寻强大政府

接下来,玻利瓦尔在奥利里赞美的"威望之魅力"光环照耀下度过了3年。[16]丧失了自己谋求的政治安全和他对哥伦比亚期望的机制之后,他的观点和政策很容易招致敌对和不恭。尽管他依旧谈及解放、暴政与胜利,但斗争已大相径庭。1827年至1828年,是政治年代,时局动荡,总统与副总统冲突不断。在日益猖狂的无政府状态下,在大资本家的独立和民众的骚动威胁着年轻的共和国之际,相互对立的政策各自展开游说。玻利瓦尔不得不呼吁成立一个"强大政府"。"当前的无政府状态,是滋生上千骚乱头目的祸根,如果不赋予政府掌管一切的权力,我能看见哥伦比亚的毁灭。"[17]他坚信,宪法与社会结构和人民需求并不匹配:"我们的立法机构成为主权机构,但它只应享有部分主权。我们让行政隶属于立法,但后者在国家管理机制里的权重超出了实际必要的份额。"[18]立法的权利完全归属立法机构,它还有权推翻行政否决权,此外,宪法赋予司法权力过度的独立性,在必要之时行政也无从干预。它甚至令民事法庭全面审判军事案件,如此一来就破坏了纪律,失去了军队的信任。这些缺陷需要召开制宪会议加以修订。与此同时,他自己也力图补救宪法的不足,急需赋予哥伦比亚一个强大政府。自由主义者被激怒。桑坦德将新政府视为保守主义与军事主义,是对以往6年里所有自由主义成就的威胁,此时他转向了彻底的联邦主义。他的部分同伴反应过度,担心生命安全,躲了起来。

玻利瓦尔并非光杆司令,他在军中有朋友,更有盟友,乌达内塔等自一开始就追随他的军官并没有动摇。他的内阁中,有苏布莱特等大多数部长的支持,而在国会,相较对桑坦德等人的态度,很多政客更青睐他。他的家庭生活也有起色。1828年1月初,在玻利瓦尔麾下军官和一队骑兵的护送之下,曼努埃拉带着档案,从基多赶至波哥大与他会合。她和玻利瓦尔住进波哥大郊外的别墅,并照管后者的私人生活。

接近事业巅峰之际的玻利瓦尔是何模样? 1828年2月,法国医生、艺术家弗朗索瓦·德西雷·鲁兰（François Desirée Roulin）为他画了一幅素描与侧面像，这成了后来"解放者"绘画与雕塑的模板。给他画像并不容易，另一位曾为他作画的杰出艺术家何塞·马里亚·埃斯皮诺萨（José María Espinosa）这样评价：让他坐着不动很难。他们都希望玻利瓦尔安静下来陷入一种孤独、忧郁和怀旧的情绪，但他无法随心所欲地进入状态，经常望着窗外，视线伸展至街道。鲁兰是位精通解剖与艺术的专家，他这样描述玻利瓦尔：接近中等个头，瘦削而优雅，生性不安而易怒，身体坐卧难宁，举止焦躁又高傲。年轻的玻利瓦尔同委内瑞拉的西班牙后裔一样，皮肤白皙，但经过长期的阳光暴晒和15年的行军作战，皮肤已经棕黄。他走路步履轻盈，少了些庄重。但当他站立，特别是表情严肃之时，通常会交叉双臂，如雕像一般。他头型很好，五官端正，但前额宽大，脸部有棱有角，下巴尖长，颧骨突出。他不留胡须，胡子总是剃得干干净净。他头发弯曲，发梢起卷，并梳向前面。他轮廓分明，眉宇高挑，鼻梁笔直，嘴巴小巧，眉毛又粗又弯，给人一种机警而敏捷的印象。他的大眼睛乌黑明亮，目光深邃。他说话语速急促而激烈，言辞简练，讲话会根据不同场合加以调整。对话有时不避人耳目，回应独到而机智，演讲严肃而自信。他回答问题干脆利落，对任何激怒他的人都粗暴还击。鲁兰回忆，"解放者"时年46岁，并不显老，身体也还健康。奥利里笔下的玻利瓦尔则视力良好，听觉异常灵敏。我们也可以断定，他的头脑一如既往地坚定，理智仍在指引着他。[19]

然而，玻利瓦尔内心的不安却与日俱增，个人的焦虑加剧了他对政治的关切。如今，个人的未来困扰着他，他开始筹划变卖自己最后的资产——阿罗阿铜矿。他的代理人安德烈斯·贝略在伦敦尽职尽责地处理所有权和使用权的纠纷，但最终交易失败，使得"解放者"与昔日导师之间原已脆弱的关系雪上加霜。[20]伦敦的贝略生活捉襟见肘，处在贫困边缘。他是哥伦比亚公使馆的秘书，本就微薄的薪水却常被拖欠。要知道，一个在1810年就获得外交职务之人，其待遇理应更高。贝略生性胆怯，对玻利瓦尔为何没有帮助自己百思不得其解。尽管玻利瓦尔崇敬贝略，却未能帮助他更进一步，一定程度上是因为他与这位学者断了联系，对后者这些年的工作情况知之甚少。还有就是因为1828年贝略听从了桑坦德的意见，没有任命玻利瓦尔的心腹。此外，贝略也没有为玻利瓦尔自身的事业加油助阵。在贝略叙述独立战争的诗作《致诗神》（*Alocución a la Poesía*）里，他的语言表面上并未中伤"解放者"，但那种明褒实贬的赞颂，却是对名誉极度敏感的"解放者"的一种冒犯。更糟糕的是，贝略还赞扬了曼努埃尔·皮亚尔，那可是玻利瓦尔的眼中钉（bête noire），"解放者"曾不遗余力地要将皮亚尔处以死刑，认为那是出于政治必要与安全考虑，也是为了防范黑人向白人发动战争。[21] 玻利瓦尔认为自己的战争履历无可指摘，在政敌磨刀霍霍之时，他希望从朋友那里得到尊重，贝略也不能例外。距离与必然让这两位革命巨人陷入彼此的不解。

通往奥卡尼亚和权力之路

1827年9月，国会决议：召开国民大会，审查、修订哥伦比亚宪法，时间并不是库库塔国会所预告的1831年，而是定于1828年3月2日在奥卡尼亚召开。自加拉加斯起，玻利瓦尔本人就表明了这一会议的迫切性和必要性。这是"哥伦比亚的呼声"，为了将人民从无政府状态中拯救出来，必须施行玻利维亚宪法，尽管他不曾直截了当地说出来。[22] 这一前景将哥伦比亚人分为三个党派。第一个党派，支持建立一个强有力的中央政府，赋予行政部门更大权力，每个部门专设副总统，保持联盟的完整性。这是玻利瓦尔所倡导的，虽无普遍拥护，但也赢得了相当大的支持。[23] 第二个党派，是桑坦德及宪政主义者，他们希望实行联邦制，虽然组成联邦的各个行政区的划定还没有达成一致。第三个党派，主张委内瑞拉、新格拉纳达及基多各自独立。

玻利瓦尔认为，奥卡尼亚国民大会是"哥伦比亚最后的机会"，但从一开始它就运气不佳，未能发挥作用。他预期，"党派情绪将左右利益集团，而不是法律；这将是煽动乌合之众的胜利。这些是我内心深处的恐惧……但我还未打算屈服,把自己的荣耀埋葬在哥伦比亚的废墟之下"[24]。玻利瓦尔认为,选举活动本身使当前形势雪上加霜。他无法在宣传上与桑坦德抗衡,后者作为候选人,与宪政主义者一道投身公开反对玻利瓦尔的运动,他们基于联邦纲领,得到了媒体的支持与协助。[25] 玻利瓦尔小心翼翼地将政府挡在政治纷争之外,但不能阻止军队中玻利瓦尔的拥护者恐吓其对手。显而易见,桑坦德和他的大多数候选人成功当选。玻利瓦尔声称这是骗局,但不否认桑坦德是"人民的偶像"。英国公使称其为"惯于赌博之人,用国库为自己买单",也赞同桑坦德拥有相对可观的追随者集聚在身边,在他掌权期间都服从其任命与特权。但桑坦德同样得到许多律师的支持,他们憎恨玻利瓦尔的军事派系,并警觉地意识到,一个强大的中央集权国家会阻断自己得到权力。[26] 忧心忡忡之中,来自委内瑞拉的消息反倒分散了注意力,令人愉悦。

西班牙正竭力恢复在奥里诺科河流域的势力,来自波多黎各的保皇党舰船利用内陆黑人骚乱,不断扩大在沿海地区的行动规模。玻利瓦尔告诉派斯,自己会前来相助,但也抓住机会大力宣扬统一带来的优势:"如果没有联邦,就要向共和国告别,向派斯将军告别,向你的朋友玻利瓦尔告别了。"[27] 1828年3月16日,玻利瓦尔离开波哥大,经由熟悉的路线从通哈赶往库库塔,但在途中就得到消息,科罗的保皇党叛乱已经被粉碎,委内瑞拉的军官们也镇压了全国其他地区游击队发动的骚乱。玻利瓦尔还没来得及庆祝,就接到了另一场暴动的消息,这次是在卡塔赫纳,沿海地区的黑人和帕尔多人被卷入了一场种族战争。他仓促改道前往卡塔赫纳,在布卡拉曼加停驻下来。

何塞·普鲁登西奥·帕迪利亚,特拉法加战役的幸存者,对抗西班牙的海军老兵,也是1823年马拉开波湖战役的英雄,他自封为卡塔赫纳的总司令与地方长官,试图号召沿海地区民众反抗玻利瓦尔与"暴政"。[28] 帕迪利亚是帕尔多人,但奥利里认为他是"凶狠而残暴的穆拉托人"。他求助于帕尔多人,他们是马格达莱纳地区的主要居民,帕迪利亚将他们定义为"我的阶级",与白人对立。他蔑视白人,视之为自由和平等的敌人,并用武力威胁他们。[29] 帕迪利亚已经引起了玻利瓦尔的注意，玻利瓦尔对来自任何一方的种族主义都有所察觉。即便他无法指责对方对于革命的忠诚，但对自己的社会和政治志向有所保留："法律面前的平等，对当前氛围之下的民众而言并不足够。他们要求绝对平等，作为公众和社会权利。接下来，他们就会要求帕尔多主义，就是由他们帕尔多人进行统治。这是一个自然倾向，最终将导致特权阶级的毁灭。"[30]对玻利瓦尔来说，卡塔赫纳是进退两难之地。马里亚诺·蒙蒂利亚将军是马格达莱纳地区的总司令，也是玻利瓦尔的坚定拥护者，他出身白人精英，缺乏民众支持。被剥夺最高职位并煽动平等的帕迪利亚是帕尔多人，在民众之中广受爱戴。1828年3月2日，帕迪利亚对帕尔多官员发表讲话，告知他们自己正在领导人民捍卫自由。蒙蒂利亚棋高一着，命令所有军事组织离开卡塔赫纳，诱使帕迪利亚动员自己的追随者，宣布自己是这一地区的军事指挥官。但叛军做得太过分，让自己置身于法律之外，结果没能争取到预期的支持。蒙蒂利亚恢复卡塔赫纳的安全之时，帕迪利亚逃往奥卡尼亚，希望得到桑坦德的庇护。奥利里与玻利瓦尔会面，向玻利瓦尔报告："阁下对卡塔赫纳事件的看法言过其实。帕迪利亚的举措和他对我的行为毫无疑问地表明，他在那里根本没有党羽。"奥利里建议不要在卡塔赫纳审判帕迪利亚，因为尽管他在那里违背法律的时候遭到了民众和军队抛弃，但如果他成为受害者，人民会同情他。[31]

奥利里言之有理，帕迪利亚的形势并不乐观。另一位拥护玻利瓦尔主义的官员华金·波萨达·古铁雷斯（Joaquin Posada Gutiérrez）注意到：

> 在我们的沿海省份，尤其是卡塔赫纳，有受过教育、通达明理的帕尔多人。他们享有完全平等的政治权利和公民权利，非常清楚自己的真正利益。他们知道，知识和功绩是获得晋升的最佳资历，他们可以通过合法途径提升社会地位，体面地工作与生活。这对其余众人有缓和的影响。的确，那些原野里无知的黑人和城镇里的下层阶级，对我们有某种敌意，但这种敌意更多针对的是社会地位而非肤

色，因为他们对上层阶级的帕尔多人也怀有同样的厌恶。[32]

帕迪利亚试图鼓动参与革命的，正是那些沮丧的帕尔多人。当然，他的敌人们为此愤愤不平。波萨达·古铁雷斯希望，时间与善意会缓和这些种族的紧张局面，白人对此不承担责任。其他人就不那么满足了："桑博人将领帕迪利亚面临与皮亚尔一样的命运，因为从他的许多宣言可以清楚看出，他的目标是杀死所有白人，将此地变成另一个圣多明各（Santo Domingo）*。"[33] 玻利瓦尔还面临着更深一层的危险。政治上，这一运动与桑坦德相关，为玻利瓦尔的敌人提供了另一个政治基地，一个加勒比沿岸的重要港口与堡垒。玻利瓦尔的观点是，帕迪利亚应该依法审判，作为对其他人的一个示范，因此他下令在奥卡尼亚将后者逮捕，送至卡塔赫纳受审。但蒙蒂利亚显然持与奥利里一样的态度，将帕迪利亚送往波哥大。

曼努埃拉对卡塔赫纳发生的事件焦虑不安，她将玻利瓦尔在各地的反对者联系起来，尤其是名字以 P 开头的人。"上帝啊，让那些叫作保拉（桑坦德）、帕迪利亚、派斯的恶棍去死吧。什么时候这些人都咽了气，哥伦比亚就迎来了伟大的一天……用十个人之死拯救百万人，是再人道不过的。"[34] 她和玻利瓦尔互致爱意满满的情书，言语不乏幽默与争吵。玻利瓦尔向她保证，自己不会前往委内瑞拉或卡塔赫纳，而将很快返回波哥大。[35]

玻利瓦尔停留在了奥卡尼亚以南约 90 英里的布卡拉曼加，那里，能够方便地与奥利里和代表沟通，也能与卡塔赫纳和波哥大保持联络。在布卡拉曼加，他的参谋路易斯·佩鲁·德·拉克鲁瓦是一位参加过拿破仑战争的老兵，自 1823 年起加入玻利瓦尔的军队，他用三个月时间观察"解放者"的生活方式，并记录了他的思想和言行。玻利瓦尔的生

---

* 圣多明各，海地岛东南港口城市，今为多米尼加共和国首都，历史上曾为法属海地的一部分，1801 年海地革命起义军占领圣多明各之后，爆发了针对白人的恐怖杀戮，欧美各国视之为失败的革命案例。

活、爱好包括：他酷爱骑马飞驰，但也喜爱游泳、慢跑和躺在吊床上读书；他最爱的餐食不是肉类而是蔬菜水果，喜好适度饮酒，自制沙拉；他不吸烟，也不喜欢别人在他面前吸烟；及至此时，他对跳舞已经不像从前那般热爱了；他常常陷入沉思过去与当下的情绪；他想要知道自己的历史地位。玻利瓦尔注意到，自己的部长、历史学家何塞·曼努埃尔·雷斯特雷波（José Manuel Restrepo）因一本新近出版的《哥伦比亚革命史》受到媒体好评，书中对"解放者"大加赞扬，但"解放者"本人认为赞扬太过慷慨；批评又极为吝惜，"因为我还活着，还拥有权力，他依赖于我"。他如饥似渴地阅读了这本书，总结道："国家历史由享有特权的史料编纂者撰写，他笔下之言无须太多斟酌就值得信任，我们不再生活在这样的时代。只有人民有权书写他们的历史，评价他们的伟人。所以让哥伦比亚人来评判我吧；这才是我所希望的，是我所欣赏的，是我相信能令自己荣耀的事情，而并非来自我的内务部长的评价。"[36]他也反思着拿破仑，尽管小心谨慎，也不会公之于众。在法国人的鞭策之下，他钦佩皇帝从国民那里获得普遍赞誉，以及有待一位"解放者"效仿的荣耀。[37]他对政治新闻和雷斯特雷波书中的文字感到兴奋，在紧要事件上却沉着冷静。他有与属下一同进行弥撒的习惯，也不赞成任何人在教堂盘腿而坐。有一次，大地轻微震颤，错误的警报让教堂空无一人，只剩下圣坛上的教士和唱诗班里的玻利瓦尔；当人们返回身来，发现他安静地坐在那里阅读，所读之书不是祈祷书，却是世俗刊物。[38]然而，奥卡尼亚的消息，让他抑制不住怒火。

235

桑坦德费尽心思迎接代表，包揽住宿费用，但他在会上并未得到大量支持。4月9日，大会召开之际，有23位桑坦德主义者、21位玻利瓦尔主义者、18位独立人士和温和派；108位当选代表之中，有44人缺席。大多数代表同意有必要进行宪法改革，但在细节上未能达成一致。但当玻利瓦尔主义者决心举止端正、抛却党派情绪之时，无政府主义者却团结紧密，同吃同住，协商对策，所有目标都在于削弱行政力量。玻利瓦尔说道："我预见，这是末日的先兆。只有奇迹发生，才能令大会转危为安。"[39]争论持续了八周。桑坦德坚持捍卫法律，反对危险独裁，将自由主义升级为联邦主义，以此为我们拯救国家自由的唯一途径。奥利里是玻利瓦尔派往大会的个人观察员，他憎恶桑坦德，认为他是一个"才能平庸、厚颜无耻、毫无道德的凡人"；奥利里还记载，桑坦德在演讲台上宣称，"我有一颗老虎之心"。奥利里评论道，如果桑坦德指的是老虎狂妄、厚脸皮、天性残忍等恶习的话，此言再恰当不过。[40]桑坦德反唇相讥，将奥利里说成是玻利瓦尔安插在奥卡尼亚的间谍，其职责是汇报代表的工作并执行主人的任务。

玻利瓦尔很快失去了对大会抱有的一线希望，强烈批判大会的党派之争和对玻利瓦尔政策的敌意。代表们支持帕迪利亚叛乱的时候，玻利瓦尔义愤填膺，帕迪利亚除了煽动种族矛盾，还企图联合卡塔赫纳反对玻利瓦尔，而支持桑坦德和糟糕透顶的库库塔宪法，这戳中了玻利瓦尔的两个痛处——桑坦德主义和帕尔多主义。[41]骚乱加剧，阻碍了宪法改革的进程。桑坦德主义者提议，保留现有宪法，删除第128条，该条款赋予总统在危急时刻以特别权力。此时，玻利瓦尔主义者退出大会，以防止达到法定人数，大会于6月11日解散，没有任何结果。玻利瓦尔挫败了桑坦德，却不知道下一步如何行事。正是此时，他开始谈论将共和国划分为三四个州并准许它们实行自治的可能性，这一想法诞生于绝望之中，引起了追随者的怀疑。[42]他是认真的吗？

英国领事认为，帕迪利亚的叛乱，让拥有财产和影响力之人团结在玻利瓦尔将军身边，这是唯一能令哥伦比亚恢复平静之人。[43]由于奥卡尼亚国民大会陷入僵局，玻利瓦尔离开布卡拉曼加，一时间有些踌躇不决，这种情况在之前几乎没有过。他认为无论自己做什么，都会被一些人谴责为宪政主义者，或是独裁者。6月13日，波哥大的地方长官与市政会议召集显要人物开了一次公开会议。会议分析了共和国内部与外部的威胁，否定了奥卡尼亚国民大会，请求玻利瓦尔回国，独享拥有绝对权力的最高权威。[44]三个小时之内，得到了500位支持者的签名，其中包括大主教和一些重要人物。玻利瓦尔稍加思索，很快同意回国，于是继续上马前行。他来到首都，受到救世主一般的欢迎，参加了大教堂的感恩弥撒，随后被护送至政府办公地。他得到最高权力，赢得广泛支持，其中就有全国 31 个城镇地方当局所动员全民公投的支持。[45]在波帕扬，地方长官托马斯·西普里亚诺·德·莫斯克拉（Tomás Cipriano de Mosquera）召集了市政公开会议（*cabildo abierto*），承认"解放者"是国家的最高领袖，特意将军方排除在外。[46]乌达内塔将军告诉英国公使，玻利瓦尔主义者太久没有活跃了，有必要让世界相信，哥伦比亚永远不会允许自己被一小撮煽动家所把持，他们的举措多是为了满足一己私利、了结私人恩怨，而令国家陷入血海。[47]1828 年 4 月 18 日，坏消息传来，玻利瓦尔听闻丘基萨卡军队叛变，并袭击了苏克雷。[48]此时，秘鲁对边境的南北公开宣战，瓜亚基尔处于危险之中。"解放者"相信仅凭外交政策就能让哥伦比亚建立强大政府，并对侵略做出坚决回应，这是可以谅解的。展望未来，为秘鲁战争索取人力和金钱不会受到欢迎，唯有果断行动才能贯彻这一政策。

最高权力在 1828 年 8 月 27 日颁布的《组织法》中得到彻底确立。[49]此时玻利瓦尔被称作"解放者总统"，他颁布这项法令，是根据人民为使自己免于无政府状态之扰而始终保有的基本权利，此刻他们将权力交到自己手中，代为行使，直至召开国民会议。这一法令是将其权力制度化的一项举措，证明了"我最热切的愿望，就是卸下无限权力这一无法忍受的重担，见证共和国由代表们重新构建"[50]。但他的选择受到两件事的影响：对他的暗杀以及秘鲁的入侵。故而"解放者总统"的权力是一种个人权力，通过具有法律效力和他所掌控的任免来行使。《组织法》取消了副总统一职，桑坦德被任命为驻美国公使，虽未动身赴任，但已接受任命，准备就绪。玻利瓦尔成立了国务委员会，但仅提供咨询职能，由全部五位部长、各地区代表、军人和文职人员组成，他一直信奉司法权的分离，但不信任它的完全独立，这实际上妨碍了合法政府的确立；因此，他没有放弃自己的原则，通过一系列司法改革来扩大行政部门在执法和立法方面的影响力。长久以来，他认为军队易受平民自由主义者的攻击，现在他确立甚至扩大了继承自西班牙的传统军事特权，为了发展国防利益，还应加大军队规模。这些举措没有让总统成为军事独裁。他相信，这只是在 1830 年 1 月 2 日国民大会召开前，暂时存在的政权。[51]在其他方面,玻利瓦尔显露了自由主义的天性。他的政府已然宣布,反对任何绕过奴隶贸易禁令的企图。1828年1月5日颁布的法令,禁止从事家务劳动的奴隶交易,并解放自1821年以来的被奴役者。[52]

最高权力的真相是什么?它是玻利瓦尔失去政治纯洁性及其原则遭遇腐蚀的最终证明吗?对他在1828年至1830年统治的解释,受到了他此前声望与此后行为的影响。它与自由、平等甚至偶尔是民主的伟大宣言形成对比,因而被断定是他自身准则的堕落。另一种视角是,它被视为玻利瓦尔专制主义倾向的顶点,这一倾向已经展现在玻利维亚宪法的总统终身制之中,也展现在他根据哥伦比亚宪法行使的特别权力之中,但这并非一种背离。玻利瓦尔一直以来对民主感到不安,因为在西属美洲,它与无政府状态走得太近,不符合他的愿望。从一开始,他就提倡强有力的政府:早在《牙买加来信》里,他就推测,哥伦比亚将会有一个选举产生的终身行政权力,并且不是世袭的。此外,他的政治思想和政策声明记录了自由共和主义承诺的显著连续性。即便是在安戈斯图拉,当他推荐立法者研究英国宪法之时,也没有卑躬屈膝地效仿君主政体,而是捍卫共和主义。"当我谈及英国政府,我所指仅是它的共和主义特征;事实上,如果一个政治体系承认人民主权、分权与制衡、公民自由、信仰与新闻自由以及所有在政治上崇高的观念,那么它能被称为纯粹的君主政体吗?在其他形式的共和国之中,还会有更广泛的自由吗?对于任何社会秩序还能有更多期待吗?"[53]

独立与自由是他永远追求的目标,这都需要强有力的政府加以保障,如果必要的话,在得到一部宪法的保障之前,可交由他的个人统治。不过,他个人统治的政策和实践被夸大了。纵使在1828年至1830年,玻利瓦尔行使绝对权力,他也并没有像军政领袖或者独裁者那样统治;他的统治并不回应任何一个特定社会或地区团体的利益,他也不滥用任免权,同样没有抛弃对法治的尊重。诚然,有些玻利瓦尔主义者走向极端,一些人的确恐吓自由派人士,一些激进分子试图通过煽动民众情绪甚至宗教来引发社会动荡,然而"这些人通常什么都不相信"。[54]但还有一些人,譬如内务部长雷斯特雷波,在政治上是温和派,无论处于何种政权,都有资格担任公职。还有一个人,令人侧目。

玻利瓦尔居住在圣卡洛斯总统官邸,曼努埃拉搬进了圣卡洛斯小广场附近的一所房子,过起了自己的日子,白天身穿军装骑马外出,傍晚喝着波特酒(port wine)*,享受来访者的奉承。7月24日,玻利瓦尔生日当天,曼努埃拉在波哥大城外的别墅为他设宴,还为桑坦德专门制作了一尊雕像,并放在长凳上,让一队掷弹兵从身后射击。玻利瓦尔当时并不在场,但科尔多瓦将军把这件丑事报告给了他,还补充道,闲言碎语甚多,一定程度上有损他的名誉。当然,也有人批评这位女士,说她"干涉政府事务"。玻利瓦尔的回应透露出一丝窘迫,他轻描淡写地承认,这最多算是胡作非为,够不上犯罪。随即,他暂停了掷弹兵军官的职务,并将他调往别处。"至于这位疯狂的爱人,我能说什么呢?我很久之前就认识她了。我曾试图离开她,但没人能对她全然抗拒;然而,一旦这个插曲过去,我打算下最大决心将她护送回故国,或者让她前往任何想去的地方。但请允许我说,她从未予以干涉,除了为了他人求情。所以无须担心。我并不软弱,也不怕别人说出真相。"[55]不出几周,他就恳请她回到身边,用她的爱情来让自己打起精神。"即便与你分别,我也会见到你。来,来,快些来。"玻利瓦尔不会冒犯他的士兵,当然也从不会背叛这位曼努埃拉女士。

暗杀者们

玻利瓦尔并非天生的独裁者,他也不认为绝对权力是永久的解决方案,更未将其视为通往君主制的阶梯。实际上,他没有实质性地扩大自己的特权。1828年2月20日,一项打击阴谋叛乱的法令就已出台,但

---

* 亦称波尔图酒,原产于葡萄牙杜罗河谷的葡萄酒,曾风行英国与美洲。

没有得到有效执行，甚至没有用来对付那些谴责"罪恶三巨头"（玻利瓦尔、乌达内塔、卡斯蒂略）的反对派。[56] 玻利瓦尔是那些密谋举事者的头号目标。在政权建立的最初几个月，极端分子就盯上了玻利瓦尔，暗中策划将他铲除。他们谋划的这次行动不是考迪罗式的武装割据，更不是大规模反叛，而是一场计划周密的政变，意在推翻玻利瓦尔——密谋作乱者认定他是自由的头号敌人。桑坦德虽认定玻利瓦尔有罪，但是当举事者寻求与他联手时，他却拒绝参与暴力行动；他明确表示对此次行动的反对，但不排除以后在和平手段运动中与他们合作的可能。[57] 密谋举事者是一群军官，以及"自称"自由主义者的教授和学生，他们在一个所谓的语言学会上接头。[58] 他们都是年轻人，对这一代人来说，1810年的革命已成历史，但玻利瓦尔还未离开。这些人的头儿是26岁的佩德罗·卡鲁霍（Pedro Carujo），一位有着文学抱负的委内瑞拉籍部队参谋，他得到了波哥大总参谋长拉蒙·格拉（Ramón Guerra）和自由派政治家路易斯·巴尔加斯·特哈达（Luis Vargas Tejada）的襄助。还有一名并非军人的协调组织者弗洛伦蒂诺·冈萨雷斯（Florentino Gonzalez），他是贝尔纳蒂娜·伊瓦涅斯的追求者，后来成了她的丈夫；而在博亚卡战役之后的几年里，玻利瓦尔也在追求贝尔纳蒂娜。尽管主谋们希望将行动扩展到各个省份，但这一密谋行动在国内几乎没有引起反响；桑坦德自己也承认，军队和民众都站在玻利瓦尔一边。

这些阴谋家都是投机分子，在开局不利的情况下，他们商定在1828年9月25日星期四之夜，趁玻利瓦尔在圣卡洛斯宫*熟睡之际将其暗杀。一时间谣言四起，玻利瓦尔并未当真。当晚早些时候，他还派人召来曼努埃拉，对她说，将会爆发一场革命。她也没有在意："即便你多么留心注意，也会有十场革命到来。"玻利瓦尔回应："别担心，都不会有事的。"他沐浴之时，曼努埃拉为他读书，随后玻利瓦尔就寝，沉沉睡去，手里握着剑与手枪。午夜时分，30个密谋叛乱者分

---

* 圣卡洛斯宫，哥伦比亚波哥大的一处16世纪新古典主义风格宅邸，1827年至1908年为哥伦比亚总统官邸，现为哥伦比亚外交部所在地。

成三路发起了袭击：第一路由卡鲁霍和纳瓦拉人奥古斯丁·奥尔蒙特（Agustín Horment）担任指挥，袭击总统官邸，刺杀玻利瓦尔；第二路袭击巴尔加斯兵营，救出监狱里的帕迪利亚；第三路袭击兵营里的掷弹兵。在官邸门口，密谋举事者杀死了哨兵与看门狗，进入府内，途中击伤玻利瓦尔的一名副官安德烈斯·伊瓦拉（Andrés Ibarra）。骚乱声惊醒了玻利瓦尔，他准备持剑对抗入侵者，但曼努埃拉预见到了危险，劝说他穿上衣服，从窗户逃走，但又将他拉了回来，躲过路上行人。随后，他跳下阳台，跑出四五个街区，发现有人跟踪，玻利瓦尔正要掏枪，那人大声喊道："我是您的仆人特立尼达，我的将军！"（*Soy Trinidad, mi general!*）[59]

大门猛然打开，曼努埃拉仗剑迎上卡鲁霍，后者一把抓住曼努埃拉走出官邸，欲寻找玻利瓦尔，可曼努埃拉却朝着相反的方向指去，这令沮丧至极的卡鲁霍对其拳脚相加。她一边照料伊瓦拉，一边试图向前来援救的弗格森上校发出预警，让后者赶快离开。弗格森上校在沙场上几度出生入死，在这次事件中被卡鲁霍枪杀。玻利瓦尔的管家（*mayordomo*）何塞·帕拉西奥斯（José Palacio）因病住在另一间卧室，得以幸免。在巴尔加斯兵营，帕迪利亚获救，卫兵被杀，但部队反应迅速，入侵者四散溃逃。掷弹兵也击退了第三路密谋叛乱者。乌达内塔接管了指挥权，恢复了秩序，派出小队人马寻找玻利瓦尔并逮捕密谋叛乱者。玻利瓦尔藏身于一条名为圣阿古斯丁河的混浊水流之中，在卡门桥下瑟瑟发抖地躲了三个小时，耳中呼喊桑坦德和玻利瓦尔的声音此起彼伏。凌晨3时，当他听到"'解放者'万岁"（*Viva el Libertador*）但无人回应时，断定从脏乱的避难处里出来已足够安全。危险加上恶劣的环境，令玻利瓦尔筋疲力尽，他认定曼努埃拉是名副其实的"解放者之解放者"（*la libertadora del Libertador*）。至于情感上的伤痕，将伴随他的余生。[60]

第二天，桑坦德、帕迪利亚等人被逮捕。乌达内塔将军，法庭上的首席审判官，是众所周知的桑坦德的敌人。他态度坚决，认定这是一个庞大阴谋，由"谋利之人"（*el alma del negocio*）桑坦德煽动，而他自己正是另外七个暗杀对象之一。"我的态度是：有他没我。"[61]此次事件主要参与者59人之中，8人被无罪释放，14人被判处死刑，5人被判处国内流放，3人逃走，其余众人被监禁或被禁止任教。帕迪利亚、格拉、奥尔蒙特及其他10人被判处谋反罪，处以死刑。帕迪利亚，即便不是密谋举事者，也是反叛者，面对行刑队，他高呼着"懦夫"（cobardes），拒绝被蒙上眼睛。卡鲁霍为了自己的性命，指证了桑坦德等人，但仍被处以死刑，内阁会议赦免了他，辗转几个监狱之后，他于1829年越狱，最终得到派斯的赦免，从他所认为的残酷独裁之中幸运地全身而退。针对次要密谋举事者的法网撒得更大，虽算不上一场大屠戮，但已是对在政府核心实施极端暴力行动的回击。官方的具体行动有：取消教学资格与学位、限制旅行、禁止秘密社团。桑坦德犯下了为密谋举事者出谋划策和提供助力之罪，尽管没有直接证据表明他参与其中。乌达内塔确信他有罪，将他判处死刑，但内阁会议认为这一证据不充分，鉴于更广泛的公众利益，建议减刑为放逐。[62]对于这一建议，玻利瓦尔曾说，自己深恶痛绝，但或许也是一种乐于接受的解脱，他饶恕了敌人的性命。

刺杀玻利瓦尔的阴谋，是对他荣耀的冲击，对他尊严的侮辱。此时他内心挣扎，意识到帕尔多人的怨恨。皮亚尔、帕迪利亚等人都死于叛乱。那么，作为公众之敌的桑坦德，其举动只会造成无政府主义，他为什么就可以免于一死？"与皮亚尔和帕迪利亚同属一个阶级的人言之有据，我在支持这个声名狼藉的白人之时显示了软弱，他的功勋无法与著名的爱国者相提并论。"[63]桑坦德也添补了自己的注脚，他写道，"我们不知道玻利瓦尔免除死刑判决的真正原因，但他说过，荣誉要求他如此行事。我们唯一可以肯定的是，公众舆论强烈支持桑坦德，反对恐怖分子鼓动政府。"[64]然而，多数情况下，玻利瓦尔也都建议宽大处理。最终，他被冗长的司法程序激怒，说道："我的眼前全是阴谋。"事情结束后，为了躲避那座"恐怖之宅"，他前往乡下休息了一段时间，在波哥大以北的印第安村落基亚（Chía）住了几周，那里是他最爱的休闲之地。乌达内塔也通过曲折的司法程序获知了真相，他确信桑坦德事前知晓密谋行动而没有告发，因而犯下叛国重罪。1829 年，桑坦德离开哥伦比亚，流放至欧洲和美国，直至 1832 年回国，当选新格拉纳达第一任总统。

解放者总统得到了教会和政府官员、大部分军人、高级领导人和各阶层玻利瓦尔主义者的支持。乌达内塔作为国防部长与部队司令，从一开始就与政权关系密切。苏克雷毫不怀疑，中央需要集聚更大权力；在他看来，人民对于纸面上的保证和理论上的自由已不抱幻想，只希望强大政府保护他们的生命和财产。一年之后，他又补充道，"我总是深感遗憾，为了获得国内和平与稳定，你不曾利用独裁权力，赋予哥伦比亚一部由军队来维系的宪法……人民所需在于和平与保障；至于其他方面，我不认为他们会为原则或政治理论而争辩，因为这些曾给他们财产与安全的权利造成了巨大的损害"[65]。派斯坚决反对从奥卡尼亚返回、被他视为"敌人"的"因循守旧者"(*convencionistas*)；他迅速承认这一政权，将之视为对付军队山头主义和自由主义祸患的最佳解决方案，这些人在委内瑞拉不在少数。他对宗教政策保留意见，声称委内瑞拉的宗教氛围没有波哥大浓厚，并将宗教影响限定在教义层面，不涉及司法领域，他还建议"解放者""依照启蒙时代所要求的一切谨慎"行事。[66]在所有人之中，听取派斯关于启蒙主义的规训，一定考验了玻利瓦尔的耐心与立场。政治上，总统与考迪罗们都寄望于同一件事——强大的政府与稳定的时局。但派斯还希望委内瑞拉独立，而且是采用和平方式，而非另一场革命。因为，苏布莱特曾说："派斯没有意愿发动另一场革命，也不愿背叛他经常对你重复的效忠誓言。"[67]玻利瓦尔似乎接受了，不像哥伦比亚其他地区，委内瑞拉有一定的军事势力范围，或许不得不走上自己的道路。他意识到哥伦比亚深受其面积及地理的影响：中心距离边缘地带遥远，政府权力因距离而被削弱，而疏离则因地形而增加。"没有地方官员，没有掌权者，他们无法出于专制的需要而授予自己至高权力。可以说，每一个部门就是一个政府，不同于全国范围，因当地境况和地区特殊情形甚至是个人天性而改变。"[68]这些条件造就了独立地域及其领导人。同样，厄瓜多尔也敏感于过度中央集权，总统职权允许弗洛雷斯如派斯那样,免于波哥大所要求的最严格的专制主义。

信仰根基

玻利瓦尔抛弃自由主义政体,不只是对于暗杀企图的回应,还表明了他的一贯政策,这一政策支配了他对宗教的态度。在他最后一届总统任期初期,他对派斯解释,政府的原则是回归传统:"我计划将自己的改革建立在宗教的坚实基础之上,在与我们的环境相适应的情形之下,寻求最简单、最安全、最有效的传统法律。"[69]他倾向于世俗主义,本能地怀疑教会。但他太过心系政治,不允许自己的基本目标被反教权主义无缘无故地危害,遑论公然的自由思想。他遵从天主教信仰,参加教会礼拜。期望他明确声明信仰或断言他不信奉宗教,是并不现实的。其他一些标志,大多是间接的,却能提供更佳参考。他时常参加弥撒,反对在教堂举止随便,他爱憎分明,期望教士严格要求、信仰忠诚。如有神职人员行为不妥,他会加以斥责。在玻利瓦尔眼里,那些鼓吹反对共和国的教士,公然利用 1812 年地震,是代表保皇党"亵渎、侮辱了他们职业的神圣"[70]。

虽然保皇党神职人员激怒了玻利瓦尔,但他仍旧感激众教士的支持,他们用自身言行将信徒召集至共和事业之中。胡安·费尔南德斯·德·索托马约尔(Juan Fernández de Sotomayor),蒙波斯教区的教士,日后的卡塔赫纳主教,于 1814 年出版了《大众教义问答或教导》(*Catecismo o instrucción popular*),他在书中谴责不公正的西班牙殖民统治,认为支持它的教士就是宗教的敌人;这是一场"正义与神圣之战",将会把新格拉纳达从奴役之中解放出来,引向自由和独立。[71]虽然传教士能够在布道和宣讲之外对听众施以影响,但玻利瓦尔从不承认宗教传道者对于独立的贡献。他本欲遣散教会,但在一个天主教传统根深蒂固的社会,他不得不谨慎行事。他在向玻利维亚制宪会议的发言里解释,玻利维亚宪法将宗教排斥在任何公共角色之外,他其实是说,宗教是一项纯粹的私人事务,是道德良知的问题,而非政治问题。他明确反对创立教会或国教:"神圣训诫或教条在本质上有所裨益、富于启发性且是超自然的;我们应当予以承认,但这是道德责任,而非政治责任。"[72] 国家应该保障宗教自由,不指定大众信仰任何特定宗教。因而,玻利瓦尔捍卫了现代信教者所熟知的宽容理念,即信仰依靠自身力量和优势而存在,而不依赖法律强加的支持。他从不赞同卢梭公民宗教的思想,这一思想为社会和政治用途而设计,意在取代现有教会。玻利瓦尔是有思想之人,但也是一个现实主义者。在总统任期,现实主义并未离他而去,玻利瓦尔谋求在保守派和自由主义者的观点之间保持平衡。

玻利瓦尔一贯景仰杰里米·边沁,认为他功利主义激发出的共和主义制度适合美洲人。1822年,他向边沁保证,"只要提起立法导师之名,即便是在美洲的蛮荒之地,也无人不尊重、无人不感激"。功利主义为西属美洲提供了崭新的哲学框架,使得共和主义在保皇党政府倒台之后获得道德合法性。为了寻求专制主义和宗教之外的另一种权威,自由主义者抓住了功利主义,作为一种能够给予他们所需的知识可信度的现代哲学。功利主义信条成为玻利瓦尔的工作哲学。[73] 他承认自己对边沁的热忱,期望这位哲学家能够接纳自己"作为门徒","由于接受了他的信条,我捍卫了自由,直至哥伦比亚获得主权统治"。[74] 至于边沁,他对玻利瓦尔杀戮囚犯有所担忧,1820年,他还声称自己手上掌握有证据。他又发现手中的证据具有挑衅性,于是决定不再提起,此事告一段落。[75] 1823年,边沁两度致信玻利瓦尔,对治理国家提出建议,此外还有如何以恰当方式任命外交使节,或者如他所言,"政府机构的双重国家模式"(Ambonational mode of Agency)。1825年8月,他给玻利瓦尔寄去自己多个印本的著作,包括《宪法典》(Constitutional Code)与《法律编纂提案》(Codification Proposal),还有一封关于自己当前生活与工作的长信。他劝告玻利瓦尔,避免像英国人那样为政府官员开出过高的薪水,他也赞扬了玻利瓦尔为公众服务做出了堪称楷模的牺牲,并推荐将最大幸福原则作为治理国家的最佳解药,以避免"解放者"在不止一次的暗杀计划里成为目标。他回忆起 1810 年的花园之会,表达了对于玻利瓦尔的信心和对于其成就的钦佩,在长信结尾,边沁希望玻利瓦尔能够早日让位,安享荣誉,并全身心投入和平的艺术之中。[76] 书籍虽未送到,但信件已给玻利瓦尔留下深刻印象,他在回信里表达了自己对边沁思想的热情,认为"取得了不可思议的进步",驱散了邪恶与无知。[77]

在共和国时代的哥伦比亚,边沁的著作遭到了神职人员与保守派的攻击,声称这位英国哲学家的唯物主义、怀疑主义和反教权主义伤害了天主教。玻利瓦尔被迫做出痛苦抉择,这并不全是他本人的意愿,而且从作品内容来看也失之偏颇。玻利瓦尔相信,哥伦比亚的宪法和法律过于自由,它们会造成社会和政权解体,在边沁的特定问题上又受到了保守派的压力,玻利瓦尔不得不做出选择。1825 年,桑坦德颁布法令,大学应该依照边沁的原则教授法律。[78] 如今,这一法令又被废止。1828 年 3 月还颁布了新法令,禁止哥伦比亚的大学教授边沁的《民事与刑事立法》(Tratados de Legislación Civil-Penal)。1828 年 9 月的暗杀以及大学人员的参与阴谋,更让玻利瓦尔相信,大学生正被灌输的思想很危险。他写信给加拉加斯大主教门德斯,"偏离合理原则,酝酿了扰乱国家的疯狂,需要教士们以谆谆教导、顺从与美德的声音加以纠正"。[79] 1828 年 10 月 20 日,他的政府发布了一则关于公共教育的通告,谴责"边沁等人对立法原则的研究","这些著作不仅包含启蒙思想,也有许多对宗教、道德和公共秩序的敌意"。除此之外,这些课程应该由拉丁语研究、罗马与教会法、罗马天主教及其历史所替代。[80] 将边沁认定为恶性影响是难于解释的,因为他的作品里没有为暗杀一国元首做过任何辩护,而启蒙运动的其他作家却为之提供了说辞。一个在波哥大旅行的英国人注意到,家世良好、受过自由主义教育的年轻人,批判宗教,而且喜爱伏尔泰、卢梭等自由思想家的著作。[81] 实际上,这段插曲为"解放者"的声望蒙上了一层阴影。

1830 年 7 月,桑坦德造访伦敦之际,与时年 82 岁的边沁共进晚餐。他们畅谈哥伦比亚、玻利瓦尔与英国政治,边沁称度过了愉快的夜晚。随后，边沁写信询问桑坦德"这部杰出的玻利维亚宪法"（cette belle Constitution Bolivienne）的作者是何人，显然他对这部宪法印象深刻。一个天真的问题，却收到了一个有偏见的答复。桑坦德无法拒绝此次玷污玻利瓦尔名誉的机会，还给玻利瓦尔贴上了自由主义和共和制度敌人的标签："这部荒谬的宪法正是哥伦比亚、秘鲁与玻利维亚分裂与毁灭的真正祸根。"由于"暴君"玻利瓦尔在边沁心目中名誉扫地，"杰出的"桑坦德地位由此上升。他没有放过这一机会："玻利瓦尔留下的不是和平、安宁与自由，而是仇恨、憎怨与暴怒……可悲啊，那把推翻了西班牙统治的利剑，也摧毁了哥伦比亚人民的自由。"[82]玻利瓦尔后来知道了这一切。

玻利瓦尔允许宗教的存在，因此，仅就这一点而言，宗教团体是受益于他的统治的。库库塔国民大会通过的自由主义立法取缔了小型修道院（conventos menores，少于八人的修道院）。1828 年 7 月，玻利瓦尔颁布法令整体恢复宗教场所，但不含税收的恢复，同时已用作学校和医院的宗教场所原有功能继续保留。该月还颁布了另一项法令，废除 1826 年关于参加宗教宣誓年龄不得低于 25 岁的法律，但这项修订的法律也非绝对，因为其后宗教团体成员必须在印第安传教区从事五年教牧服务。[83]还有各种措施捍卫复杂多样的宗教习俗，比如保护教众登记、恢复军中教士的地位以及禁止攻击天主教等。这些措施，加在一起，也不会被认为比其所取代的自由主义更为极端，或者被视作玻利瓦尔转向教权主义的证据。无论如何，他都并非执迷不悟。《组织法》明确把保护罗马天主教列为国家政府的一项职能："政府将维持和保护天主教、教皇和罗马宗教，以其作为哥伦比亚人的宗教。"[84]作为对政策的补充说明，他后来又加上了："请允许我最后建议你们（1830 年 1 月的国会），保护我们所信奉的神圣宗教，那是上天祝福之源泉。"[85]但这些只是正式的、一般性声明，没有产生重大政策影响。奥利里记载，由于玻利瓦尔的同僚与盟友都不是神职人员，他的朋友不赞同他为教士恢复修道院的法令，他通常这样解释："有必要利用宗教狂热来反对煽动者的狂热。"[86]自由主义者可能会反对，但普罗大众和来自公认的传统天主教地区波帕扬的托马斯·莫斯克拉则表示，废止压迫修道院的法律受到村社居民（*gentes de pueblo*）的欢迎。[87]

神职人员的利益不能凌驾于政治或经济要务之上。1828年12月颁布的法令免除了日后将咖啡、可可、靛蓝等任何作物引入种植园所缴纳的什一税，1829年8月的法令还允许厄瓜多尔高地的地主以实物向债权人（通常是教会）支付利息。玻利瓦尔基本同意国际条约中给予非天主教徒和百姓信仰自由的条款，譬如1826年与英国、1829年与荷兰签订的条约。他仍旧坚持共和国行使授予教会圣职的权利，一如西班牙与共和国的一贯做法，尽管教皇至上论者辩称这要得到教皇同意。但主教任免继续由国家决定，因此，基多主教晋升为大主教就没有经过教皇的确认。当然，一些不重要职位的任命还是留给了主教。

与此同时，即便不在罗马，至少在美洲，教会对共和主义的政策正发生变化。[88]由于对西班牙政策不抱幻想，又对革命成就推崇，保皇党高级教士开眼看共和，自1820年起，陆续投奔独立事业。梅利达主教拉斐尔·拉索·德拉维加（Rafael Lasso de la Vega），一个生于巴拿马的克里奥尔人，他曾将反抗首领逐出教会，此时以共和主义的人民选择政府之权为基础，否定国王的神权。玻利瓦尔与他的一次长谈，令其相信，天主教在"解放者"的手中，比在自由主义的西班牙议会手中更安全。他着手在独立的哥伦比亚重建教会，成为玻利瓦尔最坚定的盟友，也开启了他与罗马的首次联络。1829年，他被任命为基多主教，"解放者"告诉他，自己对此甚为欣慰，叮嘱他要关怀信徒，因为，正是这群信徒竭力要求拥有一位实至名归的教会之主、穷人之父的主教。[89]在教会发生危机与分裂的年代，美洲教会几乎没有得到罗马的援助，欧洲的革命加深了罗马教会对于独立的反对，并通过一系列充满敌意的教皇通谕表达出来。[90]玻利瓦尔保持了冷静，作为从西班牙独立的斗士，他从未寻求独立于罗马。与主教们一样，他可以忍受罗马的不妥协，继续寻求合作。回首1817年，他曾在安戈斯图拉做出承诺，自己作为基督教徒的领袖，会维持与罗马教会的统一。[91]而在1822年，在帕斯托哗变之际，他恳求波帕扬的西班牙主教不要抛弃哥伦比亚，使之丧失教

士与指引:

> 只要教皇陛下还未认可哥伦比亚民族政治和宗教的存在,我们的教会就需要由主教们来拯救沦为孤儿的境遇。与这一半球的断然割裂只会降低罗马教廷的普遍价值,这一残酷割裂的责任将特别落在那些本应维持罗马教会统一之人的肩头,他们的消极行径将助长那些导致教会毁灭并令其灵魂永远死亡的罪恶。

玻利瓦尔敬佩希门尼斯·德·恩西索(Jiménez de Enciso)主教,他思维敏捷、善于倾听、言谈睿智,是一个"一贯优秀的哥伦比亚人",能够以效忠费尔南多七世那样的热情来服务共和国事业。玻利瓦尔向桑坦德推荐了他,认为在波哥大,他是一位值得结交的朋友。[92]接下来的一年,这位主教确实向庇护七世(Pius Ⅶ)介绍了独立事业。

玻利瓦尔希望重修与罗马教廷的关系,终于在1827年,他的代表获得了教皇利奥十二世(Leo XII)对哥伦比亚和玻利维亚主教的认可。1827年10月,为了迎接教廷任命的大主教以及波哥大、加拉加斯、圣玛尔塔、安蒂奥基亚、基多、昆卡、查尔卡斯的主教,玻利瓦尔在波哥大大摆宴席,席间他向新任的高级教士们祝酒,并为与罗马教廷"天堂之源"重归于好干杯。"我们的祖辈是圣彼得的后裔,但战争让我们沦为孤儿,像失去母亲的羊羔那样无助地哀号。如今,她赐予我们配得上教会与共和国的教士们。(新任主教们)将成为我们宗教和政治美德的导师和典范。"[93]梵蒂冈继续对玻利瓦尔持保留态度,优先考虑西班牙,对美洲独立寸步不让。但在1829年,玻利瓦尔向庇护八世保证,自己支持天主教领袖,也尊重和崇敬教皇陛下的神圣。[94]玻利瓦尔不仅可以在政治判断方面给罗马教廷上一课,同样可以在基督教观念方面给他们上一课。

1828年至1830年的玻利瓦尔政府并非反对神权,他自己也没有经历转变。此前他没有过度反对教权,也从未完全脱离宗教。他的思想与政策依然务实而世俗,仍与以往保持一致。1828年,他致信教士胡斯蒂尼亚诺·古铁雷斯（Justiniano Gutiérrez），感谢他在 9 月 25 日那晚对自己安危的关怀：

> 我要推荐我的朋友莫雷诺博士，他正被宗教和修道会的复苏鼓舞，准备前往瓜杜阿斯（Guaduas）*看望他的徒众。他们对这个国家的文明贡献巨大，还毫不停歇地阻止着那些会毁灭我们的观念传播蔓延，这些观念不仅会毁掉宗教，还会毁掉人们的生活。这种情况也曾在法国大革命出现，当时最狂热的哲学家也为他们之前宣扬的事情而忏悔。雷纳尔神父，与许多像他一样的人，在懊悔中离世，因为没有宗教意识，道德就缺乏根基。[95]

这些情绪都并非宗教专制主义，对玻利瓦尔的思想来说，也不是新生事物。

革命的局限

1826 年 5 月以来，玻利瓦尔主义革命步履维艰，显然陷入错综复杂的迷宫之中。在玻利维亚宪法及其附加信息里，玻利瓦尔的创造力达到了巅峰。从那时起，就一路走向了防御，对反对者口头回应，对攻击者积极应对。出了什么问题？当然，我们可以接受他自己的解释：指责反对他政策的敌人，批评保持沉默的朋友。"被耻辱地载入史册的是哥伦比亚人，而不是我。"[96] 但是 1826 年至 1828 年发生的一系列事件指向了一个更深层次的问题，除了遭遇指责，还涉及整个独立策略。

从安戈斯图拉到波托西，玻利瓦尔指引了革命：他谋划政策，制定

---

* 瓜杜阿斯，哥伦比亚中部城市，属昆迪纳马卡省。

战略，把握前进方向。他让革命远远超越了其根基，以至于超出了他自己的掌控，他设想的政府模式是：强大有力的中央政府将自由保障在秩序之下，将平等保障在理性之下。哥伦比亚军队在那里维持了基本的秩序，他也得到了玻利瓦尔主义者的支持，这一群军官与行政官员出于对其思想的尊重及对其个人的忠诚而依附于他。但是，军队不可能无处不在，他的玻利瓦尔主义者，尽管被安置在战略位置上，也不能与他们的领袖相提并论。一些人，譬如乌达内塔，是比玻利瓦尔更纯粹的玻利瓦尔主义者。但是，只有一个玻利瓦尔主义者能够统治国家，在革命的外围，就连苏克雷都易受攻讦。在玻利瓦尔的筹划之中，秘鲁对解放至关重要，因为它抵挡了西班牙军队，但是战略上，这是一场遥远的革命——他的政治战线拉得过长，他的军事权力太过分散。玻利瓦尔意识到了危险之处，世界历史更是早已记录了这一点：那些过于雄心勃勃的统治者，行军过远的部队，实力过于膨胀的帝国，代价过于昂贵的征服，等等，无不如此。他清楚，自己不会在所到之处立即得到服从，对一些人的平等意味着对其他人的不公。他播下了自己思想的种子，但并非所有土地都肥沃，一些作物生来有毒。对他来说，这并不新鲜。事实上，他个人世界里的每一个缺陷都被注意，经常是被他自己预见到。在力所能及的范围内，人类还能做到更多吗？

玻利维亚宪法是他的终极解决方案，也是他最后的希望。而且他认定，只有苏克雷有能力贯彻宪法，独自进行统治。而且没有其他地方长官能够胜任这项工作，如果连苏克雷都回绝，还能有其他人选吗？只要他将玻利维亚宪法从一个国家照搬到另一个国家，这就立刻变成了无法卸下的包袱。总统终身制尤其是一个绊脚石：它阻断了其他人通往成功的路径，剥夺了政客们的政治特权，也带走了他们荫庇之人的利益。终结对手的选择，更是开启了灾难之门。他留在了革命的中心哥伦比亚。哥伦比亚原本处于控制之中，但他有五年时间不在位，又经历了两年的冲突与争议，国家就不完全归其掌控，甚至哥伦比亚边境也遭遇了周遭的混乱。玻利瓦尔主张在他最高权力下继续统治哥伦比亚，首先通过宪法允许他行使特别权力，其后由人民认可赋予他绝对权力。但哥伦比亚联邦能够坚持下去吗？革命政治波涛汹涌，令革命制造者四面楚歌。随着委内瑞拉的退出和大量人口的离去，他越发孤立。准确来说，"哥伦比亚是一个只有一位公民的共和国"[97]。

第十一章　幻灭之旅

反叛者与入侵者

　　此时已经没有什么选择了，只有更进一步的战斗考验。如果说1828年是糟糕的一年，那么更糟糕的还在后面。这一时代的纪事、政策与路线都很复杂，观察者不得不紧随玻利瓦尔，才能跟得上他的思想与行动。但事件逻辑是清晰的。1829年，外部冲击与内部反抗并存，酝酿了一种典型的危机状态，形势处于危急关头，达到了一个转折点。来自秘鲁的攻击鼓舞了哥伦比亚的异见分子，这些人对政权发起了挑战，大量民众开始逃离这个劫数难逃的国家。在这生死攸关的一年里，玻利瓦尔苦苦挣扎。1812年加拉加斯地震之时，他曾声称向自然宣战，如今此言又萦绕脑海。此时，他也无法抗拒自身健康的急转直下。但是，玻利瓦尔并不是事件之中的无助受害者。他并没有丧失他那具有传奇色彩的个性本能：如果有火，就扑灭它，如果有叛乱，就扼杀它。他也一直在谋求政治交易。新生对手开始折磨玻利瓦尔，旧日敌人也重新发起攻击，但他在压力之下仍然镇定自若。他向支持他的玻利瓦尔主义者们发出战斗动员，向他手下的将领们分派任务，部署麾下官兵各就其位，然后继续与他的敌人谈判。这样看来，1829年也不是全然暗淡无光；虽然阴云密布，但也偶尔闪现出希望。但这一年接近尾声的时候，绝望情绪占据了主导。

　　玻利瓦尔意识到了这场危机，并谈到了它。历史学家更相信玻利瓦尔的自我分析：受谴责的应当是哥伦比亚人，而不是我。每一项政治举措、哥伦比亚的自由主义政权、总统拥有特别权力的总统制、赢得赞颂的专制主义,都只得到了部分或暂时支持,而之所以获得支持也是因为"解放者"的威望。玻利瓦尔相信,即便是自己所珍视的玻利维亚宪法,其生命力也"不会比一片面包更长久"。[1]没有什么是可以持久的。最基本的事实在于,"解放者"的合法性来源于他的个人品质。因此这一困境仍旧无法克服。在这个纷乱的世界里,唯一不变的是玻利瓦尔大权独揽。那正是他所谴责的世界,但他的分析也有可取之处。如果没有玻利瓦尔,革命就会分崩离析,考迪罗们会成为最终的统治者。唯有他具有完成民主革命与实现政治统一的韧性。此外,玻利瓦尔还提出了一个关键问题,它关乎反对派在多大程度上拥有可以颠覆保障了其存在的国家的自由。当绝对自由的捍卫者支持危险而狭隘的极端主义者之时,他们就会陷入典型的自由主义困境。一个名正言顺组建起来的政府,难道就不能捍卫自身权利,让那些假借自由之名扬言要把政府推翻之人的企图落空吗?因为自由主义者不是羔羊,他们也要求绝对权力。对桑坦德那样的人来说,自由意味着统治别人。掌控政府就是他们的自由主义的试金石。阿尔韦迪(Alberdi)*在阿根廷观察到了类似的倾向,借用他的话说,哥伦比亚的自由主义者从未想过,在观点发生分歧的时候要尊重别人的看法。此类自由主义者很快就开始反对玻利瓦尔,后者不得不把自己的荣耀当作自己的护身符。

1828年,暗杀玻利瓦尔的企图在哥伦比亚南部引发了反响。10月底,何塞·马里亚·奥万多(José María Obando)上校在波帕扬宣称反对玻利瓦尔,他与波哥大的行刺者目的一致,但他因夺取了原来用于铸币的黄金、劫掠了富庶产业而掌握了更多资源。奥万多出身波帕扬上层家庭,却是一个私生子,1819年至1822年,他在保皇党人旗下担任游击队的指挥官。1822年至1828年,他又改换门庭,以共和国军官身

---

* 阿尔韦迪,全名为胡安·包蒂斯塔·阿尔韦迪(Juan Bautista Alberdi,1810—1884),阿根廷政治家、外交家,"1837年一代"的旗帜人物之一,1838年因反对独裁者胡安·曼努埃尔·德·罗萨斯(Juan Manuel de Rosas,1793—1877)而被流放,阿尔韦迪的思想深刻影响了阿根廷《1853年宪法》。

份服役。无论在哪里作战，他都是一个嗜血的对手、一个典型的考迪罗，他高呼"自由万岁，暴君必死"的惯常口号，对于谋杀玻利瓦尔毫无悔意。他守卫着自己在哥伦比亚南部的巢穴。为了推进自己的事业，他兼行武力与欺骗——霍布斯称二者是战争的两大基本制胜法宝。奥万多派出一支黑人和印第安人组成的部队袭扰波帕扬的乡村地区，又以麾下 400 人的武装来对付支持玻利瓦尔的将领托马斯·C. 莫斯克拉 700 人的乌合之众。1828 年 11 月 11 日，奥万多在拉拉德拉（La Ladera）战役中大获全胜，缴获了 2000 支步枪和大量弹药。莫斯克拉抛下部队落荒而逃，奥万多则不出所料屠杀了俘虏，正如波萨达·古铁雷斯所说的那样，"在考卡地区的战争中，通常没有怜悯可言，屠杀已投降的手无寸铁之人也不被视为罪行，这一做法至今仍在我们的革命者之中流行"[2]。奥万多指派何塞·伊拉里奥·洛佩斯（José Hilario López）上校在波帕扬接管"我们高尚的革命"，自己则移驻到南部的帕斯托——他的天然栖身之地。在那里，奥万多招募印第安人，并宣称他"为西班牙国王和天主教"而战。他还跟与哥伦比亚为敌的秘鲁人联络，并向拉马尔保证，"哥伦比亚苏丹"玻利瓦尔已经完蛋，"我们只是在清理他的余党"。[3]

玻利瓦尔不信任"这些地狱般的地方"。自从 1822 年在帕斯托经历了他参加的第一场血腥战役，他就开始憎恨帕斯托，此地随后的叛变更是令他怒不可遏。1825 年，他宣称"帕斯托人应该被斩草除根，他们的妇孺必须迁居他处，帕斯托应被当作军事殖民地占领。否则，在其后的一百年里，只要有风吹草动，帕斯托人就会回身骚扰哥伦比亚"[4]。果然，帕斯托人被玻利瓦尔的敌人们利用，成了他们反对玻利瓦尔的马前卒。洛佩斯是土生土长的波帕扬人，他为共和事业殚精竭虑，反而因此入狱数年。他反对玻利瓦尔政府，在许多方面以奥万多为榜样，奥万多的训导，他也热切地遵从。与此同时，奥万多在帕斯托培植其权力基础，成为当地一个伺机而动的军阀。

11 月 22 日，玻利瓦尔在基亚知晓了考卡叛乱的消息，他当即离开乡间别墅，重返波哥大，直面他所畏惧的难题。因为秘鲁与叛军联络的风险太大，不容忽视，所以他不得不迅速展开行动。他当机立断，派遣科尔多瓦将军率领1500人迎敌，自己也准备亲自跟进，对付来自南方的威胁。他让一个由政府部长组成的理事会在他离开期间管理政务，并于12月24日发布法令，宣布在1829年7月举行制宪会议代表选举。玻利瓦尔提醒公众，根据8月27日的《组织法》建立的政府，从严格意义上说，是临时政府，他主张于1830年1月2日在波哥大召开国会，决定创制一部"符合这个时代的启蒙思想及与民众的风俗和需求相适应的"哥伦比亚永久宪法。[5]随后，12月28日，玻利瓦尔步科尔多瓦的后尘，启程向南方进发。由于长途行军和骑行的颠簸之苦让人疲乏不堪，时间似乎越来越短，路程却越来越长。

科尔多瓦抵达波帕扬后于12月底重新夺取了该城，其后挥师帕斯托，袭扰洛佩斯和叛军部队。能够摆脱束缚到一个更大的舞台大展拳脚，科尔多瓦欣喜不已，他对自己未来的前途充满了期待。在波帕扬，他嘲讽莫斯克拉面对兵少将寡的奥万多防御不力，结果凭空让自己多了一个因遭受羞辱而怀恨在心的仇敌。[6]他的想法也逐渐与"解放者"出现分歧，后者不需要一个行伍出身的下属对自己指东道西，劝自己辞去职务或者接受宪法。玻利瓦尔急于向秘鲁推进，但又不愿重走那些在他1822年的记忆中令他饱受磨难的重重关口，于是他决定与反叛的奥万多进行谈判。他招募了两位教士前去招降，表示可以赦免放下武器的叛军，而奥万多也派来两名特使为自己传话。双方于3月2日在贝鲁埃科斯（Berruecos）附近马约河（Río de Mayo）的一座桥上会面。玻利瓦尔冒着风险，不带部队，自身安危任由奥万多决定，并与后者并辔骑行了一夜。如同雌鹿与美洲豹同行，玻利瓦尔沉着冷静，与奥万多达成了协议。3月9日，他对乌达内塔说道，"我们至少在帕斯托城内，民众和奥万多的接待也算不错，根据现在显露的种种迹象，他迟早会成为我们的好朋友"。[7]事实上，情况并非如此。奥万多接受了玻利瓦尔的条件，让后者的军队安全通过波帕扬与帕斯托，然后向南穿过厄瓜多尔，但他的交换条件也很离谱：他自己要晋升为将军，还要免除帕斯托一年的兵役。玻利瓦尔随后得知苏克雷在塔尔基（Tarqui）打败了秘鲁人,马上意识到自己让步太多了。而寡廉鲜耻的奥万多,此时也立马表现出与玻利瓦尔重归于好的样子,他再也不敢肆无忌惮地辱骂玻利瓦尔,而是低声下气地表达悔意,保证一定会规规矩矩、服服帖帖。[8]

玻利瓦尔对秘鲁政府提出了数项严重指控,特别对后者参与哥伦比亚第三师的叛乱、干涉玻利维亚事务、侵占哥伦比亚边界领土以及拖欠哥伦比亚援助款的行为加以声讨。他拒绝接见秘鲁使节,因为他怀疑对方勾结反对自己的自由派人士;他还发表了颇具旧日言论风格的战斗宣言,声称战争不可避免,责任在秘鲁一方——"南方的哥伦比亚人,武装起来,赶快到秘鲁边界去,在那里等待复仇的时机。我出现在你们中间,这就是战斗的信号"[9]。对秘鲁的统治阶级而言,他们从未对玻利瓦尔的解决方案完全满意过。他们自认为是管理秘鲁生活和劳力的专家,掌控着山区的印第安人和沿海的黑人。他们的将领都盯着边境地带,因为认为那里的安全不够稳固,或者认为现在的划界侵犯了秘鲁历史上早已确立的领土主权;他们还对失去瓜亚基尔一直耿耿于怀。1828年,阿古斯丁·加马拉(Agustín Gamarra)将军陈兵玻利维亚边境,丘基萨卡的投敌者于4月18日在军营发动叛乱,苏克雷身负重伤。加马拉在4月底入侵,苏克雷被迫辞职,并不得不把他的哥伦比亚部队撤回国内。在北部,此时担任秘鲁总统的拉马尔将军采取行动从陆路入侵哥伦比亚,同时派遣一支海军部队封锁了瓜亚基尔。独立战争的斗士、后来愿意在自己的第二祖国厄瓜多尔为玻利瓦尔效力的胡安·何塞·弗洛雷斯将军,把秘鲁人的这些举动视同宣战行为,因此采取行动,保卫瓜亚基尔及与秘鲁接壤的厄瓜多尔诸省。玻利瓦尔任命奥利里为南部的和平特使,负责与秘鲁商谈停战事宜,秘鲁与哥伦比亚的边界问题也在谈判中提了出来。玻利瓦尔实际上希望与秘鲁开战,但他需要时间从哥伦比亚动员和输送一支部队前往瓜亚基尔和南方边境。

奥利里和弗洛雷斯于9月13日抵达瓜亚基尔,他们高调主张和平,并表示愿意就债务和边界问题展开谈判,实际上是为发动战争争取时间。弗洛雷斯需要5000兵力和两个月的动员时间。奥利里认为,军事胜利是和平谈判的最佳筹码。9月19日,受伤的手臂仍在恢复之中的苏克雷从玻利维亚赶来与二人会合,并向他们简要介绍了秘鲁和玻利维亚的局势。总统拉马尔——他被玻利瓦尔尖刻地称为懦夫、野蛮人和叛徒——正在挑起战争,他将秘鲁军队调往哥伦比亚边境,同时,一支由英国籍的乔治·马丁·吉斯(George Martin Guise)海军中将*率领的小型舰队,从海上发起封锁,威胁瓜亚基尔。

苏克雷随后前往基多,于 9 月 30 日抵达,令他宽慰的是,在分别 5 年之后,终于和玛莲娜重逢;他看上去老了不少,身上还有伤,厄瓜多尔强制动员民众参军的迹象令他忧心忡忡,也坚定了他退出公共生活的决心。但战争的阴云正在逼近。此刻,拉马尔仍留在秘鲁北部的军队之中,"夸夸其谈,不做实事"。11 月初,奥利里告知玻利瓦尔,弗洛雷斯前往里奥班巴(Riobamba)**招募士兵,留下英国人约翰·伊林斯沃思(John Illingsworth)将军——当地人都叫他伊林洛特(Illingrot)——在瓜亚基尔坐镇指挥。这个英国人对吉斯的炮轰给予了有力回击,使那位海军中将中弹身亡,奥利里称赞他是"勇敢而出色的海军战士"。[10] 敌军舰队随后中断了袭击,瓜亚基尔幸免于难。对所有相关势力来说,与秘鲁作战都是一个经济难题。苏克雷 9 月前往基多途中就曾有过汇报:"我不断听到强烈反对与秘鲁作战的呼声,因为它可能会将国家置于危险境地,而且贫困也会席卷而至,先是强行征缴骡子、马匹、马铃薯、小麦与牛,然后就是冷血无情地抓壮丁,不仅针对无业游民与单身汉,也包括那些拥有家庭的父亲。"[11] 苏克雷自己的家庭也在战争中被课以重税,这加深了他的怨恨和个人的经济困境。

玻利瓦尔的事业蓝图面临的危机暴露出高层玻利瓦尔支持者之间明显的紧张关系,当齐聚于瓜亚基尔之时,他们的个性发生了碰撞与冲突。谁的地位更高?谁的战斗履历最佳?谁说的话"解放者"最能

---

* 乔治·马丁·吉斯(1780—1828),英国海军将领,秘鲁独立战争期间加入智利和秘鲁海军,被任命为海军中将(vice-admiral),后在海战中阵亡。
** 里奥班巴,厄瓜多尔中部城镇。

听得进去？苏克雷头脑冷静、出类拔萃，不喜奉承，不久以前在战斗中负伤，已经准备好在领袖位置上全情投入，也是众所周知的个性敏感之人。弗洛雷斯是一个委内瑞拉帕尔多人，懂得需要与玻利瓦尔相互奥援，他更像一个被野心驱使的机会主义者，而且和苏克雷关系并不密切。他们两人都与基多贵族联姻，但苏克雷本就出身于一个家境更为优越的家庭。奥利里是位列第三的玻利瓦尔党人，他是个外国人，还是一个永远忠诚的仆人，此时他已被玻利瓦尔视为知己，并成了后者的助理，能够坦率汇报另外两人的情况。在《回忆散记》（*Detached Recollections*）里，奥利里高度评价了苏克雷——"哥伦比亚最优秀的将军，才华横溢、头脑明智之人，比大部分公众人物更为杰出"，至于弗洛雷斯，则称他是"一个才能不俗的浑蛋"，评价不高。[12]三人之间在施政方针上也可能存在分歧。对于秘鲁，苏克雷不像另外两人那般好战，他坚信战争会阻碍哥伦比亚走向稳定的进程；奥利里则在大多数问题上持强硬态度。他们都一门心思地盘算着玻利瓦尔未来的事业。军营里很可能有不少闲话和流言，还有私底下对玻利瓦尔的看法，这些看法不会让他们忠诚度下降，但要比他们公开表达的观点更加尖锐。

正式与非正式的交流，似乎都反映在了奥利里笔下。在《回忆散记》里，他述及苏克雷，"他曾经是玻利瓦尔将军的崇拜者，直至在丘基萨卡负伤。自那以后，他就对玻利瓦尔恶语相向，指控后者是哥伦比亚所遭受磨难的罪魁祸首"。1828年10月，三人在瓜亚基尔晤谈之后，奥利里致信玻利瓦尔，称自己与"您的一个好朋友"弗洛雷斯相处良好，但他与苏克雷的关系则不太融洽，后者当时对政府强制征收军需物资的政策提出了批评。"苏克雷将军曾是我的朋友，但我不必也不愿与一个使用不体面手段为自己争取支持者的人保持友谊。我曾想写一封态度强硬的信给他，但后来还是决定不跟他正面冲突，这样在他和弗洛雷斯出现纠纷的时候还能居中调停。鉴于苏克雷的所作所为，切望阁下从速到来；如今这些地方比往日任何时候都需要您。"[13]爱尔兰人莫名其妙地介入，也反映了当时玻利瓦尔阵营内部关系紧张。后来，在哥伦比亚危机期间，"解放者"的力量有所削弱，奥利里曾要求不要安排自己去东北边境听命于苏克雷,希望能独立行动,但他最终还是服从了玻利瓦尔的决定。[14]

玻利瓦尔早已下了决心,南方需要由他坐镇,一方面是要抵御内外安全面临的威胁,另一方面显然是出于消除高层同僚之间的猜忌、厘清他们各自职守的考虑。离开波哥大之前,他曾派遣特使前往基多,会见苏克雷,传达令后者感到宽慰的友善口信:"这些文件中包含任命你为南方最高长官的委任状。我所有的力量,无论是为了正义目的还是邪恶目标,都交给你支配。无论是发动战争还是守卫和平,拯救南方还是失去南方,你都是它命运的主宰者。我把一切希望都寄托在你身上。"[15]玻利瓦尔早就领教过他的这些同僚的狭小气量。他很清楚,他的这一任命会刺激到有反战情绪又渴望引退的苏克雷,同时还会引起他人的忌妒,尤其是好战又觊觎指挥权的弗洛雷斯。他还建议苏克雷把他的口信转达给弗洛雷斯和奥利里,"让他们知道我已经把我西蒙·玻利瓦尔本人的安危托付给了你。是的,我亲爱的苏克雷,除了你的美德和我的幸运无法分享,你我已不分彼此"。对弗洛雷斯,玻利瓦尔则坚称,"我不会剥夺你一丝一毫的荣耀,因为在这样的艰难岁月里,荣耀不可多得。我任命这个接班人,也是为了让你免遭灾祸,我也奉劝你,像我们其余众人一样,要向现实低头"[16]。

苏克雷又一次屈服于命运,盘算着如何以最佳战略对付秘鲁人。他不得不做出抉择,要么打击秘鲁人在帕斯托边境出没的盟友奥万多,要么在南方对主要敌人发动攻势。接下来,他还得避开瓜亚基尔周边的大雨与洪水,选择一个适合作战和补充物资的地点。他在塔尔基平原一带设计了经验老到的作战方案:他让弗洛雷斯和自己的部队在昆卡驻扎,又从瓜亚基尔调回伊林斯沃思,让后者自多勒(Daule)向北发起游击作战。1月27日,苏克雷在昆卡与哥伦比亚军队会合,2月21日,他在塔尔基率领一支1500人的队伍和一支骑兵中队,对阵敌军5000人的步兵部队。[17]玻利瓦尔的指挥官们以往被掩盖的一些矛盾在塔尔基显现出来,在战斗中,奥利里一度陷入两难境地,不知道是听命于苏克雷还是服从弗洛雷斯,二人都命令他率其所在营向前推进。[18]经过两个小时的战斗，秘鲁一方有 1500 人阵亡，此外还有 1000 人受伤被俘或逃离。这是苏克雷打的又一次胜仗，也是以战促和又一个典范战例：因为严格奉行追求公平正义的处世原则，反对以暴易暴。在 2 月 28 日签署的《希隆协定》(Convention of Girón) 中，苏克雷只是坚持，在秘鲁军队撤离哥伦比亚领土之后应该签订一份条约。苏克雷将指挥权交给了弗洛雷斯，自己则返回基多向玻利瓦尔汇报，告知后者仗已经打完了，实际上战争也已告结束。苏克雷疲惫不堪，唯一希冀获得的回报就是让他不再指挥部队、卸任所有公职。"南方军队发起的这场历时 30 天的战役，扫除了秘鲁两年以来的威胁，一场两小时的战斗，足以令我们 1500 人的武装战胜秘鲁所有部队。"[19] 而他的内心想法并不那么乐观。他最不愿意看到的影响哥伦比亚政局稳定的情况，以及他对部队纪律日益松弛的担忧，都在塔尔基战役中体现出来。这也坚定了他与"解放者"一道追求建立强大政府的信念。[20]

在即将抵达帕斯托之时，玻利瓦尔接到了苏克雷引退的请求。他自己也为哥伦比亚担忧不已，因为他即将面对另一次危机。怀着悲观的心情，他撰写了一篇独具个人风格的政论文章，拟在报刊上公开发表，并分发给他的盟友们传阅。"在美洲，并无诚信可言，在美洲各国之间也没有诚信。条约形同废纸；宪法仅仅是书册而已；选举意味着无数的争斗；自由造成混乱无序；生活就是水深火热的折磨。"美洲人错在何处？"你们爱上了自由，因她的巨大魅力目眩神迷。但是，自由与女人的美丽一样危险，所有人——出于爱恋和虚荣的目的——都想引诱和追求她，你们没能让她保持从天而降之时的天真与纯洁。权力，人类权利的天生之敌，激起了国家各阶层的个人野心。"[21]

来自瓜亚基尔的阴郁念头

在帕斯托与奥万多达成协议之后，玻利瓦尔获知了苏克雷在塔尔基之战取胜的消息，并收到了他的引退请求。他知道，马放南山还为时过早，因为他无法信任那些秘鲁人，也不相信帕斯托传来的捷报是最新消息。4月，他又马不停蹄赶往基多，与苏克雷会面。在分别三年有余之后，这是一次令人动情的重逢。玻利瓦尔满足了苏克雷卸任公职的愿望，尊重他们一家安静等待第一个孩子降生的渴求。但南方仍然需要铁腕治理，因为他对秘鲁人的怀疑很快被印证：那些人无视《希隆协定》，并未撤出瓜亚基尔，宁可诉诸战争手段解决争端。他从波帕扬调来一个师，该师隶属科尔多瓦，但由他本人亲自指挥，因为在玻利瓦尔眼里，只有一个苏克雷，无论是弗洛雷斯还是科尔多瓦都没有资格接替他的位置。奥利里被派往波哥大，向诸位部长汇报南方的情况。

由于局势尚不稳定，玻利瓦尔决定留在厄瓜多尔，并在6月奔赴瓜亚基尔，他仍然是大家的领袖，仍然是一个勇敢的战士。当然，他不必真的上阵拼杀。6月初，加马拉推翻了拉马尔政府，把拉马尔流放至危地马拉，后者死在了流放地，玻利瓦尔对此毫不惋惜，他把拉马尔形容为"长着老虎爪子、不知餍足地吸食美洲人鲜血的披着驴皮的蠢人"[22]。玻利瓦尔以咄咄逼人的气势，熟练地指挥部队向秘鲁的防线推进，令秘鲁人胆战心惊。他们判断，要证明与哥伦比亚作战的正当性，代价过大，应该避免与玻利瓦尔大规模作战——最好达成协议。双方特使商定在皮乌拉（Piura）*签署休战协定，加马拉在7月10日签字同意；而在玻利瓦尔签字之后，秘鲁将会把瓜亚基尔交还给哥伦比亚。这一和平协定最终于9月22日完成签订。7月21日，玻利瓦尔进入瓜亚基尔，民众欣喜若狂，游行欢庆，毫无疑问，加拉伊科亚家族的年轻女性也对他的到来热烈欢迎。苏克雷警告玻利瓦尔，不要信任"两面三刀的"加马拉，但和平局面似乎得以维持。7月10日，玛莲娜生下了女儿特雷西塔（Teresita），苏克雷几乎是带着歉意向玻利瓦尔报告，他没能得到一个可以成为战士、为国效力的儿子。苏克雷本人已不再需要军事指挥权了，但他不想把哥伦比亚交给自由派摆布，因此报名参加制宪会议选

---

* 皮乌拉，秘鲁西北部城市，与厄瓜多尔相邻。

举。消息从哥伦比亚各地的将领和友人那里传来时,"解放者"也正面临个人问题的挑战。

在瓜亚基尔,玻利瓦尔患上了重病,他自称症状是肝脏不适,但实际上是并未确诊的结核病恶化。哥伦比亚的梦魇又开始折磨他,他预见到这片大陆即将陷入混乱无序。幻灭的日子指日可待。他又做出了近年来不止一次做出的决定——是时候辞去职务、退出公共事务了。他的盟友们之前已经反反复复听过他的这番表态,但苏克雷这一次的反应却是沮丧与焦躁,因为这个决定让当时的政策与未来的前景充满了变数。苏克雷指斥玻利瓦尔在危急存亡之际、最需要他力挽狂澜之时抛弃国家,这种做法会被视为临阵脱逃,会在他的从政履历上留下污点:

> 诽谤你的人过段时间就会闭嘴;但当务之急,每个理智之人都会赞同的第一要务,就是为国家奠基定制,让诸项事务步入正轨,稳定运行。除了此事之外没有什么配得上你的雄才伟略。在国家危机四伏之际,仅仅为了证明自己公正无私就甩手不干,这样的举动并不符合你的品性;况且,坦率地说,世人只会认为这是你耍的一个把戏,目的是在双方随后爆发冲突的时候,当千万刀斧要把祖国撕裂之际,你就可以被请出山,充当救世主和调解人。[23]

有苏克雷在身边,玻利瓦尔就不会缺少逆耳忠言。8月,玻利瓦尔对权力感到厌倦,对宪法心生幻灭,他向奥利里提出一个想法,让后者转达给波哥大的立法者。他提出的想法是,他自己不担任任何固定职务,而是像总统一样,集问题解决者和政策执行者的角色于一身,为哥伦比亚带来和平与自由,为自己带来更多荣耀。"上天可鉴,奥利里,为了哥伦比亚也为了自己,我才提出这一想法,向立法者和每一个人提出建议。"[24]他是在开玩笑吗?对于玻利瓦尔,很难说清。

然而,嘲弄挖苦却是他的拿手好戏。他对莫斯克拉慨叹当时联邦主义的盛行:如果那就是人们想要的,就让他们拥有好了。"他们不需要君主制,也不想实行总统终身制,更不要说贵族世袭制了。所以他们为何不尝试一下无政府状态，淹没在一片喧嚣和狂欢的汪洋大海里？它广受欢迎，并且可以是最好的解决方案，因为它也符合我的座右铭——最高统治者必须绝无过错。"[25]"人们无权将我钉在十字架上，"他补充道，"如果只是十字架，我还能耐心忍受，以之为我最后的痛苦。耶稣基督在凡世忍耐了33年，而我已经忍耐了超过46年。最糟糕的是，我可不是一个无动于衷的上帝；如果我是，就能永远忍耐下去。"

从8月2日至13日，玻利瓦尔在瓜亚基尔不得不卧床休养，此后一直身体虚弱。到了8月底，他住进瓜亚斯河（River Guayas）上一座小岛的一所乡间别墅，距离城市大约一英里，声称自己正在康复。[26]但是，他无法接受在此之前一直积极入世的生活变得平淡无味、了无生气。在他所写的内容最坦诚的一封信里，他向奥利里敞开心扉，透露了自己在个人生活上的焦虑情绪和对政治现状的忧虑不安，令人想起他那些颇具历史价值的言论。[27]此时的他是严肃真诚的。在连续20余年的操劳之后，他身体累垮，过早衰老，没剩下什么可以奉献的了，只能怀着可怜的乐观主义——"活上四到六年光景了"。至于政治前景，有些方面还是打下了不错的基础——他们击败了秘鲁，在国内挫败了无政府主义者。然而，如果目前的当政者们年华老去，他个人的权威也不复存在，那将是怎样一番光景？哥伦比亚的广阔幅员要求政府迅速做出反应，以防止潜在的隐患酿成灾祸，而他也只能预测两件事，而且没有哪一件对国家有益：

> 皇室的威权或一体联盟是适合统治这片广阔地域的仅有形式。我甚至无法想象在一个基本上实行民主制度的国家里建立王国的可能性。下层人士与人数众多的阶层，要求给予他们理应无可辩驳地享有的权利。在物质占有不平等的地方，法律面前的平等必不可少，以求在某种程度上纠正自然的不公。此外，谁将成为哥伦比亚之王？在我看来，没有人可以。

在对君主制——一种新型暴政，政府花费巨大的新型贵族制政体——带来的后果提出警示之后，玻利瓦尔轻蔑地驳斥了这种"妄想"。但他仍然不喜欢联邦形式的政府。"这种制度不过是有组织的无政府主义，或者说，充其量是一项暗含分解与毁灭国家及其所有成员之义务的法令而已。在我看来，南美洲与其采用美国的政府形式，还不如遵奉《古兰经》，尽管前者是世间最好的政府形式。"哥伦比亚领土广袤，民众愚昧无知，其体制比欧洲模式需要更大权力，但事实上，这些权力几乎不足以统治一个省份：

> 制宪会议必须在两种路线里选择其一，它们也是当前形势下仅有的路线：1）分离新格拉纳达与委内瑞拉；2）建立一个强有力的终身执政的政府。……哥伦比亚必须忘掉一切实际的幻想，做出抉择，因为我无法统治下去了。这些都是事实，我们必须面对困难。为了任命一个我的继任者，制宪会议会怎么做？他会是新格拉纳达人还是委内瑞拉人？是军人还是文官？……军队一直用武力统治吗？文官不会抱怨军人的专制吗？我承认，现存的共和国只能用武力统治，与此同时我还赞同，军人精神与文官统治并不相容。制宪会议将被迫返回到分裂国家的议题上，因为无论他们选择谁当总统，都会遭到质疑。

哥伦比亚别无出路，只得尽己所能，建立一个与其领土面积和居民特征相称的中央集权制度。

1829年9月底，与秘鲁签订了和平条约，玻利瓦尔离开瓜亚基尔，踏上缓慢北上的行程，他回想起写给奥利里的信，仍在思索着自己的未来。"我对你所言，是严肃的，尽管未曾说出来，我的意思是请保密。"在途中，他的心事越来越多。奥利里在麦德林镇压叛乱之时，收到了9月13日那封决定性的信。玻利瓦尔的忧郁令他难过，他恳求领袖不要放弃；尽管1826年以来的这些年里出了不少反叛者，但他仍有许多忠实追随者，得到民众的广泛支持。奥利里决心彻底消灭乔科金矿叛乱的残余分子，"我们必须切断那些无耻黑人的喉咙"[28]。

君主制的朋友，共和国的敌人

1829年4月末，奥利里抵达波哥大，他发现了两个新闻之中的女人：一个是曼努埃拉，她过着活跃忙碌的社交生活，招揽外国使节参加她的聚会。另一个是桑坦德的情妇——拉尼古拉萨（La Nicolasa），情人蒙受耻辱的打击令她焦躁不安，她希望自己由于个人原因被驱逐出去，这样她就能够以一个殉道者的身份离去，而不是因为与副总统通奸。[29] 更让奥利里感到不祥的是，他还发现政府正在积极推进建立君主制的计划，并与法国和英国派遣的代表展开了讨论。他不断向玻利瓦尔汇报事态进展，连小道消息也一并汇报。一些部长告诉他，共和制度让国家陷入衰败，对玻利瓦尔的行刺震撼了每一个人，有必要进行彻底变革。"他们告诉我，在事态有进展之前，还不准备与玻利瓦尔将军商讨，因为他们担心他会反对这一计划。"他们征询了派斯的意见，但派斯对这个想法抱敌视态度，他的建议是推迟实施这一计划。布里塞尼奥·门德斯和苏布莱特都强烈反对，他们预计这只会送给玻利瓦尔在委内瑞拉的敌人一个发动革命的口实。蒙蒂利亚也认为时机并不成熟。自由派对此的反应当然是怒不可遏。但政府部长们却鲁莽地坚持这一计划，乌达内塔就是最坚定的支持者之一。他们的打算是，玻利瓦尔既不加冕也不退隐，而是仍然顶着"解放者"的头衔担任政府首脑，在他死后，一位外国王子将会继任。奥利里一直感到纳闷儿，不知道实行君主制的想法是来自波哥大还是源于外部，但到了9月初的时候，他告知玻利瓦尔，这一计划在波哥大被视为理所当然，没有明显的反对声音。连他自己似乎也被支持君主制的论点所劝服——君主制将提供稳定与保障，博得军队和教会精英的支持，既可以挫败自由派，又可以打消外国投资者的疑虑。根据波萨达·古铁雷斯的说法，"采纳这一计划并将其透露给新闻界加以公开讨论的，主要是内阁部长会议的成员们"。他又补充道，他们"没有事先向'解放者'征询意见"。[30]

其实他们征询了玻利瓦尔的意见，但没有得到明确的回应，无疾而终。1829年4月，当时还在基多的玻利瓦尔重申了他此前的建议——若接受英国的保护，哥伦比亚将会从中受益。这一推断反复出现于他关于美洲统一的思想主张之中，此刻他又向内阁再次提出了这个建议。一石激起千层浪。部长们让法国和英国代表加入了讨论。1829年4月8日，雷斯特雷波告知玻利瓦尔，部长们正在探讨一项宪法计划，为召开制宪会议做准备，并得出结论，西属美洲需要变革宪政制度："世袭继承很有必要，一切都由此而来。困难存在，但并非不可逾越，这要依靠您和军队的支持。"5月6日，玻利瓦尔答复："我完全赞同，变革西属美洲的宪政制度绝对必要，这样才能巩固美洲自身；而且，我也相信，困难的确存在，但并非无法克服。"[31]雷斯特雷波将讨论更进一步，提出了引入外国王子的打算："很高兴您赞同有必要变革宪政形式……关于继您之后上台执政的王朝，会遇到一些小麻烦，其家族必须世袭王位……看来，我们，也就是您的朋友们，应该提出这一计划，而您在表面上应该做一个局外人，但也不能反对这个计划。"他还提及，制宪会议必须同意这一变革，这无疑是另一个"小麻烦"。[32]

7月，传来了玻利瓦尔决定辞职的消息，这令部长们不知所措。如果没有玻利瓦尔的合作，这些人怎么继续推进计划呢？他们本以为他会合作。他们必须得到玻利瓦尔的明确指示。[33]玻利瓦尔向英国临时公使帕特里克·坎贝尔承认，坎贝尔所提及的举荐一位欧洲王子作为继任者的计划，并没有完全让他感到吃惊，因为此前已经在某种程度上向他传达过这一想法，尽管隐晦又慎重——"因为他们知道我的思维方式"。但他对坎贝尔的话有所保留，态度也基本上是使用外交辞令的口吻。他本人并未参与其中，因为已经决心在下一届国会辞职。他指出了这样一个计划面临的无数困难和存在的诸多缺陷，点明了如果选择波旁家族，英国会有怎样的反应。"所有美洲的新生国家，还有美利坚，这些似乎是上天指定以自由之名令美洲遭遇苦难的国度，不会反对这一计划吗？"每个人都会与可怜的哥伦比亚为敌。[34]但他保留了最后意见，不愿放弃那个在自己头脑中时时浮现的想法。一个月后，他致信奥利里，挑明了自己的态度："我甚至无法想象在一个基本上实行民主制度的国家里建立王国的可能性。"[35]

哥伦比亚的通信业务还不是太糟糕，这一类讨论得以保密。无论如何，雷斯特雷波和他的同僚们在沟通中贯彻了明晰透明的原则。听说了这个君主制计划后，政治煽动家何塞·马里亚·科尔多瓦将军离开了波帕扬，返回故乡安蒂奥基亚，他宣布自己支持自由主义，并对玻利瓦尔提出谴责。自4月以来，科尔多瓦就一直被怀疑，他的政敌莫斯克拉报告说，他与手下军官私下勾结，指摘玻利瓦尔及其政策。前往波哥大的途中，奥利里在帕斯托停留，他与科尔多瓦进行了晤谈，后者自安戈斯图拉国民大会时期以来就是奥利里的朋友；科尔多瓦否认了自己对"解放者"怀有任何敌意，他只是与包括奥万多在内的同僚谈起了玻利瓦尔身后哥伦比亚统一的前景。[36]奥利里将科尔多瓦——以及帕斯托政权——视为安全隐患，自6月起，他对"解放者"的预警就愈加紧迫，其时波哥大政府力量薄弱，只有乌达内塔将军施以"恐怖"统治才能维持法律与秩序。[37]9月，在一份内容杂乱的宣言中，科尔多瓦谴责玻利瓦尔的专制主义，认为他欺骗哥伦比亚民众、将人权抛诸脑后、在奥卡尼亚国民大会上采取威胁恐吓手段、背叛了宪法。这个反叛者敦促哥伦比亚人民挽救19年来付出牺牲换来的自由，摆脱新的奴隶制度。[38]他宣称，玻利瓦尔希望如同"绝对主人一般统治共和国，不受任何合法权威的约束"，他有义务拒绝玻利瓦尔的专制统治，恢复库库塔宪法。9月25日晚上，在谋刺"解放者"一周年之际，传来了科尔多瓦发动叛乱的消息。街道莫名其妙地空空荡荡，可能是由于人们对那次事件的记忆，也有可能是源于迫在眉睫的危机。傍晚时分，奥利里在市中心散步，虽然天气不错，但几乎看不到几个行人。随后，麦德林的消息传来，一切都改变了。军队全副武装，第二天，国防部长乌达内塔命令当时已是将军的奥利里，率领一支700人的作战部队攻击叛军，重建秩序。

科尔多瓦的叛乱规模虽小，但令玻利瓦尔震惊，因为他认识到，自己握有兵权的昔日门徒已经"成为分裂和反叛的布道者，并且在寻求派斯的援助以及与英国驻波哥大领事的合作"。他还致信苏克雷："他*给你列了不少罪名,其中一条是说你希望自封为秘鲁的国王!你怎么看待?至于我,一切罪名我都有份儿,所有恶行都和我脱不了干系;然而他们仍然需要我继续统治。仅仅因为我们的出身——白人和委内瑞拉人——我们就永远是生而有罪的。背负了这些罪名,我们永远无法统治这些地区。"[39]玻利瓦尔向乌达内塔下达命令,调集部队包围叛军,以防止叛乱蔓延至哥伦比亚其他地区。他还计划向北进军。此时他的情绪在乐观与绝望之间左右摇摆。国会只能根据其所认为的最优决策行事。他也接受了国会的做法,因为正如他跟苏克雷所说的,"我也是一个自由派;没人相信,但这是真的"。

奥利里将科尔多瓦引至麦德林东面的桑图阿里奥(Santuario)战场。10月17日,当奥利里率军迫近之时,反叛的科尔多瓦认出了他,上前搭话,但当科尔多瓦试图"引诱"奥利里的安蒂奥基亚人(antioqueño)部下临阵倒戈时,奥利里结束了对话。在随后的交战中,双方缠斗了两个小时,叛军不是正规军的对手;科尔多瓦作战勇猛,但负了伤,躺在一间房子的地板上躲避,奥利里下令对房子发动猛攻。鲁珀特·汉德(Rupert Hand)上校是英国军团的爱尔兰老兵,有暴力侵害他人的劣迹,他发现俯卧在地板上的科尔多瓦后,冷酷地刺出两剑,杀死了后者。奥利里没有告诉玻利瓦尔这些细节,尽管他当时似乎就在现场,甚至可能跟那个"可怜的魔鬼"有过对话。他报告说,科尔多瓦之死,是尽了为玻利瓦尔报仇和捍卫他个人荣誉的本分。[40]他提醒玻利瓦尔:自己一段时间以前曾警告过玻利瓦尔要提防叛乱,而后者没有重视他的这一判断;科尔多瓦愚蠢透顶,是个失败者,除了勇猛善战,就没什么可取之处了。[41]怜悯在革命之中没有一席之地,即使这件事让汉德的指挥官奥利里心有不安,这种不安也没有显露出来,更没有阻碍他任命杀人者参与接下来在乔科的行动。1831年,由于奥万多的挑拨,汉德被逮捕,并被指控犯了谋杀罪。汉德被判处死刑,但他成

---

* 指科尔多瓦。

功越狱，逃到了委内瑞拉。在委内瑞拉，汉德又逃过了被引渡的命运，后来成为加拉加斯大学的第一位英文教授。[42]

科尔多瓦的叛乱平息之后，问题仍然存在：玻利瓦尔屈服于诱惑了吗？他是愿意成为国王，还是希望与君主制国家合作？得知叛军被击败之后，部长们又回到了实施君主制计划这个议题上，并正式将改变政府形式的意图通知了他们在法国和英国的代理人。此刻，是时候将发生的事情知会玻利瓦尔了，外交部长致信玻利瓦尔商讨这一问题。玻利瓦尔在波帕扬写了回信，信中强烈表达了他对同僚们的不满，认为他们步子迈得过大了。1829年11月22日，他致信内阁部长会议，认为他们的协商与政府召集国会的政策相抵触："他们褫夺了国会的重要职能，即召开会议商讨组建国民政府"，他还警告他们，"你们现在应该暂停与法国和英国政府的一切谈判"。在给乌达内塔的私人信件里，他措辞较为委婉，但仍坚持认为"我们介入过多，不应该更进一步，要让国会履行职责"。而在国会，"任命总统要比任命王子更容易"[43]。这与他在整个事件之中的反应是一致的，他的动机是将宪法变革引向他最青睐的目标——建立更强大的政府，这个政府或许是独裁制的政府，但并不局限于君主制。他应雷斯特雷波之请"环顾西属美洲"，但并未表示他倾向于建立君主政体。玻利瓦尔的兴师问罪在波哥大引发了轰动。部长们递交了辞呈，并坚持认为他们不过是按照玻利瓦尔的指令行事。然而，玻利瓦尔唯一明确的指示就是寻求一些欧洲势力的保护，因为他考虑到，如果没有这些势力的支持，国家就无法维持独立地位。[44]

1829年的这几个月里，玻利瓦尔的领导力在两大领域遭遇了考验。南方的军事行动结束之后，他马上就遭遇了哥伦比亚其他地区政治混乱的考验，包括要处理一个并非由他制订的君主制计划。任何领袖在通盘考虑一个决定或政策、一次又一次改变路线、掂量截然相反的选项、决策过程中突然改弦更张的时候，都会理解这种行事风格并非自相矛盾，也不是表里不一，更不是反复无常，而是做出结论和采取行动的合理方式。这就是玻利瓦尔在1829年的做法，在他的一生中面临其他危机时，他也是这样做的。此时，他已经解决了上述难题，他任命了一个新内阁,暂停了与布雷松(Bresson)*和坎贝尔的谈判。他明白,政治自由派及其拥趸仍处在战斗状态,在他那个时代的哥伦比亚,即使仅仅提及"君主制"这个词,也是十分危险的。

率众出走

科尔多瓦的反叛令委内瑞拉反对派受到鼓舞。派斯不再优柔寡断,下定决心采取行动,使国家脱离联邦。自10月28日消息传至加拉加斯那一刻起,玻利瓦尔的敌人们就围住派斯,对叛乱消息夸大其词,利用关于君主制的争议大做文章,并鼓动他们的考迪罗抓紧时间令委内瑞拉彻底变革。在这个关键时刻,由于判断力或许因孤立和疾病而受损,玻利瓦尔白白让政客和考迪罗们占据了优势。对于纯粹根据他的个人意志制定的解决方案,由于各方不能达成共识,他决心向民众征求意见。1829年10月16日,内务部公布了玻利瓦尔于1829年8月31日发出的通函,内容是授权——其实是命令——召开公众大会,参会公民可以就新型政府和哥伦比亚的未来机构发表意见。[45]召开此大会需要国会决定,但当选代表不能以自由代理人身份出席国会,而是要有书面授权才能出席。因此,玻利瓦尔寻求人民意志的支持,并承诺无论对自己有利与否都会受人民意志的约束。[46]不过,人民可以自由表达意志吗?考迪罗们不会控制或胁迫与会者吗?玻利瓦尔最亲密的朋友和顾问们都对这一程序设定持严重保留态度。苏克雷自基多发出警告,这是在疏远理性且占据多数的公民,也在鼓动激进分子,他劝告玻利瓦尔将其简化为请愿之权;否则,赋予其发布有约束力的指令之权,将令地方的装腔作势得以复苏。[47]

事实上,分离主义者立即利用了这些会议来获取他们想要的民意。

---

* 布雷松,指当时法国驻哥伦比亚的外交官夏尔-约瑟夫·布雷松(Charles-Joseph Bresson,1798—1847)。布雷松自青年时代就奉命出使哥伦比亚等地。

代表们并不能阻遏地方军阀。1829年在加拉加斯召开民众公开会议的前一天晚上，400位公民和地主领袖在考迪罗阿里斯门迪的宅邸集会，其他将军当时也在场。这次集会在只有两个人——雷文加与地方长官克莱门蒂——持有异议的情况下宣告赞成委内瑞拉独立、反对玻利瓦尔，这次集会为次日在圣方济各教堂举行的公开会议开了个头。[48]另一个施压案例来自小镇埃斯库克（Escuque），当地民众向派斯将军投诉，反对特鲁希略军事长官塞加拉（Cegarra）在当地的倒行逆施：

> 甚至在民众集会这样的场合，他（塞加拉）的傲慢自大也显露无遗，因为他坚持不让公民们就会议上讨论或达成一致之事签名，却非要让他们在其闭门起草的各类文件上签字，并用暴力威胁那些拒绝服从的人。先生，这是自由吗？如果民众在集会之时，看到一队骑兵或一伙燧发枪士兵在主广场列队，他们还能畅所欲言吗？如果塞加拉先生希望我们签署的文件包含公正合理的申诉，那么我们就可以在适当时候表示赞成。然而，要求我们接受对玻利瓦尔将军的大量侮辱、谩骂与无礼，似乎并不恰当，因为我们一贯相信，我们可以拒绝他的权威，但也尊重他。[49]

发生的这一幕幕表明，玻利瓦尔面临的问题十分棘手。委内瑞拉大部分城镇和地区宣布脱离哥伦比亚而独立，它们支持派斯，反对玻利瓦尔，后者被视为暴君或是更凶恶之人，明显比地方上的独裁者更为糟糕，因此大多数民众希望独立。玻利瓦尔热切追求的"民众愿望的不受束缚的表达"，变成了辱骂与抗争的激流，而哥伦比亚的制宪会议也未能做出更好的承诺。1829年11月，委内瑞拉人已经在谈论退出哥伦比亚的话题，他们认为，"委内瑞拉不应该再与新格拉纳达和基多组成联邦，因为适合那些国家的法律并不适合我们，我们的风俗、气候和物产完全不同；还因为政府对大片地区的治理已经丧失了管控力度与活力"[50]。12月1日，派斯告知玻利瓦尔，"委内瑞拉人对与波哥大组成联邦怀有发自内心的仇恨，他们已下定决心分离出去，不管做出多大牺牲也在所不惜"。他会暂时按兵不动，但也希望玻利瓦尔能够意识到分离不可避免，向即将召开的制宪会议建言献策，否则他无法为后果负责。对"解放者"来说，听凭一个粗俗的考迪罗对自己颐指气使，真是太痛苦了！他为委内瑞拉传来的"可怕消息"和祖国的罪恶陷入绝望，而他的祖国甚至没有给他一个主动辞职的选择。"我从未像现在这样经历这般痛苦，我渴望这耻辱的生命终结在绝望的时刻。"[51]

在哥伦比亚的政治生涯接近尾声之际，玻利瓦尔得知委内瑞拉和考迪罗们都在对自己口诛笔伐。贝穆德斯发表了一份尖刻的宣言，号召委内瑞拉武装起来反抗玻利瓦尔这个"专制者"、君主制的鼓吹者、共和国的敌人。马里尼奥声称"了解库马纳每一位居民的美德、想法与各自的喜好"，而当玻利瓦尔拒绝在东部任用他后，他立马恼羞成怒。[52]派斯渴求一个独立的委内瑞拉，但独立意味着反对玻利瓦尔。考迪罗主义在这个时候得以发展壮大，因为它与委内瑞拉民族主义利益一致，这也是追求利益与身份的结果。委内瑞拉的考迪罗开始成为掌控当地有限资源的地方头领。战争赋予他们增加个人财富与扩大权力基础的机会。和平给予他们的回报更加丰厚，因此他们决心保住这些利益。考迪罗们放弃了哥伦比亚，原因在于他们是委内瑞拉人，他们下定决心为他们自己以及受他们庇护的金主保住委内瑞拉的资源。考迪罗主义与民族主义互为犄角。最大的受害者是玻利瓦尔。

1830年5月6日，委内瑞拉制宪会议在巴伦西亚召开。派斯从他在圣卡洛斯的总部发出一条消息："怀着尊重与顺从之心，我的利剑，我的长矛以及我的所有军事胜利，都将服从于法律的决定。"[53]这一表态具有双重目的，他提醒立法者，尽管自己声称是"一个普通公民"，但他有平原人的支持，富裕且拥有权力的寡头与他并肩携手，他就是这片土地的最高权威。这次会议使拥有主权和独立的委内瑞拉共和国得以建立，派斯成为共和国的总统和军队司令，在行政和军事上都取得了最高权力。至于玻利瓦尔，则深感幻灭："故国的专制者们夺走了我的故土，我遭到了放逐；如今我没有可以为之牺牲的祖国了。"[54]

委内瑞拉是第一个分离者，却不是最后一个。厄瓜多尔也在寻求着自身的民族认同。这个国家的政治历史不像委内瑞拉那样动荡。委内瑞拉的帕尔多人与梅斯蒂索人野心勃勃，厄瓜多尔的印第安人则逆来顺受，对政治漠不关心；委内瑞拉的上层阶级也比基多的贵族阶层更活跃。但厄瓜多尔也有不满。战争与出口路线的中断已经令厄瓜多尔的工业遭受了重创，而哥伦比亚的自由经济政策却无法为其提供足够保护。这个国家还深受大量征兵、强行借贷和榨取物资之苦。在秘鲁的最后一次战事中，厄瓜多尔还承担了大部分的军费开支，而玻利瓦尔为了给哥伦比亚军队筹集军费，在1828年至1829年榨干了厄瓜多尔的经济。厄瓜多尔的大部分农业土地出产的作物只能勉强维持生计，唯一可以提供商业输出的是可可以及瓜亚基尔的部分造船与维修产业。[55] 波哥大政府对这些问题视若无睹，没有为厄瓜多尔提供税收减免、保护和补贴。其自由主义倾向还让厄瓜多尔统治阶级骨子里的保守被激发出来，他们提出了保留印第安贡赋和黑人奴隶制度的要求。厄瓜多尔人在中央政府及其办事机构缺少代言人，在国内有一种遭受新来的帝国主义者殖民的感觉。外来的解放者由于长期驻留，在事实上变成了一支占领军，厄瓜多尔的文官部门和军事机构的任职人员也都是哥伦比亚其他地区的军人和官僚。1830年5月13日，哥伦比亚南部省份脱离联邦，宣布成立独立的厄瓜多尔政权，由委内瑞拉穆拉托人、因婚姻关系而备受尊敬*的胡安·何塞·弗洛雷斯将军担任总统。没过多久，制宪会议接受了看来无可避免的政治分裂，同意将哥伦比亚一分为三。此前的新格拉纳达独自继承了哥伦比亚的国名。

挥别权力，致敬荣耀

1830年1月2日，玻利瓦尔发起召开制宪会议，因为要从遥远省

---

* 弗洛雷斯的夫人梅塞德丝·希洪（Mercedes Jijón）的父亲是厄瓜多尔的贵族，在当地很有名望。

份赶来，与会代表开始在随后的几周时间里慢慢聚齐。穿越高山、丘陵和平原之后，这些地方领袖齐聚波哥大，聆听联邦最高领袖的讲话。这次会议规模不大，限定参加人员，观念保守；代表绝大多数是律师和军方人员，地方代表较少。[56] 玻利瓦尔于1月15日抵达，自博亚卡进入波哥大，外表貌似一个人形幽灵，他面容憔悴、头发稀疏、行动吃力，内在却依旧头脑清晰、行动坚决。1月20日，玻利瓦尔召开大会，在教堂举行弥撒之后，代表们齐聚大厅；他们对未来几日有着不同期望，但所有人都把"解放者"视为主心骨。玻利瓦尔很快就行动起来。苏克雷当选为国会议长，圣玛尔塔主教何塞·马里亚·埃斯特韦斯（José María Esteves）当选副总统。玻利瓦尔的插手操纵显而易见。但不论有无操纵，这些提名此刻代表了他对教会与国家的理想：苏克雷是他的继承人，主教则为"我们所信奉的神圣宗教"发声。在他向他所称的"可敬的国会"（Congreso Admirable）宣读的咨文中，玻利瓦尔回顾了哥伦比亚近期的问题，为他对内部骚乱和外部侵袭的回应做了辩护，并希望议会成员们未来从严峻局面之中吸取教训。[57] 随后，他音调低沉、语气苦涩地提出了辞职，并告诫国会，不要再试图重新选举他，因为他已无心为自己掌权而投票，尚有其他无可挑剔、足以担任总统一职的人选：

> 只有我被指责是向往专制独裁的野心家。我恳求你们让我免于蒙受可能面临的耻辱，如果我继续就任一个永远无法摆脱野心家嫌疑的职务的话……我怀着敬意将总统职位交付给你们，如何安排悉听尊便。自今日起，我只是一介全副武装的公民，准备着捍卫国家、服从政府。我的公共职责永远结束了。我正式而郑重地将国家投票赋予我的最高权力交给你们。

最后，他以无比坦诚的一段话收尾："虽然我感到羞愧，但我不得不承认，独立是我们以牺牲其他一切利益为代价收获的唯一好处。"

玻利瓦尔已经抵达了自己宪政计划的终点。他还无法彻底放手，在接下来的几周里，他被一个又一个念头包围，脑海里塞满矛盾的想法，还紧紧抓着或许可以从哥伦比亚的宪法废墟之中抢救出点什么的最微弱希望。但什么都没能留下，也无人可以和他比肩。玻利瓦尔失去了健康体魄和领袖权力，但仍是一众平庸之才中的出类拔萃者。如今他最关心的，是为自己的过往经历辩护，以及反驳他的敌人们。建立王国从不是他的意图。权力已经远去。只有荣耀留了下来，他决心守护它。他指示驻伦敦的哥伦比亚代表何塞·费尔南德斯·马德里（José Fernández Madrid），对四处传播的诽谤做出回应：[58]

第一，我从未谋求在哥伦比亚制定玻利维亚宪法；我在秘鲁也不曾这样做。民众和各位部长的做法都是出于自愿。

第二，被安到我头上的任何变节背叛、表里不一、欺诈蒙骗的行径，都是彻头彻尾的诽谤。我的一切言行，都是郑重其事，毫无虚饰。

第三，你应该完全否认我对于爱国者有过任何残忍行径，并宣称，如果我曾在任何时候对西班牙人手段残酷，那也是出于报复。

第四，你可以否认我的任何利己行为，并申明我对大多数敌人都宽宏大量。

第五，你可以明确宣示，在战争期间，我所采取的审慎或理性的行动都不是出于懦弱胆怯。[59] 我实施的所有行动都出于我的精心谋划，我的个人胆量更是功不可没。

由国会提名的委员会负责对玻利瓦尔的咨文做出答复，该委员会推迟了就玻利瓦尔的辞职请求做出决议，要等到新宪法出台和新任领导人就位。玻利瓦尔指定多明戈·凯塞多（Domingo Caicedo）担任临时总统，并前往后者位于城西福恰（Fucha）的乡间别墅休养身体。上门拜访者之中有支持玻利瓦尔的官员波萨达·古铁雷斯，他记述了晚间在草地散步时对玻利瓦尔的印象：

> 他（玻利瓦尔）步履缓慢而疲惫，他声音太小，以至于他不得不费很大的力气才能让别人听到他说什么；他喜欢在蜿蜒穿过风景如画的乡间的溪流之畔散步，他会交叉手臂，停下脚步，注视着溪流，那是生命的图景。"需要多久，"他问我，"这水才能汇入广大的海洋，正如人在坟墓之中腐烂，融入他出生的大地那样？大部分水都会蒸发消失，正像人类的荣耀，人类的名誉。上校，这难道不是真的吗？"……随后，他以颤抖的声音喊道，"我的荣耀！我的荣耀！他们为什么从我手中夺走荣耀？他们为什么诽谤我？"[60]

与此同时，政客们揪住玻利瓦尔执政时期的问题不放，不断煽风点火。国会耗费数周时间讨论新宪法，这让更多政治运动爆发有了可乘之机，派系纷争因之愈演愈烈，玻利瓦尔内心也萌生出诸多矛盾想法——新的不确定性搅扰着他的思想和精神，也困扰着玻利瓦尔的拥趸们。国会是否需要他？民众是否需要他？如果不是他，还会是谁？他甚至还有时间与资历最老的同僚之一乌达内塔争吵与和解。但这都不足为奇。一位世界领袖怎么会突然消失在一个隔音的密室呢？他如何平息批评者的喧嚣，或者如何阻止政客们左右政治？到了4月底，玻利瓦尔清楚，哥伦比亚自由主义者仍然憎恨他，他的朋友们也在观点上产生了分歧，他掌权的时代无可挽回地寿终正寝了。他把所有的质疑和质疑者都抛诸脑后，4月27日，他再次告知国会，宣布放弃总统职位，打算离开这个国家："请放心，为了祖国的利益，我必须做出牺牲，永远离开这个赐予我生命的国家，如此一来，我在哥伦比亚的存在就不会阻碍同胞公民获得幸福。"[61]

筹备召开新一届制宪会议的过程中，也面临着派斯的挑战，他已经宣布委内瑞拉是一个独立的主权国家。但是委内瑞拉人还不能体面地退出联邦。驻军于东北边境的奥利里，拒绝了马里尼奥"傲慢的"挑衅，后者怂恿他跨出一步，越过塔奇拉河。[62]委内瑞拉人中断了在国外效力的军事和文职人员的家属津贴，特别是包括了玻利瓦尔从自己薪水里拨出的津贴。[63]他们阻拦了哥伦比亚特派员苏克雷与埃斯特韦斯主教，令他们在委内瑞拉国土之外的库库塔等候,直至4月中旬委内瑞拉谈判代表抵达,随后他们也是寸步不让。哥伦比亚国会此时意识到委内瑞拉的独立没有谈判余地,不久它也知道了,派斯坚持把将玻利瓦尔驱逐出哥伦比亚作为任何解决方案的前提条件。[64]国会最终接受了玻利瓦尔的辞呈,任命新格拉纳达自由派政治家华金·莫斯克拉为总统。

此时玻利瓦尔希望离开哥伦比亚。最迫切的问题是钱。他能够负担得起吗?玻利瓦尔不是富有之人。他的土地财产因战争期间的查封扣押而所剩无几。他的主要资产——阿罗阿铜矿——成了令他头疼的一大难题,是他最后岁月中的"致命软肋"。1824年,在姐姐玛丽亚·安东尼娅的帮助之下,他将铜矿租给了一家英国公司,赚得了一些收益,但数额不多。自1826年起,他在伦敦的代理人一直在尝试着变卖这一资产,但直到1830年都没卖出去。[65]1823年,国会批准在他的有生之年每年发给他3万比索的津贴,但这笔钱并非绝对牢靠,而且他一直用收到的钱资助奉行玻利瓦尔主义的社会保障事业。他早早就开始变卖他所剩无几的财产,为他的远行筹集资金:他用银质餐具筹集了2500比索;珠宝、马匹和其他财产给他换来了1.7万比索的收入。[66]他启程的时候,随身携带的现钞只有几千比索,还要时时对他的铜矿提心吊胆。

暴民们涌上街头,为玻利瓦尔的离去欢呼庆祝,他们焚烧他的画像,高呼桑坦德的名字。朋友和战士们仍站在他的身边。苏克雷就是其中之一。"就其行事准则来说,"奥利里记述道,"他属于自由派,却不是共和主义者。他对我说过的最后几句话是,'告诉"解放者",集合所有他能支配的军队,不要接受任何人的摆布。告诉他,此刻正是拯救国家的时候,如果他认为君主政体是哥伦比亚所需要的,就让他说出来,他不需要有人支持'。"[67]然而,波哥大的局势已非常紧张。委内瑞拉人部队——600名掷弹兵和180名阿普雷轻骑兵,终于决定背叛不待见他们的哥伦比亚,在玻利瓦尔动身之前就踏上了归乡之旅,他们悄无声息地离开了首都,"军中女眷"("daughters of the regiment")也跟随他们离开。[68]这样一来,玻利瓦尔面临性命之虞。5月8日,他和一众名流政要洒泪告别后启程。政府部长、外交官、在军队和文职部门供职的友人以及外国居民们护送他上路,一直送到城外几英里远的地方。

旅途终点

苏克雷在 5 月 5 日抵达波哥大,三天后他知悉反对玻利瓦尔的示威抗议,立刻赶到玻利瓦尔的住处,但玻利瓦尔已经动身前往卡塔赫纳,踏上放逐之路。

> 我到府上想陪您一叙,奈何您早已动身离去。不过这可能也是好事,因为可以免去道别之际的苦痛。此刻我心情沉重,不知对您说些什么。言语无法表达我灵魂深处对您的感念。我与您相识多年,您也知道,我之所以对您感情深笃,并非膜拜您之威权,而是缘于您的友情。……无论您身处何地,都请您保持心情愉悦。无论您身处何地,我苏克雷都不会忘记您的恩德,一定会竭忠尽智为您效劳。

将要抵达卡塔赫纳的时候,玻利瓦尔接到了苏克雷的信。玻利瓦尔在 5 月 26 日回信,伤感却克制:"您的来信未署日期,但您信中的送别之词令我心潮澎湃。您心痛难平,我又何尝不是,因为我不但与挚友分离,还不得不告别祖国……如此情势,我的心情难以用文字表达,但请收下我的真挚祝福,愿您健康幸福。"[69] 苏克雷在哥伦比亚是仅次于玻利瓦尔的重要人物,他出于同样原因被同一批人憎恨。在玻利维亚,他被视为外来者,受到排斥;在秘鲁,他是一支哥伦比亚部队的统帅;在委内瑞拉,他是与外邦联合的代言人;在哥伦比亚,他反对分裂,是委内瑞拉军队的捍卫者。"可敬的国会"对他并不友善:它通过一条法律,规定当选总统的年龄下限是 40 岁,从而使苏克雷在五年内无缘成为总统。苏克雷离开基多时,他已经成了众矢之的。

在波哥大，玻利瓦尔与曼努埃拉深情道别，分离令人感伤，对两人而言都很残酷。刚刚踏上北行之旅，他就写信给曼努埃拉："我爱你，我的爱人，如果你能够谨言慎行，我对你的爱将更加炽热，远胜从前。你要当心脚下的路，一旦走错，即使没有毁了我们俩，也会毁了你自己。你永远的至爱，玻利瓦尔。"[70]可是曼努埃拉并未听从玻利瓦尔的忠告，仍然为了他积极发声抗议。而玻利瓦尔一行人此时已到达翁达，正在等待换乘客船，沿马格达莱纳河下行。玻利瓦尔心绪变幻不定，时而难过，时而无奈。在前往圣安娜矿山的路上，他向波萨达·古铁雷斯发问："你觉得我为什么到了这里？""将军，是命运。"他的朋友如此回答。"什么命运？"他激动地追问，"不是的，我到了这儿，是因为我拒绝将共和国交给圣巴托洛梅学院（College of San Bartolomé）*。"[71]在帕迪利亚谷地——马里基塔（Mariquita）平原地带的一片绿洲——歇脚的时候，面对远处起伏的科迪勒拉群山，耳畔隐约响起汇入马格达莱纳河的瓜里河（River Gualí）的汩汩流水声，玻利瓦尔被这大自然的壮阔美景完全征服，惊叹不已："何其壮观！何等雄伟！上帝可以见到、感觉到，甚至触手可及，人类无论如何也否认不了啊！"在罗伯特·斯蒂芬孙（Robert Stephenson）**不久以前工作过的采矿工地，当地矿工和他们的英国工友们列队欢迎玻利瓦尔，高呼"'解放者'万岁"，这一幕让他大受感动，对他这个跌下神坛的偶像来说，这不啻为一份慷慨馈赠。沿着马格达莱纳河，玻利瓦尔一路向北，河水让他想起自己早年的赫赫战功，不禁唏嘘不已。在图尔瓦科（Turbaco）略作停留后，他在6月底抵达卡塔赫纳。没人确切知晓他的去向。牙买加，欧洲大陆，还是英格兰？行程计划变化不定，各种流言满天飞。

在卡塔赫纳，玻利瓦尔受到了热情接待，却也遭受了沉重打击。7月

---

* 圣巴托洛梅学院，哥伦比亚历史最悠久的一所私立学校，位于首都波哥大，1604年由耶稣会士创办，独立运动时代成为培养自由主义政治家、革命者的著名学府。

** 罗伯特·斯蒂芬孙（1803—1859），英国土木工程师和机车设计师，"铁路之父"乔治·斯蒂芬孙（George Stephenson, 1781—1848）之子。1825—1827年，罗伯特曾在圣安娜的矿山指导采矿作业。

1 日晚上 9 时许，两驾马车在玻利瓦尔住所停下来，蒙蒂利亚将军高呼："将军，苏克雷在贝鲁埃科斯的山间被奸人害死了！"玻利瓦尔闻知，用手猛击前额，语气绝望："上帝啊，他们让亚伯[*]流尽了血！"他让众人离开，他要一个人静一静。他在露台踱步，坐卧难安，为苏克雷和哥伦比亚抑郁难平。[72] 苏克雷遇害的详情渐次传来：在回基多与妻子团聚的路上，苏克雷取道贝鲁埃科斯的山路前往帕斯托，尽管那一带是反政府武装和惯匪强盗盘踞之地，他依然相信自己的运气，没有带人护卫，也没有采取安全措施。结果，6 月 4 日，苏克雷在此地被人打死，在一片沼泽里发现了他的尸体。他死时年仅 35 岁。各方势力开始互相指责，很快就把责任算到了考卡政府头上。谋杀案的幕后主使看来是奥万多，受雇枪手是阿波利纳尔·莫里略（Apolinar Morillo）和何塞·艾拉索（José Erazo），前者开了导致苏克雷死亡的致命一枪，此人后来受到了审判，最后被处决。[73] 在玻利瓦尔心里，苏克雷是他的精神与政治继承人，他的死去，宣告了革命的终结。玻利瓦尔致信玛莲娜，称苏克雷的死对于她、对于哥伦比亚和美洲都意味着巨大的损失，表示苏克雷的死"让我深深陷入无法言表的悲伤之中，我永远感念他的忠诚不贰、崇高品行以及卓越功绩"。[74] 他此时希望把哥伦比亚的迦太基^{**}——考卡魔鬼们的老巢——彻底摧毁，为"最无辜之人"苏克雷——欧洲将他的死视作"新大陆有史以来最黑暗、最不可洗刷的污点"——报仇雪恨。[75]

在卡塔赫纳的日子里，希望与绝望交织，外界的消息不断搅扰玻利瓦尔，让他心神不宁。9 月 5 日，曾在玻利瓦尔手下担任军队指挥官和部长的拉斐尔·乌达内塔，在波哥大领导了反对总统莫斯克拉的起义，其意图是让玻利瓦尔重掌大权，再塑哥伦比亚联盟。玻利瓦尔深知"合

---

* 《圣经》人物，亚当与夏娃次子，因遭到兄长该隐忌妒而被杀害。
** 意指卡塔赫纳，卡塔赫纳的词源正是迦太基。迦太基城是非洲北部（今突尼斯）古国迦太基的首都。在迦太基人与古罗马进行的第三次布匿战争（公元前 149—前 146）中，罗马军队围困迦太基城达三年之久，最终攻陷并摧毁该城。

法性的铁律"（the bronze barrier of legality）必须遵守，因此不能接受这种做法。他警告乌达内塔，违反选举法将有辱名誉，但他还是产生了向后者伸出援手的念头。"如果他们将部队交到我手上，我会接过来；如果他们让我去委内瑞拉，我也会去。"[76] 不过，这一切都是徒劳。"纵然最好的政党，主张国家统一的政党，实力最强……我也怀疑其最终重建秩序的可能。"[77] 他无法坦然从叛军手里接过政权，他对他的旧日部长埃斯塔尼斯劳·维加拉（Estanislao Vergara）*说："相信我，我从来都不赞成犯上作乱，最近我甚至觉得我们不应该反对西班牙人。……我的所有解释都是基于一个事实：我对救国事业已经不抱希望。"[78] 到10月底，玻利瓦尔显然已经明白，"光复（大）哥伦比亚"已经遥不可及。"从委内瑞拉到此地，杀手刺客在南方虎视眈眈，政治鼓动家们到处煽风点火"，（大哥伦比亚）最后的解体看来不可避免，但他仍然觉得，人民仍然站在他这边。[79]

　　玻利瓦尔曾经志在四方，足迹遍布千山万水，此时却只能孤独地待在哥伦比亚的一个角落里，没有了安逸与舒适。卡塔赫纳的炎热与潮湿令玻利瓦尔难以忍受，他焦躁地等待着收到用于流亡生活的钱款，然而钱却没有等来，阿罗阿铜矿无法售出，其他产业也没有收益。1830年10月，何塞·帕拉西奥斯和几位朋友护送玻利瓦尔到了索莱达（Soledad），威尔逊曾经记述，他"病情沉重、非常颓废"，他几乎不能在屋内走动，精神上萎靡不振。后来，他们把玻利瓦尔送到了巴兰基亚。根据玻利瓦尔自己的说法，他瘦成了"喘着气的骷髅"，几乎不能在屋内挪上几步，也不能爬楼梯，食物很难下咽。他想喝上一点雪利酒，再喝一杯啤酒，或是吃些最爱吃的蔬菜，但这些在当地市场都买不到，他又能找谁去讨要呢？尽管咳嗽不停，呼吸困难，他仍然能口授信件，而外界传来的消息又让他不得安生。在给乌达内塔的长信里，玻利瓦尔慨叹自己糟糕的身体与无望的处境。他劝告老战友，在权力斗争中

---

* 埃斯塔尼斯劳·维加拉（1790—1855），哥伦比亚政治家，曾任大哥伦比亚共和国外交部长、内政部长等，玻利瓦尔离任后曾担任总统一职，是桑坦德的反对者。

要多加小心,因为只有"最凶悍者"才能幸存。靠赌上性命和以放弃权力地位为代价来力挽狂澜,这样做是否值得,玻利瓦尔深表怀疑。"美洲的局面独特凶险,没人敢自诩可以长久掌权。"[80]

到了这个时候,玻利瓦尔几乎在所有方面都做出了妥协。最为看重的美洲联盟事业此时已告失败,他只能为独立的厄瓜多尔总统弗洛雷斯将军送上祝福。至于乌达内塔,玻利瓦尔和他说话很坦率,言语中那种现实的口吻又让人吃不消。在美洲,民意代表众人愿景,而权力则意味着少数统治者可以肆意妄为。对于弗洛雷斯,玻利瓦尔只有一事相求:动用权力惩罚帕斯托,为他眼里完美无缺的苏克雷报仇雪恨。(他告诉弗洛雷斯)你一旦自知江河日下,就应放弃荣耀抽身而去:

> 如你所知,我执政二十余年,仅总结出几点事实:(1)对我们而言,美洲不可统治;(2)投身革命,犹如在大海犁田;(3)在美洲,能做的只有移民海外;(4)国家将无可避免地落入不受约束的群氓之手,继而不知不觉落入各个肤色和种族的掌握微末权力的暴君之手;(5)我们一朝被罪恶所毁或被暴行所累,欧洲人甚至会不屑于征服我们;(6)如果世界上有哪一个地方有可能重返原始的混沌,那将是末日降临的美洲。[81]

玻利瓦尔心知他的支持者们正翘首以盼。那些同他休戚与共、指望着他的建议和决定的追随者,正注视着一个无人引导、无所适从的未来;他们彼此之间也不再完全信任,因为他们效忠于共同事业的关键纽带已经断裂。奥利里向玻利瓦尔寻求指点,但他不得不告知前者,自己已无权无势,爱莫能助。他康复无望,咳嗽不止,只能建议奥利里跟从乌达内塔。[82]

一个富有的西班牙人华金·米耶尔(Joaquín Mier),邀请玻利瓦尔到他的府邸休养。那里距离圣玛尔塔仅有3英里,米耶尔提供了一艘船——"曼努埃尔"(*Manuel*)号双桅船,用来取道沿海路线把玻利瓦尔送到那里。12月1日晚间,玻利瓦尔到达圣玛尔塔,被人用轿子抬上了岸。法国医生亚历山大·普罗斯佩尔·雷韦朗（Alexandre Prospère Révérend）和美国海军的外科医生乔治·麦克奈特（George MacNight）为玻利瓦尔检查了身体，尽管在细节上略有分歧，他们都指出玻利瓦尔患有严重肺疾，也就是现代医学所称的肺结核。[83] 12月6日，长期在玻利瓦尔家当差的老管家何塞·帕拉西奥斯把玻利瓦尔扶上马车，带到了米耶尔的庄园——圣佩德罗·亚历杭德里诺（San Pedro Alejandrino）。在静养期间，守在他身边的是贝尔福德·欣顿·威尔逊、侄子费尔南多，以及何塞·帕拉西奥斯，蒙蒂利亚将军则是负责他与外界沟通的联络人，法国医生也随时听候盼咐。忠诚的奥利里在另一个地点恪尽职守，对隔壁几间屋子里那帮打牌消遣的吵闹军官充耳不闻。直到12月8日，玻利瓦尔仍在点拨乌达内塔，试图弥合那些玻利瓦尔支持者相互之间的裂痕。[84] 10日，他的身体状况急剧恶化，胸口疼痛，昏昏沉沉。然而，他的思维还清醒，仍聚精会神地倾听圣玛尔塔主教何塞·马里亚·埃斯特韦斯关于人生末路与灵魂不朽的规劝。玻利瓦尔需要决定何去何从：向无边黑暗纵身一跃还是跨出最后一步重归基督？他畏葸不前。"我是真的病入膏肓了吗？"他扪心自问，"我该如何走出迷宫？"

玻利瓦尔临终时领受了天主教圣事，施行者是埃斯特韦斯主教与附近印第安村落的一位神父。他做了临终忏悔，也接受了临终圣礼，以清晰坚定之声回答神父的问话。对于他此时的精神状态，有许多猜测与怀疑。如果他有所犹豫，可能源自对时间凝固的渴望、对临终圣餐的恐惧。玻利瓦尔在临终忏悔里说了什么，我们不得而知。但终傅（extreme unction）*与圣餐领受都是重视承诺的圣事，有理由推断，他是虔诚无欺的。接下来，他确认了他的遗嘱，使用的是那个时代的通用措辞，而可信度毫不受影响。他宣称自己信仰三位一体，信仰圣父圣子圣灵，三者共用上帝之名，并坚持罗马天主教会的其他信纲，"我在天主

---

* 终傅，天主教圣事的一种。教徒临终时，由神父行按手礼，用已经主教祝圣的橄榄油涂擦临终者的额头和双手，并诵念祷文，借此赋恩宠于临终者，使其善终。

信仰下得生，我将作为真正的天主教徒走完此生，直至死去"[85]。玻利瓦尔宣布，除了阿罗阿铜矿与一些珠宝，他别无财产。他给何塞·帕拉西奥斯留下 8000 比索，以"报偿他的忠心追随"。他把自己剩余的个人物品、产业和收入留给了他的继承人——两个姐姐玛丽亚·安东尼娅和胡安娜，以及已故兄长胡安·比森特的孩子们。玻利瓦尔让自己的遗嘱执行人将苏克雷所赠之剑送还给他的遗孀，"作为我所一直珍视的与大元帅*友谊之见证"。他向罗伯特·威尔逊将军表达了谢意，感谢"他的儿子贝尔福德·威尔逊上校品行端方，在我生命最后时刻仍忠诚追随左右"。玻利瓦尔留下遗愿，希望被葬在出生之地加拉加斯城。

1830 年 12 月 10 日，大限将至的玻利瓦尔发表了对哥伦比亚人民的告别辞**——

哥伦比亚人民：

你们亲眼见到了我在暴政统治过的地方为实现自由而做的努力。我放弃了家产，甚至宁静生活，无私地尽力而为。当我确信，你们不再信任我的无私时，我放弃了权力。我的敌人利用了你们的轻信，践踏了对我来说最为神圣的东西——我的声誉和对自由的热爱。我成了迫害者的牺牲品，他们把我带到了墓穴的门口，但我宽恕他们。

即将与你们永诀之际，我内心感到，应该让你们知晓我最后的遗愿。除了哥伦比亚的团结统一，我不祈求别的荣誉。团结的益处不可估量，大家应该为此竭尽全力。人民要服从现有政府，以摆脱无政府状态，圣祠的牧师要向上天祈祷，军人要用手中的利剑捍卫社会的权利。哥伦比亚人民！我最后的祝福是希望祖国幸福，如果我的死有助于止息派系纷争、巩固美洲人的联盟，那我将平静赴死。[86]

---

* 苏克雷取得阿亚库乔关键战役的胜利后，被授予大元帅军衔。参见本书第八章。
** 又译作"最后宣言"。

他时日无多,最后岁月煎熬而不安,在病榻和吊床之间辗转,经常喘不过气来。"走吧!走吧!"一次梦呓里,他说道,"这片土地的人们不再需要我。走吧,小伙子们!把我的行李搬上三桅船!"[87]玻利瓦尔弥留之际,医生召来守候的人们,众人围在玻利瓦尔床边。1830年12月17日,下午1时刚过,47岁的他撒手人寰。"最后时刻,火山喷出余烬,安第斯山脉的风尘尚存于他的外衣之上。"[88]

曼努埃拉从她派往波哥大保持联络的佩鲁·德·拉克鲁瓦那里获知噩耗,她比爱人多活了26年,但一刻也不曾感到幸福,她成了政敌恶毒攻击与敌视的目标,而在某种程度上,这也是她的脾气造成的。她最终定居在派塔(Paita),秘鲁北部的一个小港口。19世纪40年代,她将一箱玻利瓦尔写给她的信交给了奥利里,她还在1850年淡然接受了关涉1828年9月25日那次风波的问询。曼努埃拉于1856年去世。

玻利瓦尔的遗体经过了防腐处理,人们涌入暂厝其遗体的海关大楼瞻仰遗容。12月20日葬礼举行时,人们涌上圣玛尔塔街头,玻利瓦尔驯养的马匹身上披上黑布,走在送葬队伍的最前面,向大教堂的方向前行。庄严的进行曲奏响,钟声长鸣,安魂曲将"解放者"送往永生。他的墓地,正在大教堂之中。他的死讯并没有快速传布,人们知晓后也仍然是波澜不惊。伦敦《泰晤士报》刊出讣告:"凭借玻利瓦尔所掌握的资源,再娴熟的政治设计师也无法建构永久的社会秩序与自由。他已尽己所能,哥伦比亚与秘鲁现今的成就,都要归功于他的远见卓识与非凡才干。"[89]委内瑞拉四分五裂,当年没多少人赞扬玻利瓦尔杰出的品行。12年后,他的遗体才重回加拉加斯。在他死后这12年里,面对政治上的幻灭现实,委内瑞拉人方才领悟,玻利瓦尔不是最坏的选择。1842年12月,玻利瓦尔被安葬在加拉加斯大教堂,1876年10月,玻利瓦尔被重新安葬于国家先贤祠。

第十二章　身后遗产

人与神话

纵观玻利瓦尔的革命生涯，从第一次奋起抗争到最后一场战斗尘埃落定，其角色并非一成不变、一以贯之。玻利瓦尔的革命生涯可以分为三个阶段：革命、独立与国家建设——他所扮演的角色也在不断变化。第一阶段，1810年至1818年，这位年轻、开明的委内瑞拉人是革命领袖，为自己的祖国和邻国新格拉纳达而战，并为新诞生的国家搭建起宪法的骨架。第二阶段，1819年至1826年，他是美洲的解放者，他的眼光超越了国境，将革命推向高潮。第三阶段，1827年至1830年，他是一位为美洲人寻求自己的制度、安全与改革的政治家，并留下了民族解放的遗产——在他自己看来或许不尽完美，却被世界其他国家视为伟大的成就。

从1812年的《卡塔赫纳宣言》到1830年在国会发表的"可敬的演讲"，玻利瓦尔的政治思想在时间线上有着明显延续性，但在每一阶段又各有其特点。在每一阶段，他都面临着不同挑战，并以特定政策回应，积累经验，适应时代，其后继续下一个挑战与下一个计划。与考迪罗们的冲突以及对自身战略的困惑，让这位曾经历过"惊人之役"（*Campaña Admirable*）作战的革命者不得不承认，自己无法在委内瑞拉北部海岸击败西班牙人，而需要在内陆开辟另一条战线。这位日后将为哥伦比亚赢得独立的"解放者"，必须将革命引向保皇党控制的秘鲁核心地带，才能保障独立，如此一来，他就要扩大军事控制范围，明确自己在国内的政治地位。这位为了巩固革命成果而不断奋斗的政治家，最终不得不承担起在一个宗教、种族和意识形态严重割裂的社会中建立国家的重任，这让他意识到自己的存在是导致进一步分裂的根源。他是一个坚定不移的战略家吗？他是否可以无视时代和地缘的限制？还是说在革命的不同阶段，他也在不断更新自己的政策，调整自己的立场，策略和手腕也日渐丰富和圆熟？他永远是一个实用主义者、一位政治家，从来不排斥通过妥协来实现目标；他更喜欢达成交易而非死守教条，他也从不追求最好的体制，而更提倡"最可能有效"的政府体制。[1]

对玻利瓦尔的解读自他那个时代以来便一直吸引着历史学家、小说家和神学家们的注意，人们试图从他的生平资料里追寻其政治行为模式。没有哪种单一的理论可以概括玻利瓦尔的一生。历史学家常常习惯于以理论框架或者行为模型来重现人物的一生，但这对玻利瓦尔并不适用，因为那会不可避免地导致忽略或者歪曲。这种心理传记式的研究会将他一生的故事塞入一个预先设定的结构里面，使人们看不到它真正的价值。要解读这位"解放者"的生平，我们最好在一切尘埃落定之后向前回溯，而非根据事情发生的顺序按图索骥，试图找到贯穿其中的线索。正如他本人所忠告的，"要了解革命及其参与者，我们必须近距离观察，并从远处评判"[2]。讲述玻利瓦尔的历史必须遵循一条叙事主线，中间不时停下来加以分析和解释，最后加以总结和评估。

研究玻利瓦尔的历史学家也无法对他的缺点视而不见。他的个人生活，他与民众、同僚和女人的关系，这些缺点是如此明显，甚至无须特别加以评论或谴责。他的情绪在活泼与忧郁之间阴晴不定，取决于他所关注的事务。虽然他脾气暴躁，但他的愤怒往往是短暂的。作为一名领袖，他需要在紧急状况下做出决策，还要面对来自下级的怠惰和抵制，脾气暴躁也不足为奇。[3]在闲暇时光，他热衷于臧否不在身边的同僚，喜欢以敏锐尖刻的言辞凸显自己的睿智，这一癖好在其革命战友中间几乎无人不知。但总的来说，他天性宽宏大量，对他人关怀有加，对牺牲军人的孀妇和遗孤，他会悄悄用自己的收入来周济他们。

他的公共生活则是另外一回事，玻利瓦尔在政治和军事决策上的记录并非无可挑剔。早在他刚走上革命道路的时候，其对政治对手的不耐烦以及无法容忍不同意见的缺点便展露无遗，这或许是其超强领导力的表现之一，也是引导其走向成功不可或缺的条件之一，但其影响是致命的。毫不犹豫地抛弃米兰达并将其出卖给敌人，便是一个很典型的例子。在为西属美洲革命争取国际关注这一点上，米兰达当时的贡献远超玻利瓦尔，如此一位功名卓著的革命先驱却遭到这样的对待，实在难言公正，甚至可以说其行可鄙。玻利瓦尔对米兰达的仇恨似乎深入骨髓，并非一时的恩怨，即使在得知米兰达的命运之后，这种仇恨也并未消失；此后的很多年里，他不断指责米兰达是个懦夫，不断提醒世人不要淡忘这一点。对人们记忆中的"先驱者"发动攻击，显然出于某种阴暗的内心需求——他希望抹去政治对手存在过的痕迹。但被他在有意无意间忽视的是，米兰达当时的动机与他并无本质上的不同——都是先求生存，以待日后东山再起。而他却似乎认为，米兰达投降的决定，剥夺了他将失败扭转为个人胜利甚至决定性胜利的机会。

  19世纪及其后的自由主义观点，往往倾向于对灭绝之战持谴责态度，却没有考虑与无情殖民势力作战的紧迫背景。这种你死我活的战斗方针遭到口诛笔伐，原因不在其自身，而在于其导致的非战斗人员的惨痛伤亡。在1817年，情况失去了控制，当时委内瑞拉南部的嘉布遣会无意之间卷入了保皇党和共和军的交火，被指控参与了西班牙治下的圭亚那保卫战。20位被俘教士遭到弯刀和长矛的屠戮，尸体被焚烧。玻利瓦尔本人没有牵涉其中，但作为总指挥，他没有对这桩暴行发表公开声明。两位对大屠杀负有直接责任的军官也未受惩处，其中一人还在"解放者"的部队中晋升为高级军官。玻利瓦尔不易产生怜悯之心。他是一名能够接受战争伤亡的军事指挥官——不论那些伤亡者是邦博纳与巴尔加斯沼泽之战里自己麾下的士兵，还是塔瓜内斯与卡拉沃沃之战的敌方士兵，抑或是在双方暴行之中的无助受害者。他对自己的道德地位充满自信。如果西班牙从美洲撤军，或者西班牙将军在战场上能坚持人道主义，那么也就不会有这一切残酷牺牲。解放美洲的战争是一场正义之战。他对此毫不怀疑。

第十二章 身后遗产

革命过程中,玻利瓦尔不得不与一些粗鲁的人物来往,他从不以个人行为去评判他们,只要不在政治或者军事上犯下错误,其他事情对玻利瓦尔来说都可宽容视之。因而野蛮的科尔多瓦一直是他的门徒,直至1829年起兵反叛。"他像狮子那样战斗,坚毅地倒下并死去。"奥利里写道,他可能对已故战友怀有愧疚之意。[4]至于知人善任,玻利瓦尔也并非无懈可击。否则,他怎么会将何塞·马里亚·潘多描述成秘鲁最优秀的人之一?看看他在1826年对此人的赞美——"一个正直的人,从不谄媚,博学并且果断"。短短四年之后,由于一次不忠行为,潘多在玻利瓦尔心中又变成一个"一有机会就煽风点火,坏我声誉的恶棍"。[5]同样无法解释的还有玻利瓦尔对西蒙·罗德里格斯古怪的终生依赖。罗德里格斯在玻利维亚的所作所为很难称得上玻利瓦尔启蒙思想的典范,长期对其忍气吞声的苏克雷也从未发现他有什么过人的潜在才能。不过玻利瓦尔大体上还是有识人之明的,这也令他终身受益。他英明地选择了苏克雷作为自己的主要将领和继承人,既重申了自己的价值观,同时也彰显了苏克雷的品质。而玻利瓦尔最感性的选择,也揭示了他的另一面,那就是他对曼努埃拉·萨恩斯的承诺,她是他的朋友、顾问、安慰者和情人。她拥有自由的灵魂,和玻利瓦尔一样独立,树立了一个超越时代的典范;她与玻利瓦尔的伴侣关系体现了一种无关利益的爱情,也从侧面表明玻利瓦尔对女性的看法同样是超越时代的。当然也存在另外一种可能性——玻利瓦尔对女性的观念依然是传统的,依然看重名誉,只不过对曼努埃拉例外而已。玻利瓦尔曾经希望侄女嫁给一个正直而爱国的男人,"因为家庭是与我们每个人都息息相关的宝藏",他曾对姐姐安东尼娅说起,女性不应该参与政治。[6]

玻利瓦尔的伟大目标与终极希望——在他自己制定的宪法下,将委内瑞拉、新格拉纳达和基多统一起来,组建大哥伦比亚联邦,在他有生之年时便已成为海市蜃楼。在历史学家们看来,这种对业已失去事业的无谓追求,是其判断上的重大失误。1847年安德烈斯·贝略对玻利瓦尔积极而冷静的评价,促使人们开始关注哥伦比亚的动荡与玻利维亚宪法的缺陷，他得出结论：源于玻利瓦尔伟大理想的宪法无法维持下去。[7]但是，哥伦比亚的诞生是出于必然，而非出于理想。在玻利瓦尔看来，委内瑞拉与新格拉纳达的解放无法分开进行——因为西班牙可以利用两者的边界分别组织防御，解放需要更宏大的战略与更丰富的资源。这意味着需要形成一条统一阵线。为了抵御西班牙反革命势力自南部发动的攻击，统一的哥伦比亚不得不攻下厄瓜多尔，将其纳入联邦。同时为了对抗保皇党的秘鲁、保证自身安全，哥伦比亚必须保持统一，集合资源，加强防御。哥伦比亚最初因军事战略的需求而建立，而后不断追求民族认同和国际承认，最终却不幸被玻利瓦尔所意识到的现实压垮。

玻利瓦尔在重大决策上的成功及其随后取得的伟大成就，掩盖了他在判断力和个人品位上的缺陷。将矛头直指西班牙的并非只有他一人。当时他的许多同胞都逐渐认清了美洲的殖民地实际情况——人们日渐积压的不满和日益增长的民族意识，已经在美洲大陆的很多地方现出苗头。但玻利瓦尔从一开始便拥有他的同道之人所不具备的优势——不仅在于贵族地位、经济独立与欧洲经历，更在于他对国际局势的理解。1808年的欧洲局势——西班牙日渐衰落，法国咄咄逼人，英国冷眼观望——无可避免地对西属美洲革命产生了影响，尽管这并非革命爆发的主要驱动力。玻利瓦尔清楚地看到了西班牙帝国霸权的羸弱、法国染指美洲的风险以及将英国拉拢为亲密盟友的重要性。这是一个开始，是其发动革命的最初动机。随后，西班牙丧失了帝国强权，沦为法国和神圣同盟的附庸。玻利瓦尔意识到，英国无须重大的外交表态，就能为西属美洲提供它所需要的最基本的保护：为了本国利益，英国海军可以比门罗主义更加有效地拦阻欧洲国家向美洲的入侵。玻利瓦尔的判断力首先表现在抓住了西班牙衰落至谷底的时机，让西属美洲获得了庇护。在之后的军事生涯中，他超出侪辈的优势更是得到了充分展现：他视野宏大的战略决策和敏捷的战术反应自不待言，他作为军队统帅的地位，以及他从未动摇的亲赴前线指挥的决心，更是令众人叹服。

思想与理想

是什么造就了玻利瓦尔的伟大？首先是他的事业，而不仅仅是他对西班牙的敌意。西班牙帝国并不是一个邪恶的帝国。正如安德烈斯·贝略所指出的那样，西班牙的殖民统治并不完全是残暴的；同其他殖民政权一样，它是严厉、温和与低效的混合体。[8] 但殖民地也是在不断发展的；在其内部蕴藏着自我毁灭的种子，人们渴望更加平等的职位和机会以及更加自由的经济，这些都是自我意识和民族意识日益增强的迹象。玻利瓦尔意识到，是时候释放这些需求了，并将其表达为彻底的独立。解放是他的目标，解放本身是一项伟大事业，将西属美洲从殖民占领中解放出来，使其人民摆脱外国法律的束缚和压迫。自由与平等是玻利瓦尔的核心追求，被其视为革命的基础。他也因此超越了那些满足于在西班牙君主体制内自治的克里奥尔人，在他看来，西班牙人对平等的承诺总是令人生疑。他以思想和意志领导了拉美革命。正是玻利瓦尔，一个知识分子，一位政治理论家，为西属美洲的独立提供了理论支持，他作品的风格与雄辩至今仍有回响。

他说，自由是"唯一值得一个人为之牺牲生命的东西"，自由不仅意味着摆脱专制主义，也意味着摆脱殖民统治。[9] 他从孟德斯鸠那里继承了对专制主义的憎恶，以及对温和宪政主义的信仰，对权力分立和法治深信不疑。但自由本身并不是他的政治体系的关键一环。他不信任理论上的自由概念，对暴政的憎恨也没有令他赞颂无政府主义。他说，"抽象的理论创造了无限自由的有害观念"，他相信绝对的自由必然会变质为绝对的权力。因而，他所追寻的自由，就是在无政府主义和暴政两个极端之间、在个人权利和社会需求之间寻找一个平衡点。借由司法和法治的保障，令正义和弱者免于恐惧地生活，让善举和美德都能得到应有的回报。[10] 他与卢梭一样，相信法律才是至高无上者，法律并非由神权和专制权威产生，而来自人类的意志和人民的主权。

在玻利瓦尔的计划中，平等也是一项不可或缺的天赋权利，是他为之奋斗的目标。首先，是美洲人与西班牙人的平等，是委内瑞拉和哥伦比亚与西班牙的平等。这种平等是绝对的，是他争取独立的理论基础。其次，是美洲人之间的平等。欧洲政治理论家的著作针对的相对具有共性的社会人群，比如卢梭所青睐的小资产阶级，有着相当明确的阶级针对性。玻利瓦尔没有这样的优势。他必须从更加复杂的人类素材着手，为一个有着特殊种族结构的社会制定法律。他一直不厌其烦地强调，美洲人既不是欧洲人也不是土著民族，而是西班牙人、非洲人和印第安人的混合体。"他们有着显著的肤色差异，这一差异让我们肩负着一项极为重要的义务。"[11] 这一义务，就是通过人民在法律和宪法面前的平等，来抵消自然和遗传造成的差异。"人生来就有平等分享社会利益之权"，他认同这一点，但同时也明白，人类个体显然并不拥有均等的天赋、美德、才智与力量。身体、道德、智力上的不平等，必须由法律纠正，以令个人享有政治和社会的平等；通过教育和其他机会，个人可以重新获得被自然否定的平等。玻利瓦尔认为，"我们政治制度的根本基础是在委内瑞拉建立和推行平等"。他明确否认这是受到了法国或者北美的启发，在他看来平等在那些地方并非一种政治信条——玻利瓦尔一直坚持为美洲问题寻找美洲自己的解决方案，这一有待商榷的观点很可能也是受此影响。他自身原则的逻辑使得他得出结论：社会不公平越是严重，就越需要法律上的平等。他设想的实践步骤之一就是实行面向全体人民的免费公共教育，以及为弱势群体——譬如无地者和奴隶等社会地位尤为低下的人群——施行特殊改革。

自由与平等，这些是基本目标。但是，如何在不牺牲安全、财产、稳定以及其他权利的前提下去实现它们？要知道一旦这些权利得不到保障，公民的人身和财产安全也就无从谈起。原则上，玻利瓦尔是一个民主主义者，认为政府应当对人民负责。1826年12月，当他进入委内瑞拉处置派斯叛乱时，他告诫人民对军阀及其党羽要心怀警惕："人民才是真正的统治者；窃取人民之位者即是暴君，其权力源自篡夺。"[12] 但玻利瓦尔也没有天真到以为美洲已经准备好迎接纯粹的民主，或是相信法律可以立即消弭自然和社会的不平等，他并非一个理想主义者。他说,在我们的民众拥有与北美兄弟媲美的政治美德之前,如果生搬现有的各种政府制度,不仅对我们无益,反而会导致我们的灭亡。他对全体民众没有信心,因为他们出身于殖民体制,必须在一个强大机构指导之下进行再教育之后,才能适应自由。同时,"完全自由和绝对民主只会成为所有共和国希望破灭的暗礁"[13]。在他的整个政治生涯中,他一直在不断完善自己的原则,并根据自己对革命的独到见解,将其应用到现实中去。"他的原则是,对于美洲人民不要期望太高,毕竟这片土地上原有的体制与最落后的奴隶制相比也强不到哪里去,所以不应赋予他们超出其驾驭能力的权力,并且要确保对执掌权力的人加以有效监督。"[14]在民众获得足够的教育,进入政治社会之前,玻利瓦尔的解决方案既不是他一贯反对的联邦制度,也不是他因之遭受指摘的君主制度,而是他的玻利维亚宪法,尽管对此他比人们想象得更缺乏信心。

玻利瓦尔的革命与欧洲或者大西洋世界的革命运动有所不同。这些革命反映出的条件和诉求仅适用于其自身,但对于美洲所面临的政治、社会与经济问题,则适用性有限。玻利瓦尔所熟知的欧洲启蒙思想及其后续的自由主义过于专注于欧洲自己的问题,无法向殖民地人民提供政治观念或支持。欧洲的工业化的主要受益者是大城市,同时也给一些初级产品的生产者带来了好处,也带来了不利因素。而在19世纪初的西属美洲,工业化并没有像在欧洲那样成为社会变革的媒介,这里关注的仍然是传统的出口部门以及拥有土地的寡头的利益——用初级产品换取他国生产的工业制成品。正是因为对这些情况有着清醒的认识,尽管玻利瓦尔与革命时代有着千丝万缕的亲密关系和深厚感情,他依然没有去追随那些他所崇拜的知识分子和政治领袖的脚步。尽管启蒙运动坚定了他对理性的迷恋,激发了他为自由与平等而抗争的精神,但他只能依靠自己的智慧来构建一个殖民地解放理论,并实现适当程度的自由和平等,在这一过程中我们可以看到开明专制主义以及民主革命的痕迹。欧洲和北美的民主形式得到了他的尊重,但他坚持制定自己的宪法,针对西属美洲的现实情况量身定制,而不是照搬外国的范例。而在当时,尤其是战后时代,社会与种族分裂,政治共识和政治传统的缺乏，使得自由主义宪法受到极大压力，新生共和国处于无政府状态的边缘，玻利瓦尔在当时面临着的形势极为严峻。接下来我们就看到了现实主义的玻利瓦尔——他将应对群众抗议、种族冲突和精英派系斗争的经验融入自己的民主理想，然后宣布西属美洲无法治理。

玻利瓦尔主义的政府模式以总统终身制为核心，对军人颇有吸引力，但在其他阶层鲜有支持者：它把太多既得利益者排除在政治生活和决策之外，无法获得广泛认可。平民精英偏爱更自由的宪法，尽管这些宪法及其制定者也受到了对权威和中央集权的偏见的影响，这是共和国时代的特征，也是殖民地时代的特征。大多数的委内瑞拉宪法赋予总统在危急关头或者面临叛乱之际进行特别干预的权力，并且大多对政治国家做了最为狭隘的定义，并就财产或者受教育程度方面为选举权乃至投票权设立门槛。与这些自由主义的宪法原则相比，玻利瓦尔没有什么羞愧之处。历史学家指出，它放弃了对自由的追求，或是至少因秩序和安全搁置了对自由的追求。但有证据表明，他在 1828 年至 1830 年提出的原则与他在 1812 年以后阐明的原则基本上并无差异，他坚持追求自由和平等，同时也从未放弃追求强大的政府。

玻利瓦尔不仅仅将美洲革命视为追求政治独立的斗争。他认为这同时也是一场社会革命，它是一场改良活动，也是一场解放运动，是对激进与自由的时代呼声的回应。就他的角度而言，一个自由政府必须是活跃的政府，不能止于分配特权和福祉，还应更加积极地为美洲人提供更好的生活。新生国家要实施改革，强大政府必不可少，对那个时代的自由主义者而言，这是一种令人费解的结合，但它在后世拉丁美洲人中间得到了更多理解。他们之中许多人逐渐相信，强大的总统制政府和一党制国家是适合新生国家的宪政形式，或者说是其必由之路。玻利瓦尔式的专制主义的目标与其自身样貌无关。玻利瓦尔主义对强大政府的偏好，于改革和秩序有利，并为后殖民时代的发展提供了必要框架，这种偏好实际上是玻利瓦尔主义的优点而非缺陷，这赋予了他一种现代性——超越了革命的时代局限。

革命的现实主义者

玻利瓦尔没有推动社会革命,也从未宣称如此。土地分配、种族平等、废除奴隶制、对印第安人有利的法令,都是改良性质的,而不是革命性质的。他太过现实主义,不相信可以通过立法或强行实施那些重要利益集团无法接受的政策来改变美洲的社会结构。在民主革命的年代,大西洋世界中还没有任何政权完成过一场社会革命。海地或许是一个例外,对玻利瓦尔和许多北美人而言,海地是一个警示而非榜样,是一个明白无误的教训,说明了鲁莽地解散强力机构,让奴隶们进入愚者天堂的后果。[15] 西属美洲革命在奴隶制问题上态度模棱两可,它做好了取缔奴隶贸易的准备,却不愿解放奴隶,将其纳入自由社会,因为奴隶们可能不会遵守克里奥尔人的法律和秩序,同时也会导致奴隶主们的矿山和种植园缺少劳动力。但这并不是玻利瓦尔的立场。"解放者"拥有比托马斯·杰斐逊更加坚定的道德直觉,他认为"在一场旨在追寻自由的革命中保存奴隶制是疯狂的"[16]。他解放了自家的奴隶,起初是为了让他们在解放军队中服役,因为奴隶也应准备好为了自由而献出生命,而后又无条件地赋予他们自由的绝对权力。他随后试图将废除奴隶制写进法律,但在实际操作中并未成功——无论是哥伦比亚还是玻利维亚。两国的土地寡头在社会和经济生活中树大根深,单凭立法无法逼其就范。玻利瓦尔从来都不曾拥有过随心所欲的权力。即使在他被自由主义政敌斥为"暴君"之时,他的权力也是显而易见地受限的,当时的寡头群体——他的敌人就有不少来自这个群体——拒绝了他的自由主义社会政策。奴隶制废除的早晚实际上是由一个国家的奴隶数量以及奴隶对于经济的重要性决定的,有时甚至取决于关于赔偿问题的争论结果。委内瑞拉的4万奴隶直到1854年才获得自由,当时地主们意识到奴隶是昂贵而不划算的工人,通过禁止流浪的法令或强制性的农业体制,将他们变成依附于庄园的"自由"雇农,反而可以获得更为廉价的劳动力。哥伦比亚与秘鲁也一直到19世纪50年代才废除奴隶制。

在种族问题上，自由主义情绪也让位于理性的计算。但在玻利瓦尔的印第安人政策方面，情况恰恰相反。基本上，印第安人反而因为独立而利益受损。玻利瓦尔的立法，使他们正式获得了解放，他们变成自由公民，不需要再缴纳贡赋或承担强制劳动。但秘鲁、厄瓜多尔和玻利维亚的印第安人却并不是顺理成章地愿意废除贡赋，代之以缴纳跟其他公民一样的赋税，因为他们将贡赋视为土地所有权的合法证明，他们可以用土地收入的盈余缴纳贡赋。而现在他们的土地受到了威胁。独立之后的自由主义者将印第安人视为国家发展的障碍，认为随着国家的独立，印第安人从殖民统治继承而来的自治权也应自动终结，进而融入国家。在哥伦比亚和秘鲁，新的立法者试图摧毁村社实体，以获取印第安土地，调动印第安劳动力。这一政策涉及将公共土地分给个人所有者，理论上是在印第安人内部划分，但实际上是分配给了他们更为强大的邻居。玻利瓦尔在库斯科之时就曾按照这些原则制定法律，下令分配村社土地，每一个印第安人，"无论性别和年龄"，都被授予一托波（topo）*最好的土地。[17]但安第斯的农业结构容不下仁慈，颁行法令也不足以改变这一点。诚然，印第安人有自己的生存机制，不会仅仅因为立法便消亡。但他们的村社土地无法得到保护，最终沦为土地兼并与出口经济的受害者之一。

革命没有触及印第安人与奴隶，甚至也未涉及混血种族。自18世纪中叶以来，帕尔多人晋升的希望一直寄托在宗主国身上。西班牙人的政策——尽管遭到了克里奥尔人的抗议与抵制——最初也是寄望于引入一定程度的社会流动性。此时克里奥尔人掌握了权力，之前反对宗主国政策的那些家族开始谴责大学、教会和文武官职向帕尔多人敞开大门。对帕尔多民众而言，如果非要说有何区别的话，独立于他们而言更多意味着倒退。战争结束，政治流动性也随之终结，他们跻身上层社会的前景则因富豪阶层的偏见和他们自身的贫困而化为泡影。然而，他

---

* 托波，长度单位，1托波约合1.5西班牙里（legua，1西班牙里约合5572.7米），即约8359米。

们对教育、公职和政治权利的要求不容忽视，因为单就人数来说，他们在独立战争中发挥的作用对白人而言是不可或缺的。在军队里，他们有资格获得晋升，成为拥有中级军衔的军官。最终，他们获得了法律平等——新生共和国的宪法废除了所有明面上的种族歧视做法，规定法律面前人人平等。然而，这即是平等的上限了，因为许多社会阶层流动的机会仍然对帕尔多人紧闭大门。在委内瑞拉，大学的入学规定依然严苛，直至1822年仍在要求出示纯洁（*limpieza*，血统纯洁）证明；自那之后，合法证明、相对昂贵的入学费用以及事实上的歧视使得大多数民众无缘接受高等教育。[18]

总体而论，普通民众是革命的弃儿。在乡村行业中，他们面临着更大的压力，包括土地兼并、偏向有产者的自由主义法规，以及对流浪行为的重新打击。在城镇地区，随着国际贸易的扩大，零售和服务行业无疑得以繁荣发展。但地区工业却出现了衰退，发展举步维艰。在委内瑞拉与哥伦比亚，除了少数零星市场，地区工业也出现了衰退；在安第斯山区各国，只有与本土消费有关的有限行业得以幸存下来。手工艺者大量失业或者很难找到工作，他们与农村贫困人口一道，被视为政治国家的局外人。玻利瓦尔为实现种族平等不遗余力。他的政治思想与宪政法令明确规定，白人、梅斯蒂索人、黑人、帕尔多人、印第安人在法律面前是平等的；在实践中，他任命与提拔官员和军人时也从不考虑种族出身。但玻利瓦尔无法改变社会结构，他很清楚许多贫穷的黑人和帕尔多人处于社会和经济生活边缘，他们对来自富裕邻居——不仅仅是白人——的实质性歧视愤恨不已。

帕尔多人需要的不仅是法律上的平等。"单单法律面前的平等，"玻利瓦尔警告大家："对现在的民众来说远远不够。他们想要的，是公共和社会权利方面的绝对平等。接下来，他们将要求帕尔多主义，即由他们帕尔多人进行统治。这种倾向并不稀奇，最终将导致特权阶级的消亡。"[19]他对利用种族分裂谋利的企图高度警惕，对于黑人的叛乱，他迅速采取行动，果断镇压，将种族战争扼杀在苗头阶段。处死皮亚尔与帕迪利亚让他良心难安，但当他审视委内瑞拉和哥伦比亚的种族构成时，他又坚信这是必要之举——两国都是自身极端主义倾向的受害者，两国社会承受不起黑人反叛的后果。在晚年的悲观情绪之中，他担忧将任何政治权力赋予帕尔多人，都只会招来进一步的越界行径。帕尔多主义的威胁让玻利瓦尔深感忧虑：他认为帕尔多主义与南方的白人统治（albocracia，被他批判为"专制教条"）一样可恶。在种族问题上，理想主义者必须让位于现实主义者。他知道，过度推动社会自由主义将导致其失去寡头统治阶级的支持，而任何强行解决问题的尝试都将危及他已经取得的进步。委内瑞拉和哥伦比亚的统治阶级，由地主、商人、官员和律师组成的联盟，远未面临"灭顶之灾"，他们完全有能力压制社会的反抗，保住自己的权力，这将在19世纪及其后的历史进程中得到印证。

玻利瓦尔没能推动社会革命——这一点如今已被广泛认同，赫尔曼·卡雷拉·达马斯更是进一步主张，玻利瓦尔的政策实际上是克里奥尔精英政策的变体。这一观点非常微妙。克里奥尔精英有着共同的核心诉求：维护委内瑞拉内部的权力结构，即白人地主阶级权力的主导地位，这种权力结构形成于殖民地时期，但在独立战争引发的社会动荡中面临着威胁。为在紧张局势中保住自己的权势，面对奴隶对于自由的要求和帕尔多人对于平等的要求，克里奥尔人只愿做出最小程度的让步——废除奴隶贸易，宣布所有公民在法律层面平等。然而，1812年和1814年奴隶起义，1811年、1812年和1814年的帕尔多人叛乱以及灭绝之战，将这种受控的和平变革击得粉碎，白人统治阶级几乎被消灭殆尽。卡雷拉·达马斯认为，玻利瓦尔认同这些目标，但不认同实现目标的策略。出于对社会战争演变为种族战争的担忧，他始终致力于彻底废除奴隶制度。废除奴隶制度消除了奴隶为争取自由而斗争所带来的风险，也让他得以重建和维持内部的权力结构。但另一个威胁却依然存在，就是帕尔多人的不满。他以中央集权和具有贵族特征的宪政方案（安戈斯图拉和玻利维亚宪法），以及他晚年偏爱的君主政体来应对这一问题，以期恢复内部的权力结构。至于共和制度，在他看来，更容易被帕尔多主义利用；自1821年起，他便一直批判共和制和民主自由主义，视其为委内瑞拉恢复秩序——"重建内部权力结构"——的障碍。这一观点最后强调了玻利瓦尔革命生涯前后期的反差：他未能像他创造性地提出独立理论那样，为委内瑞拉找到一个切实可行的社会组织方案。[20]

然而，还有一种可能的解释。玻利瓦尔是内部权力结构理论的一个例外。原因在于，居于领袖之位，他不得不与时事和环境斗争，面对相互冲突的诉求被迫做出决策。他能够克服逆境，也正因如此才能与西班牙人奋战至僵局，并最终赢得独立。但我们不应在社会和经济变革上苛求同样的胜利，奢望能一举建立全新的秩序，因为旧秩序是在长期的历史、环境和民众的博弈中演变形成的，绝非仅凭立法就能轻易改变，更不用说只有10—15年的时间。此外，将社会描述为一种内部权力结构，不能忽视社会和经济生活的细节。玻利瓦尔促成了一些种族流动，并在实践之中让帕尔多人得到了参与军队和政府工作的机会。他拒绝容忍的是由帕尔多人统治一切的帕尔多主义，而那意味着在20年之内颠覆委内瑞拉300年的历史。问题的关键不是他为何拒绝帕尔多主义，而是帕尔多主义能否为委内瑞拉带来更好的政府，让委内瑞拉更加和平、稳定。从海地的教训来看，似乎并不让人放心。

玻利瓦尔还受到另外一个情况的掣肘，即近来被突出强调的"革命的混沌"。玻利瓦尔陷入与混沌的不断斗争中，这种混沌来自长期且残酷的战争及其造成的社会关系的同步动荡。按照这一观点，玻利瓦尔作为军事领袖之所以能够取得成功，是因为他能够在混乱的局势中指挥部队达成目标；同样，他作为后革命时期的领袖之所以遭遇失败，也只是因为他无法在混沌世界生存下去。[21]这一观点的后半部分不如前半部分令人信服，因为它再次引入或者申明了失败的概念。玻利瓦尔取得了超人的成就，自然也被期望拥有超人的品质。所有失败概念都无法回避一个难题，即没有人、政党或者政府能够创造一个完美的社会模式，所有的解决方案都取决于民众联合起来自我拯救的意愿。

无论在当时还是后世，玻利瓦尔都因为自己的保守主义倾向饱受批判，但实际上这些批判更多是无视时代条件的强词夺理，正如玻利瓦尔斥责那些希望把他扶上君主之位的人时说的那样，"我不是拿破仑，哥伦比亚也不是法国"。面对那些对他大加挞伐的自由主义者,他同样可以理直气壮地回应:"我不是华盛顿,哥伦比亚也不是美利坚。"北美人民已经成功走完独立之路,并继续朝着民主与平等的社会迈进,那里的教育、识字率和参政权比哥伦比亚到那时为止取得的任何成就都更为进步。但玻利瓦尔是通过动员起一支由帕尔多人、黑人和昔日的奴隶组成的军队赢得独立的,这些人都对战后各怀期望。[22] 这与北美那种同质化的社会不同,拉美拥有种族多元的民众,每一种族都有自己的利益与偏见。玻利瓦尔无法满足所有的利益诉求,也并非一个理想主义者,不会为了空洞的平等而不惜毁灭哥伦比亚的悠久历史。因而,他的政治革命只带来了有限的社会改革,仅此而已。

荣耀之路

玻利瓦尔是否有一个外界所无法窥见的内心世界?我们能够捕捉到他的性格与动机吗?是什么激励和启发了他?玻利瓦尔在其整个革命生涯从未停止过哲学思考,他的每次行动,他推出的每项政策,几乎都会事先进行理论化,而后在理论的指导下推行。"我的不幸,"他说,"来自我的人生哲学,我在成功时比在不幸时更像哲学家。如果我无法感受到幸福,那也是为了别人,因为命运对我已足够垂青,我没有理由为自己觉得不幸。即使失去世间的一切,我仍然会为履行自己的职责而终生荣耀加身。这份荣耀会是我永远的幸福。"[23] 写下这番话之时,他刚刚取得秘鲁战役的胜利,正处在军事生涯的巅峰,无论成败都坚不可摧;无可比拟的自信,让他对命运毫不在乎,因为他坚信自己的荣耀。然而,历史学家必须小心谨慎,不能单从玻利瓦尔的言论来判断其思想与行为。玻利瓦尔有许多言论难以回避,其中很少能够指向其思想,尤其是他的荣耀。但是,荣耀是一种足以支撑起伟大的信念吗?

荣耀是驱动他的激情,是他进行自我评价的永恒主题,他对荣耀的渴望,与他对权力的渴望一样强烈,可能更甚之。这种痴迷始于何时？一个生活在西班牙统治下的克里奥尔人不太可能自发产生这种痴迷，青年时代的玻利瓦尔脱颖而出时也没有荣耀光环的加持。这种痴迷反映了玻利瓦尔的雄心，他的后殖民时代的心态，他在欧洲的经历和对拿破仑的认知，他对历史的解读，他效仿古代与现代英雄人物的渴望，以及他与当世最伟大的领袖平起平坐的决心。从他走上革命道路的那一刻，玻利瓦尔就开始渴望荣耀，相信自己已经赢得了荣耀，并要求别人予以承认。卡拉沃沃战役得胜之后，桑坦德称玻利瓦尔为"天选的荣耀之子"，这样的夸张赞颂不仅没让玻利瓦尔觉得尴尬，反而甘之如饴，泰然接受了。玻利瓦尔对荣耀的关注，对自身伟大的认知，不仅仅是他内在自我的一个方面，它定义了他的性格，激励了他的行动。荣耀似乎是他生命的源泉。

在玻利瓦尔的词语库里，荣耀意味着什么？当然，其概念并不新鲜。无论古代人还是现代人，都同样追求荣耀。路易十四对"荣耀"(*la gloire*)的钟爱可以说妇孺皆知。几个世纪以来，荣耀被视为上帝的专属，尽管人类也可以通过卓越行动获得荣耀。圣奥古斯丁曾从神学与历史的角度，长久而严肃地审视荣耀。他对罗马皇帝的描绘几乎可以原封不动地套用在玻利瓦尔身上，只需去掉"帝国"一词。"他们觉得让国家沦为奴隶是可耻的，给予其强力的统治和强大的国力则是无上的荣耀；因而他们无比希望国家能独立自主。正是这种对赞美的贪婪和对荣耀的激情，催生了那些奇迹般的成就，为后世所景仰和传颂。"但是，他继续说道，对荣耀的挚爱是一种有缺陷的激情，逊色于美德。美德不仅需要他人见证，更要接受自我良知的审视。因而，对荣耀的贪婪是一种罪恶，在基督教世界里让位于对正义的爱。他的最终结论是什么？"荣耀或许不是一个纵情声色的女人，但她因空洞的幻想而膨胀起来。"[24]

对玻利瓦尔而言，对荣耀的挚爱，即便称不上罪恶，也是一种邪念。甚至连他的忠实崇拜者奥利里都将其视为弱点。在1821年库库塔会议之前的几个月里，玻利瓦尔饱受敌人的流言攻击，并为此愤怒不已。"玻利瓦尔对这种攻击格外敏感。尽管只是一些无名之辈炮制出来的可笑诽谤，却无法减轻他的痛苦。我经常看到他满腔怒火或者说承受极大的折磨,只因读到了一些垃圾报纸上发表的针对他的文章。这或许称不上其伟大灵魂的有力注解,但它显示了玻利瓦尔对公众舆论的高度重视。"[25]他的共和国有着国际属性,他也拥有国际受众。奥利里的《回忆录》(Memorias)的第12卷《"解放者"与知名要人的通信往来》,是一部来自更广阔世界的赞美文集,其中包括罗伯特·威尔逊爵士、拉法耶特(Lafayette)*、普拉特神父、洪堡、约瑟夫·兰开斯特、丹尼尔·奥康奈尔(Daniel O'Connell)**、杰里米·边沁等众多举足轻重的名字。他唯恐失去自己在欧洲的声望,1830年,他指示哥伦比亚驻伦敦的使节,不惜一切代价抵御造谣中伤。

  玻利瓦尔对荣誉的追求并不仅仅是对他人看法的焦虑,更是对荣誉本身的热爱,是在追求自我的满足。对玻利瓦尔来说,重要的是他对自己的看法,而非别人如何看待他。荣耀是声望、荣誉与认可的结合体,是在战斗中赢得、在战后被光荣记载下来的东西。它也是值得尊重的成就。胡宁战役后,当同僚们认为一些任务对他而言太过卑微时,他却告诫苏克雷:"荣耀在于伟大而有益。"[26]在帕蒂维尔卡养病的日日夜夜,玻利瓦尔疯狂地思考着他在美洲南方为自由付出的努力、南方领导人的忘恩负义以及就此抛下一切的诱惑。"迄今为止,我一直为自由而战;未来我会不惜一切代价为自己的荣耀而战。如今,我的荣耀是不再支配一切,而只思索自己;我一早便有这个念头,如今它越发强烈。我的岁月,我欠佳的身体,我所有青春梦想的幻灭让我无法选择其他道路。"[27]他始终保留着荣耀,而荣耀即使没有权力的保护也能长久存在。

  然而,荣耀无法战胜一切。此后的1824年,当胡宁的胜利被哥伦比亚传来的沮丧消息冲淡之时,他致信朋友费尔南多·佩尼亚尔维尔:"在这场不幸的革命中,无论胜利还是失败,我们都一定会为命运流泪。西班牙人很快就将走上末路。但我们的终点在哪里?我们像一头被射中

---

* 拉法耶特(1757—1834),法国大革命时期君主立宪派代表人物。
** 丹尼尔·奥康奈尔(1775—1847),英国下议院第一位爱尔兰领袖,被人们称为"解放者"。

胸口的雌鹿,不幸的结局已经注定,因为我们的鲜血本身就是那致命的毒药。那些在这场血腥戏剧最终落幕之前死去的人是幸福的……可以这样安慰自己,无论我们的死亡多么悲伤,都比我们的生活更幸福。"[28] 玻利瓦尔的荣耀,不局限于战场的军事荣耀。它也不同于野心。当他希望返回玻利维亚提交宪法,因而与桑坦德和国会的关系陷入紧张时,他宣称:"在这个理性的世纪(century of philosophy)里,除非严格遵守原则,没人能够赢得或保持荣耀。"然后,在提到委内瑞拉为他加冕的计划时,他坚定地说道:"我的敌人与愚蠢的朋友拒绝相信,我对专治的厌恶像对荣耀的热爱一样强烈,荣耀不在于统治而在于践行伟大的美德。我一直追寻荣耀与自由,如今两者都已实现,我再无所求。"[29]这几乎与圣奥古斯丁如出一辙。

为美洲人争取解放,为自己争取荣耀。玻利瓦尔领导的去殖民化运动是现代世界民族解放运动的先声之一。但解放也带来了诸多问题,有些问题他已无法掌控;同时,在实现解放之后,赢得荣耀的机会也减少了。将玻利瓦尔的革命与20世纪的民族解放运动相比较,可以发现取得胜利之后的一段时期,两者都面临着相似的困境。一党制、社会改革实验的失败、腐败与种族冲突,早在玻利瓦尔的时代就已出现,甚至在经济上面临的难题——外债、基础设施短缺、经济管理不善和糟糕的政府——都似曾相识。在这两个时期,民众都不约而同地怀念起归属于帝国主义大国——西班牙或英国——的旧日时光,开始重新审视帝国统治的历史。在西属美洲,对过去的观点从否定转为接纳,传统体制再度得到青睐。君主政体又一次成为讨论的主题。自由主义者惊恐地举起双手或者拔出武器;对他们而言,这是暴政的复辟。实用主义者已经考虑到了这一问题。而玻利瓦尔并没有回避这一问题,在与英国外交官的交谈中还曾主动提起。从奥利里1829年的通信中可以清楚看出,玻利瓦尔主义者们对这一问题的看法混乱无章,玻利瓦尔既听到了对君主体制的支持,也听到了反对声音。[30]他必须自己做出决定——在综合考虑公众舆论、改革历史与自己的声誉之后。在这个谴责西班牙暴政的人心中,君主政体从来不是可行的选项;在他看来,君主立宪制终究还是不够强大。他绝大部分时候都是在追求某种形式的集权体制。最后他在玻利维亚宪法中给出了答案——总统终身制。

领袖驱动力

在思想、宣言、法令和宪法之外，在荣耀背后，驱动玻利瓦尔前进的是他的意志力和指挥的激情。革命催生了一大批野心勃勃的军事和政治人物，他们有男有女，有贵族有平民，有蠢笨、愚昧、疯狂之徒，也不乏德才兼备的优秀人物。还有那些没有留下姓名，却至关重要的普通革命者，以及那些负责后勤保障的无名英雄，没有他们动员军队、供应骡马、收集物资，革命无法取得成功。但无论在哪个级别，即便是在革命的精英当中，也没有人能展现出如玻利瓦尔般的天才。他对自己的优势心知肚明，并且不惮于去强调它。他曾警告反叛的派斯不要加入失败者的队伍："卡斯蒂略将军反对我，他失败了；皮亚尔将军反对我，他失败了；马里尼奥将军反对我，他失败了；托雷·塔格莱将军反对我，也是他失败了。上帝应该是在惩罚我的敌人，无论是美洲人还是西班牙人都令其万劫不复。"[31] 他是最卓越的领袖，钢铁一般的决心令他超越了其他人。无论大事还是小事，战略上还是战术上，他的领导才能展露无遗，最终是他的领导力率领革命走向胜利。革命需要有人引领，有人追随。民众总是追随那些思想最清晰、目标最坚定的人。正是这些品质，使得玻利瓦尔得以主宰精英阶层并引导民众。

在托马斯·卡莱尔关于英雄的论述中，英雄崇拜在一个动荡无序世界里是一种自然倾向——民众本能地希望有一个伟大的人物来领导和统治他们，英雄崇拜便是对这种需求的回应。终极英雄意味着集多种角色于一身——先知、教士、诗人、教师与人类统治者，"我们的意志要服从他的意志"。英雄统治优于任何其他形式的政府。"找出一个国家中最为贤能之人，奉他为王，忠实地崇敬他，你就拥有了一个完美的政府。投票、议会、选举、宪法或者其他机制，统统都不再需要。

它不需要任何自以为是的改善——从一开始就处于完美状态，是一个理想国。"玻利瓦尔并不完全符合卡莱尔笔下的英雄形象。他并不是那种严格意义上的历史上的沉默英雄——居于伟大的"沉默帝国"，沉默地思考，在喧嚣空虚的世界里沉默地工作。但在其他方面，玻利瓦尔被卡莱尔视为不可或缺的人物，"他将告诉我们某一天某一时刻应该做什么"[32]。

玻利瓦尔的领导能力是天生的，而非后天习得的，经验让他更加成熟——但也仅止于此。强烈的宿命感和使命感早在他从欧洲返回委内瑞拉时就已根植于其心中，并且随着革命的推进根深蒂固。毫无疑问，在他走上革命道路之前，前人已经为其开辟了道路，先驱者和爱国者创造了一个平台，使得玻利瓦尔可以在这个平台上践行他的解放计划。而革命也需要他的创新精神去阐释和指导。是玻利瓦尔成就了革命，还是革命造就了玻利瓦尔？这一问题不值得探讨。诚然，1810年前后的事件催生了一个历史机遇，但这一机遇需要一位具有领导才能的最高领袖来提供思想并指引行动。玻利瓦尔迅速展现出时局所需的精神信念和身体素质。他是西属美洲革命的思想领袖，是革命思想的主要提供者，是解放的理论家，他论证并阐明了独立战争以及战后独立的正义性。

他也是一位实干家，尽管他似乎对自己出众的品质——忍耐和耐劳显得漠不关心。他从未夸耀伟大战斗征程中的困难与艰辛，反而自认一生中未受过任何匮乏的苦恼——但纯粹意志力确然是他能够成就伟大的要素之一。这种意志力支撑他熬过了20年的不懈斗争，驱使他在最为漫长的殖民地战争之中，沿着原始道路和小径穿越平原与山脉，行军上万英里。1829年，从波哥大到帕斯托，又从基多到瓜亚基尔的漫漫路途，让他的奥德赛之旅达到顶点，此时的他，注意到了自己日渐衰弱的身体，以及沿途越来越强的敌意，但为了哥伦比亚，他决心克服这一切。这是英雄主义气势恢宏的一幕。返程路上天气恶劣，从瓜亚基尔到波帕扬大雨滂沱，道路几乎无法通行，骑马也困难重重；从那里到波哥大，政治难题纷至沓来，压迫着他的头脑，考验着他的精神。但他仍是领袖，无人可以同他相提并论。

　　玻利瓦尔的领导力也体现在其令人信服的演讲艺术上，他将理性与情感合二为一，把论点提升到了听众未曾感受过的高度。当然，没有演讲录音告诉我们玻利瓦尔语气如何，声音是否洪亮，声调如何起伏，话里有没有讽刺意味，以及带有什么样的情绪。但我们知道，在早期的爱国者辩论之中，他的声音高亢而清晰，他的思想终结了关于忠诚、自主与独立的争论。他为他的每一次伟大演讲都准备了书面版本，既能打动人心，也能启迪思维。据说他在安戈斯图拉国会的演讲，曾让听众感动落泪。然而，他从不对听众——通常是立法者——进行长篇大论的说教；也不会给人留下居高临下的印象，尽管他的引经据典和博古论今需要听众对古代史和现当代史有相当的了解，而很可能只有少数人才具备那样的知识储备。他的演讲既能说服政治家，也能鼓舞军队。胡宁战役之前，在塞罗－德帕斯科，他慷慨激昂的话语让士兵们欢呼振奋："士兵们！你们将把整个世界从奴役中解放出来，你们不可战胜！"在战斗中，他始终与自己的部队在一起，尤其是对他忠心耿耿的委内瑞拉部队。当1830年他们离开他返回委内瑞拉之时，玻利瓦尔知道，自己的战争结束了。

　　玻利瓦尔的风格不仅体现在他的演讲中，也体现在他的著作中。他滔滔不绝，同时向不同秘书口授不同主题的信函、政治文件、公告、宪政演说和法令，无论崇高或琐碎，都是言简意赅、一气呵成。他文辞别具一格，是多种风格的结合体，表意清晰，引经据典，富于修辞又会突然抒情。玻利瓦尔诚恳而直率，但他也是一位宣传家，从他的著作——包括信件——可以看出他极其注重分析问题和说服他人。对他而言，宣传与表述同等重要。此外，他的表达也会根据通信对象而做出相应调整，并非千篇一律。所以，他完全有能力在不同时间——甚至同一时间——对不同的人说出不同的话。他的这种特质，于历史学家而言是一种危险的诱惑，于粗心之人则可能是一个陷阱。同时，他的言论也是一个诚实的向导，直率而慷慨地袒露他的内心世界。"我已经在公开和严肃场合表露了我的意见，"他曾经如此抗议，"即使有人希望求证，我也没必要重复,因为它们可以在我公共生活的文件里找到。"[33]

玻利瓦尔曾对桑坦德说:"我是苦难缠身之人,而你是代表法律之人。"这是一个精妙的区分,表明他是最高领袖,他的对手是下级行政官员。有效应对困难,是领导力的必备要素,而那通常意味着与人打交道。今日所谓的人事管理,可以说是玻利瓦尔的第二天性。他能敏锐地看出同僚的优点和缺点:他知道什么令人愉悦,什么会是冒犯,在处理与高级军官和官员的关系之时,他很有分寸,根据对象与场合的不同在坦率、奉承与指责间自如切换。他从不回避艰难决定,在任命和晋升方面的命令老练而坚定。他迅捷地发号施令和安抚军心,也乐于倾听。1826年12月,他进军委内瑞拉,呼唤祖国重返联邦,并敲打派斯,明确了谁是领袖、谁是下属,但也很快意识到了领袖的极限。

玻利瓦尔不喜欢接受派斯这类下属的建议,但认可天赋能与自己比肩的苏克雷,并将其提拔为领导者,也会寻求和接受对方的建议,并尊重其决策。对于苏克雷,玻利瓦尔也愿意对其委以重任,甚至将最后的功成之战交给他指挥,并将最后解放的一个国家交给他治理,他很少对别人如此。苏克雷是他的另一个自我,一个受他平等相待的门徒,一个让他可以毫无隐瞒的下属。另外,桑坦德是他一生的祸患,一个无从回避又无法剪除的敌人,讽刺的是,这是他最大的"困难"之一。玻利瓦尔有政治头脑,知道他必须让桑坦德坐上仅次于自己的位置,让一个新格拉纳达人统治新格拉纳达,让一个足够严酷的管理者去承担革命中的行政管理工作,以让"解放者"能够专注于解放。双方互不信任,但是表面上保持着彬彬有礼的和睦,并留下了一系列的往来信件,其中揭示了玻利瓦尔对于民众和革命难题的一些最为直率和私人的思想。但这一表面的和睦终究无法长久维持,在1827年至1828年间沦为露骨的互相指责,两人在核心原则上的水火不容展露无遗。

玻利瓦尔所谓的自己是"苦难缠身之人",其实也是在表达愿意承担责任的态度——无论成功还是失败。失败本身是一种挑战,是另一个需要克服的障碍。他从逆境中重新振作的能力几乎众所周知,所以他的士兵们才对他深信不疑，即使失败也不离不弃。在终结1814年那场悲惨战役的《卡鲁帕诺宣言》之中，他承认自己对反抗行动的崩溃并非毫无责任。1822年在帕斯托，他对受到的赞颂不如苏克雷而心生不悦，也只是因为他明白，一名领袖若想保持威信，荣耀就不能有丝毫减损。然而，对于宪政失败和联邦的政治僵局，他所愿意接受的责难是有限度的。对此，他将责任归于一系列的敌人，从波哥大的桑坦德及其政治密友，到各个地区的考迪罗，最终归于不够成熟的民众。谁能说他错了呢？

"领导力"是一个多变的概念，不同的时代，需求也各不相同。但鼓舞民众、启迪思维、触动心灵的能力却是永恒不变的，还有就是——给民众以希望，让人们相信一切终将实现。玻利瓦尔的许多计划是他自己的构想，在他人看来近乎疯狂。在新格拉纳达重新发动革命，从海地攻入委内瑞拉，放弃加拉加斯转向安戈斯图拉，然后转换战略，出人意料地向西越过安第斯山脉，这些想法最初并不被追随者理解，也没有为他的同僚所接受。接下来更加让人瞠目结舌，在南方发动革命，随后进军秘鲁——一个大多数哥伦比亚人眼中的遥远外国，最终在玻利维亚成为革命领袖。许多此类计划看起来风险重重甚至毫无成功可能，它们需要民众不断做出牺牲。玻利瓦尔不得不劝服批判者、激励怀疑者、安抚神职人员并约束军阀。这并不总是容易争取的事情，但由于他的雄辩之才、他的声望和他在前线的地位，简言之就是因为他无与伦比的领导力，他的每一个呼吁都得到正面的回应，革命得以再次推进。这并不是盲目服从。民众追随玻利瓦尔，即使不是出于信念，也是出于对他的信任，受到了奥利里所言"威望之魅力"的鼓舞。[34]

玻利瓦尔崇拜

胜利的日子已成往事，玻利瓦尔的领导地位受到了挑战。他一直都有"敌人"，但在1826年带着玻利维亚宪法回归波哥大之后，玻利瓦尔逐渐失去了威望与支持。历史性的胜利缔造并孕育了他的荣耀。博亚卡战役中,他不仅战胜了西班牙,也战胜了大自然,这场伟大的胜利将他推向了顶峰:在这一刻,他是"祖国之父"、民族与独立之魂,是哥伦比亚和委内瑞拉公认的救世主。不过,当他的胜利成为回忆,民众开始展望未来,思索没有玻利瓦尔的未来。于是,他的荣耀变得越发宝贵,越发需要捍卫——这便是他晚年的心境。这个在 1810 年抓住机遇的人,在 1830 年选择彻底退场。令人叹惋的英年早逝成为他最后的荣耀,与之相比,他失败的治国生涯已经不值一提了。

玻利瓦尔的故事,在同胞拒绝让他踏入哥伦比亚国土时陷入谷底,随后他踏上了情绪抑郁的流亡之旅,在加勒比海之滨度过了最后的日子。在亡故后的数年间,形势变化对玻利瓦尔而言依旧充满讽刺:这位大哥伦比亚联邦的缔造者和联邦解体的牺牲品,靠着敌人的造势推动,才得以在祖国恢复名誉。玻利瓦尔生前并没有给过派斯什么恩惠,但玻利瓦尔去世后委内瑞拉动荡的局势,让这位考迪罗不得不向"解放者"寻求帮助。在 1833 年首次表态之后,一直到 1842 年 2 月,派斯才做出真正的努力,要求迎回"解放者"的遗体,重新加以安葬。他在国会力陈迎回玻利瓦尔的必要性,这是一项政治责任,"将来公众每一次的合法投票都是对'解放者'的纪念,对其爱国主义和人道主义伟大事迹的感怀与景仰,与我们立法的愿景是一致的"[35]。在骚乱并未远去,反对派随时准备用武器代替辩论的年代,将自己与玻利瓦尔绑定在一起,间接沐浴在其荣耀之下,对派斯和其他政客而言是有利的。

1842 年 11 月,玻利瓦尔的遗体被从圣玛尔塔大教堂迁出,由一支小型舰队护送至拉瓜伊拉,再从该地转运至加拉加斯,12 月 16 日,遗体运至加拉加斯。在隆重的葬礼上,政府、教会、军队和各机构要员与外国使节,以及"一群高贵公民"列队追随;遗体在庄严的安魂弥撒中被移交,先是安葬在圣弗朗西斯科教堂,后又移葬至加拉加斯大教堂。政治家、记者兼保守派寡头代言人费尔明·托罗(Fermín Toro)记录下了当时的情景。他措辞谨慎,在歌颂玻利瓦尔的同时又回避了对曾阻止玻利瓦尔遗体回归的国会的指责,并且将玻利瓦尔与国家绑定在一起。对国父和"解放者"的敬意,等同于对祖国的敬意;民众的声音冲破了阻碍,12年来的错误、忌妒与诽谤在一场最高规格的国家庆典中宣告终结。如今谁是伟人?谁又坚如磐石?他将在战斗中赢得的自由赠予了委内瑞拉人,赠予了人民群众(masas populares),并留给了他们捍卫自由的方法。[36]派斯自己也为之盖棺论定:"委内瑞拉的繁荣是玻利瓦尔的首要考虑,也是他英雄事迹的最初动机;这样一位英雄,怎样纪念都不为过。我们所庆祝的不仅是玻利瓦尔的胜利,也是委内瑞拉的胜利。我们目睹了伟大的玻利瓦尔抵达海岸,各大强国的军舰为他护航,各国的旗帜与我们的旗帜交相招展,以向这位英雄、向委内瑞拉致敬。"[37]

由此,玻利瓦尔崇拜诞生了,他与祖国委内瑞拉重新团聚,那是一个没有显赫前史、殖民地时代也乏善可陈的国家,唯一伟大的就是他为其赢得的独立。玻利瓦尔生前集聚起了一批玻利瓦尔主义者,那是一群经过大浪淘沙的士兵与官员,出于对其才能的钦佩以及对其领导能力的信服,忠心耿耿地为他效力。而在此时新涌现出的玻利瓦尔主义者则是历史学家、记者、教士、政治家和总统,他们畸形地崇拜并捍卫理想化的玻利瓦尔,以之麻醉卑微不幸的人民。崇拜者们讲述着一个美好的故事。一位纯正委内瑞拉血统的英雄,在经历了一段悲剧婚姻并在欧洲度过青年的黄金岁月之后,担负起领导国家独立的重任,为大陆革命提供了思想基础,然后以他的军事和政治才能创建了一个联邦,并赢得了国际尊重,同时还有一个值得称道的情人彰显其男子汉气概。人们从中可以看到多个玻利瓦尔——委内瑞拉民族主义者、美洲英雄、有着男子汉气概的男人,每个角色都如此贴切,引人共鸣。但新玻利瓦尔主义者所维护的那种畸形崇拜并不是简单的英雄崇拜,它还有一个更伟大的目标——将玻利瓦尔树立成国家的榜样。后殖民时代的民众,无力改善自身状况或享受玻利瓦尔为他们赢得的自由,玻利瓦尔的榜样和指导于他们而言是一种救赎。聆听他的话语,委内瑞拉就能够逃离深渊。他不是上帝,将他等同于上帝是一种亵渎,但将他视为圣人并不为过,他享受着与宗教类似的崇敬,教导着与天主信仰的宗教真理相辅相成的政治美德。

民众对玻利瓦尔普遍和自发的感情也逐渐演变成畸形的崇拜,变得更加有组织并且受到了政府的推动,从民众的信仰变成为民众打造的信仰,玻利瓦尔被塑造成一个民主主义者、革命者、道德导师和天主教徒。[38]这一教义自上而下地传播开来,并开始在学校教授。《委内瑞拉历史教理问答》为独立规定了标准答案。书中就西蒙·玻利瓦尔、路易斯·洛佩斯·门德斯和安德烈斯·贝略在1810年出使伦敦一事提问:谁是首席特使?

随后给出的答案是:为首者是西蒙·玻利瓦尔上校,不仅委内瑞拉独立,甚至几乎整个南美独立都归功于他的努力与才干,在这片哥伦布发现的新大陆上,他的成就无与伦比。

这种崇拜进一步发展演变,总统们争相拥向前台,以期成为它的主要倡导者。安东尼奥·古兹曼·布兰科(Antonio Guzmán Blanco)*,一个声名显赫的美洲人,一个奉行实证主义"秩序与进步",与玻利瓦尔主义的执政精神南辕北辙的独裁者,却将对玻利瓦尔的崇拜推向了新高度。1874年,布兰科在加拉加斯的玻利瓦尔广场上竖立起了"解放者"骑马的雕像;1876年10月,他将玻利瓦尔遗体迁出大教堂,葬入新建成的国家先贤祠;1879年,在他的推动下,奥利里的《回忆录》出版,他又一次"赞扬委内瑞拉最杰出英雄之荣耀"。1883年7月,古兹曼·布兰科的"玻利瓦尔主义"达到了顶峰,他主持了玻利瓦尔百年诞辰的盛大庆典。无数演讲、文章、庆典和崭新制作的雕像,都对"解放者"极尽溢美之词,但推动这一切的那位统治者却是玻利瓦尔深恶痛绝的诸多行径之化身。布兰科试图建立一个独立于罗马的委内瑞拉教会,这是玻利瓦尔生前尤其反对的,也是玻利瓦尔崇拜与"解放者"的真实历史相去甚远的例证之一。

1876年,古兹曼·布兰科买下了具有历史意义的玻利瓦尔家族宅

---

* 安东尼奥·古兹曼·布兰科(1829—1899),委内瑞拉政治家、军事将领,曾三次担任委内瑞拉总统。

邸，那是"解放者"的出生之地，在 1812 年地震里严重受损。在公众捐款的帮助下，这座宅邸又从其后人手中被收购了回来，并于 1912 年 10 月被另一个考迪罗出身的总统胡安·比森特·戈麦斯（Juan Vicente Gómez）*代表国家接收。经过重建与装修之后，这座位于加拉加斯市中心的"解放者出生地"（Casa Natal del Libertador）于 1921 年 7 月 5 日——卡拉沃沃战役的百年纪念日——举行了落成典礼；它成为一个档案馆和美术馆，收藏"解放者"的档案与蒂托·萨拉斯（Tito Salas）**的作品，以纪念这位英雄的生平，成为民众对"解放者"朝圣的地方。与此同时，在以利亚撒·洛佩斯·孔特雷拉斯（Eleazar López Contreras）将军***的赞助之下，委内瑞拉玻利瓦尔协会（Sociedad Bolivariana de Venezuela）晋升为国家机构，成为"解放者"荣耀的官方保管人与守护者。[39]比森特·莱库纳（Vicente Lecuna）****，这位学术领域的"玻利瓦尔崇拜"的捍卫者，为一系列著作制定了权威版本，以消除质疑、抵制异议。[40]

　　故而，玻利瓦尔经受住了历史的考验，"难逃一死却注定永生"。这种神化已经远超真正的解放者，创造了一种理想与神话，一场为其书写者服务的虚构。玻利瓦尔自己没有也无意去建立这样一种崇拜。作为自身荣耀的捍卫者，他对美洲同胞美化自己的任何企图都嗤之以鼻。然而，他的一生，他的成就，他的伟大战役几乎从发生的那一刻起就已深深根植于文化之中。对它们的纪念有着多重层次，首先是出于纯粹的钦佩，然后是出于尊重，最后是出于宣传的需要——广泛适用且有效。他象征着委内瑞拉本有希望实现却至今未能达成的愿景；他是委内瑞拉人

---

* 胡安·比森特·戈麦斯（1857—1935），委内瑞拉独裁者，曾三次担任委内瑞拉总统，被称为"安第斯暴君"。
** 蒂托·萨拉斯（1887—1974），委内瑞拉画家，对拉丁美洲现代艺术做出重要贡献。
*** 以利亚撒·洛佩斯·孔特雷拉斯（1883—1973），委内瑞拉军人、政治家，曾担任委内瑞拉总统。
**** 比森特·莱库纳（1870—1954），委内瑞拉历史学家、教育家、政治家，参与了玻利瓦尔档案馆的修复与策展。

民在建立良好政府与公正社会的过程中进行道德评判的标准。对政府来说，他是一种恩赐——当委内瑞拉人民陷入困惑，需要指引的时候，借助玻利瓦尔告诉他们如何行事，比制定新政策更加轻松有效。他还是安抚无政府主义威胁的良药，毕竟在他担任领袖的时候，几乎时刻都在警惕着这种威胁。

玻利瓦尔消弭了委内瑞拉对世界，尤其是欧洲的自卑感。他使委内瑞拉人在国际上得到了尊重。他是第一个拥有世界性声望的拉丁美洲人，使得同胞摆脱了自我贬低的倾向。作为一个委内瑞拉白人，他能够以平等身份与欧洲和美国对话。玻利瓦尔关于西属美洲统一的思想及其代表巴拿马大会所做的努力，被誉为超越时代的贡献。如一位重要的玻利瓦尔主义历史学家所言，"没有险恶的国内危机，没有种族仇恨，没有宗教冲突，没有阶级斗争，却拥有积极且坚实的政治自由与平等——正是因为践行了玻利瓦尔所制定的革命路线，西属美洲才得以专注于和平而有力地征服和统治，最终实现独立"[41]。

胡安·比森特·冈萨雷斯（Juan Vicente González, 1810—1866），是一位政治家和记者，同时也是玻利瓦尔的狂热崇拜者，他对"解放者"的赞美近乎神化，乃至建议委内瑞拉人民将后者奉为偶像——玻利瓦尔仅凭雄辩之才就为国民树立了榜样，而愚昧的民众却在荒谬地致力于摧毁他取得的伟大成果。在冈萨雷斯看来，玻利瓦尔是无法超越，甚至无人能与之相提并论的。他质问道：如果将玻利瓦尔挪走，我们还剩下什么？在对这种狂热崇拜进行阐释时，这从来都是一个无法绕开的关键问题。（除了玻利瓦尔）再没有其他英雄堪称伟大。古兹曼·布兰科亦步亦趋地追随冈萨雷斯的论调，将玻利瓦尔描绘为"无与伦比的人"，一位"半神"："玻利瓦尔是基督耶稣一样的救世主，而非奇幻史诗里虚构的英雄。他是这片大陆的解放者，是美洲共和国的缔造者，是自由公民之父。他为此而生；上帝也为此赋予了他完美的才能——在过去、现在和未来，在世界任何其他地方都不曾出现过的勇气、胆识和毅力。"[42]这一诠释近年来得到了更加夸张的阐释，在1980年，加拉加斯枢机主教在提及1830年对玻利瓦尔的放逐及其后的道德否定时，批判这种行为是"委内瑞拉的原罪":"委内瑞拉毫无异议地接受了放逐'祖国之父'的可耻提议,公然拒绝接受这位神选之人的伟大品格。这也是为什么自我们1830年犯下这一罪恶之后,我们国家在过去一个世纪里,几乎一直处在毁灭性的内战与长久的暴政中,连短暂而不稳定的和平都成了奢求。"[43]对于解放过程中的屠杀则只字未提。

委内瑞拉对玻利瓦尔的尊崇在具有纪念意义的1983年达到了顶峰。"解放者"200周岁诞辰将所有玻利瓦尔主义利益聚拢在一起。政府、政客、军队、学者、艺术界和商界,或许还有一些民众,齐心协力通过一系列的公共活动、表演、大会,还有各种各样的出版物与无休无止的招待宴会,来表达对"解放者"的崇敬。相对于玻利瓦尔的英雄地位来说,这些礼遇和纪念并不过分,主流学术界的各种研究也对其不吝赞美。但讽刺的是,这些庆祝活动是在国家危机期间举办的,当时委内瑞拉的金融界已濒临崩溃,政府却继续大手笔地花钱,开设了一条新的地铁线路,举办国际会议、"解放者"200周岁诞辰庆典,并举行了一场决定性的选举。1983年的这场玻利瓦尔的崇拜狂欢会是最后一次吗?"解放者"沉默无言,没有答案,没有拯救,他的崇敬者也没有向他寻求指引。但是这个故事还有新的转折,一个对玻利瓦尔崇拜的现代曲解。

1998年,自许为"革命的玻利瓦尔主义者"的委内瑞拉总统乌戈·查韦斯下令将国名改为"委内瑞拉玻利瓦尔共和国",一时间令民众惊讶不已。威权民粹主义者、新考迪罗主义者、玻利瓦尔军国主义者——一代又一代被冠以各种头衔的统治者,攀附玻利瓦尔的热情始终丝毫不减,尽管玻利瓦尔对这些热情估计会嗤之以鼻。崇拜玻利瓦尔的传统,曾被军事独裁者当作一种方便实用的意识形态,这在胡安·比森特·戈麦斯和以利亚撒·洛佩斯·孔特雷拉斯的统治时期达到巅峰;尽管对其内涵不无歪曲,但某种程度上还是尊重了"解放者"的基本思想。但新生的离经叛道之说,并没有继承玻利瓦尔的宪政思想,而是如其声称的那样,创造了一种新的特质——民粹主义的玻利瓦尔主义,而古巴又赋予了他一个新身份——社会主义的玻利瓦尔。古巴和委内瑞拉政权,利用了确乎存在于玻利瓦尔思想和行动之中的威权主义倾向,将

"解放者"奉为其政策的祖师,玻利瓦尔的思想也在这一进程中被不断曲解。[44]而在委内瑞拉,一个21世纪的民粹主义政权,在寻求政治合法性时被玻利瓦尔吸引,沦为了这一魔咒的另一个受害者。谁又能断言它就是最后一个呢?

注 释

缩略语对照表

AGN　Archivo General de la Nación, Caracas 加拉加斯国家总档案馆

BAGN　Boletín del Archivo General de la Nación《国家总档案馆馆刊》

BANH　Biblioteca de la Academia Nacional de la Historia, Venezuela 委内瑞拉国家历史学院图书馆

BHN　Biblioteca de Historia Nacional, Colombia 哥伦比亚国家历史图书馆

BOLANH　Boletín de la Academia Nacional de la Historia, Caracas《加拉加斯国家历史学院院刊》

FJB, AL　Fundación John Boulton, Caracas, Archivo del Libertador 加拉加斯约翰·博尔顿基金会"解放者"档案

HAHR　Hispanic American Historical Review《西班牙语美洲历史评论》

ILAS　Institute of Latin American Studies, London 伦敦拉丁美洲研究所

JLAS　Journal of Latin American Studies《拉丁美洲研究》

PRO　Public Record Office, the National Archives, London 伦敦国家档案馆公共档案部

第一章

[1] José Domingo Díaz, *Recuerdos sobre la rebelión de Caracas* (BANH, 38, Caracas, 1961), 98–99.

[2] Alexander von Humboldt, *Personal Narrative of Travels to the Equinoctial Regions*

of the New Continent during the Years 1799-1804（《1799—1804年新大陆热带地区旅行记》）, trans. Helen Maria Williams, 6 vols (London, 1814–1829), IV, 12–17. 地震之时，洪堡并不在场，但他使用了路易斯·德尔佩切（Luis Delpeche）讲述1812年加拉加斯事件的手稿中的内容。

[3] *Gaceta de Caracas,* 25 April 1812.

[4] The "Detached Recollections" of General D.F. O'Leary（《D.F. 奥利里将军的〈回忆散记〉》）, ed. R.A. Humphreys (London, 1969), 36.

[5] Robert J. Ferry, *The Colonial Elite of Early Caracas: Formation and Crisis 1567-1767* (Berkeley and Los Angeles, 1989), 208–211.

[6] Message to the Constituent Congress of the Republic of Colombia（致哥伦比亚共和国制宪会议的咨文）, Bogotá, 20 January 1830, Simón Bolívar, *Obras completas*（《玻利瓦尔全集》）, ed. Vicente Lecuna and Esther Barret de Nazarís, 3 vols (2nd edn, Havana, 1950), III, 812.

[7] Alexander von Humboldt, *Personal Narrative,* trans. Jason Wilson (London, 1995), 163.

[8] John V. Lombardi, *People and Places in Colonial Venezuela* (Bloomington, Indiana, 1976).

[9] Ildefonso Leal, *La Universidad de Caracas en los años de Bolívar 1783–1830,* 2 vols (Caracas, 1983), I, 27–33.

[10] Humboldt, *Personal Narrative,* trans. Helen Maria Williams, III, 472–476.

[11] Merle E. Simmons, "Los escritos de Juan Pablo Viscardo y Guzmán, Precursor de la Independencia Hispanoamericana" (Caracas, 1983), *Esquisse Politique,* 236, and *La Paix et le bonheur,* 332–333.

[12] *Jamaica Letter*（《牙买加来信》）, or "Contestación de un americano meridional a un caballero de esta isla", Kingston, setiembre 6 de 1815, Sociedad Bolivariana de Venezuela, *Escritos del Libertador,* VIII (Caracas, 1972), 233.

[13] Mark A. Burkholder and D.S. Chandler, *From Impotence to Authority: The Spanish Crown and the American Audiencias, 1687–1808* (Columbia, Missouri, 1977), 191–192.

[14] *Jamaica Letter, Escritos,* VIII, 233–234.

[15] A verdict from within by Manuel Godoy, Príncipe de la Paz（"和平亲王"曼努埃尔·戈多伊作为局内人的评断）, *Memorias*（《回忆录》）, 2 vols (Biblioteca de

Autores Españoles, 88-89, Madrid, 1956), Ⅰ, 416.

[16] Ferry, *The Colonial Elite of Early Caracas*, 254.

[17] Juan Vicente de Bolívar, Martín de Tobar, and marqués de Mixares to Miranda, Caracas, 24 February 1782, Francisco de Miranda, *Colombeia*, Ⅱ (Caracas, 1979), 533-534. 波哥大与库斯科不久前爆发的民众运动都遭遇挫败，因为克里奥尔人不再支持，任由这些运动被殖民政府镇压。《米兰达档案》(*Colombeia*, Ⅱ, 31-45)的编者认为，这封神秘信件不太可能是真实的。这位"先驱者"的最新传记作者也相信，信件可能是伪造的；see（参见）Karen Racine, *Francisco de Miranda: A Transatlantic Life in the Age of Revolution* (Wilmington, Delaware, 2003), 27-28。

[18] Salvador de Madariaga, *Bolívar* (London, 1968), 23-24; Tomás Polanco Alcántara, *Simón Bolívar: Ensayo de interpretación biográfica a través de sus documentos* (Caracas, 1994), 38.

[19] F. Depons, *Viaje a la parte oriental de Tierra Firme en la América Meridional*, 2 vols (Caracas, 1960), Ⅱ, 14-92; Federico Brito Figueroa, *Historia económica y social de Venezuela*, 2 vols (Caracas, 1966), Ⅰ, 63-121, 160.

[20] Humboldt, *Personal Narrative*, trans. Helen Maria Williams, Ⅲ, 472-476.

[21] Racine, *Francisco de Miranda*, 5-6; María del Pilar Rodríguez Mesa, "Los blancos pobres", *BOLANH*, 80, 317 (1997), 133-188.

[22] P. Michael McKinley, *Pre-revolutionary Caracas: Politics, Economy, and Society 1777-1811* (Cambridge, 1985), 80-82.

[23] Laureano Vallenilla Lanz, *Obras completas, I. Cesarismo democrático* (Caracas, 1983), 48-50.

[24] Santos R. Cortés, *El Régimen de las "Gracias al Sacar" en Venezuela durante el período hispánico*, 2 vols (Caracas, 1978), Ⅰ, 469.

[25] "Informe que el ayuntamiento de Caracas hace al rey de España referente a la real cédula de 10 de febrero de 1795", José Félix Blanco and Ramón Azpurúa, eds, *Documentos para la historia de la vida pública del Libertador*, 14 vols (Caracas, 1875-1888), Ⅰ, 267-275.

[26] AGN, Gobernación y Capitanía General, lvi, 1795, f. 13, 149, 244.

[27] Federico Brito Figueroa, *La estructura económica de Venezuela colonial* (Caracas,

1978), 123–124.

[28] Ildefonso Leal, "La aristocracia criolla venezolana y el código negrero de 1789", *Revista de Historia*, 2 (Caracas, 1961), 61–81.

[29] Mariano Arcaya, city attorney of cabildo of Coro(科罗市政会的检察长马里亚诺·阿卡亚), in Federico Brito Figueroa, *Las insurrecciones de los esclavos negros en la sociedad colonial venezolana* (Caracas, 1961), 61–62.

[30] Pedro M. Arcaya, *Insurrección de los negros en la serranía de Coro* (Caracas, 1949), 38; Brito, *Insurrecciones de los esclavos negros*, 41–88.

[31] For *Las Ordenanzas*, see Pedro Grases, *La Conspiración de Gual-España y el ideario de la Independencia*, in *Preindependencia-Emancipación* (*Obras*, III, Barcelona, 1981), 51–53, 172–177. Detail on the role of Picornell and the action of Dolores Gil in AGN, Gobernación y Capitanía General, lxiv, f. 71, 127.

[32] Quoted by Josefina Rodríguez de Alonso in Miranda, *Colombeia*, II, 37.

[33] Humboldt, *Personal Narrative*, trans. Helen Maria Williams, III, 414–415.

[34] Kathy Waldron, "The Sinners and the Bishop in Colonial Venezuela: The *Visita* of Bishop Mariano Martí, 1771–1784", Asunción Lavrin, ed., *Sexuality and Marriage in Colonial Latin America* (Lincoln, Nebraska, 1989), 165–166, 170–172.

[35] Mariano Martí, *Documentos relativos a su visita pastoral de la diócesis de Caracas, 1771–1784*, 7 vols (ANH, Caracas, 1969), II, 188, 215, 276, 289, 581.

[36] Bolívar to Palacios(玻利瓦尔致帕拉西奥斯), Cuzco, 10 July 1825, *Obras completas*, II, 163.

[37] Bolívar to María Antonia(玻利瓦尔致玛丽亚·安东尼娅), Cuzco, 10 July 1825, *Obras completas*, II, 162–163.

[38] Bolívar to Santander(玻利瓦尔致桑坦德), Arequipa, 20 May 1825, Francisco de Paula Santander, *Cartas Santander-Bolívar*, 6 vols (Bogotá, 1988–1990), IV, 378.

[39] Polanco Alcántara, *Simón Bolívar*, 13–17.

[40] N.E. Navarro, "Un episodio divertido de la primera educación de Bolívar", *BOLANH*, 38, 149 (1955), 3–15; Real Audiencia de Caracas, "Transcipción del expediente", July 1795, ibid., 21–22.

[41] Antonio Cussen, *Bello and Bolívar: Poetry and Politics in the Spanish American*

Revolution (Cambridge, 1992), 4.

[42] Carlos Palacios to Esteban Palacios（卡洛斯·帕拉西奥斯致埃斯特万·帕拉西奥斯）, 8 October 1799, Vicente Lecuna, "Adolescencia y juventud de Bolívar. Documentos", *BOLANH*, 13, 52 (1930), 562.

[43] Simón Bolívar to Pedro Palacios Blanco（玻利瓦尔致佩德罗·帕拉西奥斯·布兰科）, Veracruz, 20 March 1799, *Obras completas*, Ⅰ, 13–14, his earliest extant letter.

[44] John Lynch, *Bourbon Spain 1700–1808* (Oxford, 1993), 376, 392–395.

[45] *Memorias del General Daniel Florencio O'Leary: Narración*, 3 vols (Caracas, 1952), Ⅰ, 57.

[46] Bolívar to Pedro Palacios Blanco, 30 September 1800, in Germán Carrera Damas, ed., *Simón Bolívar Fundamental*, 2 vols (Caracas, 1993), Ⅰ, 54.

[47] Polanco Alcántara, *Simón Bolívar*, 69–70, 74.

[48] Marriage documents（婚书）in Simón Bolívar, *Escritos del Libertador* (Caracas, 1964–), Ⅱ, 102–106, and *BOLANH*, 35, 139 (1952), 253; description in O'Leary（奥利里的描述）, *Narración*, Ⅰ, 57; Marriage declaration（结婚通告）in Carrera Damas, *Simón Bolívar Fundamental*, Ⅱ, 9.

[49] O'Leary, *Narración*, Ⅰ, 59.

[50] L. Peru de Lacroix, *Diario de Bucaramanga* (Ediciones Centauro, Caracas, 1976), 62–66.

第二章

[1] O'Leary, *"Detached Recollections"*, 29–30; Alfredo Boulton, *Los retratos de Bolívar* (2nd edn, Caracas, 1964), 25–28.

[2] Suggestions elaborated in（详见）Polanco Alcántara, *Simón Bolívar*, 151–156.

[3] Fanny du Villars to Bolívar（范妮·杜·维拉尔致玻利瓦尔）, Paris, 6 April, 14 May 1826, O'Leary, *Memorias del General O'Leary*, 34 vols (Caracas, 1981) XII, 293–300.

[4] Charles Minguet, "Las relaciones entre Alexander von Humboldt y Simón Bolívar", *Bolívar–Europa en las crónicas, el pensamiento politico y la historiografia*, ed.

Alberto Filippi, 2 vols (Caracas, 1986–92), Ⅰ, 743–754.

[5] Humboldt to O'Leary（洪堡致奥利里）, Berlin, 1853, in Minguet, op cit., 746.

[6] Bolívar to Humboldt（玻利瓦尔致洪堡）, 10 November 1821, Carrera Damas, *Simón Bolívar Fundamental*, Ⅰ, 205.

[7] O'Leary, *Narración*, Ⅰ, 61.

[8] Peru de Lacroix, *Diario de Bucaramanga*, 64–66.

[9] Bolívar to Rodríguez（玻利瓦尔致罗德里格斯）, Pativilca, 19 January 1824, *Obras completas*, Ⅰ, 881–882.

[10] O'Leary, *Narración*, Ⅰ, 66–76.

[11] O'Leary, *Narración*, Ⅰ, 67–68.

[12] Mario Laserna, *Bolívar: Un euro-americano frente a la ilustración* (Bogotá, 1986), 76–77.

[13] *Escritos*, Ⅳ, 14–16; 起誓的文本 *Juramento de Roma*（《罗马誓言》）, 在多年以后根据罗德里格斯的回忆重写, 于 1850 年交付曼努埃尔·乌里维（Manuel Uribe）, 刊发于 *Homenaje de Colombia al Libertador*（《向哥伦比亚解放者致敬》）,（Bogotá, 1884）。

[14] Bolívar to Rodríguez, Pativilca, 19 January 1824, Simón Bolívar, *Cartas del Libertador*, ed. Vicente Lecuna (vols 1–10, Caracas, 1929–1930; vol. 11, New York, 1948; vol. 12, ed. Manuel Pérez Vila, Caracas, 1959), Ⅳ, 32–34.

[15] O'Leary, *Narración*, Ⅰ, 68.

[16] Peru de Lacroix, *Diario de Bucaramanga*, 63.

[17] Bolívar to Santander, Arequipa, 20 May 1825, *Cartas Santander-Bolívar*, Ⅳ, 378; see also（另见）Manuel Pérez Vila, *La formación intelectual del Libertador* (2nd edn, Caracas, 1979), 16–20.

[18] Pérez Vila, *La formación intelectual del Libertador*, 189–216, identifies eight lists of books, 299 in all（考证出有 8 个书单, 共 299 册书籍）.

[19] O'Leary, *Narración*, Ⅰ, 63–64, Ⅱ, 34; Bolívar, "Método que se debe seguir en la educación de mi sobrino Fernando Bolívar", Carrera Damas, *Simón Bolívar Fundamental*, Ⅱ, 157–158.

[20] Angostura Address（安戈斯图拉演讲）, 15 February 1819, *Obras completas*, Ⅲ, 683.

[21] R.R. Palmer, *The Age of the Democratic Revolution. A Political History of Europe and America*, 1760–1800, 2 vols (Princeton, 1959–1964); E.J. Hobsbawm, *The Age of Revolution. Europe 1789–1848* (London, 1962), 53.

[22] John Lynch, "Simón Bolívar and the Age of Revolution", *Latin America between Colony and Nation* (London, 2001), 134–146, 161–162.

[23] Miranda to Gual（米兰达致瓜尔）, 31 December 1799, *Archivo del General Miranda*, 24 vols (Caracas, 1929–1950), ⅩⅤ, 404.

[24] Grases, *Preindependencia y Emancipación*, 378.

[25] *Cartagena Manifesto*（《卡塔赫纳宣言》）, 15 December 1812, *Escritos*, Ⅳ, 123.

[26] Leal, *La Universidad de Caracas en los años de Bolívar 1783–1830*, Ⅰ, 64–65.

[27] Luis Castro Leiva, *La Gran Colombia: Una ilusion ilustrada* (Caracas, 1985), 66, 74–76.

[28] Pérez Vila, *La formación intelectual del Libertador*, 184–185.

[29] "The Second Treatise of Government", 2: 102–103, 217, in John Locke, *Two Treatises of Government*, ed. Peter Laslett (Cambridge, 1989), 334–335, 419.

[30] Baron de Montesquieu, *The Spirit of the Laws*, ed. Anne M. Cohlen and others (Cambridge, 1989), 328–389, 396.

[31] Angostura Address, 15 February 1819, *Obras completas*, Ⅲ, 683; Ildefonso Méndez Salcedo, *Dos estudios sobre Montesquieu y Bolívar* (Caracas, 1995), 65–75.

[32] Luis Castro Leiva, *De la patria boba a la teología bolivariana* (Caracas, 1991), 46–48.

[33] Jean-Jacques Rousseau, *The Social Contract and the Discourses*, trans. G.D.H. Cole (London, 1993), 190–191.

[34] Norman Hampson, "The Enlightenment in France", in Roy Porter and Mikulas Teich, *The Enlightenment in National Context* (Cambridge, 1981), 49–50.

[35] Frank Holl, "El científico independiente y su crítica al colonialismo", *Debate-Perspectivas, Cuadernos de Historia-Ciencias Sociales*, 1 (Madrid, 2000), 101–123.

[36] Humboldt, *Personal Narrative*, trans. Williams, Ⅲ, 472–476.

[37] Humboldt to O'Leary, Berlin, 1853, in Minguet, "Las relaciones entre Alexander von Humboldt-Simón Bolívar", 746.

[38] *The Collected Works of Jeremy Bentham. Colonies, Commerce, and Constitutional Law: Rid Yourselves of Ultramaria and other Writings on Spain and Spanish*

America, ed. Philip Schofield (Oxford, 1995), 124-128.

[39] "Common Sense", in Thomas Paine, *Political Writings*, ed. Bruce Kuklick (Cambridge, 1989), 23, 37-38, 101; "Rights of Man", ibid., 140-141.

[40] Manuel García de Sena, *La Independencia de la Costa Firme justificada por Thomas Paine treinta años ha*, ed. Pedro Grases (Caracas, 1949); see also Pedro Grases, *Libros y libertad* (Caracas, 1974), 21-26.

[41] Guillaume Thomas François Raynal, *A Philosophical and Political History of the Settlement and Trade of the Europeans in the East and West Indies, By the Abbé Raynal. To which is added the Revolution of America*, 6 vols (Edinburgh, 1782), Ⅵ, 265, 300-1, 346.

[42] Dominique Dufour De Pradt, *Les trois âges des colonies, ou leur état passé, present et à venir*, 3 vols (Paris, 1801-1802), Ⅰ, ⅴ-ⅹⅰ, Ⅱ, 188-211, Ⅲ, 299, 316-317, 352-353, 371-372, 508-509.

[43] O'Leary, *"Detached Recollections"*, 28, and *Narración*, Ⅰ, 53, 63-64; Peru de Lacroix, *Diario de Bucaramanga*, 114-115.

[44] P. Schwartz and C. Rodríguez Braun, "Las relaciones entre Jeremías Bentham-S. Bolívar", *Bolívar-Europa*, Ⅰ, 445-460; Jamaica Letter, 6 September 1815, *Escritos*, Ⅷ, 239; Angostura Address, 15 February 1819, *Obras completas*, Ⅲ, 683; Bolívar to Santander, Tulcán, 31 December 1822, *Cartas Santander-Bolívar*, Ⅲ, 290-291.

[45] Pérez Vila, *La formación intelectual del Libertador*, 81.

[46] 过度扩张理论并不是近年才出现的，而是由 Richard Pares（理查德·帕雷斯）于 70 年前提出, *War and Trade in the West Indies 1739-1763*,（Oxford, 1936）, 1: "西班牙帝国主义的最大错误在于企图太多，它的主张远远超过了执行能力。"

[47] Peru de Lacroix, *Diario de Bucaramanga*, 65.

第三章

[1] Antonio García-Baquero González, *El comercio colonial en la época del absolutismo*

ilustrado: Problemas-debates (Granada, 2003), 324-325; John Fisher, *Commercial Relations between Spain and Spanish America in the Era of Free Trade, 1778-1796* (Liverpool, 1985), 76.

[2] E. Arcila Farías, *Economía colonial de Venezuela* (Mexico, 1946), 368-369.

[3] García-Baquero González, *El comercio colonial en la época del absolutismo ilustrado*, 333-368.

[4] Bolívar to Páez（玻利瓦尔致派斯）, 4 August 1826, *Obras completas*, Ⅱ, 445.

[5] Recollections of Bello given to Miguel Luis Amunátegui（贝略讲述给米格尔·路易斯·阿穆纳特吉的回忆）, *Vida de don Andrés Bello* (Santiago, 1882), 37-51.

[6] Beaver to Sir Alexander Cochrane（比弗致亚历山大·柯克兰爵士）, quoted by O'Leary, *Narración*, Ⅰ, 40.

[7] *Conjuración de 1808 en Caracas para la formación de una junta suprema gubernativa (documentos completos)*, Instituto Panamericano de Geografía e Historia, Comisión de Historia, 2 vols (Caracas, 1969), Ⅰ, 351-377; on the junta movement（关于组建洪达运动）see Andrés F. Ponte, *La revolución de Caracas y sus próceres* (Caracas, 1960), 46-52.

[8] Caracciolo Parra-Pérez, *Historia de la Primera República de Venezuela*, 2 vols (2nd edn, Caracas, 1959), Ⅰ, 317; Ponte, *La revolución de Caracas*, 29.

[9] *Conjuración de 1808*, Ⅰ, 41-112, 351-377.

[10] Ponte, *La revolución de Caracas*, 48-50.

[11] Parra-Pérez, *Historia de la Primera República*, Ⅰ, 333.

[12] José Francisco Heredia, *Memorias del regente Heredia* (Caracas, 1986), 64; Parra-Pérez, *Historia de la Primera República*, Ⅰ, 337-342.

[13] Polanco Alcántara, *Simón Bolívar*, 195-197.

[14] *Gaceta de Caracas*, 7, 14 April, 5, 20 May 1809.

[15] *Textos oficiales de la Primera República de Venezuela*, 2 vols (BANH, 1-2, Caracas, 1959), Ⅰ, 99-103.

[16] Intendant Vicente Basadre（行政长官比森特·巴萨德雷）, report of 4 July 1810, in *Causas de infidencia*, 2 vols (BANH, 31-32, Caracas, 1960), Ⅰ, 128.

[17] Miranda, circular letter to "nuestras Américas", 24 March 1810, *Archivo del*

General Miranda, XXⅢ, 367–368.

[18] López Méndez to Venezuelan secretary of state（洛佩斯·门德斯致委内瑞拉国务秘书）, London, 3 October 1810, quoted by María Teresa Berruezo León, *La lucha de Hispanoamérica por su independencia en Inglaterra, 1800–1830* (Madrid, 1989), 91–92.

[19] Amunátegui, *Vida de don Andrés Bello*, 93, 95–96.

[20] O'Leary, *Narración*, Ⅰ, 77.

[21] On Bolívar in London（关于玻利瓦尔在伦敦的活动）, see Racine, *Francisco de Miranda*, 200–206, and Polanco Alcántara, *Simón Bolívar*, 226–246.

[22] Peru de Lacroix, *Diario de Bucaramanga*, 57–58.

[23] Notes on the Caraccas, 5 August 1810, National Archives, PRO, London, FO 72/106.

[24] On the Apsley House conversations（关于在阿普斯利大厦的会谈）, see Cristóbal L. Mendoza, *Las primeras misiones diplomáticas de Venezuela*, 2 vols (Caracas, 1962), Ⅰ, 240–248, 260–269; D.A.G. Waddell, *Gran Bretaña y la Independencia de Venezuela–Colombia* (Caracas, 1983), 63–72.

[25] Notes on the Caraccas, 5 August 1810, National Archives, PRO, FO 72/106.

[26] 21 July 1810, National Archives, PRO, FO 72/106.

[27] *Díaz, Recuerdos sobre la rebelión de Caracas*, 88.

[28] Racine, *Francisco de Miranda*, 212–213, 219.

[29] Simón Bolívar, *Proclamas–Discursos del Libertador*, ed. Vicente Lecuna (Caracas, 1939), 3.

[30] Acta de la Independencia, in *La Constitución Federal de Venezuela de 1811* (BANH, 6, Caracas, 1959), 89–96.

[31] Roscio to Bello（罗西奥致贝略）, 31 August 1811, Amunátegui, *Vida de don Andrés Bello*, 111; Parra-Pérez, *Historia de la Primera República*, Ⅱ, 80–82.

[32] *Constitución Federal*（《联邦宪法》）, 151–211; Parra-Pérez, *Historia de la Primera República*, Ⅱ, 113–120, 131.

[33] *Textos oficiales de la Primera República*, Ⅱ, 95; Parra-Pérez, *Historia de la Primera República*, Ⅱ, 113–120.

[34] *Textos oficiales de la Primera República*, Ⅱ, 36, 38.

[35] *Constitution of 1811*（《1811 年宪法》）, Ⅱ, ii, 26, Ⅸ, 203, in *Constitución Federal*, 159–160, 205.

[36] Decree of 26 June 1811, *Textos oficiales de la Primera República*, Ⅱ, 42–43.

[37] Narciso Coll-Prat, *Memoriales sobre la independencia de Venezuela* (BANH, 23, Caracas, 1959), 59–60, 63–67.

[38] *Manifesto to the Nations of the World*（《致世界各国的宣言》）, 30 September 1813, Carrera Damas, *Simón Bolívar Fundamental*, Ⅱ, 26.

[39] Bolívar to congress of New Granada（玻利瓦尔致新格拉纳达议会）, Cartagena, 27 November. 1812, O'Leary, *Memorias*, ⅩⅢ, 57–60.

[40] José de Austria, *Bosquejo de la historia militar de Venezuela*, 2 vols (BANH, 29–30, Caracas, 1960), Ⅰ, 299.

[41] Miranda to Sata, secretary of war（米兰达致国防秘书萨塔）, 24 July, 13 August 1811, *Selected Writings of Bolívar*, compiled by Vicente Lecuna, ed. Harold A. Bierck Jr., 2 vols (2nd edn, New York, 1951), Ⅰ, 6–10.

[42] Díaz, *Recuerdos sobre la rebelión de Caracas*, 96, 98–99. See Chapter 1.

[43] Humboldt, *Personal Narrative*, trans. Williams, Ⅳ, 12–17.

[44] Austria, *Bosquejo de la historia militar de Venezuela*, Ⅰ, 298.

[45] Vicente Lecuna, *Crónica razonada de las guerras de Bolívar*, 3 vols (New York, 1950), Ⅰ, xix-xxi.

[46] Bolívar to Miranda（玻利瓦尔致米兰达）, 12 July, 14 July 1812, O'Leary, *Memorias*, ⅩⅩⅨ, 11–13.

[47] Austria, *Bosquejo de la historia militar de Venezuela*, Ⅰ, 307, 316, 321–322.

[48] Racine, *Francisco de Miranda*, 238.

[49] Carlos Pi Sunyer, *Patriotas Americanos en Londres* (Caracas, 1978), 89–95; Polanco Alcántara, *Simón Bolívar*, 271–273.

[50] O'Leary, *Narración*, Ⅰ, 113–14, including letter of Wilson to O'Leary（收录了威尔逊致奥利里的信）, London, 14 July 1832.

[51] O'Leary, *Narración*, Ⅰ, 118; Bolívar, Manifesto to the Nations of the World, Carrera, *Simón Bolívar Fundamental*, Ⅱ, 29–30.

[52] 米兰达的私人秘书与密友佩德罗·瓜尔（Pedro Gual），人生关键时刻在拉瓜伊拉陪伴左右；他报告说，米兰达当时正在读卡塔赫纳总统托利塞斯（Torrices of Cartagena）发来的紧急求援书，提议前往那里；Gual, Bogotá, 15 February 1843, in Blanco and Azpurúa, eds, *Documentos para la historia de la vida pública del Libertador*, III, 760–1。

[53] Cussen, *Bello and Bolívar*, 106–107.

[54] Polanco Alcántara, *Simón Bolívar*, 289–295.

[55] Bolívar to Iturbe, Curaçao, 10, 19 September 1812, O'Leary, *Memorias*, XXIX, 13–16.

第四章

[1] Hermes Tovar Pinzón, "La lenta ruptura con el pasado colonial (1810–1850)", *Historia económica de Colombia*, ed. José Antonio Ocampo (Bogotá, 1987), 88.

[2] Rebecca A. Earle, *Spain and the Independence of Colombia 1810–1825* (Exeter, 2000), 23–24.

[3] Simón Bolívar and Vicente Tejera, Cartagena, 27 November 1812, O'Leary, *Memorias*, XIII, 57–60.

[4] Bolívar, *Memoria dirigida a los ciudadanos de la Nueva Granada por un caraqueño*, Cartagena, 15 December 1812, *Escritos*, IV, 116–127.

[5] Mario Laserna, *Bolívar: Un euro-americano frente a la ilustración*, 90–92.

[6] Anthony McFarlane, "Identity, Enlightenment and Political Dissent in Late Colonial Spanish America", *Transactions of the Royal Historical Society*, sixth series, 8 (1998), 309–335.

[7] Speech to the people of Tenerife on the banks of the Magdalena（马格达莱纳河畔向特内里费民众的演讲），24 December 1812, *Escritos*, IV, 127–130; Manuel Pérez Vila, *Simón Bolívar, Doctrina del Libertador* (2nd edn, Caracas, 1979), 17–19.

[8] O'Leary, *Narración*, I, 133–139.

[9] Bolívar to the army of Cartagena and the Union（玻利瓦尔致卡塔赫纳和联邦部队），10 March 1813, O'Leary, *Memorias*, XIII, 151–152.

[10] O'Leary, *Narración*, Ⅰ, 154–155.

[11] José Francisco Heredia, *Memorias del regente Heredia* (BANH, 186, Caracas, 1986), 67.

[12] On this, the *campaña admirable*（关于"惊人之役"）, see Lecuna, *Crónica razonada*, Ⅰ, 1–73.

[13] Pedro de Urquinaona-Pardo, *Memorias de Urquinaona* (Madrid, 1917), 254; Heredia, *Memorias*, 97, 145; Bolívar to President of the Union（玻利瓦尔致联邦总统）, Cúcuta, 6 April 1813, O'Leary, *Memorias*, ⅩⅢ, 172; Bolívar, Manifesto to the Nations of the World, Valencia, 20 September 1813, Carrera Damas, *Simón Bolívar Fundamental*, Ⅱ, 25–35; Gabriel E. Muñoz, *Monteverde: cuatro años de historia patria 1812–1816*, 2 vols (BANH, 42–43, Caracas, 1987), Ⅰ, 429.

[14] Bolívar, "Aprobación con reservas", Cúcuta, 20 March 1813, *Escritos*, Ⅳ, 166–173.

[15] O'Leary, *Narración*, Ⅰ, 156.

[16] Proclamation, Mérida, 8 June 1813, O'Leary, *Memorias*, ⅩⅢ, 246–247; see also *Narración*, Ⅰ, 158.

[17] Decree of War to the Death（关于灭绝之战的法令）, Trujillo, 15 June 1813, *Escritos*, Ⅳ, 305–7.

[18] *Manifiesto de Carúpano*（《卡鲁帕诺宣言》）, 7 September 1814, *Escritos*, Ⅵ, 390–395.

[19] Bolívar to President of the Union, Mérida, 31 May 1813, O'Leary, *Memorias*, ⅩⅢ, 238.

[20] Bolívar to Governor of Trujillo（玻利瓦尔致特鲁希略总督）, 22 June 1813, O'Leary, *Memorias*, ⅩⅢ, 278.

[21] Bolívar, Proclamation, Trujillo, 22 June 1813, O'Leary, *Memorias*, ⅩⅢ, 270.

[22] O'Leary, *Narración*, Ⅰ, 172.

[23] *Gaceta de Caracas*, No. 1, 26 August 1813, 4, 与迪库德雷-荷尔因斯坦（Ducoudray-Holstein）所散布的耸人听闻的故事相比，这个解释更为可信，玻利瓦尔坐在由姑娘们驾驭的战车上。

[24] H.L.V. Ducoudray-Holstein, *Memoirs of Simón Bolívar, President, Liberator of the Republic of Colombia*, 2 vols (London, 1830), Ⅰ, 151, 156–157.

[25] Bolívar, Proclamation of General of Army of Liberation, Caracas, 8 August 1813, O'Leary, *Memorias*, XIII, 332–333.

[26] Caracciolo Parra-Pérez, *Mariño y la independencia de Venezuela*, 5 vols (Madrid, 1954–7), I, 134–138.

[27] Ibid., I, 245.

[28] Bolívar to Mariño（玻利瓦尔致马里尼奥）, Valencia, 16 December 1813, *Cartas del Libertador*, I, 88.

[29] Heredia, *Memorias*, 159.

[30] Decoudray-Holstein, *Memoirs of Simón Bolívar*, I, 156–157.

[31] Bolívar to Richard Wellesley（玻利瓦尔致理查德·韦尔斯利）, 14 January 1814, *Escritos*, VI, 63.

[32] Speech to assembly in the convent of San Jacinto（在圣哈辛托修道院大会上的演讲）, Caracas, 2 January 1814, *Escritos*, VI, 8–9.

[33] Parra-Pérez, *Mariño y la independencia de Venezuela*, I, 325–326.

[34] Bolívar to Coll-Prat（玻利瓦尔致科利-普拉特）, Caracas, 10 August 1813, Carrera Damas, *Simón Bolívar Fundamental*, I, 70–71; Alberto Gutiérrez, *La Iglesia que entendió el Libertador Simón Bolívar* (Bogotá, 1981), 70–74.

[35] Bolívar to municipality of Caracas（玻利瓦尔致加拉加斯市政会）, 18 October 1813, O'Leary, *Memorias*, XIII, 397.

[36] Heredia, *Memorias*, 66.

[37] Heredia, *Memorias*, 97, 145; Urquinaona, *Memorias*, 86, 114, 254.

[38] Bolívar to governor of Curaçao, 2 October, 9 October 1813, *Escritos*, V, 12–14, 113, 204.

[39] Richard Vowell, *Campaigns and Cruises in Venezuela and New Grenada and in the Pacific Ocean from 1817 to 1830*, 3 vols (London, 1831), I, 76.

[40] Bolívar to president of congress of New Granada（玻利瓦尔致新格拉纳达议会议长）, Caracas, 14 August 1813, *Escritos*, V, 29.

[41] Bolívar to governor of Valencia（玻利瓦尔致巴伦西亚总督）, 9 September 1813, O'Leary, *Memorias*, XIII, 357; Bolívar to Santander, Pamplona, 1 November 1819, *Cartas Santander-Bolívar*, I, 186–187.

［42］Bolívar to congress of New Granada, 4 September 1813, O'Leary, *Memorias*, XIII, 355.

［43］Bolívar to governor of Curaçao（玻利瓦尔致库拉索总督）, 2 October, 9 October 1813, *Escritos*, V, 204–205.

［44］Bolívar to Coll-Prat, 8 February 1814, Carrera Damas, *Simón Bolívar Fundamental*, I, 75–76.

［45］O'Leary, *Narración*, I, 201–202.

［46］Quoted by（转引自）Germán Carrera Damas, "Segunda República venezolana", *Tres temas de historia* (2nd edn, Caracas, 1978), 141–143.

［47］"Reflexiones sobre el estado actual de los Llanos", 6 December 1813, quoted by Germán Carrera Damas, *Boves, aspectos socio-económicos de su acción histórica* (2nd edn, Caracas, 1968), 158.

［48］O'Leary, *Narración*, I, 195–197, 225–236; O'Leary, *"Detached Recollections"*, 34–36.

［49］Carrera Damas, *Boves*, 170–188.

［50］"Memorial presentado al Rey en Madrid por el Pbro. Doctor don José Ambrosio Llamozas, Vicario General del Ejército de Barlovento, en las provincias de Venezuela", *BOLANH*, 18, 71 (1935), 168.

［51］Ibid., 169.

［52］Heredia, *Memorias*, 41–51, 239.

［53］Austria, *Bosquejo de la historia militar de Venezuela*, II, 256.

［54］Bolívar to the Editor（玻利瓦尔致编辑）, *Royal Gazette*, Kingston, Jamaica, 28 September 1815, in Pérez Vila, *Doctrina del Libertador*, 75–79; Heredia, *Memorias*, 172.

［55］Austria, *Bosquejo de la historia militar de Venezuela*, II, 222, 226.

［56］O'Leary, *Narración*, I, 212–213.

［57］O'Leary, *Narración*, I, 230–231.

［58］Díaz, *Recuerdos sobre la rebelión de Caracas*, 308–312.

［59］Ibid., 311.

［60］Polanco Alcántara, *Simón Bolívar*, 356–357.

[61] Bolívar, Manifiesto de Carúpano, 7 September 1814, *Escritos*, Ⅵ, 390–395.

[62] Bolívar to division of Urdaneta（玻利瓦尔致乌达内塔的部队）, Pamplona, 12 November 1814, *Obras completas*, Ⅲ, 614.

[63] Camilo Torres, in Bolívar, *Escritos*, Ⅹ, 458.

[64] Bolívar to Juan Jurado（玻利瓦尔致胡安·胡拉多）, 8 December 1814; Pey and Duquesne to citizens of Bogotá（佩伊和迪凯纳致波哥大市民）, 16 December 1814, O'Leary, *Memorias*, ⅩⅢ, 558; Peru de Lacroix, *Diario de Bucaramanga*, 185.

[65] Bolívar, Address on inauguration of government of United Provinces of New Granada（在新格拉纳达联合省成立仪式上的发言）, 23 January 1815, Pérez Vila, *Doctrina del Libertador*, 46–50.

[66] Bolívar, *Proclamation in La Popa*（《拉波帕宣言》）, 8 May 1815, O'Leary, *Memorias*, ⅩⅤ, 14–15.

[67] Bolívar, Jamaica Letter, 6 September 1815, *Escritos*, Ⅷ, 222–248.

第五章

[1] 整个独立战争的总兵力约为 41000 人，对庞大地区的帝国军队而言，这是个小数目；see Earle, *Spain and the Independence of Colombia*, 30-1, 70-1。

[2] Margaret L. Woodward, "The Spanish Army and the Loss of America, 1810–1824", *HAHR*, 48 (1968), 586–607.

[3] O'Leary, *Narración*, Ⅰ, 297–298; Stephen K. Stoan, *Pablo Morillo and Venezuela, 1815–1820* (Columbus, Ohio, 1974), 83–84, 163.

[4] Bolívar to Richard Wellesley, Kingston, 27 May 1815, O'Leary, *Memorias*, ⅩⅩⅨ, 46.

[5] Bolívar, *Escritos*, Ⅷ, 222–248;《牙买加来信》英文版最初在 1818 年 7 月刊载于牙买加的《季刊与文学公报》(*Quarterly Journal and Literary Gazette*), 1833 年出版西班牙文版本。

[6] Mark A. Burkholder and D.S. Chandler, *From Impotence to Authority: The Spanish Crown and the American Audiencias, 1687–1808*, 10–11, 74–75, 104–106.

[7] O'Leary, *"Detached Recollections"*, 38.

[8] Bolívar to the Editor, *Royal Gazette*, 28 September 1815, *Selected Writings*, Ⅰ, 125.

[9] To the Editor, *Royal Gazette*, 15 August 1815, O'Leary, *Memorias*, XXIX, 54–60.

[10] El Americano, after 28 September 1815, Pérez Vila, *Doctrina del Libertador*, 75–79.

[11] R.A. Humphreys, "British Merchants and South American Independence", *Tradition and Revolt in Latin America* (London, 1969), 117–120.

[12] Bolívar to Maxwell Hyslop（玻利瓦尔致麦克斯韦尔·希斯洛普）, 19 May 1815, O'Leary, *Memorias*, XXIX, 45–46.

[13] Bolívar to Maxwell Hyslop, 30 October, 8 November 1815, O'Leary, *Memorias*, XXIX, 66–7.

[14] Bolívar to Maxwell Hyslop, 3 December 1815, O'Leary, *Memorias*, XXIX, 67–68.

[15] *Royal Gazette*, Kingston, 16, 23 December 1815, O'Leary, *Memorias*, XV, 28–33; *Narración*, Ⅰ, 333.

[16] Paul Verna, *Pétion y Bolívar* (Caracas, 1969), 157–161; Lecuna, *Crónica razonada*, Ⅰ, 418.

[17] John Lynch, *Caudillos in Spanish America 1800–1850* (Oxford, 1992), 4–6, 35–36.

[18] O'Leary, *Narración*, Ⅰ, 350.

[19] Francisco Rivas Vicuña, *Las guerras de Bolívar*, 7 vols (Bogotá, 1934–1938, Santiago, 1940), Ⅱ, 85–95.

[20] Austria, *Bosquejo de la historia militar de Venezuela*, Ⅱ, 454–456.

[21] Ibid., Ⅱ, 388.

[22] Ibid., Ⅱ, 385.

[23] "Acta de Reconocimiento de Bolívar como Jefe Supremo", 6 May 1816, *Escritos*, Ⅸ, 123–126.

[24] Bolívar, Ocumare, 6 July 1816, O'Leary, *Memorias*, XV, 84; *Escritos*, Ⅸ, 188, 352.

[25] Bolívar to Fernández Madrid（玻利瓦尔致费尔南德斯·马德里）, Bogotá, 6 March 1830, Carrera Damas, *Simón Bolívar Fundamental*, Ⅰ, 611–613. 苏布莱特小心翼翼地提到了"爱情"因素，这番话激怒了莱库纳：O'Leary, *Narración*, Ⅰ, 469; Lecuna, *Crónica razonada*, Ⅰ, 469, Ⅱ, 17。

［26］O'Leary, *Narración*, Ⅰ, 371–372.

［27］Ibid., Ⅰ, 385.

［28］Bolívar to Piar（玻利瓦尔致皮亚尔）, 10 January 1817, *Escritos*, Ⅹ, 46.

［29］Bolívar to Pétion（玻利瓦尔致佩蒂翁）, on board the *Indio Libre*（在"印度解放"号上）, Jacmel, 4 September 1816, *Escritos*, Ⅸ, 341–342, 344–345.

［30］Bolívar to Páez, Angostura, 15 September 1817, O'Leary, *Memorias*, ⅩⅤ, 295–297.

［31］Bolívar to Páez, 4 October, 4 November 1817, ibid., ⅩⅤ, 324–326, 445–447.

［32］Díaz, *Recuerdos sobre la rebelión de Caracas*, 328.

［33］Buenaventura de Carrocera, *Misión de los Capuchinos en Guayana*, 3 vols (BANH, Caracas, 1979), Ⅲ, 13–14, 318–323; O'Leary, *Narración*, Ⅰ, 390–391.

［34］Blanco-Azpurúa, *Documentos para la historia de la vida pública del Libertador*, Ⅴ, 646–647.

［35］See the account in Tomás Cipriano de Mosquera（参见托马斯·西普里亚诺·德·莫斯克拉的记述）, *Memoria sobre la vida del General Simón Bolívar, Libertador de Colombia, Perú-Bolivia* (Bogotá, 1954), 221–222, 莫斯克拉日后补充道："许多年之后，我还听闻'解放者'当着我们的面，对卡洛尼屠杀发出最为严厉的谴责。"

［36］Bolívar to Nariño（玻利瓦尔致纳里尼奥）, Barinas, 21 April 1821, Carrera Damas, *Simón Bolívar Fundamental*, Ⅰ, 187.

［37］*Manifesto to the Peoples of Venezuela*（《致委内瑞拉各民族的宣言》）, 5 August 1817, *Escritos*, Ⅹ, 338; Bolívar to O'Leary（玻利瓦尔致奥利里）, Guayaquil, 13 September 1829, Carrera Damas, *Simón Bolívar Fundamental*, Ⅰ, 588–594.

［38］Parra-Pérez, *Mariño y la independencia de Venezuela*, Ⅱ, 368.

［39］Díaz, *Recuerdos sobre la rebelión de Caracas*, 336.

［40］Piar to Bolívar（皮亚尔致玻利瓦尔）, San Felipe, 31 January 1817, O'Leary, *Memorias*, ⅩⅤ, 150–155.

［41］Bolívar to Piar, 19 June 1817, *Escritos*, Ⅹ, 264.

［42］Morillo to Minister of War（莫里略致国防部长）, 8 May 1817, Antonio Rodríguez Villa, *El teniente general don Pablo Morillo, primer conde de Cartagena, marqués de La Puerta*, 4 vols (Madrid, 1908–1910), Ⅲ, 379–385.

[43] Bolívar to Briceño Méndez(玻利瓦尔致布里塞尼奥·门德斯), 19 June 1817, O'Leary, *Memorias*, XXIX, 113-114.

[44] Manifesto to the Peoples of Venezuela, 5 August 1817, *Escritos*, X, 335-340.

[45] Bolívar to Cedeño(玻利瓦尔致塞德尼奥), 24 September 1817, *Escritos*, XI, 91.

[46] Bolívar, Manifesto to the peoples of Venezuela, 5 August 1817, ibid., X, 337.

[47] Peru de Lacroix, *Diario de Bucaramanga*, 116-117.

[48] Bolívar, Manifesto to the peoples of Venezuela, 5 August 1817, *Escritos*, X, 339.

[49] Proclamation, 17 October 1817, *Escritos*, XI, 253-254.

[50] Peru de Lacroix, *Diario de Bucaramanga*, 58-59.

[51] Díaz, *Recuerdos sobre la rebelión de Caracas*, 353.

[52] O'Leary, *Narración*, I, 223.

[53] Bolívar, Villa del Norte, 23 May 1816, *Obras completas*, III, 634-635; Carúpano, 2 June 1816, *Decretos del Libertador*, ed. Vicente Lecuna, 3 vols (Caracas, 1961), I, 55-56.

[54] Austria, *Bosquejo de la historia militar de Venezuela*, II, 448.

[55] Decree, 24 September 1817, *Escritos*, XI, 94-95.

[56] Regulation, 7 June 1817, Decree, 23 September 1817, O'Leary, *Memorias*, XV, 264-268, 304-307.

[57] Bolívar to Bermúdez(玻利瓦尔致贝穆德斯), 7 November 1817, O'Leary, *Memorias*, XV, 449-450; Rivas Vicuña, *Las guerras de Bolívar*, III, 63-64.

[58] Clément Thibaud, *Repúblicas en armas: Los ejércitos bolivarianos en la Guerra de Independencia (Colombia-Venezuela, 1810-1821)*, (Bogotá, 2003), 44, 282-287.

[59] Decree, 30 October 1817, *Escritos*, XI, 318-320.

[60] Bolívar to Mariño, 17 September 1817, *Escritos*, XI, 27; Bolívar to Mariño, 11 November 1817, O'Leary, *Memorias*, XV, 454-455.

[61] Bolívar to Zaraza(玻利瓦尔致萨拉萨), 3 October 1817, to Monagas, 30 October 1817, *Escritos*, XI, 157-158, 160.

[62] Parra-Pérez, *Mariño y la independencia de Venezuela*, II, 497-498.

[63] Proclamation, 17 July 1817, Simón Bolívar, *Proclamas y Discursos del Libertador*, 157-158.

[64] José Antonio Páez, *Autobiografía del General José Antonio Páez*, 2 vols (Caracas, 1973), Ⅰ, 86–87.

[65] O'Leary, *Narración*, Ⅰ, 397.

[66] Páez, *Autobiografía*, Ⅰ, 124.

[67] O'Leary, *Narración*, Ⅰ, 451–452; Lecuna, *Crónica razonada*, Ⅱ, 122–130.

[68] Quoted by R.B. Cunninghame Graham, *José Antonio Páez* (London, 1929), 108–109, 114–115, 134; O'Leary, *Narración*, Ⅰ, 451.

[69] Díaz, *Recuerdos sobre la rebelión de Caracas*, 324.

[70] Páez, *Autobiografía*, Ⅰ, 128.

[71] Richard Vowell, *Campaigns and Cruises in Venezuela and New Grenada*, Ⅰ, 65–68. 在大不列颠图书馆目录里，他的名字被拼写成 Vawell。经验丰富的雇佣军是新生代军官的重要组成部分，see Thibaud, *Repúblicas en armas*, 411–425。

[72] Bolívar to Morillo, 13 February 1818, O'Leary, *Memorias*, ⅩⅤ, 571.

[73] Bolívar to Páez, Calabozo, 24 February, 28 February 1818, O'Leary, *Memorias*, ⅩⅤ, 600, 601.

[74] O'Leary, *"Detached Recollections"*, 39–40.

[75] Páez, *Autobiografía.*, Ⅰ, 153–154; O'Leary, *Narración*, Ⅰ, 489–491, *"Detached Recollections"*, 19–20; Bolívar to Páez, Angostura, 25 June 1818, O'Leary, *Memorias*, ⅩⅥ, 58.

[76] O'Leary, *Narración*, Ⅰ, 461.

[77] Speech to council of state, Angostura（在安戈斯图拉国务委员会会议上的发言）, 1 October 1818, O'Leary, *Memorias*, ⅩⅥ, 103.

[78] Polanco Alcántara, *Simón Bolívar*, 412–414.

[79] Rodríguez Villa, *Pablo Morillo*, Ⅳ, 626–629; Earle, *Spain and the Independence of Colombia*, 70, 86.

[80] Bolívar, *Declaration of Angostura* (《安戈斯图拉声明》), 20 November 1818, Carrera Damas, *Simón Bolívar Fundamental*, Ⅱ, 68–71.

第六章

[1] O'Leary, *Narración*, Ⅰ, 496.

[2] *Correo del Orinoco*, 20 February 1819.

[3] Angostura Address, 15 February 1819, Simón Bolívar, *Obras completas*, Ⅲ, 674–697; 节略版本最初发表于 1819 年 2 月 20 日、2 月 27 日、3 月 6 日和 3 月 13 日的《奥里诺科邮报》, 英文版本同步发表于安戈斯图拉, 西班牙语版本经过玻利瓦尔修订, 于 1820 年 4 月发表于波哥大。See Pedro Grases, *El Libertador y la Constitución de Angostura de 1819* (Caracas, 1970).

[4] Angostura Address, *Obras completas*, Ⅲ, 679.

[5] Jamaica Letter, *Escritos*, Ⅷ, 241.

[6] Contract with H.C. Wilson(与 H.C. 威尔逊的合约), 1 July 1817, with G. Hippisley(与 G. 希皮斯利的合约), 15 October 1817, O'Leary, *Memorias*, ⅩⅤ, 270–273, 345–347. 除了陆军士兵, 还有约 1000 名水兵。

[7] Eric Lambert, "Los legionarios británicos", *Bello–Londres*, Segundo *Congreso del Bicentenario*, 2 vols (Caracas, 1980–1981), Ⅰ, 355–76; see also the same author's(另见同一位作者的)*Voluntarios británicos e irlandeses en la gesta bolivariana*, 3 vols. (Caracas, 1983–1993). For a conceptual as well as narrative assessment of the foreign adventurers(对于外国冒险家概念上和叙事上的评价)see Matthew Brown, "Esclavitud, castas-extranjeros en las guerras de la Independencia de Colombia", *Historia–Sociedad*, 10 (2004), 109–125.

[8] D.A.G. Waddell, "British Neutrality and Spanish-American Independence: The Problem of Foreign Enlistment", *JLAS*, 19, 1 (1987), 1–18.

[9] Proclama de Morillo a los Jefes ingleses, Achaguas, 26 March 1819, Rodríguez Villa, *Pablo Morillo*, Ⅳ, 108–109, as quoted.

[10] A British Officer in the service of Venezuela(在委内瑞拉服役的英国军官), Margarita, 1 July 1819, *Correo del Orinoco*, 27 November 1819.

[11] John P. Hamilton, *Travels through the Interior Provinces of Colombia*, 2 vols (London, 1827), Ⅰ, 31.

[12] Charles Stuart Cochrane, *Journal of a Residence and Travels in Colombia, during*

the years 1823 and 1824, 2 vols (London, 1825), Ⅰ, 496.

[13] Carlos Pi Sunyer, *Patriotas americanos en Londres*, 242.

[14] Barreiro to Sámano（巴雷罗致萨玛诺）, 13, 23 March 1819, Alberto Lee López, ed., *Los Ejércitos del Rey*, 2 vols (Bogotá, 1989), Ⅱ, 7–8, 29–32; Santander to Bolívar, 29 April, 5 May 1819, *Cartas Santander-Bolívar*, Ⅰ, 83–89.

[15] Angostura Address, 15 February 1819, *Obras completas*, Ⅲ, 695–696.

[16] Earle, *Spain and the Independence of Colombia*, 133, and the same author's（以及同一位作者的）"Popular Participation in the Wars of Independence in New Granada", Anthony McFarlane and Eduardo Posada-Carbó, eds, *Independence and Revolution in Spanish America: Perspectives and Problems* (ILAS, London, 1999), 87–101.

[17] Bolívar to Páez, Angostura, 19 August 1818, O'Leary, *Memorias*, ⅩⅥ, 86; to Granadinos, 15 August 1818, ibid., ⅩⅥ, 84.

[18] O'Leary, *Narración*, Ⅰ, 543.

[19] O'Leary, *"Detached Recollections"*, 40, 奥利里并未记下这一发生在平原上的事件的日期。

[20] Bolívar to Santander, Cañafistola, 20 May 1819, *Cartas Santander-Bolívar*, Ⅰ, 92; Morillo to Secretary of War, Calabozo, 12 May 1819, Rodríguez Villa, *Pablo Morillo*, Ⅱ, 401, Ⅳ, 25–32.

[21] O'Leary, *"Detached Recollections"*, 20–21, 54–55; *Narración*, Ⅰ, 546–551.

[22] Bolívar to Páez, Arauca, 4 and 5 June 1819, O'Leary, *Memorias*, ⅩⅥ, 391–396; Páez to Bolívar, 24 May, 15, 28 June, 21 July 1819, ibid., Ⅱ, 28–35.

[23] O'Leary, *Narración*, Ⅰ, 555.

[24] Bolívar to Vice-President Paya（玻利瓦尔致副总统帕亚）, 30 June 1819, O'Leary, *Memorias*, ⅩⅥ, 406.

[25] Vowell, *Campaigns and Cruises in Venezuela and New Grenada*, Ⅰ, 163.

[26] Bolívar to Zea（玻利瓦尔致塞亚）, Bolívar to Páez, 30 June 1819, to the inhabitants of New Granada, Paya, 30 June 1819, O'Leary, *Memorias*, ⅩⅥ, 404–407.

[27] Francisco de Paula Santander, *Escritos autobiográficos 1820–1840*, ed. Guillermo Hernández de Alba (Bogotá, 1988), 7.

[28] O'Leary, *Narración*, Ⅰ, 572.

[29] Lambert, *Voluntarios británicos e irlandeses en la gesta bolivariana*, Ⅰ, 32.

[30] O'Leary, *Narración*, Ⅰ, 576–579; Soublette, *Boletín del Ejército Libertador*, 8 August 1819, O'Leary, *Memorias*, XVI, 429–430.

[31] Earle, *Spain and the Independence of Colombia*, 136–137.

[32] *Boletín del Ejército Libertador*, 11 August 1819, O'Leary, *Memorias*, XVI, 431.

[33] Rodríguez Villa, *Pablo Morillo*, Ⅳ 70–71.

[34] Bolívar to Santander, 8 November 1819, *Cartas Santander-Bolívar*, Ⅰ, 204.

[35] Bolívar, Proclamation, Santa Fe, 26 August 1819, O'Leary, *Memorias*, XVI, 576.

[36] O'Leary, *Narración*, Ⅱ, 8.

[37] O'Leary, *"Detached Recollections"*, 12.

[38] Santander to Bolívar, 17 October 1819, *Cartas Santander-Bolívar*, Ⅰ, 156.

[39] O'Leary, *Narración*, Ⅰ, 584–588; Santander to Bolívar, 17 October 1819, *Cartas Santander-Bolívar*, Ⅰ, 154–158.

[40] Bolívar to Santander, Pamplona, 26 October 1819, *Cartas Santander-Bolívar*, Ⅰ, 176–178; Zea to Bolívar, St Thomas, 30 March 1820, O'Leary, *Memorias*, IX, 255.

[41] Santander, *Escritos autobiográficos*, 15.

[42] O'Leary, *Narración*, Ⅰ, 552–555.

[43] Bolívar to Santander, 30 May, 22 July 1820, *Cartas Santander-Bolívar*, Ⅱ, 167–169, 244.

[44] *Correo del Orinoco*, 11 December 1819.

[45] Bolívar to congress（玻利瓦尔致议会）, Angostura, 14 December 1819, O'Leary, *Memorias*, XVI, 565, XXVIII, 18.

[46] Santander to Bolívar, 15 February 1820, *Cartas Santander-Bolívar*, Ⅱ, 10–15.

[47] O'Leary, *Narración*, Ⅱ, 32–36.

[48] Bolívar to Santander, 1 June 1820, Carrera Damas, *Simón Bolívar Fundamental*, Ⅰ, 170.

[49] Bolívar to Santander, 19 June, 1 August 1820, Santander to Bolívar, 13 August 1 *Cartas Santander-Bolívar*, Ⅱ, 188, 259, 270–271.

[50] See Chapter 7.

[51] O'Leary, *"Detached Recollections"*, 12.

[52] Morillo to minister of war, 30 September 1819, Rodríguez Villa, *Pablo Morillo*, Ⅳ, 70.

[53] Bolívar to Gabriel de Torres（玻利瓦尔致加夫列尔·德·托雷斯）, Turbaco, 29 August 1820, O'Leary, *Narración*, Ⅱ, 44; Bolívar to Soublette, Rosario, 19 June 1820, O'Leary, *Memorias*, ⅩⅩⅨ, 162.

[54] Lecuna, *Crónica razonada*, Ⅱ, 463–466; O'Leary, *Narración*, Ⅱ, 58.

[55] Bolívar to Morillo, 30 November 1820, O'Leary, *Memorias*, ⅩⅩⅨ, 177; Peru de Lacroix, *Diario de Bucaramanga*, 121–122.

[56] Relación de la entrevista de Santa Ana, Rodríguez Villa, *Pablo Morillo*, Ⅳ, 320–323.

[57] O'Leary, *Narración*, Ⅰ, 4.

[58] Bolívar to Santander, 29 November 1820, *Cartas Santander–Bolívar*, Ⅲ, 71–74.

[59] Resumen sucinto de la vida del General Sucre, 1825, *Archivo de Sucre* (Caracas, 1973), Ⅰ, xli.

[60] Sucre to Bolívar, 17 October 1817, ibid,. Ⅰ, 12.

[61] O'Leary, *Narración*, Ⅱ, 68.

[62] Briceño Méndez to Sucre（布里塞尼奥·门德斯致苏克雷）, Bogotá, 21 January 1821, Bolívar, Instrucciones, 21 January 1821, O'Leary, *Memorias*, ⅩⅧ, 30–35.

[63] O'Leary, *Narración*, Ⅱ, 68–69.

[64] Bolívar to La Torre（玻利瓦尔致拉托雷）, 19 February 1821, O'Leary, *Memorias*, ⅩⅧ, 77–80.

[65] Proclamation, 17 April 1821, Simón Bolívar, *Proclamas y Discursos del Libertador*, 256–257.

[66] Bolívar to Santander, Valencia, 25 June 1821, *Cartas Santander–Bolívar*, Ⅲ, 115–117.

[67] Bolívar to Gual, Guanare, 24 May 1821, O'Leary, *Memorias*, ⅩⅩⅨ, 207.

[68] O'Leary, *Narración*, Ⅱ, 81–83; see also Briceño Méndez, Caracas, 30 June, 1821, O'Leary, *Memorias*, ⅩⅧ, 350–355; Lecuna, *Crónica Reservada*, Ⅲ, 39–56.

[69] Carabobo 24 June 1821: *Some Accounts Written in English*, ed. Eric Lambert (Caracas, 1974), 25.

[70] La Torre, Puerto Cabello, 6 July 1821, O'Leary, *Memorias*, ⅩⅧ, 368.

［71］Lambert,"Los legionarios británicos", 369.

［72］O'Leary, *Narración*, II, 94; 奥利里在另一著述中称他不知道确切数字，但不少于100, *"Detached Recollections"*, 51。

［73］Bolívar to Santander, 10 July 1821, Cartas Santander-Bolívar, III, 119-120.

［74］On land policy（关于土地政策）see Chapter 7.

［75］Bolívar to vice-president, Valencia, 16 July 1821, O'Leary, *Memorias*, XVIII, 390-391.

第七章

［1］Bolívar to Nariño, 21 April 1821, Carrera Damas, *Simón Bolívar Fundamental*, I, 187.

［2］Bolívar to Santander, San Carlos, 13 June 1821, *Cartas Santander-Bolívar*, III, 113-114.

［3］O'Leary, *Narración*, II, 99-104.

［4］Bolívar to Azuola（玻利瓦尔致阿苏奥拉）, 9 March 1821, to Peñalver, 21 April 1821, Carrera Damas, *Simón Bolívar Fundamental*, I, 184-185.

［5］Bolívar to Gual, Maracaibo, 16 September 1821, O'Leary, *Memorias*, XXIX, 219-220.

［6］Bolívar to president of congress of Colombia（玻利瓦尔致哥伦比亚议会议长）, 1 October, Speech to congress, 3 October 1821, O'Leary, *Memorias*, XVIII, 540-543.

［7］Cochrane, *Journal of a Residence and Travels in Colombia*, II, 42; John Miller, ed., *Memoirs of General Miller in the Service of the Republic of Peru*, 2 vols (2nd edn, London, 1829), II, 285.

［8］某些资料中提供的战后人口数字更低。See John V. Lombardi, *People and Places in Colonial Venezuela*, 132; Miguel Izard, *Series estadísticas para la historia de Venezuela* (Mérida, 1970), 9, and the same author's *El Miedo a la Revolución: La lucha por la libertad en Venezuela (1777-1830)*, 45-47.

［9］O'Leary, *"Detached Recollections"*, 37-38.

［10］Sutherland to Bidwell（萨瑟兰致比德韦尔）, Maracaibo, 28 July 1827, National Archives, PRO, FO 18/41.

［11］Ker Porter, 15 January 1832, *Sir Robert Ker Porter's Caracas Diary, 1825-1842*, ed. Walter Dupouy, (Caracas, 1966), 597.

［12］Andrés Level de Goda,"Antapodosis", *BOLANH*, 16 (1933), 631.

［13］J.A. Polanco Páez to Páez（J.A. 波朗科·派斯致派斯）, 8 January 1826, AGN, Intendencia de Venezuela, vol. cclxxxvi.

［14］Páez, *Autobiografía*, Ⅰ, 464.

［15］Ker Porter, 21 March, 5 April 1827, 16 December 1830, *Caracas Diary*, 229, 233, 517.

［16］Reglamento para Hacendados y criadores del Llano, 25 August 1828, Universidad Central de Venezuela, *Materiales para el estudio de la cuestión agraria en Venezuela (1800–1830)*, vol. Ⅰ (Caracas, 1964), 511–516.

［17］*Decretos del Libertador*, Ⅰ, 55–56; John V. Lombardi, *The Decline and Abolition of Negro Slavery in Venezuela, 1820–1854* (Westport, 1971), 41–46. On Bolívar's earlier efforts on behalf of the slaves（玻利瓦尔早年为奴隶所做的事）, see Chapter 5.

［18］Bolívar to Santander, 10 May, 30 May 1820, *Cartas Santander–Bolívar*, Ⅱ, 137, 167–168.

［19］Correo del Orinoco, 5 February 1820.

［20］Santander to Bolívar, 2 April 1820, Bolívar to Santander, 18 April 1820, *Cartas Santander–Bolívar*, Ⅱ, 64, 85–86.

［21］Harold H. Bierck,"The Struggle for Abolition in Gran Colombia", *HAHR*, 33 (1953), 365–386; Lombardi, *Decline and Abolition of Negro Slavery in Venezuela*, 48–50.

［22］O'Leary, *Narración*, Ⅱ, 102–103.

［23］*Decretos del Libertador*, Ⅱ, 345–352; Sutherland to Bidwell, 18 December 1827, National Archives, PRO, FO 18/46.

［24］Message to congress of Bolivia（致玻利维亚议会的咨文）, 25 May 1826, *Obras completas*, Ⅲ, 768–769.

［25］Bolívar to Santander, Zumbique, 29 December 1821, *Cartas Santander–Bolívar*, Ⅲ, 178.

［26］Juan Paz del Castillo, Memoria sobre el estado político y militar del Ecuador, Quito, 6 September 1825, O'Leary, *Memorias*, ⅩⅩⅢ, 309.

［27］Decrees of 20 May 1820 and 12 February 1821, *Decretos del Libertador*, Ⅰ, 194–197, 227–230.

［28］*Actas del Congreso de Cúcuta* 1821, Biblioteca de la Presidencia de la República, 3 vols (Bogotá, 1989), Ⅲ, 201–203.

[29] Timothy E. Anna, *The Fall of the Royal Government in Peru* (Lincoln, Nebraska, 1979), 62–63.

[30] Decrees of 8 April, 4 July 1825, *Decretos del Libertador*, Ⅰ, 295–296, 410–411.

[31] Decree of 4 July 1825, *Decretos del Libertador*, Ⅰ, 407–408.

[32] Decree of 15 October 1828, *Decretos del Libertador*, Ⅲ, 171–178.

[33] Bolívar to Santander, 28 June 1825, *Cartas Santander–Bolívar*, Ⅴ, 1.

[34] Decrees, 3 September, 10 October 1817, *Escritos*, Ⅺ, 75–77, 219–221; *Materiales para el estudio de la cuestión agraria*, Ⅰ, 201–202, 204–205; Bolívar to Zaraza, 11 October 1817, *Escritos*, Ⅺ, 227.

[35] Angostura Address, *Obras completas*, Ⅲ, 694.

[36] Bolívar to Land Commission（玻利瓦尔致土地委员会）, 3 December 1817, *Materiales para el estudio de la cuestión agraria*, Ⅰ, 211; Parra–Pérez, *Mariño y la independencia de Venezuela*, Ⅲ, 225.

[37] Soublette to Minister of Finance（苏布莱特致财政部长）, 5 October 1821, *Materiales para el estudio de la cuestión agraria*, Ⅰ, 311.

[38] to Gual, 17 July 1821, O'Leary, *Memorias*, ⅩⅧ, 393–395. See also Francisco Miguel López, *Contribución al estudio de la ley de haberes militares y sus repercusiones* (Caracas, 1987), 16–36.

[39] Bolívar to Santander, 30 May 1820, *Cartas Santander–Bolívar*, Ⅱ, 168; Bolívar to Gual, 24 May 1821, O'Leary, *Memorias*, ⅩⅩⅨ, 207.

[40] Briceño Méndez to Gual（布里塞尼奥·门德斯致瓜尔）, 20 July 1821, O'Leary, *Memorias*, ⅩⅧ, 399.

[41] Decree, 18 January 1821, *Decretos del Libertador*, Ⅰ, 222–223.

[42] Páez to Santander, February–March 1825, *Materiales para el estudio de la cuestión agraria*, Ⅰ, 421–422; David Bushnell, *The Santander Regime in Gran Colombia* (Newark, Delaware, 1954), 281; Izard, *La lucha por la libertad en Venezuela*, 158–163.

[43] Antonio M. Briceño to Senate（安东尼奥·M. 布里塞尼奥致参议院）, Bogotá, 30 March 1825, in Bushnell, *Santander Regime*, 279.

[44] Briceño Méndez to Gual, 17 July 1821, O'Leary, *Memorias*, ⅩⅧ, 39.

[45] *El Venezolano*, Caracas, 2 September 1822, *Materiales para el estudio de la cuestión*

agraria, Ⅰ, 327.

[46] Peru de Lacroix, *Diario de Bucaramanga*, 112–113.

[47] On the economic impact of the war（关于战争对经济的影响）, see Hermes Tovar Pinzón, "La lenta ruptura con el pasado colonial, 87–117"; Anthony McFarlane, "Economía política y política económica en Colombia, 1819–1850", Antonio Annino, ed., *America Latina: Dallo Stato Coloniale allo Stato Nazione*, 2 vols (Milan, 1987), Ⅰ, 187–208; Earle, *Spain and the Independence of Colombia*, 92–104.

[48] Miguel Izard, "Período de la Independencia-la Gran Colombia, 1810–1830", *Política y Economía en Venezuela 1810–1976* (Fundación John Boulton, Caracas, 1976), 1–31.

[49] Tupper to Canning（塔珀致坎宁）, La Guaira, 21 February 1824, *British Consular Reports on the Trade and Politics of Latin America 1824–1826*, ed. R.A. Humphreys (London, 1940), 275.

[50] Hamilton, *Travels through the Interior Provinces of Colombia*, Ⅰ, 244–245.

[51] Ricketts to Canning（里基茨致坎宁）, 27 December 1826, *British Consular Reports*, 101–206.

[52] Ricketts to Canning（里基茨致坎宁）, 27 December 1826, *British Consular Reports*, 195.

[53] Captain Basil Hall, *Extracts from a Journal written on the coasts of Chili, Peru, and Mexico in the years 1820, 1821, 1822*, 2 vols (3rd edn, Edinburgh, 1824), Ⅰ, 268.

[54] Jamaica Letter, *Escritos*, Ⅷ, 233–234.

[55] Decree, Lima, 12 January 1824, *Decretos del Libertador*, Ⅰ, 283; Watts to Canning, Cartagena, 9 May 1824, *British Consular Reports*, 258.

[56] Cochrane, *Journal of a Residence and Travel in Colombia*, Ⅱ, 44–45.

[57] Hamilton, *Travels through the Interior Provinces of Colombia*, Ⅰ, 74.

[58] Hamilton to Planta（汉密尔顿致普兰塔）, 7 March 1825, National Archives, PRO, FO 18/3.

[59] Decree, Quito, 25 June 1822, *Decretos del Libertador*, Ⅰ, 260–261; Wood to Canning, 28 February 1826, *British Consular Reports*, 226–227.

[60] Tupper to Canning, La Guaira, 21 Feb. 1824, *British Consular Reports*, 275-277.

[61] Decree, Coro, 20 December 1826, *Decretos del Libertador*, II, 68.

[62] Decrees, Cuzco, 5 July 1825, *Decretos del Libertador*, I, 413-415.

[63] Decree of 23 December 1828, *Decretos del Libertador*, III, 270.

[64] Revenga to Director General de Rentas（雷文加致税务总长）, José Rafael Revenga, *La hacienda pública de Venezuela en 1828-1830* (Caracas, 1953), 218.

[65] Anthony McFarlane, *Colombia before Independence: Economy, Society, and Politics under Bourbon Rule* (Cambridge, 1993), 347-352.

[66] Frank Griffith Dawson, *The First Latin American Debt Crisis: The City of London and the 1822-1825 Loan Bubble* (New Haven, 1990), 34-37, 56-59, 75-76, 249.

[67] Tovar, "La lenta ruptura con el pasado colonial", 116.

[68] Hamilton, *Travels through the Interior Provinces of Colombia*, II, 4.

[69] Ibid., I, 34, 259-260.

[70] Luis Ospina Vásquez, *Industria y protección en Colombia 1810-1930* (Medellín, 1955), 132-135.

[71] Revenga, 5 May, 7 August 1829, *Hacienda pública de Venezuela*, 95-96, 203.

[72] Bolívar to Santander, 28 June, 10 July 1825, *Cartas Santander-Bolívar*, V, 1-4, 8-9.

[73] Bolívar to Sucre（玻利瓦尔致苏克雷）, 22 January 1826, *Obras completas*, II, 296-297.

[74] Bolívar to Santander, Potosí, 21 October 1825, *Cartas Santander-Bolívar*, V, 86.

[75] Bolívar to Páez, Bogotá, 16 August 1828, *Obras completas*, II, 945.

[76] Charles Milner Ricketts to Canning（查尔斯·米尔纳·里基茨致坎宁）, Lima, 27 December 1826, *British Consular Reports*, 145.

第八章

[1] *Proclamation to the people of Colombia*（《致哥伦比亚人民的宣言》）, 21 July 1821, O'Leary, *Memorias*, III, 457.

[2] Bolívar to Santander, Tocuyo, 16 August 1821, *Cartas Santander-Bolívar*, III, 132.

［3］O'Leary, *Narración*, Ⅱ, 118.

［4］See Chapter 6.

［5］英国驻瓜亚基尔领事对保皇党在帕斯托的抵抗做了一番妙趣横生但并不完全准确的叙述，参见"History of events in Pasto", Henry Wood to Canning, Popayán, 30 June 1825, National Archives, PRO, FO 18/21。

［6］Earle, Spain and the *Independence of Colombia*, 47–54.

［7］O'Leary, *Narración*, Ⅱ, 122–123; Hamilton, *Travels through the Interior Provinces of Colombia*, Ⅱ, 44–45.

［8］Bolívar to Santander, Popayán, 29 January 1822, Santander to Bolívar, 30 January 1822, *Cartas Santander–Bolívar*, Ⅲ, 194–198, 203–204.

［9］Proclamation, 18 February 1822, O'Leary, *Memorias*, ⅩⅨ, 187.

［10］Salom, *Boletín del Ejército Libertador*, 8 April 1822, Bolívar to Col. Lara, Cariaco, 15 April 1822, O'Leary, *Memorias*, ⅩⅨ, 236–240, 251.

［11］Bolívar to bishop of Popayán（玻利瓦尔致波帕扬主教）, 10 June 1822, Carrera Damas, *Simón Bolívar Fundamental*, Ⅰ, 214.

［12］Sucre, Documentos relativos a la campaña del sur, Quito, 28 May 1822, O'Leary, *Memorias*, ⅩⅨ, 290–292.

［13］Bolívar to Santander, Pasto, 9 June 1822, *Cartas Santander–Bolívar*, Ⅲ, 225–228.

［14］*Escritos*, ⅩⅩⅢ, 233–4. 这份文件的第一份已知副本可追溯至1822年10月13日。第一次出版是在1833年。 原文件至今尚未发现。See Pedro Grases, *Estudios Bolivarianos* (Obras, Ⅳ, Barcelona, 1981), 367–386, 666. Polanco Alcántara, *Simón Bolívar*, 649–54, presents the event as a possibility（认为此文件可能存在）. For a sceptical view of the document's authenticity（关于对此文件真实性的质疑）, see Gerhard Masur, *Simón Bolívar* (Albuquerque, 1948) 463, n. 45.

［15］Bolívar to Olmedo（玻利瓦尔致奥尔梅多）, Cali, 2 January 1822, *Obras completas*, Ⅰ, 612–13.

［16］Decree, 13 July 1822, O'Leary, *Memorias*, ⅩⅨ, 333–334, *Narración*, Ⅱ, 148–151, "Detached Recollections", 31–33.

［17］See John Lynch, *San Martín: Argentine Patriot, American Liberator* (ILAS, London, 2001), 2–4.

[18] Bolívar to San Martín（玻利瓦尔致圣马丁）, Trujillo, 23 August 1821, O'Leary, *Memorias*, XXIX, 214.

[19] Bolívar to San Martín, Quito, 17 June 1822, O'Leary, *Memorias*, XIX, 307; Bolívar to San Martín, 22 June 1822, *Cartas del Libertador*, III, 50-52.

[20] San Martín to Bolívar（圣马丁致玻利瓦尔）, Lima, 13 July 1822, O'Leary, *Memorias*, XIX, 335-336.

[21] 瓜亚基尔的这次会面，是独立战争之中最富争议又记录最少的事件之一，参见 Vicente Lecuna, *La entrevista de Guayaquil*, 2 vols (4th edn, Caracas, 1962-1963); and Gerhard Masur, "The Conference of Guayaquil", HAHR, 31 (1951), 189-229, 这是最令人信服的阐释。

[22] J.G. Pérez to Gual（J.G. 佩雷斯致瓜尔）, Guayaquil, 29 July 1822, *Obras completas*, I, 655-659.

[23] San Martín to William Miller（圣马丁致威廉·米勒）, Brussels, April 1827, Lecuna, *La entrevista de Guayaquil*, II, 467.

[24] San Martín to Bolívar, 29 August 1822, a letter whose authenticity is disputed（此信真实性存在争议）. See A.J. Pérez Amuchástegui, *La "carta de Lafond" y la perceptiva historiográfica* (Córdoba, 1962), 141-150, and *Ideología y acción de San Martín* (Buenos Aires, 1966), 55-57.

[25] San Martín to Guido（圣马丁致吉多）18 December 1826, 21 June 1827, Museo Mitre, *Documentos del Archivo de San Martín*, 12 vols (Buenos Aires, 1910-1911), VI, 504, 529.

[26] Ruben Vargas Ugarte, *Historia general del Perú*, 6 vols (Barcelona, 1966), VI, 240.

[27] San Martín to Guido, 18 December 1826, *Documentos del Archivo de San Martín*, VI, 503.

[28] Bolívar to San Martín, Guayaquil, 25 July 1822, O'Leary, *Memorias*, XIX, 338.

[29] Bolívar to Santander, Guayaquil, 29 July 1822, *Cartas Santander-Bolívar*, III, 243.

[30] Bolívar to Santander, Quito, 6 December 1822, *Cartas Santander-Bolívar*, III, 282.

[31] Bolívar to Fernando Toro（玻利瓦尔致费尔南多·托罗）, Cuenca, 23 September 1822, *Obras completas*, I, 683-685.

[32] O'Leary, *"Detached Recollections"*, 23-26, 37.

[33] Earle, *Spain and the Independence of Colombia*, 164-165.

[34] Decrees, 13 January 1823, *Decretos del Libertador*, Ⅰ, 273-275.

[35] Bolívar to Santander, Ibarra, 23 December 1822, *Cartas Santander-Bolívar*, Ⅲ, 288.

[36] Bolívar to Santander, Quito, 6 December 1822, *Cartas Santander-Bolívar*, Ⅲ, 283.

[37] Bolívar to Santander, Tulcán, 31 December 1822, *Cartas Santander-Bolívar*, Ⅲ, 290-291; O'Leary, *Narración*, Ⅱ, 182-184.

[38] 日后，他对朋友们说起，自己没有子嗣，"因为妻子早逝，他并未再婚，但这并非意味着不能生育，他有与之相反的证据"。Peru de Lacroix, *Diario de Bucaramanga*, 96.

[39] Bolívar to Bernardina Ibáñez（玻利瓦尔致贝尔纳蒂娜·伊瓦涅斯），Cali, 5 January 1822, Carrera Damas, *Simón Bolívar Fundamental*, Ⅰ, 212-213.

[40] Alfonso Rumazo González, *Manuela Sáenz: La libertadora del Libertador* (6th edn, Caracas, 1962); Cornelio Hispano, *Historia secreta de Bolívar, su gloria y sus amores* (Medellín, 1977); Blanca Gaitán de Paris, *La mujer en la vida pública del Libertador* (Bogotá, 1980); Victor Wolfgang von Hagen, *The Four Seasons of Manuela: The Love Story of Manuela Saenz and Simon Bolivar* (London, 1966) are a few examples of the tendency to mix fact and fiction（上述作品是有混淆事实与虚构倾向的几个例子）. In preference see（可优先参看）Bernardo J. Caicedo, "El supuesto rapto de Manuelita Sáenz", *BAGN*, 71 (1981), 130-135, Jorge Villalba Freire, Manuela Sáenz en la leyenda y en la historia (Caracas, 1988), *Manuela Sáenz, Epistolario* (Quito, 1986), and especially（尤其推荐）Pamela S. Murray, "'Loca' or 'Libertadora'? Manuela Sáenz in the Eyes of History and Historians, 1900-c.1990", *JLAS*, 33, 2 (2001), 291-310, an expert and original interpretation（此论文提供了有专家水准并富有创见的诠释）.

[41] Bolívar to Garaycoa family（玻利瓦尔致加拉伊科亚家），Quito, 16 November 1822, Babahoyo, 16 June 1823, Carrera Damas, *Simón Bolívar Fundamental*, Ⅰ, 230, 254-255.

[42] Bolívar to Garaycoas ladies（玻利瓦尔致加拉伊科亚女眷），Cuenca, 14 September 1822, Carrera Damas, *Simón Bolívar Fundamental*, Ⅰ, 223; Cartas de mujeres, *BOLANH*, 16, 62 (1933), 335, 339, 341.

[43] Manuela Garaycoa, Guayquil, 15 June 1826, 2 January 1827, 14 August 1828, Cartas de mujeres, *BOLANH*, 16, 62 (1933), 337, 338–339, 340.

[44] Bolívar to Garaycoa family, Bogotá, 16 November 1827, Carrera Damas, *Simón Bolívar Fundamental*, Ⅰ, 498.

[45] La Gloriosa to Bolívar("圣母"致玻利瓦尔), Guayaquil, 13 June 1830, *BOLANH*, 16, 62 (1933), 341.

[46] J–B. Boussingault, *Memorias* (Caracas, 1974), 303, 306. On Boussingault see the essay by Germán Carrera Damas(关于布森戈,参见赫尔曼·卡雷拉·达马斯的文章), *La Disputa de la Independencia* (Caracas, 1995), 87–116.

[47] Manuela Sáenz to Bolívar(曼努埃拉·萨恩斯致玻利瓦尔), Quito, 30 December 1822, Cartas de mujeres, *BOLANH*, 16, 62 (1933), 332.

[48] Bolívar to Santander, Huamachuco, 6 May 1824, *Cartas Santander–Bolívar*, Ⅳ, 240–241.

[49] Manuela Sáenz to Captain Santana(曼努埃拉·萨恩斯致桑塔纳上尉), Huamachuco, 28 May 1824 (BANH, 16, 62 (1823), 332).

[50] Manuela Sáenz to Thorne(曼努埃拉·萨恩斯致索恩), October 1823, Vicente Lecuna, "Papeles de Manuela Sáenz", *BOLANH*, 28, 112 (1945), 501–502; Bolívar to Manuela Sáenz, La Plata, 26 November 1825, *Cartas del Libertador*, Ⅴ, 180; see also O'Leary, *Narración*, Ⅲ, 338–339, note.

[51] Bolívar to Manuela Sáenz(玻利瓦尔致曼努埃拉·萨恩斯), Ica, 20 April 1825, *Cartas del Libertador*, Ⅳ, 315–316.

[52] Bolívar to Manuela Sáenz, 13 October 1825, *Cartas del Libertador*, Ⅴ, 121–122; Manuela Sáenz to Bolívar, Lima, 27 November 1825, *BOLANH*, 16, 62 (1933), 334.

[53] Bolívar to Manuela Sáenz, Lima, 6 April, 1826, *Obras completas*, Ⅱ, 345; Bolívar to Manuela Sáenz, La Magdalena, July 1826, Carrera Damas, *Simón Bolívar Fundamental*, Ⅰ, 422–423.

[54] Manuela Sáenz to Bolívar, Lima, 27 November 1825, Cartas de mujeres, *BOLANH*, ⅩⅥ, 334.

[55] Bolívar to Manuela Sáenz, Ibarra, 6 October 1826, *Cartas del Libertador*, Ⅵ, 80.

[56] Bolívar to Manuela Sáenz, Bucaramanga, 3 April 1828, *Cartas del Libertador*, Ⅵ, 80.

［57］Bolívar to Manuela Sáenz, end of July 1828, *Cartas del Libertador*, Ⅶ, 377; Bolívar to Manuela Sáenz, 11 May 1830, *Cartas del Libertador*, Ⅸ, 265.

［58］Jorge Basadre, *Historia de la República del Perú*, 10 vols (5th edn, Lima, 1961–1964), Ⅰ, 332.

［59］Susy Sánchez, "Clima, hambre y enfermedad en Lima durante la Guerra independentista (1817–1826)", *La Independencia en el Perú: De los Borbones a Bolívar*, ed. Scarlett O'Phelan Godoy (Lima, 2001), 237–263.

［60］Bolívar to Santander, 12–14 March 1823, *Cartas Santander–Bolívar*, Ⅳ, 31.

［61］Bolívar to Riva Agüero（玻利瓦尔致里瓦·阿圭罗）, Guayaquil, 13 April 1823, *Obras completas*, Ⅰ, 731–733.

［62］Sucre to Bolívar（苏克雷致玻利瓦尔）, El Callao, 19 June 1823, O'Leary, *Memorias*, Ⅰ, 47.

［63］O'Leary, *Narración*, Ⅱ, 211.

［64］Bolívar to Santander, Quito, 3 July 1823, *Cartas Santander–Bolívar*, Ⅳ, 87.

［65］O'Leary, "Detached Recollections", 29.

［66］Bolívar to Santander, Lima, 11 September, 20 September 1823, *Cartas Santander–Bolívar*, Ⅳ, 127, 135–136.

［67］Miller, *Memoirs*, Ⅱ, 102–104.

［68］Bolívar to Santander, Lima, 11 September 1823, *Cartas Santander–Bolívar*, Ⅳ, 127–128.

［69］Bolívar to Santander, Trujillo, 21 December 1823, *Cartas Santander–Bolívar*, Ⅳ, 187; Proclamation, 25 December 1824, *Proclamas y discursos del Libertador*, 298.

［70］Bolívar to Santander, Pallasca, 8 December 1823, *Cartas Santander–Bolívar*, Ⅳ, 174.

［71］Bolívar to Santander, Pativilca, 9 January 1824, *Cartas Santander–Bolívar*, Ⅳ, 196–199.

［72］Bolívar to Torre Tagle（玻利瓦尔致托雷·塔格莱）, Pativilca, 7 January 1824, *Obras completas*, Ⅰ, 861–863.

［73］O'Leary, *Narración*, Ⅱ, 241–244; Anna, *Fall of the Royal Government in Peru*, 222–225.

[74] Bolívar to Santander, Pativilca, 23 January 1824, *Cartas Santander-Bolívar*, IV, 202-205.

[75] Mosquera to Restrepo（莫斯克拉致雷斯特雷波）, 2 August 1854, Blanco-Azpurúa, *Documentos para la historia de la vida pública del Libertador*, IX, 343-344.

[76] O'Leary, *Narración*, II, 240.

[77] Bolívar to Santander, Trujillo, 16 March 1824, *Cartas Santander-Bolívar*, IV, 227.

[78] Bolívar to Santander, Lima, 13 October 1823, *Cartas Santander-Bolívar*, IV, 150.

[79] Scarlett O'Phelan, "Sucre en el Perú: Entre Riva Agüero y Torre Tagle", *La Independencia del Perú*, 379-406.

[80] Bolívar to Sucre, Pativilca, 26 January 1824, O'Leary, *Memorias*, XXIX, 409-417.

[81] James Dunkerley, *The Third Man: Francisco Burdett O'Connor and the Emancipation of the Americas* (ILAS, London, 1999), 15-17; Celia Wu, *Generals and Diplomats: Great Britain and Peru 1820-1840* (Cambridge, 1991), 9-23.

[82] Anna, *Fall of the Royal Government in Peru*, 228-231.

[83] Bolívar to Sucre, Huaraz, 9 June 1824, O'Leary, *Memorias*, XXIX, 507.

[84] Miller, *Memoirs*, II, 148-149.

[85] Proclamation, Pasco, 29 July 1824, O'Leary, *Memorias*, XXII, 413.

[86] Santa Cruz, Parte oficial, 7 August 1824, O'Leary, *Memorias*, XXII, 423.

[87] Bolívar to Sucre, Huamanga, 4 September 1824, O'Leary, *Memorias*, XXIX, 513-515; Bolívar, Resumen sucinto de la vida del General Sucre, 1825, *Archivo de Sucre*, I, xli.

[88] Bolívar to Santander, Lima, 20 December 1824, 6 January 1825, *Cartas Santander-Bolívar*, IV, 275-284.

[89] O'Leary, *Narración*, II, 282, "*Detached Recollections*", 17.

[90] Miller, *Memoirs*, II, 191-192, 200.

[91] Sucre, Parte de la batalla de Ayacucho, 11 December 1824, O'Leary, *Memorias*, XXII, 569-575.

[92] Bolívar to Santander, Lima, 9 February 1825, *Cartas Santander-Bolívar*, IV, 297.

[93] Proclama（通告）, 25 December 1824, Decreto, 27 December 1824, O'Leary, *Memorias*, XXII, 602, 605-606.

[94] Bolívar, Resumen sucinto de la vida del General Sucre, *Archivo de Sucre*, xlvii-xlviii.

[95] O'Leary, *Narración*, II, 333.

[96] J. Gabriel Pérez to bishop of Arequipa（J. 加夫列尔·佩雷斯致阿雷基帕主教）, 26 May 1825, O'Leary, *Memorias*, XXIII, 161-163.

[97] Decrees, Cuzco, 4 July 1825, Urubamba, 20 July 1825, *Decretos del Libertador*, I, 407-409, 427-428.

[98] Kathryn Burns, *Colonial Habits: Convents and the Spiritual Economy of Cuzco* (Durham, North Carolina, 1999), 187-188, 193-194.

[99] Bolívar to Peñalver（玻利瓦尔致佩尼亚尔韦尔）, Cuzco, 11 July 1825, O'Leary, *Memorias*, XXX, 93.

[100] Bolívar to Olmedo, Cuzco, 12 July 1825, O'Leary, *Memorias*, IV, 388-391.

第九章

[1] José Santos Vargas, *Diario de un comandante de la independencia Americana 1814-1825*, ed. Gunnar Mendoza L. (Mexico, 1982), 242.

[2] Sucre, Decree, 9 February 1825, Bolívar to Sucre, 21 February 1825, O'Leary, *Narración*, II, 366-378.

[3] Bolívar to Santander, Lima, 18 [23] February 1825, *Cartas Santander-Bolívar*, IV, 307.

[4] Charcas, La Plata and, from 1839, Sucre.

[5] O'Leary, *Narración*, II, 383; O'Leary, *"Detached Recollections"*, 18, 28.

[6] O'Leary, *Narración*, II, 384.

[7] Miller, *Memoirs*, II, 302-309.

[8] Joseph Andrews, *Journey from Buenos Ayres, through the provinces of Córdoba, Tucuman, and Salta, to Potosi*, 2 vols (London, 1827), II, 90-95.

[9] Palabras en Potosí, 26 October 1825, *Itinerario documental de Simón Bolívar. Escritos selectos* (Caracas, 1970), 280-281.

[10] Antonio Cacua Prada, *Los hijos secretos de Bolívar* (Bogotá, 1992), 251-253.

[11] Decrees, Chuquisaca, 16 November, 29 December 1825, *Decretos del Libertador*, I, 436–439.

[12] Bolívar to Santander, Plata, 12 December 1825, *Cartas Santander-Bolívar*, V, 122.

[13] Bolívar to Briceño Méndez, 27 February 1826, O'Leary, *Memorias*, III, 175–177.

[14] Sucre to Bolívar, Chuquisaca, 6 June 1826, O'Leary, *Memorias*, I, 335–340.

[15] *Proyecto de Constitución para la República Boliviana, Lima, 1826, con adiciones manuscritas de Antonio José de Sucre* (Caracas, 1978).

[16] Ricketts to Canning, Lima, 25 April 1826, National Archives, PRO, FO 61/7.

[17] O'Leary, *Narración*, II, 428–429.

[18] Message to the Congress of Bolivia, 25 May 1826, *Obras completas*, III, 765–767.

[19] Ricketts to Canning, 30 May 1826, National Archives, PRO, FO 61/7.

[20] Sir Robert Wilson, London, 31 January 1827, O'Leary, *Memorias*, XII, 150.

[21] 当然，这不是世袭总统。继任者通过任命产生，而不是以世袭方式获取执政权。

[22] Sucre to Bolívar, Chuquisaca, 20 May 1826, O'Leary, *Memorias*, I, 327.

[23] *Proyecto de Constitución*, 102–103, 128.

[24] Ibid., 99–103.

[25] Bolívar to Sucre, 12 May 1826, *Cartas del Libertador*, V, 291.

[26] Circular letter to people of influence in Colombia（致哥伦比亚政要的通函）, 3 August 1826, O'Leary, *Memorias*, XXIV, 62–63.

[27] O'Leary, *Narración*, II, 431.

[28] William L. Lofstrom, *La presidencia de Sucre en Bolivia* (BANH, Caracas, 1987), 371–422, especially 415.

[29] Sucre to Bolívar, Chuquisaca, 4 August 1826, O'Leary, *Memorias*, I, 368.

[30] Ricketts to Canning, 30 May 1826, *British Consular Reports,* 219–220.

[31] Miller, *Memoirs*, II, 283, 293–294. 根据彭特兰（Pentland）的数据，1826年波托西的物产总产值只有90万美元；1826年整个玻利维亚的银矿产值是2619918美元，金矿产值是80万美元；see J.B. Pentland, Report on Bolivia, 2 December 1827, National Archives, PRO, FO 61/12。

[32] R.A. Humphreys, *Liberation in South America 1806–1827*: *The Career of James Paroissien* (London, 1952), 139–144, 155–161; Dawson, *The First Latin American*

Debt Crisis, 120, 218.

[33] Andrews, *Journey from Buenos Ayres*, Ⅱ, 113–126; Miller, *Memoirs*, Ⅱ, 291–294.

[34] Ricketts to Canning, 30 May 1826, British Consular Reports, 217–218; Lofstrom, *La presidencia de Sucre*, 356–365.

[35] 根据彭特兰的数据，玻利维亚人口总计110万，人口构成如下：20万白人、80万印第安人、10万梅斯蒂索人、7000黑人，其中4700人是奴隶。Pentland to Ricketts, 2 December 1827, National Archives, PRO, FO 61/12.

[36] Miller, *Memoirs*, Ⅱ, 284.

[37] Decree, Chuquisaca, 14 December 1825, Lecuna, ed., *Documentos referentes a la creación de Bolivia*, 2 vols (Caracas, 1924), Ⅰ, 442–443.

[38] Miller, *Memoirs*, Ⅱ, 299.

[39] Proyecto de Constitución, 114; Lecuna, *Documentos referentes a la creación de Bolivia*, Ⅱ, 324, 346.

[40] Sucre to Bolívar, Chuquisaca, 20 August 1826, O'Leary, *Memorias*, Ⅰ, 377.

[41] Sucre to Bolívar, Chuquisaca, 27 May, 10 July 1826, O'Leary, *Memorias*, Ⅰ, 332, 347–357; Sucre to O'Leary, Quito, 7 November 1828, ibid., IV, 491; Lofstrom, *La presidencia de Sucre*, 242–268, 301–302.

[42] See Inés Quintero, *Antonio José de Sucre: Biografía política* (BANH, Caracas, 1998), 189–210.

[43] Sucre to Bolívar, 20 June 1827, O'Leary, *Memorias*, Ⅰ, 436; Bolívar to Sucre, 8 June 1827, O'Leary, *Memorias*, XXX, 409.

[44] Sucre to Bolívar, Chuquisaca, 27 April 1828, O'Leary, *Memorias*, Ⅰ, 496–497; Lofstrom, *La presidencia de Sucre*, 498–499.

[45] Ninavilca, Proclama, Canta, 16 November 1823, O'Leary, *Memorias*, XXI, 48–49.

[46] Bolívar to Briceño Méndez, 2 August 1826, O'Leary, *Memorias*, XXX, 244–247.

[47] Printed in（发表于）*British Consular Reports*, 198–206.

[48] Ricketts to Canning, 18 February 1826, C.K. Webster, ed., *Britain and the Independence of Latin America 1812–1830: Select Documents from the Foreign Office Archives*, 2 vols (London, 1938), Ⅰ, 533.

[49] Bolívar to Santander, 7, 8 June 1826, Carrera Damas, *Simón Bolívar Fundamental*,

Ⅰ, 421.

[50] Peter Blanchard, *Slavery and Abolition in Early Republican Peru* (Wilmington, Delaware, 1992), 9–15, 42–43.

[51] Ricketts to Canning, 19 December 1826, National Archives, PRO, FO 61/8.

[52] O'Leary, *"Detached Recollections"*, 28; Bolívar to Santander, 7 April 1826, *Cartas Santander-Bolívar*, Ⅴ, 177; Bolívar to Sucre, Magdalena, 12 May 1826, *Obras completas*, Ⅱ, 361.

[53] Willemott to Ricketts（维勒莫特致里基茨）, 31 January 1828, National Archives, PRO, FO 61/15.

[54] Message to the Constituent Congress of Colombia, 20 January 1830, *Proclamas-Discursos del Libertador*, 398.

[55] Hugh Seton-Watson, *Nations and States* (London, 1977), 1–9.

[56] Proclama a los Venezolanos, Angostura, 22 October 1818, O'Leary, *Memorias*, ⅩⅥ, 113–115.

[57] Jamaica Letter, *Escritos*, Ⅷ, 240.

[58] Bolívar to Mariño, 16 December 1813, *Cartas del Libertador*, Ⅰ, 88.

[59] Simon Collier, "Nationality, Nationalism, and Supranationalism in the Writings of Simón Bolívar", *HAHR*, 63, 1 (1983), 37–64.

[60] Jamaica Letter, *Escritos*, Ⅷ, 244–245.

[61] Bolívar to O'Higgins（玻利瓦尔致奥希金斯）, 8 January 1822, *Obras completas*, Ⅰ, 619.

[62] Bolívar to Santander, Arequipa, 6–7 June 1825, *Cartas Santander-Bolívar*, Ⅳ, 388.

[63] Bolívar to Santander, Cuzco, 28 June 1825, *Cartas Santander-Bolívar*, Ⅴ, 3.

[64] Lima, 7 December 1824, O'Leary, *Memorias*, ⅩⅩⅣ, 251–253.

[65] Thoughts on the Congress to be held in Panama（关于即将到来的巴拿马大会的想法）, *Obras completas*, Ⅲ, 756–757; Carrera Damas, *Simón Bolívar Fundamental*, Ⅱ, 111–112.

[66] Dawkins to Canning（道金斯致坎宁）, London, 15 October 1826, Webster, *Britain and the Independence of Latin America*, Ⅰ, 424.

[67] O'Leary, *Narración*, Ⅱ, 564.

[68] Peru de Lacroix, *Diario de Bucaramanga*, 119.

[69] Bolívar to Santander, Magdalena, 8 July 1826, *Cartas Santander-Bolívar*, Ⅴ, 242.

[70] Bolívar to Santander, Magdalena, 7 May 1826, *Cartas Santander-Bolívar*, Ⅴ, 197–198; Bolívar to Sucre, 12 May 1826, *Obras completas*, Ⅱ, 360–364; Bolívar to Gutiérrez de la Fuente, 12 May 1826, Obras completas, Ⅱ, 365.

[71] Bolívar to Santa Cruz（玻利瓦尔致圣克鲁斯）, Popayán, 26 October 1826, O'Leary, *Memorias*, ⅩⅩⅩ, 271–274.

[72] Bolívar to Mariño, 16 December 1813, *Cartas del Libertador*, Ⅰ, 88.

[73] Bolívar to Santander, Pasto, 8 January 1823, *Cartas Santander-Bolívar*, Ⅳ, 3.

[74] Bolívar to Santander, Angostura, 20 December 1819, O'Leary, *Memorias*, ⅩⅦ, 11.

[75] Bolívar to Santander, Guayaquil, 30 May 1823, *Cartas Santander-Bolívar*, Ⅳ, 64. *Trigarantes* 指墨西哥的伊图尔维德组建的保证"独立、宗教、平等"三大原则的"三保证军"。

[76] Bolívar to Maxwell Hyslop, 19 May 1815, O'Leary, *Memorias*, ⅩⅩⅨ, 42–47.

[77] Bolívar to Campbell（玻利瓦尔致坎贝尔）, Bogotá, 29 October 1827, National Archives, PRO, FO 18/42.

[78] Humphreys, *Tradition and Revolt in Latin America*, 148–149.

[79] Bolívar to Santander, Babahoyo, 14 June 1823, *Cartas Santander-Bolívar*, Ⅳ, 71, Cuzco, 28 June, 10 July 1825, ibid., Ⅴ, 3–4, 9.

[80] Bolívar to Revenga, Cuzco, 10 July 1825, *Obras completas*, 166.

[81] *Obras completas*, Ⅲ, 756–757.

[82] Bolívar to Santander, Magdalena, 8 July 1826, *Cartas Santander-Bolívar*, Ⅴ, 243–244.

[83] Santander to Bolívar, 9 June 1826, *Cartas Santander-Bolívar*, Ⅴ, 222.

[84] Bolívar to Santander, Ibarra, 8 October 1826, *Cartas Santander-Bolívar*, Ⅵ, 42–46.

[85] Campbell to Canning（坎贝尔致坎宁）, 5 November, 13 December 1826, National Archives, PRO, FO 18/28.

[86] Watts to Canning（沃茨致坎宁）, Cartagena, 27 May 1825, National Archives, PRO, FO 18/18.

[87] 联邦的人口平衡有利于新格拉纳达；雷斯特雷波在《哥伦比亚革命史》[José

Manuel Restrepo, *Historia de la revolución de la república de Colombia*, 10 vols (Paris, 1827) Ⅰ, xiv] 中估算，新格拉纳达人口是 140 万，委内瑞拉人口是 90 万，基多是 60 万; Campbell to Planta（坎贝尔致普兰塔）, 6 November 1824, National Archives, PRO, FO 18/3, estimated 2,650,000 for greater Colombia（估算大哥伦比亚人口有 265 万）。

［88］Victor M. Uribe-Uran, *Honorable Lives: Lawyers, Family, and Politics in Colombia, 1780–1850* (Pittsburgh, 2000), 75, 89.

［89］1825 年，派斯没有执行埃斯卡洛纳（Escalona）从阿普雷招募 600 名新兵的命令。AGN, Papeles de Guerra y Marina, ci, f. 92.

［90］Bolívar to Santander, Potosí, 13 October 1825, *Cartas Santander–Bolívar*, Ⅴ, 72–73.

［91］Campbell to Canning, 6 October 1826, National Archives, PRO, FO 18/27.

［92］Páez to Bolívar, 1 October 1825, O'Leary, *Memorias*, Ⅱ, 57–60.

［93］Bolívar to Páez, Magdalena, Peru, 6 March 1826, O'Leary, *Memorias*, ⅩⅩⅩ, 183–185; Bolívar to Páez, 26 May 1826, *Obras completas*, Ⅱ, 378; Bolívar to Santander, 21 February 1826, *Cartas Santander–Bolívar*, V, 149–150.

［94］Antonia to Bolívar, Caracas, 30 October 1825, *BOLANH*, 16, 61 (1933), 275.

［95］Sucre to Bolívar, Chuquisaca, 27 April 1826, O'Leary, *Memorias*, Ⅰ, 314–317.

［96］Santander to Bolívar, 21 April 1826, *Cartas Santander–Bolívar*, Ⅴ, 182–183.

［97］Santander, *Escritos autobiográficos*, 49–51.

［98］Santander to Bolívar, 6 May 1826, *Cartas Santander–Bolívar*, Ⅵ, 316.

［99］Sutherland to Canning（萨瑟兰致坎宁）, Maracaibo, 1 September 1826, Sutherland to HM Chargé d'affaires（萨瑟兰致临时公使）, Maracaibo, 2 October 1826, National Archives, PRO, FO 18/33.

［100］O'Leary, *Narración*, Ⅲ, 66; *"Detached Recollections"*, 22; Manuel Pérez Vila, *Vida de Daniel Florencio O'Leary, primer edecán del Libertador* (Caracas, 1957), 302–304.

［101］Campbell to Canning, 6 October 1826, National Archives, PRO, FO 18/28.

［102］Bolívar to Santander, Magdalena, 7 and 8 June 1826, *Cartas Santander–Bolívar*, Ⅴ, 215–217.

［103］See above（见前注）, note 82.

[104] Bolívar to Páez, Lima, 4 August 1826, *Cartas del Libertador*, Ⅵ, 32–34, 8 August 1826, *Cartas del Libertador*, Ⅵ, 49–52, *Obras completas*. Ⅱ, 455–458.

[105] Bolívar to Santander, Ibarra, 8 October 1826, *Cartas Santander–Bolívar*, Ⅵ, 45.

[106] Ricketts to Canning, Lima, 18 February 1826, Webster, *Britain and the Independence of Latin America*, Ⅰ, 530.

[107] Ker Porter to Canning, Caracas, 9 April 1827, National Archives, PRO, FO 18/47.

[108] Bolívar to Páez, Cúcuta, 11 December 1826, *Obras completas*, Ⅱ, 505–506.

[109] Bolívar to Páez, 23 December 1826, O'Leary, *Memorias*, ⅩⅩⅩ, 295–298; *Obras completas*, Ⅱ, 514–516.

[110] Watts to Bidwell（沃茨致比德韦尔）, Cartagena, 5 August 1826, National Archives, PRO, FO 18/31.

第十章

[1] Bolívar to Santander, Guayaquil, 21 August 1822, *Cartas Santander–Bolívar*, Ⅲ, 254.

[2] Páez, *Autobiografía*, Ⅰ, 335–337.

[3] As reported by Ker Porter to Canning（克尔·波特向坎宁的汇报）, Caracas, 24 January 1827, National Archives, PRO, FO 18/47.

[4] Ker Porter to Canning（克尔·波特致坎宁）, Caracas, 7 April 1827, National Archives, PRO, FO 18/47.

[5] Peru de Lacroix, *Diario de Bucaramanga*, 71–72.

[6] Ker Porter to Canning, Caracas, 9 April 1827, National Archives, PRO, FO 18/47.

[7] Campbell to Canning, Bogotá, 3 January 1827, National Archives, PRO, FO 18/40; Santander to Bolívar, 6 July 1826, *Cartas Santander–Bolívar*, Ⅴ, 239.

[8] Bolívar to Santander, Caracas, [16] January 1827, *Cartas Santander–Bolívar*, Ⅵ, 161.

[9] Bolívar to Soublette（玻利瓦尔致苏布莱特）, Caracas, 16 March 1827, O'Leary, *Memorias*, ⅩⅩⅩ, 359–360.

[10] Santander to Bolívar, 16 March 1827, *Cartas Santander–Bolívar*, Ⅵ, 207–213.

[11] Bolívar to Páez, Caracas, 20 March 1827, *Obras completas*, Ⅱ, 588.

[12] Decrees, 22 January 1827, 24 June 1827, *Decretos del Libertador*, II, 88–89, 276–341.
[13] Santander, *Escritos autobiográficos*, 69.
[14] Drusilla Scott, *Mary English: A Friend of Bolívar* (Lewes, 1991), 150–154, 167–169, 170–171.
[15] Bolívar to Santa Cruz, Caracas, 8 June 1827, *Obras completas*, II, 630.
[16] O'Leary, *Narración*, II, 601.
[17] Bolívar to Páez, Bogotá, 29 January 1828, *Obras completas*, II, 761.
[18] Bolívar, Message to the congress of Ocaña（致奥卡尼亚国民大会的咨文）, 29 February 1828, *Obras completas*, III, 789–796.
[19] Roulin, "El retrato físico de Bolívar," Blanco-Azpurúa, *Documentos para la historia de la vida públicá del Libertador*, XIV, 485–487; Boulton, *Los retratos de Bolívar*, 86–98; O'Leary, *"Detached Recollections"*, 41.
[20] Paul Verna, "Bello–las minas del Libertador", *Bello y Londres*, I, 469–486.
[21] Peru de Lacroix, *Diario de Bucaramanga*, 116. See Cussen, *Bello and Bolívar*, 140–142, and Iván Jaksić, *Andrés Bello: Scholarship and Nation-Building in Nineteenth-Century Latin America* (Cambridge, 2001), 53–58, 89–91.
[22] Proclamation, Caracas, 19 June 1827, O'Leary, *Memorias*, XXV, 394–395.
[23] Campbell to Dudley（坎贝尔致达德利）, Bogotá, 29 September 1827, Ker Porter to Dudley（克尔·波特致达德利）, Caracas, 22 October 1827, National Archives, PRO, FO 18/42, 18/47.
[24] Bolívar to Wilson（玻利瓦尔致威尔逊）, Bogotá, 22 January 1828, O'Leary, *Memorias*, XXXI, 23.
[25] Mosquera, *Memoria sobre la vida del General Simón Bolívar*, 557.
[26] Campbell to Dudley, Bogotá, 8 October 1828, National Archives, PRO, FO 18/54; Uribe-Uran, *Honorable Lives*, 89.
[27] Bolívar to Páez, Bogotá, 16 February 1828, *Obras completas*, II, 783.
[28] AGN, Papeles de Guerra-Marina（海战档案）, lxv, f. 169, shows Venezuelan pride in Padilla's naval victory（显示委内瑞拉人对帕迪利亚的海战胜利感到骄傲）. See also Joaquín Posada Gutiérrez, *Memorias histórico-políticas*, 4 vols (2nd edn,

BHN 41-44, Bogotá, 1929), Ⅰ, 123.

[29] See Aline Helg, "Simón Bolívar and the Spectre of Pardocracia: José Padilla in Post-Independence Cartagena", *JLAS*, 35, 3 (2003), 447–471.

[30] Bolívar to Santander, Lima, 7 April 1825, *Cartas Santander-Bolívar*, Ⅳ, 344. 玻利瓦尔对蒙蒂利亚和帕迪利亚的不和心知肚明:"两人似乎都尊崇我: 前者一无是处, 后者无所不能。"Bolívar to Santander, Lima, 7 May 1826, ibid., Ⅴ, 197–198.

[31] O'Leary to Bolívar, Ocaña, 5 April 1828, O'Leary, *Memorias*, ⅩⅩⅫ, 191.

[32] O'Leary, *"Detached Recollections"*, 37; Posada Gutiérrez, *Memorias histórico-políticas*, Ⅰ, 127; José Manuel Restrepo, *Diario político y militar desde 1819 para adelante*, 4 vols (Bogotá, 1954), Ⅰ, 379.

[33] Manuel Valdés to Juan José Flores(曼努埃尔·巴尔德斯致胡安·何塞·弗洛雷斯), Cartagena, 8 April 1828, *Archivo Santander*, 24 vols (Bogotá, 1913), ⅩⅦ, 295.

[34] Manuela Sáenz to Bolívar, 28 March 1828, *BOLANH*, 16, 335.

[35] Bolívar to Manuela Sáenz, Bucaramanga, 3 April 1828, *Obras completas*, Ⅱ, 811.

[36] Peru de Lacroix, *Diario de Bucaramanga*, 144–145, 148–149, 161–162, 172–174.

[37] Ibid., 64–66.

[38] Ibid., 114–115.

[39] Briceño Méndez to Bolívar, Ocaña, 9 April 1828, O'Leary, *Memorias*, Ⅷ, 239; Bolívar to Briceño Méndez, Bucaramanga, 15 April 1828, ibid., ⅩⅩⅪ, 68.

[40] O'Leary, *"Detached Recollections"*, 56–57; Santander, *Escritos autobiográficos*, 78.

[41] Bolívar to Páez, 12 April 1828, *Obras completas*, Ⅱ, 820–822.

[42] Bolívar to Arboleda (玻利瓦尔致阿沃莱达), Bucaramanga, 1 June, to Páez, 2 June 1828, O'Leary, *Memorias*, ⅩⅩⅫ, 315–319.

[43] Campbell to Dudley, 13 April 1828, National Archives, PRO, FO 18/53.

[44] Acta del pronunciamiento de Bogotá, 13 June 1828, O'Leary, *Memorias*, ⅩⅩⅥ, 306–309.

[45] Blanco and Azpurúa, *Documentos para la historia de la vida pública del Libertador*, Ⅻ, 705–720.

[46] Mosquera, *Memoria sobre la vida del General Simón Bolívar*, 567.

[47] Campbell to Dudley, Bogotá, 14 June 1828, National Archives, PRO, FO 18/53.

[48] See Chapter 9.

[49] Organic Decree（组织法）, 27 August 1828, *Decretos del Libertador*, III, 137–144; Proclamation, 27 August 1828, O'Leary, *Memorias*, XXVI, 368–369. See David Bushnell, "The Last Dictatorship: Betrayal or Consummation?", *HAHR*, 63, 1 (1983), 65–105.

[50] Message to Congress, 20 January 1830, *Obras completas*, III, 812–817.

[51] *Gaceta de Colombia*, 31 August 1828.

[52] José M. de Mier, *La Gran Colombia*, 7 vols (Bogotá, 1983), III, 841–842.

[53] Jamaica Letter, *Escritos*, VIII, 242–243; Angostura Address, *Obras completas*, III, 685.

[54] Restrepo to Bolívar（雷斯特雷波致玻利瓦尔）, 5 December 1828, O'Leary, *Memorias*, VII, 271.

[55] Bolívar to Córdova（玻利瓦尔致科尔多瓦）, Bogotá, end of July 1828, *Obras completas*, II, 931; Bolívar to Manuela Sáenz, end of July 1828, ibid., 932.

[56] "Relación de un testigo ocular", O'Leary, *Memorias*, XXXII, 363–369.

[57] Santander, *Escritos autobiográficos*, 87–88.

[58] Restrepo to Montilla（雷斯特雷波致蒙蒂利亚）, Bogotá, 28 September 1828, O'Leary, *Memorias*, VII, 312–313.

[59] Mosquera, *Memoria sobre la vida del General Simón Bolívar*, 575.

[60] Bolívar to Fernández Madrid, 14 October 1828, *Itinerario documental*, 325–326; Bolívar to O'Leary, 22 October 1828, O'Leary, *Memorias*, app. XXXII, 465; Manuela Sáenz to O'Leary, Paita, 10 August 1850, O'Leary, *Memorias*, XXXII, 370–375; Gaceta de Colombia, Suplemento, 28 September 1828.

[61] Urdaneta to Montilla（乌达内塔致蒙蒂利亚）, 21 October 1828, O'Leary, *Memorias*, VI, 177–178.

[62] Sentence（判决）, 7 November 1828, O'Leary, *Memorias*, XXVI, 450–452; on Carujo（关于卡鲁霍）see O'Leary to Bolívar, 9 September 1829, FJB, AL, C-643.

[63] Bolívar to Briceño Méndez, Bogotá, 16 November 1828, O'Leary, *Memorias*, XXXI, 239–240.

[64] Santander, *Escritos autobiográficos*, 88.

[65] Sucre to Bolívar, Quito, 7 October 1829, O'Leary, *Memorias*, Ⅰ, 557.

[66] Páez to Bolívar, 7 August 1828, O'Leary, *Memorias*, Ⅱ, 150.

[67] Soublette to Bolívar, 28 August 1828, 12 January 1829, 21 January 1829, O'Leary, *Memorias*, Ⅷ, 65, 76, 77–79.

[68] Bolívar to O'Leary, 13 September 1829, *Cartas del Libertador*, Ⅸ, 125.

[69] Bolívar to Páez, Bogotá, 30 June 1828, *Obras completas*, Ⅱ, 905.

[70] Cartagena Manifesto, 15 December 1812, *Escritos*, Ⅳ, 122.

[71] John Lynch, "Revolution as a Sin: the Church and Spanish American Independence", *Latin America between Colony and Nation*, 124.

[72] Message to the Congress of Bolivia, 25 May 1826, *Obras completas*, Ⅲ, 529.

[73] Miriam Williford, *Jeremy Bentham on South America: An Account of His Letters and Proposals to the New World* (Baton Rouge, 1980), 115, 121, 125. 参见第二章。

[74] Bolívar to Bentham（玻利瓦尔致边沁）, 27 September 1822, Bentham to Bolívar（边沁致玻利瓦尔）, 6 January, 4 June 1823, *The Correspondence of Jeremy Bentham*, Volume 11, ed. Catherine Fuller (Oxford, 2000), 154–155, 185–189, 238–256.

[75] Bentham to Bolívar, 24 January 1820 (not sent 未寄出), Pedro Schwartz, ed., *The Iberian Correspondence of Jeremy Bentham*, 2 vols (London, 1979), Ⅰ, 122–127. See also "Las relaciones entre Jeremías Bentham y S. Bolívar", *Bolívar y Europa*, Ⅰ, 445–460.

[76] Bentham to Bolívar, London, 13 August 1825, *The Correspondence of Jeremy Bentham*, Volume 12, Letter 0088; O'Leary, *Memorias*, ⅩⅡ, 265–279.

[77] Bolívar to Bentham, Caracas, 15 January 1827, O'Leary, *Memorias*, ⅩⅩⅩ 318–319.

[78] Santander, Decree 8 November 1825, Mier, *La Gran Colombia*, Ⅱ, 442–443.

[79] Bolívar to Archbishop Méndez（玻利瓦尔致大主教门德斯）, Bogotá, October 1828, *Obras completas*, Ⅱ, 472.

[80] Mier, *La Gran Colombia*, Ⅲ, 883–884; Decrees 12 March 1828, 29 October 1828, *Decretos del Libertador*, Ⅲ, 53–54, 182–184.

[81] Hamilton, *Travels through the Interior Provinces of Colombia*, Ⅰ, 140.

[82] *Diario del General Francisco de Paula Santander en Europa y los EE.UU. 1829–1832*,

ed. Rafael Martínez Briceño (Bogotá, 1963), 172–175; Bentham to Santander, 9 July 1830, Santander to Bentham, 10 July 1830, 29 July 1830, *Correspondence of Jeremy Bentham*, Volume 13, letters 0252, 0253, 0263. see also *Obra Educativa: La Querella Benthamista, 1748–1832* (Bogotá, 1993), 88–94.

[83] Gaceta de Colombia, 24 July 1828, 27 July 1828.
[84] *Decretos del Libertador*, Ⅲ, 143.
[85] Message to Congress, 20 January 1830, *Obras completas*, Ⅲ, 816.
[86] O'Leary, *"Detached Recollections"*, 31.
[87] Tomás C. Mosquera to Bolívar, Popayán, 22 July 1828, O'Leary, *Memorias*, Ⅸ, 129.
[88] See Lynch, "Revolution as a Sin", *Latin America between Colony and Nation*, 124, 109–133.
[89] Quoted by Gutiérrez, *La Iglesia que entendió el Libertador*, 259.
[90] Pedro de Leturia, *Relaciones entre la Santa Sede e Hispanoamérica 1493–1835*, 3 vols (Rome, Caracas, 1959–1960), Ⅱ, 110–113, 215, 265–271, Ⅲ, 432.
[91] Bolívar to Council of State（玻利瓦尔致国务委员会）, Angostura, 10 November 1817, Pérez Vila, *Doctrina del Libertador*, 95.
[92] Bolívar to bishop of Popayán, Pasto, 10 June 1822, Bolívar to Santander, 10 June 1822, Carrera Damas, *Simón Bolívar Fundamental*, Ⅰ, 213–216, Cartas Santander-Bolívar, Ⅲ, 228–229.
[93] "解放者"在波哥大宴会上向主教们的祝酒词, 28 October 1827, O'Leary, *Memorias*, ⅩⅩⅤ, 588。
[94] Bolívar to Pius Ⅷ（玻利瓦尔致庇护八世）, Bogotá, 14 September 1829, *Bolívar-Europa*, Ⅰ, 657; Gutiérrez, *La Iglesia que entendió el Libertador*, 254–257.
[95] Bolívar to Gutiérrez（玻利瓦尔致古铁雷斯）, Bogotá, October 1828, *Obras completas*, Ⅲ, 15.
[96] Bolívar to Briceño Méndez, Bucaramanga, 15 April 1828, O'Leary, *Memorias*, ⅩⅩⅪ, 69.
[97] Carrera Damas, Prologue, Castro Leiva, *La Gran Colombia*, 14.

第十一章

[1] Bolívar to Vergara（玻利瓦尔致维加拉）, Guayaquil, 31 August 1829, O'Leary, *Memorias*, XXXI, 495.

[2] Posada Gutiérrez, *Memorias histórico-políticas*, Ⅰ, 194.

[3] Obando to La Mar（奥万多致拉马尔）, Pasto, 14 December 1828, Guáitara, 29 December 1828, O'Leary, *Memorias*, Ⅳ, 431, 432.

[4] Bolívar to Santander, Potosí, 21 October 1825, *Cartas Santander-Bolívar*, Ⅴ, 86.

[5] Decree, Bogotá, 24 December 1828, *Decretos del Libertador*, Ⅲ, 300.

[6] Posada Gutiérrez, *Memorias histórico-políticas*, Ⅰ, 201–203.

[7] Bolívar to Urdaneta（玻利瓦尔致乌达内塔）, Pasto, 9 March 1829, O'Leary, *Memorias*, XXXI, 330.

[8] Obando to Bolívar（奥万多致玻利瓦尔）, Pasto, 17, 28 March 28 April, 13, 28 May 1829, O'Leary, *Memorias*, Ⅳ, 414–418.

[9] Proclama, Bogotá, 3 July, Manifesto, 15 July, 1828, O'Leary, *Memorias*, XXVI, 334–335, 340–346.

[10] O'Leary to Bolívar, Guayaquil, 28 November 1828, O'Leary, *Memorias*, XXXII, 475.

[11] Sucre to Bolívar, Quito, 7 October 1828, O'Leary, *Memorias*, Ⅳ, 490.

[12] O'Leary, *"Detached Recollections"*, 17–19, 37.

[13] O'Leary to Bolívar, Guayaquil, 20 October 1828, O'Leary, *Memorias*, XXXII, 456.

[14] O'Leary to Bolívar, Rosario, 6 March 1830, FJB, AL, C–653.

[15] Bolívar to Sucre, Bogotá, 28 October 1828, O'Leary, *Memorias*, XXXI, 230–233.

[16] Bolívar to Flores（玻利瓦尔致弗洛雷斯）, Bogotá, 8 October 1828, O'Leary, *Memorias*, XXXI, 223–224.

[17] Sucre, Report on battle of Tarqui, 2 March 1829, O'Leary, *Memorias*, XXXII, 499–508.

[18] O'Leary, *"Detached Recollections"*, 17.

[19] Sucre to Bolívar, Cuenca, 3 March, Quito, 11 March 1829, O'Leary, *Memorias*, Ⅰ, 521–523.

[20] See Quintero, *Antonio José de Sucre*, 234–235.

[21] Una Mirada sobre la América Española, April–June, 1829, Pérez Vila, *Doctrina del Libertador*, 286–287.

[22] Una Mirada sobre la América Española, ibid., 282.

[23] Sucre to Bolívar, Quito, 14 August 1829, O'Leary, *Memorias*, Ⅰ, 547–549.

[24] Bolívar to O'Leary, Guayaquil, 21 August 1829, O'Leary, *Memorias*, XXXI, 484–485.

[25] Bolívar to Mosquera（玻利瓦尔致莫斯克拉）, 3 September 1829, O'Leary, *Memorias*, XXXI, 501–502.

[26] Bolívar to O'Leary, 4 September 1829, O'Leary, *Memorias*, XXXI, 506–508.

[27] Bolívar to O'Leary, Guayaquil, 13 September 1829, Carrera Damas, *Simón Bolívar Fundamental*, Ⅰ, 588–594.

[28] Bolívar to O'Leary, Babahoyo, 28 September 1829, O'Leary, *Memorias*, XXXI, 526; O'Leary to Bolívar, Medellín, 31 October 1829, FJB, AL, C–648.

[29] O'Leary to Bolívar, 9 May, 18 August 1829, FJB, AL, C–633, C–641. 拉尼古拉萨·伊瓦涅斯是玻利瓦尔的旧情人贝尔纳蒂娜·伊瓦涅斯的姐姐。

[30] O'Leary to Bolívar, 9 September, 6 November, 14 November 1829, FJB, AL, C–643, C–650, C–651; *"Detached Recollections"*, 13–15; Posada Gutiérrez, *Memorias histórico-políticas*, Ⅰ, 263, 282.

[31] Restrepo to Bolívar, Bogotá, 8 April 1829, O'Leary, *Memorias*, Ⅶ, 280; Bolívar to Restrepo, Quito, 6 May 1829, O'Leary, *Memorias*, XXXI, 365.

[32] Restrepo to Bolívar, 8 June 1829, O'Leary, *Memorias*, Ⅶ, 285.

[33] Restrepo to Bolívar, 15 July 1829, O'Leary, *Memorias*, Ⅶ, 286.

[34] Bolívar to Campbell, Guayaquil, 5 August 1829, *Obras completas*, Ⅲ, 278–279.

[35] See pp. 261–262.

[36] Mosquera, *Memoria sobre la vida del General Simón Bolívar*, 581–582, 598.

[37] O'Leary to Bolívar, 14 June 1829, FJB, AL, C–635; *"Detached Recollections"*, 13.

[38] Córdova, Manifesto, Medellín, 16 September 1829; to Council of Ministers, 21 September 1829, O'Leary, *Narración*, Ⅲ, 462–467.

[39] Bolívar to Sucre, Babahoyo, 28 September 1829, Carrera Damas, *Simón Bolívar Fundamental*, Ⅰ, 597–598.

[40] O'Leary to Bolívar, Marinilla, 17 October 1829, FJB, AL, C–645, a letter described by Lecuna as "apocryphal", containing sentiments unworthy of "a perfect gentleman like O'Leary"（莱库纳认为这份信件"可疑",信中包含不符合"奥利里这样

的完美绅士"的行文风格的情绪化内容),*Narración*, III, 505-510.

[41] O'Leary to Bolívar, Medellín, 23 October 1829, FJB, AL, C-647.

[42] Posada Gutiérrez, *Memorias histórico-políticas*, I, 307-308, who describes Hand as "un hombre de la ínfima plebe de Irlanda"(他称汉德是"最坏的爱尔兰底层人"); Mosquera, *Memoria sobre la vida del General Simón Bolívar*, 635; see also *Diccionario de Historia de Venezuela*, 3 vols (Caracas, 1988) *E-O*, 448-449.

[43] Bolívar to Vergara, Popayán, 22 Nov. 1829, to Urdaneta, 22, 28 November 1829, *Obras completas*, III, 365, 367, 370; Posada Gutiérrez, *Memorias histórico-políticas*, I, 310-311.

[44] O'Leary, *"Detached Recollections"*, 16-17. 关于致坎贝尔的信件与君主制思想,参见下述文献中的探讨: Urbaneja, *El Alcalde de San Mateo*, 103-109, 作者的结论是玻利瓦尔"一贯反对君主制"。

[45] José Gil Fortoul, *Historia constitucional de Venezuela*, 3 vols (2nd edn, Caracas, 1930), I, 650-663.

[46] Bolívar to Páez, 25 March 1829, *Obras completas*, III, 157-158.

[47] Sucre to Bolívar, 17 September 1829, O'Leary, *Memorias*, I, 552.

[48] Lievesley to Aberdeen(列韦斯利致阿伯丁), La Guaira, 27 November 1829, National Archives, PRO, FO 18/72; Ker Porter to Aberdeen(科尔·波特致阿伯丁), Esher, 10 February 1830, FO 18/78.

[49] Francisco A. Labastida to Páez, 23 February 1830, AGN, Secretaría del Interior-Justicia, v, f 421, *BAGN*, 10, 37 (1929), 49-50.

[50] Acta del Cantón de Valencia, 23 November 1829, Gil Fortoul, *Historia constitucional de Venezuela*, I, 653.

[51] Páez to Bolívar, Valencia, 1 December 1829, O'Leary, *Memorias*, II, 224; Bolívar to Castillo Rada, Cartago, 4 January 1830, Carrera Damas, *Simón Bolívar Fundamental*, I, 608.

[52] Bermúdez, Proclamation, Cumaná, 16 January 1830, Parra-Pérez, *Mariño-la independencia de Venezuela*, V, 46; Mariño to Quintero(马里尼奥致金特罗), 2 September 1829, ibid., IV, 478.

[53] Ker Porter to Aberdeen, Caracas, 12 June 1830, National Archives, PRO, FO 18/78;

Parra-Pérez, *Mariño y la independencia de Venezuela*, Ⅴ, 180.

[54] Bolívar to Vergara, 25 September 1830, *Obras completas*, Ⅲ, 465; Carrera Damas, *Simón Bolívar Fundamental*, Ⅰ, 627.

[55] Wood to Canning（伍德致坎宁）, Guayaquil, 28 February 1826, *British Consular Reports*, 228–229.

[56] Uribe-Uran, *Honorable Lives*, 90–91.

[57] Message to the Constituent Congress, Bogotá, 20 January 1830, *Obras completas*, Ⅲ, 812–817.

[58] Bolívar to Fernández Madrid, Bogotá, 13 February, 6 March 1830, Carrera Damas, *Simón Bolívar Fundamental*, Ⅰ, 609–610, 611–613.

[59] 他继续着重强调了仍令自己耿耿于怀的奥库马雷之败。See Chapter 5.

[60] Posada Gutiérrez, *Memorias histórico-políticas*, Ⅰ, 369–370.

[61] Bolívar to Congress, Bogotá, 27 April 1830, *Obras completas*, Ⅲ, 821–822.

[62] O'Leary to Bolívar, Rosario, 6–8 March 1830, FJB, AL, C-653.

[63] AGN, Hacienda Pública, xⅷ, f. 333, 341.

[64] 哥伦比亚当局授予苏克雷8份宪法方案复印件，"以期寻求与东部诸省份达成合作"，但希望渺茫。AGN, Hacienda Pública, xⅵ, f. 317. Ker Porter to Aberdeen, Caracas, 20 August 1830, National Archives, PRO, FO 18/78.

[65] 直至1832年，玻利瓦尔的继承人与一家英国公司在加拉斯签订了一份价值38000英镑的合同，矿产才被售出。See Paul Verna, *Las minas del Libertador* (Caracas, 1977).

[66] Posada Gutiérrez, *Memorias histórico-políticas*, Ⅱ, 71–72.

[67] O'Leary, *"Detached Recollections"*, 17.

[68] Posada Gutiérrez, *Memorias histórico-políticas*, Ⅱ, 78–79.

[69] Sucre to Bolívar, Bogotá, 8 May 1830, O'Leary, *Memorias*, Ⅰ, 571; Bolívar to Sucre, Turbaco, 26 May 1830, *Itinerario documental*, 349.

[70] Bolívar to Manuela Sáenz, 11 May 1830, *Cartas del Libertador*, Ⅸ, 265.

[71] Posada Gutiérrez, *Memorias histórico-políticas*, Ⅱ, 91–94. 该学院是自由主义思想活跃之地。

[72] Posada Gutiérrez, *Memorias histórico-políticas*, Ⅱ, 222; Mosquera, *Memoria sobre*

la vida del General Simón Bolívar, 671.

[73] Estéban Febres Cordero to Obando（埃斯特万·费夫雷斯·科尔德罗致奥万多）, Guayaquil, 16 June 1830, O'Leary, Memorias, IV, 436; Mosquera, Memorias sobre la vida del General Simón Bolívar, 668-672; Antonio José de Irisarri, Historia crítica del asesinato cometido en la persona del Gran Mariscal de Ayacucho (Caracas, 1846), 45-50, 121-138.

[74] Bolívar to Mariana Carcelén de Sucre, Cartagena, 2 July 1830, Itinerario documental, 349-350. 苏克雷的遗孀在苏克雷死后一年多就迅速嫁给了耽于享乐的新格拉纳达人伊斯多罗·巴里加（Isidoro Barriga）将军，这在某些人看来很不体面，也让她在厄瓜多尔声名扫地。

[75] Bolívar to Flores, Barranquilla, 9 November 1830, Obras completas, III, 502.

[76] Bolívar to Urdaneta, Cartagena, 18 September 1830, Obras completas, III, 457-459; Bolívar to Briceño Méndez, 20 September 1830, Obras completas, III, 461-462.

[77] Bolívar to Santa Cruz, 14 September 1830, Obras completas, III, 452.

[78] Bolívar to Vergara, Cartagena, 25 September 1830, Obras completas, III, 463-466.

[79] Bolívar to Mariano Montilla（玻利瓦尔致马里亚诺·蒙蒂利亚）, 27 October, 8 November 1830, Obras completas, III, 483-484, 498-500.

[80] Bolívar to Urdaneta, Soledad, 16 October 1830, Obras completas, III, 473-476; Wilson to O'Leary, 13 October, 25 October 1830, O'Leary, Memorias, XII, 125, 131.

[81] Bolívar to Flores, Barranquilla, 9 November 1830, Obras completas, III, 501-502; Pérez Vila, Doctrina del Libertador, 321-326.

[82] Bolívar to O'Leary, Barranquilla, 25 November 1830, Itinerario documental, 355.

[83] Alejandro Próspero Reverend, Bulletins, in Blanco and Azpurúa, Documentos para la historia de la vida pública del Libertador, XIV, 464-474.

[84] Bolívar to Urdaneta, Santa Marta, San Pedro, 6, 7, 8 December 1830, Obras completas, III, 520-523, 524-525.

[85] Testamento del Libertador, Hacienda de San Pedro Alejandrino, 10 December 1830, Obras completas, III, 529-531; Gutiérrez, La Iglesia que entendió el Libertador, 262-267.

[86] The Last Proclamation of the Liberator（《"解放者"的最后宣言》）, Hacienda de

San Pedro, Santa Marta, 10 December 1830, *Obras completas*, III, 823–824.

[87] Reverend, in Blanco and Azpurúa, *Documentos para le historia de la vida pública del Libertador*, XIV, 468–472.

[88] O'Leary, *"Detached Recollections"*, 48.

[89] *The Times* (《泰晤士报》), London, 19 February 1831, p.5.

第十二章

[1] Jamaica Letter, *Escritos*, VIII, 241.

[2] Bolívar to Pedro Gual(玻利瓦尔致佩德罗·瓜尔), Mompós, 9 February 1815, O'Leary, *Memorias*, XIV, 67–69.

[3] Ricketts to Canning, Lima, 18 February 1826, Webster, *Britain and the Independence of Latin America*, I, 527.

[4] O'Leary, *"Detached Recollections"*, 26.

[5] Bolívar to Sucre, Magdalena, 12 May 1826, Bolívar to Santa Cruz, Popayán, 26 October 1826, *Obras completas*, II, 361, 487–488; Bolívar to Fernández Madrid, Bogotá, 6 March 1830, Carrera Damas, *Simón Bolívar Fundamental*, I, 612.

[6] Bolívar to María Antonia Bolívar, April 1825, 10 July 1826, Carrera Damas, *Simón Bolívar Fundamental*, I, 316. 424.

[7] Cussen, *Bello and Bolívar*, 152–153.

[8] Jaksić, *Andrés Bello*, 135–136.

[9] Speech of Bolívar in Bogotá(玻利瓦尔在波哥大的讲话), 23 January 1815, *Escritos*, VII, 264.

[10] Speech of Bolívar in Bogotá, 24 June 1828, *Obras completas*, III, 804.

[11] Angostura Address, 15 February 1819, *Obras completas*, III, 682.

[12] Bolívar, Proclamation to Venezuelans, Maracaibo, 16 December 1826, O'Leary, *Memorias*, XXIV, 573–574.

[13] Angostura Address, 15 February 1819, *Obras completas*, III, 690.

[14] Ricketts to Canning, 18 February 1826, Webster, *Britain and the Independence of*

Latin America, I, 530.

[15] Lester D. Langley, *The Americas in the Age of Revolution 1750–1850* (New Haven, 1996), 242.

[16] Bolívar to Santander, Cúcuta, 10 May 1820, *Cartas Santander–Bolívar*, II, 137.

[17] Decree, Cuzco, 4 July 1825, *Decretos del Libertador*, I, 410–411.

[18] Ildefonso Leal, *Historia de la Universidad de Caracas (1721–1827)* (Caracas, 1963), 332–338.

[19] Bolívar to Santander, Lima, 7 April 1825, *Cartas Santander–Bolívar*, IV, 344.

[20] Germán Carrera Damas, *Venezuela: Proyecto Nacional–Poder Social* (Barcelona, 1986), 111–143; *La Disputa de la Independencia*, 25–28; and "Casos de continuidad-ruptura: Génesis teórica y práctica del proyecto americano de Simón Bolívar", *Historia General de América Latina*, Volumen V (UNESCO, Paris, 2003), 288–290.

[21] Langley, *The Americas in the Age of Revolution*, 286.

[22] Ibid., 47–48, 195–196.

[23] Bolívar to marqués del Toro（玻利瓦尔致德尔·托罗侯爵）, Chancay, 10 November 1824, *Obras Completas*, II, 37–38.

[24] St Augustine, *Concerning the City of God against the Pagan*, trans. Henry Bettenson (Penguin Books, London, 1984), 197–199, 202–204, 215.

[25] O'Leary, *Narración*, II, 95.

[26] Bolívar to Sucre, Huamanga, 4 September 1824, O'Leary, *Memorias*, XXIX, 513–515.

[27] Bolívar to Santander, Pativilca, 23 January 1824, *Cartas Santander–Bolívar*, IV, 202–205.

[28] Bolívar to Peñalver, Chancay, 10 November 1824, O'Leary, *Memorias*, XXX, 10–11.

[29] Bolívar to Santander, Magdalena, 7 April 1826, *Cartas Santander–Bolívar*, V, 177.

[30] O'Leary to Bolívar, 20 March, 9 May, 8 June, 9 September, 6, 14 November 1829, FJB, AL, C–632, C–633, C–634, C–643, C–650, C–651.

[31] Bolívar to Páez, Cúcuta, 11 December 1826, *Obras completas*, II, 505–506.

[32] Thomas Carlyle, *On Heroes, Hero–Worship and the Heroic in History* (1841) (Lincoln,

Nebraska, 1966), 196-197, 203-204, 224.

[33] Bolívar to Estanislao Vergara（玻利瓦尔致埃斯塔尼斯劳·维加拉）, Guayaquil, 31 August 1829, O'Leary, *Memorias*, XXXI, 495.

[34] O'Leary, *Narración*, II, 601.

[35] Páez, *Autobiografía*, II, 350-351.

[36] Germán Carrera Damas, *El Culto a Bolívar* (Caracas, 1969), 55-58.

[37] 派斯在政府大楼公共典礼闭幕式上的讲话, 23 December 1842, *Autobiografía*, II, 356。

[38] Carrera Damas, *El Culto a Bolívar*, 226-227, 229-230, 232.

[39] Ibid., 245-247.

[40] See especially Vicente Lecuna, *Catálogo de errores y calumnias en la historia de Bolívar* 3 vols (New York, 1956-1958).

[41] J.L. Salcedo-Bastardo, *Visión y Revisión de Bolívar*, 2 vols (Caracas, 1977) II, 162.

[42] Carrera Damas, *El Culto a Bolívar*, 194-196, 206.

[43] Quoted by Germán Carrera Damas, "Simón Bolívar, el Culto Heroico y la Nación", *Venezuela: Proyecto nacional y poder social*, 178-179.

[44] Germán Carrera Damas, *El Bolivarianismo-Militarismo: Una Ideología de Reemplazo* (Caracas, 2005), 191-210.

参考文献

资料来源

关于玻利瓦尔的生平及其时代多样而丰富的原始资料,曼努埃尔·佩雷斯·比拉(Manuel Pérez Vila)在其论文中做了最充分的评述[Manuel Pérez Vila,"Contribución a la bibliografía de los escritos del Libertador, manuscritos-ediciones", Sociedad Bolivariana de Venezuela, *Escritos del Libertador*, vol. I, *Introducción general* (Caracas, 1964), 61-290]。佩德罗·格拉塞斯(Pedro Grases)对档案和印刷文献进行了专业梳理[*El Archivo de Bolívar* (*manuscritos y ediciones*) (Caracas, 1978)]。已出版的原始资料是当前研究的基础,其中两部19世纪的文献汇编仍然不可或缺,分别为José Félix Blanco and Ramón Azpurúa, *Documentos para la historia de la vida pública del Libertador de Colombia, Perú-Bolivia*, 14 vols (Caracas, 1875-1878)和Daniel Florencio O'Leary, *Memorias del General O'Leary*, 32 vols (Caracas, 1879-1888, republished in 34 vols, 1981, by the Ministerio de la Defensa, 最后两卷是由曼努埃尔·佩雷斯·比拉完成的索引)。R.A.汉弗里斯(R.A. Humphreys)编纂的 *The "Detached Recollections" of General D.F. O'Leary* (London, 1969) 为文献汇编增添了更多见解。比森特·莱库纳(Vicente Lecuna)在前人研究的基础上编纂了多部富有价值的著作集,包括 *Cartas del Libertador*, 10 vols (Caracas, 1929-1930, vol.11, New York, 1948; vol. 12, ed. Manuel Pérez Vila, Caracas, 1959) 和 *Decretos del Libertador*, 3 vols (Caracas, 1961),以及尤具价值的 *Obras completas*, ed. Vicente Lecuna and Esther Barret de Nazarís, 2nd edn, 3 vols (Havana, 1950)。委内瑞拉玻利瓦尔协会为精益求精、止于至善,编纂了一个对所有已知的玻利瓦尔文献做出权威性评述的玻利瓦尔著作

总集——*Escritos del Libertador* (Caracas, 1964- ，尚在编纂之中，已编写至 19 世纪 20 年代中期)。玻利瓦尔与桑坦德的往来通信，已经有了一部编辑工作十分出色的成果面世：*Cartas Santander-Bolívar*, Biblioteca de la Presidencia de la República, 6 vols (Bogotá, 1988–1990)。

此外还有两种选辑类著作——Manuel PanuelVila, *Doctrina del Libertador*, (2nd edn, Caracas, 1979) 和 Germnd Carrera Damas, *Simón Bolívar Fundamental*, 2 vols (Caracas, 1993)——代表了历史学家的编选理念，他们卓越的学术水准以及他们所具备的专业知识赋予这两部著作以特殊价值。

最后，一些英文译著也对玻利瓦尔研究颇有助益，特别是 Simón Bolívar, *Selected Writings*, comp. Vicente Lecuna, ed. Harold A. Bierck Jr., trans. Lewis Bertrand, 2 vols (New York, 1951) 和 *El Libertador: Writings of Simón Bolívar*, trans. Frederick H.Fornoff, ed. David Bushnell (Oxford, 2003)。

资料指南

Aljure Chalela, Simón, *Bibliografía bolivariana* (Bogotá, 1983).

Fundación John Boulton, *Colección bolivariana* (Caracas, 1983).

— *Sección venezolana del archivo de la Gran Colombia. Indice sucinto* (Caracas, 1960).

Grases, Pedro, El Archivo de Bolívar (*manuscritos y ediciones*) (Caracas, 1978).

— *Los papeles de Bolívar y Sucre* (Caracas, 1985).

Pérez Vila, Manuel, "Contribución a la bibliografía de los escritos del Libertador, manuscritos-ediciones", Sociedad Bolivariana de Venezuela, *Escritos del Libertador*, vol. I, *Introducción general* (Caracas, 1964), 61–290.

— *Simón Bolívar, 1783–1830: Bibliografía básica* (Bogotá, 1983).

档案

Fundación John Boulton, Caracas

Archivo del Libertador

Signatura: C-632-C-655

Archivo General de la Nación, Caracas

Gobernación-Capitanía General

Papeles de Guerra-Marina

Hacienda Pública

Secretaría del Interior y Justicia

National Archives, Public Record Office, London

FO 72, Spain

FO 18, Colombia

FO 61, Peru

出版文献与当代著作

Andrews, Joseph, *Journey from Buenos Ayres, through the provinces of Córdoba, Tucuman, and Salta, to Potosi*, 2 vols (London, 1827).

Austria, José de, *Bosquejo de la historia militar de Venezuela*, 2 vols (BANH, 29-30, Caracas, 1960).

Blanco, José Félix, and Azpurúa, Ramón, eds, *Documentos para la historia de la vida pública del Libertador de Colombia, Perú y Bolivia*, 14 vols (Caracas, 1875-1878).

Bolívar, Simón, *Cartas del Libertador*, ed. Vicente Lecuna (vols 1-10, Caracas, 1929-1930, vol. 11, New York, 1948; vol. 12, ed. Manuel Pérez Vila, Caracas, 1959).

— *Decretos del Libertador*, ed. Vicente Lecuna, 3 vols (Caracas, 1961).

— *Doctrina del Libertador*, ed. Manuel Pérez Vila (2nd edn, Caracas, 1979).

— *Escritos del Libertador*, Sociedad Bolivariana de Venezuela (Caracas, 1964-).

— *El Libertador: Writings of Simón Bolívar*, trans. Frederick H. Fornoff, ed. David Bushnell (Oxford, 2003).

— *El Libertador-la Constitución de Angostura de 1819*, ed. Pedro Grases (Caracas, 1970).

— *Itinerario documental de Simón Bolívar. Escritos selectos* (Caracas 1970).

— *Obras completas*, ed. Vicente Lecuna and Esther Barret de Nazarís, 3 vols (2nd edn, Havana, 1950).

— *Proclamas-Discursos del Libertador*, ed. Vicente Lecuna (Caracas, 1939).

— *Proyecto de Constitución para la República Boliviana, con adiciones manuscritas de Antonio José de Sucre. Edición facsimilar, Lima, 1826* (Caracas, 1978).

— *Selected Writings*, compiled by Vicente Lecuna, ed. Harold A. Bierck Jr., trans. by Lewis Bertrand, 2 vols (New York, 1951).

— *Simón Bolívar Fundamental*, ed. Germán Carrera Damas, 2 vols (Caracas, 1993).

Boussingault, J–B, *Memorias* (Caracas, 1974).

"Cartas de Mujeres", *BOLANH*, 16, 62 (Caracas, 1933), 332–399.

Cochrane, Charles Stuart, *Journal of a Residence and Travels in Colombia, during the years 1823 and 1824*, 2 vols (London, 1825).

Conjuración de 1808 en Caracas para la formación de una junta suprema gubernativa (documentos completos), Instituto Panamericano de Geografía e Historia, Comisión de Historia, 2 vols (Caracas, 1969).

Correo del Orinoco, Angostura, 1818–1821, reproducción facsimilar (Paris, 1939).

De Pradt, Dominique Dufour, *Les trois âges des colonies, ou leur état passé, présent et à venir*, 3 vols (Paris, 1801–1802).

Díaz, José Domingo, *Recuerdos sobre la rebelión de Caracas* (BANH, 38, Caracas, 1961).

Ducoudray–Holstein, H. La Fayette Villaume, *Memoirs of Simón Bolívar president, liberator of the Republic of Colombia*, 2 vols (London, 1830).

Epistolario de la Primera República, 2 vols (BANH, Caracas, 1960).

Espinosa Apolo, Manuel, ed., *Simón Bolívar–Manuela Sáenz: Correspondencia íntima* (Quito, 1996).

Fuller, Catherine, ed., *The Correspondence of Jeremy Bentham*, vols 11–12 (Oxford, 2000–2005).

Gaceta de Colombia, Rosario de Cúcuta and Bogotá, 1821–1824, 1821–1829, 1831 (Bogotá, 1973).

Gazeta de Caracas, facsimile, 1808–1812, 2 vols (BANH, 21–22, Caracas, 1960).

Grases, Pedro, ed., *Pensamiento politíco de la emancipación venezolana* (Caracas, 1988).

Hall, Francis, *Colombia: Its Present State* (London, 1824).

Hamilton, John P., *Travels through the Interior Provinces of Colombia*, 2 vols (London, 1827).

Heredia, José Francisco, *Memorias del regente Heredia* (BANH, 186, Caracas, 1986).

Humboldt, Alexander von, *Cartas americanas*, ed. Charles Minguet (Caracas, 1980).

── *Personal Narrative of Travels to the Equinoctial Regions of the New Continent during the Years 1799–1804*, trans. Helen Maria Williams, 6 vols (London, 1814–1829).

── *Personal Narrative of a Journey to the Equinoctial Regions of the New Continent*, trans. Jason Wilson (London, 1995).

Humphreys, R.A., ed., *British Consular Reports on the Trade and Politics of Latin America 1824–1826* (London, 1940).

Lecuna, Vicente, ed., *Documentos referentes a la creación de Bolivia*, 2 vols (Caracas, 1924).

── "Papeles de Manuela Sáenz", *BOLANH*, Caracas, 28, 112 (1945), 494–525.

── ed., *Relaciones diplomáticas de Bolívar con Chile y Buenos Aires*, 2 vols (Caracas, 1954).

Lee López, Alberto, ed., *Los Ejércitos del Rey*, 2 vols (Bogotá, 1989).

Mendoza, Cristóbal, ed., *Las primeras misiones diplomáticas de Venezuela: documentos*, 2 vols (Caracas, 1962).

Mier, José M. de, ed., *La Gran Colombia*, 7 vols (Bogotá, 1983).

Miller, John, *Memoirs of General Miller in the Service of the Republic of Peru*, 2 vols (2nd edn, London, 1829).

Miranda, Francisco de, *Archivo del General Miranda*, 24 vols (Caracas, 1929–1950).

── *Colombeia* (Caracas, 1978–).

Muñoz, Gabriel E., *Monteverde: cuatro años de historia patria 1812–1816* 2 vols (BANH 42–43, Caracas, 1987).

Obra Educativa: La Querella Benthamista, 1748–1832. Biblioteca de la Presidencia de la República, Documentos, No. 72 (Bogotá, 1993).

O'Connor, Francisco Burdett, *Independencia Americana: recuerdos de Francisco Burdett*

O'Connor (Madrid, 1915).

O'Leary, Daniel Florencio, *The "Detached Recollections" of General D.F. O'Leary*, ed. R.A. Humphreys (London, 1969).

— *Memorias del General O'Leary*, 34 vols (Caracas, 1981).

— *Memorias del General Daniel Florencio O'Leary: Narración*, 3 vols (Caracas, 1952).

— *Memorias del General Daniel Florencio O'Leary: Narración*, Abridged Version, trans. and ed. Robert F. McNerney, Jr. (Austin, Texas, 1970).

Páez, José Antonio, *Autobiografía del General José Antonio Páez*, 2 vols (BANH, Caracas, 1973).

Peru de Lacroix, Louis, *Diario de Bucaramanga*, ed. Mons. Nicolás E. Navarro, prolog. J.L. Salcedo-Bastardo (Caracas, 1982).

— *Diario de Bucaramanga. Vida pública y privada del Libertador. Versión sin mutilaciones* (Ediciones Centauro, Caracas, 1976).

Porter, Robert Ker, *Sir Robert Ker Porter's Caracas Diary, 1825–1842*, ed. Walter Dupouy (Caracas, 1966).

Posada Gutiérrez, Joaquín, *Memorias histórico-políticas*, 4 vols (2nd edn, BHN 41–44, Bogotá, 1929).

Presidencia de la República, *Las fuerzas armadas de Venezuela en el siglo xix: Textos para su estudio*, 12 vols (Caracas, 1963–1971).

— *Pensamiento politico venezolano del siglo xix: Textos para su estudio*, 15 vols (Caracas, 1960–1962).

Raynal, Guillaume Thomas Francois, *A Philosophical and Political History of the Settlements and Trade of the Europeans in the East and West Indies, By the Abbé Raynal, To which is added the Revolution of America*, 6 vols (Edinburgh, 1782).

Restrepo, Jost Manuel, *Diario político y militar, 1819–1858*, 5 vols (Bogoto, 1954).

— *Historia de la revolución de la república de Colombia*, 10 vols (Paris, 1827).

Revenga, Josenga, *La hacienda pública de Venezuela en 1828–1830*, ed. Pedro Grases and Manuel Pérez Vila (Caracas, 1953).

Roscio, Juan Germio, *Obras*, 3 vols (Caracas, 1953).

Santander, Francisco de Paula, *Archivo Santander*, 24 vols (Bogotá, 1913–1932).

— *Cartas-mensajes*, ed. Roberto Cortázar, b vols (Bogotá, 1953–1956).

— *Cartas Santander-Bolívar*, Biblioteca de la Presidencia de la Repbliote, 6 vols (Bogotá, 1988–1990).

— *Correspondencia dirigida al general Francisco de Paula Santander*, ed. Roberto Cortázar, 14 vols (Bogotá, 1964–1970).

— *Escritos autobiográficos 1820–1840*, ed. Guillermo Hernández de Alba (Bogotá, 1988).

Simmons, Merle E., *Los escritos de Juan Pablo Viscardo-Guzmán: Precursor de la Independencia Hispanoamericana* (Caracas, 1983).

Stevenson, William Bennet, *A Historical and Descriptive Narrative of Twenty Years' Residence in South America*, 3 vols (London, 1825).

Sucre, Antonio José de, *Archivo de Sucre*, Fundación Vicente Lecuna, Banco de Venezuela, 15 vols (Caracas, 1973–1978).

Textos oficiales de la Primera República de Venezuela, 2 vols (BANH 1–2, Caracas, 1959).

Universidad Central de Venezuela, *Materiales para el estudio de la cuestión agraria en Venezuela (1800–1830)*, Ⅰ, (Caracas, 1964).

Urquinaona y Pardo, Pedro de, *Memorias de Urquinaona* (Madrid, 1917).

Vowell, Richard, *Campaigns and Cruises in Venezuela and New Grenada and in the Pacific Ocean from 1817 to 1830*, 3 vols (London, 1831).

Webster, C.K., ed., *Britain and the Independence of Latin America 1812–1830*, 2 vols (London, 1938).

Yanes, Francisco Javier, *Relación documentada de los principales sucesos ocurridos en Venezuela desde que se declaró estado independiente hasta el año 1821* (Caracas, 1943).

二手资料

Amunátegui Reyes, Miguel Luis, *Vida de Don Andrés Bello* (Santiago, 1882).

Andrien, Kenneth J., and Johnson, Lyman L., eds, *The Political Economy of Spanish America in the Age of Revolution, 1750–1850* (Albuquerque, 1994).

Anna, Timothy E., The Fall of the Royal Government in Peru (Lincoln, Nebraska, 1979).

Belaunde, Víctor Andrés, *Bolívar and the Political Thought of the Spanish American Revolution* (Baltimore, 1938).

Berruezo León, María Teresa, *La lucha de Hispanoamérica por su independencia en Inglaterra, 1800-1830* (Madrid, 1989).

Bierck, Harold A., Jr., "The Struggle for Abolition in Gran Colombia", *HAHR*, 33, 3 (1953), 365-386.

Bonilla, Heraclio, "Bolívar y las guerrillas indígenas en el Perú", *Cultura*, Revista del Banco Central del Ecuador, 6, 16 (1983), 81-95.

Boulton, Afredo, *Iconografía del Libertador* (Caracas, 1992).

— *Los retratos de Bolívar*, (2nd edn, Caracas, 1964).

Brito Figueroa, Federico, *Historia económica-social de Venezuela*, 2 vols (Caracas, 1966).

Brown, Matthew, "Esclavitud, castas y extranjeros en las guerras de la Independencia de Colombia", *Historia y Sociedad*, 10 (2004), 109-125.

Bushnell, David, "Independence Compared: the Americas North and South", MacFarlane and Posada-Carbó, *Independence and Revolution in Spanish America*, 69-83.

— "The Last Dictatorship: Betrayal or Consummation?" *HAHR*, 63, 1 (1983), 65-105.

— ed., *The Liberator, Simón Bolívar: Man and Image* (New York, 1970).

— *The Santander Regime in Gran Colombia* (Newark, Delaware, 1954).

— *Simón Bolívar: Liberation and Disappointment* (London, 2004).

Cacua Prada, Antonio, *Los hijos secretos de Bolívar* (Bogotá, 1992).

Caicedo, Bernardo J., "El supuesto rapto de Manuelita Sáenz", *BAGN*, 71 (1981), 130-135.

Carrera Damas, Germán, *Boves: Aspectos socio-económicos de su acción histórica* (Caracas, 1968).

— *El Bolivarianismo-Militarismo: Una Ideología de Reemplazo* (Caracas, 2005).

— "Casos de continuidad-ruptura: Génesis teórica y práctica del proyecto americano de Simón.

Bolívar', *Historia General de América Latina*, Volumen V (UNESCO, Paris, 2003), 287-315.

— *El culto a Bolívar* (Caracas, 1969).

— *La disputa de la independencia y otros peripecias del método crítico en historia de ayer y de hoy* (Caracas, 1995).

— *Historia de la historiografía venezolana (Textos para su estudio)* (2nd edn, vol. I, Caracas, 1985, vol. III, Caracas, 1997).

— ed., *Historia General de América Latina*. Volumen V, *La crisis estructural de las sociedades implantadas* (UNESCO, Paris, 2003).

— *Tres temas de historia* (Caracas, 1961).

— *Venezuela: Proyecto Nacional y poder social* (Barcelona, 1986).

Castro Leiva, Luis, *De la patria boba a la teología bolivariana* (Caracas, 1991).

— *La Gran Colombia: Una ilusión ilustrada* (Caracas, 1985).

Collier, Simon, "Nationality, Nationalism and Supranationalism in the Writings of Simón Bolívar", *HAHR*, 63, 1 (1983), 37–64.

Cortés, Santos R., *El régimen de las "gracias al sacar" en Venezuela durante el período hispánico*, 2 vols (Caracas, 1978).

Cussen, Antonio, *Bello and Bolívar: Poetry and Politics in the Spanish American Revolution* (Cambridge, 1992).

Dawson, Frank Griffith, *The First Latin American Debt Crisis: The City of London and the 1822–1825 Loan Bubble* (New Haven and London, 1990).

De Grummond, Jane Lucas, *Renato Beluche: Smuggler, Privateer and Patriot 1780–1860* (Baton Rouge, 1983).

Diccionario de Historia de Venezuela, Fundación Polar, 3 vols (Caracas, 1988).

Earle, Rebecca A., "Popular Participation in the Wars of Independence in New Granada", McFarlane and Posada-Carbó, eds, *Independence and Revolution in Spanish America: Perspectives and Problems* (ILAS, London, 1999) 87–101.

— *Spain and the Independence of Colombia 1810–1825* (Exeter, 2000).

Filippi, Alberto, ed., *Bolívar-Europa en las crónicas, el pensamiento politico-la historiografía*, 2 vols (Caracas, 1986–1992).

Gaitán de Paris, Blanca, ed., *La mujer en la vida del Libertador* (Bogotá, 1980).

García Márquez, Gabriel, *The General in his Labyrinth* (London, 1992).

González, Eloy G., *Historias Bolivarianas* (Caracas, 1976).

Grases, Pedro, *Estudios Bolivarianos Obras*, IV (Caracas, Barcelona, 1981).

—— *Preindependencia-Emancipación: Protagonistas y testimonios Obras*, III (Caracas, Barcelona, 1981).

Groot, José Manuel, *Historia eclesiástica-civil de Nueva Granada*, 5 vols (Bogotá, 1953).

Guerra, François-Xavier, *Modernidad e Independencia. Ensayos sobre las revoluciones hispánicas* (Madrid, 1992).

Gutiérrez, Alberto, *La Iglesia que entendió el Libertador Simón Bolívar* (Bogotá, 1981).

Halperin Donghi, Tulio, *Reforma y disolución de los imperios ibéricos 1750–1850* (Madrid, 1985).

Harvey, Robert, *Liberators: Latin America's Struggle for Independence 1810–1830* (London, 2000).

Helg, Aline, "Simón Bolívar and the Spectre of Pardocracia: José Padilla in Post-Independence Cartagena", *JLAS*, 35, 3 (2003), 447–471.

Hildebrandt, Martha, *La lengua de Bolívar* (Caracas, 1961).

Hispano, Cornelio, *Historia secreta de Bolívar, su gloria y sus amores* (Medellín, 1977).

Irisarri, Antonio José de, *Historia crítica del asesinato cometido en la persona del Gran Mariscal de Ayacucho* (Caracas, 1846).

Izard, Miguel, *El miedo a la Revolución: La lucha por la libertad en Venezuela (1777–1830)* (Madrid, 1979).

Jaksić, Iván, *Andrés Bello: Scholarship and Nation-Building in Nineteenth-Century Latin America* (Cambridge, 2001).

Kinsbruner, Jay, *Independence in Spanish America: Civil Wars, Revolutions, and Underdevelopment* (Albuquerque, 1994).

Lambert, Eric, "Los legionarios británicos", *Fundación La Casa de Bello, Bello-Londres*, 2 vols (Caracas, 1980–1981), Ⅰ, 355–376.

—— *Voluntarios británicos e irlandeses en la gesta bolivariana*, 3 vols (Caracas, 1983–1993).

Langley, Lester D., *The Americas in the Age of Revolution, 1750–1850* (New Haven, 1996).

Larrazábal, Felipe, *La vida y correspondencia general del Libertador Simón Bolívar*, 2 vols (New York, 1865).

Laserna, Mario, *Bolívar: Un euro-americano frente a la Ilustración* (Bogotá, 1986).

Leal, Ildefonso, *La Universidad de Caracas en los años de Bolívar 1783-1830*, 2 vols (Caracas, 1983).

Lecuna, Vicente, *Breviario de ideas bolivarianas* (Caracas, 1970).

— *Catálogo de errores-calumnias en la historia de Bolívar*, 3 vols (New York, 1956-1958).

— *Crónica razonada de las guerras de Bolívar*, 3 vols (New York, 1950).

— *La entrevista de Guayaquil: restablecimiento de la verdad histórica*, 2 vols (4th edn, Caracas, 1962-1963).

Leturia, Pedro de, *Relaciones entre la Santa Sede e Hispanoamérica, 1493-1835*, 3 vols (Rome, Caracas, 1959-1960).

Lloréns Casani, Milagro, *Sebastian del Toro, ascendiente de los heroes de la independencia de Venezuela* (2 vols, Jaén, 1998).

Lofstrom, William L., *La presidencia de Sucre en Bolivia* (BANH, Caracas, 1987).

Lombardi, John V., *The Decline and Abolition of Negro Slavery in Venezuela 1820-1854* (Westport, 1971).

— *People and Places in Colonial Venezuela* (Bloomington, 1977).

López, Francisco Miguel, *Contribución al estudio de la ley de haberes militares-sus repercusiones* (Caracas, 1987).

Löschner, Renata, *Bellermann y el paisaje venezolano 1842-1845* (Caracas, 1977).

Lynch, John, "Bolívar and the Caudillos", *HAHR*, 63, 1 (1983), 3-35.

— *Caudillos in Spanish America 1800-1850* (Oxford, 1992).

— "Los factores estructurales de la crisis: la crisis del orden colonial", *Historia General de América Latina*, Volumen V (UNESCO, Paris, 2003), 31-54.

— *Simón Bolívar and the Age of Revolution* (ILAS Working Papers, London, 1983).

— "Spanish American Independence in Recent Historiography", McFarlane and Posada-Carbó, *Independence and Revolution in Spanish America*, 87-101.

— The Spanish American Revolutions 1808-1826, (2nd edn, New York, 1986).

McFarlane, Anthony, *Colombia before Independence: Economy, Society, and Politics under Bourbon Rule* (Cambridge, 1993).

— "Identity, Enlightenment and Political Dissent in Late Colonial Spanish America",

Transactions of the Royal Historical Society, Sixth series, 8 (1998), 309–335.

— and Eduardo Posada–Carbó, eds., *Independence and Revolution in Spanish America: Perspectives and Problems* (ILAS, London, 1999).

McKinley, P. Michael, *Pre–Revolutionary Caracas: Politics, Economy, and Society 1777–1811* (Cambridge, 1985).

Madariaga, Salvador de, *Bolívar* (London, 1968).

Masur, Gerhard, *Simón Bolívar* (Albuquerque, 1948).

— "The Conference of Guayaquil", *HAHR*, 31, 2 (1951), 189–229.

Mijares, Augusto, *El Libertador* (Caracas, 1987).

Mosquera, Tomás Cipriano de, *Memoria sobre la vida de General Simón Bolívar, Libertador de Colombia, Perú–Bolivia*,(Bogotá, 1954).

Murray, Pamela S., "'Loca' or 'Libertadora'? Manuela Sáenz in the Eyes of History and Historians, 1900–c.1990", *JLAS*, 33, 2 (2001), 291–310.

Navarro, Nicolás E., *La cristiana muerte del Libertador* (Caracas, 1955).

O'Phelan Godoy, Scarlett, ed., *La Independencia en el Perú: De los Borbones a Bolívar* (Lima, 2001).

Parra–Pérez, Caracciolo, *Historia de la Primera República de Venezuela*, (2nd edn, BANH, 19–20, 2 vols, Caracas, 1959).

— *Mariño y la independencia de Venezuela*, 5 vols (Madrid, 1954–1957).

Pérez Amuchástegui, A.J., *La "Carta de Lafond"–la perceptiva historiográfica* (Córdoba, 1962).

Pérez Vila, Manuel, *La formación intelectual del Libertador*, (2nd edn, Caracas, 1979).

— *Vida de Daniel Florencio O'Leary, primer edecán del Libertador* (Caracas, 1957).

Polanco Alcántara, Tomás, *Simón Bolívar: Ensayo de una interpretación biográfica a través de sus documentos* (Caracas, 1994).

Ponte, Andrés F., *La revolución de Caracas y sus próceres* (Caracas, 1960).

Puente Candamo, José A. de la, *San Martín y el Perú* (Lima, 1948).

Quintero, Inés, *Antonio José de Sucre: Biografía política* (BANH, 73, Caracas, 1998).

Racine, Karen, *Francisco de Miranda: A Transatlantic Life in the Age of Revolution* (Wilmington, Delaware, 2003).

Ramos, Demetrio, *España y la Independencia de América* (Madrid, 1996).

Rivas Vicuña, Francisco, *Las guerras de Bolívar*, 7 vols (Bogotá, 1834–1838, Santiago, 1940).

Rodríguez Villa, Antonio, *El teniente general don Pablo Morillo, primer conde de Cartagena, marqués de La Puerta (1778–1837)*, 4 vols (Madrid, 1908–1910).

Rumazo González, Alfonso, *Manuela Sáenz: La libertadora del Libertador* (6th edn, Caracas, 1972).

Salcedo–Bastardo, J.L., *Bolívar: A Continent and its Destiny* (Richmond, 1978).

— *Visión y revisión de Bolívar*, 2 vols (Caracas, 1977).

— and others, *Bolívar en Francia* (Caracas, 1984).

Scott, Drusilla, *Mary English: A Friend of Bolívar* (Lewes, 1991).

Slatta, Richard W. and De Grummond, Jane Lucas, *Simón Bolívar's Quest for Glory* (Texas A&M University Press, College Station, 2003).

Stoan, Stephen K., *Pablo Morillo and Venezuela, 1815–1820* (Columbus, Ohio, 1974).

Thibaud, Clément, *Repúblicas en armas: Los ejércitos bolivarianas en la Guerra de Independencia (Colombia–Venezuela, 1810–1821)* (Bogotá, 2003).

Urbaneja, Diego Bautista, *El Alcalde de San Mateo. Posibilidad y sentido de la presencia de lo hispánico en el pensamiento y la acción del Libertador* (Caracas, 1990).

Uribe–Urán, Victor M., *Honorable Lives: Lawyers, Family, and Politics in Colombia, 1780–1850* (Pittsburgh, 2000).

— ed., *State and Society in Spanish America during the Age of Revolution* (Wilmington, Delaware, 2001).

Uslar Pietri, Juan, *Historia de la rebelión popular de 1814: contribución al estudio de la historia de Venezuela* (2nd edn, Caracas, 1962).

Vargas Ugarte, Rubén, *Historia del Perú. Emancipación, 1809–1825* (Buenos Aires, 1958).

Verna, Paul, *Las minas del Libertador* (Caracas, 1977).

— *Pétion–Bolívar* (Caracas, 1969).

Vittorino, Antonio, *Relaciones colombo–británicas de 1823 a 1825, según los documentos del Foreign Office* (Barranquilla, 1990).

Von Hagen, Victor Wolfgang, *The Four Seasons of Manuela: The Love Story of Manuela*

Saenz and Simon Bolivar (London, 1966).

Waddell, D.A.G., "British Neutrality and Spanish–American Independence: The Problem of Foreign Enlistment", *JLAS*, 19, 1 (1987), 1–18.

── *Gran Bretaña–la Independencia de Venezuela y Colombia* (Caracas, 1983).

Williford, Miriam, *Jeremy Bentham on Spanish America* (Baton Rouge, 1980).

Wu, Celia, *Generals and Diplomats: Great Britain and Peru 1820–1840* (Cambridge, 1991).

Zeuske, Michael, "¿Padre de la Independencia? Humboldt y la transformación a la modernidad en la América española", *Debate y Perspectivas. Cuadernos de Historia–Ciencias Sociales*, 1 (Madrid, 2000), 67–99.

西班牙语词汇表

albocracia: white rule 白人统治

alcabala: sales tax 贸易税

antioqueño: of Antioquia, inhabitant of Antioquia 安蒂奥基亚人

audiencia: high court of justice with administrative functions 检审法庭

bandidos: bandits 法外之徒；匪徒

bejuco: liana 藤本植物

blancos de orilla: poor whites 奥里亚白人；贫穷白人

boga: boatman, in present context on the river Magdalena 船夫（根据本书上下文，指马格达莱纳河船夫）

caballero: gentleman 士绅

cabildo: town council 市政会

cachucha: popular Andalusian dance 卡楚恰舞（一种安达卢西亚流行舞蹈）

cacique: Indian chieftain 卡西克；印第安酋长

canarios: people from the Canary Islands, such immigrants in Venezuela 加那利岛民；加那利裔委内瑞拉人

caudillo: leader, whose rule is based on personal power rather than on constitutional form（以个人威权而非宪法形式确立领导权的）考迪罗，军阀

cédula: royal decree issued by council 证书；执照

cédula de gracias al sacar: a royal decree granting an exemption 皇家恩典证书

censos: mortgage-type loans 抵押贷款

cholos: mestizos (Peruvian) 乔洛人（秘鲁的梅斯蒂索人）

cobarde: coward 懦夫；胆小鬼

consulado: merchant guild and commercial tribunal 贸易法庭

convencionistas: delegates at the Ocaña Convention "因循守旧者"（奥卡尼亚国民大会的代表）

conventos menores: small monasteries with fewer than eight members（规模少于8人的）小型修道院

coyote: person of mixed mestizo and mulatto descent 科约特人（梅斯蒂索人与穆拉托人的混血后代）

criollo: creole, Spanish American（西属美洲的）克里奥尔人

Cundinamarquis: inhabitant of Cundinamarca 昆迪纳马卡人

curiales: lawyers 律师

doctrinas populistas: theories of popular sovereignty 民粹主义学说

encomienda: grant of Indian labour 赐封制度，委托监护制，监护征赋制（分配一定数量的印第安人劳动力给个人的制度）

estanco: state monopoly 国家垄断；专卖

familias afectas al sistema: republican supporters 有势力的家族

fanegada: unit of area 凡内加（土地单位）

flechera: long, narrow canoe（船身细长的）箭形冲锋舟

fuero: right, privilege or immunity, conferred by membership of a profession or community 特权，由某一特定职业成员享有的特权或豁免权

gente de color: coloured people 有色人种

gentes de pueblo: common people 村社居民

godos: reactionaries 保皇党

granadino: native of New Granada 新格拉纳达人

guayaquileños: inhabitants of Guayaquil 瓜亚基尔人

guerra a muerte: war to the death 灭绝之战；殊死战

hacienda: large landed estate, plantation 大庄园；大地产；大种植园

hacendado: owner of hacienda 大庄园主

hato: ranch (Venezuelan)（委内瑞拉的）牧场

huasos: Chilean horsemen 瓦索人；智利牛仔

independentista: pro-Independence, supporter of Independence 独立分子，独立支持者

isleños: people or immigrants from the Canary islands 加那利岛民；来自加那利岛的移民

jefe: chief, chieftain 首领

jefe político: political governor 政治首脑

jefe supremo: supreme chief 最高领袖

junta: committee, board 洪达；委员会

juntista: of a junta or committee 洪达成员；委员会成员

limeño: of Lima, inhabitant of Lima 利马人

limpieza: purity of blood 血统纯洁

llanos: plains 平原

llaneros: plainsmen 平原人

mantuanos: white elite of Caracas, from the mantilla worn to church 曼图亚诺人（加拉加斯白人精英，自幼前往教堂礼拜）

mayordomo: steward, overseer 管家

mestizo: of mixed white and Indian descent 梅斯蒂索人（白人与印第安人的后代）

mita: forced labour recruitment of Indians in rotation, especially for work in mines 米塔制（强迫征用印第安人轮番从事劳作的劳役制度，尤在采矿业实行）

mulattos: of mixed white and black descent (mulatto in English) 穆拉托人（白人与黑人的混血后代，英文拼作 mulatto）

novio: fiancé 未婚夫

olañetistas: followers of Olañeta 奥拉涅塔主义者

páramo: high plateau, bleak moorland 高原草甸；荒原

pardo: mulatto, of mixed white and black descent, free coloureds 帕尔多人，有色人种自由民（白人与黑人的混血后代）

pardocracia: pardo rule 帕尔多主义；由帕尔多人统治

pastusos: of Pasto, inhabitants of Pasto 帕斯托人

patria: native land, mother country, fatherland 祖国；故土

patria boba: "foolish fatherland", Venezuela's brief first republic "愚蠢的祖国"（委内瑞拉第一共和国）

patrón: patron, master or boss 保护人；庇护者；赞助者

peninsulares: Spaniard born in Spain 半岛人；出生于西班牙的人

poder moral: moral power 道德权力

pongueaje: forced domestic service owed to landlord in Andes 地役制（安第斯地主强制征用的国内劳役）

porteños: of Buenos Aires, inhabitants of Buenos Aires 布宜诺斯艾利斯人

pueblo: people, village 村民；村庄

quiteños: of Quito, inhabitant of Quito 基多人

repartimiento: forced sale of goods to Indians; allotting of Indians as labourers 强制印第安人售卖物产；劳役摊派制

resguardos: reservations, Indian community lands（印第安村社的）"保留土地"

ruana: poncho or cape 开襟斗篷

sabanas: savannah 稀树大平原

santanderistas: supporters of Santander 桑坦德的支持者

soroche: altitude sickness 高山病

topo: Indian measurement of distance, 1.5 leagues 托波（印第安长度单位，1 托波等于 1.5 西班牙里）

tribunal de secuestros: confiscations tribunal 托管法庭

tunales: land growing nopal cacti（生有仙人掌的）"仙人掌之地"

visita: tour of inspection 巡视

zambos: of mixed black and Indian descent 桑博人（黑人与印第安人的混血后代）

索 引

（标注页码为本书边码）

alcabala 13, 54, 162, 164, 205, 210 贸易税

Alvarez, Manuel Bernardo 89 曼努埃尔·贝纳尔多·阿尔瓦雷斯

Andes, Federation of 211, 215, 226, 227, 230 安第斯联邦

Andrews, Joseph 200 约瑟夫·安德鲁斯

Andújar, Father 16–17 安杜哈尔神父

Angostura 29, 103–104, 117, 119, 133–134, 143 安戈斯图拉

 Address 38, 119–122, 142, 239, 248, 297 安戈斯图拉演讲

 congress 133–134, 142, 190 安戈斯图拉国会

 constitution 119, 122, 145 安戈斯图拉宪法

Anzoátegui, José Antonio 127, 129, 130, 132–133 何塞·安东尼奥·安索阿特吉

Antioquia 130, 149, 152, 264–265 安蒂奥基亚

Apsley House 51–53 阿普斯利大厦

Apure 113–114, 115, 125, 127, 157 阿普雷

Aragua 8, 72, 84, 139 阿拉瓜

Arauca 114, 126, 127 阿劳卡

Araure 77, 84 阿劳雷

Arequipa 182, 191, 195 阿雷基帕

Argentina 172–173, 198–199, 200, 208–209 阿根廷

Arica 201, 206 阿里卡

Arismendi, Juan Bautista 80, 100–101, 103, 133, 156, 219, 267 胡安·包蒂斯塔·阿里斯门迪

Armies 军队

   Bolivarian 110–112, 139–140 玻利瓦尔军队

   royalist 91–92, 109–110, 191–192 保皇党军队

armistice 136–138, 139–140 休战协议

Aroa copper mines 10, 232, 272–273, 275, 277, 331n65 阿罗阿铜矿

audiencia 5, 6, 54 检审法庭

Austria, José de 99 何塞·德·奥斯特里亚

Ayacucho 165, 193–194 阿亚库乔

Aymerich, Melchor 168, 170 梅尔乔·艾梅里奇

Barcelona, Venezuela 76, 86, 119, 150 巴塞罗那，委内瑞拉

Barinas 8, 74, 120 巴里纳斯

Barquisimeto 72, 74, 76, 84 巴基西梅托

Barranquilla 161, 275 巴兰基亚

Barreiro, José María 125, 129, 130, 131–132 何塞·马里亚·巴雷罗

Beaver, Captain Philip 45 菲利普·比弗船长

Bello, Andrés 安德烈斯·贝略

   Americanism 213 贝略的美洲主义

   and Bolívar 63, 232, 283–284 贝略与玻利瓦尔

   in Caracas 5, 17, 18, 45 贝略在加拉加斯

   in London 49–50, 53 贝略在伦敦

Bentham, Jeremy 边沁

   advocate of Independence 36 边沁为独立辩护

   and Bolívar 38, 178, 195, 245–246 边沁与玻利瓦尔

Bermúdez, José Francisco 76, 86, 100, 102, 104, 112, 127, 133, 141–142, 156, 223, 268 何塞·弗朗西斯科·贝穆德斯

Berruecos 254–255, 274–275 贝鲁埃科斯

Blanco, José Félix 104 何塞·菲利克斯·布兰科

blacks 10–14, 65, 108–110, 218, 224 黑人

Bogotá 波哥大

    Bolívar in 130–131, 132, 134, 270–273 玻利瓦尔在波哥大

    expansion of 220 波哥大的扩张

    hostility of to Bolívar 188–189 波哥大对玻利瓦尔的敌意

    monarchist project 262–264 波哥大君主计划

Bolívar, Fernando 277 费尔南多·玻利瓦尔

Bolívar, Juan Vicente 11, 41, 55, 277 胡安·比森特·玻利瓦尔

Bolívar, María Antonia 17, 222, 272, 277 玛丽亚·安东尼娅·玻利瓦尔

Bolívar, Simón 西蒙·玻利瓦尔

    Americanism 92–95, 212–216 玻利瓦尔的美洲主义

    and army reforms 110–112, 139–140 玻利瓦尔与军队改革

    appearance 22, 231–232 玻利瓦尔的外貌

    birth and education 2–3, 5, 7–9, 16–18, 28 玻利瓦尔的出生与教育

    and Bolivia 198–201 玻利瓦尔与玻利维亚

    and Bolivian constitution 153, 201–204, 210, 211, 222, 224, 230, 233, 239, 246, 250–251, 286, 295, 299 玻利瓦尔与玻利维亚宪法

    and Campaña Admirable 74–76, 77, 99 玻利瓦尔与"惊人之役"

    Carabobo 139–141, 167 玻利瓦尔与卡拉沃沃

    and earthquake of 1812 1–2, 59 玻利瓦尔与1812年地震

    and Enlightenment 67–68, 144, 245–246, 286 玻利瓦尔与启蒙运动

    European travels 23–27, 39 玻利瓦尔的欧洲之旅

    economic thinking 143, 159–166 玻利瓦尔的经济思想

    federalism 67–68, 120, 143–144 玻利瓦尔的联邦主义

    final journey and death 273–279 玻利瓦尔的最后旅程与离世

    and first republic 66–67 玻利瓦尔与第一共和国

    glory 167, 271, 272, 292–295 玻利瓦尔的荣耀

    and Great Britain 216–217, 283–284 玻利瓦尔与大英帝国

and Guayaquil 139, 161, 171–172, 173–174 玻利瓦尔与瓜亚基尔

illness 186–188, 190, 276–277 玻利瓦尔的疾病

and Indians 154–155, 207, 288–289 玻利瓦尔与印第安人

land distribution 114, 147, 156–159, 163, 207 玻利瓦尔的土地分配

liberation of New Granada 124–130, 131–132 玻利瓦尔与新格拉纳达解放

liberation of Venezuela 41, 46, 48, 140–143 玻利瓦尔与委内瑞拉解放

Liberator, title of 78–79 玻利瓦尔的"解放者"头衔

London mission 49–53, 301 玻利瓦尔的伦敦出使

marriage 20–21 玻利瓦尔的婚姻

and monarchy 222, 261, 263–266, 295 玻利瓦尔与君主制

and New Granada 65–72, 88–90, 118, 259–261 玻利瓦尔与新格拉纳达

and Ocaña 235–237 玻利瓦尔与奥卡尼亚

and Páez rebellion 223–229, 267–269 玻利瓦尔与派斯叛乱

and Paris 22–25 玻利瓦尔与巴黎

personal life and opinions 134–136, 281 玻利瓦尔的个人生活与观点

and Peru 167–168, 183–186, 209–211, 254, 255–259 玻利瓦尔与秘鲁

political ideas 6–7, 25–26, 28–30, 32–33, 66–68, 92–95, 120–122, 143–144, 224, 230–231, 260–262, 284–287 玻利瓦尔的政治思想

president of Colombia 134, 136–138, 145–146, 177–178, 219 玻利瓦尔与哥伦比亚总统

properties 20, 41, 92, 141 玻利瓦尔的资产

racial issues 95, 108–110, 149–151, 217–218, 224–225, 242, 289–292 玻利瓦尔与人种问题

religion 32, 37–38, 195–196, 203, 236, 239–240, 244–249 玻利瓦尔与宗教

resignation 270–273 玻利瓦尔的辞职

and Sáenz, Manuela 178–179, 180–183, 185, 193, 195, 211, 230, 231, 235 玻利瓦尔与曼努埃拉·萨恩斯

and San Martín 167, 173–175, 193–195, 218–219, 228, 233–236, 241–242, 246 玻利瓦尔与圣马丁

and Second Republic 77–81, 85, 86–88 玻利瓦尔与第二共和国

　　　and slavery 109–110, 135, 141, 147–148, 151–153, 202, 207–208, 288 玻利瓦尔与奴隶制

　　　social policies 143, 151–154, 158–159, 287 玻利瓦尔与社会政策

　　　supreme power 238–240 玻利瓦尔的至高权力

　　　war to the death 73–74, 79–80, 100, 115, 282 玻利瓦尔的灭绝之战

Bolívar, Simón de (arrived from Spain 1589) 2 西蒙·德·玻利瓦尔（1589年从西班牙抵达美洲）

Bolívar Aguirre, José 2 何塞·玻利瓦尔·阿吉雷

Bolívar-Ponte, Juan Vicente 2, 7–8, 10 胡安·比森特·玻利瓦尔 – 庞特

Bolivia 玻利维亚

　　　Constitution 201–204, 211, 231, 246, 250–251 玻利维亚宪法

　　　creation 198–199 玻利维亚成立

　　　creole elite 199–200, 205, 206–207 玻利维亚的克里奥尔精英

　　　modernization 208 玻利维亚现代化

Bomboná 169, 170, 282 邦博纳

Bonpland, Aimé 23–24 艾梅·邦普兰

Bourbon imperial policy 5–6 波旁帝国政策

Boussingault, Jean-Baptiste 180–181 让 – 巴蒂斯特·布森戈

Boves, Benito 176 贝尼托·博维斯

Boves, José Tomás 59, 80, 81–86, 110 何塞·托马斯·博维斯

Boyacá 73, 129–130 博亚卡

Brazil 200, 213 巴西

Briceño, Antonio Nicolás 41, 69, 72–73 安东尼奥·尼古拉斯·布里塞尼奥

Briceño Méndez, Pedro 101, 106, 127, 136, 139, 156, 221, 225, 262 佩德罗·布里塞尼奥·门德斯

Brión, Luis 97, 100, 107, 127, 134 路易斯·布里翁

Bucaramanga 108, 132, 183, 234–237 布卡拉曼加

Bustamante, José 228, 229, 230 何塞·布斯塔曼特

Cauca 152, 253–254, 275 考卡

Caicedo, Domingo 271 多明戈·凯塞多

Calabozo 79, 81, 82, 85, 113, 115 卡拉沃索

Calí 146, 168 卡利

Callao 184, 187, 209 卡亚俄

Campbell, Patrick 229–230, 263–264, 266 帕特里克·坎贝尔

Campo Elías, Vicente 82, 84, 85 比森特·坎波·埃利亚斯

Canarians 加那利人

 in colony 9–10 殖民地的加那利人

 in revolution 55, 57–58, 63, 72, 75, 82 革命中的加那利人

 war to the death 79 灭绝之战中的加那利人

Canning, George 216–217 乔治·坎宁

Canterac, José de 191, 192, 194 何塞·德·坎特拉克

Carabaño, Francisco 69, 221 弗朗西斯科·卡拉瓦尼奥

Carabobo 85, 139–141, 173, 282 卡拉沃沃

Caracas 加拉加斯

 archbishop of 8 加拉加斯主教

 Bolívar and 101–102, 119, 141–142, 177–178, 226–229, 277, 279 玻利瓦尔与加拉加斯

 earthquake 1, 59, 252 加拉加斯地震

 Monteverde 61–64 加拉加斯与蒙特维尔德

 reconquest of 75, 78, 113 重新征服加拉加斯

 retreat from 86 撤离加拉加斯

 society 4–5 加拉加斯的社会

 University of 4, 32, 229, 265 加拉加斯大学

Caracas Company 5, 6, 42 加拉加斯公司

Carcelén-Larrea, Mariana, marquesa de Solanda 204, 209, 256, 259, 275, 331 索兰达女侯爵玛莲娜·卡塞兰-拉雷亚

Cariaco, Colombia 169 卡里亚科，哥伦比亚

Cariaco, Venezuela 104 卡里亚科，委内瑞拉

Carlyle, Thomas 296 托马斯·卡莱尔

Caroní Mission 103–104, 282 卡洛尼传教团

Carrera Damas, Germán 290–291 赫尔曼·卡雷拉·达马斯

Cartagena 卡塔赫纳

    Bolívar and 66–68, 69, 87–88, 274, 275–276 玻利瓦尔与卡塔赫纳

    economy and society 65–66, 161, 162 卡塔赫纳的经济与社会

    pardo rebellion 234–235 卡塔赫纳的帕尔多叛乱

    siege and resistance 89–90, 97, 130 卡塔赫纳的攻取与反抗

    surrender 141 卡塔赫纳的投降

Cartagena Manifesto 66–68, 119, 280《卡塔赫纳宣言》

Carujo, Pedro 240–242 佩德罗·卡鲁霍

Carúpano 87, 100 卡鲁帕诺

Casa León, marqués de 10, 46–47, 54, 62–63 卡萨·莱昂侯爵

Casanare 113, 124–128, 144 卡萨纳雷

Casas, Juan de 45–46 胡安·德·卡萨斯

Castillo, José María 240 何塞·马里亚·卡斯蒂略

Castillo, Manuel 70–71, 89–90 曼努埃尔·卡斯蒂略

caudillos 考迪罗

    and independence 98–102, 110, 139 考迪罗与独立

    post-independence 142, 156, 268–269 独立之后的考迪罗

Cedeño, Manuel 98, 102, 139, 140, 156 曼努埃尔·塞德尼奥

Cerro de Pasco 192, 297 塞罗－德帕斯科

Cervériz, Francisco Javier 79 弗朗西斯科·哈维尔·塞维利兹

Charles IV 19, 44 查理四世（卡洛斯四世）

Charles V 94 查理五世

Chávez, Hugo 304 乌戈·查韦斯

Chile 172–173 智利

索引　447

Chimborazo 171, 320n14 钦博拉索

Chirino, José Leonardo 13 何塞·莱昂纳多·奇里诺

Chocó 152, 262, 265 乔科

Chuquisaca 199, 201, 209, 238, 255 丘基萨卡
 University of 199 丘基萨卡大学

Church 教会
 Bolívar and 32, 37, 78, 244–249, 302 玻利瓦尔与教会
 colonial 14–16 殖民地时代教会
 and earthquake 2, 59 教会与地震
 and independence 57, 66–67 教会与独立

Coll-Prat, Narciso 78, 80 纳西索·柯尔 - 普拉特

Colombia 哥伦比亚
 Bolívar returns to 215–218 玻利瓦尔重返哥伦比亚
 and Bolivia 208–209 哥伦比亚与玻利瓦尔
 claim to Guayaquil 171–172, 228 哥伦比亚对瓜亚基尔宣示主权
 congress and Bolívar 193–194 哥伦比亚国会与玻利瓦尔
 congress of 1830 270–273 哥伦比亚国会
 constitution 143–146, 152–153, 176–177 哥伦比亚宪法
 Indians 154 哥伦比亚的印第安人
 land distribution 156–158, 163 哥伦比亚的土地分配
 and Peru 171, 175–176, 189, 193–194, 211, 229, 255, 258, 259 哥伦比亚与秘鲁
 slavery 151–153 哥伦比亚奴隶制
 social polarization 158–159 哥伦比亚社会两极分化
 union 131, 133–134, 215–216, 219–220, 230, 243, 251, 267–269, 283 哥伦比亚联邦

constitutions 宪法
 Bolivian 201–204, 211, 231, 246, 250–251 玻利维亚宪法
 Colombian 145–146 哥伦比亚宪法
 Venezuelan (1811) 55–56 1811 年委内瑞拉宪法

Córdova, José María 130, 176, 191, 239–240, 254, 259 何塞・马里亚・科尔多瓦

    rebellion of 264–265, 282 科尔多瓦反叛

Coro 3, 12–13, 43, 44, 57–58, 66, 67, 74, 141, 225, 234 科罗

Correo del Orinoco 117《奥里诺科邮报》

Cortés Madariaga, José Joaquín 48, 104 何塞・华金・科尔特斯・马达里亚加

Costa, María, 201 玛丽亚・科斯塔

creoles 克里奥尔人

    in Bolivia 199–200, 205, 206–207 玻利维亚克里奥尔人

    Colombia 146 哥伦比亚克里奥尔人

    First Republic 54–57 第一共和国的克里奥尔人

    Peru 183, 184, 189 秘鲁克里奥尔人

    post-independence 147 独立之后的克里奥尔人

    Venezuela 4–5, 6–7, 42 委内瑞拉克里奥尔人

    views on revolution 39–40, 44, 46 克里奥尔人的革命观念

Cúcuta 70, 130, 132, 134, 137, 145–146 库库塔

    congress of 143–146, 152–154, 157, 162, 163, 190, 232, 247 库库塔宪法

Cuenca 175, 179–180, 258 昆卡

Cumaná 3, 47, 76, 86–87, 119, 141, 149–150 库马纳

Cundinamarca 65, 88–89, 134, 143 昆迪纳马卡

Curaçao 61, 62, 64, 79, 97, 105 库拉索

Cuzco 7, 155, 162, 191, 196, 198 库斯科

Dawkins, Edward 214 爱德华・道金斯

Desaguadero River 196, 197, 198 德萨瓜德罗河

Díaz, José Domingo 1, 54, 55, 58–59, 108, 117 何塞・多明戈・迪亚斯

Ducoudray-Holstein, H.L.V. 77, 97, 311n23 H.L.V. 迪库德雷 – 荷尔斯坦因

earthquake of 1812 1–2, 59 1812 年地震

Ecuador 厄瓜多尔

    Bolívar and 167–168, 175–177, 243, 255, 257 玻利瓦尔与厄瓜多尔

economy 165 厄瓜多尔经济

  Indians 153 厄瓜多尔印第安人

  secession 269, 276 厄瓜多尔的分离

Elbers, John Bernard 161 约翰·伯纳德·艾尔伯斯

El Semen 116 塞门峡谷

Emparán, Vicente 47–48 比森特·恩帕兰

English, Mary 229–230 玛丽·英格利什

Enlightenment 启蒙运动

  Bolívar and 28–29, 31–38, 94, 144 玻利瓦尔与启蒙运动

  in Spanish America 4–5, 246 西属美洲的启蒙运动

España, José María 13, 31 何塞·马里亚·埃斯帕尼亚

Espinosa, José María 231 何塞·马里亚·埃斯皮诺萨

Esteves, José María 270, 272, 277 何塞·马里亚·埃斯特韦斯

Ferdinand Ⅶ 44, 46, 50, 54, 65, 91, 136, 191, 248 费尔南多七世

Ferguson, William 201, 241 威廉·弗格森

Fernández de Sotomayor, Juan 244 胡安·费尔南德斯·德·索托马约尔

Fernández Madrid, José 271, 294 何塞·费尔南德斯·马德里

Flores, Juan José, 176, 230, 243, 255–258, 269, 276 胡安·何塞·弗洛雷斯

France 法国

  and Bolívar 20, 30 法国与玻利瓦尔

  and Spain 19, 24–25 法国与西班牙

  and Spanish America 44–45 法国与西属美洲

French Revolution 12, 13, 30, 31, 43 法国大革命

Gaceta de Caracas 47, 55, 117《加拉加斯公报》

Gamarra, Agustín 255, 259 阿古斯丁·加马拉

Garaycoa, Joaquina and family 179–180 华金娜·加拉伊科亚与其家族

Girardot, Atanasio 71, 75, 78 阿塔纳西奥·希拉尔多

Godoy, Manuel 19, 44 曼努埃尔·戈多伊

Gómez, Juan Vicente 302, 304 胡安·比森特·戈麦斯

González, Florentino 240–241 弗洛伦蒂诺·冈萨雷斯

González, José Caridad 13 何塞·加里达·冈萨雷斯

González, Juan Vicente 303 胡安·比森特·冈萨雷斯

Great Britain 英国

 and Bolívar 30–31, 94, 95–96, 121, 122, 123–124, 165–166 英国与玻利瓦尔

 British volunteers 114, 115, 122–124, 128–129, 130, 140–141, 169, 170 英国志愿军

 and Colombia 163 英国与哥伦比亚

 and Latin American independence 217 英国与拉丁美洲独立

 at Panama Congress 213–214 英国与巴拿马大会

 and Spain 42–43, 44–47 英国与西班牙

 and Venezuela 50–54, 123 英国与委内瑞拉

Gual, Manuel 13, 31, 43, 151 曼努埃尔·瓜尔

Guayana 57, 77, 102, 103, 104, 106, 110, 113, 118, 119, 123, 282 圭亚那

Guayaquil 161, 164, 175 瓜亚基尔

 Bolívar and 167–168, 171–172, 230, 259–262 玻利瓦尔与瓜亚基尔

 and Peru 167–168, 228, 229, 255–258 瓜亚基尔与秘鲁

Güiria 76, 86, 101, 106, 156 圭里亚

Guise, George Martin 256 乔治·马丁·吉斯

Gutiérrez, Justiniano 249 胡斯蒂尼亚诺·古铁雷斯

Guzmán, Antonio Leocadio 222 安东尼奥·里奥卡迪奥·古兹曼

Guzmán Blanco, Antonio 301–302, 303 安东尼奥·古兹曼·布兰科

hacendados 10–11, 42–43, 81, 159–160 大庄园主

haciendas 13, 159–160 大庄园

Haiti 97, 99–100, 119, 150, 152 海地

Hall, Basil 160 巴兹尔·霍尔

Hand, Rupert 265 鲁珀特·汉德

Heredia, José Francisco 72, 77, 79, 83 何塞·弗朗西斯科·埃雷迪亚

Hipólita, Bolívar's nurse 16 伊波莉塔，玻利瓦尔的奶妈

Hippisley, Gustavus 122, 124 古斯塔夫斯·希皮斯利

Holy Alliance 94, 118, 165, 214, 217, 283 神圣同盟

Honda 161, 274 翁达

Horment, Agustín 241, 242 奥古斯丁·奥尔蒙特

Huamachuco 190 瓦马丘科

Huancayo 191, 193 万卡约

Humboldt, Alexander von 亚历山大·冯·洪堡

    and Bolívar 23-24 洪堡与玻利瓦尔

    on colonial Spain 35-36 洪堡评价西班牙殖民地

    on earthquake of 1812 2, 59 洪堡评价地震

    in Venezuela 3-5, 8, 11, 13-14 洪堡在委内瑞拉

Hyslop, Maxwell 90, 96, 123 麦克斯韦尔·希斯洛普

Ibarra 176, 177 伊瓦拉

Ibáñez Arias, Bernardina 130, 135, 140, 178-179, 240 贝尔纳蒂娜·伊瓦涅斯·阿里亚斯

Illingsworth, John 256, 258 约翰·伊林斯沃思

Indians 印第安人

    in Andes campaign 192 安第斯战斗中的印第安人

    Bolívar's policies for 153-155, 186, 196, 288-289 玻利瓦尔的印第安政策

    In Bolivia 203, 205, 206-207 玻利维亚的印第安人

    in Ecuador 269 厄瓜多尔的印第安人

    in New Granada 65 新格拉纳达的印第安人

    in Pasto 168, 170, 176 帕斯托的印第安人

    post-independence 148 独立之后的印第安人

    in Upper Peru 197 上秘鲁的印第安人

    in Venezuela 4, 54 委内瑞拉的印第安人

Iturbide, Francisco de 62-63, 64 弗朗西斯科·德·伊图尔维德

Jamaica 90, 91-97, 123 牙买加

Jamaica Letter 33, 35, 37, 92–95, 119, 121, 212, 213, 239《牙买加来信》

Jerez Aristeguieta–Bolívar, Juan Félix 4, 8, 19–20 胡安·菲利克斯·赫雷斯·阿里斯特吉耶塔–玻利瓦尔

Jiménez, Salvador 169–170 萨尔瓦多·希门尼斯

Jiménez de Enciso, Salvador 248–249 希门尼斯·德·恩西索

Joseph Bonaparte 44 约瑟夫·波拿巴

Juanambú River 169, 176 胡安纳布河

Junín 192–193, 294, 297 胡宁

junta, Caracas 48–49, 54 加拉加斯洪达

Labatut, Pierre 69, 70 皮埃尔·拉巴杜

La Guaira 1, 3, 10, 13, 20, 44, 45, 54, 60, 62, 72, 80, 85, 141, 160, 229 拉瓜伊拉

La Mar, José de 191, 209, 254, 256, 259 何塞·德·拉马尔

La Paz 198, 200, 206, 207 拉巴斯

La Puerta 85, 116 拉普埃尔塔

Lara, Jacinto 104, 191 哈辛托·拉腊

La Serna, José de 191, 192, 194, 198 何塞·德·拉塞尔纳

Las Queseras del Medio 126 拉斯克塞拉斯–德尔梅迪奥

Lasso de la Vega, Rafael 248 拉斐尔·拉索·德拉维加

La Torre, Miguel de 97, 138, 139, 140 米格尔·德·拉托雷

Lecuna, Vicente 302, 313n25 比森特·莱库纳

Lenoit, Anita 69 安妮塔·莱诺伊特

Level de Goda, Andrés 149 安德烈·勒韦尔·德·高达

Lima 利马

    Bolívar in 185, 201, 215 玻利瓦尔在利马

    liberation of 172, 184 解放利马

Llamozas, José Ambrosio 83 何塞·安布罗西奥·利亚莫萨斯

llanos, llaneros 平原，平原人

    Boves 81–83, 85 博维斯与平原人

Páez 113–118 派斯与平原人

    society 3–4 平原人的社会

Locke, John 32, 33 约翰·洛克

Loja 175, 176 洛哈

London 伦敦

    Bolívar in 49–51 玻利瓦尔在伦敦

    money market 205–206 伦敦金融市场

López, José Hilario 253–254 何塞·伊拉里奥·洛佩斯

López Contreras, Eleazar 302, 304 以利亚撒·洛佩斯·孔特雷拉斯

López Méndez, Luis 49, 52, 53, 122–124, 301 路易斯·洛佩斯·门德斯

Machado, Josefina 75, 86, 100–101, 117 何塞菲娜·马查多

Macuro 3 马库罗

Madrid 19–20 马德里

Magdalena River 69, 70, 71, 76, 88, 90, 134, 137, 161, 229, 274 马格达莱纳河

mantuanos 10–11 曼图亚诺人

Maracaibo 15, 57, 74, 77, 78, 105, 139, 141, 223 马拉开波

Margarita 3, 87, 91, 100, 109, 119 玛格丽塔岛

Mariño, Santiago 76, 78, 84, 85, 86–87, 100, 101, 104, 107, 112, 113, 127, 133, 138, 139, 141–142, 156, 221, 223, 225, 227, 268, 272, 295 桑蒂亚哥·马里尼奥

Martí, Mariano 14–15 马里亚诺·马蒂

Matos, Manuel 46, 52–53 曼努埃尔·马托斯

Maturín 72, 76, 86, 113, 133 马图林

Medellín 262, 264–265 麦德林

Mérida 1, 3, 70, 72, 74, 76, 140 梅里达

militia 9, 11, 18, 56 民兵

Miller, William 200, 205 威廉·米勒

mining 205–6, 323n31 矿业

Miranda, Francisco de 弗朗西斯科·德·米兰达

Americanism 49, 213 米兰达的美洲主义

Bolívar and 63-64, 281-282 玻利瓦尔与米兰达

capitulation and arrest 62-64, 310n52 米兰达的投降协议与被捕

and London Mission 49-54 米兰达与伦敦使团

and First Republic 54-57 米兰达与第一共和国

Precursor 5, 7, 9, 30, 31, 39, 43, 49, 213, 281-282, 306n17 "先驱者"米兰达

Mollien, Gaspar 16 贾斯珀·莫林

Mompós 69, 89, 161, 244 蒙波斯

Monagas, José Tadeo 98, 102, 113 何塞·塔德奥·莫纳加斯

Monteagudo, Bernardo de 172 贝纳尔多·德·蒙特亚古多

Monte Sacro, Rome 26-27 罗马圣山

Montesquieu, Baron de 28, 33, 35, 121, 136, 195, 284 孟德斯鸠

Monteverde-Ribas, Domingo de 57, 59, 60-63, 71-72, 78-79, 81, 84 多明戈·德·蒙特维尔德－里瓦斯

Montilla, Mariano 46, 69, 234-235, 262, 274, 277 马里亚诺·蒙蒂利亚

Monzón, Juan de Dios 104 胡安·德·迪奥斯·蒙松

Morillo, Pablo 巴勃罗·莫里略

adversary of Bolívar 115, 118, 124-126, 127, 130, 136 玻利瓦尔之敌莫里略

and armistice 136-138 莫里略与休战

and army 109-110, 113 莫里略与军队

Spanish commander 90, 91-92, 96, 99, 106, 125 西班牙司令莫里略

Mosquera, Joaquín 188, 272, 275 华金·莫斯克拉

Mosquera, Tomás Cipriano de 237, 247, 253-254, 260, 264 托马斯·西普里亚诺·德·莫斯克拉

Mucuchíes 73 穆库奇斯

Napoleon Bonaparte 24-25, 30, 44-45, 222, 236 拿破仑·波拿巴

Nariño, Antonio 65, 143 安东尼奥·纳里尼奥

Neiva 164 内瓦省

New Granada 新格拉纳达

    Bolívar and 65, 88-90 玻利瓦尔与新格拉纳达

    economy 159-166 新格拉纳达经济

    incorporated into Colombia 134, 145 新格拉纳达并入哥伦比亚

    land 157-158 新格拉纳达土地

    liberation of 124-130 解放新格拉纳达

    population 65, 159 新格拉纳达的人口

    royalist reconquest of 91-92 保皇党重新征服新格拉纳达

Obando, José María 253-255, 258, 265, 275 何塞·马里亚·奥万多

Ocaña 69, 89 奥卡尼亚

    congress of 232-233, 235-236 奥卡尼亚国民大会

O'Connor, Francis Burdett 191, 192-193 弗朗西斯·伯德特·奥康纳

Ocumare 15, 84, 100-101 奥库马雷

Olañeta, Casimiro 199 卡斯米罗·奥拉涅塔

Olañeta, Pedro Antonio 191, 198 佩德罗·安东尼奥·奥拉涅塔

O'Leary, Daniel Florencio 丹尼尔·弗洛伦西奥·奥利里

    Carabobo 140 卡拉沃沃战役之中的奥利里

    Andes crossing 127-128, 129 翻越安第斯山脉之时的奥利里

    Memorias 293, 302 奥利里撰写的《回忆录》

    missions for Bolívar 223, 236, 255-258, 260-263, 272, 273, 276, 282 奥利里为玻利瓦尔执行任务

    on Padilla 234-235 奥利里评价帕迪利亚

    perceptions of Bolívar 22, 24-27, 37, 50, 62, 116, 131, 134-138, 139, 189, 193, 202, 204, 211, 232, 247, 283 奥利里对玻利瓦尔的认知

    on social divide 108-109 奥利里评论社会分裂

    and Sucre 200, 257 奥利里与苏克雷

Olmedo, José Joaquín 196 何塞·华金·奥尔梅多

Orinoco 102-103, 104, 117, 118 奥里诺科

Padilla, José Prudencio 134, 147–148, 229, 234–235, 241, 242 何塞·普鲁登西奥·帕迪利亚

Páez, José Antonio 何塞·安东尼奥·派斯

    and Bolívar 203, 243, 262, 300–301 派斯与玻利瓦尔

    and Carabobo 139–140 派斯与卡拉沃沃

    land policy 114, 147, 150, 157–158 派斯的土地政策

    in *llanos* 98, 113–114, 125–127, 133 大平原上的派斯

    on race 149 派斯评论种族

    rebellion of 218, 219, 220–225, 233, 285, 295, 298 派斯的反叛

    secession 266–269, 272 派斯的分离

Paine, Thomas 32, 36 托马斯·潘恩

Palacios, Carlos 16, 17–18, 20–21 卡洛斯·帕拉西奥斯

Palacios, Esteban 16, 18, 19 埃斯特万·帕拉西奥斯

Palacios, José 241, 275, 277 何塞·帕拉西奥斯

Palacios, Leandro 117 莱安德罗·帕拉西奥斯

Palacios-Blanco, María de la Concepción 2, 8, 16 玛丽亚·德·拉·康塞普西翁·帕拉西奥斯－布兰科

Panama 141, 167 巴拿马

    Congress of 213–215, 224, 303 巴拿马大会

Pando, José María 211, 228, 282 何塞·马里亚·潘多

Pantano de Vargas 129, 282 巴尔加斯沼泽

Papacy 248–249 教皇

Páramo de Pisba 128, 129 皮斯瓦荒原

pardos 帕尔多人

    in Colombia 146, 242 哥伦比亚帕尔多人

    and independence 148–151, 289–290 帕尔多人与独立

    pardocracia 107, 149, 158, 218, 290–291 帕尔多人的帕尔多主义

    revolt of 1828 234–235 帕尔多人叛乱

in Venezuela 4, 9–11, 12–13, 44, 47, 54–57, 58, 63, 72, 81, 82–84, 108–110, 269 委内瑞拉帕尔多人

Pasto 141, 148, 168–170, 175, 176–177, 181, 248, 254–255, 258–259, 264 帕斯托

Pativilca 185–188, 294 帕蒂维尔卡

peninsulares 6, 9–10, 75 半岛人

Peña, Miguel 62, 221, 227 米格尔·培尼亚

Peñalver, Fernando 112, 196, 294 费尔南多·佩尼亚尔维尔

Peru 秘鲁

 and Bolivia 198–199, 208–209 秘鲁与玻利瓦尔

 Bolivian constitution in 211, 228 玻利维亚宪法在秘鲁

 and Colombia 228–229, 238, 258, 259 秘鲁与哥伦比亚

 creole elite 183, 184, 189 秘鲁的克里奥尔精英

 and Guayaquil 167–168, 171, 228, 229 秘鲁与瓜亚基尔

 Indians in 153–155 秘鲁印第安人

 liberation of 131, 188–195, 217 解放秘鲁

 nationalism 209 秘鲁的民族主义

 society and economy 160, 209–211 秘鲁的社会与经济

Peru de Lacroix, Luis 25, 235–236 路易斯·佩鲁·德·拉克鲁瓦

Pétion, Alexandre 97, 100, 101, 106, 109 亚历山大·佩蒂翁

Piar, Manuel 76, 87, 98, 100, 104, 232, 242 曼努埃尔·皮亚尔

 rebellion of 105–107, 112 皮亚尔叛乱

Pichincha 170, 173, 184, 192, 195 皮钦查

Picornell, Juan Bautista 13 胡安·包蒂斯塔·比科内利

Pius Ⅶ 24, 27, 249 庇护七世

Plaza, Ambrosio 127, 130, 135, 139–140 安布罗西奥·普拉萨

Popayán 130–131, 134, 146, 168, 253 波帕扬

Pope, Alexander 196 亚历山大·蒲柏

Port-au-Prince 97 太子港

Porter, Sir Robert Ker 149, 227 罗伯特·克尔·波特爵士

Posada Gutiérrez, Joaquín 234–235, 253, 263, 271–272, 274 华金·波萨达·古铁雷斯

Potosí 182, 184, 195, 198, 200–201, 205–206, 250 波托西

Potosí Mining Association 206 波托西矿业协会

Pradt, Dominique de 37 多米尼克·德·普拉特

Puerto Cabello 60–61, 63, 71, 74, 75, 78–79, 80–81, 140, 141, 225 卡贝略港

Puerto Rico 14, 57, 59, 209 波多黎各

Quintero, José Humberto 303 何塞·翁贝托·金特罗

Quito 131, 134, 176 基多

    Bolívar and 170–171, 175, 190 玻利瓦尔与基多

    and Guayaquil 172 基多与瓜亚基尔

    independence 145, 168, 170 基多独立

race 种族

    Bolívar on 285 玻利瓦尔评价种族

    and Colombia 292 种族与哥伦比亚

    in colony 8–9 殖民地的种族

    post–independence 242 独立之后的种族

    and Venezuela 108–110, 149–151, 217–218, 225 种族与委内瑞拉

    see also Blacks; Indians; *pardos*

Raynal, Guillaume Thomas François 32, 36–37, 249 纪尧姆·托马斯·弗朗索瓦·雷纳尔

Restrepo, José Manuel 235–236, 239, 263–264, 266 何塞·曼努埃尔·雷斯特雷波

Revenga, Rafael 134, 162, 164–165, 211, 219, 267 何塞·拉斐尔·雷文佳

Réverénd, Alexandre Prospère 276, 278 亚历山大·普罗斯佩尔·雷韦朗

Ribas, José Félix 46, 47, 69, 70, 71, 74, 84, 85, 86–87, 99 何塞·菲利克斯·里瓦斯

Ricketts, Charles Milner 166, 201–203, 205 查尔斯·米尔纳·里基茨

Riego, Rafael 136 拉斐尔·列戈

Rincón de los Toros 116 林孔·德·洛斯·托罗斯

Río de la Plata 91, 172 拉普拉塔河

Riva Agüero, José de la 183, 184, 185–186, 187, 189 何塞·德·拉·里瓦·阿圭罗

Rodríguez, Simón 16–17, 25–26, 37–38, 181, 208, 282 西蒙·罗德里格斯

Rodríguez del Toro, María Teresa 19–20 玛丽亚·特蕾莎·罗德里格斯·德尔·托罗－阿莱萨

Rooke, James 124, 127, 128–129, 130 詹姆斯·鲁克

Roscio, Juan Germán 55–56, 112, 117, 143 胡安·赫尔曼·罗西奥

Roulin, François Desirée 231–232 弗朗索瓦·德西雷·鲁兰

Rousseau, Jean-Jacques 13, 17, 25, 28, 31, 32, 33–35, 36, 120, 121, 122, 136, 144, 178, 188, 245, 246, 285 让－雅克·卢梭

Sáenz, Manuela 曼努埃拉·萨恩斯

    lifestyle 180–181, 262 曼努埃拉·萨恩斯的生活方式

    meets Bolívar 171, 178–179 曼努埃拉·萨恩斯结识玻利瓦尔

    relationship with Bolívar 180–183, 185, 193, 195, 211, 228, 230, 231, 235, 239–240, 241, 282–283 曼努埃拉·萨恩斯与玻利瓦尔的关系

    time of parting 274, 278 曼努埃拉·萨恩斯与玻利瓦尔的分别

Salom, Bartolomé 100, 136, 171, 175, 176 巴托洛梅·萨洛姆

Sámano, Juan 125, 130, 135 胡安·萨玛诺

Sánchez Carrión, Juan 190 何塞·桑切斯·卡里翁

Sandes, Arthur 191 亚瑟·桑兹

San Fernando de Apure 113–114, 116 阿普雷河畔圣费尔南多

San Juan de Payara 113, 115, 119 圣胡安－德帕亚拉

San Martín, José de 何塞·德·圣马丁

    and Bolívar 173–175, 189 圣马丁与玻利瓦尔

    career 172 圣马丁的生涯

    and Guayaquil 173–174 圣马丁与瓜亚基尔

    and liberation of Peru 171–173, 179, 210 圣马丁与秘鲁解放

    retirement 174–175, 186 圣马丁退隐

San Mateo 2, 10, 16, 20, 21, 40, 41–42, 46, 60, 61, 79, 85, 141 圣马特奥

Santa Ana 137 圣安娜

Santa Ana mines 274 圣安娜矿山

Santa Cruz, Andrés 170, 173, 185, 187, 198, 209, 215, 225, 228 安德烈斯·圣克鲁斯

Santa Fe de Bogotá 7, 65, 89, 91 圣菲波哥大

Santa Marta 66, 69, 89, 90, 141, 148, 162, 276-278 圣玛尔塔

Santander, Francisco de Paula 弗朗西斯科·德·保拉·桑坦德

 and Bolívar 71, 116, 128, 167, 169, 175, 177-178, 186, 188-189, 191, 193-194, 218, 219, 221, 222, 227-228, 231, 238, 246, 298 桑坦德与玻利瓦尔

 career 131 桑坦德的生涯

 and congress of Ocaña 233-237 桑坦德与奥卡尼亚国民大会

 involvement with assassination plot 240-242 桑坦德卷入暗杀阴谋

 and liberation of New Granada 124-130 桑坦德与解放新格拉纳达

 resists Bolívar's slave policy 151-152 桑坦德反对玻利瓦尔的奴隶政策

 vice-president of Colombia 145-146, 219 哥伦比亚副总统桑坦德

 vice-president of New Granada 131-132, 134 新格拉纳达副总统桑坦德

slavery, slaves 奴隶制/奴隶

 in Bolivia 202, 207-208 玻利维亚奴隶制/奴隶

 in Colombia 146, 151-152 哥伦比亚奴隶制/奴隶

 in New Granada 65 新格拉纳达奴隶制/奴隶

 in Peru 210-211 秘鲁奴隶制/奴隶

 post-independence 147-148, 288 独立之后的奴隶制/奴隶

slave trade 8, 54, 82-83 奴隶贸易

 in Venezuela 4, 8-9, 10-13, 15, 56, 63, 72, 81, 97, 100, 108-110, 135, 141 委内瑞拉的奴隶贸易

Smith, Adam 160 亚当·斯密

Socha 128-129 索恰

Sociedad Patriótica 55 爱国协会

Soublette, Carlos 卡洛斯·苏布莱特

Bolivarian 97, 100–101, 103, 137, 139, 231, 243, 262 玻利瓦尔主义者苏布莱特

invasion of New Granada 127, 128, 129, 130 苏布莱特进攻新格拉纳达

vice-president of Venezuela 141, 156 委内瑞拉副总统苏布莱特

war minister of Colombia 219 哥伦比亚国防部长苏布莱特

Soublette, Isabel 97 伊莎贝尔·苏布莱特

Spain 西班牙

  Bolívar and 118, 123 玻利瓦尔与西班牙

  crisis of 1808 44–47, 283–284 西班牙 1808 年危机

  imperial control 42–43, 284 西班牙的帝国统治

  liberal revolution 136–137 西班牙自由主义革命

  and Peru 183, 191, 194 西班牙与秘鲁

  renews attacks on Venezuela 233 西班牙再度攻击委内瑞拉

Sucre, Antonio José de 安东尼奥·何塞·德·苏克雷

  assassination 272–273 刺杀苏克雷

  in Bolivia 198–209, 250, 255 苏克雷在玻利维亚

  career 138–139, 282–283, 298 苏克雷的生涯

  in Colombia 270–274 苏克雷在哥伦比亚

  Grand Marshal 195 大元帅苏克雷

  in Guayaquil 139, 168, 256 苏克雷在瓜亚基尔

  in Peru 184–195, 294 苏克雷在秘鲁

  political ideas 222, 243, 267, 273 苏克雷的政治思想

  in Quito 170–171, 176, 256 苏克雷在基多

  in Venezuela 76, 104, 112 苏克雷在委内瑞拉

Sutherland, Robert 97 罗伯特·萨瑟兰

Taguanes 74, 282 塔瓜内斯

Taminango 146, 169 塔米南戈

Tarqui 255, 258 塔尔基

Tenerife, Colombia 69 特内里费，哥伦比亚

Thorne, James 179, 181 詹姆斯·索恩

Toro, marquis of 10–11, 46–47, 58 托罗侯爵

Toro, Fermín 300–301 费尔明·托罗

Toro, Fernando del 25–26, 47 费尔南多·德尔·托罗

Torres, Camilo 70, 88, 95 卡米洛·托雷斯

Torre Tagle, marquis of 172–173, 185, 187, 189 托雷·塔格莱侯爵

Tovar, count of 10–11, 46–47 托瓦尔伯爵

Trinidad 43, 45, 76 特立尼达

Trinidad de Arichuna 113 特立尼达－德阿里丘纳

Trujillo, Peru 186, 190–191 特鲁希略，秘鲁

Trujillo, Venezuela 3, 73, 74, 137 特鲁希略，委内瑞拉

Tunja 65, 70, 88, 89, 129, 132, 233 通哈

United States 美国

    Bolívar visits 39 玻利瓦尔访问美国

    in Bolívar's thinking 120, 216, 264 玻利瓦尔思想中的美国

Panama congress 213–214 巴拿马大会

Upper Peru 上秘鲁

    creoles 199 上秘鲁的克里奥尔人

    liberation of 197–198 解放上秘鲁

Urdaneta, Rafael 71, 78, 79, 84, 88, 99, 104, 112, 115, 127, 133, 145, 156, 223, 229, 231, 237, 241–242, 243, 250, 255, 263, 264–265, 266, 272, 275, 276, 277 拉斐尔·乌达内塔

Urica 86 乌里卡

Uztáriz, marquis of 19–20 乌斯塔里斯侯爵

Valdés, Jerónimo 191, 194 赫罗尼莫·巴尔德斯

Valencia 3, 58, 59, 61, 75, 83, 84–85, 141, 269 巴伦西亚

Vargas, José María 31, 229 何塞·马里亚·巴尔加斯

Vargas, Juan de los Reyes 59, 137 胡安·德·洛斯·雷耶斯·巴尔加斯

Venezuela 委内瑞拉

colony 5-7 委内瑞拉殖民地

Declaration of Independence 55 委内瑞拉独立宣言

economy and society 6-7, 8-11, 42-44 委内瑞拉的经济与社会

first republic 56-63, 66-67 委内瑞拉第一共和国

home of Bolívar 39-40 玻利瓦尔的故乡委内瑞拉

in Colombia 133-134, 145 大哥伦比亚联邦之中的委内瑞拉

independence from Colombia 219-225 委内瑞拉脱离（大）哥伦比亚独立

independence from Spain 141-142 委内瑞拉摆脱西班牙统治的独立

land 157-158, 163 委内瑞拉的土地

landscape 3-4 委内瑞拉的景色

population 148, 150 委内瑞拉的人口

reconquest of 91-92 重新征服委内瑞拉

secession 219-225, 243, 251, 266-269, 272 委内瑞拉的分离

second republic 75-88 委内瑞拉第二共和国

Villars, Fanny Dervieu du 23, 25, 27, 39 范妮·德维尤·杜·维拉尔

Viscardo, Juan Pablo 6, 31, 36 胡安·巴勃罗·比斯卡多

Voltaire, François Marie Arouet de 28, 33, 35, 37, 246 弗朗索瓦-马利·阿鲁埃·伏尔泰

Vowell, Richard 79, 115, 128 理查德·沃威尔

war to the death 73-74, 100, 115, 282 灭绝之战

Wellesley, marquis of 50-54 韦尔斯利侯爵

Wellesley, Sir Richard 95 理查德·韦尔斯利爵士

Wilson, Belford Hinton 62, 201, 275, 277 贝尔福德·欣顿·威尔逊

Wilson, Henry 116, 122, 124 亨利·威尔逊

Wilson, Sir Robert 203, 277, 294 罗伯特·威尔逊爵士

women 女性

    in Andes crossing 128 翻越安第斯的女性

    in Bolívar's thinking 282-283 玻利瓦尔思想之中的女性

    "daughters of the regiment" 273 "军中女眷"

fighters for independence 74–75 独立的女性斗士

in religious culture 15 宗教文化之中的女性

Yacuanquer 176, 181 亚库安盖尔

Yare 20, 41 亚雷

Zea, Francisco Antonio 117, 122, 132, 133–134, 138, 219 弗朗西斯科·安东尼奥·塞亚

Zepita 196 塞皮塔

Zuazola, Antonio 72, 79–80 安东尼奥·苏亚索拉